EDITORA DO CONHECIMENTO

Auxiliando a humanidade a encontrar a Verdade

Trilogia:

Os Filhos das Estrelas

Trilogia
Os Filhos das Estrelas

Todos os direitos desta edição reservados à
CONHECIMENTO EDITORIAL LTDA.
Fone: 19 3451-5440
www.edconhecimento.com.br
vendas@edconhecimento.com.br

Projeto gráfico: Sérgio Carvalho
Ilustração da capa: Banco de imagens

Trilogia: Os Filhos das Estrelas
ISBN 978-85-7618-358-7 — 1ª Edição: 2016
• Impresso no Brasil • Presita en Brazilo

Dados Internacionais de Catalogação na Publicação (CIP)
(Angélica Ilacqua CRB-8 - 7057)

Guimarães, / Maria Teodora Ribeiro
Trilogia: Os Filhos das Estrelas : um olhar para o passado / Maria Teodora Ribeiro Guimarães ; ilustrações de Antonio Teodoro Guimarães. - Limeira, SP: Editora do Conhecimento, 2016.
(Pequenos e notáveis)
790 p. : il.

ISBN 978-85-7618-358-7

1. Terapia de vida passada 2. Reencarnação - estudo de casos 3. Espiritualidade 4. Regressão I. Título. II. Guimarães, Antonio Teodoro II Série

16-0162 CDD 133.95

Índice para catálogo sistemático:
1. Reencarnação

Maria Teodora Ribeiro Guimarães

Trilogia:

Os Filhos das Estrelas

1ª edição
2016

PEQUENOS E NOTÁVEIS
O livro de bolso da Conhecimento

EDITORA DO CONHECIMENTO

Coleção "Pequenos e Notáveis" o livro de bolso da Conhecimento.
Títulos publicados:

Vol. 1 • O Castelo Encantado
Vol. 2 • Trilogia — Sob Império das Trevas:
O Terrível Fantasma (livro 1)
No Castelo Escocês (livro 2)
Do Reino das Trevas (livro 3)
Vol. 3 • Ksenia
Vol. 4 • O Paraíso sem Adão
Vol. 5 • Episódio da Vida de Tibério
Vol. 6 • Narrativas Ocultas
Vol. 7 • Mistérios e Magias do Tibete
Vol. 8 • Nefertiti
Vol. 9 • Trilogia — Os Filhos das Estrelas:
Viajantes (livro 1)
Tempo de Amor (livro 2)
Os Filhos das Estrelas (livro 3)
Vol. 10 • Elucidações do Além

Apresentação

Fui surpreendida por meu sempre inspirado editor com a ideia de lançar estes livros numa trilogia neste formato. Embora não tenha compreendido a razão maior num primeiro momento, logo percebi como determinados assuntos precisam, não apenas ser relembrados, como ser cada vez mais acessíveis.

Neste difícil momento que a humanidade atravessa observamos como as pessoas buscam de forma incessante um entendimento da razão de suas existências e, principalmente, de suas vicissitudes. Por que as dores nos afligem de forma tão implacável?

Há pouco tempo participei de um seminário sobre as dores humanas e enquanto falava das dores emocionais sob o ponto de vista reencarnacionista e com embasamento na terapia de vida passada, era fácil notar os olhos brilhantes de muitas pessoas, que enxergavam a si mesmas em cada detalhe apresentado; muitos sorrisos ansiosos denotavam uma ponta de esperança. Refletindo sobre as ideias de meu sábio amigo sobre este livro de bolso, a lembrança daquela tarde se tornou recorrente, me fazendo perceber que este instante conturbado pedia que palavras antigas pudessem ressoar novamente na mente das pessoas.

Pensando sobre o ponto de vista do modelo espiritualista, na caminhada do homem sobre a Terra não é difícil notar que cada um foi escolhendo seu caminho. Fomos nos acostumando, nos especializando, de vida para vida, a agir desta ou daquela maneira para sobreviver e resolver as coisas. Essa tendência muito nos prejudicou, pois nas horas de dor ou de contrariedade nos refugiávamos, quase sem pensar, em determinados padrões de comportamento, o que só fez que repetíssemos os mesmos erros, outra e outra vez. E tudo isso foi moldando nosso temperamento, nosso caráter, até os dias de hoje, obrigando-nos, de tempos em tempos, a providenciar vidas que nos permitissem fazer grandes mudanças. E nessas vidas as mudanças, às vezes, eram mais fáceis através daquilo que se convencionou chamar de carma.

Nossa maior dificuldade, no entanto, sempre foi a tendência de nos sentirmos vitimados quando esse carma nos parece pesado demais. E então, irritados e frustrados, não conseguimos transformar as pedras de nosso caminho em oportunidades de aprendizado. Se tivéssemos compreendido essas coisas antes, não teríamos nos entregado tantas vezes para intermináveis lamentações; e, além disso, estaríamos sempre felizes pelas novas chances.

Também não é difícil notar que tem muita gente fazendo ainda hoje o que nós fizemos ontem. Cada espírito tem sua história e eu gosto muito de pensar que se parássemos, um pouco que fosse, de nos queixar, perceberíamos que as pessoas podem até ser solidárias com aquilo que achamos ser nossa dor e até mesmo segurar as nossas mãos, mas ninguém jamais vai poder passar por ela em nosso lugar. Sabiamente, a instituição dor é pessoal e intransferível. E então, não adianta nada ficarmos nos lamuriando.

No final das contas, o que procuramos mesmo é a felicidade e como ela não é nada mais do que uma palavra, precisamos saber do que ela se trata e como identificá-la. Descobri que seu parâmetro mais compreensível é a alegria; aquela alegria serena que indica que em nossos corações já habita o perdão, a resignação, a brandura e a fé. Essas coisas estranhas que serviam de resposta quando meu cliente perguntava quando teria alta. Se sua reação fosse um resmungo emburrado seguíamos com a terapia.

O perdão é mais facilmente conquistado quando olhamos para os lados hoje em dia ou quando olhamos para trás, para nossas vidas passadas e conseguimos ver as coisas que nós mesmos já fizemos para os outros e as dores que já patrocinamos. Nesta altura, ante os males que já causamos, estes dos quais tanto nos queixamos, via de regra parecem de menor importância.

A conquista da capacidade de perdoar ou pedir perdão, ajuda muito para que se consiga dar o passo seguinte, que é a resignação, que nada mais é que a capacidade de entender que nem tudo pode ser do jeito que sonhamos ou queremos. À falta de resignação damos o nome de prepotência; aquela mesma que na maioria dos processos terapêuticos vimos tantas vezes ser a causa do fracasso absoluto de nossos personagens. Parece que a prepotência é mesmo o grande mal da humanidade. A resignação nos faz compreender que nem tudo pode e deve ser mudado, o que nos leva para um estado de tranquilidade, pois deixamos de gastar nossas preciosas energias batendo a cabeça na parede querendo coisas impossíveis, sobrando mais tempo para sermos mais felizes. Essa tranquilidade se traduz por um comportamento brando e compreensivo, ou ao menos, não beligerante. Irritamo-nos, discutimos e brigamos demais, inutilmente.

E finalmente a fé, que nada mais é que uma

somatória disso tudo, pois muito diferente de ser uma dádiva dos deuses, como pensam alguns ou ainda uma coisa meramente religiosa, ela é um exercício de inteligência, na medida que aprendemos a considerar todos esses fatores. Traduz-se naquela capacidade de compreendermos que tudo aquilo que nos acontece em determinado momento é, provavelmente, o melhor para nós naquele exato instante. Estranhas palavras na boca de uma pessoa de ciência. É possível que alguém diga que essas palavras ficassem melhor em textos religiosos. Penso hoje em dia que as ciências que estudam a mente humana, assim como as religiões, convergem para as mesmas coisas, como, por exemplo, a busca do amor desinteressado e da paz interior.

Passei quase uma década de minha vida num sério e esforçado trabalho profissional sem, todavia, nunca ter curado ninguém.

Esse foi o tempo que levei para me curvar às evidências de que precisava colocar na minha medicina as convicções que o aprendizado de toda uma vida tinha trazido ao meu coração. Evidências de um tempo perdido atrás de pomposas mesas, enormes compêndios de psicofarmacologia e debates inócuos em muitos e muitos congressos, onde, muitas vezes, o direcionamento objetivo pela cura do cliente passava ao largo e o que predominava era quase uma disputa, movida pelo desejo dos facultativos de impor seus pontos de vista, algumas vezes carregados de preconceitos. Como cientistas, antes de negar uma verdade apenas porque ela não condiz com nosso sistema de crenças, temos que nos colocar à disposição da observação atenta e comprometida unicamente com o objetivo de curar. Já se foi o tempo que a palavra cura em psiquiatria era proibida.

Que nenhum psiquiatra ou psicólogo pense que poderá cuidar de seus pacientes se não entender primeiro o seu próprio coração, pois se não puder fazer uso dele em sua terapêutica, estará, com sua frieza diplomática e indiferente, transformando meias verdades, que muitas vezes são boas apenas para si próprio ou para alguns, em verdades absolutas, fazendo então muito menos daquilo que veio para fazer. Decerto não estamos aqui ou ali por acaso.

Aquele aprendizado de vida dizia respeito, especialmente, à hipótese da reencarnação, que sempre me veio à mente como uma explicação razoável para as mazelas e dores do ser humano; seres iguais a mim, que certamente não foram amaldiçoados pelos céus ou por seus pais, estas pobres criaturas que a psicologia costuma culpar por tudo que nos acontece de ruim. Gostamos muito de determinar um responsável externo pelas situações dolorosas que sofremos de forma tão pungente: nossas fobias, tristezas, angústias e tudo o mais de que se compõem esse enorme repertório que é a dor.

É mais que tempo das pessoas se libertarem de seus preconceitos e pensarem na vida como algo importante demais para durar apenas uns poucos anos; vida para onde todos retornamos com oportunidades semelhantes, apenas vestidos com fantasias diferentes, de tempos em tempos. E neste modelo espiritualista, a vida é de onde saímos para alçar voos mais altos após a morte e conhecer suas outras dimensões, o que nos possibilita então, desprovidos de nossos disfarces, a grandiosidade de conhecer a verdadeira face de nós mesmos, pois iremos habitar com nossos assemelhados, que nos servirão de espelho.

É mais que tempo também de pararmos de

jogar nas mãos do destino a conquista da felicidade. A conquista da tal felicidade não é tarefa para algumas dezenas de anos, mas para alguns milhares de dezenas de anos; cada um de nós vem tendo centenas de chances de chegar lá, não tendo ninguém, portanto, nada a reclamar.

Muito mais que pensar em lógica quando falo de reencarnação como um preceito também científico, penso no maravilhoso entendimento que isso traz à psiquiatria e à psicologia, ciências paradas no tempo no que se refere à etiologia da dor emocional do espírito humano. Esse mesmo espírito que vem através de épocas imemoriais tentando chegar à luz; esse plano de luz, que talvez se forme a partir da vibração amorosa de cada coração cansado e sedento de esperança, onde certamente estão os lugares onde outras almas, que já descobriram a capacidade de amar sem egoísmo, já chegaram há muito tempo.

Através da terapia de vida passada podemos acessar informações, tanto as passadas na matéria como na espiritualidade, que nos permitirão reprogramar nossas mazelas através do crivo de nossa inteligência. Se engana quem pensa que nossas dores emocionais se resolvem através de outras tantas catarses ou achismos generalistas. É fácil para nossa consciência identificar suas próprias verdades.

Lentamente, através dos séculos, nossos espíritos vêm aprendendo a andar pelos difíceis caminhos da vida; ora nos arrastamos nos movediços pântanos do mundo espiritual, prisioneiros de nossos impensados atos e compartilhamos os infernos astrais criados por uma legião de seres infelizes ou cruéis; ora nos esgueiramos aqui e ali pelos sórdidos becos destinados aos infelizes da Terra ou ainda partilhamos a mesa dos poderosos ajuizadores dos destinos alheios, perdendo-nos, sucessivamente, pelas levas de maldade e egoísmo que povoaram o planeta nas diversas épocas, desde sempre.

Caminhamos também pelas estradas acidentadas e intransponíveis de nossas muitas vidas perdidas, transformando personagens corajosos, nascidos para vencer as barreiras do perdão, em vítimas desamparadas e mergulhadas na desesperança ou em carcereiras de si próprias nos calabouços da vingança.

Tivemos que mergulhar na mais profunda dor para começar o árduo caminho da volta, que poderá conduzir-nos um dia para a luz. Não, ainda não chegamos lá, mas começamos a perceber ao longe os raios luminosos que já aquecem nossos corações com o cântico da esperança de uma felicidade perene, que tão duramente procuramos desde o princípio.

E quando terá sido este princípio? Através de histórias ancestrais, como as contadas no volume dois desta trilogia, Tempo de Amar, pudemos vislumbrar que o tempo parece realmente não existir; seria impossível para muitos daqueles espíritos não terem trilhado anteriormente diversos outros caminhos. Se assim não fosse, de onde teriam trazido toda aquela impressionante cultura que floresceu por todo o planeta, dando saltos em sua evolução.

Acredito, até mesmo pelos fantásticos relatos de muitos clientes, incluindo o protagonista do volume três desta trilogia, Os Filhos das Estrelas, que a origem do homem sobre o planeta está em outros mundos, outras moradas, muito distantes daqui, para onde viemos na expectativa de retomar o caminho perdido. Este mesmo caminho que agora estamos reencontrando, depois de todo um mar de lágrimas derramadas no solo árido de nossa jornada.

Quantas etapas teremos ainda que vencer e quantos mundos teremos que habitar para que possamos, finalmente, compreender que o caminho correto sempre esteve à nossa porta? Sim, porque parece que nunca nos enganamos na escolha de nossos personagens, dos lugares onde nasceríamos e de quem nos ampararia em nossos primeiros passos. Cada vida foi cuidadosamente planejada para que não nos afastássemos demais de nosso objetivo final. Nós mesmos, no entanto, na medida em que nos rebelávamos e nos esquecíamos, fomos providenciando os atalhos que, sistematicamente, nos empurraram para dentro de um labirinto de difícil saída, que a cada volta na roda das existências, nos afastava um pouco mais da meta traçada.

Terminamos sempre, mais cedo ou mais tarde, é claro, resgatados das armadilhas perigosas desse labirinto, pois de outra forma nem estaríamos aqui. O problema é que a cada vez, uma vida alternativa tinha que ser planejada para que pudéssemos recuperar o tempo perdido, como vimos nas várias vivências de um mesmo indivíduo relatadas no volume dois. Vidas onde pudemos vir em situações com menos riscos de queda e outras, onde nos colocávamos à prova, em circunstâncias mais difíceis e que tinham tudo para que viéssemos a tropeçar novamente.

Valentes guerreiros, imperadores sanguinários, simples donas de casa, bruxas ou magos negros, cavaleiros medievais, sacerdotes de todos os tipos, sofridos escravos, bandidos sorrateiros, poderosos donos de terras, mulheres abandonadas ou carcereiros. Fomos e fizemos de tudo. Por consequência matamos e fomos mortos. Fomos vítimas e também algozes. Mas também simples observadores negligentes e omissos.

Certa ocasião, para o espanto de um de meus grupos de alunos em formação, eu disse que talvez ninguém precisasse fazer terapia de vida passada para saber o que foi ou o que fez no passado e quais lições ainda restavam ser aprendidas. Bastava que observasse com honestidade seu temperamento, seus defeitos, suas tendências e seus hábitos e também suas dores. Naturalmente esse é um tempo que ainda virá na evolução da humanidade. Por enquanto ainda preferimos culpar a vida e os outros.

A terapia de vida passada não é um tribunal de acusações. É apenas uma oportunidade de conscientização e libertação através do abandono dos antigos padrões. Toda dor se sustenta em um hábito negativo. E como nenhum acontecimento jamais se perdeu, cada instante estará gravado e disponível para sempre na eternidade. Cabe exclusivamente a nós, portanto, a reprogramação de nossas vidas.

Maria Teodora R. Guimarães
Verão de 2015

Trilogia: Os Filhos das Estrelas

Livro 1

Viajantes

Histórias que o tempo conta

Outras obras da autora:

Terapia de vida passada
Curso de formação de terapeutas — vol. I
Editora do Conhecimento

Terapia de vida passada
Curso de formação de terapeutas — vol. II
Editora do Conhecimento

Terapia de vida passada — autores diversos
Uma abordagem profunda do Inconsciente
Summus Editorial

Viajantes - Histórias que o tempo conta
Editora do Conhecimento

Tempo de amar – A trajetória de uma alma
Editora do Conhecimento

Os Filhos das Estrelas – Memórias de um capelino
Editora do Conhecimento

Apometria Hoje – autores diversos
Coletânea de artigos
Editora do Conhecimento

Terra dos Ay-Mhorés
A saga dos últimos atlantes na Terra das Estrelas — o Baratzil
Editora do Conhecimento

Umbanda Um Novo Olhar
O que todo espiritualista gostaria de saber
Editora do Conhecimento

Egito Eterno
O legado dos deuses
Editora do Conhecimento

Tive a felicidade de conhecer nesta vida vários companheiros de outras vidas; trabalhamos juntos e tentamos caminhar para a luz.

A viabilização desta obra, no entanto, só se tornou possível graças à incessante e dedicada cooperação, "sem hora para terminar", de nossa amiga e também terapeuta de vida passada, Maria Aparecida Siqueira Fontana (Cida).

Ao meu irmão Antonio Teodoro, querido amigo de vidas passadas, cujo amor fortalece e renova a certeza da fraternidade.

... "Se esbravejássemos e chorássemos menos; se nos fizéssemos menos de desentendidos; se nos ofendêssemos menos e se, finalmente, fingíssemos menos que não percebemos os sinais do passado em nós, com certeza não precisaríamos apanhar tanto da vida, ou melhor, das vidas, pois o que temos visto é que carregamos para frente não apenas as marcas do passado, mas também as marcas de nossa teimosia..."

Sumário

I
Prefácio

Atualmente, distinguem-se as seguintes principais fontes de onde se origina a crença na reencarnação: 1º As religiões; 2º a pesquisa científica dos casos espontâneos que sugerem reencarnação; 3º as experiências de regressão através da hipnose, sem fins terapêuticos; 4º a "terapia de vida passada".

Poderiam ser mencionadas outras origens, tais como as revelações oriundas de experiências místicas, sonhos recorrentes, casos do déjà vu, meditação etc. Porém, as mais conhecidas e que respondem pela maior parte das evidências de apoio à realidade da reencarnação, são as quatro acima destacadas.

O dogma da reencarnação está presente em quase todas as grandes filosofias religiosas, sendo a sua ausência em algumas poucas religiões mais recentes praticamente uma exceção. Esta generalização do dogma reencarnacionista faz supor que ele tenha surgido de um mesmo fato observado inúmeras vezes a partir dos povos da mais remota antiguidade. Assim, por exemplo, Mircea Eliade, comentando os costumes funerários dos paleantropídeos, diz o seguinte:

Por outro lado, nada impede que a posição curvada do morto, longe de denunciar o medo de "cadáveres vivos" (medo atestado em alguns povos), significa, ao contrário, a esperança de um "re-nascimento"; conhecem-se, com efeito, vários casos de inumação intencional em posição fetal. (Eliade, 1978, Tomo I, Vol. I, p. 27).

Louis Jacolliot crê que a fonte mais primitiva das crenças religiosas seja o Manarva Dharma-Sastra, mais conhecido como o Código do Manu. Este código era citado no Rig-Veda há cerca de 1300 anos a.C. como sendo, então, já muito antigo. Pois bem, o Livro XII do aludido Código refere-se, nestes termos, ao destino das almas daqueles que morrem:

Após a morte, as almas dos homens que cometeram más ações tomam um outro corpo, para a formação do qual concorrem os cinco elementos sutis, e que é destinado a ser submetido às torturas das zonas inferiores.

Quando as almas revestidas desse corpo sofreram as penas purificadoras, penetram nos elementos grosseiros, aos quais se unem para retomar novo corpo, voltar ao mundo e concluir sua evolução. (Jacolliot, 1892, p.457).

Há evidências de que os egípcios antigos também acreditavam na reencarnação. A dra. Margaret Murray, em seu livro *The Splendour That Was Egypt*, informa que os "ka-nomes" dos dois primeiros reis da XX Dinastia revelam claramente seu significado reencarnacionista. O "ka-nome" de Amonemhat significa: Aquele que repete os nascimentos. E o de Sensusert significa: Aquele cujos nascimentos vive. Setekhy I, da XIX Dinastia, tinha como "ka-nome" o seguinte: O repetidor de nascimentos. (Cranston & Willians, 1984, p. 174).

Mais interessante, ainda, é o ensino revelado por Fontane a respeito da crença na reencarnação no Egito, registrado há cerca de 3.000 anos antes de Cristo:

Antes de nascer, a criança já viveu; e a morte não é o fim. A vida é um evento que passa como o dia solar que renasce. (Muller, 1970, p.21).

Parece-nos que o antiquíssimo autor desta

sentença colheu seus conhecimentos a respeito da reencarnação observando as recordações de vidas passadas manifestadas por crianças na primeira infância. Este, também, é o método preferido pelos atuais investigadores de casos que sugerem reencarnação: prof. dr. Hemendra Nath Banerjee (1931-1985), prof. dr. Ian Stevenson e outros.

Chegado a este ponto, tocamos na melhor fonte de evidências que apóiam a crença na reencarnação. É o método de pesquisa que permite obter o máximo de segurança nesse tipo de investigação, quando o objetivo é sobretudo demonstrar a realidade da reencarnação. Banerjee chegou a levantar cerca de mil casos desse tipo. A coleção, sempre crescente, do dr. Stevenson já deve estar ultrapassando a cifra dos 2.500 casos. Alguns dentre eles são acompanhados de "marcas-de-nascença reencarnatórias", que reforçam enormemente a hipótese da reencarnação. São deformidades, mutilações, cicatrizes de ferimentos etc. resultantes de acidentes, agressões, envenenamentos etc. que já existiam ou que ocasionaram a morte da personalidade anterior e que aparecem na personalidade subseqüente. Tais sinais correspondem exatamente aos mesmos lugares do corpo, em ambas as personalidades. As crianças em questão, logo que começam a falar, relatam, às vezes com precisão absoluta, as causas de tais marcas, mostrando conhecer sua origem, os pormenores das agressões ou acidentes, e até mesmo os eventuais causadores das violências que as vitimaram na alegada vida anterior. (Banerjee, 1964/65; Stevenson, 1974/75/77/83/87).

Há muitos anos, experiências de regressão efetuadas durante sessões de hipnose revelaram que alguns pacientes referiam-se, quando em transe hipnótico, a existências vividas por eles próprios em épocas anteriores ao seu nascimento.

Um nome que se destaca no estudo da reencarnação através da hipnose é o do cel. Eugène Auguste Albert D'Aiglun Rochas (1887-1914). Suas experiências de regressão, bem como algumas muito estranhas de "progressão" (avanço no futuro), estão enfeixadas em um de seus livros intitulado ***Les Vies Successives***. Na segunda metade do século XX, tornou-se famoso o caso de Bridey Murphy. Em 1952, nos Estados Unidos, Morey Bernstein, um homem de negócios, interessado em hipnotismo, submeteu à hipnose uma senhora de nome Ruth Simmons. Por mera curiosidade, Bernstein tentou uma experiência de regressão de idade, indo além da vida intra-uterina. Atravessada essa barreira do tempo, a sra. Ruth manifestou outra personalidade com o nome de Bridey Murphy, que vivera na Irlanda, onde nascera em 1878, na aldeia de Cork.

Bernstein gravou, em várias sessões com a mesma sra. Ruth Simmons, as minuciosas informações fornecidas por ela, em estado de hipnose. Essas informações permitiram-lhe reconstituir a vida da personalidade Bridey Murphy e obter inúmeras comprovações da veracidade dos fatos e detalhes concernentes à época e ao lugar onde ela alegava haver vivido. (Bernstein, 1955).

Mas a Terapia de Vida Passada é criticada e rejeitada justamente pela facção que nega a realidade da reencarnação. Está claro que os adversários do método da regressão a vidas passadas irão evocar também outras razões para combater a referida técnica terapêutica. Porém é evidente que o argumento básico deverá ser a negação da lei da reencarnação. Perdoem-nos a audácia de admitir como lei biológica uma idéia ainda considerada uma hipótese pelos menos radicais. Aqueles que — como nós pessoalmente — se dedicam à investigação de casos que sugerem reencarnação já estão convencidos da sua realidade. Esta pesquisa já ultrapassou a fase da simples constatação do fato. Ela, atualmente, está se direcionando para verificação dos detalhes e das regras que regulam o fenômeno da reencarnação. Desse modo, para os pesquisadores da reencarnação, a Terapia de Vida Passada é também uma vertente riquíssima de informações acerca dos detalhes que buscam nos casos de recordações espontâneas de vidas pregressas e que ocorrem principalmente em crianças. Para eles é uma ajuda inestimável!

A obra *Viajantes*, de autoria da dra. Maria Teodora Ribeiro Guimarães e que ora temos a honra de prefaciar, é um trabalho notável por apresentar, concomitantemente, três aspectos: 1º É sem dúvida um excelente guia para os psicoterapeutas que seguem o método da Terapia de Vida Passada; 2º constitui, através de exemplos vivos de casos magistralmente relatados, um autêntico manual de orientação para os que se vêem às voltas com desajustes indicadores de problemas psíquicos; este livro chega a ser mesmo uma psicoterapia para certos casos benignos; 3º é um manancial precioso de evidências e de dados importantíssimos, concernentes ao fenômeno da reencarnação e às regras que o governam. Pessoalmente, confessamos que aprendemos muito com este livro da ilustre dra. Maria Teodora Ribeiro Guimarães. É com prazer que recomendamos, indistintamente, tanto aos profissionais, como aos leigos e pessoas interessadas em resolver seus próprios problemas de saúde mental, a leitura deste magnífico trabalho. Cumprimentamos também o departamento editorial da Sociedade Brasileira de Terapia de Vida Passada (SBTVP) pela feliz iniciativa de lançar tão importante e útil obra, certos de que ela prestará inestimáveis benefícios a todos os que a estudarem com a atenção que ela merece.

Bauru, Verão de 1996

Hernani Guimarães Andrade
Fundador do Instituto Brasileiro
de Pesquisas Psicobiofísicas (IBPP).

I
Introdução

"Minha voz irá contigo"

Erickson.

Nasci, nesta vida, numa família onde se acreditava em reencarnação e para mim aquilo era uma coisa tão simples como ir à escola. Na verdade, eu não me preocupava com isso, assim como não me preocupava com a escola. Parece que coisas simples não nos preocupam.

Morávamos no subúrbio de uma grande cidade; minha vida era ótima e eu era uma garotinha esperta, que vivia na rua, brincava sem parar, desinteressada de etiquetas sociais; daqueles podes e não podes que cercam as crianças em geral, observada pelo olhar sábio e complacente de meu pai e estimulada pela vivacidade fora de época de minha mãe, que era, sem saber, uma feminista convicta, que achava que meninos e meninas tinham os mesmos direitos e deveres.

Meu pai conversava com espíritos e era comum sermos chamados, meu irmão e eu, para conversarmos com algum deles. O mais engraçado era que víamos, com a mesma naturalidade com que víamos TV. Largávamos o brinquedo, conversávamos e voltávamos a brincar. Nada de excepcional.

A vida era boa e tudo era calmo. Eu nem notava que vivíamos num país onde a maioria não acreditava nestas coisas, até o dia que fomos ter por vizinhos uma família com quatro garotos, assíduos freqüentadores da Igreja. Eu nunca havia entrado numa e fiquei encantada. Os altares, as enormes estátuas da catedral de nosso bairro, os longos bancos com almofadinhas na frente, os imensos salões, o cheiro de incenso e mofo da cripta onde as aulas de catecismo eram dadas me fascinavam. Imensos quadros amontoados nos sótãos, entremeados por escadinhas encaracoladas escuras, sem fim, esfumaçadas, exibiam figuras emergentes, em beleza e suntuosidade, de grandes nuvens, rodeadas de anjos e serafins, que me deixavam sem fala e de olhos arregalados.

Ah! sim. O liberalismo de meus pais me permitiu perambular por muitas igrejas e por muitos credos na infância e adolescência. Logo fui para o escotismo e fui ser bandeirante. Tinha um insaciável espírito esportivo e aventureiro. Com menos de quatorze anos estava acampando com meu clã, do outro lado do país. As bandeirantes da época vinham na maioria de famílias estrangeiras, e eu achava lindos os cultos dos quais podia participar. Num país de maioria católica, freqüentar os cultos, vez por outra, dava uma sensação de ser algo inteligente, ou diferente, não me lembro bem.

Mas não fiquei em nenhum lugar e, com o tempo, já voltava ao sentimento simples da infância, quando a reencarnação era um fato corriqueiro.

A vida continuou sempre calma. Estudava alegremente, gostava ainda de escotismo, de esportes, de música e de leitura; vivia meio apartada e desinteressada do burburinho social da época e despreocupada do futuro. Este era um problema a menos, dos poucos que tinha. A profissão tinha sido desde o berço decidida. Eu parecia ter nascido com o estetoscópio no pescoço, e todos sabiam que seria médica.

Analisando hoje, compreendo que nasci numa família de bons e velhos conhecidos do passado.

Minha casa era alegre e ponto de encontro de nossos poucos parentes e muitos amigos.

Muito jovem, fui para a Escola de Medicina. Por alguma razão desconhecida por mim na época, eu só pensava em psiquiatria. Sequer cogitava outra especialidade. Achava a escola chata e entediante embora gostasse de estudar. Com o tempo, quase no final do curso descobri, sem querer, que não eram as matérias que me desagradavam por inteiro, mas a sensação de já saber daquilo tudo! Dei-me conta quando perguntei a um dos professores por que havia repetido a mesma aula duas vezes. Ele me olhou espantado e respondeu que estava dando a aula pela primeira vez.

Meio sem graça, tive que recomeçar a pensar o que estaria acontecendo. Lembrava de meu pai dizendo sempre que estávamos apenas continuando nossa jornada e nos lembrando a toda hora do que já sabíamos.

Os grandes e velhos compêndios de psiquiatria me traziam lembranças de grandes bibliotecas iluminadas por velas e lampiões, onde jovens aspirantes a facultativos se debruçavam sobre outros volumes e cochichavam suas impressões e seus sonhos.

Por essa época, os pensamentos da reencarnação eram longínquas lembranças no meu mundo de sofisticados laboratórios, salas de anatomia, grandes professores, renomados cientistas.

Ah! a ciência. Aprendia rápido os nomes de complicadíssimos psicofármacos e participava de rigorosas experiências com meus professores de psiquiatria. Tive um velho e bom professor que não me dava respostas mas, sabiamente, me mandava procurar por elas, na vida, nas pessoas, na solidão, e na multidão; nos livros.

Eu fazia o que podia. Sempre tinha novas indagações, mas o velho professor sorria, trazendo indagações às minhas. Eu e dois colegas praticamente nos esquecíamos da Escola de Medicina, fazendo plantão em seu gabinete no hospital para doentes mentais. A qualquer hora que lá chegássemos, nos esperavam seu sorriso, sua elegância e seu fiel charuto. Éramos seus pupilos e tudo nos ensinou, sem muito dizer. Indicava-nos os caminhos com sua dialética. Muito tempo depois é que fui descobrir a extensão da sabedoria do velho mestre.

Por trás das muitas e pesadas portas, das altas muralhas que cercavam o velho hospital, que eram usadas para impedir a fuga dos doentes (que de fato me davam a impressão de que protegiam mesmo era os doentes de nós, os sadios, com nossas drogas, eletrochoques e formidáveis teorias sobre suas doenças), os cheiros de passado, das cigarrilhas e do café, as velhas passadeiras no chão, a suntuosidade envelhecida dos grandes móveis do gabinete, as intermináveis fileiras de livros pelo chão e pelas estantes, aliados à figura do professor, que parecia ter saído de velho livro, de requintadas histórias do final do século passado, me traziam novamente à lembrança e aos meus sonhos, cenas parecidas, com outros personagens, encartolados, discutindo a medicina e etiologia da loucura, com certo ar de superioridade.

Meu professor me falava que nós médicos (sim, éramos apenas acadêmicos, mas ele nos reverenciava com o respeito dos antigos e nos tratava de doutores com a cortesia de colegas) ainda nada sabíamos sobre a loucura. Havia de fato muito mais para ser explicado e compreendido e nos incitava à busca de soluções. Falava do imponderável aos olhos da psiquiatria ortodoxa; citava Platão e o "Platus Uranus". Tentava nos fazer pensar, sem palavras, na continuidade da vida, para provavelmente chegarmos, por nós mesmos, a soluções menos farmacológicas. Novamente me lembrava de meu pai que veladamente insistia em saber "o que mais" oferecíamos aos doentes.

Mas nada como fechados congressos de psiquiatria para exaltar o ego de jovens estudantes admitidos ombreados aos grandes da época, com seu sofisticado linguajar e complicadas teorias, para nos cegar aos reclamos dos sábios decanos.

Sugeriam eles, percebo hoje, voltássemos nossos olhos para a possibilidade das causas de tantos males estar no passado das pessoas.

Na verdade, só fui me render às evidências anos depois da formatura; muitos congressos depois, quando me cansei de ouvir soluções ineficazes para os "casos"; quando cansei de ouvir pessoas doentes serem chamadas de "casos" e receberem pomposos diagnósticos mas, principalmente, depois de perceber que nunca havia curado ninguém.

Depois da Escola de Medicina, disse adeus ao velho mestre, e o entusiasmo me levou para anos de Residência Médica em psiquiatria social, onde continuei procurando a cura, de fora para dentro!

Passei a acreditar que o doente socializado, respeitado e querido, seria curado pelo ambiente; com o passar dos anos, no entanto, vi com desânimo todos irem e todos voltarem. No hospital tradicional, aprontei com outros colegas verdadeira revolução. Transformamos salas de eletrochoque em redação de jornal e quartos-fortes em salas de recreação; abrimos as portas e saímos dos consultórios para os pátios, dos pátios para as ruas, e nos confraternizamos com os doentes. Realizamos mini olimpíadas com os internos, de verão, de inverno, de outono, de primavera e quantas mais estações houvesse no ano. A felicidade todavia, nossa e deles, passava como o vento, na entrega da última medalha. Os chamados psicóticos seguiam suas trilhas pelo pátio; os demais seguiam suas rotinas de ir e vir ao hospital.

Nosso hospital era conhecido e famoso por suas grandes mudanças. Meu consultório era cheio de clientes e meu coração vazio de esperanças.

Muitos cursos vieram. Formei-me também como psicoterapeuta; viajei, procurei respostas na medicina chinesa e na acupuntura. O que mais me intrigava é que todos em volta pareciam satisfeitos ou, quem sabe, conformados. Eu me sentia só.

O cientificismo dos bancos acadêmicos e a prepotência que os títulos de doutor me emprestavam haviam me corrompido. E de principalmente, eu havia me esquecido que meus clientes viam espíritos, exatamente como meu pai, que além de não ser louco, era professor e advogado. Brando e sábio. Na pequena cidade em que morava haviam muitos advogados, mas sua sabedoria, paciência infinita e seu sorriso eterno, haviam feito com que seu nome fosse irrelevante e todos o chamavam apenas de "doutor". Era muito divertido, pois seus próprios colegas omitiam seu nome e, respeitosos, perguntavam: "O doutor está?"

Humildemente, voltei-me para observá-lo e notei que ali estava e sempre tinha estado, a síntese do que eu procurara tanto tempo nos livros e na vida. Ele era feliz. Percebi naturalmente que nem todos meus clientes poderiam ser cultos e sábios como ele, mas poderiam aprender a ser brandos, tolerantes, pacientes, resignados, quem sabe, com as coisas que não são mesmo para ser mudadas, desprendidos e calmos. E poderiam ser tudo isso mesmo se ouvissem vozes ou vissem "coisas" que nós médicos não víamos e, prepotentes, tratávamos como alucinações ou delírios. Só porque nós mesmos nada percebíamos!

Fazia-me rir pensar que ele não carregava estigmas de loucura apesar de ver coisas que os outros não viam; era conhecido e respeitado; me lembrei do que eu sempre soubera — ele nunca se havia deixado adoecer, desde os primeiros tempos, porque acreditava na reencarnação por uma questão de lógica. Não lhe era crível que fôssemos todos tão diferentes e não tivéssemos oportunidades semelhantes para aprender. Tudo o que tinha, dizia com olhar bondoso, de bom e de ruim, eram heranças do seu passado.

Se suas "heranças" bem compreendidas não tiveram forças para lhe roubar a felicidade ou adoecê-lo, como a tantos, por que essa compreensão não serviria para todos os males emocionais dos homens? Pensar numa etiologia para nossos males, menos interpretada, menos teorizada, e, portanto, com menos interferência do sistema de crenças do médico, baseada apenas em nossas heranças factuais, pensando que continuamos apenas a ser nós mesmos, poderia realmente ser o fim da linha de minha busca. E o recomeço.

Fui um dia lhe dizer que iria para o exterior atrás da terapia que, tinha ouvido falar, estava sendo organizada por lá e que qualificava as vidas passadas como uma proposta séria para o entendimento do ser humano (Descobrira encabulada que não havia descoberto a pólvora. Muitos antes de mim tiveram as mesmas inquietações e chegaram às mesmas conclusões, e gente que talvez não soubesse disso desde sempre, como eu. Tinha uma sensação de tempo perdido, mas a esperança de ter acordado a tempo). Ele sorriu alegremente e, comovido, me disse apenas: “Eu sei que você vai”. E como se lesse meus pensamentos, profetizou, como sempre: “Não há tempo perdido. Há o tempo do preparo e do aprendizado; o tempo da compreensão e da decisão. O tempo do vôo mais alto e da coragem — da coragem de confrontar o estabelecido e de não ter medo de pensar diferente. Há muito por fazer, porque os homens sofrem demais e inutilmente. Se compreendessem mais, sofreriam menos.”

Então eu fui e aprendi o que havia na época para ser aprendido. Voltei e recomecei. Mas esta história foi há muito tempo. Hoje também aprendi a ser mais feliz e tento ensinar meus alunos a serem, para que possam por sua vez ensinar os seus clientes. Às vezes é fácil para eles entenderem, às vezes nem tanto, mas eu continuo falando, porque me recordo de uma frase divertida que ouvi de uma colega: “O ouvido mais perto é o da boca que fala”.

Assim, não corro o risco de esquecer, como já fiz uma vez na vida e tive que recomeçar.

E meu pai? Bem, meu pai era aquele que falava com os espíritos e com certeza continua sendo feliz, onde quer que esteja.

1
Iceberg

> Já estamos fartos destes sonhos sábios, que se chamam medicina teórica; é tempo de todos aqueles que se dizem médicos cessarem, enfim, de enganar os pobres humanos com palavras ocas de sentido e de começarem a agir, isto é, a aliviar e curar realmente os doentes.
>
> Samuel Hahnemann

A Terapia de Vida Passada é um tratamento psicológico que se processa com regressões de memória. Sessões de regressão no tempo, partindo da informação, da decodificação que o terapeuta dá ao chamado inconsciente do indivíduo, sobre o problema a ser resolvido, com a proposta de se chegar ao passado, em vivências passadas, em outras vidas, onde supostamente está a origem desse problema. Uma incrível viagem no tempo, sem escalas, que, no fundo, nada mais é do que um vasculhar nos empoeirados arquivos da nossa história, da nossa memória, em busca dos episódios mal resolvidos de nossos antigos personagens, cujas sobras, cujos restos de emoção, de energia e de dor balançam displicentes e perigosos sobre o nosso consciente, sobre o nosso dia-a-dia, causando outras dores, outras emoções, sem causa aparente, e que não conseguimos compreender.

Costumamos dizer aos nossos clientes que nossos problemas de hoje são como a ponta do iceberg que aparece sobre a superfície plácida do mar. Isto significa que o que está por baixo é muito maior, mais significativo e talvez mais doloroso. Se, por um lado, é difícil enfiar a cabeça embaixo d'água para ver a dor do passado, ver onde está ancorado nosso problema, qual a sua causa, por outro lado isso nos dá a confiança e a certeza de que o que temos hoje é pequeno, simples, menor e de mais fácil solução. Percebemos que se trata apenas de uma lembrança, incapaz de afundar o nosso navio. A ponta de um iceberg que vamos desfazendo aos poucos, derretendo sob o sol de nosso entendimento do passado.

Talvez machuquemos um pouco nossas mãos na manipulação desse gelo, mas a fragilidade de nossas mãos é causada apenas pelos nossos pruridos em olharmos para nós mesmos hoje e ontem. Quanto mais honestidade tivermos em nos avaliar hoje, menos esse gelo queimará as nossas mãos para chegarmos ao ontem. Muitas pessoas vêm à terapia, por exemplo, para reclamar da intolerância ou maus tratos da família para com elas. Não conseguem perceber que, na verdade, sua posição existencial é de indignação: "como ousam fazer isso comigo?"; "como a vida ousa me colocar nessa família?". Informadas do óbvio, que é não se poder descobrir por que os outros fazem isto ou aquilo, uma vez que não há como ter acesso ao passado deles, só lhes resta decidir descobrirem no seu próprio passado por que atuam na vida no estilo "não me toques, não me reles"... melindrosamente.

Talvez devessem viver dentro de uma garrafa para não serem tocadas pelas vicissitudes da vida ou pelas pessoas. Uma vez descobrindo no passado que foram, por exemplo, neste caso, pessoas muito poderosas, numa grande tribo ou feudo, onde foram reverenciadas e temidas por todos, talvez percebam que sua atual indignação com o "desrespeito" por suas pessoas ficasse melhor naquele personagem, naquela situação ou época histórica. E como conseqüência, ao retomar a vida atual, poderiam se libertar desse sentimento, tornando-se menos frágeis, quem sabe mais respeitosas com o direito dos outros de não mais as reverenciarem.

Bom seria se todos tivessem medo de altura e pudessem descobrir que foram simplesmente jogados da torre do castelo e que, por isso, hoje não se aproximam das janelas. O inconsciente se lembra, vagamente, e tenta, com o medo, evitar aquela tragédia, frente ao mesmo estímulo.

Todavia, nos delicados caminhos do ser humano, os problemas tendem a ser mais complexos e os percalços parecem intransponíveis. Mas, se contarmos com a lógica imprevista e inexorável do passado, por mais intrincado que seja o problema, perceberemos que sua solução está ao alcance de nossa mão, ou melhor, de nossa memória e boa vontade.

Khan

Para nosso espanto, estávamos diante dele, Luís XIV. Mesmo após tantos apóstolos, Ghandis, Césares, incontáveis Pitágoras, nunca poderíamos deixar de nos impressionar com mais um rei. Insistia nosso jovem Khan, após algumas sessões de regressão, que um de seus personagens havia sido Luís XIV, mesmo sabendo dos tantos outros que já haviam aparecido na clínica. Sentia-se coberto de glória. Esquecia-se, inconscientemente, de que deveria separar-se do personagem e não se sentir enlevado por ele.

Mas Khan era difícil. Disparava frases do tipo:

"Tudo tem que ser nobre".

"Desprezo a todos".

"Não tolero pobre. Gostaria de poder matar todos os pobres".

"Nasci para mandar".

"Essas bestas humanas ignorantes".

"Se pudesse mataria essa humanidade ridícula".

Do alto de seus vinte anos, classe média, veio à terapia após atribulações sucessivas na vida, muitas brigas com a família, pequenos roubos, muita agressividade mas, principalmente, muita frustração e revolta por não conseguir viver sem dinheiro e sem uma posição de poder e destaque. E precisaria muito, muito mesmo desses ingredientes. Tinha medo de cometer um ato de loucura para obtê-los. Inteligente, embora se achasse incrivelmente superior aos seres humanos mortais, como bem denotavam as frases que usava, percebia que seu caminho trilhava por sendas perigosas. Achava-se dotado de "dons extraordinários" para literatura, filosofia e estava destinado a escrever grandes obras, para o deleite da intelectualidade, pois o povo, naturalmente, não o compreenderia. Não ia ao cinema, mas economizava o mês inteiro para ir à ópera e, lógico, só ouvia os clássicos, em gravações importadas, embora não sobrasse nem para o ônibus, ao que se resignava, mas com idéias quase delirantes de que o gentio à sua volta notava sua grandeza, o fino trato, a nobreza. Deixava-se quase admirar, tolerando o povo menos digno de sua superioridade, de forma magnânima, mas irritado.

Nosso soberanozinho falido, esfalfado de tanto correr atrás do impossível, da riqueza que chegaria inesperadamente, embora não se declarasse vencido nem depusesse as armas, mostrava sinais de cansaço, impotência e inquietação com a demora da vida em reconhecer seu justo lugar. Sonhava com a loteria, ou vincular-se a alguém com muito dinheiro através do casamento. Ou então, quem sabe, ser chamado ao trabalho de direção em alguma empresa. Era nascido para o comando e saberia como conduzir os comandados com sabedoria.

Construía Khan sua casa pelo telhado. Não iniciara faculdade, pois ainda não encontrara nenhuma escola à sua altura. Fazia declarações passionais, muito aquém de sua brilhante inteligência, de forma arrogante e com escárnio. Tinha vasto e rebuscado vocabulário e seu linguajar se distanciava, em muito, dos modismos da adolescência.

Paradoxalmente, interessava-se pelos cultos religiosos e estudava com fervor os evangelhos, além de freqüentar lugares de estudo e oração, templos e igrejas.

De uma forma geral as pessoas têm o hábito de prejulgar o próximo e com Khan não seria diferente. Muitos achariam que ele seria uma pessoa desprezível. Como tratar de alguém que, se pudesse, não se importaria em matar a "humanidade ridícula"? Mas ele já tinha dentro de si os primeiros passos da luz do cansaço e do sofrimento infrutífero. Percebia algum perigo e, principalmente, buscava ajuda. Como negar essa ajuda? Mesmo porque os mais doentes são aqueles que nem sequer admitem que estão sofrendo. Riem-se as pessoas de quem busca auxílio do clínico para suas dores emocionais, tentando talvez ocultar suas próprias feridas.

Khan tinha em si a honestidade de não olhar com olhos míopes seus próprios defeitos. Ria muito quando confrontado: o riso nervoso de quem admite as verdades do presente e a inexorabilidade do futuro. Aceitava a lógica da sucessão de vidas. O que não admitia, no entanto, era abrir mão de tudo o quanto julgava lhe ser de direito. O que seria de si? Viveria para quê?

Estava nosso jovem amigo enredado em fortes lembranças de seu passado longínquo. Perdidos no tempo da história estavam ricos, poderosos e solitários personagens. Despóticos e impiedosos. Onipotentes, porém impotentes perante a morte. Defronta-se de pronto, em sua primeira regressão, com o cavalheiro medieval, dono de um pequeno castelo e que executa friamente os inimigos. Muitos tramam contra ele e termina assassinado pelos próprios parentes. Após a morte, o espírito chora de raiva ao lado do corpo, velado discretamente apenas por um lacaio. Anseia por vingança e tenta estrangular seu assassino, sem o conseguir, naturalmente. Desespera-se e não se conforma com a ausência do poder que lhe escapa das mãos. Grita a todos que tudo aquilo é seu, sem ser ouvido. Impotente, recolhe-se o espírito à revolta e à tristeza, pela traição sofrida, vitimizado. Tomaram seu lugar e tudo o que era seu por direito, reclama, esquecido dos seus próprios crimes e do olhar maligno e superior que ostentara por toda a vida, cheia de luxo e conforto.

Da Idade Média, corre sua linha de vida para a época das cortes francesas, onde os homens usam longas perucas cacheadas, roupas estufadas nas mangas, adornadas a ouro, com muita pompa e riqueza. Vive num palácio cercado de súditos. De temperamento forte, grita, comanda a todos em casa e nas batalhas. Passando por uma cerimônia de coroação, sente-se soberano, onipotente, bravo. Manda executar muitos traidores e os observa, vestido com seu manto. A vida passa e, mesmo velho, continua a dar ordens e ter tudo sob sua influência. Mas a morte chega e o espírito novamente chora, lamentando-se do poder que está indo embora, confuso, vendo um padre orar pela sua alma, ao lado do corpo. Continua por ali, ouvindo a música da corte, entre surpreso e inconformado com sua nova situação, sem saber o que fazer a seguir.

Continuando o processo, em outra sessão nos deparamos com o chefe de um barco de guerra, tipo caravela, usado para saques e batalhas. Um pirata forte, distribuindo ordens e sempre no comando; acostumado a ganhar sempre, mata tantos quantos cruzem seu caminho, como simples empecilhos às suas conquistas. Muito vinho, muitas mulheres, muita coragem e selvageria. Gosta muito do que faz, mas nem todo o entusiasmo o poupa da velhice, da fraqueza física, do mau humor e decepção. Julgava-se invencível, e o peso dos anos lhe mostrava o contrário. Depois da morte, o espírito se recolhe, assustado, num canto. Pressente outras criaturas malignas gritando em volta e indo ao seu encontro. Fica apavorado e quer fugir. Percebe que o que tinha feito de mal está agora indo ao seu encontro. São suas vítimas, que zombam dele por clamar tanto, naquela hora, por um Deus no qual não acreditava. Desespera-se, mas é levado, enquanto em paralelo, seu corpo é velado por algumas pessoas. Tem muito medo, mas nenhum arrependimento. Não tinha amor por ninguém. Só mesmo pelo ouro e pela liberdade do mar. Sofre muito, mas não abre mão de sua revolta.

E dos meados do primeiro milênio vem um guerreiro nervoso, de capa, embebedando-se nas adegas, escarnecendo e rindo de todos, querendo arrebatar exércitos para invadir terras alheias e promover grandes conquistas. Mata muito e luta muito. Muitas batalhas ao longo dos anos. Na idade mais madura vai-se tornando mais político, mandante de um governador local. Já usa roupas superiores e, nesta época, sente-se sagaz e superficial. Percebe conspirações ao redor, mas não abandona o poder. Preso nesta trama, termina assassinado com uma punhalada nas costas. O espírito se afasta combalido enquanto chutam seu corpo comemorando sua morte. Sente-se sem forças, mas continua revoltado, desprezando a todos, a humanidade, os traidores que viveram todos sob o peso de sua espada e de seu poder. Quer vingança contra os traidores efêmeros. Quer tumulto, mas nada consegue. Termina se cansando dos mortais, e se afastando, vaidoso e orgulhoso, ainda achando que seu poder está acima de tudo. Depois de tantas andanças, percebia nosso Khan os sinais comuns de seus personagens, que iam da impiedade, com frios assassinatos em nome da justiça ou da glória, patrocinados por poderes ilimitados de vida e morte sobre as pessoas, passando sempre pelo poder, onipotência, riqueza, superioridade e prepotência, até terminarem todos assassinados, perseguidos, decepcionados ou aterrorizados, sem arrependimento das atrocidades cometidas, orgulhosos e indignados, jurando vingança e desprezo a seus desafetos e à vida.

Entendia então por que precisava ser rico agora, por que tinha tanta voracidade material e a razão de revoltar-se tanto por não sê-lo. O dinheiro e a riqueza eram os símbolos do poder conquistado, da força e da superioridade que julgava ter.

Percebia por que se sentia tão nobre e superior, tão exigente e tão diferente dos cidadãos comuns, dos pobres, a quem tanto odiava. Compreendia também por que mataria se tivesse oportunidade e coragem para fazê-lo, com desdém.

A trama do passado começava a se desfazer; lenta e dolorosamente concluía que se tivesse um pouco mais de dinheiro e poder não sobraria pedra sobre pedra em seu caminho. Sentia a tendência do mal em si. Conquistaria fortuna em cima de defuntos. Acabaria matando ou morrendo. Sua vibração era forte e perigosa e, se não mudasse algo rapidamente em si, cometeria atos de loucura. Se não se direcionasse para algo bom estaria se arriscando. Não adiantaria tirar os ranços negativos desses personagens, a quem sinceramente invejava, sem substituir essa energia no direcionamento do bem. Sentia a necessidade de se abrandar, apesar de todas as dificuldades e da dor da resignação.

Uma ponta da magia delirante da vida fácil e reverenciada teimava sempre em cair frente a seus olhos esperançosos, no sonho de reviver as glórias e conforto do passado; mas a certeza da continuação da vida, frente à constatação imorredoura do passado, freava o delírio mais arrebatador e trazia Khan de volta ao presente e às lutas cordiais com seu terapeuta. Sabia que a continuação da vida não o pouparia dos infortúnios acalentados no passado. E, portanto, dizia, entre comovido e desanimado, que se nem a situação social discreta em que vivia nesta existência atual fora suficiente, por si só, para desencorajar seu espírito de tanta arrogância, o que mais seria necessário acontecer nesta ou numa próxima vivência? Pobreza absoluta? Fome? Ignorância?

Era necessário separar-se de seus personagens e viver a realidade do século XX. Não havia mais lugar para espadas, coroas e cetros, onipotência e tesouros roubados. Poderia tentar ser apenas Khan, aquele que ousaria muito, mas não mataria nem morreria por um tempo que já havia passado.

2
A hipótese da reencarnação

> Cada um de nós parece ser um espírito em evolução permanente. Ele deve representar um colossal “domínio informacional”, contendo todos os dados de suas inumeráveis experiências pregressas. Este incomensurável repositório de conhecimentos, de vivências e de milenar sabedoria, alcançados em bilhões de experiências existenciais, ultrapassam muitíssimo o nosso frágil, superficial e paupérrimo aprendizado de uma única existência corporal, contada, no máximo em algumas dezenas de anos apenas, dos quais estivemos a maior parte do tempo semi conscientes ou inconscientes.
>
> Dr. Hernani Guimarães Andrade

Por que somos brancos ou negros? Ricos ou pobres? Mais ou menos beneficiados pela sorte? Por que alguns de nós têm filhos deficientes, em qualquer sentido, ou problemáticos, enquanto outros têm filhos maravilhosos e saudáveis? Por que muitas vezes não conseguimos vislumbrar qualquer nuance de felicidade quando nos parece que todos os demais à nossa volta desfrutam as benfeitorias da vida? Há quem inveje a fortuna, mas há também quem se resigne na pobreza. Por que afinal somos tão diferentes?

Teríamos sido, quem sabe, alguns de nós, agraciados pelos deuses, ou pior, outros tantos por eles esquecidos? Do que se trata a vida afinal? Aqui estamos nós misturados no meio de toda a humanidade, sendo únicos, em última análise, sem ter, no entanto, para onde correr, sofrendo individualmente nossas dores. Podemos encontrar companhia, solidariedade, compaixão, mas nunca ninguém sofrerá nossas emoções ou nossas dores físicas por nós. Por mais que passem a mão em nossa cabeça para nos consolar ou por mais mãos estendidas em nossa direção a nos oferecer o remédio, ainda assim existem coisas que não podem ser totalmente compartilhadas. Por mais que tentemos esconder o fato ou nos persuadir do contrário, parece que nas últimas dobras de nossos percalços pela vida estamos sós, sendo apenas nós mesmos. Muitas pessoas podem rir junto conosco, mas ninguém pode rir por nós. E por que isto tem que ser assim? Por que uns têm mais motivos ou oportunidades que os outros para sofrerem ou para serem felizes?

Os homens provavelmente vêm se perguntando as mesmas coisas há milênios. E, embora se perguntem, ainda há quem, nos dias de hoje, prefira atribuir ao acaso tantas misérias, fantásticos genocídios, fortunas incalculáveis e vicissitudes de toda espécie, além de surpreendentes maravilhas inimagináveis e tantas outras incríveis tramas, que enredam o ser humano, do berço ao túmulo.

Outros existem, também, que preferem não pensar no ontem e cismar apenas com o amanhã. Não se detêm a refletir sobre o passado e nossas eventuais responsabilidades sobre ele (e sobre o hoje, naturalmente) e se calam esperançosos quando pensam nas benesses esperadas do futuro, passando a vida a contabilizar possíveis lucros vindouros. É interessante notar como muitos de nós simplificamos tanto a vida que, rapidamente, estabelecemos critérios que nos beneficiem ao máximo, independente de tudo o mais e, num ato ilógico, embora compreensível, passamos solene borracha sobre todas as questões levantadas no início deste capítulo e fingimos que elas não nos afligem, embora passemos a vida de olho esticado para nosso vizinho, a analisar nossas diferenças e sofrer com elas.

É mais fácil, sem dúvida, ficar à espera dos dividendos do porvir, na esperança quase ingênua de que eles virão, como num passe de mágica, frente aos nossos, geralmente parcos, investimentos presentes. Muitas de nossas mais prosaicas obrigações cotidianas, como honestidade, disposição para o trabalho, repugnância ao crime e aos delitos comuns viram, em nossa imaginação, por si só, acontecimentos pertinazes de recompensas plenas e definitivas no futuro.

Podemos ser honestos mas intolerantes; bons pais de família mas caprichosos e dominadores; podemos trabalhar de sol a sol e ao mesmo tempo sermos corroídos pela mágoa do perdão não concedido ou torturados pela inveja do bem não ainda alcançado.

Parece uma idéia até divertida pensar que em nossa carteira escrituramos apenas os créditos, dos quais guardamos zelosos recibos, que pretendemos levar ao guarda-livros um dia. Débitos? Nem pensar! Nossas dores, ou são uma injustiça ou um peso acima de nossas forças que muito nos sacrifica, o que nos credencia a todos a ter o direito de reclamar.

Todavia, embora façamos vistas grossas à nossa responsabilidade frente a nossa situação atual, continuamos a ser negros, brancos, ricos, pobres, homens, mulheres, altos ou baixos etc. Os fatos existem e persistem apesar de teimarmos em fazer de conta que estamos no controle da situação, ou que dela somos vítima. Mas sempre, no fim, situações que ninguém pode passar por nós. Somos únicos. Mas, afinal, quem somos nós?

Indagaríamos uma nova vez: de que se trata isto

tudo? E repetiríamos a questão de sempre: de onde viemos e para onde vamos?

Esta segunda indagação parece mesmo fora de questão. Não achamos ser pertinente ao ser humano ousar entender tanto ou ir tão longe ainda, nestes tempos, onde tantos ainda lutam pelo mínimo necessário à própria sobrevivência. Em nossa situação de recém-saídos da barbárie (embora tantas guerras contemporâneas nos arrastem junto com seu sangue a pensar que essa conquista talvez não seja definitiva), parece-nos que o ser humano é ainda pequeno para informações tão profundas e precisas. Não vislumbramos formas de nos instrumentalizar rapidamente para tão preciosa tarefa no momento, ou saber como ter acesso a tão prodigiosas informações. Seria lógico deixar tal exercício de meditação aos filósofos, que generosamente emprestam seu tempo à humanidade neste mister. Não se trata de nos alijarmos desta busca, mas apenas de reconhecermos nosso justo lugar nesta pesquisa.

A primeira questão, no entanto, excita-nos a inteligência frente à multiplicidade de fatos que jorram por todos os cantos do planeta, convidando-nos à simples lógica da reflexão não fantasiosa. De que se trata a vida? Por que seríamos tão diferentes uns dos outros então?

Dezenas de vezes a maioria de nós terá ouvido, nos tempos de juventude, que era necessário estudar, tarefa geralmente tediosa frente a tantas outras atividades mais interessantes, para assegurar um futuro melhor. Ou ainda, que precisaríamos poupar para termos de onde prover o amanhã etc. Isto é, parece pensamento comum das pessoas que nosso bem-estar do porvir depende de nossa disposição de trabalho e coleção de acertos no presente. Estudamos, poupamos e nos preparamos para as tarefas da maioridade com uma certa dose de mau humor pois, decerto, preferiríamos brincar, passear ou dormir. Parece que os que tiverem mais paciência e forem mais brandos ou resignados às horas de estudo e dedicação colherão melhores frutos posteriormente. Pelo menos, é o que todos dizem.

O fato de ainda não termos ouvido um só pai sequer recomendar ociosidade, preguiça e rebeldia aos filhos, denota estar a maioria das pessoas falando de investimento e resultado posterior, ou seja, causa e efeito ou, ainda, como alguns gostam de dizer, ação e reação.

Se estes pensamentos são absolutamente lógicos para a maior parte das pessoas, quando restritos a esta nossa existência atual, principalmente quando se referem à árdua luta da criança para se tornar um adulto gratificado, bem posicionado socialmente e, ou, no mínimo, feliz, seria lógico também pensar que os mesmos pensamentos, a mesma proposta de causa e efeito, do investimento e do resultado se apliquem, sem preconceitos, para explicar por que somos tão diferentes, desde sempre, na história da humanidade. Sempre existiram o rico e o pobre, o conquistador e o conquistado, a vítima e o algoz, o selvagem e o civilizado etc.

No homem comum, nosso parceiro do dia-a-dia, aquele que mais se empenha na vida geralmente é mais bem-sucedido em alguma circunstância do futuro, e no homem universal, apátrida, perene através dos tempos, parece que aquele que mais se empenhou nas vidas pretéritas também é mais bem sucedido em alguma circunstância da vida presente. Mesmo que isso seja muitas vezes incompreensível ou quiçá invisível aos nossos olhos, ávidos de avaliações rápidas de contas bancárias ou outros atributos.

De qualquer forma, parece que somos então o resultado final do que fizemos ontem, o último, o mais avançado e mais bem-acabado modelo que nossa engenharia conseguiu projetar, mais ou menos estragado, no entanto, pelas estradas ruins que escolhemos repentinamente trilhar no aqui e agora, para economizar tempo, queimar etapas ou fugir dos desvios naturais, que interditam nosso caminho às vezes.

Parece que nunca percebemos o quanto nossa estrada original era impecavelmente pavimentada para nossa trajetória; terminamos sempre a nos lamentar pelos pneus furados nas trilhas esburacadas e poeirentas pelas quais optamos, inadvertidos e incautos, à menor dificuldade que nos é imposta no trajeto normal. Parece que nossa paciência é proporcional ao entendimento que temos do que é a vida.

Certa vez, há muito tempo, um cliente nosso, um homem negro, que, embora fosse aos olhos de todos simpático, bem sucedido e inteligente, não se conformava absolutamente com sua desdita. Sua revolta contra o destino cruel que o escolhera para tão maldita sorte era tamanha, que pensava secretamente em matar-se. Queria ardentemente ser branco, loiro e ter olhos azuis. Não se olhava no espelho e tinha profundo desprezo por si próprio. Disfarçava beligerância e ironia internamente e sentia-se permanentemente em evidência, no mundo dos brancos o qual, todavia, confessava, não parecia sequer se aperceber que houvesse qualquer coisa diferente nele. Sempre prevenido, em certa ocasião da juventude, ao pleitear trabalho numa empresa, foi logo dizendo ao encarregado do pessoal, por telefone, que era "de cor"; surpreendeu-se muito ao ouvir prontamente do outro lado da linha, num tom amistoso: "e de que cor você é?".

Nada, no entanto o livrava do preconceito de que o mundo tinha preconceito contra ele. Custava-lhe acreditar que o julgamento e o veredicto sobre sua brutal diferença dos demais seres humanos eram somente seus.

Descobriu que numa de suas vidas passadas fora branco, loiro e de olhos azuis, além de rico, mas matara uma porção de gente; fora intolerante, briguento, maldoso e irônico e julgara-se também superior a todos, com direitos absurdos sobre os demais; cultivou muitos vícios e teve muitos escravos.

Pelo visto, lembrando daquela história da necessidade do bom desempenho escolar para colher frutos vindouros, que todos apregoam aos quatro ventos, gazeteara algumas aulas no passado e tinha agora que refazer algumas lições mas, teimoso, recusava-se a estudar e revoltava-se com o colégio interno e sem férias ao qual se via constrangido no presente: seu próprio corpo e sua própria vida. Debatia-se, sem perceber que era responsável pela própria repetência, e que colégio algum existia com a finalidade de punir o aluno, mas sim com o objetivo de educar e preparar para o futuro que sempre está pela frente.

Estava cercado, nesta vida presente, de mestres dedicados, usava vistoso uniforme e possuía muitos livros, mas o orgulho de ter que correr atrás da ociosidade evolutiva do passado, quando cometera desvarios de toda espécie, o impedira de ter melhor aproveitamento agora, e caminhava perigosamente para nova reprovação. O que aconteceria numa próxima vida se conseguisse mesmo se matar hoje? Difícil dizer, mas se continuarmos no pensamento de que nossa pequena vida atual, com infância, juventude e maturidade é cópia fiel de uma vida maior, diríamos que, se fugisse da escola, na volta seria mandado para uma classe mais fechada e mais rigorosa, como acontece com os alunos preguiçosos jubilados das classes normais, aqui mesmo nos nossos tempos.

No começo, os meninos são auxiliados por todos em suas dificuldades das primeiras letras mas, mais tarde, mostrando-se renitentes na preguiça e na rebeldia, se vêem forçados a estudar em situações mais precárias ou constrangedoras, pois ninguém mais os agüenta. Começam a ter que fazer mais por si próprios, pois a boa vontade das pessoas em volta deles vai diminuindo, no que diz respeito ao diálogo e à democracia. Quando finalmente se cansam de rever os mesmos livros, as mesmas lições, enjoados dos mesmos cadernos, sem outra solução a não ser parar de espernear de forma egocêntrica, achando que o mundo termina na ponta de seus próprios narizes, capitulam e se resignam, mas não antes de ter passado por incontáveis vivências onde a tônica do balanço final de todas elas foi o sofrimento e a frustração; aí se dedicam e podem então retomar o caminho normal, deixando para trás as classes cinzentas, úmidas e sombrias dos porões, os professores rabugentos, indo para os andares mais altos da escola, onde a luz revigorante dos primeiros raios de sol da manhã e as brisas amenas e refrescantes da tarde atingem as salas em todo o seu esplendor, propiciando aos alunos agradáveis momentos nos bancos escolares, em companhia dos colegas de jornada, tornando o aprendizado um leve e surpreendente fardo a ser carregado com alegria, boa vontade e desejo de saber cada vez mais.

Nosso amigo já havia passado muitas outras temporadas escolares nos porões reservados aos mais rebeldes, além daquela vida onde fora o mancebo de olhos azuis. Parecia, todavia, esquecido dessas lembranças e nenhum sinal que a vida atual lhe oferecia era suficiente para tirar suas mãos dos próprios olhos. De seu passado longínquo emergiu o personagem de um religioso romano, dedicado à difícil tarefa de manter no poder a igreja da época, com suas incúrias e extremismos. Os infiéis eram levados aos altares de sacrifício para exemplo ao povo insurgido contra a miséria que lhe era cabida, sendo o fausto destinado ao clero e aos senhores poderosos.

O jovem religioso não se entusiasmava com as execuções sentenciadas pelos inquisidores, mas, por uma questão de comodidade, não conseguia afastar-se daquelas odientas figuras patibulares que se esgueiravam às dezenas pelos corredores escuros e esfumaçados dos templos, todas atrás de seu quinhão de vida fácil. Muito sangue correu também por ordem sua, escorreu de suas mãos e manchou seus apontamentos escolares, inutilizando aquela vivência. Quase nada aprendeu no decorrer de quase oitenta anos de existência farta e o pouco que poderia ter aprendido foi destruído pelo sangue de suas vítimas. Morreu, naquela oportunidade, tranqüilo, gordo, cercado de aprendizes iludidos com os mesmos sonhos de segurança, tendo a leve impressão de que havia feito algo errado.

Voltou em outras oportunidades a habitar os corpos de outros personagens; voltou em outras vidas a usar o mesmo hábito clerical, sempre disposto, no início, a levar uma palavra de esperança e de oposição à radicalidade estabelecida por tantos séculos; mas em todas fracassou, corrompido por caprichos diversos. Jamais conseguiu se despojar da mesa farta obtida com o suor alheio, nas mais diversas situações.

Em ocasiões posteriores, fez outras tentativas

de melhorar seu aproveitamento escolar, em vidas afastadas do ambiente eclesiástico. Veio então pobre e sem poder algum, mas terminou roubando, sentindo-se, como até hoje, injustiçado, rebelando-se contra o destino adverso. Veio rico também, em outra vida, mas, mesquinho e egoísta, guardou toda a fortuna "embaixo do colchão" e não ousou fomentar qualquer bem-estar para os muitos que se acotovelavam à sua volta, ávidos e esperançosos por um naco de pão que fosse atirado a esmo. Também não deu certo.

Vinha tropeçando pelas escadarias do colégio, subindo um degrau aqui e ali, caindo noutro acolá, estagnado em alguns patamares. Estava cansado e já cobiçava, com o olhar sonhador, as frestas de claridade luminosa que se refletiam dos andares superiores e estimaria fazer parte das turmas alegres daquelas classes, das quais ouvia o burburinho jovial.

Percebeu que na vida atual viera finalmente numa posição de equilíbrio. Tinha dificuldades raciais, mas tinha também sido bafejado pela "sorte" com sua inteligência, simpatia, posição social etc. Tinha vindo numa família tranqüila; seu pai tinha sido um homem dedicado e delicado no trato do lar e a mãe, incansável exemplo de bondade e perseverança nas lutas da vida. Jamais presenciara uma só discussão na infância. Estudou e formou-se. Casado, tinha dois filhos na universidade; rapazes que jamais tinham lhe dado qualquer preocupação.

Queixava-se de fato do que mesmo? Entendeu finalmente que não era nem branco, nem negro; não era feio ou bonito; tampouco era rico ou pobre; vestia-se apenas temporariamente com o uniforme escolhido sabiamente, a seu ver, providenciado para que se harmonizasse com mais facilidade aos estudos com os quais se comprometera para esta nova temporada escolar. Começou a achar o uniforme bonito e percebeu que não deveria amarrotá-lo, pois ele garantia sua permanência na classe, que começava também a lhe parecer menos tediosa. Muitos andares ainda havia a subir, mas seu coração agora estava leve, livre dos pesos da rebeldia e da falta de resignação que levara ali ancorados por tantos anos. Com pernas fortes para galgar as escadas e decidido em seus novos sonhos, sentia-se já banhado da luz, embora tênue, que havia desprezado ou invejado por tanto tempo em outras épocas que passara na mesma escola.

E, assim como nosso amigo, se nos detivermos por instantes a observar o passado com um olhar um pouco mais crítico que o habitual, deixando nossa visão ir para pouco além das fronteiras apenas desta vida, vamos nos sentir um pouco estranhos e constrangidos, embora mais esperançosos na leveza que poderemos imprimir às nossas próprias passadas e nos surpreenderemos a coçar a cabeça e deixar escapar: "mas, eu me queixava do que mesmo?".

3
O passado e o presente

"O caráter é o triunfo de nossa determinação sobre nossa inclinação".
Edward Earle Purinton.

O carma

Tem-se falado muito de carma ultimamente. Muitas pessoas adoram dizer que são vítimas do destino e que talvez estejam "pagando" seu carma.

Parece que, para a maioria das pessoas, a palavra carma tem uma conotação pesada, negativa, tipo fatalidade insuperável e contra a qual nada há a se fazer, além de, é lógico, se lamentar. Carma parece ter sabor de destino, de sina, de azar.

A nosso ver, no entanto, carma parece mais um exercício de inteligência do que uma grande desgraça em si mesmo. Costumamos dizer que um dos objetivos básicos da Terapia de Vida Passada é tratar, numa palavra simples, os traumas do passado que repercutem ainda hoje em nossas vidas. Percebemos que a maioria desses traumas ou, pelo menos, grande parte deles é incorporada como tal em nossa linha de vida, em nossa essência, em nosso eu superior, em nosso espírito ou em qualquer outra denominação que se dê à nossa individualidade, em momentos de morte mal resolvidos onde sob o impacto de forte emoção, costumamos tomar decisões erradas a respeito dos acontecimentos que nos rodeiam.

Poderíamos exemplificar com a mulher que nos dizia, inicialmente, não ter prazer sexual com o marido e depois, investigando melhor seu problema, através da descoberta de algumas vidas passadas, descobriria que, na verdade, tinha medo de gostar de sexo e vergonha de vir a querer mais e mais.

Em uma das vivências se viu casada com um homem que ficou paraplégico e a incentivou, com seu silêncio, a buscar relações extraconjugais, o que ela fez. A vida correu normal até que, apaixonada por um dos amantes conquistados, decidiu fugir com ele, deixando o marido abandonado à própria sorte, impossibilitado de prover seu sustento. O amante, por sua vez, também terminou por abandoná-la um dia e ela acabou se suicidando, de forma trágica. Ao perceber a situação de morte sem volta, o espírito, ao lado do corpo, desesperado com o ato insano cometido, ficou a repetir, descontroladamente, frases do tipo: "me sinto uma vagabunda"; "não mereço ter sexo"; "sexo não presta"; "nunca mais vou ter sexo". E o sentimento que ficou impresso por esse episódio foi de culpa.

Trocando em miúdos, o espírito, após a morte, decidiu que gostar de sexo era uma coisa muito ruim e que ela não mereceria mais ter prazer através dele. Havia sofrido e feito outros sofrerem por causa disso. Até mesmo os filhos haviam sido abandonados. Hoje em dia, fazer sexo com o marido fisgava do inconsciente tal decisão, que a impedia de ter um relacionamento mais adequado e natural. Na verdade, não havia nenhum risco real de vir a acontecer uma tragédia caso tivesse prazer sexual. Seu único e absoluto interesse era o marido, mas a decisão do passado martelava em sua cabeça, sob a forma da austeridade aceitável da falta de prazer sexual, isto é, disfarçadamente, como sempre acontece com nossas antigas decisões.

Parece que, sob o impacto da morte violenta e da própria culpa, o personagem confundiu seu comportamento isolado e específico com o sexo em si, generalizando que sexo não prestava e era algo vergonhoso, o que se sabe não ser absolutamente verdade.

Voltando então ao início, um dos objetivos da TVP seria fazer o cliente perceber tais decisões erradas tomadas, repetimos, geralmente no momento da morte.

E o carma? Bem, o carma nos parece ser resultado do inverso; isto é, das decisões, digamos corretas, tomadas no período intervidas. Parece estranho, mas quando falamos de vida passada, além do ontem desta vida atual e das vidas anteriores, não podemos nos esquecer dos períodos que passamos entre uma vida e outra.

Não é totalmente incomum clientes serem levados, em regressão, a essas épocas, a esses períodos de tempo entre duas vivências e se perceberem, agora sob a influência da razão e não mais da emoção, como nos momentos de morte, tomando as decisões corretas, baseadas na avaliação, pelo espírito, agora menos ansioso, pois já decorreu muito tempo após sua última morte, após os repetidos acontecimentos traumáticos de suas vidas. De alguma forma existe em comum, no relato das pessoas em regressão, lugares para onde são levados os espíritos nessas oportunidades, ou onde simplesmente se vêem programando suas próximas vivências, geralmente com assessoramento de outras pessoas, também espíritos; estes, especializados no assunto, como se fossem funcionários de uma grande empresa.

Um rapaz que teve poliomielite, segundo seu relato tinha sido "vítima" da paralisia infantil por negligência de seus pais, por descaso da sociedade com os menos favorecidos, pois na infância tinha sido pobre etc. Vivia vociferando contra tudo e contra todos, inclusive Deus, que o abandonara à própria sorte.

Hoje, com o enriquecimento do pai, tinha de tudo: desde empregados para servi-lo até carros especiais para dirigir sem problemas. Nada disso, no entanto, aplacava sua ira. Veio à terapia porque a raiva estava se voltando contra ele mesmo e já havia produzido várias úlceras no estômago, causando-lhe grande sofrimento. Buscava solução para as úlceras e não para a raiva que, aliás, julgava justíssima. Estava em seu legítimo direito de reclamar.

Indo parar no período intervidas, no entanto, para sua surpresa, viu-se decidindo ter um problema físico nas pernas, que o impedisse de usar sua agilidade e força para massacrar pessoas, como vinha fazendo em vidas sucessivas. Em outros períodos semelhantes no astral, havia tomado decisões mais amenas quanto ao seu temperamento pondo-se à prova, porém não havia adiantado nada, já que seu comportamento era recorrente. Continuava áspero, intolerante, dominador, agressivo e orgulhoso, além de pensar só em si mesmo.

O que havia acontecido com ele acontece com a grande maioria das pessoas, isto é, "esquecem" as tais decisões cármicas inconvenientes à responsabilidade na vida seguinte. E como esquecem, revoltam-se, esperneiam e sentem-se vítimas do destino. Então, ao invés de resolver o problema, carregam-no para frente, acumulando novas e novas cargas que exigirão decisões maiores e mais contundentes ou enérgicas no futuro.

Falamos que o carma está mais para um exercício de inteligência porque as dores refletidas por ele geralmente duram até à conscientização do indivíduo, o que pode levar várias vidas e só depende de cada um. Daí para frente, depois dessa conscientização, é como se não precisássemos mais das dores para nos lembrar, a todo instante, de não repetir o mesmo papel. O carma parece ser um aviso, um lembrete mesmo, das mudanças que precisamos promover em nós mesmos, porque temos visto que, habitualmente, no suceder de vidas, como as de nosso cliente, o tal "esquecimento" foi acentuando traços negativos de caráter, como prepotência, intolerância, agressividade etc. Ao final, ele não teve restaurada sua perna inutilizada pela pólio, mas parou de sofrer por causa dela. Aceitou, compreendeu, parou de se atormentar e de culpar os outros por causa daquilo que achava ser um problema insuperável.

Nunca sabemos até onde vão as decorrências desse carma em nossas vidas; nem mesmo sabemos, de antemão, se seus reflexos não forem explícitos como a pólio de nosso amigo, se é mesmo um carma; mas podemos, com certeza, minimizá-lo emocionalmente, quando não, fisicamente.

É difícil as pessoas aceitarem essa situação sem o entendimento da reencarnação, porque os sinais do que é ou não carma parecem estar ligados àquelas dores para as quais não contribuímos, de nenhuma forma, para que aparecessem nesta vida. Que culpa tinha aquele rapaz de sua paralisia, não é mesmo? O problema é que as pessoas pensam pequeno, reduzindo a uma única existência nossa linha de vida. Aí seríamos mesmo ou agraciados pela sorte ou muito azarados.

Falando em sorte e azar, voltemos ao caso daquela mulher com problemas sexuais, que havia decidido que nunca mais teria sexo, que ele não prestava etc.. Ela teve várias outras vivências relacionadas fortemente ao mesmo tema. Vidas em que viveu muitas paixões e percorreu longos caminhos de sedução; vidas em que matou e morreu por causa de sexo, com ardor. Na vida atual achava-se desprotegida da sorte nessa questão, especialmente, quando se comparava com as amigas que tinham relatos espetaculares sobre suas vidas sexuais. Por que isso acontecia com ela? Uma mulher séria, honesta e voltada para a família.

Com o decorrer das vivências, no entanto, vai percebendo que, além das decisões erradas do passado sobre o assunto, que a paralisavam, havia uma função maior em curso; parecia que a frigidez a protegia, não somente da tragédia, mas da promiscuidade. Usando suas próprias palavras, "de se tornar uma vagabunda".

A continência do prazer trazia, no fundo, paz e segurança, mas gostaria de poder abrir mão de tudo e ter todos os amantes com que a vida já lhe havia acenado. Só não tinha tido relacionamentos extraconjugais, confessou, porque não teria prazer mesmo. Isso possibilitava que se dedicasse só ao marido. Percebeu que veio com a decisão de ter uma espécie de freio, decisão tomada muito além das angústias da morte, já em momento de serenidade, pois, com exceção do personagem que achava não mais merecer sexo, todos os outros morriam muito revoltados ou se sentindo vitimizados, sem o menor insight, sem a menor noção dos abusos cometidos, como prostituição, crimes passionais etc.

Era nesta vida uma pessoa orgulhosa, autoritária e magoada, não perdoando quem fosse feliz a seu lado. Seu caráter reproduzia idênticos personagens do passado e denotava que muito havia para ser mudado no presente, coisas muito além dos escaninhos do sexo. Era como se tivesse vindo, também, com a decisão cármica, esquecida naturalmente, de contar os anseios sexuais desmedidos. E, ao dar tudo errado mesmo, por não entender, acabou tendo seus traços de caráter acentuados. Percebeu, então, a sabedoria da proposta que trouxe para esta vida e que, talvez, não precisasse mais de tantas artimanhas para não cair em descrédito, não provocar tragédias e ainda ter prazer com o marido. Aquilo que julgava azar começava a se parecer mais com uma tremenda sorte.

Que não se pense, no entanto, que a TVP vai devolver visão aos cegos ou fazer andar paralíticos. Mas, a partir da conscientização do passado, há uma fantástica diminuição das dores que ainda dele repercutem no presente, que são os nossos problemas. Tudo passa a ser mais natural. E, além do mais, como não vivemos as vidas passadas de nossos clientes com eles, porque obviamente não estávamos lá, não podemos ousar dizer, com correção absoluta, que seus problemas sejam frutos de decisão certa ou errada. Isto é, que estejam sendo causados por um carma ou por um trauma. Deixamos a cargo do inconsciente descobrir por nós do que se trata e até onde pode ir a potência terapêutica de nossa interferência. O que não podemos é nos omitir e dizer que aquilo não tem jeito mesmo e é o que precisamos passar, até o fim.

3
O passado e o presente

1. O carater
(o primeiro dos quatro pilares nos quais está embasada a cura pela TVP na SBTVP)

Quando se fala em caráter, é preciso entender duas coisas a nosso ver fundamentais: a primeira é, naturalmente, a visão peculiar que temos a respeito desse conceito e a segunda, e mais surpreendente, a consideração dinâmica que constatamos a partir de seu diagnóstico, isto é, colocamos em cheque a imutabilidade do mesmo.

Partindo, então, do primeiro aspecto, caráter seria um conjunto de tendências, boas e más, talentos e defeitos que trazemos embutidos dentro de nossa personalidade ao nascer. Costumamos dizer aos nossos alunos que caráter é como o ranço viscoso de nossas personalidades anteriores. O que restou, negativamente, depois de passar pelos filtros do aprimoramento moral e psicológico, digamos assim, nas diversas vivências do passado e também o acúmulo das qualidades e do aprendizado que cada um de nós vem burilando através dos tempos.

Por defeitos de caráter poderíamos citar uma lista interminável de problemas como o orgulho, a vaidade, a intolerância, a irritabilidade, a inveja, o ciúme, o rancor, a mágoa (aquele que guarda mágoa é geralmente do tipo que perdoa mas não esquece), o melindre, a vergonha, o egoísmo etc. É apenas uma questão quantitativa e não de discussão para aceitação. Apenas uma questão de saber se somos mais ou menos, isto ou aquilo; intolerantes, por exemplo. Ousaríamos desafiar qualquer pessoa a nos dizer que nenhum desses traços de caráter faz parte de sua atual personalidade. Somente mesmo se essa pessoa estiver nascendo pela primeira vez, do que duvidamos muito frente às histórias que já ouvimos, ou se ela se julgasse perfeita, o que também nos parece difícil de acreditar.

Por outro lado, há também nossas qualidades e nossas vocações. A parte positiva do nosso caráter. A maioria das pessoas se horroriza com a idéia de matar ou roubar, por exemplo, embora ainda haja quem o faça com tranqüilidade. E há ainda aqueles que "pensam" em matar ou cometer qualquer outra insensatez. Defrontamo-nos na clínica com surpresas desse tipo, com freqüência até.

Há pouco tempo um homem nos dizia que "pensava" em matar o filho doente para poupá-lo das vicissitudes da vida. Aquilo que poderia parecer até um ato heróico, resignado ou, quem sabe, covarde aos olhos da maioria das pessoas, não passava, no fundo, de uma enorme carga de orgulho ferido. Ele não se conformava com o fato de a vida não lhe haver dado um filho perfeito. Como ousava a vida ter feito isso com ele? É o que nos parecia perguntar.

Por outro lado, pai carinhoso, cuidadoso, decente, trabalhador e, incapaz de lesar alguém, lutava contra a idéia e o conflito o trouxera à terapia, além de outros problema que não podia admitir no momento, é lógico.

O conflito do cliente se dava entre partes de seu

próprio caráter. Uma parte que abominava a idéia do "assassinato por amor" e outra que declarava, sem maiores pudores, coisas como: "poder é uma questão de honra", ou ainda: "eu vou decidir o que é melhor para ele". Atrás, então, da absoluta falta de poder por não ter conseguido gerar um filho sadio, havia o orgulho afrontado pela perda do controle da situação: "como isso foi acontecer comigo?".

Várias personalidades de vivências passadas haviam deixado suas marcas em seu caráter. Em uma delas, por exemplo, havia sido um senhor de escravos. Um fazendeiro rico e poderoso. A todos dominava, pelo dinheiro ou pelo chicote. Jamais admitiu receber uma contestação como resposta aos seus desejos ou às suas decisões. Temido, passou toda a vida a se banquetear do supérfluo, metido em botas inglesas e camisas com rendas francesas que os escravos poliam e lavavam, sendo duramente castigados se o mínimo detalhe lhes escapasse à atenção. Mandou matar dois rapazes brancos que tiveram a ousadia de querer cortejar duas de suas filhas sem sua permissão. Outro foi morto, por duvidar de sua palavra, em negociatas por terras. Muitos escravos também foram mortos em nome de sua autoridade. Sua honra e suas ordens, dizia, estavam acima de tudo. Todos haveriam de se curvar à sua palavra.

E assim foi, mas à custa de muito sangue e muita dor para todos que por ali viviam: familiares, empregados e, é claro, os escravos.

Viveu muito, mais de oitenta anos, para desespero de todos. Sobreviveu aos filhos e aos netos, debochando, orgulhoso, das malquerenças e dos feitiços que faziam para que morresse logo. Julgava estar acima do tempo e das pessoas. Zombava de Deus e do diabo.

De volta ao presente, como era natural, estava

mudo de espanto. Compreendeu imediatamente a posição orgulhosa de poder e domínio na qual havia vivido seu personagem, acima dos homens e das coisas, do bem e do mal, da vida e da morte.

Sentiu que suas "questões de honra" do presente se esvaíram por entre suas mãos e não faziam mais qualquer sentido. Matar o filho estava longe de ser uma atitude piedosa e passava a ser apenas um exercício de prepotência.

Outra pessoa, uma jovem mulher, contou de sua vergonha de falar em público. Cada vez que se defrontava com uma situação dessas, principalmente com pessoas estranhas ou com figuras de autoridades, o pensamento "sumia", as mãos suavam, as pernas tremiam e o coração batia forte. Embora fosse claro para ela o absurdo de sua reação, não conseguia controlar-se. Passou a fugir dos compromissos e da vida. "O que não vão pensar de mim?". "Não posso errar".

Pessoa honesta, séria, dedicada à família, aos filhos e à caridade, sofria, no entanto, com os resquícios de seus personagens, pessoas importantes no passado, que a faziam se indignar e fugir da possibilidade de se expor ou de ser avaliada no presente, não admitindo, em hipótese alguma, mostrar alguma falha sua em público. Comportava-se como se fosse sempre o centro das atenções, como se fosse mesmo uma estrela ou como se tivesse que dar satisfações a todos de sua invejável situação. Isto é, o que restava mesmo do passado era um orgulho que não poderia ser tocado de forma alguma. Esse orgulho estava disfarçado de vergonha, esta sim, tão aceitável e tão compreensível numa mulher.

Como se percebe, então, além das falhas explícitas de caráter, como por exemplo a intolerância, a vaidade, ou o rancor, existem outras que disfarçam nossas tendências negativas, como a vergonha no caso daquela mulher. O melindre, por exemplo. O melindroso é aquele que acha que tudo tem que ser do seu jeito. Comporta-se como se fosse um vaso de cristal fino, com o qual todos têm que ter o máximo cuidado ao tocar porque se quebra facilmente. Ele não admite que alguém pense diferente dele ou, melhor ainda, não admite receber um "não" pela frente; ou chora e fica magoado, assumindo a postura da falsa vítima, que espera carícias de lástima ou pedidos de desculpa, ou reage até agressivamente, expondo toda a sua indignação ao seu suposto agressor.

Havia um indivíduo melindroso, sempre lesado pela família, que não reconhecia seu sacrifício, e pela vida, que não o poupava de nada, ele que havia sido um rei no passado; nós lhe dizíamos que se comportava hoje em dia como se ainda fosse o rei e brincávamos dizendo que sua frase favorita deveria ser "quem és tu que ousas sujar a ponta do meu manto?", com o que ele concordava plenamente, com um sorriso que denotava insight e cumplicidade.

E uma vez mais vamos encontrar, no fundo, o orgulho; o orgulho de quem não pode ser confrontado, de quem deve ter perdido a coroa na poeira dos tempos e não percebeu que o poder não vem mais pelo simples fato de "eu ser eu" e sim, talvez, pela competência, o que ele não tinha. E quem sabe ainda, mesmo advindo da competência, advindo da competência, o poder pudesse ser democrático, inteligente e suave. Encontrou no passado personagens parecidos com aquilo que era hoje: lamentosos, impertinentes, chatos e incompetentes. No entanto, todos tinham outrora razões melhores que as dele no presente para comportar-se assim. O momento histórico, a situação social, as adversidades em geral, ou a cultura específica de cada civilização, justificam melhor os comportamentos de nossos antigos personagens. Não os desculpam, é claro, pois, como sempre dizemos, o ser humano, em qualquer circunstância, sempre tem mais de uma opção; no mínimo, contudo, é mais fácil compreender neles o que é inaceitável em nós.

É muito interessante observar como por trás de todas ou quase todas as falhas de caráter que catalogamos, essas "sujeirinhas" ou verdadeiros "lixões" que trazemos enroscados do passado, há sempre o orgulho.

E o que estaria acontecendo com o insatisfeito, com o egoísta, o prepotente? Ora, as mesmas coisas. Uma cliente nossa não pensava duas vezes antes de se indignar com qualquer coisa que ela percebesse de "errado". Gritava, xingava, se impunha e, naturalmente, sofria com a falta de carinho das pessoas. No auge de sua cegueira comentou, satisfeita, que era, no entanto, muito admirada pela sua "força", ao que recebeu, em observação terapêutica, que deveria ser muito admirada e também muito mal amada.

Em várias vidas passadas viu-se como personagens poderosos, frios, calculistas, tendo grandes séquitos à sua volta, dobrando-se às suas mais ridículas vontades. Ora seguidores, ora escravos, ora empregados ou familiares. Todos obedeciam sem pestanejar. Não havia aprendido muito em vidas tumultuadas e em mortes trágicas, tramadas ou sofridas. Nesta vida atual viera sem poder algum, sem ter como fazer prevalecer de fato seus desejos e suas verdades, debatendo-se num mar de frustrações, raiva e agressividade mal controlada.

É óbvio que a intolerância denota uma personalidade orgulhosa e dominadora. Nada era bom o suficiente para ela e nada estava à sua altura. Julgava e ordenava o tempo todo. Tempos depois, no entanto, essa cliente nos brindou com uma frase que, sem dúvida, resume a proposta desta terapia. Ela disse ter descoberto que a TVP serve fundamentalmente, ao mostrar às pessoas seu próprio passado, para abrandar o ser humano e que essa era a solução da vida. De fato, quando olhamos para trás no tempo, nos apressamos a deixar de fazer conta de um cem número de coisas das quais costumamos fazer tanta questão, em todos os aspectos da experienciação humana.

Parece que a porta de saída do compartimento da dor é mesmo esse abrandamento. Vamos apenas deixar isto registrado, porque esse pensamento nos empurra para o segundo ponto de nossa abordagem sobre o caráter, que é o seu dinamismo, isto é, a possibilidade de ele poder ser mudado.

Como dissemos, essa afirmação é surpreendente quando se pensa na psiquiatria clássica, que o coloca como algo imutável. Já vem com a pessoa e, portanto, não dá para mexer. Faz parte do anedotário antigo de psiquiatras o fato de que um fulano era tão egoísta, mas tão egoísta, que sua mãe contava que, desde bebê, ele não emprestava a chupeta para o irmãozinho gêmeo. E é assim mesmo. O problema, como sempre, é a compreensão da etiologia, das causas de determinada situação. Por que será que aquele menininho desde cedo se joga no chão quando suas vontades mínimas não são satisfeitas? Não é capaz de superar uma frustração sequer. Ah!, diriam os mais ortodoxos, toda criança é egocêntrica, seu mundo está centrado em si mesma. Sim, mas o outro menininho, em situação idêntica, é mais generoso, mais resignado e democrático, espontaneamente. Por que será?

Em psicopatologia, quando estudamos os sinais clássicos das doenças psíquicas e os grupos onde as patologias estão inseridas, vamo-nos deparar com um grupo chamado de distúrbios da personalidade. E aí vamos encontrar uma patologia que reforça essa postura tradicional de que com o caráter não se trabalha porque "não adianta". São as chamadas personalidades anti-sociais, também conhecidas como personalidades psicopáticas ou mais popularmente conhecidas como "loucos morais" ou também neuroses de caráter.

São pessoas que possuem uma personalidade onde parece que se acumulam falhas e faltam qualidades aprendidas no passado, especialmente as de nível afetivo e ético, aparecendo então um caráter extremamente negativo e destruidor. São indivíduos com incrível embotamento afetivo, egoístas, gostam apenas de si próprios, não são capazes de amar e só tiram proveito em suas relações amorosas. Apresentam distúrbios do juízo ético importantes, isto é, perderam a noção do certo e do errado, do bem e do mal. São capazes de urinar na sala, na frente dos filhos, e se surpreender muitíssimo se confrontados. São também capazes de bater na esposa, espancar os filhos e ainda achar que fizeram muito bem. Em casos extremos, são capazes de furtar, seduzir, enganar, levar todo tipo de vantagem e até mesmo de matar, se houver proveito próprio. Sua autocrítica é precária e às vezes parecem não perceber o que fazem ou, se percebem, têm sempre uma razão pronta, na ponta da língua, para justificar tudo; racionalizam suas condutas, achando sempre um culpado que, naturalmente, não são eles próprios.

Um cliente nosso, alcoólatra, que é a patologia que mais comumente está precedida de uma personalidade desse tipo, estava sexualmente impotente em função, obviamente, do uso imoderado e crônico, por vinte anos, de bebidas destiladas; ousava culpar a esposa que, em seu delírio de ciúme, o traía com outro homem, o que causava sua impotência.

Pessoas com essas características são conhecidas por todos nós e, entre os médicos, costuma haver certo desânimo em seu tratamento. Tal desânimo ocorre muito mais em função de uma estatística de frustrações do que em função da má vontade desses profissionais.

É comum colegas se recusarem a aceitar para terapia tais clientes. Isto quando eles chegam a solicitar uma terapia porque, para eles, quem está doente é o mundo. Aqueles que conseguem adentrar o *setting* terapêutico geralmente têm a personalidade anti-social maquiada por uma outra queixa qualquer, cabendo então ao terapeuta a tarefa de denunciá-la; essa denúncia, via de regra, só é feita com o paciente internado em hospital psiquiátrico. E ainda assim, na maioria das vezes, ele costuma não mudar em nada, mesmo que confrontado, medicado ou reprimido pela sociedade hospitalar.

Tudo isso só reforça a crença de que o caráter é mesmo imutável.

Para a Terapia de Vida Passada, no entanto, é indiferente se a patologia que temos à nossa frente está no caráter ou em qualquer outra instância do psiquismo. Tanto faz se o cliente é amoral, perverso, mentiroso, egoísta ou se apenas se diz deprimido ou tendo medo de altura.

Quase tudo pode ser mudado, até o caráter; só que a mudança vem, insistimos, do entendimento de sua etiologia. Isto é, do entendimento da causa real de nossos problemas, mesmo que isto nos desagrade e nos constranja, eventualmente, a aceitar a antiga hipótese da reencarnação, nem que seja apenas para a cura de nossos males.

Não existe, então, o acaso. Não nascemos desta ou daquela forma, com esta ou aquela tendência fortuitamente. As causas estão em nossas vivências passadas. E o caráter, como qualquer outra patologia, pode ser abordado com as mesmas técnicas.

Como falaremos em capítulo próximo, parece que, ou repetimos os mesmos padrões de comportamento passados, de uma forma mais ou menos atenuada, ou fazemos e sentimos algo diametralmente oposto àquilo que já nos aconteceu, numa tentativa desesperada de fugir da tragédia final de nosso personagem, como já se deve ter percebido. Tratando-se do caráter, temos observado que a primeira possibilidade é mais freqüente acontecer. De uma prepotente senhora de escravos no passado, por exemplo, com toda uma comitiva à sua volta para servi-la e ser humilhada por ela, com seu poder de vida e morte sobre todos, resta hoje a mulher que passa dificuldades financeiras mas não procura emprego fora do lar porque nenhum trabalho lhe pagaria o que julga merecer ganhar e, portanto, não estão a sua altura. Um bom argumento, sem dúvida, para ocultar o exercício velado do orgulho.

Exemplo dos mais interessantes é o de uma moça que, em vida passada, foi uma prostituta bem sucedida. Exatamente. E morreu coberta de glória, com seu vestido vermelho mais bonito, maquiada, achando-se o "máximo", rodeada de suas meninas, após uma vida de farras, bebidas e festas, muito sucesso e admiração de todos os seus fiéis amigos. Nesta vida, a dona de casa vaidosa, gananciosa e irresponsável no trato do lar, que não pensava duas vezes em largar os filhos à própria sorte e sair em loucas aventuras como se fosse uma adolescente. Queria tudo: sexo, dinheiro e diversão mas, para seu desgosto, nunca conseguia tudo de um só marido. Trocava de homens e se desesperava porque a realidade hoje era outra. Não se conformava em ter que lavar panelas, cuidar da casa e dos filhos. Não é preciso muito para se entender que o que restou daquele personagem nessa cliente, além da irresponsabilidade, foi o egoísmo.

Teríamos dezenas, centenas de histórias a contar, pois não achamos ainda um só ser humano que não tenha um jeito próprio de ser, independentemente dos pais que teve, da vida que viveu ou da educação que recebeu. Como dissemos, é só uma questão de percebermos e, talvez, admitirmos, o quanto somos impacientes, chatos, egoístas, vaidosos, irritados, melindrosos etc. E o quanto temos de talento, vocação, tendências positivas etc.

Isto tudo, mais nossas queixas, nossas alegrias..., somos nós, do jeito que gostamos de ser.

3
O passado e o presente

Padrões e contrapadrões de comportamento
• Padrões

Muita gente confunde caráter com padrões de comportamento. São apenas considerações didáticas para melhor compreensão do ser humano. Consideramos que padrão de comportamento é aquela coisa irresistível, aquele sentimento, aquele pensamento ou ação que repetimos, sistematicamente, de uma vida para outra, seja positivo ou negativo. Primeiro, porque é mesmo irresistível, e segundo, porque nos gera lucros psicológicos secundários.

A vítima, por exemplo. A vítima recebe uma quantidade enorme de carícias e reconhecimento, de lástima, é verdade, mas quem se importa? O principal é que reconheça seu sofrimento. Por outro lado, da vítima não se espera nada além do próprio sofrimento. Não são delegadas a ela obrigações a não ser tentar melhorar e se sentir bem. E, naturalmente, a vítima não assume responsabilidades pelos males que a afligem. Sempre há alguém, algo, a vida ou o destino para ser denunciado por tudo.

Tão confortável. Quem pode resistir a isso? Para entendermos melhor é preciso relacionarmos os padrões de comportamento ao nosso já comentado caráter.

Certo cliente, muito vitimizado e entristecido, levou à terapia suas dores e, entre elas, havia duas principais: a pena de si mesmo e o desejo de ter poder. Segundo ele, a família e o destino o haviam massacrado, pois não conseguira nem dinheiro e nem respeito; ele desejava o poder "apenas" para dominar as pessoas das quais não tolerava os erros. Queria o poder para "esmagar algumas pessoas inúteis".

Não tinha vindo à terapia para sanar o desejo absurdo de poder, mas para levantar os obstáculos que o impediam de chegar lá. Apesar de parecer incoerente haver esses problemas, pena e poder numa mesma pessoa, aí estavam. Como nossa função não era interpretar o que era ou não incoerente na dor do cliente e sim qualificar a dor, nos restava procurar as causas de tão inusitada situação. Não sem antes ponderar-lhe que não poderíamos aceitar contratos de terapia, digamos assim, que pudessem escapar à ética. Não pretendíamos ajudar ninguém a esmagar pessoas.

Costumamos brincar com nossos alunos quando esse ponto aparece, contando-lhes a história do cliente fictício, que aparece no consultório do terapeuta dizendo-se ladrão de criancinhas. Ali estava apenas para poder aprender a roubar sem culpa.

No caso de nosso cliente verdadeiro, frente ao óbvio, que a própria inteligência dele já havia naturalmente desconfiado, ele gostaria então de entender porque era tão irresistível sentir e querer aquelas coisas todas, sabendo de antemão que provavelmente ocorreria o inverso de sua absurda proposta inicial.

É fácil suspeitar que no caráter do cliente, apesar de sua aparência frágil e deprimida, de sua vida que não andava para frente, havia o orgulho e o egoísmo. O orgulho, facilmente denunciado, não fosse pela história em si mas por suas frases soltas, do tipo: "não perdôo os erros das pessoas", numa posição explícita de absoluta superioridade e prepotência, na medida que todos erramos freqüentemente.

O egoísmo, pela própria pena de si mesmo. Com um caráter tão agressivo, com comportamentos igualmente destemperados, ainda ousava, digamos, ter pena de si próprio, como se fosse mesmo uma vítima. Dizia, sem conseguir esconder um risinho complacente, sentir a maldade dentro de si próprio.

Vai, durante uma regressão, a uma vivência onde foi uma mulher que tramou com o amante a morte de uma terceira pessoa, na esperança de ficar com a riqueza dela. No meio dos planos, no entanto, ela percebeu que, se matasse o próprio amante, a seu ver também muito rico, se daria melhor ainda. E foi o que fez, sem ter sido jamais descoberta. No entanto, o tiro saiu pela culatra pois nada lhe foi designado além de uma pequena casa onde ele morava que, aliás, nada tinha, e mais os filhos dele para criar. Passou a vida revoltada e sentindo-se enganada; quando a morte chegou, finalmente, encontrou-a em completa miséria e solidão. Morreu salivando dentro da revolta cultivada ao longo de toda a vida e sentindo-se uma vítima, com extrema pena de si mesma. Nenhuma culpa ou arrependimento foram sequer cogitados.

Como é fácil notar, nesta vida atual, o cliente repetiu o mesmo padrão de comportamento, isto é, a pena de si próprio, a dor, a depressão, a revolta e autocomiseração. Isso o poupava, naturalmente, de assumir responsabilidades perante as decorrências de seu próprio caráter (aquele egoísta e maldoso), ou seja, isentava-se de culpa frente ao próprio isolamento, à falta de amigos, à vida que não ia para frente (porque brigava com todo mundo, é claro) e à frustração, porque não tinha mais sobre a vida e as pessoas o controle e o poder que desejaria, como no passado (quando decidiu que alguém morreria para seu proveito e pronto). Um poder incrível. E, poupando-se das responsabilidades com sua auto-piedade, reestabelecia a crença da impunibilidade das vítimas, como já havíamos visto acontecer tantas vezes.

Como se percebe, há sempre um jogo entre o padrão de comportamento e o caráter. E, nesse jogo, é interessante a discussão sobre qual teria se formado em primeiro lugar e se apenas uma vivência seria o suficiente para isso. Se assim fosse, no entanto, de onde viria o funesto egoísmo de nosso amigo naquela vivência onde foi a mulher que matou o amante na esperança de enriquecer? Suas tendências naquela época pareciam já bastante estabelecidas em função da frieza e da falta de hesitação nos momentos cruciais ao tomar esta ou aquela decisão, sobre quem deveria ser morto, por exemplo. Também já chamava a atenção a ausência de culpa e a propensão de, ainda por cima, se sentir uma vítima, desiludida e enganada.

Onde começam nossas inclinações? Tentando ser o mais factual e o menos filosófico possível, recordando sempre a experiência com tantos clientes que foram a épocas imemoriais, até mesmo a épocas pré-históricas, com personagens em estágios pré-verbais, achamos ser possível que essa essência, que nos move de uma vivência a outra, tenha começado em algum ponto num estado de neutralidade, digamos.

Das primeiras vicissitudes da vida, seguidas do trauma da morte, começou o espírito, por assim dizer a elaborar suas primeiras decisões. Nas próximas vidas, já na tentativa de fugir às tragédias finais, começou a procurar caminhos mais fáceis, o que parece ser atávico no ser humano, ou seja, sua necessidade de sobrevivência. Nesses caminhos começaram, muito em função da cultura e ética rudimentares da época, a se cristalizar os primeiros traços de caráter. Depois, em vidas sucessivas, nas decorrências negativas naturais desses traços de caráter, começaram a se sistematizar os primeiros traços dos padrões de comportamento que, como vimos, são estruturas protetoras, simbióticas, defensivas do próprio caráter (nosso cliente fingia, inconscientemente, que era uma vítima para esconder a prepotência e o egoísmo).

Daí, novas mortes, novas decisões, reafirmações de um e de outro. Começou a haver uma especialização, um aprimoramento, digamos assim, tanto do caráter como dos padrões de comportamento. E assim foi até chegarmos aos nossos dias, quando é fácil perceber que muitas pessoas são hoje como nós fomos ontem, fazendo ainda coisas que jamais faríamos novamente, como matar ou estuprar, por exemplo; e outros são hoje como nós seremos amanhã, fazendo coisas que ainda não conseguimos muitas vezes fazer, como perdoar ou dividir ou, quem sabe, resignar-se, por exemplo. Como se vê, estamos, cada um de nós, num diferente estágio de evolução, o que torna a vida, sem dúvida, muito interessante; convivemos todo o tempo com os exemplos do passado, o que facilita em muito nossa avaliação do presente e, ainda por cima, somos beneficiados com os exemplos de como pode ser o amanhã, o que nos permite programar incríveis sonhos para o futuro. Muito mais que ao sabor do destino, somos criaturas inteligentes, à mercê, realmente, apenas de nós mesmos, o que não deixa de ser uma excelente notícia para tantos quantos tenham coragem de assumir essa responsabilidade.

Fizemos um adendo neste capítulo para comentar uma observação que um colega, antigo aluno dos cursos de formação, nos fez num grupo de supervisão, de que nos primeiros tempos passados seríamos talvez todos vítimas das vicissitudes naturais e tudo o mais por decorrência. O que percebemos, no entanto, é que, desde o começo, parece que sempre houve uma segunda opção, um segundo caminho, como há até hoje; muitas pessoas não compreendem ou não aceitam isso, do alto da respeitabilidade de suas dores. Mas, se assim não fosse, não tivesse sempre havido dois caminhos, duas opções, não teria acontecido, desde o princípio, um início de diferenciação entre, digamos, os mais e os menos brandos, a grosso modo, como constatamos em regressão, em centenas de oportunidades. O que nos parece é que a vítima da fatalidade nunca existiu. Seríamos vítimas sim, ou de nossas decisões erradas e suas conseqüências, ou de nosso próprio carma. Isto é, seríamos vítimas apenas de nós mesmos, de nossos atos, o que não faz de nós uma vítima de grande qualidade ou para ser muito mimada. Não se trata aqui de condenar aqueles que se julgam vítimas, criticar o caráter ou o comportamento das pessoas, mas de, ao ajudá-las a assumir suas responsabilidades, inverter as posições e conferir-lhes o poder das mudanças, que poderão resultar em número maior de momentos de felicidade, além de poupar-lhes novas vicissitudes no futuro. E assim por diante.

3
O passado e o presente

Padrões e contrapadrões de comportamento • Contrapadrões

O assunto a ser considerado a seguir vem-nos mostrar a dificuldade do ser humano em se equilibrar na balança da vida. Parece que nossa tendência é alternar os extremos. As vicissitudes que se repetem, vida após vida, embora patrocinadas por tudo o que já vimos até agora, ou seja, por nós mesmos, terminam acarretando, em determinados aspectos de nossa trama pessoal, um comportamento inverso aos padrões que carregamos através dos tempos.

É como se houvesse duas soluções: ou repetimos o jeito que estamos acostumados a ser, ou fazemos algo diametralmente oposto, numa tentativa vã de fugir às mesmas tragédias finais de nossos personagens; é como se receássemos que as mesmas coisas viessem a se repetir.

Um cliente nosso, ilustrando estas afirmações, tinha a tendência de comandar a vida de todos. Extremamente bravo, intolerante e exigente, seu comportamento, quando contrariado, era ser explosivo, gritar e tentar fazer tudo do seu jeito. Nem mesmo um rol interminável de dores e doenças físicas lhe servia como aviso de que algo errado estava acontecendo. Era incapaz de ver as sinalizações que a vida lhe impunha.

Forte, não ria, não chorava, veio à terapia somente quando as forças começaram a fraquejar, embora seu objetivo fosse saber apenas o motivo de tanta dor e sofrimento. A dor era algo inaceitável para ele; bem ele, que não se contentava com o mais ou menos e queria tudo próximo à perfeição. Não percebia que já havia ultrapassado o mais ou menos e estava, há muito, colhendo o menos da vida. Avaliava a si próprio com a visão turva da cegueira orgulhosa. Queria ser mais feliz, mas não pretendia abrir mão de coisa alguma.

O caráter e a intolerância não eram cogitados como aspectos passíveis de serem modificados pois eram exercidos, unicamente, para o bem e a perfeição. Esquecia-se, naturalmente, de que esse bem e essa perfeição obedeciam, unicamente, à sua ótica pessoal e não ao senso comum que a família, aqueles "fracos e preguiçosos", denunciavam a cada momento.

Depois de várias regressões, onde foi a várias vivências, sempre passando por personagens fortes, dominadores e prepotentes, de onde se percebia facilmente a origem dos padrões de comportamento e o caráter, havia um impasse no ar; o cliente não mudava tudo o que podia, embora dissesse lembrar-se dos personagens nos momentos adequados do cotidiano e deles tentasse se separar, da forma como fora orientado a fazê-lo.

Novamente solicitado frente à mesma questão, seu inconsciente levou-o então a uma vivência onde foi humilde mulher camponesa, órfã abandonada numa fazenda, tendo sido por ali criada, em posição subalterna, submissa e resignada, quase alegre. Vindo posteriormente a casar-se, teve os filhos mortos, covardemente, por posseiros que queriam expulsar a família daquelas terras. Chorou, se infelicitou, mas continuou sem revolta, vivendo uma vida simples, em local distante. Terminou velha e sozinha, resignada, abandonada pelo marido, fraca. Nada havia a fazer. Após a morte, seu espírito percebeu que não valeu a pena toda aquela resignação, submissão e boa vontade. Não a levou a parte alguma e a vida foi dada como perdida e desperdiçada. Sentiu muita raiva de si mesma por não ter reagido.

Só então, na volta ao presente, o cliente percebeu o extremo em que se encontrava, novamente. Teve várias vidas como dominador, prepotente, sem constrangimentos no exercício de sua autoridade e também sem arrependimentos significativos, com o espírito sempre terminando as vivências zangado, ou por ter sido assassinado, ou por ter sido traído ou ainda pelo fato de a vida ter-se acabado; vidas seguidas ou entremeadas, pois não havia possibilidade, como de hábito, de se estabelecer uma ordem cronológica absoluta entre elas, por mais de uma vivência de submissão e resignação, onde fora abandonado, ultrajado, lesado, sem nada a fazer. Ou tudo ou nada.

Percebeu que seus personagens fortes poderiam ter sido mais brandos e que a camponesa deveria ter sido uma das suas tentativas falidas nesse sentido, vitimizada e, posteriormente, revoltada com a situação, inutilizando a experiência e reforçando, na vida presente, que a solução era ser forte mesmo e, de preferência, que tudo saísse de seu jeito.

Uma outra cliente, uma jovem, sentia grande medo de assumir responsabilidades com as pessoas e vir a não dar conta da tarefa. Ocorria-lhe uma sensação de pânico absoluto se começasse a pensar na possibilidade de ser cobrada por um eventual fracasso. Seu comportamento habitual era fugir de qualquer coisa em que pudesse vir a ter qualquer tipo de responsabilidade para com os outros. Na verdade, as situações sequer apareciam porque a cliente "adivinhava" o perigo de longe e corria dele, aterrorizada.

Entre outras vivências, que descobriu em regressão, identificou uma vida passada, em que foi uma mulher vivendo numa época de grande epidemia, com muitas pessoas morrendo pelas ruas. Diante da situação, corajosa, viu-se obrigada a cuidar dos doentes, de condição social pior que a sua. Terminou doente também, morrendo no meio dos outros. Após a morte se sentiu impotente, desprotegida e com muito medo, vagando por entre os cadáveres abandonados pelos becos. Chorou muito e percebeu que, além de não conseguir salvar ninguém, de não ajudar ninguém de fato, ainda morreu junto. Achou que não adiantou nada, pois não entendia daquilo tudo e não valeu a pena.

Na vida presente, sua atitude refletia o desfecho da triste história que vivenciou, mas exatamente no oposto das características do personagem, que arregaçou as mangas e foi à luta. Não teve medo de ser cobrada e assumir grandes responsabilidades. Mas deu tudo errado e a vida terminou em tragédia, sentindo-se incapacitada e impotente, como hoje. A decisão no momento da morte, de que não deu conta daquilo que se propôs a fazer e de que não adiantaria nada mesmo, tomada veladamente, levou a cliente ao contrapadrão da vida atual, numa tentativa permanente de fugir ao mesmo desfecho final.

A raiva ou a revolta com o acontecido, às vezes o medo inconsciente de que tudo terminasse do mesmo modo, promoveram a mudança radical de atitude, uma vez mais. Qualquer que seja a atitude, no entanto, se dentro dos padrões ou dos contrapadrões, ela se mostra improdutiva se a questão é alavancar o ser humano rumo à sua própria tranqüilidade. Repetir o que já fizemos ou fazer o oposto não adianta nada.

Parece que passamos o tempo todo a nos estapear, tentando adivinhar se o caminho é por aqui ou por ali. Parece que a senda é pelo equilíbrio. Se mandamos demais ou nos lamentamos demais, alguma coisa deve estar errada.

3
O passado e o presente

2. As "presenças

Conceito

(o segundo dos quatro pilares)

Costumamos chamar de "presenças" personagens do passado que interagiram, que viveram conosco em outras vivências e com os quais deixamos problemas mal resolvidos. Como falamos no início desta narrativa, no início do livro, seria ingenuidade nossa, partindo do pressuposto da hipótese da reencarnação, achar que só nós fomos contemplados com novas vidas; que nossos inimigos, nossos desafetos, aqueles que eventualmente sofreram por nossa causa, tivéssemos ou não o propósito deliberado de fazê-lo, sumiram, como que por encanto. Ou, o que seria mais ingênuo ainda, achar que todos nos perdoaram. Há outros ainda que acham não ter inimigos. Afirmam não acreditar que tenham feito qualquer coisa má em outra existência. É-lhes inimaginável pensar na possibilidade de ter matado alguém, por exemplo, em outra vida.

Entretanto, é só nos determos a olhar nossas pequenas ou grandes idiossincrasias, a forma como nos preocupamos com tudo e todos que nos magoam, mesmo que levemente, e imaginar então se perdoaríamos quem nos matasse, traísse ou fizesse qualquer coisa que pudesse ameaçar a felicidade de nossa existência atual.

A maioria de nós, se utilizasse da ponderação, da honestidade, diria do alto de sua filosofia que perdoaria quem o magoasse, sim, lógico, mas, com certeza, não esqueceria. Esqueceríamos tragédias maiores? Nosso próprio assassinato? O assassinato de um filho? Colocaríamos definitivas pedras em cima dos dramas que passamos? Fácil é colocarmos pedras em cima dos dramas que causamos nesta vida. O que se dirá de outras? Difícil é pensar que tenhamos parte ou, quem sabe, toda responsabilidade pelo que passamos.

E assim acontece também com as "presenças". Personagens ativas de nossos caminhos do passado, e que freqüentemente "visitam" o ***setting*** terapêutico durante as regressões, também não se detêm a procurar ou entender as causas das misérias que passaram em nossas mãos. Comportam-se exatamente como nós, isto é, como se não tivessem tido um passado e aí não nos perdoam. Surpreendem-se muitíssimo se confrontadas nesse sentido; no sentido de que se nós estamos aqui, numa nova vida e se elas estão, de alguma forma, a nos seguir ou perseguir, porque nos conheceram no pretérito travestidos de outro personagem, seríamos para elas a prova da reencarnação. Se aconteceu conosco é muito provável que elas também tenham tido outras vivências.

Ontem, como hoje, não vivíamos sozinhos. Outras pessoas viviam ou conviviam conosco. Cônjuges, filhos, amigos, conhecidos, desconhecidos, inimigos, como acontece hoje. Em pequenas vilas ou em grandes aglomerados humanos, o outro sempre esteve lá, a provocar nosso temperamento, a competir, lesar ou ser lesado por nós. Nem o náufrago da ilha perdida, nem o degredado ou o encarcerado no calabouço mais profundo esteve , sempre, totalmente só.

E, em algum tempo, em algum lugar, em alguma vida, nós deixamos de ser a vítima. É mais que sabido pela história da humanidade que sempre se matou muito, sempre se levou muita vantagem pela força ou pelo poder. A impunidade, as terras sem lei, sem comunicação com o mundo exterior que preponderavam no passado, os costumes mais ou menos bárbaros, eram palco ideal e razão maior para darmos largas aos nossos pequenos e grandes caprichos. Pois não vivemos a sapatear hoje quando as frustrações acontecem?

E há ainda quem diga que nós somos as vítimas de nossos desencantos, de nossas dores desta vida, que certamente não corresponde às nossas mais legítimas expectativas.

Mas, como podemos afirmar essas coisas? Por que achamos isso? É o que muitos nos perguntam. O terapeuta de vida passada não acha nada, está apenas compilando os dados que lhe são passados pelas pessoas em regressão. Aí, diriam os desconfiados, quer pela ciência ou pelo orgulho mesmo de ter que admitir que nem sempre fomos tão bonzinhos, como somos hoje, tudo seria apenas uma invenção do inconsciente, uma imaginação, uma captação de pensamentos alheios ou de nossos antepassados, impressos, por sua vez, em nossos genes.

Nossos clientes são sempre informados, antes do início do processo, que podem pensar do jeito que mais lhe aprouver. Não necessitam sequer acreditar em vidas passadas, mesmo porque não estamos aqui para provar que o passado existe, e sim para usar, com fins curativos, as informações que acreditamos vir deles. Somos curadores. Não somos filósofos ou exorcistas buscando teorias ou fenômenos espetaculares. Mas, mesmo informados de quão legítimo é seu direito de não partilhar das mesmas idéias etiológicas, a pergunta sempre volta: "mas, será que não foi tudo verdade mesmo?". Nesse momento, geralmente, as pessoas começam a conceder a si mesmas o benefício da dúvida.

Costumamos brincar com nossos clientes, perguntando porque não inventaram uma história de um personagem "melhorzinho" para si mesmos. Aí é a hora de os clientes se surpreenderem com esta constatação. Não conseguiram fazer isso. Não conseguiram achar nenhum personagem que tivesse saído da vida satisfeito consigo mesmo ou com os outros. E se o acharam, a atitude, observada sob a ótica do bom senso, era ilógica. Por exemplo: "matei todo mundo e foi muito bem feito".

I

Gabriel

Franzino, descuidado, despenteado, aparência frágil. Maneiras contidas, delicadas, cerimonioso. O primeiro contato com Gabriel trazia sensações de extrema falta de energia, de algo se acabando. Seu discurso, no entanto, era imperioso, resvalando para a vaidade e o pedantismo. Julgava a si mesmo um grande conhecedor de psicologia, após dez ou mais anos de análises diversas. Em questões de paranormalidade então, era o máximo. Evoluidíssimo espiritualmente. Ali estava apenas para "trabalhar" alguns aspectos de sua personalidade. Expressava-se em jargões das várias linhas psicoterápicas pelas quais já havia passado.

Denotou grande surpresa quando mostramos que a Terapia de Vida Passada não estava ali para "trabalhar" nada e que não compreendíamos aquele palavrório todo. Tentou nos convencer de que precisava muito "trabalhar", "mexer" com aspectos negativos de sua mãe em sua personalidade. Não conseguiu, no entanto, traduzir o que aquilo significava.

Custou-lhe compreender, ou aceitar que o terapeuta seria o parâmetro para seu próprio inconsciente. Isto é, se não compreendêssemos o que desejava tratar, curar, mudar, qual era a sua dor, afinal, seu inconsciente também não compreenderia. E, por conseqüência, não poderia acessar a vivência que estaria ligada àquela dor. Ficaria perdido.

Como um programa de computador, que necessita do comando exato para trazer a informação correta, não poderíamos falar a linguagem das "coisas" com palavras vagas ou jargões psicológicos, que nada significam para o inconsciente, que seria o nosso banco de memória. Também não poderíamos passar-lhe diagnósticos. Por exemplo: "meu problema é a síndrome do pânico". Ou, pior ainda: "sou um neurótico obsessivo-compulsivo". Explicamos a Gabriel que seria muito pouco provável que essas denominações fossem usuais há cem anos atrás. O que dizer de quatrocentos ou mais?

Para o inconsciente, tanto fazia ele ser chamado de esquizofrênico paranóico ou padecer de uma dor de barriga crônica cuja causa ninguém descobre. Para ele, provavelmente, ambos os problemas teriam sua origem em situações mal resolvidas do passado que continuavam gerando suas energias negativas no presente, causando sintomas. Mas, com certeza, aquela dor de barriga, que se parecia mais com alguém lhe dando uma facada, seria mais facilmente compreendida e acessada pelo inconsciente. A menos que, em vez de se declarar um esquizofrênico, pudesse nos dizer que tinha mania de perseguição, ouvia vozes etc.. Isto é, tudo tinha que ser simples e bem explicado, em vez de ser diagnosticado. Como gostamos de dizer aos nossos alunos, o inconsciente não entende de psicologia.

Decidiu então nos dizer que era homossexual e que morria de medo de mostrar essa sua faceta às pessoas. Ou o rejeitariam ou o abandonariam ou, quem sabe, o agrediriam. Não havia nenhuma chance. Tinha nojo e raiva das mulheres, que considerava todas más e traidoras. Sentia um mal-estar abdominal indefinível e, além disso, ouvia vozes ameaçadoras e tinha sonhos terríveis. Estranhamente contava-nos tudo isso, insistindo em seus dotes sensitivos, "mediúnicos", e amplo conhecimento de psicologia. Achava, naturalmente, que a origem de todos os seus problemas estava na infância e tentava veladamente responsabilizar a mãe, fria, distante e egoísta, embora acreditasse na reencarnação.

Perguntamos, então, por que não havia ainda resolvido os seus problemas? Por que sofria tanto se já sabia os motivos? Não tinha resposta. Também não sabia explicar como alguém, tão evoluído parapsicologicamente, ouvia vozes tão ameaçadoras e se encontrava naquele estado lastimável, de desacerto, solidão, tristeza, raiva, desamparo, o que era exatamente o que sua imagem nos vendia e o que, desconsolado, admitia.

Gabriel não tinha respostas mas foi permitindo que uma faceta mais sofrida assumisse o controle, sem tantos disfarces, e a terapia começou. Tinha muitos problemas. Era agressivo e dominador com as pessoas, para esconder seus medos. Era inseguro e sentia-se inferior.

Em muitas sessões apareceram "presenças" de vários tipos e com diferentes formas de contato; desde as silenciosas, passando por aquelas que não se apresentam mas agridem verbalmente, até aquelas extremamente "conversáveis", que tentam até chegar a um acordo com o cliente. O relato de algumas sessões poderá ilustrar como isso acontece. Apareceram, inclusive, vivências onde, já naquela época, havia interação com "presenças", antes e depois da morte, no período intervidas. Algumas delas continuavam se manifestando até hoje.

Lembrou-se, durante uma regressão, de ter sido uma pobre mulher na Bavária, morando num quarto escuro, passando fome com o marido e os filhos, em grande miséria. Terminou estrangulando o marido bêbado, que a agredia muito fisicamente, num dia em que ele, muito alcoolizado, não pode se defender. Mas fez com que todos acreditassem que houve uma luta entre ambos e que agiu em legítima defesa. O tempo passou e, em breves anos, começou a ouvir a voz do marido, que dizia "assassina, desgraçada". Assustada, não sabia o que fazer. Ninguém lhe deu crédito. Todos acharam-na louca, inclusive ela mesma. Terminou desesperada, enlouquecida com as vozes contínuas e ameaçadoras dentro de sua cabeça, indo parar num hospício, onde ficou por trinta anos.

Morreu velha, fraca, acabada, completamente louca. Após a morte, no entanto, ele a esperava. Ambos observaram seu próprio corpo por alguns momentos até que ele, que se apresentava rodeado por uma sombra escura, começou a gritar de novo: "maldita, maldita", lançando-se sobre ela, cravando-lhe as unhas na garganta. Sem defesa, apavorada, acabou sendo levada para um lugar horrível, escuro, com pessoas igualmente escuras, que a escravizaram. Ficou muito tempo por ali; o suficiente para se sentir arrependida pelo que fez e tomar ódio por mulheres, essas malditas, que mataram levianamente, como ela própria o fez. Acabou confessando que a morte do marido foi tramada com o amante — embebedaram-no e ela o matou. Com sua loucura, o amante terminou se suicidando e os filhos acabaram na rua, sem provimentos, na mais amarga miséria e sofrimento. Repetiu para si mesma muitas vezes: "não quero isso nunca mais; mulheres não prestam; malditas mulheres que só querem sexo". Terminou concluindo que as mulheres eram todas levianas, violentas, traidoras e mentirosas.

O paciente percebeu, após a sessão, o motivo de

odiar as mulheres, em face do intenso sofrimento da personagem durante a vida e da constatação de culpa no período intervidas pelo espírito. Entrou em contato com a possível origem de seu homossexualismo desta vida. Na verdade, no presente, não se relacionava nem com homens nem com mulheres! Tinha apenas desejo pelos homens. Relações esparsas no passado. Compreendeu por que considerava as mulheres tão más e traidoras, mas não o desejo pelos homens.

Durante a sessão as "presenças" apareceram, não só no *setting* terapêutico, como vozes agressivas (aquelas vozes que não respondem se questionadas; só falam o tempo todo), mas também na própria vivência, durante o processo de enlouquecimento do personagem. Não houve contato em nenhum dos casos para maiores entendimentos, apenas a constatação dos fatos que, por si só, já foram esclarecedores.

Gabriel, apesar de todo o seu conhecimento, mostrou-se bastante surpreso com a continuação da vivência no astral. Temos observado que esses casos de perseguição no astral são pouco freqüentes e, quando ocorrem, geralmente estão associados a conflitos do personagem vivenciados com outras pessoas, naquela passagem de tempo, isto é, na vivência que antecedeu aquele período intervidas, podendo a ligação permanente com as "presenças" ter-se iniciado naquela oportunidade.

Em outra vivência ele havia sido um homem velho, forte, grande senhor de terras, inflexível. Usava roupas pretas, bengala e cartola. Logo no início da vivência percebeu a presença, no *setting* terapêutico, de um rústico camponês, muito revoltado, com olhar repleto de ódio, que nada falava e sequer respondia quando interpelado. Pressentiu que era uma "presença" ligada a alguma das suas vivências passadas.

Seu personagem se encontrava em lustroso escritório, cercado de capangas. O camponês chegou, o mesmo que estava no *setting* terapêutico, humilde, chapéu nas mãos, implorando que sua dívida fosse perdoada. Sentiu-se cruel, implacável e sádico. Saboreava o sofrimento e a humilhação dos outros. Massacrava os pobres que lhe roubaram a mãe, que só a eles se dedicara e por quem passou a nutrir profundo ódio. Havia odiado a mãe e então, na falta dela, continuava, com seus capangas, aniquilando e destruindo todas as famílias pobres que dele dependiam. O camponês chorou e como de nada adiantou se revoltou e tentou agredi-lo; mas reagiu, esfaqueando o pobre homem prontamente. Os capangas intervieram, segurando o camponês, possibilitando que desferisse outras facadas até matá-lo. Ordenou que se livrassem do corpo, como de tantos outros.

E a vida prosseguiu, com muita bebida, ressentimento, ópio e doenças contagiosas. Uma delas o matou, anos depois, fraco, num verdadeiro caos físico e psíquico, atormentado pelo medo da vingança de suas inúmeras vítimas. Deixou o corpo em grande confusão, gritando e culpando a mãe por sua desventura. Foi imediatamente arrancado do aposento por muitas criaturas odientas e levado para o porão mais profundo das trevas, onde foi ofendido e aprisionado. Terminou achando que era justo, com raiva de si próprio, tendo admitido que havia sido tirânico e destruidor, cruel e impiedoso. Clamava por mais justiça das trevas. Decidiu ser a "escarradeira" do mundo e chamar a si todos os desequilíbrios das pessoas, para ser humilhado. Não queria mais dominar, queria, isto sim, ser dominado.

A "presença" do camponês voltou ao final da sessão, acompanhada de outras, ainda não satisfeitas em suas vinganças. Chorou e pediu perdão.

Queria ajudá-los, unir-se a eles, tendo sido advertido pelo terapeuta da inutilidade dessas propostas pois, além de não saber o que aconteceria consigo no amanhã para assumir tal contrato (prepotente, por sinal, pois nem sabia se algum deles desejava sua companhia), não conseguia ainda nem ajudar-se a si próprio. Compreendeu e insistiu então no perdão. As "presenças" acabaram denotando tédio e cansaço, frente à figura patética do senhor de terras travestido de rapaz choroso e fraco do século XX, permitindo então que outras "presenças" lhes indicassem novo caminho, sendo levadas do ambiente.

Após a vivência percebeu os motivos de sua atitude destrutiva e dominadora nos dias atuais. Trazia o padrão do dominador dentro de si. Comportava-se hoje como se ainda fosse o senhor de terras de ontem. Havia também decidido receber punições através de captação dos ódios, ironias e toda sorte de malquerença alheia. Compreendeu, então, o motivo de se expor tanto ao ridículo, com seus comportamentos estranhos e sua falsa sabedoria. Tinha ainda ódio da mãe indiferente, que outras terapias ajudaram a responsabilizar pelos seus problemas, na sua fantasia. Percebe qual mãe teria sido odiada mesmo e por que.

Mais uma vez Gabriel, na figura de seu personagem daquela vida, retornou ao plano astral após a morte do mesmo naquela existência, confirmando a tendência da ocorrência desse fenômeno quando se trata de antigos ódios, anteriores mesmo à vivência revista na sessão. Formas escuras, malformadas e todo tipo de apresentação assustadora no astral também são comuns, uma vez que, nesse tipo de ambiente, parece ser possível aos indivíduos poderem assumir a forma que lhes for conveniente no momento. Seria o que se chamaria, em determinadas filosofias, mutação do corpo perispiritual. Nosso cliente não havia assistido a nenhuma fantasia cinematográfica ou lido nada a respeito do assunto.

O fato de a terapia ser centrada no cliente faz o terapeuta intervir contra pseudo-acordos com as "presenças", do tipo: "quero me unir a vocês" ou "preciso ajudá-los" ou "devo repará-los pelo mal que causei" etc. O *setting* de terapia de vida passada não é o local mais indicado para tratamentos espirituais do cliente e, muito menos ainda, das "presenças". Se, no decorrer da sessão, acontecer esse tipo de contato, ele é tratado com naturalidade mas não é buscado, procurado ou desejado. Vale sempre insistir que o terapeuta também não está ali para doutrinar, utilizando um termo religioso, a "presença" ou fazer sua cabeça. Poderemos até contatar mais intensamente, como será mostrado em outro momento, mas sempre visando o alívio da dor do cliente e não da "presença".

Novamente se reprisou o enlouquecimento do personagem, com "presenças" se manifestando, causando terror e confusão ao mesmo, na história vivenciada, mesmo antes de sua morte.

Mostraremos outra sessão do cliente onde várias "presenças" contatam ao mesmo tempo, o que vai explicar o motivo de não se relacionar nem com homens nem com mulheres: "sou um paralítico emocional", dizia, apesar de desejar os homens.

A próxima história viria mas, antes dela, no início da regressão, Gabriel sentia medo, medo de espíritos, dizia. Sentia "presenças" no ambiente, dizendo que não iria mais sair dessa. Percebeu que eram seis mulheres que riam muito e o provocavam, dizendo que ele nunca deixaria de ser homossexual. Estava claro que o contato com as "presenças" serviria de uma espécie de ponto de referência, visando esclarecer os sintomas do aqui e agora, através da elucidação dos traumas do passado entre o cliente e elas. Ficou sabendo quando, incentivado pelo terapeuta, questionou-as sobre o motivo dessas perseguições: traiu a todas. Não permitiriam jamais, na vida presente, que ele se relacionasse bem com alguma mulher e muitíssimo menos que fosse feliz com ela.

Indo à vivência, percebeu-se como um jovem camponês, viçoso, de cabelos encaracolados, que namorava simples e jovem donzela da região. Namorava, no entanto, por namorar; não a amava, embora lhe prometesse casamento. Namorava muitas e era amante também de uma prostituta na cidade. Tirava dinheiro da namorada e de outras para dar à amante. No entanto, de casamento marcado, violenta a jovem noiva, a engravida e desaparece. Ficou mais tarde sabendo que ela morrera ao dar à luz. Continuou obcecado pela prostituta que agora o desprezava, pois não tinha mais dinheiro para lhe dar.

Desesperado, sentiu-se culpado, perseguido pelas mulheres que abandonou, especialmente pela que morreu. Levou uma vida de martírio. Não se relacionou mais com ninguém, com nenhuma outra mulher; adorava a prostituta que o havia repelido. Envelhecido, passou a odiar as mulheres, a desconfiar delas, essas mulheres que acabaram com sua vida. Morreu de mal súbito, no campo, sozinho. A paisagem do campo desapareceu repentinamente de seu campo de visão e sentiu seu espírito numa região nevoenta, escura, cheia de galhos secos e com muitos raios. Um lugar onde parecia que um temporal estava sempre prestes a desabar. Achou tudo muito estranho. Não entendia o que lhe teria acontecido.

Logo, no entanto, apareceram mulheres trajadas de negro que lhe informaram ser a hora da vingança. Tinham todas muito ódio dele. Reconheceu algumas, especialmente a doce namorada agredida. Mas eram muitas e diziam que iria aprender. Vinha de há muito fazendo tudo isso com as mulheres e era chegado o tempo de prestar contas.

Estranhamente, sentia-se parte daquele lugar e daquelas pessoas. "Nunca mais você vai ser um homem". "Vai se frustrar", diziam elas. Ficou muito tempo ali, sofrendo e sendo humilhado, impotente. Queriam que sofresse tudo o que tinha feito sofrer, como se fosse uma mulher desamparada. Tais mulheres, que eram hoje as "presenças" visualizadas pelo cliente através do estado alterado de consciência, propiciado pela regressão, no ***setting*** terapêutico, também estavam todo o tempo presentes, durante o processo, confundindo-se com o próprio relato da vivência. Eram seis delas, de várias outras vidas além daquela. Percebeu Gabriel, durante o contato com elas, que tinha aversão por mulheres, medo de mulheres e uma tendência humilhante por homens, também por influência delas, além das cicatrizes de seu próprio passado. Percebeu que nem mesmo "presenças" vingadoras inventavam nada. Só estavam usando o que era explícito em seu pretérito e em sua personalidade. Uniram-se e facilmente haviam tomado conta dele nesta vida, até então.

Estava muito arrependido e triste. Deixou-as saber disso. As "presenças", por sua vez, também se sentiam prisioneiras eternas, não só dele, mas também do vasto grupo de mulheres revoltadas no astral que, organizadas, incentivavam e ensinavam os processos de vingança.

Exaustas e desanimadas por não saciarem nunca sua sede de desforra, sentiam-se logradas e sofriam com o tempo perdido e o ódio inútil. Foram facilmente levadas do ***setting*** terapêutico por outras "presenças", preocupadas finalmente consigo mesmas, desinteressadas pelo arrependimento e pelo futuro de Gabriel. Este, por sua vez, percebia que uma fase de sua vida se encerrava naquele momento. A homossexualidade, ou mesmo a bissexualidade, não lhe fazia mais sentido. Continuava triste e sentido com sua própria indiferença e maldade mas, ao mesmo tempo, sentia um começo de libertação e uma esperança no futuro. Achou que um longo trabalho interno de mudança estava começando e também uma vida de trabalho material e de serviço. Não podia mais ser tão egocêntrico e egoísta. Procuraria conhecer e respeitar as mulheres. Tinha tido tantas oportunidades e não havia aproveitado nenhuma no decorrer dos tempos. Desta vez, nesta vida atual, seria diferente.

Nessa regressão acabou acontecendo um maior contato com as "presenças", através de longas interações mentais. Deve-se perceber como nessa oportunidade Gabriel não repetia as frases que as "presenças" falavam, como em sessões anteriores. Havia bastante agressividade implícita, mas não apareceram agressões verbais como: "seu assassino" ou "você não presta".

É interessante notar como a TVP, levando o indivíduo a um estado alterado de consciência, independente do nome que se dê a ele, propicia o aflorar de determinadas paranormalidades, de forma passageira e específica, para o auxílio do processo, como por exemplo a vidência. Clientes que normalmente nada vêem além das três dimensões do plano em que habitamos são, subitamente, capazes de "ver" as "presenças" que, obviamente, são habitantes temporários, assim como nós aqui, de uma quarta ou outra dimensão e, portanto, escapam aos nossos órgãos sensoriais de visão normais.

Nesta sessão, com um cliente habitualmente dado ao discurso prolixo, mesmo fora de regressão, informações bastante floridas da complexidade das relações no astral foram fornecidas. Muitas vidas se interligando harmoniosamente, mesmo em suas patologias e em suas problemáticas. A base, a estrutura para essa interligação, por sua vez, repousando no ódio, na desavença, nas paixões mal resolvidas e na sexualidade. Naturalmente, não acreditamos que, em cada vivência, o cliente tenha vindo para se submeter aos desatinos do passado mas, como quase ia acontecendo nesta vida, as falhas de sua própria personalidade o mantinham à mercê de toda a trama e daqueles que permaneciam no astral, como em todos os outros casos que passaram pelas nossas mãos.

Geralmente, é muito difícil convencer as pessoas de que elas não são exatamente vítimas da situação, antes que elas conheçam suas vivências passadas e constatem, por si mesmas, a origem de seus males e, é claro, sua responsabilidade no caso.

No outro extremo desta balança, encontramos situações opostas, como na história de uma mulher, onde sua interação com as "presenças" no dia-a-dia se dava por fenômenos de efeitos físicos, como por exemplo tonturas, dores de cabeça, aperto no peito e na garganta, fraqueza, entre outros, conjunto de sintomas que os facultativos consultados diagnosticavam como hipoglicemia. Ela, entre surpresa, chocada e aliviada, quando descobriu em regressão que não estava doente — a não ser que denominássemos que o passado, suas implicações e seus habitantes, são uma doença se deles não damos conta — achava finalmente que tudo o que lhe havia acontecido até então, no presente, era pouco, pois fizera, como todos nós, em outros tempos, muitas bobagens e causara muita dor, semeando em diversas épocas vários inimigos. Pode parecer incoerente. Mas, aí, o trabalho do terapeuta é fazer o cliente também se perdoar e querer que tudo seja diferente daí para a frente, sem concordar com o papel de réu confesso que deva cumprir uma pena eterna.

Nesta última sessão relatada de Gabriel, a das mulheres, permitimos que dois episódios que normalmente não são rotina de nossa conduta acontecessem. Primeiro, o desenrolar breve da história de várias vivências numa mesma regressão que, no caso, vieram tão compacta e entrelaçadamente, que não havia como separá-las; além disso, as histórias foram "contadas" por "presenças" e não exatamente vivenciadas pelo cliente, como nas outras vezes. Em segundo lugar, a reprogramação de vida sendo feita ainda durante a regressão e não após, com o cliente já de olhos abertos. Quando se trata de reprogramar relações de vida, estimuladas por "presenças", muitas vezes isso se dá "ao vivo", diretamente, no momento da interação, pois não há como perder a oportunidade de reavaliação do cliente consigo mesmo, durante um momento do tipo olhos nos olhos com os desafetos do passado. Também nas regressões ao período perinatal, quando o bebê confunde-se com a mãe; confunde seus pensamentos, dores e sentimentos com os dela, sendo necessário separá-lo da mãe, naquele exato momento.

Gabriel finalmente compreendeu, em maiores detalhes agora, o porquê da homossexualidade. Havia, curiosamente, chegado à sessão dizendo que o melhor mesmo era ser bissexual e querendo um contrato terapêutico para isso. Foi prontamente rejeitada a possibilidade, pois não se pode aceitar um contrato para reafirmar uma patologia, sendo a colocação do terapeuta imediatamente compreendida. Não era uma inferência, e tampouco uma interferência no direito do cliente de ser como desejasse, mas uma obrigação técnica de mostrar que poderia sair de um buraco e entrar em outro, tão ou mais complicado e doloroso. Além disso, a proposta inicial era resolver a homossexualidade. O resultado final mostrou que o caminho escolhido estava correto.

I

Isiah

Um leve ar de ironia. Bem vestido, em seus trinta e poucos anos, moreno e gentil. Quem cruzasse com Isiah jamais suporia o drama escondido naquela aparência refinada e amistosa.

A história que relatou trazia, desde os sete anos de idade, lutas contra vozes e visões ameaçadoras, sonhos repetidos de morte e perseguição, muito choro, tristeza, crises de agressividade e até idéias de suicídio. Horrorosas sensações de que algo ou alguém iria tomar seu corpo, causando sua morte.

Na infância os pais qualificavam seus terrores noturnos como fantasias de criança e, com pouca paciência, o mandavam de volta para a cama, depois de uns tapas ou outras coisas. Aprendeu então, desde cedo, que teria que agüentar aquilo sozinho. Não se lembrava de uma só noite dormida calmamente desde então. Figuras humanas se esgueiravam pela casa, pelas ruas e por todos os lugares onde estivesse, com ares de deboche ou de agressividade. Terríveis ameaças, todas as noites, todos os dias.

Tornou-se um garoto abusado, malandro, do tipo virador, que se arranjava sozinho, e foi expulso de cinco escolas. Nunca conseguiu se formar em nada. Dono de uma pequena empresa, casado, dois filhos, nos quais descarregava sua própria angústia. Nem mesmo ele sabia como conseguira chegar até ali, naquela altura da vida, sem ser levado para um hospício ou, melhor ainda, sem que as pessoas próximas, além da esposa, percebessem seu problema, pois não conseguia nem mesmo conversar cinco minutos com alguém sem ouvir uma piadinha, um gracejo ou um palavrão a respeito de seu interlocutor. Fazia enorme esforço para conter o riso nervoso na frente do outro.

Muitos tratamentos. Desde análises convencionais que o "enlouqueceram", pois, segundo ele próprio, os achismos e interpretações extravagantes que ouvia imediatamente se tornavam motivo de anedotas por parte das "vozes" que o acompanhavam por toda parte, até mesmo nos consultórios, até passar por psiquiatras mais ortodoxos que o encheram de pavor e de remédios, com suas derradeiras sentenças de desequilíbrio mental. Sem resultado.

No dia da primeira sessão de regressão suava muito e denotava grande ansiedade. Dizia ver sorridentes e irônicos rostos por toda parte, que se divertiam muito com sua nova tentativa. As vozes diziam todo o tempo: "estamos aqui, seu idiota"; "você não vai conseguir".

Foi a uma vivência do passado, onde era piloto de um pequeno e antigo avião de guerra que, na verdade, foi usado para guiar o inimigo até as posições de seu próprio exército e a refúgios de civis. Causou muito horror com seu avião, provocando muitas mortes, inclusive de amigos, mulheres e crianças. Durante toda a regressão ouvia vozes soltas dizendo coisas como: "assassino"; "você não presta". Foi um traidor que acabou sendo descoberto e assassinado. Era sádico, frio e tinha prazer em matar. Sentia-se superior e esperto por enganar a todos, além de se julgar imbatível. Depois da morte, apesar de surpreso, nenhum arrependimento. Passou longo tempo ao lado do corpo que se decompunha, impregnado com cheiro de sangue, sem saber o que fazer pois nunca contara com aquilo. A morte era algo que acontecia só com os outros e, portanto, não fora objeto de suas preocupações. Sentia incontroláveis desejos de vingança e ouvia a si próprio gritando, desesperado. Ouvia também muitas risadas ao redor do corpo.

Percebeu, depois da sessão, que algumas vozes soltas que ouvia durante o processo e na vida pertenciam a alguns daqueles que foram mortos nos bombardeios. Não houve contato direto com as "presenças". O inconsciente do cliente não achou necessário que esta ligação se fizesse.

Contou-nos também de sonhos repetidos com uma pessoa em uniforme rasgado e mutilado, um soldado cercado de outras pessoas ensangüentadas. Sempre via a cena de longe, de um outro plano, como se a visse por cima, voando. Tais sonhos eram sempre seguidos de outros, de guerra, com muitas mortes, bombardeios, gritos e destruição. Relacionou imediatamente aqueles sonhos a cenas, flashes da vivência em que havia sido piloto do pequeno avião e aquelas pessoas eram, além de si próprio, no papel de soldado mutilado, algumas das que matou e com as quais contatava, agora, de alguma forma, durante a sessão.

No final, arriscou dizer que tudo era sua imaginação e imediatamente ouviu: "estamos aqui".

Quando aparecem "presenças", em qualquer forma de manifestação, o cliente é sempre orientado a não tentar conversar, convencer as "presenças" de nada, fora do *setting* terapêutico, devendo promover a reprogramação normal, isto é, apenas tentar separar-se do personagem do passado, libertando-se de sua influência no presente. Conversas com tais "presenças", em qualquer lugar, de qualquer jeito, podem, eventualmente, reforçar os laços que as unem ao cliente.

Em outra sessão esses contatos se ampliaram para um nível também visual, mas, novamente, não houve permissão do inconsciente para que se estabelecesse qualquer diálogo com tais "presenças", visando maior esclarecimento. Na realidade, os fatos relatados das vivências já eram bastante esclarecedores por si só, comprovando que a Terapia de Vida Passada não é um instrumento, a priori, para investigação, simplesmente, das vivências passadas ou para saciar curiosidades esotéricas ou de qualquer natureza. Nem sempre é necessário saber quem fez o quê para quem, quando e onde. É uma terapia centrada no cliente e, portanto, o importante é a compreensão por parte dele do conteúdo global das histórias, da essência dos fatos que o envolveram ou, melhor ainda, do resultado final de toda essa dinâmica ao término de cada vivência e suas decorrências no presente.

Se o diálogo com as "presenças" se estabelece é porque, de alguma forma, era necessário para se fechar aquela gestalt. O terapeuta facilita, deixa acontecer da forma que o inconsciente determina, sem expectativas de que este ou aquele tipo de contato deva, necessariamente, acontecer. Mesmo porque a informação, como já dissemos, vem no tempo e no nível que o cliente suporta receber.

O relato desta segunda sessão esclarece também um pouco o motivo pelo qual o cliente ouvia, todo o tempo, vozes desconectadas do contexto de sua vida atual, assim como via e reconhecia, durante o processo de regressão, rostos que o haviam acompanhado por anos.

Viu um navio ancorado num porto, com bandeira negra; um navio antigo, de dois mastros. Muita chuva, tempos depois, ondas e vento. O navio navegava cheio de homens contrariados por estarem lá. Nosso personagem era um homem de seus trinta e seis anos, com roupas militares, calças pretas e casaca vermelha, com brilhantes cintos pretos cruzados no peito. Arrogante e altivo, esbofeteava os tripulantes e com eles se envolvia em brigas, não hesitando em matá-los e jogá-los no mar. Havia traído a família da mulher que o amava, deixando-os entregues aos bandidos e saqueadores, que os mataram e colocaram fogo na propriedade. Então tomara o navio da família para si, num acordo prévio com os delinqüentes.

O navio participou de muitas batalhas e terminou vencido, quando cercado por outros de bandeiras com três cruzes vermelhas. Muita luta, gritos, tiros de canhões. Gritou e esbravejou como um louco mas terminou preso, sendo levado num barquinho para uma cadeia de pedras. Todos a bordo foram mortos, embora nem lá estivessem por conta própria. Tinham medo do personagem. Na prisão foi interrogado por um homem que usava um chapéu de três bicos. Disse-lhe que iria pagar pelos crimes cometidos mas o personagem debochou e cuspiu nas pessoas que lhe atiravam pedras e diziam que ia para o inferno. Riu muito do padre que tentava encomendar sua alma à beira do cadafalso. Morreu enforcado. O espírito teve muito ódio e achou que todos eram idiotas pois continuaria ali atormentando todos. Foi tudo por dinheiro. Matou e violentou mulheres. Abusou de tudo e de todos, sem remorsos, mesmo depois que o corpo foi esquartejado e largado insepulto.

Durante todo o tempo de regressão o cliente ouvia vozes que falavam ameaçadoramente de morte; que o xingavam de rato e que faziam coro quando as pessoas diziam que ele iria para o inferno ou que pagaria pelos seus crimes. Via pessoas rindo sarcasticamente carregando bandeiras negras, como as de seu navio.

Depois da regressão, compreendia, cada vez mais, o porquê da atuação daquelas "presenças" em sua vida, e esboçava os primeiros sinais de que começava a mudar sua posição existencial, isto é, começava a refletir sobre a verdade da posição de vítima que ostentara durante toda a vida. Se isto não era agradável, tinha pelo menos cheiro de liberdade, pois as coisas faziam sentido na sua cabeça e a cura parecia estar em suas mãos, pela primeira vez.

I
Juan

Ele era educado, simples e simpático. Sentou-se com um sorriso e ficamos a nos perguntar qual seria o problema a ser resolvido. Arrumado, discreto, Juan parecia não ter um fio de cabelo fora do lugar. Com gestos comedidos e um linguajar que denotava boa cultura, contou-nos de sua, inimaginável, irracionalidade, impulsividade e insensatez em determinadas circunstâncias da vida. Era difícil visualizá-lo envolvendo-se com agressividade, pronto para matar ou morrer, em brigas de trânsito ou outras situações do gênero, onde o risco era sempre presente e "excitante". Era extremamente intolerante com pessoas que julgava estarem invadindo seu espaço ou desrespeitando-o. Dizia perder o controle e ter medo do que poderia acontecer de fato. Discutia por pequenas bobagens na rua, e corria atrás de ladrões, arriscando-se a levar um tiro ou sofrer outras agressões.

Mas, além dessa, tinha outras e mais fortes razões para ter vindo ao tratamento, especialmente o medo de vir a sofrer de uma doença terminal, sem chances de recuperação e que muito o maltratasse. Tinha medo de vir a ter um câncer ou coisa parecida e tremia só em pensar nessa possibilidade, não podendo nem ouvir falar desses casos. Passava o tempo todo tomando conta dos ruídos e sintomas de seu corpo, em busca de qualquer sinal que denunciasse a aproximação de uma doença fatal. Dizia não querer morrer com "hora marcada".

Sabia que nada tinha, mas não conseguia controlar-se. Todavia, isso não era nada frente ao que nos contaria posteriormente. Revelou a enorme irritação que sentia por ter-se casado; não tolerava pensar que estava perdendo sua liberdade e que família, esposa, filhos, pareciam pesar uma tonelada em suas costas. Fazer vínculos com pessoas tinha "cheiro de prisão". Não queria assumir essas responsabilidades e achava que não amava ninguém além de si próprio. Não queria ter que cuidar da vida de outros, pois o ônus seria perder a própria. Julgava-se um egoísta, mas não se importava. Gostaria que todos morressem para poder ficar só e sem culpa.

Durante o processo começou a ouvir uma voz feminina, ora zangada, ora sedutora, por vezes ameaçadora, dizendo-lhe que havia sido egoísta com ela e que estava muito magoada. Intuía que não a quisera ou que a abandonara e que agora contribuía para que não quisesse mais ninguém. "Sofrerá o mesmo que fez sofrer", ouvia. Esta "voz" se manifestou mais tarde, numa das sessões que seriam vistas, como sendo mesmo uma "presença" do passado e que tal situação realmente acontecera.

Seus contatos com "presenças" até então não eram explícitos, mas suas "intuições" eram tão negativas que pareceria impossível que pensasse tudo aquilo sozinho. Se usássemos uma abordagem tradicional, essas "intuições" seriam tratadas quase como delírios ou distúrbios do juízo de realidade. Tinha uma vida boa e estável, boa saúde, bom trabalho, gostava da esposa e de todos. O que fazia então com que algumas de suas idéias beirassem o absurdo, anulando a argumentação da razão. Alguns de seus pensamentos, como por exemplo: "ter família é perigoso e me faz perder a vida"; "que bom se todos morressem"; "vínculos têm cheiro de prisão"; "não levo desaforo para casa, nem que morra por isso", se confrontados com um " mas, por quê?", recebíamos como resposta um espantado "porque sim" ou, no máximo, um "não sei por quê". Era o sim porque sim. Sem sentido.

Naturalmente, as próprias vivências passadas, os traumas vivenciados, poderiam ser, de per si, bons motivos para tais pensamentos irracionais; quando o perigo, no entanto, parece rondar nas vizinhanças e os temas divagam para situações de risco ou extremamente absurdas, podemos sempre contar com companhias veladas, agindo discretamente nas sombras e sem alarde aparente.

Excepcionalmente, durante suas regressões, muitos personagens afloraram: o filho adotivo, maltratado pela mãe e por seu amante; o escritor sustentado pela família da esposa, que o traía; o moço que passou a infância numa guerra e que ficou com a mulher mais velha por comodidade; o boêmio, cansado da mulher que o aborrecia e que queria matá-la; o menino que perdeu a perna após uma infecção causada por uma fratura; o marinheiro revoltado e agressivo por causa de sua aparência física; o menino rico e rejeitado pelo pai; a mulher ambiciosa que se casou por interesse; o garoto criado no orfanato que se tornou o alcoólatra irresponsável; o rapaz escravizado por dois povos diferentes; o menino que sofria de doença incurável, entre vários outros.

Se classificássemos suas queixas em três grupos simplificados teríamos:

1. Sensação de falta de liberdade.
2. Medo de doenças graves.

3. Intolerância agressiva se desrespeitado.

Resumindo as vivências, verificamos que os três grupos se entrelaçavam, mas tinham separados tons de importância, particular a cada um deles. Por exemplo, o primeiro grupo, que abrigava as sensações de que família atrapalhava, que família não era conveniente e não servia para nada ou, ainda, que era algo potencialmente perigoso ou com "cheiro de prisão", tolhendo sempre, de alguma forma, a liberdade, apareceu claramente em vários personagens:

Lembrou-se do filho adotivo que, maltratado pela mãe, matou-a e a seu amante, numa crise de raiva após ser agredido por ambos, inclusive sexualmente. Com mais ou menos quatorze anos matou-os a facadas, sendo preso e, parecendo alucinado, foi tido como louco. Foi levado para um manicômio, onde foi chicoteado até ficar meio abobalhado e indiferente. Solto, anos depois, viajou como clandestino para as terras novas, onde terminou matando outra mulher que debochara de sua figura maltratada. Descobriu o prazer de matar e terminou se matando também. O espírito responsabilizou a mãe por seu infortúnio, pela família desfeita, pela infância desregrada. "Família é uma coisa muito ruim", decidiu.

Lembrou-se, também, do jornalista casado com uma mulher rica e protegida pela família, que ficou por toda a vida impotente frente aos caprichos da mesma. Ela o traiu e os filhos se foram, responsabilizando-o pela ruína do lar. Não pode reagir porque não tinha o suficiente para prover-se, caso tomasse alguma atitude mais enérgica. Abandonou-se, terminando velho, num asilo. O espírito decidiu, após a morte, que o melhor seria viver só mesmo, sem pessoas em volta, cobrando-lhe ou traindo-o.

Recordou-se ainda o moço de que nada pôde

construir para si por causa da juventude vivida durante a guerra e que terminou se casando com uma mulher mais velha para "arranjar" a vida; a mulher não queria ter filhos e então engravidou a amante, jovem e bonita. Ambas se defrontaram numa briga sem fim por sua causa, e como não gostava realmente de nenhuma, aborrecido, foi embora, deixando as duas para trás. Sentiu-se muito feliz por se livrar delas, de suas queixas e discussões. Levou uma vidinha pobre e descompromissada. Morrendo, concluiu que foi muito bom ficar só, pois podia ser o "dono do próprio nariz". Queria voltar para ser um bon vivant e nem se lembrava do filho que uma delas tivera.

Também veio à sua mente a história do boêmio que só queria farras, despreocupado com a família, enjoado dos reclamos da mulher e que terminou contratando bandidos para matá-la e se ver livre dela. Mas não deu certo e o jeito foi fugir. Foi preso, no entanto, por outros bandidos, desta vez contratados por ela, que o mantiveram cinco anos em cárcere privado, torturando-o com chicotadas. Fugiu depois desse tempo, jurando vingança, sendo todavia recapturado e morto na floresta. A trama toda foi descoberta e ela foi condenada à morte. Nesta regressão, apareceu ao final a "presença" da mulher, crivando-o de acusações. Aquela, cuja voz ouvia, no dia-a-dia. Ambos se comportavam, cliente e "presença", como se fossem vítimas quando, na verdade, os dois tinham matado ou desejado matar-se mutuamente. E ambos tinham sido mortos pelo ódio recíproco. Nenhum dos dois, em nenhum momento, nem mesmo durante a vivência, tinha cogitado em perdoar, no que era preciso pensar agora.

Após a morte do boêmio, seu espírito, rancoroso, decidiu que nunca mais pensaria em ter família e, muitíssimo menos, em viver com uma mulher. Viveria só e gozaria a vida. Sequer pensou que havia planejado matá-la em primeiro lugar e que havia sido o artífice de sua própria desgraça. A mulher, por sua vez, mesmo após matá-lo, ainda se sentia indignada com o desfecho da história. Foi uma vivência onde só existiram algozes e não vítimas de fato.

Lembrou-se também, noutra regressão, da mulher ambiciosa que se casou com um homem bem mais velho, com a intenção apenas de poder aproveitar a vida com seu dinheiro. Não gostava de trabalhar e esperou aparecer um homem rico em sua vida, a quem seduziu. Não queria filhos, porque dariam trabalho, brigando os dois por causa dessa questão. Só queria festas e divertimento. A vida prosseguiu até quando os negócios começaram a ir mal, sendo obrigada a diminuir suas despesas. Revoltou-se com o marido que, desanimado e à sua revelia, vendeu tudo e sumiu. Ficou sem nada, sem dinheiro e sem casa para morar. As amigas desapareceram. Prostituiu-se na esperança de arrumar outro homem, o que não veio a acontecer, terminando então por roubar os clientes, até o dia em que foi morta por um deles, aos quarenta anos. O espírito revoltado se lamentou e não se conformou. Deveria ter sido mais esperta e feito uma reserva com o dinheiro do marido. De nada se arrependeu e prometeu para si mesma que, na próxima vez, levaria uma vida fácil, sem marido ou filhos para atrapalhar; aliás, nunca os quis. Não iria deixar-se enganar de novo. Nem mesmo se lembrou de que havia sido ela quem ludibriara em primeiro lugar.

Recordou o menino que fugiu do orfanato e ficou pelas ruas, revoltado, até arrumar mulher e filhos, tornando-se um bebedor inveterado, corroído pela miséria e pela desesperança. Não progrediu na vida, não se importava com a família, que era vista como mais um peso na sua vida, já tão cheia de infelicidades, desde o berço. Não conseguiu sustentá-la, terminando por não se importar mais com ela. Não queria saber de filhos e de mulher, que terminaram mesmo abandonando-o. Ficou contente porque, assim, ninguém o aborreceria mais e não haveria mais queixas de fome e desamparo. Morreu velho, doente, mas o espírito, orgulhoso, terminou por achar que foi "melhor assim". Não se entristeceu por terminar só e bêbado, porque não tinha jeito mesmo de ter uma família, alguém que havia sido criado sem uma, desculpou-se.

Terminou também se lembrando do escravo que nasceu livre, mas logo cedo foi aprisionado pelos invasores das terras onde habitava. Longos anos passados no cativeiro até quando, após um naufrágio do navio onde servia, conseguiu nadar até a praia. Feliz, julgou-se livre mas, em seguida, foi pego e escravizado novamente; desta feita pelos habitantes da ilha onde tinha ido parar. Passou então o resto da vida trabalhando, revoltado, para os novos senhores, até o dia em que foi condenado à morte. Velho já, cometeu pequenos enganos, dos quais não foi perdoado. Desesperado, foi levado para um lugar onde foi morto a machadadas. O espírito se revoltou mais ainda e jurou para si mesmo que nunca mais receberia ordens de quem quer que fosse e que a liberdade seria o forte de sua vida: "prometo que nada ou ninguém vai me subjugar"; " nada tolherá minha liberdade".

Como percebemos em todas essas vivências, o padrão era a liberdade, podendo os personagens matar ou morrer em nome dela, tornando difícil para o cliente, na vida atual, o entendimento de que não havia riscos na criação de vínculos com outras pessoas, especialmente familiares. Sua postura radical se tornava compreensível mas obsoleta. Ria ao perceber a ferrugem de seus últimos grilhões. Nada poderia de fato escravizá-lo, caso se libertasse daquelas lembranças e de seus estranhos pensamentos, traduzidos pelas intuições negativas, impostas, provavelmente, por aqueles que foram mortos durante a trama de suas existências passadas.

Embora seus sintomas "espirituais" ou "paranormais" não fossem explícitos, como ouvir vozes ou ver coisas, ou ainda sentir dores, tonturas, enjôos ou qualquer outro sintoma da interminável lista das interações negativas destas "presenças" conosco, compreendia que isso não o poupava do ódio e da vingança. As "presenças" interferiam em seus pensamentos, levando-o, por suas próprias tendências, a recordar-se mais intensamente do passado, empurrando-o para o jeito que preferiu ser, tantas vezes, movido por esta ou por aquela razão: sem responsabilidade com pessoas, egoísta, pensando apenas em si próprio e em suas necessidades imediatas. Lembravam-no também, das tragédias acontecidas, reforçando seu comportamento.

Dua vivências encaixaram-se no segundo grupo de queixas, naquele caracterizado pelo medo de vir a ter doenças graves e fatais, incluindo a permanente postura de ficar observando atentamente todo e qualquer pequeno sintoma que surgisse na intercorrência do dia-a-dia, onde um simples espirro virava indício de grave moléstia contagiosa:

Recordou-se do garoto que acompanhou a longa e sofrida doença da mãe até seu derradeiro suspiro, ouvindo seus gritos de dor, sem nada poder fazer. Após a morte da mãe foi levado para residir com uma tia, em outra localidade, onde veio a quebrar uma perna, num incidente doméstico, aos dezesseis anos. Sem assistência adequada, uma enorme infecção apareceu na perna fraturada que, sem solução, terminou por ser amputada, depois de longo sofrimento, sem qualquer tipo de anestesia, desconhecida que parecia ser na época.

Recuperou-se lentamente, mas seu medo de passar por semelhante sofrimento uma segunda vez o tornou arredio, trancando-se dentro de casa, não se expondo mais para qualquer atividade física ou para o contato das pessoas. Todavia, essas providências não o pouparam de grave doença do estômago, que se iniciou por volta dos quarenta anos, terminando por matá-lo tempos depois. Morreu desesperado, em meio às dores e às tristezas, lembrando-se também do sofrimento da mãe, achando que a vida se resumia nisto; lembrou também como, desde cedo, a tia o havia protegido e proibido de tudo, temerosa de que viesse a ter o mesmo problema da mãe. Havia sido tratado e se sentido como uma pessoa frágil e incapacitada fisicamente, por toda vida. Apavorado com a possibilidade de continuar sofrendo, o espírito decidiu que iria vigiar sempre e que nunca mais deixaria que acontecessem situações onde fosse ouvir novamente: "não tem jeito; é o fim" ou "não tem cura".

Lembrou-se também do menino, filho de um médico, que sofria de algum mal misterioso e incurável. Pequeno, passava a vida na cama de hospitais, sentindo-se só, com muitas dores, sem poder brincar, sempre acompanhado pelo pai, atencioso, porém desesperado com sua situação. A vida se arrastou dolorosamente até os dez anos quando, já fraco, sem mais poder se alimentar, sentindo gosto de sangue na boca, ouviu outros médicos dizerem que " não havia mais jeito". Entendeu que ia morrer. Teve medo, mas não compreendia o que se passava direito e nada havia a fazer, a não ser sofrer. A morte terminou trazendo uma sensação de que jamais passaria por aquilo novamente: "nunca mais vou ficar sofrendo e esperando o fim chegar", pensou o espírito consternado.

Após estas vivências foi fácil perceber a origem de seu injustificável pavor de ficar doente, sem perspectivas de cura. Entendeu para quais personagens este medo faria sentido e porque faria. Percebeu como suas idéias fóbicas faziam seu comportamento beirar o ridículo, além de empurrá-lo para alternativas drásticas, como, quem sabe, antecipar o fim, caso viessem a se concretizar as doenças. Situava-se já nas zonas fronteiriças da razão, onde sem dúvida tinha a companhia de desafetos do passado que, por certo, nada mais faziam além de jogar mais lenha nas fogueiras de suas antigas cicatrizes.

Igualmente desacertadas eram as lembranças dos personagens que compunham o terceiro grupo catalogado: o grupo de sua intolerância ao desrespeito à sua pessoa, que gerava uma agressividade incrivelmente mal controlada, raiva e rancor, expondo-o a perigos desnecessários, podendo novamente matar ou morrer por bobagens, inadvertidamente. Lembrou-se de duas vivências:

Recordou a história do menino rico, filho único, cuja mãe morreu ao dá-lo à luz e que foi criado num elegante colégio interno, sentindo-se rejeitado pelo pai. Magoado, nunca veio a saber se o pai o rejeitava realmente ou não pois, desde cedo, não aceitava a pouca atenção que o mesmo, atarefado, lhe prestava. Logo que pôde, recusou-se a ir para casa em períodos de férias, não sendo por ninguém contestado. Depois de concluídos os estudos, mudou-se para cidade distante, indo trabalhar longe do pai, de quem não aceitava nada. Nutria secreto ódio pelo genitor, a quem desprezava com sua distância.

Com a morte do mesmo, recusou-se até mesmo a ficar com a herança que lhe era cabida, doando tudo.

A vida foi passando, sem que jamais se aproximasse de alguém para não ser rejeitado, como julgava que o pai fizera. Não o perdoou, não se incomodou com sua morte, e nem com sua própria solidão. Morreu velho, corroído por sua mágoa, incompreensão e intolerância face às situações da vida. Nunca se resignou, sofrendo a vida toda por esse motivo. E o espírito decidiu que as pessoas eram ruins e que deveriam ser enfrentadas, sem medo, pois havia simplesmente fugido e de nada havia adiantado. A solução seria confrontar-se com todos que cruzassem seu caminho.

O personagem da segunda história foi um marinheiro de meia idade, gordo, baixinho e feio que sempre se envolvia em brigas quando desacatado por piadas sobre sua aparência. Agressivo e revoltado, não tolerava comentários e terminou por esfaquear dois homens; um no próprio navio onde trabalhava e outro numa taberna do porto. Foi preso e chicoteado, sendo levado para uma prisão perto de um pântano, de onde veio a fugir anos depois. Na fuga, no entanto, caiu num poço de areia movediça e morreu, muito revoltado. O espírito, prepotente, mesmo percebendo o trágico fim, jurou continuar no mesmo caminho e não se arrependeu de nada, dizendo: "se não tiverem respeito responderei na mesma moeda " e que "quem não me respeitar vai pagar e ser punido". Decidiu que não toleraria nenhum tipo de desacato. Percebeu que sentiu prazer em esfaquear aqueles homens e que o faria novamente.

Como é fácil notar, comparando as vivências entre si, a mesma intolerância acompanhava personagens do primeiro grupo descrito, como o filho adotivo ou o boêmio que se entregaram a seus desvarios de raiva, causando destruição e morte em torno de si.

E, com tantas dores causadas e sofridas ao longo de sua trajetória, com o inevitável envolvimento com outras pessoas no decorrer das vidas, com tantos inimigos conquistados, a lógica levaria qualquer observador a concluir pelo acerto da proposta inicial deste relato, que levantava a hipótese de que parecia impossível ao nosso cliente pensar, por si só, tantas e tão absurdas coisas, como por exemplo: "não levo desaforo para casa nem que morra por causa disso". Parecia, realmente, como muitos de nós, rodeado de "intuições negativas" que poderíamos decodificar como interferências de "presenças", inimigos do passado em seu pensamento, levando-o, não só a pensar e a sentir coisas descabidas e irreais, mas também a ter, em função disto, outras tantas atitudes estranhas e perigosas.

Como se pode perceber, novamente, essas "presenças" não inventam nossos "delírios". Apenas usam as informações guardadas nos arquivos de nosso inconsciente, ou de nosso espírito, ou como se queira chamar este formidável armazenador de dados. E, testemunhas passionais que foram de nossas andanças, lhes ficaria relativamente fácil a manipulação dessas informações em favor de seus óbvios propósitos de vingança.

O homem comum, aquele que nada vê ou sente de extraordinário ou de paranormal, ou ainda aquele que leva a vida de forma socialmente aceitável, nesta existência, tem a ingênua tendência de achar que essas "coisas" não existem e, se porventura existem, com certeza não deixou inimigos para trás e não há nada a influenciá-lo negativamente, ou de forma pessoal. Termina, via de regra, arcando com o peso de seu próprio ceticismo, que em nada derruba a lógica de que esta obscura e negra parcela de nosso passado está ainda interagindo nos dias atuais, porque, se assim não fosse, estaríamos todos loucos, em maior ou menor grau, como nosso cliente achava estar.

A conclusão, portanto, é que, quando o absurdo é demais, estamos não apenas nos lembrando do passado, mas, além disso, contando com o concurso de outras inteligências atuando sobre a nossa, até certo ponto, secretamente.

3
O passado e o presente
3. Ectoplasma
(o terceiro dos quatro pilares)

A grosso modo, visando apenas uma apresentação simples e compreensível para todos, ectoplasma[1] (não entraremos nesta apresentação nas considerações bioquímicas do ectoplasma) é uma substancia semi-material, capaz de interagir entre os dois mundos, o material e o espiritual. É tido como o fluido universal, também chamado por alguns de prana e por outros de fluido de cura. Encontra-se por toda parte, por toda a natureza, como se fosse uma nuvem, geralmente não visível aos encarnados, a não ser que sejam clarividentes (paranormalidade ou mediunidade, como se queira falar, diferente da vidência simples), isto é, pessoas capazes de verem auras, chacras etc. É também visível para muitas "presenças".

Para ilustrar, podemos imaginar a seguinte situação: se pudéssemos ver uma determinada "presença" e tentássemos tocá-la, nossa mão obviamente a atravessaria, do mesmo modo que, se ela quisesse nos tocar, sua

1 Sobre esse assunto ver *Ectoplasma*, de Luciano Munari, **EDITORA DO CONHECIMENTO**.

mão nos atravessaria também. Estamos, teoricamente, em dimensões incompatíveis. Ora, sabemos, no entanto que muitas "presenças" conseguem promover fenômenos de efeitos físicos, interagindo com o mundo de três dimensões (altura, largura e profundidade) no qual vivemos enquanto encarnados. Como podem fazê-lo se não são seres habitantes da terceira dimensão?

Se o ectoplasma fosse, por exemplo, um barro e nele enfiássemos nossa mão, sairíamos "vestidos" com uma luva de barro. Da mesma forma, se uma "presença" enfia sua mão, por assim dizer, nesse fluido chamado ectoplasma, sairá vestida com uma luva de ectoplasma.

E desta maneira pode impressionar nossa terceira dimensão, podendo promover um ou mais daqueles fenômenos conhecidos como "poltergeist", por exemplo, onde seria capaz de abrir portas, derrubar objetos, promover barulhos, ligar interruptores, causar combustão, tocar-nos etc.

No entanto, o maior problema é o fato do ectoplasma estar concentrado na natureza e, em especial, nos alimentos, o que faz com que estejamos sempre ingerindo-o juntamente com nossa alimentação. Apesar dele nos ser vital, na medida em que ele não pertence ao nosso mundo não temos como absorvê-lo, assimilá-lo ou metabolizá-lo completamente junto com os alimentos, devendo o excesso do mesmo retornar à natureza.

E de fato isso acontece, pois ele sai por todos os orifícios do corpo e também pela pele através do suor, pela boca enquanto falamos, pelo nariz quando respiramos e pelos ouvidos.

Mas muitos de nós, aparentemente por razões cármicas, fazemos essa troca com a natureza mais devagar que a maioria das pessoas ou de forma insuficiente ou ainda não completa, para que, inconscientemente, sempre possa sobrar algum ectoplasma para ser doado. Ele então se acumula em torno da região abdominal, conhecida pela localização do chamado chacra umbilical, à espera da doação, e a pessoa têm então a nítida sensação de que a barriga está estufada. E está mesmo.

Neste momento teríamos que considerar os porquês da necessidade da doação do ectoplasma e o que isso significa. Significativamente, ele é chamado por alguns de fluido de cura, sendo uma das únicas maneiras de seres desencarnados tidos como bons (reservamos o termo "presenças" para seres desencarnados com problemas pessoais a serem resolvidos conosco e com tendências à vingança, que também se utilizam de nosso ectoplasma acumulado, mas para outros fins, como veremos adiante) teriam de ajudar em processos de cura física, como apregoam muitas religiões, seitas ou cultos e que vemos também no dia a dia, independente de qualquer coisa. Seriam os chamados trabalhos espirituais de cura. O ectoplasma serviria como um intermediário entre nossa dimensão e a dimensão em que tais seres habitam.

Ora, mas então por que tais seres, espíritos, entidades ou o nome que se queira dar a eles, simplesmente não se utilizam desse ectoplasma que sobra na natureza e em toda parte? Por que simplesmente não usam o "estoque" daquela grande nuvem à qual nos referimos anteriormente? Por qual razão eles precisariam usar o ectoplasma acumulado em determinados seres humanos encarnados para promoverem sua intercessão no plano físico?

Porque o ectoplasma só passa a ter seus efeitos curativos, atuando e conseguindo propriedades e resultados antiinfecciosos, anti-hemorrágicos, antiinflamatórios, cicatrizantes, analgésicos, entre muitos outros, a partir do momento que ele é "usinado", por assim dizer, pelo homem junto com a alimentação. A alimentação passa e o ectoplasma fica, assimilando então propriedades curativas O ectoplasma estacionado na natureza não serve para este fim.

Entretanto, muitas pessoas desconhecem serem portadoras dessa tendencia ao acúmulo de ectoplasma, chamada por alguns de paranormalidade ou mediunidade de cura e como não participam de nenhum tipo de atividade nesse sentido, isto é, como não o doam, acabam acumulando enormes quantidades de ectoplasma na região do abdome.

Dependendo até do tipo de alimento ingerido, pois alguns carregam mais ectoplasma que outros, como os carboidratos, por exemplo, esse acúmulo, por si só, promove vários sintomas físicos: distensão abdominal repentina (barriga estufada, como se tivesse engordado de um dia para o outro), dores abdominais, cólicas, queimação no estômago, azias, gases, constipação intestinal ou diarréias sem razão aparente, problemas de pele, alergias, dificuldade de emagrecimento etc.

Infelizmente nossos problemas não param por aí. Como ainda trazemos arrastados em nossa vida atual nossos desafetos do passado, conforme dissemos nos itens anteriores deste livro, existem duas simples maneiras de nos perturbarem: ou eles manipulam nosso ectoplasma (por que ficariam simplesmente a manipular o ectoplasma que está na natureza, fazendo barulhos e outras pequenas coisas, se podem muito bem manipular o ectoplasma que está em nós, não é mesmo?) ou eles nos dão intuições negativas, isto é, causam distúrbios do juízo de realidade (quando nos fazem ter pensamentos que não são razoáveis ou até mesmo delirantes) ou, mais comumente, as duas coisas.

Imaginemos como se houvesse um pequeno caldeirão no nosso abdome, cheio de ectoplasma sob alta pressão e só há um pequeno "tubo" para subir em direção à boca. Nosso desafeto, a "presença", empurra-o para cima, sob alta pressão, o que pode causar, à medida que vai subindo, sintomas como náusea, ânsia de vômito, sensação de angústia ou aperto no peito, sensação de que ar está curto, batedeiras no coração, impressão de haver uma bola na garganta, pigarro, arrotos, sinais de sinusite, rinite, labirintite (que é uma sensação de tontura quando o ectoplasma atinge o nosso órgão de equilíbrio, que é o labirinto e está dentro de nossos ouvidos, podendo chegar ao desmaio), dores de cabeça, enxaquecas, entre outros muitos sintomas.

Já existem mais de 100 sintomas conhecidos relacionados ao ectoplasma. Também se acumula nas articulações, no líquido sinovial que as lubrifica, causando inflamações e dores, artrites, artroses, tendinites, fibromialgias, dores de toda ordem etc.

Como se pode observar, são todos sintomas que a medicina convencional tem dificuldade em controlar de forma definitiva, tendendo a maioria à cronicidade.

O ectoplasma comumente é direcionado para nossas cicatrizes, visíveis ou invisíveis, impressas em nossos "perispíritos", para usar um termo conhecido, ou em nossos corpos físicos; marcas que trazemos de nossas vivências passadas e que funcionam como um "ponto fraco", sendo facilmente explorado por essas "presenças", geralmente nos causando desconfortos ou dores inexplicáveis. É fácil observar que cada um de nós tem um determinado "ponto fraco" em especial. Ou costumamos ter problemas de pulmão, como gripes repetidas; ou ainda quem sabe infecções de garganta ou problemas abdominais ou talvez dores nas pernas ou nos braços. Não importa, pois tais "presenças", nossos velhos conhecidos, os conhecem muito bem e simplesmente manipulam o ectoplasma para essas regiões. De que outra maneira se explicaria nosso ectoplasma estar sendo direcionado para aqui ou ali? Por que alguns de nós temos enxaqueca e outros gastrite? Haveria uma escolha aleatória de tais "presenças" para onde "empurrar" o ectoplasma? Obviamente que não.

Essas pessoas, em busca de alívio para seu sofrimento e estando ainda na ignorância de tais fatos, vão de médico em médico, de exame em exame, geralmente sem nada encontrar. Precisam aprender não só a doar ectoplasma (com técnicas respiratórias ou em trabalhos de cura), como também a não entrar na faixa vibratória desses inimigos do passado, pois de nada adianta doar hoje e entrar na sintonia do desafeto amanhã, pois a pessoa sempre vai estar acumulando ectoplasma na medida que não pode simplesmente parar de comer.

Para algumas pessoas, acumular ectoplasma é algo atávico e impossível de ser mudado. Que ninguém pense que vai doar por uns dias e depois acabou. Este acúmulo permanente é chamado por alguns de um compromisso cármico, isto é, faz parte daquele programa que fazemos ao nascer e que possibilitará o aprendizado programado. É como ser negro ou branco, homem ou mulher, baixo ou alto, isto é, não pode ser mudado. Precisamos então aprender a lidar com ele.

Mas em que isso nos ajudaria? Da mesma forma que a modificação de nosso caráter nos ajuda terapeuticamente a sofrer menos, ser uma pessoa que trouxe por determinação própria de seu período intervidas essa particularidade em relação ao ectoplasma, serve para que aprendamos a fazer algum tipo de caridade, o que naturalmente nos ajudaria não só no ressarcimento de algumas das muitas bobagens do passado, como também a mudar nossa frágil faixa vibratória, ao deixarmos de ser tão egoístas e passarmos a pensar mais nos outros, para variar um pouco.

Apenas relembrando, o ser humano vibra normalmente em ondas curtas, quando está equilibrado. Como ondas de rádio mesmo. Da mesma forma que os desencarnados chamados de bons. Nossos desafetos, as chamadas "presenças", vibram em ondas médias.

Funcionamos como um rádio comum sintonizado numa estação qualquer. Se giramos o "dial" do rádio apenas um pouquinho imediatamente perdemos a sintonia da estação. Se giramos um pouco mais, dá no mesmo. Tanto faz.

Com nossa vibração é a mesma coisa. Nosso "dial" é a nossa irritação, o que quer dizer que se nos irritamos um pouquinho, com as pequenas bobagens da vida, ou muito, em função das grandes contrariedades, saímos da mesma forma da vibração correta, de ondas curtas, e mergulhamos, imediatamente, em ondas médias, onde nossos desafetos estão a nos "esperar".

Quer dizer, não são eles que nos acham e sim nós que vamos ao encontro deles a toda hora, com nossas pequenas e grandes irritações. E uma vez nessa sintonia, levamos dias, muitas vezes, para subir nossa vibração novamente para ondas curtas, o que significa que, ao mesmo tempo em que lutamos para nos libertar dos desafetos, freqüentemente nos irritamos com qualquer outra coisa e caímos novamente, muito antes de nos libertarmos da caída anterior.

Somos ranzinzas, chatos, irritadiços e mal-humorados. Para não dizer outras coisas. Depois não sabemos os porquês de nossos sofrimentos. A maioria das pessoas parece achar que ter razão em alguma coisa é um motivo lícito para se irritar! Só serve mesmo para cair na faixa vibratória de ondas médias (mesmo porque, para nossos desafetos que a habitam, não faz a menor diferença se lá caímos com ou sem razão, isto é, se tínhamos ou não motivos aparentes para nos irritarmos).

E assim vivemos sempre mais ou menos mal acompanhados e reclamando que nossas vidas não vão pra frente como gostaríamos (pois estas "presenças" dão sempre intuições negativas que vão interferir em nossas decisões), além de estarmos sempre cercados de dores e de outras sensações de mal estar injustificadas (pelo acúmulo e manipulação de nosso ectoplasma).

É preciso compreender que ectoplasma não é doença, mas o seu acúmulo pela vida afora, além do desconforto cotidiano, pode vir a causar em determinado momento doenças físicas verdadeiras, o que nos faz lembrar o velho ditado popular: "Água mole em pedra dura tanto bate até que fura". E desta forma um acúmulo por anos a fio de ectoplasma nas articulações pode sim vir a causar uma artrite ou uma artrose; da mesma maneira um acúmulo no estomago pode vir a causar uma úlcera ou um tumor; no pulmão, uma asma e daí por diante.

Na terapia de vida passada percebemos que, se este fenômeno não for considerado, passaremos a vida inteira tentando tratar daquilo que a psiquiatria tradicional chama de sintomas de somatização. O indivíduo passa todo o tempo sofrendo com palpitações, tonturas, pressão alta, falta de ar ou enxaquecas, por exemplo, sem que seus exames laboratoriais indiquem sinal algum de disfunção capaz de causar os sintomas. Acaba até mesmo indo parar em hospitais e prontos-socorros. Longas histórias são contadas de incontáveis idas aos laboratórios, às clínicas de endoscopia, radiologia, encefalografia etc. sem que nada seja achado.

É preciso considerar uma questão simples e que geralmente passa despercebida: como uma emoção qualquer, como raiva, por exemplo, pode desencadear uma crise de falta de ar ou pressão no peito, sem que haja um agente intermediário entre ela e o nosso corpo? Porque eu acho que pode? Ou alguém acha? Ora, isso não tem qualquer sentido.

A explicação mais razoável a nosso ver, como já foi dito, dentro deste modelo didático, é que uma crise de raiva, entre outras coisas, baixa a freqüência vibratória do indivíduo, propiciando seu contato mais próximo com as tais "presenças", que podem então manipular seu ectoplasma que estava acumulado e impressionar o corpo físico causando os sintomas. E isso pode ocorrer mesmo que a contrariedade tenha acontecido muitos dias antes, pois quando entramos nessa faixa vibratória, não saímos dela facilmente, mesmo que não percebamos nada. É comum as pessoas não conseguirem associar uma contrariedade com o sintoma físico, pois já não se lembram dela, o que não significa que ela não aconteceu. Costumamos ouvir: "Mas não aconteceu nada".

Se, todavia, a pessoa fizer um exame mais apurado na memória, vai sempre achar a causa de sua dor atual lá atrás, quando se irritou por uma coisa qualquer.

Não há mais espaço para pensarmos cientificamente em cima do paradigma "Já que eu não vejo isso não existe", pois as pessoas não são loucas, pois caso contrário seríamos todos um bando de histéricos a inventar doenças. Quem nunca teve, após uma contrariedade qualquer, uma dor de cabeça sem que estivesse doente, ou uma queimação no estomago sem causa, ou uma angústia apertando seu peito?

Os terapeutas de vida passada, além de desmistificar a reencarnação, colocando-a como uma proposta científica, fazem o mesmo com o ectoplasma, denunciando sua existência a seus clientes. E durante as regressões vão verificar não só as origens dos "pontos fracos" no físico do indivíduo, mas principalmente vão fazê-lo entender seu temperamento nos dias de hoje e, a seguir, onde e como foi feito este longo "aprendizado" defeituoso em vidas pretéritas. Quanto mais nervosos e intolerantes formos hoje, mais facilmente seremos abordados pelos desafetos de ontem, que são apenas oportunistas. Se o temperamento não for modificado cairemos eternamente nessa armadilha.

Lembrando da teoria corpuscular do espírito, que é uma teoria que propõe uma explicação de como o mesmo é constituído ou formado, e que foi criada pelo dr. Hernani Guimarães Andrade, fundador do Instituto Brasileiro de Pesquisas Psicobiofísicas, percebemos como ela contribui para uma melhor compreensão de como se processa a emissão ou a doação de ectoplasma.

O espírito seria composto por partículas chamadas de psiátomos e da mesma forma como os átomos ao se juntarem constituem a matéria dos corpos físicos, os psiátomos ao se juntarem constituiriam a matéria das construções do mundo espiritual; essas construções podem ser vivas, como o próprio espírito ou não vivas, como o ectoplasma, por exemplo.

Dr. Hernani imaginou, didaticamente, um modelo espacial de espírito usando dois cones em forma de triângulos eqüiláteros colocados um de cabeça para cima e um de cabeça para baixo, como se fosse um balão. Unindo os dois cones existiria uma pequena faixa que corresponde ao corpo físico do homem.

O cone superior representa a cúpula, a porção

pensante, a parte divina do espírito, também chamada de super consciencia, onde estão depositados seus propósitos sublimes de melhoria e evolução. O cone inferior representa o modelo organizador biológico, a porção não pensante, também chamada de arquivo das experiências biológicas, onde estão depositadas as memórias de vidas passadas.

Os três estágios são permanentemente unidos por um forte campo magnético. Tanto as "presenças" como outros seres desencarnados podem bombardear esse campo com cargas magnéticas negativas fazendo com que os corpos se afastem temporariamente, de onde decorre uma emissão de grande quantidade de material orgânico, também chamado de ectoplasma.

Representamos o processo no desenho a seguir.

TEORIA CORPUSCULAR DO ESPIRITO[2]

(Pequeno estudo dessa teoria para se compreender melhor como funciona a doação de ectoplasma)[3]

O ectoplasma e sua emissão (doação)

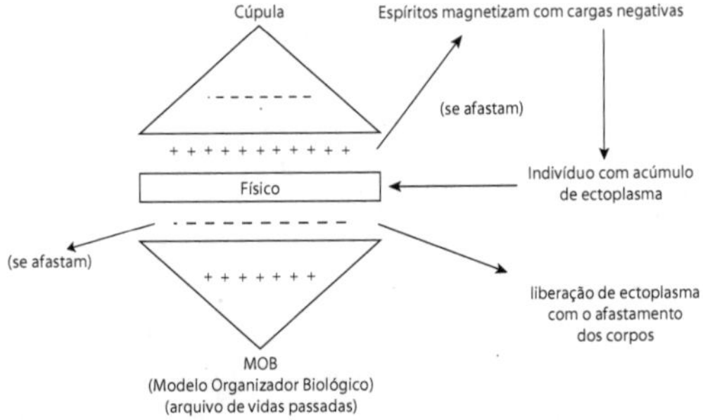

---

2 Teoria criada pelo dr. Hernani Guimarães Andrade — IBPP
3 Em função da abordagem dessa teoria usaremos o modelo e linguagem espiritualista para discutir a doação de ectoplasma neste ponto.

Obs. Quando a magnetização negativa do campo magnético que une os corpos do espírito humano acontece em local protegido, são potencializadas as propriedades curativas do ectoplasma. Todavia, as "presenças" também são capazes de promover essa magnetização e causar efeitos físicos indesejáveis, tanto no indivíduo quanto no ambiente. Tão logo a liberação termine, os corpos se unem novamente.

Principais sintomas de acúmulo e manipulação do ectoplasma

SISTEMA DIGESTIVO
gases
náuseas
barriga estufada
queimação ou dor de estomago
cólicas
queimação no esôfago
ânsia de vômito ao escovar os dentes
vômito após refeição
arrotos
enjôos

SISTEMA RESPIRATÓRIO
falta de ar
pigarro crônico
sensação de aperto ou dor no peito (angústia)
sensação de bola na garanta
rouquidão
resfriados freqüente
coriza
rinite
sinusite
roncos
acordar sufocado
inflamações freqüentes na garganta

SINTOMAS GERAIS
enxaquecas
dores de cabeça
cabeça pesada
tonturas
lacrimejamento
bocejos
soluços
acordar cansado
cansaço crônico
alergias (principalmente de pele)
suores
"babar" no travesseiro
fraqueza ou cansaço
vontade de comer doces e pães
calor nas pernas

dores e inchaços nas articulações
dores nas pernas e nos joelhos
dores nos "ossos"
fome constante

APARELHO AUDITIVO
coceiras ou zumbidos nos ouvidos
sensação de ouvido tapado
inflamações freqüentes no ouvido
diminuição temporária da audição

Técnica respiratória de doação de ectoplasma

A doação só pode ser feita em lugares protegidos. Entendem-se como lugares protegidos os ambientes onde não acontecem normalmente distensões emocionais, como discussões ou brigas (nunca na residência da pessoa). Nos lugares conturbados o ectoplasma pode ser interceptado pelas próprias "presenças" e "despejado" de volta em cima do doador, para falar de uma forma simplória, com efeitos danosos, ou então ser usado para outras finalidades desagradáveis, como promover fenômenos de efeitos físicos e outros.

Dessa forma vale o bom senso de cada um na escolha do local onde a doação vai ser feita. O local pode ir desde templos religiosos ou hospitais até mesmo na natureza mais virgem (um parque ou um bosque com muitas árvores e pouca movimentação de pessoas, por exemplo).

O ambiente, se interno, deve estar com luz reduzida e de preferência azulada, pois o ectoplasma se desagrega frente à luz branca (o que faz com que todos os trabalhos de cura, por exemplo, sejam feitos com pouca iluminação). Se a doação for feita na natureza não deve ser realizada nas horas de claridade mais intensa do dia.

Sentado confortavelmente inspira-se profundamente pelo nariz e expira-se, também profundamente, até o último ar sair pela boca bem aberta. Quando se tem a impressão de não haver mais ar algum para sair, força-se mais um pouco para fora. O ideal é que se faça a respiração de forma forte, a ponto de se ouvir externamente o ruído do ar saindo.

O exercício pode durar de 10 a 15 minutos. Provoca geralmente uma grande saída de ectoplasma, que é observada com sons, muitos bocejos, coriza e lacrimejação intensas, tosse e eventuais eructações. O ideal é que no início seja feito uma vez por semana. Com o tempo o indivíduo vai percebendo o intervalo que necessita para manter um estado de bem estar, o que varia de pessoa para pessoa, podendo ir de dias a semanas.

Todo ectoplasma emitido é aproveitado por suas propriedades curativas e desta forma o doador, onde quer que esteja, deve mentalmente direcioná-lo para algum lugar onde existam indivíduos doentes ou fisicamente necessitados de alguma forma que ele conheça. Se isso não for possível ele será apenas aproveitado pela própria natureza.

3
O passado e o presente
4. Reprogramação
(o quarto dos quatro pilares)

O quarto pilar no qual está embasada a cura pela TVP na SBTVP sem dúvida é a reprogramação. Reprogramar significar mudar o presente, isto é, mudar aquele programa de vida que estamos fazendo acontecer desde sempre; mudar a forma de interagir com a vida. É como se vivêssemos numa espécie de piloto automático. Como se têm visto ao longo deste livro, não basta conhecer a vida pregressa, pois nenhuma cura mágica ocorrerá, como prometem alguns terapeutas a pessoas desavisadas. É preciso trabalhar no dia a dia com os personagens, lembrando e perguntando para nós mesmos a cada minuto que sofremos "para quem", isto é, para qual personagem e "por que" nossas dores ou defeitos de hoje ficariam melhor nele e não em nós.

Veremos que a ignorância, os dramas verdadeiros e os peculiares momentos históricos da humanidade pelos quais já passamos, tornam nossos personagens passíveis, digamos assim, de sofrer, fazer, pensar ou sentir o que sofremos, fazemos, pensamos ou sentimos hoje e que não faz qualquer sentido nos dias atuais. É como se eles pudessem ter um aval para tantos desmandos ou sofrimentos, o qual nos foi retirado pelos tempos em função do que já sabemos, ou devíamos saber, e construímos para nossos espíritos até hoje.

Estamos em outro momento e não há mais espaço, por exemplo, para sacarmos de nossa espada a cada contrariedade. Da mesma forma não estamos mais sendo jogados da torre do castelo, o que faz com que nosso medo de altura não mais se justifique.

E se nosso problema tem também uma conotação espiritual, isto é, se "presenças" do passado estão atuando em nossa mente ou em nosso físico, também convém termos com elas pequenas e rápidas conversas, no sentido de nos desculpar, uma vez que obviamente não somos vítimas, mas também deixarmos claro que tal atuação não mais será permitida.

Como assim? Ora, somos velhos conhecidos. No presente, em função de nossos já tão falados e conhecidos defeitos, nossos desafetos fazem conosco o que bem entendem. E justamente por sermos tão íntimos deveríamos atuar com armas desconhecidas por eles em relação a nós: brandura e firmeza. Não esperam jamais brandura de nossa parte porque nos conhecem muito bem de outros tempos, quando éramos maus ou piores do que somos hoje e jamais pediríamos desculpas. E muito menos esperam firmeza, pois eles vêm há muito tempo fazendo de nós o que querem sem que esbocemos qualquer reação, a não ser nos lamentar ou esbravejar, e então uma nova atitude causará grande surpresa, possibilitando um início de reconciliação entre nossos espíritos cansados.

4
Nossos problemas

> Não estamos todos aprendendo a mesma lição ao mesmo tempo. Um está dominando o orgulho; o outro, o medo; outro, o ódio e assim por diante, mas o fator essencial para a saúde é que aprendamos a lição que nos foi destinada."
>
> Edward Bach

Somatizando
As fogueiras

Uma pequena e miserável aldeia ao redor de imponente castelo, onde se passava muita fome porque quase tudo o que o povo conseguia lhe era tirado pelos guardas do senhor. Muita opressão em cima das pessoas, fracas, famintas e esqueléticas. Com mais ou menos quinze anos, nosso personagem, um rapaz da aldeia, que vivia a lutar pelo alimento de cada dia, resolveu roubar o castelo.

Dentro dos pesados muros havia uma espécie de mercado, onde se escondeu, esperando a noite chegar. Apesar dos muitos guardas nas escadarias, esgueirou-se pelo labirinto dos corredores até achar, numa sala, um saco de moedas. Conseguiu sair pela manhã, escondido no capim de uma carroça. Logo dão pela falta das moedas e os guardas reviram a aldeia, encontrando algumas delas com as pessoas, pois as havia distribuído entre o povo.

Maltrataram, bateram, mataram e colocaram fogo em tudo. A maioria fugiu para a floresta, mas, encurralados, terminaram por denunciá-lo. Embrenhou-se mais ao fundo da floresta e por lá ficou, comendo frutas e raízes. Às vezes alguns guardas apareciam, mas conseguia matá-los em armadilhas. Um dia vieram muitos, com vários cachorros, que o localizaram numa árvore. Não deu para escapar. Atiraram flechas e o acertaram na perna. Caiu.

Foi levado para julgamento pelo senhor do castelo, por quem foi condenado à morte. Tentaram enforcá-lo mas, como não conseguiram, terminaram por colocar fogo embaixo da forca onde estava pendurado, agonizante. Sentiu-se assar com o calor, lentamente. Foi ficando vermelho, queimado, até a morte chegar, desesperado. Mesmo após deixar o corpo, o espírito continuava aflito, a gritar; tentou jogar-se no rio, na esperança de diminuir suas dores, sem compreender porque a água não se mexia. Teve muito medo e ficou longo tempo perdido pela floresta, com o corpo ferido, ardendo, na companhia de outros espíritos como ele, estropiados pela ira do senhor do castelo.

A segunda fogueira aconteceu numa vivência mais recente, já no século vinte, quando, piloto de pequeno e antigo avião de guerra germânico, terminou carbonizado após ser atingido por outro avião, numa guerra, no meio a grande explosão com muito fogo. Era um piloto de carreira quando a guerra chegou e, nacionalista, resolveu lutar pela causa da nação, em meio a grandes desfiles militares, com milhares de soldados. Obediente, não sentia alegrias nem tristezas, cumprindo fielmente suas obrigações. Participou de muitas missões de bombardeio. No começo atacavam apenas os exércitos inimigos mas, no final, já jogavam bombas nas cidades, nas pessoas comuns, provocando grandes tragédias. Mas não se importava, pois apenas cumpria o dever. Após a morte, com muito sofrimento, sentiu muita raiva de ter morrido daquele jeito. Achava que aquilo jamais aconteceria com ele. Arrependeu-se, não de ter bombardeado as cidades, mas de ter obedecido tanto. Sentiu-se um imbecil, que nunca questionou nada. Só sabia que na guerra tinha que matar para defender o seu país. Mas morreu queimado e de nada adiantou.

Por uma terceira vez veio a morrer queimado e desta feita na Idade Média. Num amontoado de casinhas de pedra, em ruas igualmente de pedras, grudadas umas nas outras, com pequenas e baixas portinhas de entrada.

Novamente era um rapaz do povo, mas que gostava de mágicas e adivinhações. Fazia mágicas como brincadeira para as pessoas verem na rua. Divertia-se muito, ria, respondia às perguntas das pessoas, fazendo previsões. Havia um homem velho, que morava afastado da cidade e que lhe ensinava estas coisas. Foi vivendo assim até que, um dia, veio um homem importante, como um bispo, que soube do que fazia, e quis ler a mão. Nosso rapaz teve muito medo mas acabou fazendo e dizendo ao religioso que coisas ruins lhe aconteceriam, o que provocou no homem grande desagrado. Este se foi, e o povo, que precisava da igreja para subsistir, ficou muito bravo; ele não se incomodou. Por ser muito criticado, ficou mais sério mas continuou pelas ruas a ver a sorte e o destino de quem o procurava.

Entretanto, nunca dizia nada que favorecesse o prefeito e algumas outras pessoas influentes. Estes então, com o apoio da igreja, tentaram condená-lo, acusando-o de fazer coisas do diabo. Coagido, renegou tudo o que disse , em praça pública. Disse ser filho de Deus e que tudo que fazia era bobagem e mentira. Mas era apenas para não morrer, pois acabou, com o tempo, voltando a fazer as mesmas coisas, sendo então preso num tronco da praça e queimado em altas labaredas, até a morte, sem apelação.

O corpo todo queimou e ardeu. Demorou para morrer, em grande padecimento. Por fim, viu o corpo se desmanchando, torrando, até quase tudo acabar. Sentiu raiva e desprezo por todos. Sentiu-se superior aos que o queimaram. Sentia-se apoiado por grandes seres, espíritos sábios e concluiu que ninguém entendeu nada, nem os da igreja. "Todos burros, pois quando aparece alguém para ensinar, põem fogo". Achou que todos eram porcos e sujos, sem cultura, evolução, nada. Achava-se mais inteligente que todos, com o poder de derrubar os mais importantes, embora nada tenha conseguido e de seu corpo nada mais restasse.

Nosso cliente, que havia sido o protagonista de todas essas histórias, veio à terapia exibindo muitas feridas de pele, pequenas e prolíferas, avermelhadas, que inflamavam e descascavam como se fossem queimaduras. Pioravam muito quando o sol vinha a bater em sua pele, com seu calor e poder de destruição, despertando-lhe antigas lembranças de calores maiores. Pioravam também quando confrontado, preocupado ou contrariado.

Teimoso, intolerante com as pessoas, pois tudo tinha que ser do seu jeito, não pedia favores, não pedia desculpas e recitava sem parar que "ordens são para ser seguidas". Inteligente, rapidamente percebeu as ligações de suas lesões de pele com as sucessivas marcas deixadas pelas fogueiras. Era como se continuasse a ser queimado, dia após dia. Percebeu também como seu mau humor agravava seu problema, restando-lhe apenas duas saídas: ou se resignava com as coceiras e ficava com elas para se lembrar, a toda hora, do que precisava mudar, ou decidia que não precisava mais delas e sarava. Honesto, admitiu que jamais procuraria ajuda se não fossem suas feridas e decidiu que queria ser brando, por fora. Riu muito quando o terapeuta lhe perguntou o que quereria mudar, então, por dentro?

Foi a várias outras vivências, do pensador do Himalaia ao esquimó do Pólo, variando entre os extremos; ou fora extremamente passivo e comandado, ou fora muito agressivo e dominador. Às vezes, muito contrariado e subjugado, às vezes um guerreiro impiedoso, primitivo e cruel. Matou e foi morto, muitas vezes.

Percebeu, então, que o melhor era mudar por dentro e passou a travar a maior de todas as suas lutas, agora consigo mesmo, em busca do equilíbrio. Podia aprender a reagir sem raiva e sem medo de se descontrolar por causa dela. Não precisaria ser tão auto-suficiente e esconder suas falhas e, quem sabe, até ordens não precisassem mais ser tão rigorosamente seguidas.

4
Nossos problemas

Somatizando

O velho

Tranqüilos, esperávamos a chegada de um rapaz de vinte e cinco anos, vindo de cidade longínqua, que havia pleiteado um tratamento. Para nosso espanto, deu entrada um homem alquebrado, andando vergado, trêmulo, fraco, com enorme dificuldade em locomover-se, tolhido por dores em todo o corpo. Exibia longa e profética barba e longos cabelos descuidados.

Veio sentar-se com vagar, cuidadoso, demorando a conseguir uma posição que lhe fosse minimamente confortável. Tristemente falou-nos de seu problema, que o acompanhava desde a meninice. Além do que víamos, um quadro nitidamente causado pela limitação imposta pela dor, queixava-se de adormecimento e choque nas pernas, como descargas de eletricidade. Tinha cãibras, inchaços, e o corpo lhe era pesado, sentindo-se enfraquecido, sem forças para o que quer que fosse. Ferroadas por todo o corpo, faziam-no ter a sensação de queimaduras ou de febre. Tinha inexplicáveis lesões de pele, desde o couro cabeludo até a sola dos pés, avermelhadas e inflamadas. Estivera em toda parte, em muitos médicos, hospitais e universidades, sem resultado e sem que conseguissem diagnosticar as causas de seus males.

Cansado, empobrecido, sem poder

mais trabalhar, vivia muito da caridade dos amigos e deixava-se ficar em casa, deitado no escuro, sem querer ver ninguém, com extrema pena de si mesmo. Desistira de viver, sentindo inveja dos amigos saudáveis e normais.

Durante a terapia, numa regressão, viu-se como um mendigo de olhos arregalados, meia-idade, sujo e maltrapilho, vestindo um largo paletó encardido, barbudo e estranho. Morava no meio de terrenos baldios cheios de mato, onde fez tosca tendinha, que lhe servia de abrigo, atrás da vegetação, escondido das vistas das pessoas, nas quais jogava pedras se chegassem muito perto. Havia abandonado, ainda jovem, a também miserável família onde nascera, aborrecido com a vida que não dava certo, como gostaria, com a luta suada pelo minguado salário e com toda a pobreza que o cercava.

Desencantado, saiu a andar pelo mundo, tornando-se desde logo uma figura estranha e arredia, que pedia alimento pelas casas quando muito necessitado. Tinha vergonha das pessoas e delas se afastava, sentindo-se seguro e protegido em seu esconderijo.

O tempo passou, as coisas ao redor mudaram e acabou recolhido, já na meia-idade, a uma casa de caridade, para onde foi levado à força. Não estava mais acostumado com as pessoas e preferiria ficar só. Não compreendia e não era compreendido. Forçavam-no a se cuidar e tomar banho. Vivia aborrecido e triste, ameaçado, em seu estado já alienado, pelas pessoas que dele cuidavam.

Tempos depois, mesmo velho e sem forças para voltar a andar pelo mundo, fugiu e voltou para a rua. Mas já não sabia o que fazer ou para onde ir. Foi maltratado e humilhado pelas pessoas, que o viam como um velho louco. Não conseguia mais se esconder, sendo chutado e apedrejado pelos moleques da rua. Triste e sozinho, desnorteado, não arranjou mais abrigo, vindo a morrer numa noite fria, enregelado pelos ventos da madrugada, encolhido à beira de uma calçada. Morreu de frio. Após a morte sentiu muita pena de seu corpo acabado, envelhecido, congelado. Não conseguiu realizar nada e ainda lamentou-se por não ter sido deixado sozinho e em paz no seu barraquinho, onde aprendera a viver sem ter que dar satisfações a ninguém. Decidiu que a vida não tinha jeito mesmo.

De outros tempos, numa outra sessão, lembra-se do garoto que gostava de ajudar um vizinho a transportar lenha nos carros de boi. Levantava-se cedinho, feliz para acompanhá-lo. Logo cresceu e foi trabalhar com outros bois numa fazenda, conquistando rapidamente a confiança do proprietário, a quem passou a ajudar na administração, como uma espécie de capataz. Mas apaixonou-se por sua filha e terminou brigando com o fazendeiro que, apesar de gostar dele, não o queria como genro, pois era pobre. Acabou fugindo com ela para um lugar distante, onde não foram encontrados. Roubara um pouco de dinheiro antes de partir e então se estabeleceu, comprando e vendendo bois. Subiu na vida, sendo questionado por vizinhos, que desconfiavam de tanto sucesso e que terminaram por descobrir que parte dos seus negócios era ilegal, pois não pagava impostos.

Não conseguiu mais vender e ficou desolado. Começou a beber, ficando pelos bares. Não queria trabalhar de outro jeito e achava que eram todos invejosos. O dinheiro conseguido foi-se acabando. A mulher foi embora, ele ficou só; vendeu tudo o que restou, ficando por conta apenas da bebida e das farras. Perdeu a família e tudo o que tinha, mas pareceu não se importar, pois desistira de lutar pela vida. Só bebia e brigava pelos bares, não se alimentando e não se cuidando. Foi adoecendo, enfraquecendo e decidiu então, revoltado, beber até morrer. Não foi preciso muito tempo para alcançar seu objetivo, morrendo aos trinta e seis anos, tombado sobre a mesa de um bar.

Viu o corpo e lamentou-se de ter terminado assim. Tudo acabou, ficando com raiva das pessoas que o denunciaram, culpando-as pela sua desventura.

De ambas as vivências percebeu a tendência de desistir de viver, da mesma forma que estava fazendo hoje, passando os dias deitado no escuro, escondido da vida, lamentando-se, apiedado de si mesmo. Não fora por ninguém denunciado e não mendigava mais, porém comportava-se como se essas coisas estivessem acontecendo, revoltado e magoado com as pessoas ao seu redor.

Percebeu para quem faria sentido ter tantas dores no corpo, a ponto de não poder andar. Morrera de frio e de tanto beber, coberto de dores, acabado pela fraqueza do velho mendigo e pelas neuropatias do alcoólatra inveterado e suicida. Achou que suas dores serviam para sinalizar alguma coisa mais e descobriu que ambos os personagens eram revoltados e impacientes com a pobreza e com a luta pela vida. Um desistira logo, arrastando pelo mundo sua mágoa e o outro roubou e trapaceou antes de igualmente desistir.

Na vida atual nascera também pobre e não se conformava muito com a situação melhorada dos outros e por não poder comandar o próprio destino como gostaria.

Decidiu voltar a viver, sair de seu esconderijo, abandonar a mágoa e a autopiedade infrutíferas e arranjar um trabalho que pudesse fazer sentado e sem esforço; ressocializar-se até que conseguisse se reabilitar e desvencilhar-se, quem sabe por completo, dos laços que o prendiam ao passado, lembretes permanentes de nossos insucessos.

Tempos depois, um rapaz jovem, claro, de cabelos bonitos e encaracolados, rosto barbeado e corado, olhos azuis e com lindos dentes apareceu na clínica, bem vestido e sorridente, surpreendendo a todos, que custaram a reconhecê-lo. Andava já quase que totalmente ereto, em passos mais rápidos e menos vacilantes. Contou de sua alegria e de sua esperança. Riu muito ao contar as brincadeiras que fazia com os amigos, constrangendo-os com sua afetividade, pois julgavam estar frente a um estranho.

Estava voltando ao trabalho e começava a ser disputado pelas moças de sua cidade. Feliz, declarou que o outro, o velho, morrera, de velho, centenário que deveria ser, depois de tantas vidas.

4
Nossos problemas
Somatizando
Os cativeiros

Quando Anne chegou pela primeira vez ao consultório exibia um risinho nervoso, que continuaria por quase todo o tempo. Um ar de menininha, de fragilidade. Uma enorme simpatia. Trazia uma quantidade tão grande de problemas que surpreenderia qualquer clínico experimentado. A tônica de todos eles era a característica psicossomática, além do medo. O principal problema era o medo de lugares fechados, cheios de gente, barulhentos. Aliás, o barulho, o ruído produzido pelas vozes e movimentação de muita gente junta era o que mais a perturbava. Contava, por exemplo, da tortura que era almoçar no restaurante da empresa na qual trabalhava. Sentia forte medo de desmaiar, tonturas, falta de ar, formigamentos nos braços e pernas, ficando paralisada, incapaz de se mover para sair dali imediatamente. Sentia-se muito envergonhada, com medo de que os colegas notassem e achassem que não era "normal".

O quadro todo aparecia bruscamente, causando-lhe falta de ar, e só melhorava quando conseguia deixar o local. Tudo tão absurdo, que julgava não haver qualquer possibilidade de solução. Além disso, entre outras coisas, tinha medo de água, se achava um ser "desprezível", "feia", e exibia eventuais crises alérgicas agudas anafiláticas, com edemas generalizados, deformando pés, mãos e rosto.

Antes de ter contato com uma "presença" do passado, pela primeira vez, passou em regressão por algumas vivências que esclareceram diversos problemas, como por exemplo: o medo da água, pois numa existência passada havia morrido afogada, criança ainda; em outra vivência morreu ao dar à luz, num precário e antigo hospital, com eclâmpsia, muito inchada, deformada, com as mesmas características das crises alérgicas do presente. Morreu com muita raiva do homem que a engravidou e em seguida a abandonou. Falou-nos então de sua desconfiança nos homens, de seu medo de hospitais e do pavor de ter filhos. Sequer cogitava casar-se. Não havia mencionado esses problemas em suas entrevistas iniciais. Mas sabemos que é assim mesmo; em regressão, o inconsciente trás, muitas vezes, suas próprias e sábias prioridades, que nem sempre coincidem com as do cliente, naquele exato momento. Isto nos leva sempre a considerar com os clientes que não podemos assumir com eles "contratos de risco", para saber apenas aquilo que lhes interessa sobre determinados problemas, pois o leque de informações que eventualmente vêm à tona, pode superar qualquer expectativa, tendo os mesmos, então, que se deparar com determinados assuntos que não estavam em pauta, assuntos que não estavam sendo cogitados mas que, sem dúvida, em muito ajudarão para a resolução e equilíbrio da vida, como um todo

Tudo isso é muito interessante pois reforça, uma vez mais, a tese de que a TVP não tem como cair nas mãos de desavisados curiosos, que pretendem vender notícias do destino, boas, de preferência, mantendo então, seus fins apenas curativos.

Mas voltando a nossa Anne, ela descobriu, em outra sessão, que morrera enterrada viva. Havia sido um ladrão que foi condenado e espancado pela justiça. No final os carcereiros resolveram enterrá-lo, pois, desfalecido, julgaram-no morto pelos ferimentos diversos. Anne começou, com esta vivência, a compreender o medo de lugares fechados e novamente nos surpreendeu ao contar seu pavor pelo escuro, que identificava agora como a terrível escuridão do caixão onde foi encerrada. O desvendamento da trama dos lugares fechados continuaria em outras vivências. Houve uma vida de uma moça que morreu trancada num quarto pelo marido infiel, que a abandonou ali, e proibiu os empregados de conversar com ela. Sozinha, perdeu a vontade de viver e acabou morrendo por anorexia, sem se alimentar mais e com falta de ar intensa, sentindo o peso do claustro.

A história final, sobre o medo de lugares fechados, foi para a cliente a mais significativa. Numa vida perdida no tempo, foi um homem que participava de reuniões secretas sobre o deus que ia nascer. Acabou sendo preso e morto numa arena cheia de gente, com intenso tumulto. A turba gritava e uivava de excitação. Muita gente na arena. Havia ficado anteriormente muito tempo preso numa cela pequena, subterrânea, com muito medo da morte, o que acabou realmente acontecendo.

Ficava claro para ela, atualmente, como o barulho de vozes humanas desconhecidas, em alto volume, desencadeava toda a crise de somatização e mal-estar em lugares fechados. Em todas as vidas morrera com falta de ar e com tonturas, formigamentos no corpo, paralisada pelo medo e pela fraqueza. Exatamente os mesmos sintomas que apresentava na vida atual.

Ainda assim, os sintomas apenas melhoravam, mas não desapareciam. Então, finalmente, vieram à tona vivências sucessivas onde havia sido, para sua surpresa, o algoz, e de onde "presenças" tinham se ligado a ela; essas vidas auxiliaram o entendimento do processo como um todo.

Numa destas vivências, viu-se espionando um lugar onde havia uma casa grande, num sítio cheio de flores, num dia claro e bonito. Via uma mulher e uma criancinha brincando. Seu personagem era um homem de meia-idade, com camisa xadrez e chapéu. Tinha fisionomia feia e era rústico, parecendo mal intencionado. Percebeu-se como uma pessoa rancorosa, com desejo de se vingar do marido daquela mulher por causa de uma disputa de terras. Seu próprio irmão fora morto, numa dessas disputas, por um parente desse casal, e agora planejava dar o troco no filho deles.

Num dia qualquer, fingiu-se de amigo da família, numa ocasião em que o marido estava ausente e se aproximou da mulher, amistoso. Brincou com a criança e conquistou sua confiança. Mais tarde, num descuido da mulher, nervoso e com uma faca na mão, esfaqueou a criança e a atirou ao rio. Sentiu uma mistura de aflição, mal-estar, maldade, arrependimento e alegria por ter-se vingado.

O corpo jamais foi achado e ninguém desconfiou dele. A família, consternada, terminou por abandonar tudo e mudar-se. Acabou, muito tempo depois, ficando com a posse das terras, mas viveu atormentado e corroído pela própria consciência; a imagem do corpo do menino sendo arrastado pela correnteza não saiu mais de sua cabeça; não se perdoou e foi perdendo a vontade de viver.

Dez anos mais tarde, sentindo-se aniquilado, entrou no paiol e se enforcou numa viga. A grande falta de ar súbita fez com que quisesse voltar atrás e, em pânico, tentou achar um lugar para se apoiar, em vão. Viu o próprio corpo pendurado, feio, balançando no ar fresco da tarde. Ouviu o ruído dos animais e deixou-se ficar, atônito, ao lado do mesmo, sem saber o que fazer. Achou que teve uma vida inútil. Sentiu raiva e tristeza. Durante muito tempo após a morte, mal conseguia respirar. Uma vez mais, no presente, ela compreendia a falta de ar, a tontura, os formigamentos, que também aconteciam quando se sentia triste, deprimida, ansiosa e desesperançada. Percebeu também por que não gostava de crianças; o espírito havia concluído que morrera, em última análise, por causa de uma delas naquela vida.

Mais tarde, porém, Anne percebeu que o arrependimento do personagem, seguido de suicídio, estava longe de quitar seus débitos para com as vítimas daquela vivência e de muitas outras que veio a saber. Sequiosas de vingança, suas vítimas se esgueiravam nas sombras de seu caráter negativo, nas menores brechas que deixava no dia-a-dia, ficando então à mercê de quem quer que delas quisesse se aproveitar para lhe incentivar intuições negativas.

Admitiu então ser na intimidade uma pessoa brava, irritada, intolerante e rancorosa. Tinha dificuldade de perdoar e sua tendência era cultivar suas mágoas, sempre esperando a ocasião apropriada para dar o troco a quem a houvesse contrariado, mesmo que tivesse que esperar anos. Jamais esquecia algo que lhe tivessem feito. Comprazia-se com a falsa sensação de triunfo que isso lhe proporcionava. Resumindo, tinha um caráter difícil para as pessoas que conviviam com ela, e, por outro lado, fácil de ser “manuseado” pelas “presenças”.

Concluiu posteriormente, após alguns contatos com “presenças” no ***setting*** terapêutico, que não tinha mesmo do que se queixar; faziam com ela apenas e tão-somente, mesmo guardadas as devidas proporções, o mesmo que fazia no dia-a-dia com seus pequenos desafetos e suas pequenas vinganças. Isto sem contar o que já havia feito no passado. E então as "presenças", sabedoras de seus pontos fracos do pretérito, nada mais faziam que estimulá-los, fazendo-a recordar, a cada oportunidade, os males pelos quais havia passado e, eventualmente, feito os outros passarem.

Urgia tentar desculpar-se, além, naturalmente, de fechar as portas para outras eventuais "presenças", através da mudança de seu temperamento.

4 Nossos problemas

Adoecendo

O criador de escravos

Um porto movimentado numa cidade cheia de carruagens. Muitas pessoas na rua, num intenso ir e vir nos arredores do cais, onde muitos homens negros e sem camisa trabalhavam de sol a sol. Nosso personagem era um homem meio gordo, mestiço, nem simples nem elegante; uma pessoa de comércio, que observava preocupado a rotina do lugar, pensando nos negócios. Muitos negócios com os navios negreiros. Sua única preocupação era ganhar dinheiro e seu negócio era o comércio de escravos. Na verdade, fabricava escravos, tentando aperfeiçoar uma raça de homens mais fortes, que tivessem maior valor de comercialização.

Escolheu homens e mulheres fortes e bonitos para conseguir uma boa raça. Sabia que era tudo a longo prazo, porque ninguém dava valor a crianças, precisando esperar sempre que crescessem um pouco. As que não correspondiam às expectativas da raça eram simplesmente mortas. Mas estava nisso há muito tempo e os negócios prosperaram, embora não lucrasse tudo o que esperava com sua mercadoria. Não passavam de mercadoria e era assim que os via. Ansioso, ganancioso, avarento, não gozava o dinheiro que acumulou; não era feliz e não vivia bem, obcecado sempre pela idéia de ganhar mais.

A vida foi passando sempre da mesma forma, inclusive relacionando-se sexualmente com as mulheres negras, sem qualquer sentimento. Se estas mulheres viessem a ter filhos seus, os comercializava também, sem pestanejar. A única concessão era se nascessem um pouco mais claros; aí não os matava, como a todos os outros inadequados para o tráfico, mas os encaminhava para as mulheres mercenárias e prostitutas, para serem criados como empregados ou como futuras prostitutas. Não cobrava nada, mas era um meio de trocar favores com elas nesses lugares de baixo nível. Era tão ruim que só se relacionava com pessoas iguais a ele e só freqüentava ambientes desse tipo, os quais, inclusive, ajudava a manter. Não tinha amigos.

Mas o tempo passou e a morte inexorável chegou. Morreu fraco, doente e velho numa de suas muitas fazendas, sozinho, sem família, sem ninguém que rezasse por ele. Nunca descansou, mas também nunca deu nada de si, a não ser os muitos filhos bastardos, que desprezava. Após a morte, sentiu-se vivo e não compreendeu bem o que lhe acontecia, até que ouviu vozes a seu lado, acusando-o de muitas mortes. Eram os espíritos daqueles que matara, num turbilhão de vozes acusadoras e raivosas, que o deixaram aterrorizado, paralisado de medo. Angustiado e desesperado, sem ter a quem recorrer, não conseguia nem pensar direito, atormentado por longo tempo e preso àquelas figuras odiosas. Nem acreditava que tivessem alma — pensou. — Então, como tudo aquilo era possível?

De qualquer forma, não sentia remorso e achava, mesmo sofrendo muito, que precisaria ter feito algo muito pior para vir a ter remorsos. Foi só rotina. Só foi pensar com mais justiça sobre o que fez, muito, muito tempo depois quando veio a saber que uma das crianças que vendera, filho seu, tinha sido também seu muito amado filho em outra vida. Seu arrependimento foi débil, prolongando a permanência de seu espírito imerso num lugar pantanoso e de trevas impenetráveis por muito mais tempo.

Estas foram algumas das situações já vividas por um cliente de uns trinta anos, com incontáveis passagens pelo hospital psiquiátrico, dominado por recorrentes crises de loucura. Surtos da chamada, como diriam os ortodoxos, esquizofrenia. Delirava subjugado por pensamentos de perseguição e superioridade, indo de um extremo ao outro, na dança florida de seu perturbado juízo de realidade. Ouvia ameaçadoras vozes, acusando-o de todo tipo de maldades e ameaçando-o de terríveis penas.

Mas ouvia também sedutoras mensagens sobre seu poder, inteligência e incrível força sobre as pessoas.

Tinha espantosas visões de homens que se transformavam em animais peludos, e outras, de pessoas mutiladas, acabadas, asquerosas, que nele queriam esfregar suas feridas, e alguns que queriam dele abusar sexualmente. Exaurido, nesses embates solitários, entregava-se ora ao terror, lutando contra as sombras, defendendo-se e discutindo com paredes vazias, ora à vaidade extrema, que lhe provocava risos imbecilizados e incompreensíveis para as pessoas, que, atarantadas, resumiam seu problema em uma única palavra: loucura.

Acabava sempre internado, retomando intermináveis séries de comprimidos para dormir, para acordar, para não alucinar, para se acalmar, e para cortar os efeitos indesejáveis de todos os anteriores. Ia para o hospital, as crises "melhoravam" e após algumas semanas, voltava para casa. Confidenciou-nos em certa data que, às vezes, quando se cansava do hospital, fingia ao médico nada mais ouvir ou pensar, pois lhe era fácil, decorrido pouco tempo do início da crise mais aguda, se acostumar com o trânsito de outros pensamentos dentro dos seus. Continha o riso ou discutia baixinho com as vozes que o atormentavam. Com o tempo, tudo ia se acalmando e abrandava um pouco a situação, que não tardava, no entanto, a voltar, passados curtos meses. Tomasse ou não a medicação, sua rotina fluía sempre do mesmo jeito. Haviam-no convencido de que era um desequilibrado, e assim se julgava, chamando a si mesmo, pela cultura hospitalar, de psicótico ou de esquizofrênico.

No interlúdio de duas crises, no entanto, cansado de sofrer, revoltado por ser um doente mental, decidiu discutir qual seria seu mal realmente. Pode parecer estranho tal acontecimento, mas o problema é que a maioria das pessoas confunde doentes que apresentam graves desequilíbrios periódicos com pessoas incapazes ou ignorantes. A imagem clássica do doente louco e crônico geralmente acontece porque lhe faltou a oportunidade e a informação, mas nunca a inteligência. Não nos contam seus pensamentos porque sabem que não acreditamos mesmo e que seriam desqualificados. Mas, no caso do nosso amigo, ele conseguiu chegar e saber o motivo de suas dores, e embora com altos e baixos, com intermináveis idas e vindas à terapia, contando ainda, com uma demanda enorme de paciência e compreensão do médico, ciente da origem de tal "loucura", no passado distante de nossa existência, interrompeu o ciclo ao qual estava acostumado.

Desanimado, havia se acostumado a receber como troco de suas lamentações, um afável "não se preocupe—vou dar um jeito em você" ou " tudo isso é só sua imaginação — o remédio vai acalmá-lo". Parece que a psiquiatria se acostumou ao "não vejo e por isso não existe". Como vimos, quando falamos de "presenças", ele era apenas uma vítima de seu próprio passado. Havia deixado enormes lacunas de amor no passado, com personagens insensíveis e impiedosos à dor alheia, orgulhosos e egoístas, mesmo frente à infalibilidade da morte, que foram rapidamente preenchidas pelo ódio de seus adversários e de suas muitas vítimas.

As vozes que "ouvia", as pessoas que "via", ali estavam sistematicamente para lembrar-lhe seu passado funesto, alimentadas pelo orgulho, prepotência e revolta do presente. Adoecido desde jovem, ninguém parecia se aperceber de seu caráter e todos o achavam um "coitado". Admitia, no entanto, que ele existia e que não havia mais florescido para fora de seu universo particular, por falta de tempo para se preocupar com o mundo exterior, nas lutas diárias contra as "presenças" que lhe povoavam a vida. Nunca, desde jovenzinho, admitia que as coisas não fossem do seu jeito; não se conformava com a ignorância e a situação social da família; revoltava-se e sentia-se injustiçado com os pequenos reveses da vida. Prepotente, sentia-se o "gostosão" da cidade, usando até os mesmos tipos de frases preferidas de seus personagens.

Tinha, nesta vida presente, desde sempre, inacreditável e incontrolável obsessão sexual; tinha intuições de ter sido um devasso, mas não se importava. Achava que a vida havia falhado com ele e não perdoava quem quer que fosse. Nunca se humilhava e se sentia agressivo, perigoso e violento, incapaz de seguir regras. Queria ser livre, importante e rico, a qualquer preço, e fingia subserviência, quando necessário, às figuras de autoridade. Às vezes percebia o absurdo da situação e entrava em caminhos sem volta, num conflito entre o orgulho e a necessidade de ser humilde, posto que a vida já o havia colocado, de há muito, nesta situação, pois era pobre e sem atrativos de qualquer tipo.

Via de regra, no entanto, desfilava pela cidade sua vaidade, olhando as pessoas de cima para baixo, até que, repentinamente, viu-se assaltado pela companhia dos desafetos do passado, sendo tomado então, no auge de sua surpresa e desvario, por louco, para o riso sarcástico dos muitos inimigos, as "presenças", que se apresentaram posteriormente no *setting* terapêutico, durante as suas regressões.

Muitas outras lutas seriam travadas no desenrolar de breves anos, até que desistisse de pagar tão alto preço pelo jeito que gostava de ser. A luta parece ser tão mais longa quanto mais arraigado se está ao passado, com todas suas implicações, incluindo aqueles que prejudicamos, pesadas pedras no nosso caminho. Personagens especialmente ligados às causas de eventos com sofrimento coletivo, subjugação e dor, podem nos gerar, no presente, penosos momentos nas mãos de nossas vítimas, que parecem não se conformar ao ver-nos numa situação geralmente melhorada. Estamos, aos seus olhos, impunes; mas como lhes somos transparentes, apesar de vivermos com vistosa fantasia de abrandamento, que nossa época histórica e o tempo geralmente nos impôs, nossos sentimentos e pensamentos são parecidos com os de outrora, sendo natural que nos reconheçam.

Tivesse nosso amigo se decidido desde jovem, ou quem sabe, até depois de suas primeiras dores, pela inutilidade da vaidade e do orgulho, dos desmandos sexuais e da prepotência que a vida lhe sinalizava com tanta clareza, não teria ele, como todos nós, passado por tão longo trajeto de dor.

4

Nossos problemas

Adoecendo

O explorador de mulheres

Numa cidade grande, com muitos bairros pobres, dominados por grupos de homens entregues a promiscuidade, sexo e violência. Uma época de carruagens elegantes, mulheres com longos vestidos e um povo miserável, sujo, vivendo em ruazinhas de casas amontoadas.

O personagem, um rapaz humilde, filho de pessoas pobres e respeitáveis, que desejavam que se tornasse um homem sério e trabalhador. O rapaz, no entanto, secretamente, pretendia ganhar a vida facilmente. Andava desde cedo com os bandidos do bairro, num ambiente de crime e prostituição, idealizando ser um grande criminoso, sem escrúpulos, e vir a dar um grande golpe para ganhar muito dinheiro. Vivia a esperar o momento certo do grande golpe e, enquanto isso não acontecia, continuava no meio das mulheres da vida, nos prostíbulos, explorando-as.

Privilegiado pela inteligência, se tornou um aproveitador dessas mulheres, tendo ascendência sobre os companheiros. Com o tempo foi percebendo que era tudo uma grande ilusão e que nunca chegaria o dia de dar o grande golpe; conformou-se em ser o "gostosão" do bairro, forte, vivendo no meio da ralé, achando que sua capacidade e astúcia protegiam, de alguma forma, suas mulheres, embora elas o sustentassem e sofressem.

Teve relacionamentos com muitas e deixou também muitos filhos abandonados, nunca cuidando de ninguém ou de nada além de seus próprios, pequenos e mesquinhos interesses.

Muitas cenas de violência, com muitas brigas entre as turmas dos bairros. Chegara aos cinqüenta ainda forte, mas triste por ver que nada mudara e que nada conseguira. Vivia no mesmo lugar imundo e não ganhara dinheiro. Continuava só e sem família, amargurado, mas não mudara o modo de viver. O sentimento mudara, mas os hábitos não. Continuava a ser o mesmo "gostosão", agora frustrado. Um dia, durante uma briga, no meio de muita gente enfurecida, que se provocava mutuamente, terminou morrendo, esfaqueado por todos os lados, com muita violência.

Mesmo depois de morto continuou ameaçando as pessoas que o mataram, pois ansiava por vingança. Agitava sua faca no ar, esbravejava e tentava golpear os rivais. Reuniu-se depois com outros espíritos, que morreram igualmente na briga, e tentaram, com ódio, ir atrás do outro bando. Com o tempo se cansaram e voltaram para seu ambiente. Divertiam-se no bordel, sentiam-se poderosos e deleitavam-se incitando brigas entre os próprios ex-companheiros. Sentiu que infelizmente não dava para matá-los, mas não se importou porque iam todos morrer do mesmo jeito. Percebeu que não gostava e nunca gostou de ninguém e que mataria qualquer um com prazer. Existia um sentimento de vingança contra o mundo, que o frustrou em seus sonhos de fortuna fácil.

4
Nossos problemas
Suicidando
Saldo credor

Vindo de uma infância rica, filho de grande comerciante, teve tudo aquilo que a média das pessoas não teve. O pai tinha possuído muitos e belos carros, mansões, casas de veraneio, iates, muitos empregados. Aliás, raramente o via na infância, sempre sendo cuidado por serviçais, babás e governantas. A mãe era muito ocupada com suas obras sociais, desfiles, etiquetas, amigas, chás filantrópicos e festas. Grandes festas na sua casa, que espiava pelos vãos das portas, madrugadas afora, até ser vencido pelo sono.

Cedo aprendeu que só tinha atenção dos pais quando ficava doente e, ainda assim, de passagem, apressados, indo e vindo de seus compromissos, recomendando atenção redobrada dos empregados para medir sua febre ou preparar adequadamente sua sopa.

E isto tudo era na vida atual, que correu sem maiores mudanças até o fim da adolescência. Tinha tudo o que queria: carros esportivos, viagens, roupas, sem maiores esforços do que a simples solicitação de reforços em sua mesada. Vivia sem maiores preocupações, destruindo tudo o que era seu, sabendo que tudo seria imediatamente reposto. Batia o carro e logo ganhava um novo, mais moderno e mais bonito. Chegou a ter dois de uma só vez. Impacientava-se por ter que escolher se passaria férias na Europa ou nos Estados Unidos. Achava tudo tedioso e sem graça. Largara os estudos e dedicava-se a pintar quadros, julgando-se muito talentoso.

Por intermédio das amigas da mãe conseguia expor em galerias um ou outro quadro, que elas mesmas acabavam comprando, soube mais tarde, apenas para agradar a amiga. O pai fazia vistas grossas à sua óbvia homossexualidade, mas logo lhe arrumou um apartamento, para fazê-lo sumir de sua frente, onde, no entanto, ficou gostosamente instalado. Suas paixões, porém, eram apenas platônicas, pois não tinha coragem de se aproximar realmente de quem quer que fosse; não se importava muito, pensando apenas nos seus ensaios de balé, para o qual, admitira mais tarde, também não tinha talento algum.

Aos vinte anos, todavia, o pai veio a perder tudo: as casas, os cargos, e o dinheiro, em negociatas malfeitas e em dívidas de jogo. Não sabia que o pai era jogador inveterado; apostava na bolsa de valores, nos cavalos, nos cassinos clandestinos, em quase tudo. Toda uma fortuna fora jogada fora, vendo-se da noite para o dia sem nada. Tudo o que supunha ser seu foi-lhe tomado violentamente pelos credores do pai, com ameaças à própria vida. Sem um tostão, o pai fugira para uma cidade longínqua, salvando apenas o suficiente para comprar modesta casa, onde, quase pobremente, passou a viver com a esposa, fazendo bicos em casas noturnas, em total anonimato.

Seu castelo de cartas desabara. Não sobrou nada, nem mesmo um lugar para dormir. Orgulhoso, não cultivara amigos, tendo vivido até então no alto do pedestal de sua própria vaidade. Julgava-se um gênio das artes, acima da ignorância dos demais. Foi, naturalmente, abandonado pelas suas benfeitoras e percebeu que seus quadros nada valiam. Não sabia dançar para disso sobreviver e já era velho demais para começar um treinamento sério. Não havia estudado e nada sabia fazer.

Desesperado, tentou se matar cortando os pulsos, sendo salvo por uma irmã que foi à sua procura no momento da fuga da família. Passou por muitas cirurgias após ter estado em coma por vários dias. A mãe, compadecida, lhe ofereceu abrigo na casa distante que, sem outra saída aceitou. Revoltado, recusava-se a trabalhar para o próprio sustento e exigiu que o pai promovesse uma grande reforma no porão da casa, onde fez seus “aposentos”, isolado dos demais. Usufruiu de tudo, sendo no entanto incapaz de prover uma agulha para si mesmo.

Sua figura humana era patética: esquálido, sorrateiro, indo do risinho nervoso à crise de choro em questão de minutos. Havia chegado ao tratamento após pesadas crises de depressão, quando de novo tentara matar-se. Não tolerava a perda do fausto e da riqueza, da vida fácil, do falso poder e da imagem do artista, que havia lapidado para si próprio.

Achava, aos vinte e cinco anos, que o pai deveria lhe pagar uma cara faculdade de artes, embora ele próprio estivesse sem fazer absolutamente nada há mais de cinco anos. Comportava-se como um adolescente desequilibrado e chamava a si próprio de ”rapazinho” ou “mocinho”. Queixoso e abatido, não compreendia porque todos desqualificavam sua tristeza interminável. Não percebia a confusão que fazia entre a tristeza verdadeira, que a todos contagiava, e a falsa tristeza, a chamada depressão, que a todos irritava, pois o motivo era antigo, tendo já se perdido o impacto de suas mais fortes impressões no tempo. O pai havia perdido a fortuna há tanto tempo, que ninguém mais tolerava aquele choramingar crônico.

De tentativa em tentativa, porém, iria acabar se matando de verdade e, embora tivesse vindo à terapia, inicialmente, mais para se lamentar do que para se recuperar, foi-lhe acenado com esta realidade que, no fundo, tinha medo que acontecesse. Descobriu-se, numa vivência passada, como um jovem lorde, único filho homem do senhor de todas as terras. Havia a aldeia dos camponeses e o castelo no alto da colina, de onde se avistava os prados e o rio. "Flauteava" displicente pela vida, nos seus vinte e poucos anos, aguardando apenas o trono, que mais cedo ou mais tarde seria seu por direito.

Mimado e reverenciado, "torrava" os ouvidos da corte com sua música precária. Cantava e tocava tosco instrumento de cordas, disputando veladamente a primazia com o cantor oficial do reino.

Todos se reuniam para ouvi-lo a contragosto; sua platéia terminava sendo composta por hipócritas dependentes de seu pai, mocinhas "casadoiras" e bajuladores em geral. Sempre muito aplaudido nessas ocasiões, fingindo modéstia, agradecia.

Irreverente, rebelde, sedutor, forte e bonito, a todas conquistava com facilidade, até que terminou por engravidar a jovem filha do oleiro, que, com menos de quatorze anos e temendo a ira do pai, suicidou-se. A mocinha sabia que o senhor das terras jamais permitiria esse tipo de casamento e muito menos um neto ilegítimo. Seu pai seria perseguido e talvez expulso. Desesperada, jogou-se ao rio, afogando-se. Veio a saber do ato extremo da jovem amante, mas não se importou, isentando-se de responsabilidade, mesmo porque, achava que ninguém tivera notícia daquele relacionamento. Enganava-se, contudo, pois ela havia confessado à mãe, que a amparava, ocultando o quanto possível do marido a situação.

Após a morte da filha, revoltada, contou ao esposo todos os acontecimentos e este sai a procurá-lo, torturado pela dor e pelo ódio. É encontrado e levado pelo oleiro e por outros homens da vila para uma casa de pedras, perdida nas pradarias enregeladas pela chuva fina e pelo vento cortante. Dentro da construção úmida, escura e mofada é torturado quase até à morte, sendo ali abandonado, sangrando, com as pernas quebradas, impossibilitado de locomover-se. Não o mataram, disseram, porque a morte rápida seria digna demais para ele.

Enlouquecido pela dor, sofrido com o frio que o impedia até mesmo de respirar, sem forças e constatando que não havia saída possível, arrastou-se, depois de longo tempo, para junto de um dos espetos ali deixados após sua tortura e com ele suicidou-se, cravando-o no próprio pescoço. Era impossível resistir mais. Morto, chorou muito ao lado do corpo e lamentou-se, com dó de si mesmo, incapaz de sair dali. Vagou pela casa como prisioneiro insano de si próprio. Arranhou as paredes, gritou por socorro até desistir, deixando-se ficar, atormentado, ao lado do corpo em lenta decomposição.

Culpou o pai que não veio salvá-lo e também culpou as mulheres pela sua morte. Sabia ter engravidado outras, mas ninguém havia tentado confrontá-lo. Ninguém havia ousado. Dera pequenas somas de dinheiro às famílias, para que mandassem as moças para lugares distantes. Seu estado, após a morte, era de absoluta indignação, apesar do medo e das privações. Não sabia quanto tempo por ali se demorara.

De volta ao presente, resistia às mudanças; sua dificuldade em abandonar o papel de vítima do pai irresponsável era muito grande. Durante anos acalentara sua tragédia pessoal e, seguindo seu padrão, isentava-se de qualquer culpa. Levou tempo para admitir que nada havia construído de útil e que continuava a se comportar como se a única coisa a fazer na vida fosse aguardar a hora de subir ao trono, que já não existia mais. Correu atrás do sonho desfeito e impossível e quando terminou, visto que o pai não mais era rei, na vida presente, sua frustração o levou aos limites da loucura e da aniquilação total.

Por trás da frustração, estava a raiva de não ser mais o jovem príncipe que tem todos os seus desejos satisfeitos, e, por trás desta, o egoísmo de quem só pensava em si. Mais por trás ainda estava a vaidade de quem se sentia naturalmente superior, devendo o mundo e as pessoas lhe prestarem contas e serviços, gratuitamente, pelo simples fato de existir.

Com o tempo, e auxiliado pela conscientização de mais outras vivências, foi lentamente reconhecendo, inclusive, como sua tendência era resolver tudo através do suicídio quando a dor superava todas as expectativas, especialmente a dor da alma, gerada quase sempre pelo desprezo do mundo às suas necessidades incompreensíveis.

Entendeu, finalmente, que não adiantava matar-se logrando a solução de seus males, pois tão inexorável quanto a morte era o renascimento. Acabava sempre, após cada suicídio, indo para uma nova vivência, em situações cada vez mais difíceis, depois de décadas dispendidas vagueando, em outros sofrimentos, pelo astral. Descobriu que o falado repouso após a morte, a célebre frase "morreu e descansou", não passava de um grande engodo. Terminou, ao final do tratamento, por juntar-se como voluntário a um grupo de serviço de prevenção ao suicídio, ansioso por passar suas dramáticas experiências a outros rapazes desavisados, que tentavam sanar suas dores desta vida semeando outras maiores para o futuro.

Compreendeu também a origem de sua homossexualidade. Havia culpado também as mulheres pelos seus infortúnios, em vidas passadas, esquecido de que, de fato, havia usado e abusado de todas, nos seus tempos de príncipe inconseqüente. Talvez para o príncipe, tivesse mesmo sido mais prudente se afastar das mulheres, o que poderia, eventualmente, tê-lo poupado de tão trágico fim; solução drástica esta, que na vida atual, não fazia mais qualquer sentido e, por certo, não resolveria nada.

Decidiu não só viver, mas ter boa qualidade de vida, não mais fabricando para si mesmo sofrimentos imaginários através da arma do egoísmo.

4
Nossos problemas
Fracassando
O dinheiro

Muitas vezes o insucesso, a derrota e as dificuldades financeiras nos colocam na posição do perdedor ou até mesmo do devedor. As pessoas se sentem tomadas por uma sensação de incompetência e de incapacidade para superar as vicissitudes que a vida lhes apresenta, dia após dia.

Nascida numa família pobre, nossa cliente, que tanto lutara para superar os obstáculos de sua condição social de origem, encontrava-se estagnada, petrificada frente ao futuro e ao exercício de sua profissão. Tinha feito, à custa de muitos sacrifícios, dois cursos superiores, mas continuava a trabalhar em funções quase que braçais, sem exercer nenhuma das profissões para as quais era habilitada. Não saía do lugar, tomada de raiva, ansiedade e revolta por não conseguir se lançar no mercado profissional. Cometia erros primários, que dificultavam sua jornada. Não ganhava quase nada e mal conseguia sobreviver, tendo que tolerar as cobranças da família.

Além de raiva, sentia grande inveja das pessoas bem sucedidas, das casas bonitas, das mulheres ricas e elegantes. Ao mesmo tempo, tinha medo de vir a ter dinheiro; medo de se sentir importante, de vir a usufruir das coisas que seu trabalho lhe poderia proporcionar. Dizia tempo todo que estava “sem rumo”.

Sabia, no entanto, instintivamente, que vivia em função do desejo de ter dinheiro, obcecada com a idéia de ter coisas luxuosas, pensando, porém, que se muito tivesse passaria a viver como uma madame e nada faria profissionalmente. O pouco que conseguia tinha dó de gastar, sentindo-se mesquinha. Mas, se viesse a ter mais, não daria para ninguém. Vivia, nossa amiga, como tantos, entre o conflito de querer ter e o medo de vir a ter, como se alguma coisa, do recôndito de sua alma, lhe acenasse com uma bandeira de perigo, como se a relação dinheiro, sucesso e profissão representasse lembranças dolorosas que deveriam ficar escondidas sob a sombra da obscuridade e da miséria.

Caminhou conosco por muitas vivências; navegou num largo oceano de paixões, crimes, sofrimento e esperanças perdidas. Entre elas se destacou a jovem cigana que fugiu do acampamento, cansada de ser pressionada por um pai que queria obrigá-la a ficar com um homem de quem não gostava. Na cidade, as pessoas tinham medo, não confiavam nela, e terminou por prostituir-se numa casa de mulheres. Mas progrediu na nova profissão e conseguiu vir a ser a dona da casa, até que, por volta dos cinqüenta anos, foi morta durante um assalto. Cinco homens entraram e terminou levando um tiro no peito; morreu achando que "não valeu a pena ganhar dinheiro" e "não valeu a pena ter capacidade e determinação para vencer na vida".

O mesmo padrão se repetiu em outra vivência, de um menino pobre, sem família e rejeitado, que logo cresceu e formou um bando de assaltantes. Foi mau; roubava e matava para se sentir poderoso e ter muito dinheiro. Matou muitos, com sadismo e crueldade, mas terminou preso, passando quase três décadas na cadeia, revoltado contra o mundo, contra os ricos, contra a vida e contra todos. Acabou sendo assassinado numa briga dentro da prisão e após a morte repetiu para si mesmo que "morreu por dinheiro," "por não ter dinheiro" e que "não valeu a pena lutar para ter". Quis tanto ser rico e importante e só conseguiu sofrimento para si mesmo.

Dessa vivência ficaram várias "presenças", suas antigas vítimas, que se julgavam com direitos plenos à vingança, revoltadas com os bárbaros crimes cometidos em nome da ganância.

De um outro tempo, de uma outra vida, veio a tragédia da mulher loura, de tamancos holandeses, que morava numa linda e grande casa branca. Muitos jardins, filhos, dinheiro. Tinha tudo, menos o amor do marido, que viajava o tempo todo e nunca lá permanecia. Solitária, os filhos cresceram e se foram; a vida continuou até que, quando veio a guerra, o país foi invadido e sua casa tomada. Terminou estuprada e morta por muitos soldados, que, sadicamente, esquartejaram seu corpo com um machado. Morreu desesperada e o seu espírito por lá ficou, chorando, vendo as partes ultrajadas de seu corpo e sentindo que "de nada adiantou ter dinheiro" porque ele atraiu aquelas coisas ruins. Se fosse pobre, talvez isso não tivesse acontecido; nem lhe teriam notado a presença, quem sabe.

Teve tudo e não teve nada, nem amor e nem paz, terminando muito insatisfeita e confusa.

Novamente o conflito entre ter e não ter dinheiro, como se ele pudesse ser um empecilho à felicidade; o melhor talvez, pensou, seria nada ter e de nada usufruir.

Lembrou-se também da moça de saia estampada, que morava numa casinha simples, perto de uma mata, no campo, com marido e filhos. Triste, vivia infeliz e sofrendo, pois não gostava daquele homem e tinha que ficar com ele. Chegou a se apaixonar por outro, mas nada fez além de sofrer nas mãos do marido, por medo do pecado. Não teve coragem de lutar pela felicidade e terminou se sacrificando a vida toda, até morrer velhinha, indiferente a tudo.

Nesta vida atual, percebia o mesmo medo de ir à luta, de buscar a felicidade, como se o mesmo estigma do pecado pesasse às suas costas; como se houvesse filhos para serem criados e compromissos imutáveis para serem mantidos. Vinha pela vida com um pé no presente e outro no passado, mas terminou então por compreender para quais personagens ficaria bem viver por dinheiro ou ter medo de morrer por ele. Compreendeu em que circunstâncias sociais, históricas e emocionais viveu cada um deles, presos em seus dramas particulares. Percebeu de onde vinha a revolta, a inveja e a mesquinharia.

Lembrando da prostituta bem sucedida e decepcionada, confrontou também sua dificuldade em relacionar-se sexualmente. De um emaranhado de farrapos, costurava uma bela colcha de retalhos, bem-acabada e que terminaria por ser capaz de aquecer seu coração e sua vida, sem egoísmo, sem ganância ou inveja, mas com determinação, direito e coragem de ser mais feliz.

O arremate final foi dado pela regressão ao período intervidas, no astral, antes de seu nascimento na vida atual, quando se viu no meio de várias pessoas boas, que lhe diziam, em tom paternal, que precisava se rebaixar um pouco e aprender a ser mais humilde. Essas pessoas lembraram-na de outras vivências onde usou mal o dinheiro e o poder que tinha, pisando e humilhando muitos.

Tinha dificuldade em se "humilhar" na vida atual, admitia, até para pedir trabalho. Viria pobre, decidiu seu espírito quando programava a presente vida, para começar por baixo e para aprender a lutar de uma forma correta para conquistar seu lugar e desenvolver sua profissão de forma adequada, sem medo de se expor e errar. Percebia que se viesse rica passaria mesmo a vida de braços cruzados. Lembrou-se então, de como gostaria mesmo de ser admirada, hoje em dia, e como achava, secretamente, que sabia tudo e tinha muita sabedoria. Não poderia começar de baixo, pois teria, em sua fantasia, que se expor a avaliações e julgamentos inadmissíveis. Não poderia jamais se humilhar. Recordou-se também da vivência da fazendeira rica e poderosa, que matou o próprio pai doente para apressar sua posse sobre tudo. Adorava o poder e achava que não havia nada nem ninguém acima de si própria. Morreu doente, tempos depois, inconformada com o fim da vida, impregnada de orgulho e frustração.

E, como para todos nós, lá no finzinho de nossas histórias, nas últimas dobras de nosso caráter, se procurarmos com cuidado, vamos sempre achar o mesmo orgulho, que parece consumir todos os homens através de todos os tempos.

Entretanto, as decisões do período que antecedeu seu nascimento eram corretas. Compreendeu então todo o aprendizado do passado, recheado de decisões erradas, impensadas, baseadas no impacto de fortes emoções, entremeadas ainda de padrões de comportamentos negativos; entendeu também sua luta através dos tempos para deles se libertar, sem grande sucesso. Percebeu os restos de tudo isso em si, mais a aflição e a dor de tentar fugir de tantas tragédias com tantos outros comportamentos igualmente desastrados. Sua colcha de retalhos, no entanto, já começava a aquecer e não seria mais tão difícil conseguir repousar no aconchego do entendimento e de seu calor. O futuro a esperava.

4
Nossos problemas
Anestesiando
Pânico

Quando nos encontramos pela primeira vez, nosso amigo exibia, queixando-se, uma relação tão grande de problemas, que mais parecia uma lista de compras. Tinha pânico, dizia, "síndrome do pânico". Havia recebido o veredito final de seus dez anos de sofrimento. Haviam finalmente chegado a um diagnóstico sobre seus males, o que lhe parecia um grande passo, mas, por outro lado, não ofereciam solução satisfatória para os mesmos. Tomava remédios em quantidades crescentes, mas o único benefício, que era se sentir mais ou menos sedado, era irrisório, temporário e desgastante.

Tinha crises graves espaçadas e outras pequenas diariamente. Queixava-se de sonolência, olhos avermelhados, suores, nó na garganta e no peito, sensação de desmaio e morte iminente, vontade de chorar e medo de morrer. Além disso, tinha medo de lugares cheios ou fechados, e se dizia hipocondríaco; tinha também medo da noite e de ficar só, sem ter quem o socorresse caso necessário. Sentia que sua visão se turvava e os braços pareciam desligar-se do corpo; tinha falta de ar, palidez e calor no estômago. Suas dores continuavam com endurecimento da mandíbula, dificuldade de engolir, diarréia, cólicas, salivação, en-

xaquecas, tremores e gosto ruim na boca. Pasmos, ainda ouvimos que, apesar de tudo, ainda trabalhava e sustentava a família. Ficamos pensando que além de todos esses sintomas, ele certamente não precisaria acrescer sua lista com os efeitos colaterais que certamente a medicação causava.

Sentia-se, como era compreensível, desanimado, e procurava o tratamento como último recurso. No entanto, para nossa agradável surpresa, sua determinação e boa vontade, além de emocionantes, foram decisivas para sua cura, seis meses e sete vivências depois de sua primeira consulta. Muito tempo depois, se nos reencontrávamos acidentalmente, brincávamos que, frente à gravidade de seu antigo problema e também à sua espetacular capacidade de reação, deveria ser nosso cliente favorito. Vencer o pânico nos últimos tempos havia se tornado parecido com vencer uma moléstia contagiosa grave, isto é, quase impossível, nas forças daqueles que dela são portadores.

Lembrou-se de vidas onde foi o algoz e também daquelas onde foi a vítima; mas seu inconsciente pareceu ter concentrado suas atenções iniciais para decifrar o enigma de seu sofrimento físico. Partindo da premissa de que parecia estar sempre na iminência de ser vítima de um mal súbito, com agudas reações de intenso mal-estar físico e mental, predominando sempre as sensações de morte iminente, com falta de ar, fechamento abrupto da garganta e vertigens, parecia mesmo que todos os outros sintomas de medo eram conseqüências destes.

Viu-se, entre outras, em três vivências, onde sofreu fatais ferimentos no peito, na cabeça e na garganta, e em outras duas morreu enforcado. Não é difícil imaginar as angustiantes sensações de quem morre enforcado: a falta de ar, o desamparo, a dor aguda no pescoço e na cabeça, a súbita e fulminante falta de ar acompanhada de vertigens e perda de consciência, seguida de morte.

Nas vidas onde sofreu ferimentos, agonizou longamente após ter levado tiros, ser agredido por armas brancas e ter sido quase esmagado na carlinga de um avião acidentado.

Além de ter trazido para o presente as fortes impressões dessas mortes traumáticas onde, com uma única exceção, morreu sempre só e sem atendimento, conquistou também inimigos e vingadores. Compreendia então, pelo todo, seu medo de morrer sem amparo e sem socorro e a sensação repetida da morte em si; o desligamento do estado de vigília, a impotência, o desespero que isso causava e os sintomas colaterais. A "síndrome do pânico", que ostentava num lustroso rótulo pendurado ao peito, à guisa de solução para seu caso, como de tantos outros, nada mais era que uma somatória de recorrentes lembranças de situações extremas do passado onde, com certeza, tão vasta enumeração de sintomas faria mais sentido para aqueles personagens agonizantes.

Teve ligeiro contato com "presenças", desafetos do passado, o suficiente para perceber que suas feridas ainda estavam abertas pelas portas de seu temperamento, que parecia tão esquecido, ou quem sabe relevado, frente a tanto sofrimento.

Reconhecia-se exigente, rígido e até, por vezes, agressivo e intolerante com as coisas erradas dos outros. Excessivamente austero, precisava abrandar-se com urgência. Se lutava para se libertar das impressões físicas negativas de suas vivências passadas, tão dolorosas, fácil seria mudar os aspectos de seu caráter, também fortemente ligados aos mesmos personagens. E assim o fez. Lembrou-se do velho pescador que sobreviveu ao naufrágio de seu barco e terminou morto por selvagens, na praia que alcançara a duras penas. Foi morto com lanças atravessadas no peito e pescoço, sendo deixado ali a se esvair em sangue. Lembrou-se também do comandante que matou prisioneiros na cadeia, soldados, e que acabou sofrendo uma tentativa de linchamento pelos mesmos, sendo posteriormente jogado ao mar para morrer. E, novamente, conseguiu chegar a uma praia, onde levou dois tiros de alguém que montava guarda naquele lugar; um no peito e finalmente outro na cabeça, depois de longa agonia.

Outro desfecho dramático e demorado foi o do piloto de antigo avião que, numa guerra, se espatifou no meio de uma floresta. Muito ferido no peito e no abdome, vomitou sangue e sentiu-se sufocar por ele. Foi socorrido, mas morreu, mais tarde, numa mesa de operações.

Aconteceram ainda duas outras lembranças. Uma num campo de batalha, onde sério e decidido, porém duro, frio e impiedoso, em nome de sua missão e de seu comando, levou vários de seus homens à morte, inutilmente, sendo morto em outro motim; desta vez foi enforcado pelos próprios soldados, que se revoltaram com suas atitudes.

Numa última vivência viu-se como um comerciante gordo e careca, que foi morto por um grupo de homens que lhe vieram tomar satisfações por sua desonestidade. Acabam enforcando-o, em meio a intenso sofrimento.

Após todas as vivências, no entanto, diferentemente de outros casos, todos os personagens se sentiam tristes e arrependidos dos males causados, apesar do próprio sofrimento.

Tudo compreendeu e aceitou, sem reservas ou orgulho ferido. Dentro em pouco se dizia irreconhecível e sua melhora era sentida de sessão a sessão. Abandonou toda e qualquer medicação, sentindo-se confiante para arriscar-se a coisas que, de há muito, não fazia na vida, como viajar ou ficar só em casa. Não tinha mais crises; nem as pequenas, nem as grandes e avassaladoras. Não era mais um prisioneiro de si mesmo; não sofria mais de medos súbitos e não ficava mais esperando a morte chegar. Seus sintomas, que indicavam o fim breve, haviam desaparecido, e a placa de pânico, que ostentara por tantos anos, foi jogada ao lixo.

4
Nossos problemas
O xamã

Nosso jovem cliente não suportava responsabilidades, não tolerava receber ordens ou ser pressionado para uma tarefa. Não tinha interesse pela escola, cheia de gente mandando e de compromissos a cumprir. Sua vontade tinha sempre que prevalecer, o que nem sempre acontecia, ou quase nunca, o que lhe causava profunda irritação, revolta e agressividade, chegando a ameaçar as pessoas. Para esquecer, usava drogas e acabava se metendo em grandes confusões, dívidas, terminando sempre por tirar objetos de casa para vender.

"Via" espíritos de pessoas boas e más, especialmente quando usava drogas e sentia estranhos cheiros de incenso e de mato. Dizia ver em particular um índio velho, que muito o repreendia quando usava cocaína, "coisa de homem branco", e que parecia não se importar se usava maconha. Sua vida estava bastante complicada e, embora um pouco contrariado, achava que tinha que mudar alguma coisa. Como a maioria dos adolescentes drogados, impacientava-se com o tratamento, mas soube o suficiente do passado para, se quisesse, promover grandes mudanças.

Em sua mais significativa vivência viu-se perto de uma caverna como um índio que usava muitas penas na cabeça, até os ombros. Surpreso, dizia parecer um índio de filmes de faroeste e, mais surpreso ainda, percebeu subitamente estar zonzo, como se estivesse drogado. O índio lidava com ervas e a história havia começado após uma guerra de tribos, ainda criança, quando perdeu a família e acabou sendo criado pelo feiticeiro da tribo, um curador, que entendia de espíritos, poções de ervas e tratava dos índios doentes. Este, a partir dos quinze anos, foi-lhe passando todos os seus ensinamentos, e tempos depois, ao morrer, passou-lhe o cocar, para que assumisse então seu posto. Teve uma mulher e um filho, porém não tinha o dom de curar como o velho e também não conversava com os espíritos. Só sabia mexer com as ervas e com os cactos do deserto. Preparava certos líquidos, que tomava fazendo caretas, para poder prever as coisas para o povo, ver o destino e curar as pessoas. Tinha alucinações em que via cobras, mas também transformava-se numa águia que sobrevoava o território, enxergando do alto. Tomar os líquidos era como uma religião, que lhe permitia exercer seu dever para com o povo.

Ia sempre à caverna onde estava enterrado o feiticeiro; fazia cultos ao lado de seu velho cachimbo, levando ervas para o local. Próximo dos quarenta anos aconteceu outra guerra, mas desta vez já existiam homens brancos com armas de fogo. Quase todos morreram, inclusive a mulher e o filho. Seus cultos não valeram de grande coisa então. Ficou chorando fora da caverna, voltando à cena inicial de sua história, observando o vale e a paisagem. Mais tarde, decidiu ir à cidade dos brancos para vingar a morte dos seus. Era sua obrigação.

Foi a cavalo, mas foi só e acabou levando um tiro de espingarda de dois canos, que o acertou bem no peito. Fora atingido por um homem gordo e de barba preta, do lado de fora de um bar. Ia morrer e terminou vendo seu espírito saindo do corpo lentamente, com sentimentos confusos de raiva e tristeza por ter perdido a família. Cabisbaixo, voltou para a caverna e ficou por lá, sozinho, no mesmo lugar onde passara grande parte de sua vida. Não havia mais índios por perto, pois todos se foram. Era o último da tribo.

Durante a regressão veiram-lhe à mente palavras "estranhas" que, curioso, pergunta do que se trata. Chamava o feiticeiro de xamã e os ingredientes do líquido que bebia de peiote. Jamais ouvira falar disso anteriormente.

Entendeu que se transformara, ele próprio, no xamã da tribo e, sem poderes ou dons naturais, teve que recorrer a alucinógenos para manter seu status e também, de boa vontade, tratar de curar os índios doentes, além de conseguir coragem para fazer previsões de plantios e de possíveis calamidades. A tontura que sentira no início da sessão, tão familiar quando usava drogas hoje em dia, pertencia ao próprio personagem, quando este, por sua vez, também fazia uso delas, mas com o objetivo de evocar os espíritos e a águia que voava sobre o vale e que lhe concediam poderes especiais, mesmo que passageiros. Estava apenas cumprindo, com esforço, sua missão. Compreendeu então que tudo que fazia hoje ficaria bem no xamã: desde a revolta quando o que achava certo não prevalecia, até o uso de drogas. O xamã tinha tido motivos de sobra para ficar revoltado com a vida e mais motivos ainda para usar os líquidos das plantas alucinógenas do deserto. Nada disso, no entanto, se justificava nos dias de hoje.

De outra vivência, já neste século, veio o entendimento dos motivos de não tolerar ordens e responsabilidades. Havia sido o garoto, filho de um pai dominador, exigente e implacável, que não aceitava nada a não ser a perfeição. Tinha notas altas na escola, a maior média da classe, mas insuficiente para o pai que queria notas máximas. Tinha muita raiva, muito medo e muita tristeza, mas mesmo pressionado e sendo bom aluno estava no seu limite e não conseguia melhorar mais, mesmo porque, seria impossível, pois o pai nunca ficava contente ou satisfeito com nada, seguindo surrando-o pela vida afora.

Começou a cursar a escola superior que o pai escolheu, quando este veio a morrer. Ficou confuso, entre triste com a sua morte e ao mesmo tempo alegre com a liberdade repentinamente conquistada. Mas a vida correu rápida, e cedo se viu trabalhando nos negócios que o pai deixou. Trabalhava como louco, de sol a sol, assumindo todas as responsabilidades, como ele gostaria que fizesse. Não se esqueceu de suas palavras e desdobrava-se para ser-lhe fiel. Transformara-se num chato, desagradável, sem mulher, que só pensava em trabalho, se matando de cansaço e sem nada usufruir. E a morte o encontra cedo, estafado, aos trinta e poucos anos, subitamente, quando não se recuperou de um ataque do coração. Morreu pensando que não aproveitou nada da vida, assumiu responsabilidades demais e acabou sendo o que não queria, mas o que o pai esperava que fosse. Concluiu que não viveu sua vida, mas a do pai, e que nunca mais faria aquilo de novo.

Percebeu claramente, de volta ao presente, sua posição atual de rebelde sem causa, de preguiçoso e desinteressado dos estudos, aquele que não tolerava ser desafiado ou receber ordens. E se tomava drogas para se anestesiar das cobranças que a vida lhe impunha, das frustrações das vontades não compreendidas e das raivas contidas, juntando tudo, não precisaria mais nem de uma coisa nem de outra.

Muitos acham que o drogado é apenas um malandro bem informado que nada quer com a dureza da vida e que não respeita ninguém, passando por cima das necessidades e sentimentos alheios, especialmente os da família, como um trator desgovernado, sem notar que há alguém na sua frente. Seu comportamento típico pode ser exatamente este, porém, se considerarmos a hipótese da reencarnação, vamos sempre nos deparar, no passado, com personagens que nos fazem compreender melhor estes problemas, de tão acentuado reflexo social. Se aceitamos, compreendemos e cuidamos de outros doentes, também podemos fazê-lo, sem tantas reservas, com quem usa drogas, considerando que a etiologia, a origem de nossos males inexplicáveis, sejam eles quais forem, está sempre no passado. Não se trata de ficar passivo, contemplando a destruição que ele vai causando a seu redor, mas de saber que, como em qualquer outra problemática, o indivíduo só vai mudar se quiser, e a questão maior é oferecer-lhe a oportunidade do entendimento que, se não for aceita, o levará a arcar integralmente com a dor de seus atos e com as responsabilidades de suas frustrações, mais cedo ou mais tarde, sem desculpas.

4
Nossos problemas
Desconfiando
Ciúme

Miséria, promiscuidade, mendicância. Essa era a história da jovem negra de saia rodada e florida, suja, que pobre havia nascido e que pobremente vivia. Uma pessoa triste e calada, sem alegria, sem nada de si, que lavava roupas no rio, também sujo. Com o tempo teve filhos e um marido, mas a vida continuava no casebre, até o dia em que, já perto dos quarenta anos, chegando da rua onde fora apelar pela caridade alheia, encontrou-o com outra mulher. Encolerizada, apanhou uma faca e o matou sem titubear. Lutaram, as crianças gritaram, mas ela o matou. A outra mulher correu desesperada, mas ela foi atrás, agarrou-a pelos cabelos, derrubou-a e a matou também, com facadas no peito, na rua, na frente de todos.

Voltou para casa com a faca suja de sangue nas mãos, friamente. As pessoas a olharam espantadas em frente a sua casa e ela gritou para todos que ele a traía. Acharam que estava louca e não se aproximaram da mulher que, transtornada, andava de um lado para outro, dizendo que jamais seria presa, pois se mataria também. Enfrentou sem medo a pequena multidão que se formou e, no auge do tumulto, cravou a faca no próprio peito, se matando. Após a morte, ficou a observar o próprio corpo, no chão, com a faca enfiada no peito; riu, gargalhou enlouquecida. Não sentia remorsos, pois fez o que deveria ter feito mesmo. Estava feito. Largou tudo para trás, virou as costas e foi embora, desvairada.

Nossa cliente era uma jovem mulher que chegou queixando-se de um ciúme doentio e violento do marido. À beira do delírio, uma parte de si sofria desesperadamente por se sentir traída, embora nunca o tivesse surpreendido com outra mulher. Desconfiava de secretárias, de amigas, de toda e qualquer mulher que com ele convivesse. Xingava, queria bater nele e nas supostas amantes. Magoada, com raiva, descontrolada, vinha transformando sua vida num inferno de dúvidas e suspeitas, brigas e ofensas. Outra parte de si lhe dizia que aquilo tudo era um grande absurdo e a empurrava para o tratamento. Na verdade, o que a trouxera tinha sido o medo; medo de cometer uma loucura, de matá-lo e matar-se num momento de crise. Já havia, inclusive, andado armada. "Não consigo me controlar", dizia.

Depois da infeliz mendiga traída e enlouquecida, seu inconsciente trouxe outra mulher, numa vivência também muito antiga, intensamente perturbada pelo ciúme de um homem do qual era apenas uma espécie de namorada e amante. Um homem bem relacionado socialmente, com muitas amizades femininas e muitas amantes. Solteiro, nada havia lhe prometido. E uma vez mais a solução foi drástica e trágica; terminou por matá-lo, também a facadas.

Durante a regressão, no entanto, a "presença" do ex-namorado se fez presente, como o mesmo homem loiro de olhos azuis, meia-idade, que lhe dizia enraivecido todo o tempo: "você não vai sarar". Indagado insistentemente, admitiu querer que a cliente sofresse muito, que matasse, que continuasse matando. Esta percebeu que vinha matando mesmo, pelos mesmos motivos, continuadamente, e se surpreendeu a dizer: "Só nesta vida eu não matei". "Será que eu mataria de novo?". Desajeitadamente, tentou pedir-lhe desculpas, sem nenhuma convicção, ao que ele gritava e punha as mãos na cabeça para não ouvir. Não queria saber disso. Após longo diálogo, cansado, percebeu um pouco da inutilidade de sua perseguição e acabou deixando-se conduzir, por outras "presenças", chorando pelo tempo perdido, pela mágoa, pela tristeza e impotência.

No fundo nossa cliente não melhorava muito porque, apesar de entender como essas vivências, obviamente, interferiam em sua vida atual, relutava muitíssimo em admitir que pudesse ainda carregar inimigos do passado no rastro de seu orgulho supostamente ferido. Achava certamente que todos deveriam ter compreendido suas fraquezas e perdoado; mas, para sua surpresa, num primeiro momento, após essas reflexões, percebeu que ela própria não era capaz de perdoar ou pedir perdão e, portanto, não poderia pretender que o inverso ocorresse.

Numa outra regressão, novamente aproveitando o estado alterado de consciência propiciado, o inconsciente da cliente não a levou para novas vivências, mas permitiu o contato com várias "presenças" ao mesmo tempo, fato não muito freqüente, e dentre elas a moça que tinha sido assassinada pela mendiga juntamente com aquele marido. Mas eram muitas, rindo e tentando dar facadas na cliente. A moça assassinada, especialmente, enfurecida, gritava descabelada e ria histericamente.

A cliente espantou-se com a "presença", novamente, da moça com a qual já havia tentado acertar-se em outra oportunidade, e espantou-se mais ainda ao receber do terapeuta a resposta do porquê de tal acontecimento: "porque você não mudou". Decidiu então, impensadamente, vitimizada, sem curvar-se às evidências, que o melhor era desistir mesmo. Deixaria que as "presenças" acabassem com ela, como se possível fosse, pois não agüentava mais sofrer e não queria mais lutar. Se preciso morreria e ficaria nas mãos deles. Tais declarações causaram uma gargalhada geral entre as "presenças" e a posterior confrontação do terapeuta, não parecia ser verdade seu desejo de a elas se entregar, mas sim de não querer se deixar humilhar por elas.

Declarou então ser verdade seu ódio a todos eles, mas que também temia pelo futuro, a que prontamente ouviu: "seu sofrimento nem começou". Desafiada pela situação e pelas risadas decidiu inverter o quadro e, com arrogância, enfrentá-los, apesar de se sentir mal. "Não tenho medo", desafiou; "pois devia", ouviu. Interferindo nessa briga inútil, o terapeuta a convidou a decidir sobre a lógica do caminho a ser tomado e a cliente então confessou que não sabia e também não queria pedir perdão, embora fizesse sentido para ela. Indagada se pretendia ficar com todos em sua companhia, percebeu os limites extremos a que seu orgulho ia levá-la, mas resistiu. O terapeuta então resolveu questionar diretamente as "presenças", e saber se eram todas realmente vítimas, desde sempre, se elas nunca haviam feito nada a ninguém em outras vidas para passar o que passaram nas mãos da cliente e, especialmente, se achavam mesmo que valia a pena gastarem tanto tempo e energia atrás de alguém que não cogitava, sequer, desculpar-se. Algumas choraram, outras se calaram. A moça já não ria e a cliente, entre chocada e emocionada, dizia que tentaria mudar. Muito cansados todos, resolveram então dar uma trégua a si mesmos. A maioria, exausta, parecia desinteressada de próximos confrontos.

Nada disto, no entanto foi suficiente para lhe

abrandar o caráter. Isto só aconteceria após um segundo momento de reflexão, quando compreendeu que vinha seguindo um padrão de vingança irrefreada, baseada em meias verdades, e que ela própria já havia perseguido muito seus verdadeiros algozes, exatamente lhe acontecia no presente.

Lembrou-se também da vida do escravo, homem, acorrentado e sofrido, destilando ódio contra os patrões brancos e contra os negros que faziam, armados, os turnos de guarda. Não se conformava em estar preso e tampouco estar naquela situação apenas por ser negro. Queria dali sair de qualquer forma. Tentou pegar um deles, apanhou muito e não conseguiu matá-lo. Um dia, trabalhando na horta, embora com os pés acorrentados, deu com a enxada na cabeça de um dos sentinelas, que morreu a seguir. Veio o branco, dono da fazenda, que mandou que fosse espancado. Gritou, jurando que iria matá-lo. Foi muito ferido e largado no meio dos outros escravos. Recuperou-se lentamente, banhado pelo ódio e pela dor.

Muito tempo se passou até que surgiu a oportunidade de pegar o filho do senhor, num dia em que ele observava outros escravos, distraído, matando-o com a própria corrente na qual se achava algemado. O pai veio com uma grande espingarda e rogando-lhe muitas pragas atirou, matando-o também. Continuou, depois de morto, pela fazenda, atormentado pelo desejo de vingança. Matar o filho não fora suficiente para vingar-se; queria acabar com o pai também. Continuou ao lado dele, enlouquecido, atormentado-o até que ele se matou com um tiro de revólver, desesperado pela perda do filho. Contente, ficou por ali, mas logo percebeu que continuava a se sentir aprisionado, com ódio ainda, um escravo.

Não se libertara e o ódio permaneceu, o mesmo ódio que tinha hoje, da vida, de tudo e de todos. Nada o saciava. O mesmo desejo de liquidar tudo pela morte, a mesma revolta e a mesma intolerância quando supunha estar a vida a lhe impor algo. Haveria então de compreender, definitivamente, que não era também, por sua vez, uma vítima. Compreenderia, fazendo uma avaliação geral, de onde vinham as incertezas e as tendências do presente e porque, na sua vida atual, não mais fazia sentido comportar-se como a mendiga traída, como a amante frustrada ou como o escravo inconformado, entre muitos outros, e sentir, como eles, o ódio, a indignação e o desejo de vingança, todos incontroláveis e impensados.

Embora pudessem ser compreensíveis os sentimentos dos personagens, naquelas situações específicas, percebeu-se, no entanto, que não podiam ser simplesmente desculpados, pois além de sempre haver uma segunda opção, tivesse ele hoje seguido o mesmo padrão, sem reservas, repetiria a mesma tragédia e certamente levaria para o futuro novos desamores, mal-entendidos e responsabilidades.

4
Nossos problemas
Acomodando
Em banho-maria

Ele tinha tudo ou quase tudo, mas dizia-se profundamente insatisfeito com a vida, que julgava inútil, fútil, triste e aborrecida. Embora muito trabalhasse, achava que deveria fazer algo de mais útil. Era radical, crítico, pessimista, fechado, sóbrio, ranzinza, frio e chato. Qualificava a si mesmo como "casca grossa". Não costumava perdoar as falhas dos outros, que o irritavam, pois sentia-se nitidamente superior a todos. Não tinha amigos, não gostava de gente e fazia mesmo questão de não se aproximar de ninguém. Não confiava em nada, achando todas as pessoas chatas, aborrecidas e tinhosas. Não gostava de conversar com ninguém, embora isso lhe trouxesse uma sensação de solidão.

Desqualificava seus problemas após descrevê-los e nem sabia ao certo o porquê de ter vindo ao tratamento. Sua primeira idéia era de que não se arriscava para nada, não sofria e também não curtia; mas também não se mostrava e tampouco se deixava amar. Só fazia na vida o estritamente necessário e a sensação predominante era de que "cozinhava" a vida em fogo brando, não se importando em morrer, caso acontecesse.

Tinha flashes espontâneos

de uma vivência onde teria sido um rei, que possuía uma prisão, onde cortava as cabeças das pessoas. Teria sido mau e violento. Terminou mesmo, em regressão, indo parar na vida desse rei, que habitava um lugar frio, cheio de montanhas, protegido dentro de seu castelo. Usava pesadas roupas e tinha já seus cinqüenta anos. Andava por toda parte resmungando, agressivo, um pouco entristecido com sua própria violência. Foi às masmorras e cortou pessoalmente a cabeça de um velho dirigente que lhe fez algumas reivindicações; era impaciente e dominador, sem tempo para essas coisas pequenas. Participou de muitas batalhas e em certa ocasião teve o exército vencido; viu-se no meio de um arrasado campo de luta, com uma porção de gente morta por todos os lados. Fumaça, fogo, gente fugindo e gente sofrendo. Sentiu-se triste e desanimado, voltando para o palácio de cabeça baixa e derrotado.

Bebeu muito numa taverna da cidade, sendo tomado por inusitada euforia até que terminou bêbado, cansado de tudo aquilo. No fundo era impossível esquecer a derrota, as mortes e tudo o mais. Na volta, encontrou a mulher no quarto e, bravo, descontou nela sua frustração, batendo sem encontrar resistência ou reação. Exausto, adormeceu sendo, no entanto, por ela morto com a própria espada, com a qual costumava cortar cabeças de inimigos, prisioneiros e importunos em geral.

Morto, achou que a vida não valeu a pena, que tinha mesmo que morrer dessa forma, que fez muitas bobagens e exerceu em demasia seu poder. Não estava exatamente arrependido, mas aborrecido com o tempo e suor jogados fora. Fez tudo o que quis, sem restrições e sem medos, e como de nada adiantou, o melhor seria acabar com tudo e colocar limites nas suas atuações.

Mais para trás dos tempos, em outra regressão, lembrou-se do personagem do império romano que usava saiotes de couro, sandálias e que morava numa grande casa cheia de colunas. Usava também uma túnica clara e andava pelos arredores dando ordens, conversando com altos servidores; tudo de forma usual, denotando ser habituado ao comando e ao poder. Freqüentava a arena onde gladiadores lutavam e onde parecia que também pessoas eram sacrificadas. Foi aos subterrâneos e viu cubículos vazios, como se um dia tivessem sido cativeiros de pessoas. Admitiu que tais sacrifícios eram uma prática comum, sentindo-se todavia triste e com pena dos condenados. O pai ordenara no passado tais execuções e tentava evitá-las no seu tempo, mas nem sempre parecia conseguir.

Participou de batalhas até que um dia terminou morto numa delas, no meio de um deserto, caído de sua biga, sentindo-se um completo idiota ao ver o corpo ali abandonado. Morreu por nada, pois nessas lutas não havia nem glória nem pecado, nem nobreza ou obrigação. Faziam apenas parte do dia-a-dia e sentiu-se simplesmente brecado pelo destino. Não fizera nada, não construíra nada, e não conseguira consertar uma porção de coisas erradas que percebia no governo. Chorou e teve raiva quando sentiu que não valeu a pena viver e que tudo havia sido inútil. E, por fim, seu espírito ainda descobriu que havia sido traído pelas pessoas que discordavam dele nesses pensamentos novos, contra as maldades estabelecidas, percebendo que havia passado a vida cercado de mesuras políticas, falsidades e traidores. Concluiu que não se podia confiar mesmo em ninguém.

Além de outras vivências, viu-se, ainda mais atrás no tempo, num lugar onde era humilde trabalhador. Trabalhava para pessoas que promoveram uma festa para um mestre que pregava nas terras dos hebreus. Admirava sua figura e ficava a ouvi-lo, meio recuado, meio escondido, porque, como outros mestres, o que falava era proibido. Viu-se como um jovem, de túnica cinza, simples e rota. Ali ficou, mas tinha medo de trabalhar para essa gente, pois parecia que alguma coisa estava para acontecer. Viu-se numa casa humilde, situada numa ladeirinha, onde residiam familiares daquele que viu pregar na festa. Ele ia ser morto. Tomado de súbita coragem, pois até então fingia não conhecê-lo com medo de ser confundido com um seguidor, saiu às ruas com a intenção de salvá-lo, sendo no entanto impedido de se aproximar, e espancado com violência pelos guardas. Ferido, fora levado de volta para casa e ficou sabendo que ele foi executado naquele mesmo dia. Passou longo tempo entre a vida e a morte, recuperando-se de seus ferimentos, sendo tratado por amigos.

A vida passou. Envelheceu, meio tristonho, lembrando-se sempre daquele mestre perdido. Ficou por ali, naquele ambiente, pobre mas amistoso, e terminou por morrer rodeado de pessoas bondosas, achando que eram todos muito dominados. Eram cerceados e tudo era vigiado, limitado, passavam a vida com medo, ficando todo o tempo tendo que se esconder para conversar sobre ética e justiça. Sentia-se superior aos dominadores e percebeu que nunca se arriscou a fazer as coisas proibidas porque tinha medo, e na única vez que tentou, quase foi morto. Não valeu a pena viver tanto, enfim.

Percebeu então, no presente, referindo-se a estas vivências, a repetição da decisão do espírito, de que nunca tinha valido a pena viver. De todas essas vidas vinha a sensação de que nada fizera de produtivo, sendo a vida uma infelicidade. Fora assassinado, traído e desiludido. Cometera atos de barbárie, pensara em mudar o mundo sem sucesso e se expusera à ira dos dominadores enquanto não se escondia. Em todas as ocasiões morrera com a sensação de derrota e leve ar de superioridade, apesar de tudo. Entendia por que, na vida presente, não se importava em viver e tampouco se importava em morrer. Compreendia também sua insatisfação com as pessoas, sua frieza e seu espírito crítico e superior. Percebia que metade de sua insatisfação e irritação era com o mundo e que a outra metade era consigo mesmo. Tinha sido vítima, algoz e também apenas um simples observador; no fim, nada a reclamar, ficando capacitado, se quisesse, a começar a gostar da vida, ser menos ranzinza e pessimista, deixando então de levá-la em "banho-maria".

4
Nossos problemas
Destruindo
Vidas perigosas

Moças lindas e vidas perigosas. A primeira foi uma jovem senhora numa cidadezinha por onde passava um trem. Seu pai, morto na infância, a havia rejeitado violentamente pelo simples fato de ser uma menina. Xingava a mulher, gritava com ela, acusando-a de não ter tido um filho homem. Mas morreu, e a menina cresceu, bonita, com longos vestidos, sombrinhas e chapéus.

Acabou se casando com seus vinte e poucos anos e logo engravidou. Morava numa casa bonita, com móveis escuros e elegantes. Mas chorava, quieta, sentada triste pelos cantos. Ninguém a compreendia, mas tinha um inexplicável medo de estar esperando uma menina. Pensava fixamente no pai, que tanto queria um filho homem. E o bebê foi mesmo uma menina, que intempestivamente matou, sem pensar, sem hesitar. Sufocou o bebê, que ficou a seus pés, na cama. Contemplou a menina morta por alguns instantes e em seguida, munida de um espeto, perfurou o próprio abdome, mais de uma vez. Deitada na cama, o sangue jorrando, deixa-se morrer mergulhada num ódio profundo do pai, numa nuvem de confusão e angústia,

com raiva também de si própria por não ter sido capaz de atender aos reclamos do mesmo.

O espírito após a morte sentia culpa, arrependimento e tristeza pelo ato tresloucado e impulsivo. Não podia ter matado o bebê nem a si própria. Percebeu que não era sua hora de morrer e o que ficou gravado foi a raiva profunda do pai, que a arremeteu para todo aquele sofrimento, segundo sua própria conclusão.

Durante muito tempo o espírito vagou pelas ruelas da cidadezinha, confuso e alienado, tentando de alguma forma recuperar a vida perdida.

A segunda linda mulher foi uma prostituta. Trabalhava numa espécie de boate, com roupas pretas e vermelhas, com brilhantes pedras por adorno. Sentava-se ao balcão, sentindo-se linda e provocante. Ria muito e bebia com seus clientes. Ao mesmo tempo, morava num velho cortiço com outras meninas da boate. Já com seus trinta anos, mostrava-se sempre irritada com a miséria, pois a vida de sonhos era só à noite, fantasiosa e mentirosa. Em casa lavava roupas em bacias e varria o chão dos pequenos cômodos superpovoados em que habitava. Detestava pobreza, e não titubeou em casar-se com o homem idoso, doente e rico que a quis como esposa. Moraram numa fazenda grande e bonita. Não gostava dele, mas sentia-se feliz com todo aquele dinheiro.

Logo ele morreu e ela, nos seus quarenta e poucos anos, voltou a passear pela cidade, ainda bonita, sentindo-se solitária, mas sem tristeza. Acabou indo à mesma boate onde trabalhara tantos anos. Lá, encontrou-se apenas com o rapaz do bar, pois, dia alto, não havia nem mulheres nem fregueses àquela hora no estabelecimento. Bebeu bastante e acabou voltando para a fazenda com o rapaz do bar.

Teve um caso com ele, que se mudou para sua casa.

Em pouco tempo se aborreceu, pois ele não parava em casa e gastava muito dinheiro. Rapidamente, em poucos anos, ele foi perdendo tudo no jogo, até que perdeu a própria fazenda. Com cinqüenta e poucos anos voltou para o cortiço, acabada em bebida, desiludida e melancólica, tão pobre quanto de lá saiu. Voltou a lavar roupas e a varrer o chão, sendo, de favor, sustentada por outras moças da boate. Triste e velha, acabou morrendo, muito tempo depois, no mesmo velho cômodo, na mesma velha cama. Foi cuidada por uma das moças, generosamente. Mas ficou a tristeza e a angústia de ter acabado tudo assim, exatamente como começou.

Nossa cliente, na vida atual, usava drogas pesadas e bebia muito na falta delas. Teve crises de overdose com paradas respiratórias e esteve mais de uma vez à morte. Extremamente explosiva, intolerante, tinha crises de absurda fúria e agressividade mal controladas. Batia e quebrava coisas. Dizia ostensivamente que "tudo tinha que ser mesmo do seu jeito" e que "passaria por cima de tantos quantos ficassem na sua frente". Destruía tudo e a si mesma. Sedutora, trocava de homens com facilidade e tinha casos com elementos perigosos e infelizes. Compreendia, no entanto, que também vivia perigosamente e o medo de morrer ou matar a trouxera ao tratamento.

Freqüentava bares, se drogava em qualquer lugar e se arriscava, não só no trato com traficantes, quanto com a polícia. Punha em risco sua vida e também a dos familiares, impotentes frente à situação. Confidenciava que sabia que tudo aquilo era uma grande loucura, mas acabava sempre insistindo no erro. Contava que todos os drogados sabiam disso, mas que quase todos também diziam que iam "dar um jeitinho" na vida quando bem o quisessem. Percebia que havia sempre uma pitada de prepotência e excesso de confiança nessas atitudes. Apostavam que tudo ia dar certo, mas não investiam nada para que realmente desse.

Havia muitas "presenças" do passado, de muitas outras vidas, sedentas de vingança daquela que havia sido, outrora, seu algoz. Contava de seus sintomas físicos, inexplicáveis e repentinos, que refletiam claramente a manipulação farta das "presenças" em sua não explorada paranormalidade. Muitas intuições negativas, dizia, acabando sempre por falar e fazer o que não queria. Em suas crises de agressividade, jogava ao chão objetos e fazia coisas que não ousaria, via de regra. Não conseguia controlar-se. Sabia que toda responsabilidade era sua, mas muito das idéias negativas e dos atos descabidos, pareciam não ser totalmente extraídos de sua vontade. Percebia lentamente que seu caráter negativo, sua intolerância, egoísmo e prepotência a colocavam à mercê de suas antigas vítimas, que viam ali refletidas suas próprias dores através daquelas mesmas mãos que a tudo destruíam. Seu temperamento atual não disfarçava em nada o pretérito, não muito longínquo, de carrascos e tiranos. Nem só de moças bonitas se povoava seu passado, e mesmo estas haviam sido tão ou mais perigosas do que ela própria era nesta vida. Uma matou e morreu impensada e agressivamente, enlouquecida pela rejeição do pai e a outra se entregou à prostituição, à bebida e à ambição, desregradamente.

Ambas, no entanto fizeram tudo do seu jeito peculiar, movidas pela luta em causa própria e desinteressadas da vida e dos sentimentos alheios. E ambas perderam tudo, o dinheiro conquistado, a própria vida, do mesmo jeito que ela mesma estava perdendo hoje. Compreendia que estava empreendendo uma cópia piorada de seu passado, uma vez que juntava vários desacertos, de vários personagens, numa só vida, numa só personalidade, numa só pessoa. Se continuasse nesse caminho ia morrer novamente fora da hora. Se não se matasse com uma superdosagem de drogas, acabaria se matando numa de suas crises de fúria, pois, descontrolada, não saberia dizer do que seria capaz. E mais não fosse, poderia também ser morta numa confusão qualquer.

O único caminho, sabia, era separar-se dos personagens e das "presenças", reequilibrando seu temperamento e suas tendências negativas, deixando no passado tudo aquilo que a ele legitimamente pertencia.

5
O futuro

Cumpre os deveres que te cabem e receberás os direitos que te esperam.
Faze corretamente o que te pede o dia de hoje e não precisarás repetir a experiência amanhã.

Emmanuel

O intervidas

Entre o passado e o presente existe um período de tempo, digamos assim, tido como misterioso e detentor em todos os tempos das maiores especulações do ser humano. Parece que quase todos os indivíduos se preocupam em saber o que lhes acontecerá após a morte, mesmo quando acreditam em novas vivências, reencarnação, sobrevivência do espírito. Lugares fantásticos são imaginados, de trevas ou de luz, de dores ou de bonança.

A constatação da TVP, no entanto, para alívio da maioria, é que continuamos a ser nós mesmos. Com nossa inteligência, conhecimento, qualidades e defeitos. Não nos tornamos também, subitamente, com o fim da vida, sábios ou santos, e parece que vamos sempre parar, pelo menos inicialmente, entre nossos pares, entre aqueles que nos são semelhantes, aqueles que pensam e sentem como nós. A diferença brutal é que nos tornamos absolutamente transparentes, não podendo mais vender uma imagem social e fingir que somos deste ou daquele jeito. Nossos erros

e nossos acertos parecem luminosas placas de néon a ornar nosso espírito, nos identificando, por assim dizer. Tantos quantos se interessem podem saber o que realmente fomos ou somos.

Como já vimos no decorrer dos capítulos e dos casos relatados, parece que atraímos ou somos atraídos, rapidamente, para nossos desafetos e para todos aqueles que, na região onde estivermos do astral, sintam e pensem como nós, verdadeiramente. Se temos ódios, medos, rancores, por exemplo, passamos a desfrutar a companhia de outros que estejam na mesma sintonia.

Assim como as "presenças" são normalmente atraídas ao ***setting*** terapêutico durante a regressão, transpondo as barreiras tridimensionais de nosso mundo, em função de lhes sermos parecidos, constatamos pelos relatos habituais do pós-morte dos personagens, que mais facilmente ainda nos acercamos delas quando libertos dos obstáculos que nos separam. Para o bem ou para o mal, para a dor ou para o amor, parece que depende de nós esse breve futuro, a partir de hoje, do período intervidas.

Dizem que o tempo é uma ilusão, com o que concordamos, se partirmos para contrapor a visão limitada de uma só vida cheia de peripécias fatídicas, injustas e acasos fantásticos; no entanto ele, o tempo, também não espera. É verdade que podemos sempre recomeçar, numa nova existência, banhados pela esperança, mas também com um pouco da inconseqüência de quem se esqueceu do passado e não se responsabiliza pelos acontecimentos. No entanto, o custo para se chegar lá pode ser muito alto.

O intervidas, que ao contrário do que muitos pensam está longe de ser o descanso definitivo, ou a libertação de todas as dores, que como já vimos é o que geralmente empurra o candidato a suicida para sua tragédia pessoal, é um tempo de grandes reflexões e decisões sobre os atos do passado, visando à vida futura.

Muitas pessoas são levadas a se ver, em regressão, programando suas vidas atuais, suas limitações, obrigações, deficiências, parentesco etc. Não só como naquele caso citado em que o rapaz não aceitava sua paralisia, mas em muitas outras situações em que o inconsciente julgue necessário se ter essas informações.

Certa vez, um cliente, baixinho, sem atrativos, alcoólatra nesta vida, responsabilizava o irmão mais velho e bem sucedido pelos seus males. Nunca lutava pela vida porque havia se sentido na infância e adolescência preterido pelos pais, em favor do irmão inteligente, bonito e educado. Era rebelde e preguiçoso, bebia muito para afogar as próprias frustrações; morava e trabalhava, quase de favor, com o irmão que o havia acolhido depois de muitos empregos perdidos, casamentos falidos, brigas e bebedeiras que levaram sua vida para a mais amarga miséria. Perdera tudo: a família, os amigos e a esperança. Só não perdera a revolta e a mágoa que nutria pelo irmão e que, sem entusiasmo, confidenciava aos mais próximos.

Viu-se no astral, durante uma regressão, depois de várias vivências em que, entre outras coisas, havia disputado muito o poder e usado sua brilhante inteligência da época para tirar vantagens dos menos favorecidos, tirando-lhes impiedosamente até mesmo o necessário para sua subsistência, o que causou lutas e mortes entre todos, incluindo o irmão de agora, que tentara de tudo para demovê-lo e salvar o povo das desgraças que se afiguravam.

E no astral, após a morte, viu-se, depois de muitos infortúnios, levado para um lugar que parecia ser uma espécie de cidade, com construções todas muito grandes, de pedras muito lisas e brilhantes como mármore. Também o chão e as paredes internas dos edifícios pareciam revestidos desse material. Curioso, notava um grande vaivém de pessoas, todas carregando papéis, muitos canudos enrolados debaixo dos braços, parecendo ao mesmo tempo alegres e ocupadas, aos grupos ou aos pares, conversando animadas e seguindo em firmes passadas para seus destinos. Todas se vestiam de modo semelhantes, em cores discretas e eram todas adultas. A temperatura era amena e ninguém, além de seu condutor, parecia notar sua presença com maior interesse.

Aquele que o conduzia, gentil mas firmemente, terminou por levá-lo para dentro de um prédio baixo, onde notou logo ser um ambiente de trabalho, com muitas salas, muita atividade, muita gente indo e vindo. Numa das salas conversou longamente com algumas pessoas encarregadas de acompanhar seu caso, que aparecia narrado em várias laudas nas mãos dos ajudantes da sala, discutindo sobre o que lhe seria melhor para uma vida futura.

Sabia todo o tempo que já estava morto, digamos, no intervidas, no astral, num lugar em que programaria sua próxima vivência. Respeitoso e preocupado com a proposta que iria receber para seu próximo personagem, aceitou, cabisbaixo e reconhecido, a recomendação, terminando por concordar com os planos de vir sem tanto poder, sem tanta inteligência e sem tanta beleza, pois assim, não se arriscariam novamente a impor-se às pessoas com prepotência, subjulgando-as como já vinha fazendo por várias vidas.

Achava mesmo que aquilo lhe seria melhor, pois, como admitia conhecer bem a si próprio, concordava com os ajudantes da sala que, sem essas limitações, cedo se esqueceria de sua proposta. Espantado, viu-se então levado para outra sala, cheia de pranchetas, como as de arquitetura, de onde terminou saindo com um desenho de como seria seu corpo na vida atual. Mais espantado ainda ficou quando uma das pessoas que o auxiliavam saiu e voltou carregando uma pequena escultura, de material semelhante a uma borracha dura, mas fofa, com a forma exata que tinha hoje em dia. O boneco tinha uma aparência mais saudável do que a sua, era robusto, forte e corado.

Decerto, nos contou depois da sessão, não havia programado nessa época destruir seu corpo físico com a bebida, que havia consumido toda sua massa muscular, causando-lhe neuropatias diversas, deficiências vitamínicas e protéicas.

Com trinta e cinco anos estava acabado, magro, acinzentado, com largas olheiras, abdome protuberante, cabelos ralos e pele farinhenta. Parecia um velho, hoje em dia, com andar hesitante, trôpego, trêmulo e fraco.

Depois de todos esses acontecimentos de suas regressões compreendia perfeitamente o absurdo de sua revolta contra o irmão, que não era, de forma alguma, responsável pelos seus males. Havia escolhido a bebida para anestesiar-se de sua própria falta de resignação e de seu excesso de orgulho, porque, de uma outra vivência, trazia a lembrança velada da poção ingerida, que o adormeceu para não mais acordar, quando a noiva amada o traiu com outro irmão, com ele fugindo, deixando-o a esperar ao pé do altar. Por muito tempo, depois dessa morte, achou-se a dormir e depois, esquecido até de quem era, no astral, não sabendo nem mesmo que havia morrido. Tentava nesta vida presente, nitidamente, ingerir poções que o fizessem esquecer de que era o mais feio, o menos dotado de inteligência, o preterido, esquecendo-se sim do principal, isto é, de que tudo isso havia sido uma programação sua e que dela deveria tirar o melhor proveito, não desperdiçando o formidável lembrete que a vida lhe oferecia.

Sabia também que era perseguido por desafetos do passado, que conheciam perfeitamente seus pontos fracos. Sabia inclusive quando iria beber o gole a mais, ou aquele inicial, que nunca deveria acontecer, mas terminava sempre por dizer para si mesmo que aquele seria o último. E seus pontos fracos eram ser arrogante, melindroso, egoísta e querer sempre fugir dos problemas. Resolveu que iria mudar.

Mas, voltando no tempo, dentro do período intervidas, à época que antecedeu a chegada de nosso amigo ao local onde fora programada sua vida presente — que não se pense ter sido fácil chegar àquele lugar — onde todos pareciam tão amigos e interessados no bem-estar do próximo. Como quase em todos os relatos feitos em regressão, de personagens que chegaram a esse tipo de lugar, situações muitas vezes dramáticas os precedem.

Neste caso em particular, o espírito do personagem, aquele poderoso e impiedoso cavalheiro que ele havia sido em sua última vivência, havia ficado longo tempo, após a morte, ao lado do corpo, assustado e confuso com seu novo estado. Desesperado, viu o corpo ser enterrado, ficando a vagar pelo pequeno cemitério durante muito tempo. Seu túmulo foi se tingindo com a fuligem habitual e viu outros corpos chegarem. Via outros espíritos igualmente desesperados ou outros, ainda, que riam, passavam em bandos, ameaçando-os, provocando uma correria geral, com todos a se esconder atrás das cruzes e das capelas do local. E por ali ficou, incapaz de dar um passo em qualquer direção, sentindo-se nu, despido de qualquer proteção, perdido. Não tinha acreditado em nada sobre a continuação da vida e via-se agora atormentado, pois nem o inferno, que muitas vezes lhe passara célere pela cabeça que deveria merecer, era capaz de encontrar. Ou talvez o inferno fosse ali mesmo, pensava, quando saía de suas crises de delírio provocadas pelo medo. Acabou, por causa de seu antigo vício de ser dado a bebedeiras com os amigos, sendo, tempos depois, atraído para uma taberna, onde se demorou ao lado dos que bebiam, tentando, de alguma forma sorver a bebida junto, pensando em embebedar-se para dormir e esquecer. Mas não dormia. Sentia fome e sede. Suas roupas pareciam em frangalhos e sua aparência aterradora.

Um dia, foi subitamente arrancado dali por outros espíritos, e levado com violência para um lugar onde foi torturado de forma extravagante. Não o deixavam dormir. Faziam turnos para cutucá-lo e xingá-lo, aos berros, no seu ouvido. Gostariam de poder matá-lo um pouco mais. Reconhecia em seus torturadores alguns daqueles que vitimizara por causa de sua ganância. Outros mais chegaram para serem torturados. Alguns lhe eram conhecidos de longa data, companheiros de farras e comemorações do poder amealhado. Ajudaram-no a planejar cada passo de suas conquistas e agora começavam a se reunir novamente. Eram atraídos uns aos outros e todos, por sua vez, às suas vítimas enraivecidas, muitos sem sequer perceber que já tinham morrido.

Um tempo que lhe pareceu décadas se passou, até que conseguiu sair de seu cativeiro, exausto, arrastando-se. Seus algozes também estavam cansados, enjoados daquilo tudo e pareceram ter feito vistas grossas à sua fuga. Muito antes de chegar ao local onde resolveria seu futuro, já havia percebido e entendido tudo o que se passava. Acabou sendo cuidado por outras "presenças", que não sabe de onde vieram, mas que lhe abriram os olhos para sua inesperada situação no intervidas, aquela que jamais poderia imaginar que existisse. Nem céu, nem inferno; só mesmo aquilo que havia plantado no decorrer de tantas vidas, isto é, inimigos, rancores, ignorância, falsos amigos, escravidão e tortura. Depois de tantos dissabores, foi fácil para ele ser compreensivo e resignado junto aos ajudantes naquele edifício de mármore esculpido, discutindo, decidindo e aceitando pacientemente a configuração original desta vida. Não foi fácil, no entanto, a trajetória para chegar lá e de certo não se tornara tão humilde da noite para o dia. Precisou sofrer muito, perdido num mar desconhecido do intervidas para entender e se arrepender de suas maldades. Mas o que é pior, nesta vida já ia esquecendo, de novo, o aprendizado, distraído com seus novos problemas, sem conseguir perceber neles a pista segura do que precisaria modificar em si no presente. Como a maioria das pessoas, em vez de pensar no significado do sofrimento, lamentava-se e revidava à vida suas frustrações. Satisfeito agora, consciente, dizia entre risos comovidos que se tornaria um bom aluno, pois já era mais que tempo de ser feliz e não mais precisar se debater naquele emaranhado de emoções negativas novamente.

5
O futuro
Vencidos pelo cansaço

Temos observado ao longo da vida a enorme dificuldade do ser humano em se resignar (terrível palavra) frente às coisas que não têm solução (terrível sina). O homem se mostra, na maioria das vezes, um ser prepotente e teimoso, o que o leva a bater a cabeça na parede repetidas vezes nesta sua trajetória incessante.

Por mais que as pancadas doam, não mudamos facilmente nosso temperamento e não deixamos o poder escapar de nossas mãos com docilidade. Esbravejamos, choramos, nos fazemos de desentendidos, de esquecidos, de ofendidos até, mas continuamos sempre querendo dar a última palavra em tudo o que nos diz respeito, e às vezes até além desse limite, como se fosse sempre uma questão de honra.

Muitas vezes dissemos aos nossos clientes que talvez a terapia de vida passada fosse até desnecessária para o abrandamento e conseqüente paz das pessoas, levassem elas em consideração os sinais claros que temos ao nosso redor; sinais estes que nos indicam porque temos problemas, mas principalmente com qual deles devemos lutar e a qual deles devemos nos render. Parece estranha esta afirmativa, mas parece que o sucesso não significa vencer sempre. Ele às vezes significa abrir mão, recuar, desistir, aceitar, se resignar. É que os homens se acostumaram a mensurar o sucesso pelo tilintar ruidoso das moedas ou pelas efusivas manifestações de congratulações, e não pela paz silenciosa do coração aquietado e seguro, certo da continuidade do amanhã.

Este, como tantos outros enganos, parece sempre vir do pensar pequeno, limitando nossa passagem pela vida a uma única existência. Se tal fosse, deveríamos todos correr apressados, que o tempo não espera, a juntar nossos bens, a aproveitar cada minuto de emoção que a vida nos oferece, loucos a nos aglomerar nos caminhos fáceis da felicidade aparente. Talvez não devêssemos também nos importar em passar outros para trás, em nos vingar, em disputar ferozmente nosso espaço e tudo aquilo que julgamos dever ser nosso por legítimo direito ou merecimento. Todavia, como pensamos que a vida começou ontem, julgamos geralmente de forma errônea esses nossos merecimentos.

Às vezes, por exemplo, nos endividamos, sofremos e submetemos outros a longos sacrifícios, impensadamente, para construir uma casa bonita, preocupados que estamos em maquiar lindamente nossa residência e aquilo que chamamos de lar, mais por uma demonstração indisfarçável de nossa vaidade com as aparências sociais, esquecidos de que talvez pudéssemos ser mais felizes e risonhos, sem tantos problemas financeiros, que geralmente geram inúmeros problemas de relacionamento, numa casa mais modesta.

É natural e justo que os homens queiram usufruir das facilidades materiais da vida presente, mas perguntaríamos se é inteligente e sensato sofrer avidamente por causa delas, na luta insana pelo exagero e pelo supérfluo, quando não, usar meios ilícitos para disso usufruir. Ou ainda não se conformar em não dispor do que outros dispõem, cultivando a sensação da injustiça. Injustiça essa que, se transportados esses pensamentos por todos os liames da existência, saindo da esfera limitada dos recursos financeiros, passando pelas paixões, pelas perdas, pelas traições, incertezas, dificuldades e sofrimentos de toda espécie, nos visitam com muita freqüência. Somos todos grandemente injustiçados. Os outros sempre têm mais dinheiro, mais amor, mais atenção, mais compreensão alheia, mais inteligência e mais tudo que nós.

E como ficamos nessa história? É óbvio que não podemos ter tudo e então, com nossas porções disto ou daquilo, às vezes reduzidas, deveríamos aprender a ser mais felizes. Mesmo que jamais saibamos nossas vivências passadas, pois nem todos poderemos ter acesso a um terapeuta, e talvez no momento precisemos resignar-mos com isso, não é difícil, se fizermos um cruzamento rápido entre nosso caráter e nossas dificuldades, descobrir quais as lições que temos a aprender, e intuir o que já andamos fazendo lá para trás.Quem sabe nossa lição está mais para a simplicidade e humildade do que para a riqueza, pois somos vaidosos e orgulhosos; geralmente não hesitaríamos em comprar a jóia em detrimento da saúde ou da educação de outros. Não é difícil neste caso imaginar nossas riquezas passadas, usadas apenas em nosso favor talvez.

Quem sabe ainda devamos ter uma posição mais subalterna para controlarmos nossa tendência a dominar e espezinhar tudo e todos. Geralmente nos transformamos em pequenos tiranos domésticos, já que não temos ninguém mais a dominar.

Também não é difícil imaginar nesta situação nosso antigo poder escravizando ou massacrando a vida de outras pessoas. E quem sabe nosso aprendizado com o corpo doentio ou menos atraente seja por dele não fazermos mau uso como no passado, quando nos prostituímos, traímos ou provocamos pequenas tragédias passionais, entre outras coisas.

Saber do passado, ou intuir sobre ele, sobre o que fizemos, passamos ou fizemos outros passarem, pode sim nos libertar de nossas dores, pelo entendimento de sua origem, nos capacitando a promover grandes mudanças no presente, como abandonar nossos medos irracionais, abandonar nossos vícios, conseguir ser mais seguros e resolutos, determinados a alcançar nossas metas sonhadas, sermos mais amados etc.

Mas saber do passado ou dele intuir pode também nos libertar de nossas pequenas ou grandes raivas e frustrações, com todas suas conseqüências, quando, ao contrário, percebemos que algumas coisas em nós e em nossas vidas não são exatamente para serem mudadas com sangue, suor e lágrimas e sim para serem aproveitadas como aprendizado eficaz e suave contra o orgulho, grande mal da humanidade.

Mas em ambos os casos, seja para mudarmos com alegria ou nos resignarmos com serenidade, estamos sempre falando em abrir mão de alguma coisa que nos encaminhará para uma felicidade perene. Podemos afirmar que em todos os processos de terapia da alma, seja ela acompanhada ou não por um profissional, as duas faces da moeda sempre acontecem, isto é, dentro do processo de transformação do ser humano face ao olhar honesto sobre si mesmo, ele deverá passar sempre pelos dois momentos, pois não há ninguém inteiramente bom e que nada tenha a aprender, assim como não há ninguém que não possa ser mais feliz.

Se esbravejássemos e chorássemos menos;

se nos fizéssemos menos de desentendidos; se nos ofendêssemos menos e se, finalmente, fingíssemos menos que não percebemos os sinais do passado em nós, com certeza não precisaríamos apanhar tanto da vida, ou melhor, das vidas, pois o que temos visto é que carregamos para frente não apenas as marcas do passado, mas também as marcas de nossa teimosia.

5
O futuro
A rendição de Jonathan

Jonathan era um tipo ocasionalmente irritado, tenso, inseguro, ciumento e agressivo verbalmente. Cobria-se com um manto de real educação, timidez contida, voz baixa e sorriso encabulado. Transitava, como muitos, pela conhecida seqüência de acontecimentos, cada um gerando ou precedendo o seguinte:

- desejos não satisfeitos ou ordens não cumpridas;
- irritação;
- impotência frente a uma imutabilidade dos fatos;
- raiva (agressividade mal controlada) (pensava em matar);
- frustração (não tolera);
- depressão (pensava em morrer) ("a vida é ruim — o mundo não me compreende").

Simpático e agradável, lutava contra seus opostos, sem ruídos públicos, mas causando verdadeiros terremotos no lar, provocados principalmente por um quase delirante ciúme da mulher. Desconfiava dos menores gestos, da maquiagem, das roupas, dos telefonemas, dos amigos, do tom de voz que ela usava. Desesperado, a seguia, atormentado pela idéia intolerável de que estava sendo traído, ou que o seria no minuto seguinte.

Enlouquecido, muitas vezes gritava, esbravejava e ameaçava. A mataria e se mataria também, caso não houvesse outra solução. Exigia confissões absurdas, deixando a esposa apavorada, pensando em abandoná-lo de verdade.

Ranzinza, intolerante, sempre se sentindo ofendido, nunca abria mão de nada; muito menos de suas opiniões e convicções. Topava todas as brigas que o ciúme comprava e outras, por motivos fúteis ou insignificantes. Chato, sempre irritado, não tolerava a menor frustração em casa.

Pagava caro, no entanto, pelo seu mau humor crônico. Sentia tonturas, dores de cabeça, percebia a aproximação de "presenças", tinha intuições negativas, sentia cheiros estranhos, como enxofre ou charuto. Sentia-se rodeado de olhares malévolos, embora não os visse. Sabia serem seus desafetos do passado, pois entendia perfeitamente o processo da reencarnação.

Entendia seu problema, intuía sobre o passado, acreditava na interferência de "presenças", mas se permitia ser protagonista de bizarro drama familiar. Sob o olhar atônito do terapeuta, sorria amarelo e dizia não conseguir mudar. Em outras horas, sério, achava mesmo que morrer seria melhor, apesar de tudo, apesar de saber que a morte não poria fim a seu sofrimento. Ambíguo, procurava ajuda, entre o delírio insano e a lógica irrefutável. Entre a vida e a morte. Entre o orgulho e a humildade. Sabemos que às vezes só entender o problema não é suficiente. É preciso querer mudar e se permitir abrir mão de muitas coisas.

Em suas regressões, lembrou-se de muitas vidas. Entendeu o ciúme, fruto de muitas traições no passado. Traiu e foi traído, muitas vezes, enredado em tragédias coletivas ou apenas pessoais. Ressentido, incapaz de um ato de brandura, de um sentimento mais nobre de perdão ou reconciliação, de um entendimento maior de suas dores, entregou-se com paixão a muitas vinganças através das vivências, tanto quando aqui vivia no planeta, como quando no astral. Perseguiu e foi perseguido por inimigos vivos e mortos, estando também vivo ou morto, por assim dizer.

Arrastou consigo, através dos tempos da história da humanidade, grandes paixões, como ademais, todos nós. Compreendeu no aqui e no agora que o ciúme, principal móvel de seus problemas na vida presente, era, no entanto, assunto de somenos importância, no cômputo geral de sua existência enquanto ser humano. Percebeu que traição era apenas parte de um complexo padrão de comportamento, com muitas e delicadas nuances, com suas singularidades e seus opostos.

O grande desafio a ser resolvido, no entanto, era ele próprio, seu jeito de ser, seu caráter; orgulhoso, nunca admitindo uma frustração que fosse, quanto mais ser passado para trás, desafiado ou contrariado.

Ele era, em verdade, apenas parecido com a humanidade, com todos nós, que não somos brandos e nos tornamos sagazes sabotadores de nossa própria felicidade, com nossa indignação, intolerância e nossa absoluta falta de humildade para nos resignarmos com o fato de que nem tudo é do nosso jeito.

Quando Jonathan, através de suas regressões, se deu conta de tudo isso, seu inconsciente então enfileirou cinco vivências, que encerraram praticamente seu processo terapêutico e resumiam, de alguma forma, a luta de seu espírito contra a própria teimosia, por onde, aliás, já ia escorregando também nesta vida. De forma interessante, todas as vivências tiveram suas continuações no astral, mostrando de forma clara não só a continuação da vida, mas como elas se alinhavam entre si.

Viu-se, surpreso, como um homenzinho deformado, marcado por aleijões, de cabeça grande e pernas pequenas, de seus quarenta anos. Saltita por um incêndio, divertindo-se com o corre-corre desesperado das pessoas para lá e para cá, que tentam salvar-se ou apagar as chamas. Percebe, de súbito, que o fogo não o queima e mais ainda, que as pessoas não o vêem. Compreende que está no plano astral. Lembra-se de que quando vivo as pessoas todas o tratavam com desprezo e repugnância. Chora muito ao lembrar-se que era mesmo um ser repugnante, do qual todos fugiam, assustados. Por ser uma criança tão diferente, tão feia, não o alimentaram direito, indo enfraquecendo à medida que crescia, se tornando uma pessoa doentia e cada vez mais feia. Sentia-se revoltado, escorraçado e, sem ter ninguém por si, tornou-se um mendigo, que pedia esmolas pelas ruas, pois não podia trabalhar.

Ninguém falava com ele, a não ser para xingar ou zombar. Por volta dos quarenta anos, se vê certo dia cercado por pequeno bando de rapazes, que caçoam e chutam, se divertindo muito com a brincadeira. Ninguém intervém a seu favor e os rapazes resolvem brincar de pôr fogo em seu chapéu e, no desespero para apagá-lo, acaba ateando fogo às próprias vestes. As chamas sobem; grita por socorro, mas todos riem, gostando, como se não percebessem que ali estava um homem sofrendo. Em meio a grande angústia, termina por deixar aquele corpo destruído pelo fogo, ainda ouvindo as risadas dos transeuntes.

Mais do que a dor, o ódio domina sua mente e seu coração e jura vingança, em meio a risos histéricos. Corre entre as pessoas, ameaçando-as e xingando-as. Decide queimar a todos. Não sabe como e nem quando. O tempo passa enquanto, atormentado, fica por ali até entender que pode provocar descuidos nas ações das pessoas e provocar tragédias. Diverte-se muito com as mortes que julga causar e conta que tem muitos companheiros nas mesmas condições, também empenhados em criar confusões. Não sai do povoado, continuando a fascinar-se pelo fogo, até que um dia, não sabe como, pois a essa altura já se achava poderoso e intocável, pensando que ficaria ali para sempre, pessoas invisíveis o levam dali e lhe dizem: "Chega!"

Perplexo, se vê levado para lugares onde identifica seus antigos colegas de vingança, todos presos. Tenta escapar, mas acaba ficando preso também, amarrado numa cama; não aceita conversar com aquelas pessoas revestidas, percebe agora, por uma energia luminosa, que o olham com severidade. Teima e teima até o dia em que é informado de que vai voltar. Vai voltar para habitar um novo corpo. Não entende muito bem, mas percebe que a mulher da qual vai nascer de novo não o quer. Esperneia, resiste, não quer ir, mas acaba nascendo numa casinha, no meio do mato. Agora é uma mulher, uma menina, e para seu espanto, também deformada. Tem as mãos viradas para trás e nem andar pode. Cresce, não consegue pensar direito, e tudo o que faz é ficar se arrastando pelo mato ao redor da casa. A mãe quer que morra para acabar com o trabalho que dá e o sofrimento que lhe causa. Assustada, certo dia, percebe que a mãe vai empurrá-la montanha abaixo, o que acaba mesmo acontecendo. Cai num lago, ferida, impotente, terminando por morrer afogada.

O espírito, liberto de mais este corpo deformado, revolta-se novamente e se lembra apenas de que não queria nascer; fora obrigado. Imediatamente destila seu ódio e quer vingança. Não sabe o que fazer. Desorientado, sai à procura de seu atual desafeto e perde a noção do tempo. Mas logo o levam de novo e igualmente o amarram.

E agora ouve: "Desta vez não". Sabe que se deixassem faria muitas maldades de novo. E com prazer.

Debate-se, mas está cansado demais. Sabe já que não adianta lutar contra aquela gente da luz.

É levado para uma espécie de hospital. Um lugar melhor que o anterior, mas onde tudo é trancado e não pode sair. Mas continua com raiva e decide que na primeira oportunidade, se puder, vai cobrar tudo o que lhe fizeram. Indignado, não aceita ter sido assassinado de novo. Os atendentes que cuidam dele parecem ler seus pensamentos, o que muito o incomoda. Tratam-no com líquidos e o olham com piedade, o que também o perturba. Falam que irá de novo renascer, mesmo contra sua vontade, pois só pensa em ir atrás da mulher que o matou na última vida. Quer vingar-se do mundo.

E, de novo, não quer ir de jeito nenhum. Não quer mais ser aleijado. Dizem que vai nascer num lugar distante, onde não poderá fazer mal a ninguém e onde vai ter oportunidade de aprender a perdoar e aceitar sua situação. Vai ser um tipo de servo. Um escravo. Novamente esperneia e luta, mas vai. Lembra-se rapidamente de uma vida onde trabalhou de sol a sol, sofreu, apanhou e terminou por morrer no tronco dos castigos, jovem ainda. Tentara matar brancos quando as oportunidades apareceram. Depois da morte desta vez não pensa mais em vingar-se, mas pensara nisso a vida toda. Tem ainda muito ódio e nunca aceitou a vida que teve, escravizado, subjugado, cerceado. Sente-se muito injustiçado.

Não demora todavia a ver os mesmos homens da luz que pareciam acompanhar sua trajetória e pensa : "vou ter que falar com eles — não quero mais sofrer tanto — vou ter que dar um jeito de melhorar e deixar a vingança de lado — ai! que raiva". Desta vez ele ouve: "Precisa se resignar".

Começa então a tentar ser mais flexível e aprender um pouco. Já não esperneia tanto e logo vai de novo, desta vez concordando, para uma nova vida. É um convento. Uma freira reclusa pela própria vontade. Não se sente uma pessoa muito boa, mas não faz o mal, embora também não faça nenhum bem. Só lê e lê. Sente culpa pelos pensamentos e sentimentos ruins dentro de si. Intolerante e maldosa, só não faz mesmo coisas ruins para os outros porque morre de medo de ir para o inferno, como lhe ensinaram a vida toda. Falaram isso para ela o tempo todo: o pai, a mãe, o padre, as outras freiras.

Morre velha e o espírito, sem encontrar o céu prometido, fica por lá, vagando pelo convento durante muito tempo, assustado e culpado, julgando-se uma pecadora. Pede ajuda e termina sendo socorrida tempos depois e levada.

Recapitulando suas últimas vivências, Jonathan percebeu a trajetória dolorosa de seu espírito a caminho do abrandamento. Nestes últimos relatos relacionou as seguintes características de seus personagens:

(ver tabela na página seguinte)

a) Aleijado e revoltado	é morto	tem ódio e não perdoa	vinga-se depois da morte
b) Aleijada e deficiente	é morta	tem ódio e não perdoa	pensa em vingar-se depois da morte
c) Escravo e revoltado que pensava em matar	é morto	sente-se injustiçado	quer parar de sofrer depois da morte
d) Freira maldosa com medo de fazer o mal	morre de velhice	julga-se uma pecadora	pede ajuda depois da morte

Vinha se debatendo através dos tempos, no fundo, com sua própria incapacidade de se resignar com suas vicissitudes. Vinha tendo oportunidades seguidas de entender e aceitar, encarnado ou não, mas não entendia e se revoltava. Sabia de muitas outras vidas onde matara indiscriminada e impiedosamente, no pretérito mais remoto e vinha agora numa seqüência de vidas em que, percebia, haviam lhe programado situações onde não poderia fazer o mal, ao menos enquanto encarnado. Mas, sentindo-se vitimizado, como todos nós, em nossas pequenas e grandes picuinhas, conseguia, ou tentava, fazer o mal depois da morte. Aprendia com dificuldade porque não se resignava. Não tinha olhos para ver a lógica do que lhe fora oferecido e esperneava.

Depois da freira, Jonathan teve ainda mais uma vivência antes da atual, que será contada no capítulo seguinte, onde foi uma judia, num campo de concentração nazista.

Hoje em dia, apesar de tanto sofrimento, verificava espantado que ainda se dava ao luxo de ser chato, ranzinza, intolerante, implicante, teimoso e tudo mais.

Qualidades que certamente abriam as portas

para influências negativas de seus desafetos, de suas vítimas mais antigas, de "presenças" do passado, que sugeriam pesadamente idéias quase delirante de ciúmes, que o enlouqueciam, ponto fraco de muitas histórias cobertas de sangue de outros tempos.

Urgia aprender cada vez mais ser brando e tolerante. Precisava ser mais humilde e menos condescendente consigo mesmo, parando de se sabotar. Estava sem dúvida muito melhor do que jamais tinha sido e sua vida, se não estivesse participando dela e atrapalhando tanto, brincava, seria mesmo ótima.

No entanto, agora sabia que já não era mais a vítima injustiçada, e que também nunca tinha sido outrora, que tinha muito o que crescer e melhorar, e que essa transformação só dependia dele. Rendia-se à lógica dessa evolução e agradecia de alguma forma a ajuda que tivera para não se desviar do caminho naqueles tempos em que ainda não conseguia pensar sozinho.

6
A mudança

Quando a lição da dor e do sofrimento é aprendida, não há mais propósito para a presença da doença e ela automaticamente desaparece.
Edward Bach

Resistindo

Muitas pessoas se sentem perdidas e incapazes de enfrentar seus próprios problemas, decretando sua derrota já nos primeiros rounds da contenda, arvorando ao terrível adversário poderes extraordinários e infalíveis, impossíveis de serem vencidos.

O sofrimento acalentado durante anos se coloca como um obstáculo intransponível no caminho da própria cura. As pessoas se sentem enfraquecidas frente à própria dor, sendo comum declararem que para seu mal não há remédio. Todavia, quando se trabalha com a hipótese da reencarnação, terminamos assumindo, por uma questão de lógica, a responsabilidade pelos nossos males, de onde se conclui também que não costumamos nos meter em encrencas maiores do que a nossa possibilidade de solução. Isto é, temos a capacidade de resolver nossos problemas, os quais são apenas resultados de nossas próprias decisões, certas ou erradas; mas, certas ou erradas, continuam a ser nossas e estão sob nosso controle direto.

O empecilho, no entanto, é que muitas vezes ignoramos essa nossa capacidade porque a solução não nos convém. O ser humano geralmente quer solucionar os problemas somente mexendo no seu resultado final, que é a dor, tentando ignorar suas origens e demais implicações. Quer sempre curar a ferida sem sentir o ardor do remédio e consolidar a fratura sem precisar imobilizar o braço. Coisas impossíveis de se obter, naturalmente.

Parece que para se obter um resultado é sempre necessário abrir mão de alguma coisa, daquele jeito de ser com o qual nos habituamos e de que gostamos, como falamos no início desta narrativa, e que pretendíamos manter a despeito de tudo o mais. Não dá para curar a luxação do joelho e dançar balé ao mesmo tempo. Como todos parecem se esquecer disso, reclamam e choram sobre seus joelhos incuráveis.

A mudança final de nosso processo de sofrimento vem da persistência e vigilância frente à dor; da coragem de admitir aspectos do presente e do passado; da autodeterminação de reverter o quadro e de acreditar na própria capacidade de conseguir mudar, num processo conhecido como reprogramação. Vamos falar disso novamente por sua importância essencial na solução dos problemas. É como se estivéssemos submetidos a um comando sistemático; como se obedecêssemos automaticamente a um programa, que agora precisa ser mudado. É preciso que se compreenda, frente às nossas dores e aos nossos personagens, para quem, isto é, para qual deles, para qual personagem, o que sentimos, pensamos ou fazemos hoje, faria mais sentido. E por que faria mais sentido.

Podemos imaginar nosso problema como um barril cheio d'água, contaminada de nosso passado no desenrolar de tantas vidas, no qual fizemos um furo na lateral, a meia altura. A água jorrará abundantemente para fora, mas ainda ficará no fundo um resto a ser escoado de outra forma. A sessão de regressão possibilita o furo na lateral, propiciando, com a conscientização do indivíduo quanto à origem de seus problemas, um grande alívio para a dor, não o habilitando, no entanto, para uma solução definitiva e ampla. É preciso então que façamos diuturnamente pequenos furinhos no fundo daquele barril, para que o reservatório drene completamente. Isto quer dizer que, a cada vez que formos assaltados pelo nosso sofrimento, precisaremos lembrar de nossos personagens e raciocinar que tal sofrimento ficaria muito bem neles, em função da tragédia pessoal vivenciada por cada um, da época histórica que justificaria determinados aspectos do acontecido, da cultura etc.

Nosso inconsciente saberá, frente ao nosso impulso de resolução, selecionar, mesmo em nosso momento mais aflitivo, para qual dos personagens vistos em regressão faria mais sentido nosso sofrimento.

Nosso cliente, que havia morrido soterrado num terremoto, numa vida passada, era assaltado de inexplicável pavor em lugares fechados, como ônibus, aviões ou elevadores. Lugares de onde não poderia sair sob sua vontade exclusiva, de imediato. Suava, tremia, lhe faltava o ar e lhe apertava o peito. Sentia-se à beira de um desmaio e lhe faltavam as forças quando o pânico se tornava incontrolável. Tinha medo de morrer preso naquele lugar, embora compreendesse o absurdo natural daquela situação. Cada vez que se via em lugares desse tipo, precisava lembrar-se daquela vivência na caverna escura, mal iluminada e esfumaçada por tochas, pelo seio da qual corria um riozinho por onde navegavam ele e mais cinco companheiros. Guardas de prisioneiros encerrados em celas escavadas nas paredes da caverna levavam, ele e os demais, alimentos e utilidade aos presos. Subiam pelas escadas que iam do rio ao patamar superior, onde estavam as celas. A rotina prosseguiu, ininterruptamente, até que um dia, após um tremor de terras, o caminho foi bloqueado por pesadas pedras sobre o rio. Não havia como voltar ou prosseguir. A solução encontrada, de fugir por um dos inúmeros túneis escavados, fracassou quando outra avalanche derrubou tudo, morrendo o personagem em grande aflição, sem ar, desesperado, em meio aos pesados entulhos e ao pânico generalizado e incontrolável.

A cada vez, no entanto, que promovia mais um furinho no barril, mais fácil era se defrontar novamente com o problema. Promovia como que uma dessensibilização e em pouquíssimo tempo, após heróicos e persistentes percursos pelos elevadores e ônibus de sua cidade, reparou certo dia, estar tão calmo, que havia até se distraído numa conversa com outro passageiro, e sequer notara o tempo passar ou o local onde estava. Percebeu então, eufórico, que estava curado dessa influência de seu passado.

Nosso amigo havia se autodeterminado a reverter o quadro; havia vigiado e persistido, sem deixar passar em branco oportunidades de se libertar do passado; havia acreditado que conseguiria e, por fim, entendido e aceitado seus personagens. Tivera outras vidas em outras oportunidades, quando, por exemplo, fora enterrado vivo durante epidemia de peste, onde os enfermeiros, atribulados e apressados em se livrar dos corpos, não haviam notado que ele, no meio daquela aglomeração de moribundos, não tinha morrido ainda. Muito ódio ficou guardado daquela morte lenta, asfixiado e impotente naquele caixão fechado, a seu ver, causado pela negligência das pessoas. Passou muito tempo depois de deixar o corpo, numa perseguição insana e infrutífera atrás de seus executores, mesmo sabendo que teria morrido de qualquer jeito.

Também havia sido, numa outra oportunidade, pisoteado pela multidão enfurecida contra os sacerdotes do templo, que sacrificavam vidas aos deuses. Foi um dos sacerdotes, e não compreendeu, até o último instante, mesmo quando comprimido contra as grades das cadeias de suas vítimas, até não haver espaço para mais nada, nem para respirar ou se mover, o motivo da ira do povo.

Desdenhou a princípio a ousadia daquela gente ignorante, que julgara não teria jamais coragem de confrontá-lo. Mas após a morte, massacrado, revoltou-se contra os deuses, dos quais se considerava um dos escolhidos, continuando a desprezar aqueles estúpidos que não aceitavam a honra de serem sacrificados por ele.

Em muitos momentos do passado pontilhavam o orgulho, a revolta, a vingança, a impiedade. Traços velados de seu caráter atual, dos quais decidiu se livrar também, admitindo-os e deles se libertando no dia-a-dia. Aprendeu a "engolir os sapos do caminho", segundo suas próprias palavras, e a perceber que nem sempre estava certo. Andou pelos elevadores da cidade para se libertar de seu pânico a lugares fechados e andou pelos elevadores da razão, para se libertar dos resquícios negativos de seu caráter, subindo um degrau por dia no caminho de sua tranqüilidade.

Mas nem tudo são flores. Outra cliente, atormentada pela sensação de incompetência para a vida, que vinha acompanhada de intensa raiva e angústia pelos percalços que se lhe apresentavam dia-a-dia, como o dinheiro faltando, o medo de tudo fracassar crescendo, declarou-se, finalmente, uma coitada, sem condições para a luta cotidiana e sem futuro à vista. Várias vivências se descortinaram à sua lembrança sem que, no entanto, coisa alguma melhorasse. Queixosa, voltava sempre, reafirmando que muito sofria e que nada iria conseguir mesmo. Chorava e dizia-se derrotada.Lembrou-se de uma vida passada onde foi uma mulher, que teve que se passar por homem para conseguir um emprego numa sociedade machista e que morreu sozinha, revoltada contra todos, admitindo que de nada adiantou tudo aquilo, porque não conseguiu ser feliz e teve que aceitar muitas limitações.

Lembrou-se também do português curioso, cansado da mesmice de sua vida, que saiu pelo mundo para conhecer coisas novas. Só vivia, até então, a plantar e a comer. Na cidade maior entrosou-se lentamente com as pessoas certas, que conseguiram postos de trabalho para ele. Fez vida na corte, agradando as mulheres para continuar preferido e prestigiado. Engravidou e abandonou uma mulher do povo, uma camponesa, dando-lhe posteriormente alguma ajuda. Precisava continuar solteiro para o jogo da sedução com a elite. Mas o tempo foi passando e o charme acabou. Matou-se desiludido e foi esperado, no astral, pela mulher que havia engravidado e morrido também, depois de muito sofrimento. Ele nunca tinha dado valor para sentimentos. Só ficou agarrado a prestígio e dinheiro. Mas o suicídio dele não foi o suficiente, pois a mulher era agora uma "presença" no *setting* terapêutico, com o olhar esbugalhado e gritando, ainda enraivecida. Havia morrido desesperada por deixar o filho sozinho, que se tornara um pobre coitado. E agora queria vingança.

De um outro tempo, lembra-se do jovem de atitudes provocantes, que se sentia livre para debochar dos soldados de sua cidadezinha, até o dia que eles organizaram uma armadilha para prendê-lo, acusando-o de conspirar contra o poder do lugar. Mesmo acuado e preso, sua atitude foi de desafio; estarrecido, mais tarde acabou sendo morto pelas costas com uma lança, pelos próprios soldados. Teve muita raiva e desejo de vingança. Atormentou a todos depois da morte, até que conseguiu que o autor da armadilha se desse mal, sendo preso e enforcado. Queria, no entanto, que ele sofresse mais; nada saciava sua sede de vingança. Mas continuou, mesmo no astral, sentindo a dor da lança que lhe atravessara as costas, porque, percebeu, não perdoava o que lhe tinha acontecido e também, orgulhoso, não se desculpava do mal que, enquanto espírito, havia causado ao outro.

De volta ao presente, depois de tantas andanças, nada mudava, porque resistia o quanto podia frente à admissão das relações dos personagens com o próprio orgulho, cuja sinalização muito o espantava. "Orgulho? Eu?" Desculpava os personagens que geralmente achava terem razão em suas impensadas atitudes. Admitia, então, que na vida tudo tinha que ser do seu jeito e não se resignava com nada, só ouvindo, inclusive, o que lhe interessava das intervenções do terapeuta.

Não podia perder o controle das situações. A tudo precisava dominar: a terapia, as doenças, o próprio passado, do qual queria provas e que cismava, o tal passado, em ser do jeito que havia sido mesmo, com todas suas decorrências, inclusive os inimigos conquistados. Então, como mudaria uma situação inexistente? Não era realmente um coitado. A vida lhe era custosa e frustrante porque as coisas simplesmente não aconteciam do seu jeito e escapavam ao seu controle; não se resignava com nada. Confundia brandura com fraqueza, e resignação com fracasso. Era-lhe difícil aceitar tudo isso, apesar da razão lhe assegurar a veracidade dos fatos. Só mudaria quando o filtro do coração derrubasse as muralhas que escondiam a humildade, cuja falta era resquício dos próprios personagens, mas cujo poder faria formidáveis furos sobresselentes no seu barril.

6
A mudança
No comando

Do senhor feudal da Idade Média, que era a pessoa mais importante do castelo, ficou a necessidade de ser reconhecido. Do homem de negócios ficou a tendência a nunca demonstrar que não sabe alguma coisa e não admitir quando erra. Do gângster que fabricava bebidas clandestinas ficou a necessidade de receber carinho, elogios e de não poder ficar sem dinheiro. Do primeiro pirata, bem sucedido, o medo de ficar por baixo e, do segundo pirata, a agressividade e a dificuldade de se desculpar com as pessoas. De todos eles, no entanto, ficou a figura de autoridade, que tem que fazer tudo do seu jeito e mandar sempre, exigir, controlar e liderar, queiram os outros ou não.

Raras pessoas que chegavam ao consultório demonstravam, entretanto, tanto interesse e decisão em sua própria mudança. Suas queixas não combinavam com sua figura branda e com certo espanto o ouvimos contar de como se alterava por pouca coisa; como vivia sempre irritadiço, ofendendo com facilidade quem não aceitava as coisas do seu jeito; a inveja que sentia quando os outros estavam por cima. Sabia ser extremamente intolerante, mas queria mudar. Sua honestidade para consigo mesmo e sua clara visão de seu próprio caráter o conduziriam, por cer-

to, à remissão de seus problemas.

O personagem medieval vive num castelo aconchegado no meio de lindos campos, reforçado por altas muralhas, ao qual o único acesso é através de portões elevadiços. É o dono de tudo, usa armadura no peito e cavalga em várias missões sobre domínio de terras, sentindo-se em liberdade absoluta.

Na volta é sempre bem acolhido pela esposa e por todos. Aparentemente democrático, discute com subordinados as questões das terras e das guerras, até ser confrontado. Nessas ocasiões se impõe, acha que está certo, esbraveja, e todos recuam. Depois procura sempre se acalmar, mas sua decisão sempre prevalece, pois todos o respeitam. E a vida corre tranqüila até a morte, depois de uma velhice lenta em que vai enfraquecendo e sentindo que está perdendo as terras, os cavalos e o comando sobre eles. Mas não se importa muito. Tem saudades da esposa e do castelo.

De outros tempos, lembra-se do homem de negócios, num grande escritório com muitos funcionários. É o superior, é o dono de tudo e seu lugar na sala é de destaque, isolado do grupo. É importante e respeitado. Sente-se olhado com admiração por onde passa e isso muito o satisfaz. Mas acaba fazendo negócios errados com intenção de ganhar muito dinheiro e vem a perder tudo. Desesperado, procura uma solução onde sua incompetência não apareça e drasticamente decide pôr fogo no prédio todo, queimando todas as evidências de seus erros.

Vê os escombros e se finge surpreso e chocado. Todos acreditam e os amigos o amparam para que possa se reerguer novamente. Por volta dos sessenta anos acaba morrendo após um incidente doméstico. Sente-se tranqüilo. Acha que fez tudo o que deveria ter feito mesmo.

Do começo do século vem o gângster, que herdou do pai e do avô, desde jovenzinho, o negócio da família: uma destilaria ilegal. O pai terminou assassinado por rivais; teve que assumir seu posto. Muitas viagens a negócios, muitos contatos, sempre acompanhado por seus homens armados. Preparam-lhe emboscadas, mas é sempre protegido pelos capangas, e tem encontros mutuamente respeitosos com outros chefões. Dias nublados, chuvosos, ruas estreitas, encontros clandestinos em bares para fechar grandes transações. Usa terno e chapéu. Entra para a política e de lá tem mais força para proteger seus negócios. Faz comícios em palanques e é carregado em triunfo. Sua vida agora é pública e antigos comparsas tentam chantageá-lo, sendo sumariamente eliminados sem maiores constrangimentos. Seus homens têm ordens para afastar os inoportunos e nem se importa em saber como.

Enriquece muito e vive cercado de amigos, de bajuladores, da família, bem tratado e bem assistido. Mora em sua fazenda, usa boas roupas e morre sossegado, velho, envolto em atenção e carinho. Sente-se muito bem e pensa em dar continuidade àquilo tudo, de alguma forma, no futuro.

O primeiro pirata era um homem de roupas coloridas, sedosas, que navegava com seu barco procurando lugares para ancorar e para saquear. Memoráveis campanhas nos mares. Acumula muitos barcos, muitos tesouros, muita gente em volta de si. Guardas tomando conta de tudo, com muitas festas, comes e bebes o tempo todo. Muita farra. Sempre mandando em tudo.

Mas um dia é ameaçado e parte para outros confrontos. De volta ao mar já com seus cinqüenta e poucos anos. Muita agitação, incêndios nos barcos, confusão e gente ferida. Estavam perdendo, mas continuavam invadindo os barcos inimigos em volta, numa luta feroz. Acaba ferido de morte. Muitos outros feridos e mortos. Tenta reagir mas não consegue. Quer continuar lutando e sente muita raiva por não ter suportado tudo. É levado para outro barco e termina morrendo. Quer continuar e não pode; sente-se derrotado, humilhado e ofendido. Acha que foi traído. Não conseguiu manter as rédeas de tudo e jamais achou que aquilo aconteceria com ele. Tinha que ter sido mais forte ainda.

O último pirata tinha nascido numa comunidade primitiva, numa mata fechada à beira-mar. Morava numa aldeia até seus trinta anos. Caça e pesca até o dia que, estando a observar o mar, vê uma embarcação ao longe. Vários homens chegam até a praia num pequeno barco e com o tempo decide ir embora com eles para conhecer outros lugares.

Trabalha muito a bordo, mas conhece outros lugares, portos e a civilização. Acaba conquistando seu próprio barco, entre quarenta e cinqüenta anos, e parte para novas aventuras. Roupas melhores, vai com o barco se escondendo nas praias perto dos morros. Ataca de surpresa. Vai saqueando pela vida afora, até que ganha dinheiro, se torna uma pessoa rica e poderosa. Mora na cidade e mantém controle sobre o barco. No entanto, numa confusão na taverna acaba levando um tiro na barriga, depois outro, no peito.

Havia muita bebida, muitas mulheres. Houve uma briga e foi atingido por uma garrucha de dois canos. Vai morrer. A briga é suspensa. Estão todos chocados e respeitosos. Arrumam o corpo numa mesa. Não tem raiva, porque a vida era assim mesmo. Acha que foi competente e morreu por acidente. Mas morreu.

Ao final de tudo, fica claro para o cliente, como vem, nesta vida, repetindo o padrão da necessidade de ser forte e o contra-padrão do medo de ser fraco. Muitas vezes nos surpreendemos num julgamento extremamente severo com as pessoas, que são rabugentas, chatas e implicantes, quando não, agressivas e intolerantes. É preciso compreender a origem dos nossos comportamentos. É certo que vivemos a repetir, amiudadas vezes, o jeito que nos acostumamos e gostamos de ser e devemos assumir a responsabilidade dos dissabores que sofremos e causamos às pessoas que conosco convivem, mas precisamos também pensar que todo ser humano vive a fugir das tragédias encarceradas no passado.

No caso de nosso amigo, o conflito o empurrava para um comportamento indelicado e beligerante, mas tinha a seu favor a boa vontade e óculos de grau fortíssimos que corrigiam a miopia com a qual o ser humano costuma avaliar a si próprio. Não desculpava suas tendências, nem postergava sua resolução. A mudança final seria cristalina.

7
Viajantes

> Não basta ensinar ao homem uma especialidade. Porque assim poderá se tornar uma máquina útil, mas não uma personalidade harmoniosamente desenvolvida. É necessário que o estudante adquira uma compreensão dos valores éticos, um sentimento daquilo que vale a pena ser vivido, daquilo que é belo, do que é moralmente correto. Sem cultura moral, não há solução para os grandes problemas humanos.
>
> Albert Einstein

Dias atrás, um amigo de outros tempos lembrou do homem eterno com a imagem do diamante que vai se lapidando através dos tempos, buscando atingir sua beleza máxima quando, finalmente, sua luz brilhará por inteiro e ele não mais precisará lutar tanto para menos sofrer.

Nesta longa jornada do homem pela estrada sinuosa, árdua e cheia de problemas da eternidade, muitas vezes, depois de tantas idas e vindas para novas vivências, depois de tantas noites escuras sucedidas de tantos outros sóis de esperança, que rápido se vão, com suas centelhas de luz escapando céleres para as trevas inexoráveis da próxima noite no ranger interminável da roda da existência humana, este homem se acha já desiludido, extenuado e injustiçado. Tanta luta e a dor teimosa e matreira das vicissitudes da vida continua sempre a espreitá-lo, desafiando-o para novos embates.

Mas a luta é demais e o desespero o

remete invariavelmente a uma sucessão de sentimentos incontroláveis de raiva, culpa ou medo, em todas suas gradações. E a tristeza? Bem, a tristeza é apenas a acompanhante fiel desses outros sentimentos. O homem parece carregar dentro de si o fardo pesado da tristeza, talvez por saber, inconscientemente, que é o único responsável pelas suas próprias dores, na medida que alimenta suas raivas, suas culpas e seus medos, justificando-os. A posição de vítima geralmente conforta a mente racional que anseia por explicações lógicas e favoráveis, mas não engana o velho coração sofrido, que conhece as próprias virtudes, necessidades, fraquezas e as vidas pretéritas. Muito errou no passado, para muito aprender no presente.

No fundo, a luta do homem viajor ainda é apenas para parar de sofrer, e o brilho do diamante paira ainda disforme ante seus olhos esgazeados pelo cansaço, parecendo um sonho distante ou impossível.

Soubesse o homem que o diamante está dentro de si, compreenderia que o trabalho de lapidação é delicado e demorado. Cada etapa pode precisar de várias vidas para ser vencida e, enquanto ele não estiver polido e terminado, suas inúmeras farpas pontiagudas o ferirão, de dentro para fora, se se mover bruscamente. Precisa aprender a tomar melhor conta de si, comportando-se com leveza, cuidado e brandura, sem arroubos de impulsividade ou contorções lamentosas, para que a lapidação se processe mais rapidamente e de forma quase imperceptível.

A cada descuido no caminho, a jornada terá que ser interrompida momentaneamente para tratar de feridas inúteis, como se já não bastasse a bagagem desconfortável e pesada que carrega e que não tem como ser deixada para trás.

Mas como o nosso homem pensa pequeno e, portanto acha que nasceu ontem, julga que sua dor vem de fora para dentro. O diamante em lapidação que está dentro dos outros também tem pontas, mas não podem feri-lo, pois não lhe pertence.

É a avaliação que faz dele, com suas raivas, culpas e medos, incrustados cada um num pedaço pontiagudo de seu próprio diamante, que o machuca. Se aceitasse que com a sucessão de vidas individualizadas, no ritmo de cada um, está fazendo suas avaliações do mundo e do próximo ainda sob o prisma de sua própria evolução, que pode não conter toda a verdade, pois esta é geralmente ofuscada pelas emoções, quem sabe aceitasse também que talvez não precisasse sofrer tanto, criticar tanto e chorar tanto.

Longa é a estrada, mas linda é a jóia contida em cada homem, mesmo que disso ele ainda não tenha se dado conta. E mais lindo ainda é pensar que todos chegarão lá, no momento de vislumbrar essa jóia em todo seu esplendor, em todos os corações, pois a história do homem leva a pensar que as luzes do amor e da paz tão almejadas brilharão um dia, soberanas, sobre todas as contendas, independentes e perenes, já que o tempo parece mesmo ser só uma ilusão.

O mais extraordinário de tudo é pessoas de ciência poderem falar de amor, sem receio de serem tomadas por místicas irresponsáveis, pois quando se fala na hipótese da reencarnação, nada mais lógico do que o amor, pois ele representa a ausência da dor, causa primeira dos esforços científicos da humanidade.

Se a Terapia de Vida Passada pode se traduzir na terapia do amor, do encontro do homem com esse amor maior, adormecido dentro de si mesmo em nome da luta pela vida, poderia também a ciência falar de fé? O que é a fé neste caso, senão a razão externada em função do entendimento do "de onde viemos e para onde vamos".

O entendimento, ou fé, não comporta em seu seio nem revolta nem confronto. O entendimento é aquele que traz mansuetude e paz ao nosso coração, seja em que situação for, pois não podemos nunca ousar dizer que nosso fardo é pesado demais e que nossa dor é incompreensível àqueles que parecem desconhecê-la.

Ouvi um dia, nem me lembro mais onde, que a análise do justo e do injusto, diante apenas do presente, modifica a verdade e, conseqüentemente faz com que se tome caminhos adversos e diferentes daquele a percorrer. Suponho que na medida que nossa análise escapa do entendimento da hipótese da reencarnação, desta fé, e começamos a trilhar a senda desconhecida, nos afastamos de nosso destino de felicidade.

Quando penso nessa fé que nos fortalece e que não nos permite tombar nunca, mesmo que tenhamos que trombar de frente, às vezes, com as vicissitudes indesejáveis da vida (que nem sempre são tão indesejáveis, mas apenas incompreendidas por nós em suas múltiplas oportunidades de aprendizado e de servir), penso que os extremos são a antítese dessa fé. O medo dos perigos desconhecidos nos protege, mas o medo sem sentido e desesperado nos desampara. A dúvida muitas vezes nos desafia e empurra para a frente, mas quando se transforma em mágoa ela nos consome. O amor nos permite interagir com serenidade, que parece até descomprometida e distante, mas a paixão e a posse nos aniquilam. A tristeza pode nos fazer olhar para dentro de nós mesmos, dando insight e resignação, mas a depressão nos vitimiza. Acho que somos inteiramente responsáveis por nós e determinadas coisas dependem unicamente da nossa vontade e determinação interiores, como dar ouvidos pacientes e coração manso à fé e à razão, para que nossas lágrimas não nos impeçam de ver as luzes distantes mas magníficas do porvir.

Tenho sempre a impressão de que a vida nos espreita a cada passo do caminho e que não temos como escapar de nós mesmos. Por isso mesmo parece que quando compreendemos, de verdade, que nosso destino é realmente traçado por nós mesmos, quando dele deixarmos de nos sentir uma vítima melindrada, seja por que motivo for, teremos encerrado uma irrepreensível etapa de nossa jornada através dos tempos, e gravado indelevelmente melhores traçados para nossos caminhos do futuro, porque se o passado, que é nossa responsabilidade e que afeta tanto nosso presente se torna uma incontestável realidade, o amanhã é inquestionável, e o que é melhor, só depende de nós. Podemos então fazer de nossa trajetória uma aventura feliz e cheia de descobrimentos ou transformá-la numa pesada tragédia, quase inútil.

E quando aquele diamante tiver brilhado, pela dor ou pela boa vontade, em cada coração, o homem já não se importará tanto em ser amado e sim em amar, independente de tudo o mais. Não haverá mais medo, culpa, raiva ou tristeza nesse homem, que alimentem sua dor; sua nova visão de mundo e sua alegria o farão pensar no todo, antes de pensar em si mesmo.

A pressa de lá chegar é de cada um.

Somos todos viajantes!

Trilogia: Os Filhos das Estrelas

Livro 2

Tempo de Amar

A trajetória de uma alma

Nesta caminhada encontramos a cada passo antigos companheiros; espíritos amigos lutando pelos mesmos ideais, fazendo da alegria a poderosa arma para vencer cada obstáculo que a vida apresenta, sem esquecer nunca de tapar os buracos da sua parte da estrada para facilitar o trajeto dos demais. Um desses espíritos é meu amigo e editor deste livro Sérgio Carvalho, cuja inesgotável boa vontade permitiu a realização desta obra, que reflete o pensamento dos espíritos deste grupo.

Ao meu querido amigo e mestre Dr. Hernani Guimarães Andrade, exemplo de dedicação e amor para esta e muitas outras encarnações. Aos meus amigos Paulo Luz, Célia Werner, Neuza Feijó, Alexandre Vieira e Luciano Munari, também diretores da SBTVP, cuja confiança tornou possível a realização desta obra.

... "é mais que tempo das pessoas se libertarem de seus preconceitos e pensarem na vida como algo grandioso demais para durar uns poucos anos; vida para onde todos retornamos com oportunidades semelhantes, apenas vestidos com fantasias diferentes, de tempos em tempos. Vida de onde saímos para alçar vôos mais altos após a morte e conhecer suas outras dimensões, o que nos possibilita então, desprovidos de nossos disfarces, a grandiosidade de conhecer a verdadeira face de nós mesmos, pois iremos habitar com nossos assemelhados, que nos servirão de espelho."...

Sumário

I

Prefácio

> "O mundo é um palco, homens e mulheres, meramente atores".
>
> Shakespeare

Os antigos gregos e romanos descreviam o Letes — um dos rios mitológicos que cercavam o Hades — o País dos Mortos — que as almas precisavam atravessar, quando retornavam do Além para renascer entre os homens, e cujas águas causavam o esquecimento das memórias da alma. "Beber das águas do Letes" significou sempre, na mitologia e literatura clássicas, o esquecimento da vida pregressa. Um belo símbolo da sabedoria antiga para o imprescindível bloqueio de memória que antecede nossos retornos ao palco do mundo, neutralizando o peso consciencial de milhares de encenações pretéritas.

O bardo genial já intuíra que a vida — esse entra-e-sai de existências e retorno aos bastidores, com troca incessante de figurinos e scripts, é nada mais que uma encenação do Teatro Cósmico, onde se aprende atuando, diante das vaias e aplausos dos colegas, numa peça cósmica intitulada "O Despertar da Consciência".

Muitas vaias, ovos e tomates depois — traduzidos em dor, infelicidade, males físicos e psíquicos — começamos a suspeitar de nossa atuação. Atravessar o palco desastradamente, destruindo cenários e figurinos dos colegas, não rende aplausos.(Nem, geralmente, os papéis gloriosos e os figurinos de luxo).

E quando as vaias — leia-se dores — se tornam insuportáveis e não sabemos como corrigir, sequer definir, as causas?

Podemos acessar o vídeo de nossas vidas passadas, identificando — e reformulando — os vícios de interpretação que se tornaram crônicos, fazendo-nos candidatos reincidentes a vaias e assobios, e até saídas estratégicas pela porta dos fundos, perseguidos pelo ulular da platéia. (Do que ninguém até hoje, que se saiba, escapou.) Eis o processo da Terapia de Vida Passada. [1]

Uma parte do fascínio que sempre despertaram os relatos de vidas anteriores vem do fato de que nós nos reconhecemos neles.

Com ligeiras variantes, a trajetória dos humanos é tão similar! Lá estivemos nós, como o Leo dessa história, como magos da sombra, querendo impor-nos a todo custo; enganamos, matamos, torturamos, reinamos, servimos, fomos egoístas e indiferentes, orgulhosos e tirânicos. Afundamos com a Atlântida, cavalgamos nas estepes, tomamos o sol do Nilo, fomos vencidos e vencedores, singramos todos os mares, sacrificamos a muitos deuses; fomos nobres e mendigos, andarilhos e guerreiros, sacerdotes e ladrões; eventualmente salvamos vidas, mas muito mais vezes as tiramos; sofremos bastante, mas muito mais fizemos sofrer. E, se estamos lendo este relato, muito provavelmente já conseguimos chegar ao ponto de mutação em que a casca mais dura de nosso orgulho/inconsciência foi substituída pela membrana semipermeável à fraternidade. Em histórias como a de Leo, nosso espírito vence junto, mais uma vez; e se delicia com a riqueza das narrativas, que cobrem milhares de anos e cenários de vários continentes.

Pois, desde que o mundo é mundo, os homens amam ouvir boas histórias uns dos outros. Sherazade que o diga. Há algo de mágico no contar histórias de homens a outros homens, talvez porque reproduza o mecanismo do Teatro Cósmico. E altamente terapêutico, também: um espelho rico de nuances para nossa identificação.

E esta é uma história fascinante. É o protótipo da nossa própria saga neste planetinha azul, e Leo é nosso arquétipo, nosso irmão de cegueira e sofrimento, de inconsciência e lento despertar.

Junto dele — entendendo, intuindo, traduzindo com sutileza e amor, e relatando com humor e sabedoria — a terapeuta e narradora, cujo texto envolvente nos faz deslizar sem sentir, quase sem respirar, por esses quase 100 séculos de pura emoção e intensa reflexão.

Por trás deles, o espelho mágico da TVP — esse instrumento sutil do terapeuta de almas, antigo como o mundo e tão avançado que a cidadela da ciência oficial, à sua vista, cerra os portões e levanta rápido a ponte levadiça — para evitar o contágio desse absurdo que é a hipótese da reencarnação. Mais depreciada que as bactérias de Pasteur, mais absurda que a Terra se movendo. E contudo, ela se move, e segue de forma inquietante aliviando sofrimentos, curando ali onde nada mais curava, abrindo as comportas do inconsciente para tornar consciente não apenas o estreito porão do passado atual, mas as profundezas de centenas de vidas, com seus condicionamentos, traumas, crenças, compulsões à repetição, e o escambau. Ali residem as raízes de temores e bloqueios, velhos e estereotipados comportamentos e fórmulas ineficazes de lidar com a vida.

A hipótese da reencarnação já acumulou tantas e tão sólidas evidências, com pesquisadores mais do que sérios e credenciados, que se pode dizer sem exagero que qualquer outra teoria com metade dessas evidências já teria sido adotada pelo menos como hipótese de trabalho por cientistas de qualquer área. Parece mesmo que nenhuma outra idéia, no ocidente, jamais recebeu tamanha repulsa e tanta ojeriza ao ser pesquisada pela comunidade científica.

É fácil de entender. Não só ela não se encaixa de jeito nenhum no sistema de crenças e valores vigentes de nossa era, como representa, na verdade, o estopim de uma bomba capaz de varrer os alicerces do edifício do conhecimento. O que resultaria, claro, no mais sadio arejamento da História.Um deslocamento do eixo de visão da humanidade maior do que o de dez teorias heliocêntricas. Um terremoto de idéias e sistemas. Mas com que cara nós ficaríamos? Além da trabalheira, claro, para rejuntar os pedaços.

Por isso o trabalho e as obras da dra. Maria Teodora Guimarães têm excepcional valor. Como médica e cientista, partindo inicialmente de um enfoque tradicional da psiquiatria, veio a comprovar a eficácia da TVP — com a cura alionde nada mais consegue curar: as insolúveis esfinges da patologia psíquica. Para curar é preciso chegar às causas. E elas estão além do Letes. De cujas águas parece que a maioria dos terapeutas bebeu demasiado, não sobrando sequer a leve intuição que permite a brecha da inquietude diante das evidências. Não é o caso dessa corajosa doutora, na linha de frente dos desbravadores que vieram para sacudir os alicerces, e mostrar que se move o que sempre se moveu — tenham os doutos percebido ou não. Fogueiras saíram de moda, mas eles enfrentam outros cáusticos.

O trabalho da dra.Teodora e da Sociedade Brasileira de TVP é um dos mais sérios da atualidade, no Brasil. Ela pertence ao grupo daqueles que vieram para ser artífices da nova consciência planetária, que está dando o salto quântico dos níveis limitados, espacial e temporalmente, que até agora ocupou: as fronteiras do planeta e de uma única existência. (Enquanto o Universo infinito e a Vida infinita nos aguardam lá fora).

Uns estão ajudando a quebrar as fronteiras do espaço — construindo uma nova consciência cósmica, de cidadãos do universo — e outros as fronteiras do tempo, evidenciando a realidade do nosso existir eterno, do ontem infinito ao futuro sem termo. A humanidade está ingressando nessa nova era de expansão espaço-temporal, equivalente a um novo Renascimento: e os corajosos terapeutas da TVP, como a dra. Maria Teodora, são os Galileus, Colombos e Magalhães que estão redesenhando os territórios conceituais da raça humana.

Mariléa de Castro

1
A trajetória de uma alma

Esta é a história de Leo. Eu o conheci há muitos anos atrás e tivemos a oportunidade de percorrer juntos uma parte da longa caminhada de seu espírito neste planeta. Pudemos compreender as dificuldades de um ser na busca da felicidade e do entendimento maior do significado de sua existência, na medida que revivenciamos seus dramas, suas alegrias e suas enormes frustrações neste trajeto. Como é difícil existir sem compreender o porquê dessa existência!

De civilizações perdidas no tempo, desaparecidas em função dos erros de seus próprios habitantes, que os personagens do passado de Leo ajudaram, ativamente, a soterrar até a última pedra, chegando aos tempos atuais, vimos de tudo. Conhecemos homens cruéis, mulheres tolas e fúteis, assim como bárbaros e bruxos de todos os tipos, que matavam sem pensar duas vezes. Alguns mais cultos e outros muito ignorantes, todos se arrastaram pelos séculos reincidindo nos mesmo enganos; cada qual motivado pelas próprios desejos, amparado pelas diferentes culturas que as diversas épocas propiciavam e respaldado pelas próprias dores.

Ao longo dos quase 100 séculos desta narrativa, no entanto, poucos deles fugiram da prepotência e do egoísmo do ser humano como justificativa, não só para o próprio sofrimento como para aquele imposto às outras pessoas que com eles conviveram.

Pudemos observar a evolução das civilizações, na dança do espírito pelos diversos corpos e situações que lhe foram concedidos para que pudesse voltar e retornar a viver sobre o solo do planeta, prosseguindo assim seu duro aprendizado no caminho do amor, única forma, penso eu, de encontrar a felicidade tão almejada. Embora todas as situações fossem mais do que adequadas para que pudesse subir mais um degrau nessa escalada, Leo, como todos nós, quando encarnado em seus personagens, cedo se esquecia dos objetivos daquela vivência e voltava a se comportar dentro de seus padrões habituais. Padrões de lutas, traições, ódios e vinganças.

Não importava muito se era a vítima ou o algoz; no âmago da questão o problema era não conseguir nunca tolerar a dose de frustração que lhe cabia naquela vida e nunca ter olhos para enxergar o lado bom das coisas, aliás como ainda nos acontece até hoje. A vida não só não é como sonhamos, como também não poupa ninguém, pois dificilmente atende a todas nossas expectativas.

Da Atlântida à Europa, passando pelo Oriente e pelas Américas, ricos representantes da história da humanidade compuseram o quadro de uma vida. A fantástica vida de um espírito e seus maravilhosos personagens; todos eles cheios de verdades, de emoções, de defeitos, de paixões e tudo o mais que compõe o homem sobre a Terra, este planeta de mil e uma faces, cada uma reservada a cada um de nós, em cada instante de nossa passagem por ele.

E muito além da Terra e ao mesmo tempo tão próximo dela, passamos também, muitas vezes, neste percurso ao lado de Leo, pelo mundo espiritual. Um mundo de fantásticas surpresas que assombravam a cada nova descoberta ou constatação, mas também possuidor de uma lógica irretocável, onde cada personagem construía para si o lugar onde ia habitar após a morte, ou era por ele atraído de forma irresistível. Lugares de todos os tipos. Alguns sombrios, habitados por criaturas igualmente sombrias; outros não mais que paragens amenas mas cheias de gente fria e indiferente e outros ainda apenas locais de assistência e aprendizado para o espírito cansado de tanto sofrimento.

Desses lugares saíram ainda os acompanhantes espirituais dos personagens, em todos os tempos, durante e após as vidas. Os inimigos deixados friamente para trás, mortos, enganados, desprezados e esquecidos como objetos inúteis, reviveram como em nossos piores pesadelos, comprovando a cada passo do caminho que acreditar que só nós sobrevivemos de nosso passado, é uma idéia que só pode mesmo caber aos ingênuos ou àqueles que se julgam acima do bem e do mal. Almas raivosas e sequiosas de vingança foram conhecidas nas diversas vidas e também fora delas, quando algumas se apresentaram no *set* terapêutico, aproveitando o estado alterado de consciência provocado pela regressão, exigindo uma retratação.

Também desses locais saíram, muitas vezes, os próprios protagonistas das histórias, os personagens de Leo. Estavam eles mesmos, por sua vez após a morte, ávidos de vingança, comprovando que apenas sofremos hoje com nossos desafetos do passado, as "presenças" que atormentam com muita competência nossas vidas, aquilo que já fizemos os outros sofrerem. Isto é, já estivemos na posição inversa, correndo atrás de nossos algozes encarnados, enquanto éramos espíritos, tentando concretizar nossas vinganças absurdas.

E nesta roda viva das existências, o espírito de Leo vinha se equilibrando há milênios, tentando achar aquele caminho das pedras que o libertaria das armadilhas armadas por ele mesmo nos pântanos de seu Inconsciente, no decorrer dos tempos.

Escondidas nos meandros dessa alma, tínhamos ainda que descobrir as forças poderosas do impulso para o bem e da resignação, energias necessárias ao preenchimento das lacunas perigosas que eram abertas em cada momento do processo terapêutico, quando cada gota de maldade, de egoísmo, de vaidade, de intolerância ou de prepotência eram deixadas para trás.

Nem todas as vidas que pudemos saber foram aqui relatadas e tampouco, naturalmente, tivemos acesso a todas elas, na medida em que centenas ou mais devem ter acontecido. Por alguma razão misteriosa para mim naquela época, o fato raro era Leo reconhecer, com a mais absoluta propriedade, nomes, lugares e épocas por onde passaram seus personagens, e em todas as regressões, após a morte, já no plano espiritual, seguir o espírito em seus tormentos, construindo uma fantástica trama que, através da terapia de vida passada, foi possível acessar e entender.

Entender e ir trazendo para cada vez mais perto da luz da ciência a compreensão de quem é o homem, este formidável ser espiritual, com tantas potencialidades de crescimento em direção do mais puro amor que possamos conceber em nossos corações, e que, certamente, não nasceu para depois morrer e acabar.

Esta é a história de Leo, que no fundo nada mais é que a história de todos nós.

2
Leo nos dias atuais

"Meu nome é Leonard. Tenho 20 anos. Todos me chamam de Leo e eu gosto de ser chamado assim. Estou na universidade, sou rico, ou melhor, meu pai é rico. É o que ele sempre diz. Não sei o que dizer sobre mim. Estou aqui porque tenho bulimia. Já ouviu falar?... É claro que já. Que bobagem! Não sei se acredito em reencarnação, nessas coisas, mas estou num beco sem saída. Estou desesperado. Estou morrendo. Preciso de ajuda... eu não quero morrer."

Um jovem rapaz me olhava de olhos marejados, mãos úmidas, que esfregava na jaqueta, ansioso e inquieto. As lágrimas que tentava disfarçar tossindo e esfregando com as mãos alegando um resfriado, teimavam em lá permanecer. Parecia mesmo que seu mundo estava escapando pelos vãos de seus dedos. Falava sem parar.

Exageradamente magro, sobravam espaços nas roupas folgadas e surradas. Óculos grossos pendurados no bolso, livros e apostilas jogadas ao chão ao lado da poltrona, mapas e réguas de desenho arquitetônico. Não chegava a ser um modelo de beleza, mas certamente agradaria as meninas da faculdade, se não estivesse naquele estado. Vendia a imagem de intelectual *cult*, que naturalmente não tinha nada a ver com sua realidade atual.

Fazia arquitetura e já estava no quarto ano! Viera de muito longe. Do outro lado do país e estas paragens modernas pareciam encantá-lo, mais como um desafio que deveria ser vencido do que por qualquer outra coisa. Estar aqui sozinho e ter que sobreviver com seus medos sem correr de volta para os braços da mãe, que certamente o acolheriam, era mais que um desafio. Chegava a ser quase uma tortura. Sacrificava-se ao extremo de suas forças para conseguir ir à faculdade todos os dias e cumprir, mesmo que sofrivelmente suas tarefas, mas não por ser um lutador. Não! Ao contrário. Era por ser extremamente orgulhoso e não querer dar o braço a torcer.

Na primeira vez que nos vimos e falou que era rico, não notei que essa atitude aparentemente presunçosa escondia o medo de ser descartado como cliente, como me contou tempos depois, quando começou a perceber que na terapia de vida passada outros valores humanos e espirituais estão sendo considerados pelo terapeuta, que certamente conhece seu próprio passado e seus compromissos cármicos, não podendo escolher seus clientes por suas bolsas. O pai era mesmo um rico fazendeiro de cacau, dedicado a seus afazeres, pródigo na distribuição dos recursos com os filhos. Isso contribuíra para ele se tornar um gastador compulsivo, colecionador de roupas que nem dava conta de usar e de inutilidades em geral. Constatava tristemente que tinha tudo; coisas como dinheiro, família amorosa, namorada, inteligência. Só não tinha mesmo alegria verdadeira, pois se sentia e se achava um doente terminal.

Era realmente inteligente e a prova era que estudava numa escola prestigiada e concorrida. Apesar de dizer que não sabia o que falar de si mesmo, era bem articulado e se expressava muito bem. Estava sofrendo mas deixava sempre escapar um sorriso esperançoso quando atentamente ouvia minhas considerações ou quando refletia sobre os ecos de seu passado e reconhecia neles o caminho das pedras rumo à sua libertação. E como era difícil o caminho a ser conhecido e percorrido. Havia muitas coisas das quais precisaria abrir mão e inúmeras pontes a serem construídas entre os abismos profundos de sua alma, que ameaçavam, perigosamente, arrastá-lo para um destino sem volta.

Contou-me de sua bulimia num discurso ensaiado, que parecia já saber de cor. Já tinha estado num sem número de terapias e sempre terminava desistindo após algumas semanas porque brigava com o terapeuta, ou então porque não via melhoras, por mais que se esforçasse. Colocava-se, naturalmente, na posição de vítima.

"Eu como tudo o que aparece na minha frente. Mesmo quando não tenho fome. Já cheguei a pedir três pizzas e comer todas as três de uma só vez. Isso acompanhado de dois litros de refrigerante. Depois fico com culpa e medo de engordar. Aí eu vou e vomito tudo. Já estou tão acostumado que ficou até fácil provocar o vômito. Há dias em que chego a vomitar seis ou sete vezes."

Mostrava-se abatido, não só emocionalmente como também fisicamente. Perdia em cada uma dessas sessões de arrependimento mais do que havia ingerido, como se estivesse sofrendo de uma doença qualquer onde acontecessem vômitos coercitivos, provocando desidratação e emagrecimento. Estava nessa situação há mais de dois anos e o problema vinha se agravando.

"Nunca fui tão magro assim por natureza. Cheguei a perder numa ocasião, numa crise que durou semanas, após uma festa de fim de ano onde eu exagerei mais que o habitual na comida, ou achei que exagerei, mais de vinte e cinco quilos. Não sei o que me deu. Eu não conseguia me controlar e tentava vomitar há cada meia hora. Fui internado para tomar soro e até lá eu queria vomitar. Só não vomitei porque tinha vergonha. Sedaram-me para eu sossegar. Eu estava enlouquecendo minha família. Tinha também medo de morrer. Fiquei num estado que parecia que eu tinha uma doença maligna, tal o meu estado. Um câncer, sei lá!

Era como se uma coisa dentro de mim me empurrasse para a morte. Eu morria de medo. Tenho muito medo até hoje. Essa crise grave nunca mais se repetiu dessa forma. Acho que de certa forma eu controlo, porque tenho muita pena dos meus pais, que são tão bonzinhos e carinhosos comigo."

Leo começava a me contar, sem perceber, a intrincada trama de suas vidas passadas que envolvia um número extraordinário de desafetos; pessoas com as quais tinha deixado um sem número de problemas mal resolvidos, aliás, como todos nós. A maioria dessas pessoas ainda estava no plano espiritual ou astral, desencarnada como se costuma dizer, naquele período que, em terapia de vida passada, chama-se o intervidas. Eram espíritos ou "presenças" do passado que jamais se esqueceram do que nós, em outras vidas, lhes fizemos. Jamais nos perdoaram e agora, de alguma forma, buscam suas vinganças.

A primeira coisa que Leo havia relatado que me fornecia as primeiras pistas para essas ligações do passado com outras inteligências e não apenas com fatos foi a frase "...era como se uma força dentro de mim me empurrasse para a morte...".

Ora, Leo não só não desejava morrer, como também tinha medo de morrer. Não estava buscando a morte como uma pessoa em depressão profunda eventualmente faz, como uma tentativa de resolver seus problemas e fugir das frustrações que a vida reserva a cada um de nós. Entendo que as pessoas se tornam depressivas porque não aceitam a vida do jeito que ela é, e não porque estão tristes. Ele até tinha algumas crises de depressão leve, mas não pensava em morrer. As pessoas nesses casos geralmente estão frustadas e irritadas com o mundo que não atende suas expectativas. Então é como se dissessem: "parem o mundo que eu quero descer!". Como o mundo não dá a mínima importância para seus desejos, se revoltam. É claro que elas também têm seus acompanhantes espirituais, as tais "presenças", intuindo negativamente para que desçam mesmo do mundo, para que se matem mesmo e caiam mais rapidamente em suas mãos, no astral, ou no seio de outros sofrimentos ainda mais atrozes do que aqueles que julgam ser tão terríveis e insuportáveis hoje.

O depressivo, longe de ser um coitado, é uma pessoa com um caráter difícil, no sentido de trazer de suas vidas passadas, aliás como todos nós, um aprendizado que se coloca como um direcionador de seu modo de ser e da forma como se comporta na vida. Um aprendizado, nesse caso, de gostar de mandar e de querer que todos se comportem como pensa ser o melhor. Como as pessoas obviamente não correspondem a seus anseios, aprendeu desde tempos muito antigos que se comportar como vítima, por exemplo, pode ser uma forma de dobrar a vontade dos outros e não ter que se resignar com nada. Só que isso, hoje em dia, não costuma mais funcionar, o que acarreta uma demanda de outras atitudes mais drásticas, como a depressão e até mesmo, uma tentativa de suicídio. Não está geralmente muito preocupado se alguém vai sofrer por causa dele ou por causa do que pode de fato lhe acontecer. Em maior ou menor grau, todos temos nossas "tristezas".

De qualquer forma, percebi há muito tempo que não há como explorar o mundo emocional das pessoas, se não se explorar seu mundo espiritual. Entre uma vida e outra somos espíritos e não há o que se possa fazer para evitar isso. Entre uma morte e um renascer passamos um tempo, mais ou menos longo, num outro plano, numa outra dimensão, num outro tipo de realidade ou mundo, que interage com este aqui, mas definitivamente em outro mundo. Um mundo espiritual que precisa ser qualificado pela medicina e pelo resto da ciência, para que muitos problemas da humanidade possam vir a ser resolvidos um dia.

Percebi que muitos problemas de que eu jamais havia conseguido chegar sequer perto de uma solução, mesmo depois que desisti de ser apenas a psiquiatra que dá remédios, não só não eram doenças, como também estavam ligadas a uma etiologia muito mais profunda do que se poderia imaginar, indo muito além de um fato de vida passada que precisaria ser resgatado. Eram problemas que estavam ligados, também, a problemas mal resolvidos com outras pessoas, hoje ainda habitantes daquele mundo espiritual. Pessoas com inteligência e vontade própria, que não poderiam em hipótese alguma ser desqualificadas.

Mesmo depois de milhares de sessões, não vi um só cliente sair de uma vivência, em regressão, e imediatamente vir para uma nova encarnação ou vida. Todos, sem exceção, vão para o mundo espiritual, para num tempo próprio e pessoal, poder um dia vir a refletir sobre o que fizeram, o que lucraram, o que erraram e o que ainda estaria faltando para ser aprendido. Antes disso, no entanto, acontecimentos dos mais variados tipos podem ser constatados, nos mais variados lugares desse mundo astral. Dos mais dramáticos aos mais corriqueiros, dos mais emocionantes aos mais didáticos e comoventes.

E Leo passou por todos eles. Eu não sabia ainda o que nos esperava.

Alguns desses estranhos habitantes desse

mundo paralelo com certeza faziam Leo sentir culpa pela compulsão alimentícia e certamente pretendiam matá-lo pela fraqueza e doenças físicas advindas da baixa resistência. Nesse meio tempo, enquanto a morte não vinha, aproveitavam para expô-lo ao ridículo de ser internado porque provocava os próprios vômitos, além de ser tido como meio maluco por alguns colegas, que o viam sair da classe, todos os dias, mais de uma vez, e voltar com aquela aparência meio esverdeada de quem acabou de passar mal. Alguns amigos o discriminavam de forma mais ou menos velada porque achavam que estaria com uma doença imunológica grave, como bem sabia.

Teríamos, no devido tempo, contato com alguns desses espíritos e também saberíamos as incríveis histórias passadas por ele nesse estranho e muitas vezes assustador mundo dos espíritos. Por alguma razão desconhecida ele se lembraria também dos nomes e das épocas em que seus personagens haviam vivido, possibilitando montar uma cronologia histórica, embora as vivências não tenham aparecido na seqüência, que permitiu um entendimento da evolução de um ser humano nessa sua trajetória através do tempo, quase que desde o princípio, até os dias de hoje. Quanto sofrimento nos impusemos pela nossa própria teimosia, maldade e egoísmo. E de lá, desse passado, a amplificar ainda os males de hoje, carregamos até agora raiva, culpa e medo.

Carregamos também o jeito de que gostamos de ser, como o comportamento vitimado do depressivo, por exemplo. Podemos ser agressivos, folgados, negligentes, sedutores, falsamente subservientes, rebeldes sem causa etc.

Leo era vaidoso, dissimulado, irritado, vingativo, preguiçoso, meio maldoso e por vezes um pouco crítico e prepotente, e, nesse último caso, como quase todos os humanos, que querem todas as coisas, se possível for, do seu jeito. Parece mesmo que esse é o grande mal da humanidade. Acredito que a razão principal vem do fato do ser humano vir vindo, através do tempo, lutando pela sobrevivência. Há muito pouco tempo deixamos de viver na base do cada um por si e Deus para todos.

Nunca houve alimento e abrigo suficiente para todos no passado desta nossa humanidade. Sempre houve um abismo entre pobres e ricos. Mandava quem podia e obedecia quem tinha juízo. Sempre foi assim. Hoje, tanto tempo depois do início da revolução industrial, que deveria diminuir nossas diferenças, ainda nos colocamos nos extremos: os subalternos magoados ou raivosos e os mandantes egoístas ou insensíveis, em todos os níveis de intensidade, nas diversas situações da vida, começando pela nossa própria casa. Talvez estejamos em nossa primeira vida onde direitos humanos, aposentadorias, leis sociais, tentativas de divisão de rendas, punição para todos, por exemplo, são coisas que começam a acontecer, de forma mais ou menos desenvolvida em cada cultura e em cada povo. Mas, de qualquer forma, já se pode falar nisso e em muitos lugares já se luta abertamente por essas melhorias na vida.

Nunca antes tivemos à nossa disposição tais prerrogativas e ainda hoje muitos não sabem lidar com elas; não as aceitam ou delas fazem mau uso. Antes, contudo, quando não as tínhamos, tivemos que lutar com as próprias forças e, nessa empreitada, simplesmente nada nos restava, muitas vezes, a não ser passar por cima dos outros, de suas necessidades e dores, priorizando exclusivamente as nossas. Fomos nos tornando prepotentes, achando, até mesmo por uma questão de sobrevivência, que nossos desejos eram sempre os mais importantes.

Treinamos tanto que aprendemos. Aprendemos tão bem que ousamos pretender que seja assim até hoje. É sempre a mesma história: queremos ser felizes mas não queremos abrir mão de nada. Leo, naturalmente, não era diferente de ninguém.

"Detesto pensar que posso ficar gordo e feio, como meu pai e meus tios. São todos gordos. Todos em casa comem muito. Sempre comi muito também, mas não chegava aos pés do que como hoje. Eu também nunca fui gordo. De uns anos para cá eu acho que estou gordo. Comecei a me olhar no espelho e me achar gordo e feio. Aí vinha a minha mãe e dizia que eu estava bem. Vinha minha namorada e dizia que eu estava ótimo. Vinha o médico, fui num endocrinologista, e ele dizia que eu estava exatamente dentro do meu peso. Hoje ele já diz que estou até abaixo. Mas tem uma coisa dentro de mim que não acredita. Eu olho ainda no espelho e acho que já não sou bonito como antes; já não tenho o corpo de antes. Dizem que estou vendo coisas onde não existem. Por que isso acontece comigo? Por que não posso deixar de achar que as pessoas estão sendo piedosas comigo? Ou por que simplesmente não acredito nelas e largo todo esse sofrimento prá lá?"

Ele pesava menos de sessenta quilos, numa altura de 1,75 m e não conseguia enxergar como estava magro. Era como se tivesse uma obesidade mental.

Leo mostrava outras facetas claras das muitas interferências das tais "presenças" no seu pensamento. Havia momentos em que parecia quase delirar, fugindo ao senso comum. Eu sabia, no entanto, que delírio era apenas parte da incompreensão da psiquiatria ante a etiologia dos males emocionais do ser humano. Acreditei sempre que aquilo que se chama de delírio, nada mais é que a intuição negativa que as "presenças", nossos desafetos do passado, passam para nós.

É como se pensassem dentro de nossa cabeça, junto conosco, nos fazendo acreditar que somos nós que estamos pensando aquelas coisas absurdas que nos fazem sofrer. No devido tempo saberíamos os porquês de tantas delas se dedicarem com tanto afinco a fazer sofrer nosso jovem amigo.

Frases como as que ele falava: "... tem uma coisa dentro de mim que não acredita...", forneciam outras formidáveis pistas para a notável interação desses inimigos do passado com ele, pensando por ele ou junto com ele. Haveríamos ainda de percorrer um longo caminho para que ele percebesse e acreditasse realmente que isso acontecia. Algum tempo ainda passaria antes que ele percebesse que tudo aquilo que pensamos e que não seja razoável, não pode ser nosso.

Esse tipo de influência é geralmente tão sutil, que se torna mesmo difícil de acreditar que não sejamos nós mesmos que estamos pensando isto ou aquilo. E como se vê, não é preciso ser psicótico para ter delírios ou influências espirituais deste tipo. A única diferença é que os delírios dos chamados psicóticos são mais absurdos, esquisitos ou verdadeiramente malucos, como por exemplo: "Tenho a impressão de que minha mãe quer me matar!" Isto é, sua personalidade está já tão subjugada e dividida entre seus diversos perseguidores, que não tem mais defesas que possam discernir com mais clareza sobre tais pensamentos

Também começávamos a perceber os problemas não verbalizados, mas captados ao longo de seu discurso choroso. Entre eles, por exemplo, a vaidade. Sua preocupação com a beleza corporal era tanta que, além de vomitar, fazia *cooper* todos os dias e tinha uma obsessão pela corrida. Quando chovia deslocava-se muitos quilômetros até uma pista *indoor* em outra cidade. Fazia mesmo uma viagem, chegando a perder o dia na escola. Depois do tal *cooper* comia sete ou oito hamburgers e em seguida vomitava tudo, na lanchonete mesmo, voltando para a casa arrasado. O único consolo é que não havia engordado uma grama naquele dia. Fazia, obviamente, papel de bobo na mãos das "presenças".

Depois de um tempo contou que a mãe, "que acredita nessas coisas", já o tinha levado numa benzedeira, que depois de lhe dar passes, falou de muitas coisas espirituais que o atrapalhavam e disse que não tinha forças para ajudá-lo. Seus males eram grandes e seus inimigos também. Ele precisava fazer a parte dele para poder ser ajudado.

Sábia criatura, pensei com meus botões quando ele me contou essa passagem. Pena que Leo não lhe dera ouvidos na época, anos antes. Mas pelo visto também não a desqualificara e de certa forma parecia querer até acreditar, pois se assim não fosse não estaria me contando. Perguntou-me ansioso: "Você acredita nessas coisas?" me dando então a possibilidade de começar a falar das coisas da espiritualidade.

Falar em coisas da espiritualidade devia parecer quase uma loucura para muitos colegas, mas não para mim. Como poderia falar de vidas passadas sem falar no que acontecia entre uma e outra encarnação? Bem, esse era o meu problema. Meu problema era convencê-lo de que essas coisas existiam e que por todo o mundo, por muitas religiões e crenças, filosofias e doutrinas, e agora se aproximando da ciência, pessoas de lugares e culturas diversas já acreditavam em reencarnação como a melhor explicação para a situação do homem no planeta.

Antes de nos aventurarmos pelo passado eu ainda quis saber sobre seus outros sintomas que revelavam problemas espirituais. E, para minha surpresa, pois ele só foi me contar todas essas coisas quando interrogado, ele parecia um compêndio de psicopatologia aplicada à TVP. Tinha de tudo um pouco. Fiz uma lista:

— tinha a impressão de que havia sempre alguém invisível por perto a vigiá-lo;

— sentia uma mão no ombro, como se fosse uma garra, como se alguém andasse abraçado com ele na rua;

— sentia às vezes alguém deitado ao seu lado na cama, chegando a sentir sua respiração, ficando aterrorizado;

— já tinha visto vultos escuros passando e morria de medo de vir a ver "coisas" com mais clareza;

— ouvia raramente alguém chamando-o pelo nome e mais freqüentemente tinha a impressão de que ouvia alguém cantando uma música monótona e repetitiva;

— não dormia bem e usava calmantes para conciliar o sono, já estando mais ou menos viciado em determinado remédio;

— tinha dores de cabeça como se algo quebrasse seu crânio ao meio;

— tinha também dores nas articulações dos braços como se estivessem sendo arrancadas;

— naturalmente, com tantas agressões ao aparelho digestivo, sofria de dores de estômago que queimavam como se uma espada o atravessasse e já tinha gastrite;

— contou também que carregava o mundo nas costas, com pesos terríveis no pescoço;

— além disso tudo tinha ataques de asma que terminavam, às vezes, por levá-lo para o pronto-socorro;

— tinha também rinite e tonturas, às vezes.

Fiquei olhando para ele e pensando como conseguia viver com tantos sintomas ao mesmo tempo. Pensei também no que lhe falaria para convencê-lo de que, apesar de tudo, não estava doente. Ele precisava saber sobre a manipulação do ectoplasma pelos espíritos, mas decidi abordar esse assunto em outro momento. Haveria de começar a ensiná-lo a ver a realidade da interação do ser humano com o mundo dos espíritos, um passo de cada vez.

Como se não bastasse tudo isso sabotava a si próprio e arranjava um jeito de sofrer um pouco mais, comendo exageradamente e vomitando em seguida. Aliás, não havíamos ainda conversado sobre o comer demais e este foi o próximo passo.

"Acho que como feito um alucinado, como se fosse um ataque. Não é que eu tenha uma fome de leão. Já pensei muito sobre isso. Já conversei muito sobre isso também em outras terapias. Não sei, acho que tenho um medo sem sentido de ficar sem comida. É como se daqui a um instante pudesse faltar. Vem de repente e preciso então comer naquele exato momento... muito... para me garantir. Acho que você fica me olhando e me achando um louco."

Pensei um pouco, pois ele estava acostumado a ser tido como diferente e precisava parar de se achar uma mosca branca, com um terrível e insolúvel problema a ser resolvido. Então respondi:

"Acho que somos todos meio loucos. Cada um de nós tem suas coisas. O problema é avaliar se nossas loucuras nos fazem ou não sofrer. Se fazem ou não os outros sofrerem conosco. Posso adorar me balançar no lustre e desde que eu esteja certa de que não vou cair e não vou me matar e muito menos cair na cabeça de alguém, acho que está tudo bem. O que sua loucura tem feito com você? Eu já aprendi a me equilibrar no meu lustre."

Demos boas risadas e Leo começou a achar que

poderia falar de suas loucuras sem medo de ser julgado. E também que talvez suas loucuras não fossem assim tão grande coisa.

"É! Afinal não estou babando nem nada" — disse entre risos. E saiu mais feliz do que havia entrado, com o seu primeiro ponto de esperança implantado em seu coração. Não há como ajudar alguém se esta pessoa não tem esperança de que vai, mais cedo ou mais tarde, ser feliz também.

Eu não estava lá para julgá-lo ou rotulá-lo. Deveria apenas ajudá-lo a achar o caminho da saída do labirinto em que se enfiara, após tantas confusões que certamente trazia do passado. Deveria, antes de guiá-lo pelo passado para resgatar as tristes mas libertadoras lembranças de sua caminhada, e saber quem tinha sido no ontem, ajudá-lo a descobrir quem ele era no hoje primeiro. Se não sabemos quem somos, não adianta querer saber quem fomos! Leo voltaria a seguir para descobrir.

Quinze dias depois ele voltou. Parecia alegre. Chegou duas horas antes de seu horário e ficou comendo meus biscoitos. Levou simplesmente o pote para o jardim de inverno e ficou por lá esperando o tempo passar.

"Vai passar fome daqui a pouco?" — perguntei quando o vi agarrado ao pote dos biscoitos, no meio de uma parafernália de cadernos, casacos, enormes réguas, computador portátil, com meia dúzia de pequenas xícaras de café ao lado. Uma bagunça. Ele entendeu a brincadeira. Riu e respondeu:

"Não se preocupe. Deixei uns para você. É fome mesmo. Vim direto da faculdade e não almocei. Está servida?"

"Bem, nesse caso, vamos dividir o que restou do que mal me chegava antes de você comer tudo sozinho. Passe uns para mim." — Rimos. Nunca acreditei que distanciamento, pompa e circunstância devessem fazer parte do arsenal terapêutico, da forma que costuma ser colocado nos manuais. Alegria não significa falta de seriedade, respeito e competência, ao contrário. E nada como biscoitos para se iniciar um bom relacionamento quando se está com fome de verdade. E de barriga cheia entramos para a consulta, com Leo já me falando pelo caminho que contou os dias para voltar. Falava sem parar, querendo saber tudo ao mesmo tempo, ansioso por contar o resto da história como havíamos combinado. Tinha pressa de fazer sua primeira regressão. Parecia achar que um milagre aconteceria de imediato.

Como milagres não acontecem todos os dias, iniciaríamos em breve nossa jornada ao passado sem esperar por eles. Não antes de fazê-lo perceber que não seria possível tratar apenas de suas dores. Era preciso tratar de uma pessoa por inteiro. Voltávamos à questão de fazê-lo descobrir quem era hoje, para depois irmos em busca de descobrir quem tinha sido no passado. Se não iniciasse suas descobertas pelo hoje, não perceberia quando do passado viessem os sinais daquilo que precisaria ser mudado para poder ser mais feliz. Entraria em contato com fatos que não compreenderia e estariam então perdidos para a terapia.

Na verdade todos sabemos quem somos. O problema é assumirmos a responsabilidade do que somos, o que é muito difícil, pois daí implica abandonarmos nosso papel de vítima, de injustiçados pela vida, pelas pessoas ou pelo destino. Alimentamo-nos de nossas lamúrias e gostaríamos mesmo é que o mundo mudasse para que pudéssemos ser mais felizes.

E Leo descobriu, ou melhor, assumiu quem ele era de fato. Compreendeu que muita coisa em si precisava ser mudada para que, depois, pudesse se libertar de suas dores. Tinha a seu favor a honestidade de quem conseguiu compreender que identificar o próprio temperamento não significava caminhar para o patíbulo sob o olhar frio e acusador de um terapeuta. Não existem julgamentos em terapia. O próprio cliente precisa saber que, assim como suas dores, o caráter também é fruto das lembranças de seu passado e como tal deve ser tratado.

E assim instrumentalizados começamos a jornada rumo ao passado, no sentido de descobrir as vivências que o prendiam a ele. Vidas que haviam deixado traumas de todos os tipos e personagens que haviam, inclusive, ajudado a moldar seu caráter, determinando hoje o jeito que ele tanto gostava de ser e de se comportar. E, um a um, os personagens foram aparecendo, aqueles que seu Inconsciente selecionou para serem conhecidos no processo terapêutico.

Sabiamente, o Inconsciente nunca trouxe as vidas tidas como boas e nem mesmo aquelas comuns, onde os personagens viveram normalmente e morreram em suas camas, cercados pelo carinho dos familiares, por exemplo. Tais vidas nada acrescentam na terapia, na medida que nós já somos o resultado delas, uma vez que já não pensamos mais em matar ou roubar. Não trazemos do passado apenas coisas ruins. Ele nos ajudou a construir valores éticos e todo um sistema de crenças, mais ou menos desenvolvido e adequado, até mesmo em questões de caráter, dependendo de nossa aplicação enquanto alunos atentos ou rebeldes às lições que o tempo nos impôs.

Esses pensamentos valem pelo menos para a maioria de nós, pois todos sabem que ainda existem, infelizmente, pessoas fazendo hoje todo tipo de bobagens que nós fizemos ontem. Independente no entanto de qualquer coisa, acredito mesmo que a maioria de nossas vidas tenham sido desse tipo, isto é, mais ou menos inexpressivas no que se refere ao auxílio terapêutico dos problemas atuais.

Muitas e muitas vezes tenho recebido clientes interessados em saber essas vidas, ou até mesmo interessados em saber se foram grandes figuras da história. Pessoas que ali estão apenas por curiosidade e que não desejam, de forma alguma, deparar-se com os aspectos negativos de seu passado e muito menos de si mesmos, no presente. Costumam ficar muito frustradas quando informadas de que isso não é possível, uma vez que o Inconsciente não se abre por mera curiosidade. Aliás, esse fenômeno contribui muito para a credibilidade científica da própria terapia, pois se assim pudesse acontecer, com certeza ela já estaria nas mãos de todo tipo de curioso, para não dizer outras coisas. Ninguém quer saber das vidas onde desempenhou papéis menos lisonjeiros, como ladrão, prostituta ou assassino, por exemplo e portanto, é preciso que o indivíduo, além de conseguir identificar uma dor verdadeira para ser resolvida, esteja imbuído do mais legítimo desejo de mudança, inclusive no que tange a seu orgulho, que é certamente a origem de todas nossas dores e características.

De qualquer forma a escolha das vidas a serem vistas não passa pelo crivo do cliente e muito menos do terapeuta. Não há como se escolher, de forma alguma, para onde a regressão será direcionada. Somente a sabedoria de nosso Inconsciente, que talvez pudesse ser chamado de nossa memória extracerebral ou de nosso próprio espírito, em sua instância superior, que tudo sabe pois armazenou todas as informações de nossa trajetória reencarnatória, pois moveu-se conosco como uma essência vital de vida para vida, de personagem para personagem, pode escolher para onde vamos quando em regressão, dentro de um processo seriamente conduzido. Que ninguém acredite que possa ser levado para cá ou para lá de acordo com os desígnios ou poderes de qualquer terapeuta ou dos seus próprios. De alguma forma está sendo enganado.

Enganado por quem? Talvez por si próprio, no desejo de ter sido isto ou aquilo no pretérito, de acordo com sua própria vaidade. Talvez ainda por "presenças" do passado, aqueles mesmos espíritos que causavam aquela gama enorme de sintomas paranormais em Leo, e dos quais não estamos, por nossa vez, absolutamente livres, uma vez que também tivemos nosso passado. Quando falamos em terapia de vida passada estamos falando em reencarnação e quando falamos em reencarnação, estamos falando da história da humanidade, que todos sabemos ser trágica e dolorosa.

Que ninguém então pense que foi sempre uma vítima. Essa idéia aliás, é, no mínimo, muito divertida, pois se todos fomos apenas vítimas, quem teria matado e lesado a todos os outros, no decorrer dos tempos imemoriais da humanidade e que tão bem os registros históricos informam, não é mesmo? Independente do que esperam ou acham as pessoas, posso dizer que nunca passou um só cliente pelo consultório que não tenha matado alguém e conquistado portando um inimigo desse passado. Que ninguém portanto morra nessa ilusão de que é ou foi um anjinho caído do céu ontem.

Outro dado interessante, apenas para que se compreenda melhor o processo no qual Leo caminhou, é que não fazemos reconhecimentos durante as regressões de pessoas que convivem conosco nesta vida. Esse costuma ser outro grande engano para o qual as pessoas costumam ser arrastadas. Uma vez mais a sabedoria de nosso espírito se faz presente, impedindo que reconheçamos em nossas aventuras do passado pessoas, familiares, amigos ou desafetos que tenham convivido conosco naqueles tempos. Isso impede que, através do processo terapêutico, comecem as pessoas a achar que aquele indivíduo que seu personagem matou, ou pelo qual foi morto numa vivência passada, seja hoje fulano ou beltrano. Se ele se colocar como a vítima, pode vir a ter raiva do conhecido atual e se eventualmente se colocar como o algoz, poderá vir a ter culpa, o que, evidentemente, não resolve nada.

Este comentário esclarece apenas a razão pela qual nosso amigo Leo, apesar de vivenciar profundamente seus personagens, em nenhum momento fez qualquer reconhecimento, o que seria esperado por muitos. No seu caso, inclusive, as vivências se deram com intenso conteúdo emocional e cinestésico, mas nem todos passam pelo processo dessa forma. Existe como que uma válvula de segurança no processo e cada pessoa se lembra de suas vidas da forma que o Inconsciente acha que ela agüenta, digamos assim, saber. Isso significa que uma parcela significativa dos clientes se lembra dos personagens como se fossem simples lembranças de um filme que tivessem assistido tempos atrás, o que faz, muitas vezes, que pensem que estão inventando a história. Para o processo de cura, no entanto, isso não faz a menor diferença, pois não estamos procurando catarses, como muitos pensam e sim histórias; histórias de vidas que nos expliquem os porquês de sermos deste ou daquele jeito, assim como os porquês de sofrermos esta ou aquela dor.

E assim, com base nessas expectativas, começamos a viagem de Leo.

3
Hasan
A grande cidade — 10000 a.C.

"Me chamam de Hasan. Moro ao pé das montanhas da grande ilha. Tenho quase 50 anos. Já naveguei pelos mares e participei de grandes conquistas.

Procuro honrar o nome de meu pai, que era um grande líder militar nestas terras. Meu povo mora em grandes cidades, com muitos templos e palácios.

O tempo está quente e sopra uma forte brisa vinda do mar, tornando tudo muito agradável. Pena que eu não tenha muito tempo para viver a beleza de minha terra".

Parecia se deliciar com o próprio relato, como alguém que contempla a natureza com prazer.

Observei que sua atitude denotava até mesmo um certo orgulho e procurei investigar do que se tratava aquilo tudo.

Contou então do tipo de roupas leves que o povo usava, como túnicas curtas e panos jogados por cima. Outros usavam uma espécie de saias mais compridas e sandálias. Muitas crianças e muitas mulheres também andavam pelas ruas. Muitos soldados. De fato era uma verdadeira multidão.

Descreveu também estranhos portos circulares que abrigavam os barcos das tempestades. Povo de caráter belicoso tinham sempre muitos navios preparados para guerrear.

Hasan mesmo já tinha comandado alguns desses navios em expedições ao exterior. O povo vivia com relativo conforto para a época e os reis governavam com mãos de ferro. Havia muitos reis naquelas terras.

O personagem de Leo, no entanto, tinha outras preocupações nesta altura da vida, para perder tempo se importando com poder dos governantes.

Não tinha medo de nada. Não se importava com os reis. Era respeitado até mesmo por eles; construíra uma reputação e, portanto, sentia-se, legitimamente, intocável.

Mas, além do orgulho de sua terra, sentia uma terrível angústia que lhe apertava o peito e lhe tirava o sono.

"E o que causa essa angústia?", perguntei, procurando desvendar a situação.

"Levo uma vida dupla", confessou, em tom sério.

"Como assim?"

"Sou também um tipo de mago. Conheço os segredos das magias e das bruxarias. Descobri que tinha poderes há muitos e muitos anos. Ninguém de minhas relações sociais sabe. Nem mesmo meus familiares sabem", fez uma longa pausa e depois continuou:

"Tenho mulher e filhos já crescidos e eles também não sabem. Ninguém pode saber. O problema é que agora estou cansado e doente. Não quero mais", falava com frases curtas e nervosas, abandonando por completo a atitude altiva do princípio.

Tentei saber que o que ele não queria mais e que poderes eram esses, mas não obtive resposta. Suava e esfregava as mãos. Ele apenas repetia, um tanto irritado:

"Ninguém pode saber".

— "E qual a razão de ninguém poder saber?", resolvi saber do que se tratava de outra forma.

"Minha família sempre foi de militares e não há espaço para estas coisas. Essas coisas são deixadas para o povo. Sou uma pessoa relativamente importante. Não poderia ter me vinculado com essas coisas. Se ainda eu fosse um sacerdote...", deixou a frase no ar, para logo completá-la:

"Se eu fosse um sacerdote não teria família. Mas não foi permitido", corrigiu-se. Explicava de forma truncada.

"De que tipo de coisas você está falando?", insisti então.

"Não tive a competência de meu pai", parecia constrangido. Falava de forma mais ou menos confusa, não parecendo ter coragem de explicitar os assuntos que abordava.

Era preciso saber do que se tratava aquela vida dupla da qual ele falava e que causava tanta angústia e rodeios. Pedi que voltasse ao início da história.

Contou então que a tradição de sua família determinava que teria que ser um militar de sucesso e havia grande expectativa em torno de si, único filho homem. Mas não gostava muito dos rigores da vida de soldado; aliás, não gostava dos rigores de vida nenhuma.

Estava mais que acostumado a não fazer nada. Só havia treinado um pouco com armas, e de má vontade, até então. Havia muitos jovens candidatos vindos de boas famílias como a sua.

"Não serei nunca designado para nada importante", pensava.

Não se destacava em nada na vida militar e seria uma grande decepção, especialmente para o pai, quando as nomeações viessem ao fim do treinamento. Tinha passado a vida freqüentando os banhos públicos e deixado o tempo passar.

Nunca se interessara de fato por nada. Era meio promíscuo e não se importava de participar, clandestinamente, de algumas orgias com os amigos. Tinha já 25 anos.

Resolveu procurar secretamente o sacerdote que

já havia consultado outras vezes, quando em grande aflição. Foi recebido no templo com certa frieza. Ele o esperava num aposento mal iluminado.

"Esperava por você meu caro Hasan", disse o sacerdote num tom sarcástico em sua recepção.

Sentiu um mal-estar terrível; sua cabeça girou deixando um zumbido nos ouvidos e teve vontade de sair correndo; precisava, todavia manter as aparências, esquecendo-se de que esconder os verdadeiros pensamentos daquele homem era quase que impossível.

Ele o olhava de forma enigmática. Já o tirara de algumas encrencas, providenciando "boa vontade" das pessoas para consigo. Sempre se sentira bem naquele lugar e sempre tivera acolhidas mais calorosas. O sacerdote continuou:

"Já pensou sobre o que lhe disse?".

Sentiu novamente um gelo subindo pelas costas, arrepios e as mãos tremerem. Desejou nunca ter pisado ali. Ao mesmo tempo o poder daquele homem o fascinava.

E também se lembrava, com um misto de medo e excitação do que ele lhe dissera anos atrás e agora, após esperar pacientemente, lhe cobrava.

Hasan tinha tido, anos antes, estranhas visões que pareciam acontecer dentro da sua cabeça, se é que isso era possível, de coisas horríveis.

Monstros alados que decepavam cabeças; fogueiras imensas onde pessoas eram queimadas vivas e muitos outros tipos de cruéis torturas passavam pela sua mente; pensara estar ficando louco.

Um velho empregado de seu pai percebeu o que se passava e se ofereceu para levá-lo ao sacerdote pela primeira vez. Muita gente tinha algum tipo de paranormalidade por ali, mas os sacerdotes eram os escolhidos para resolver problemas como aquele.

Tais problemas, no entanto, eram considerados ataques das forças negativas da natureza e eram muito pejorativos para quem a eles sucumbia. Desta forma, guardou-se segredo sobre o mal de Hasan.

Depois disso, prepotente, pensou ter feito amizade com o tal sacerdote, começando a procurá-lo para coisas menores. Já naquela época ele o havia alertado para seus poderes, mas tão cedo as visões o abandonaram, esqueceu-se de suas palavras.

De qualquer forma sempre foi atendido e começou a pensar que poderia valer-se disso para sempre. Tentou pagá-lo de alguma forma, mas não foi permitido. O religioso não aceitava pagamentos. Apenas o alertou, em tom grave, que teria um dia que acertar suas dívidas com as forças que o estavam ajudando e da qual ele, Hasan, também fazia parte.

"Faço parte de que, grande sacerdote?", havia perguntado na época, assustado.

"Há seu tempo", foi a resposta lacônica.

Lembrou-se desses encontros anteriores e na impossibilidade de cavar um buraco na terra e sumir, arriscou, tentando safar-se:

"De fato não estou entendendo o que o senhor quer dizer com isso".

"Há muito o esperamos", sentenciou o sacerdote.

"Seu tempo chegou", concluiu, sem cerimônias.

Sentiu suas pernas paralisadas e a voz sumir. Nada perguntou.

"Do que ele está falando?", pensou. Mas o sacerdote continuou, tranqüilo, sem se importar com seu silêncio.

"Você tem poderes e quero lhe fazer uma oferta", falou em seu tom sombrio habitual.

"Poderes?", balbuciou, quase entre lágrimas. Tinha medo dessas coisas. Mesmo porque coragem não era seu forte.

Talvez seu espírito se lembrasse do que fizera em outras vidas com esses poderes ocultos.

Sabia que o grande sacerdote não era dado a brincadeiras e, num segundo, já estava arrependido, até o último fio de cabelo, de ter vindo ali.

"Você faz parte do grupo dos homens encantados pelo poder das trevas da noite, que se oculta nos milênios e faz frente aos homens dos templos da luminosidade radiante. São forças que se igualam e por isso se confrontam", olhou-o por alguns momentos, como se pensasse no que iria dizer a seguir.

"Nossa luta é perpétua e a cada dia avançamos um pouco mais", falou e ficou olhando para ele, observando suas reações.

Hasan não havia entendido nem uma só palavra. Ou não quisera entender. Sentou-se, sem forças. Só o que sabia era que não queria meter-se nessas coisas. Não queria meter-se em coisa alguma onde o grande sacerdote estivesse no meio.

Tinha repentino e inexplicável medo daquele homem parado ali na sua frente. Sua fama corria por todo o povo.

Devia lidar com bruxarias muito perigosas e poderosas. Suas lembranças passavam como um raio pela sua mente. Nunca havia se dado ao trabalho de parar para pensar como ele o livrara de tantas confusões. Era como se ele conseguisse influenciar no pensamento de pessoas que nem conhecia.

Lembrou-se do pó amarelado que ele havia lhe dado e dito que jogasse na frente das casas de seus desafetos, em diferentes ocasiões; e também do amuleto que ordenou fosse colocado em frente ao portal da casa do amigo Disio, atrás das plantas, para que ele adoecesse e se esquecesse de sua dívida, como de fato aconteceu.

Lembrou-se também das coisas que quebravam ao seu lado sem terem sido tocadas; dos pesadelos, das vozes agoniadas que tinha ouvido e dos monstros que tinham atormentado sua vida e de como tudo havia sumido, como por encanto, pelo poder de Ranor; era esse o nome do grande sacerdote. Era de fato muito assustador.

Estava tão absorvido pelos próprios pensamentos que não notou estar sendo cuidadosamente observado pelo sacerdote, que também se sentara.

"Lembra-se de tudo não é Hasan?", observou, deixando claro que lia seus pensamentos.

Olhou-o espantado. Nunca pensara ou dera qualquer atenção para poderes como esse; apenas usara-os de forma inconseqüente e agora que despertava para a realidade do que significavam, estava estarrecido.

"Não tenha medo. Você está do nosso lado e é protegido pelo grande e poderoso senhor da noite eterna", bateu palmas e um servo entrou, curvando-se respeitoso. Ordenou alguma coisa que Hasan não ouviu e o homem saiu, apressado.

Ranor então lhe contou do senhor da noite eterna e das vantagens de ser seu servidor fiel. Hasan pensou que ele se referia a algum tipo de divindade desconhecida e que os tais servidores seriam apenas os religiosos dos templos.

Custou a compreender que ele falava do bem e do mal; da luz e das trevas; e das escolhas de cada indivíduo de ficar deste ou daquele lado para exercitar seus poderes e dons.

Não era preciso ser religioso para estar deste ou daquele lado. Todos, mais cedo ou mais tarde, faziam suas escolhas.

"Precisamos de você agora. Pode aprender e com o tempo será um bom servidor", observou, solene. O servo voltou com uma caixa grande. Deixou-a no meio do aposento e retirou-se sem uma palavra.

"Venha", era a voz do sacerdote ordenando que o acompanhasse, o que fez sem pestanejar.

Chamou-o para perto da caixa e de lá retirou alguns objetos. Desembrulhou do meio de alguns panos escuros e aveludados uma espécie de medalhão prateado e redondo, do tamanho de um punho fechado.

Depois outro e outro, menores, de tamanhos diferentes. Tirou também um pequeno punhal embainhado numa capa de couro, gravada a fogo com sinais que não compreendia. Havia também um saquinho com o tal pó amarelado, de cheiro ruim.

"Estas coisas são suas agora. Depois eu encarregarei alguém de iniciar você nas artes da magia e muitas coisas boas acontecerão para nós e para você também. Terá todo o prestígio que desejar", continuou falando como se ele não estivesse ali.

Parecia mais falar consigo mesmo, pois nada lhe perguntava. O que achava ou o que não achava daquela loucura toda, parecia simplesmente não importar. Depois de um tempo Ranor notou seu olhar espantado e, nessa altura, até mesmo irritado com aquela situação.

"Como alguém podia querer decidir assim sua vida?", pensava.

Mas, para sua surpresa, logo ouviu a resposta:

"Posso decidir com a minha autoridade e poder, que são maiores que os seus. Além do mais foi você que combinou isso em algum lugar. Sabia que seria cobrado a assumir suas responsabilidades", tornou Ranor com uma voz calculada e paciente.

Estava furioso mesmo. Não achava que tinha qualquer responsabilidade com grupo nenhum de magia e também não iria deixar sacerdotezinho nenhum ditar sua vida. Ao mesmo tempo não lhe saía da cabeça o extraordinário poder de Ranor.

Esquecia-se, talvez, de outras existências, nas estrelas ou aqui no planeta, onde deveria ter feito pactos com aqueles espíritos que ora se reuniam novamente a serviço do mal. Encarnados e desencarnados.

Embora uma parte de seu ser, aparentemente relutasse contra aquele reencontro, temendo pelas conseqüências mais do que por alguma razão ética, outra parte não havia se importado de usufruir os benefícios daquela amizade antiga.

Lembrava-se das mágicas que ele tinha feito, que deveriam ser coisas até pequenas e sem importância para ele, e pensava no quanto sua vida poderia se tornar melhor caso aprendesse a fazer as mesmas coisas. Com certeza tudo seria mais fácil.

Riu, de repente, ao pensar nos colegas de treinamento que poderia passar para trás e também como a vida seria divertida no futuro. Não iria a lutas perigosas e gozaria dos privilégios que os altos cargos militares lhe trariam. Muitas mulheres, uma esposa, filhos, uma boa casa... Vida boa.

Notou que o grande sacerdote sorria. Irritou-o a idéia de não ter mais privacidade em seus pensamentos.

"Não se preocupe meu caro Hasan. Sei como são essas coisas. Também já passei por isso", falou enquanto sorria.

"E por que não desejam que eu me torne então um sacerdote? Não seria mais fácil?", argumentou, já nitidamente interessado naquela história, sem imaginar, nem longinquamente, do que se tratava aquilo tudo de verdade.

"Precisamos de gente nossa no meio do governo e das pessoas importantes da sociedade. Algumas vezes precisamos saber certas coisas", falou, de uma forma que denotava cumplicidade.

Hasan estranhou o argumento.

"Não adivinhavam tudo?", pensou.

"Sim, mas muitos são protegidos pelos homens do templo da luminosidade e não temos acesso a eles. Você tem alguns poderes diferentes que podem ser muito úteis. Com o tempo você vai entender a instância maior destas coisas que estou lhe falando. Não se aprende tudo do dia para a noite", admitiu, respondendo à pergunta apenas mentalizada.

"O que tenho que aprender afinal?", perguntou, já impaciente com aquela conversa cifrada.

E novamente ouviu, como ainda iria ouvir centenas de vezes dali para frente:

"A seu tempo, meu caro Hasan. A seu tempo".

Ranor falava de bruxarias incompreensíveis para Hasan naqueles dias. Falava do eterno duelo das forças do bem ou da luminosidade radiante contra as forças do mal ou das trevas da noite.

Com o tempo aprendeu que enormes agrupamentos espirituais, de um e de outro lado no astral, com a ajuda dos homens da terra, se digladiavam em algum plano etéreo desconhecido por ele.

Não sabia bem do que se tratava aquilo tudo naquele momento, mistério que só viria a decifrar muito mais tarde, mesmo porque não se interessava, mas conheceu de perto os favores recebidos pela ajuda oferecida ao lado do mal.

Subiu rapidamente na carreira militar, deixando para trás os amigos e competidores diretos pelos melhores postos. Tornou-se o orgulho da família, como tanto almejava o pai.

Era um homem bonito e os bonitos trajes militares lhe caíam bem, aguçando sua vaidade. Casou-se com a moça mais cobiçada da cidade, sem abandonar, no entanto, a vida nos banhos e os encontros com as outras mulheres.

Também viajou em expedições navais e conheceu outras terras. Em nenhum momento, todavia, sua vida esteve em risco, pois seus barcos sempre ficavam na retaguarda; em terra sempre esteve em posições seguras nas invasões e nos poucos combates que participou. A vida era uma bela e despreocupada festa.

Fazia parte dos homens encantados e vendidos para as trevas da noite. Aprendeu muitas magias. Matou inimigos sem sair de casa. Nunca se tornou um bruxo de primeira linha ou respeitado no grupo, mas não comprometia e terminou sendo aceito nessas atividades secretas.

A antiga tendência de seu espírito para o mal sem compromisso continuava a agir em suas entranhas como um vírus maligno e resistente aos tratamentos oferecidos.

Aparentemente de nada havia adiantado, além de alguns ridículos minutos de resistência, todo o sofrimento que havia experimentado anteriormente em suas longas permanência nos infernos astrais pelos quais já havia transitado.

O espírito de Hasan, como o da maioria ainda de nós, tão logo voltava para uma reencarnação, esquecia de pronto tudo o que havia feito os outros sofrerem e todo o mal que havia causado.

Esquecia-se das propostas de serviço e de revisão dos seus padrões éticos; assim como não mais se lembrava da determinação de mudar a forma como gostava de levar a vida.

Despertar numa nova vivência fazia apagar em sua mente, dependendo das conveniências, as decisões anteriores tomadas antes do nascimento.

O pior é que, estranhamente, também se esquecia do que ele próprio já havia passado tormentos sem fim, milênios a fio, nos astrais negativos da região de Zangadahr e nas vidas expiatórias que, certamente, aconteceram na infância rudimentar de nosso planeta, para onde viera para aprender e também para ensinar.

Como ele, nós também cedo nos esquecemos do que viemos fazer aqui.[1]

Participou de centenas de rituais de magia macabra, onde crianças, especialmente, eram sacrificadas.

Os rituais eram realizados numa caverna iluminada por dezenas de pequenas tochas, cujo tremular das luzes criava um ambiente estranho, pesado e sufocante, onde ele e os outros iniciados se mantinham sentados no chão entoando estranhos cantos de louvor.

Contou quando um bebê recém-nascido foi introduzido no ambiente, seguro pelos pés, de ponta cabeça. O bebê não chorava e estava como que largado nas mãos do homem que o segurava. Talvez estivesse desmaiado.

Outro homem se aproximou e, num gesto rápido, cortou sua cabeça, decepando-a completamente. O sangue jorrou, espirrando nos mais próximos da mesa, onde foi colocado. Um pouco do sangue foi recolhido e passado para que todos o tomassem.

No princípio ele vomitava nessas cerimônias, mas com o passar dos anos foi se acostumando e não se importava mais. Tornou-se completamente insensível a tudo aquilo.

Os iniciados gritavam alto e se atiravam ao

---

1 *Viajantes - Histórias que o Tempo Conta,* **EDITORA DO CONHECIMENTO**, de Maria Teodora Ribeiro Guimarães. Livro onde se iniciam as explicações básicas sobre a terapia de vida passada, falando sobre as dores que acometem o homem atual e suas causas pretéritas, no relato das vivências de diversos clientes.

chão, como que possuídos por forças demoníacas, inclusive ele.

O chefe do grupo, geralmente um sacerdote, mais tarde falaria a todos numa linguagem que ele não compreendia quando estava fora desse tipo de transe, trazendo as ordens superiores das forças das trevas da noite.

Os encantados saíam, um a um, do estado alterado de consciência em que se encontravam e tentavam então se lembrar e decifrar o que tinham ouvido.

No meio do relato, teve um acesso de tosse e depois disse num sussurro:

"Meu Deus! Hasan é um bruxo de Atlântida. Isto foi há uns 12.000 anos", era Leo, com a voz entrecortada de emoção, que se assustava com sua óbvia descoberta.

"Sim, é o que parece", respondi com calma.

Leo não era o primeiro que informava sua vivência em Atlântida, e a coincidência de informações era realmente fantástica, não só entre os relatos de pessoas que absolutamente não se conheciam, como também a comparação desses relatos com estudos científicos escritos sobre a época.

Sabemos que as três ilhas remanescentes do continente Atlântico submergiram, em épocas diferentes. A última, que era onde parecia ser o lar de Hasan, há mais de cem séculos atrás.

Era Poseidon, numa época que os atlantes participavam de grandes escaladas militares de conquistas e se viam, novamente, caídos nos mesmos erros, envolvidos em grandes desmandos morais e espirituais, o que teria, em última análise, provocado o desequilíbrio da natureza e a destruição dessa terceira raça, como foi chamada.

Alguns autores afirmam que parte dela emigrou,

cerca de 30.000 anos antes da última catástrofe para terras americanas. Mais explicitamente para o litoral do Espírito Santo. Relatos fascinantes sobre essas histórias podem ser lidos em obras extraordinárias, que já citamos anteriormente.[2]

Mas Hasan, desavisadamente, encantava-se com seus poderes e, embora fosse um bruxo de segunda categoria, frente aos homens normais era muito poderoso.

Havia passado a vida conseguindo tudo o que queria e se não tinha o reconhecimento de seus pares ali nas cavernas, bruxos e magos melhores que ele, era muito admirado junto ao povo, à família e aos militares.

Um dia, porém, por perto de seus 50 anos, foi acometido de estranha doença. Tinha terríveis dores de cabeça, inchaços nas pernas e vergões avermelhados por todo o corpo, que queimavam como fogo.

Os sintomas duravam algumas semanas e depois desapareciam sem deixar vestígios. Mas depois de outras tantas semanas voltavam com força redobrada.

Procurou ajuda dos sacerdotes e não a recebeu. Diziam-lhe nada poder fazer, pois sua doença também era obra das forças da noite. E era mesmo.

Não era difícil imaginar que as tais forças da noite, formadas obviamente por "presenças" negativas do astral inferior, apenas manipulavam o ectoplasma de Hasan, causando tão terríveis sintomas. Pela sua freqüência vibratória ruim, era fácil tais espíritos se aproximarem e fazer dele o que bem entendiam.

Ficou indignado com a impossibilidade de ser ajudado, pois sempre cumprira à risca as ordens

2 *A Terra das Araras Vermelhas*, Roger Feraudy, **EDITORA DO CONHECIMENTO**. Intrigante livro que conta a vinda dos atlantes para o litoral do Espírito Santo).

superiores. Imagino que os tais superiores deveriam saber que sua doença era causada por espíritos.

De qualquer forma, na hora que mais precisou, foi abandonado. Gritava de ódio e esmurrava as paredes. Blasfemava contra as forças da noite, às quais tanto servira durante toda uma vida e que agora, na hora de sua maior dor, o ignoravam.

Esquecia-se, de certo, de todo o conforto e facilidades que lhe haviam sido proporcionados pelas mesmas forças, durante toda uma vida.

"Como já não sirvo para mais nada estou sendo abandonado", pensava, revoltado.

Não estava de todo errado. Ao mesmo o tempo, sua raiva parecia ridícula, pois quando alguém se alia ao mal, não pode esperar que esse mesmo mal venha lhe fazer o bem, ou tenha compaixão de si em qualquer tempo.

Um dia, transtornado, voltou ao templo atrás de Ranor e soube que ele havia morrido há pouco tempo.

Tentou em vão falar com outros grandes sacerdotes. Foi aconselhado a afastar-se; sabia demais e não deveria se expor tanto, pois poderia cair sobre si a ira de alguém que se sentisse ameaçado.

Não deu ouvidos, continuando a percorrer os templos e as cavernas da grande cidade atrás de uma solução para seu caso. Tempos depois seu corpo foi encontrado boiando num dos canais do porto.

O espírito, após a morte, encontrou-se imediatamente atraído para uma das cavernas cerimoniais secretas, sem saber como havia ido parar lá. Sabia que seu corpo havia morrido e, com raiva, pensava em vingança.

Estranhou o enorme número de outros espíritos que estavam por ali; a maioria parecia ser de servidores das forças da noite também. Havia uma multidão de espíritos naquele lugar.

Sabia da continuação da vida em espírito, mas não imaginava a existência de uma quantidade tão grande de espíritos dessa forma e concentrados todos num mesmo lugar. Nunca tinha sido um grande iniciado e pelo visto havia muitos segredos que não lhe foram passados.

Imaginava que após a morte seria levado para a grande cerimônia de continuidade da vida num dos templos sagrados para iniciados do etéreo, onde inclusive permaneceria pelo tempo que quisesse, usufruindo os privilégios dos servidores fiéis.

"O que estou fazendo aqui, numa das cavernas secretas?", pensou. Havia aprendido que para ali eram atraídos, eventualmente, espíritos de encantados, como ele, a serviço das forças etéreas das trevas.

"Será que já estou a serviço?", tentava pensar, mas sua cabeça doía.

Espantou-se com a atmosfera divertida do lugar, promovida pelos espíritos, nada usual entre os encarnados que freqüentavam aquele lugar, apesar de seu aspecto sinistro.

Também estranhou a acolhida que recebeu, onde olhares de zombaria de outros, que lhe pareciam também servidores encantados das trevas da noite, o atravessaram de todos os lados.

"Ei! Você aí!", alguém chamou.

Estava confuso e custou a entender que era com ele.

Notava, nesta altura, que alguns companheiros de culto, seus conhecidos e ainda encarnados, pareciam, estranhamente, velhos e cansados.

Levou um susto, pois não havia notado a presença dos vivos até então. Havia muitos iniciados e sacerdotes por ali. Tudo parecia girar ao seu redor.

Na realidade tinha passado anos e anos vagando por outras cavernas, perdido, sem entender o que estava acontecendo, sentindo-se perseguido pelos antigos monstros de sua juventude, até se dar conta da própria morte e chegar àquela caverna.

Pensou, em sua confusão, que tivesse morrido no momento anterior, pois não percebera o tempo passar.

"Eu?", perguntou, enquanto se aproximava, temeroso.

"Então tem medo agora, seu tolo encantado", sentiu o sarcasmo na voz do outro. Foi cercado por outros espíritos que lhe davam tapas nas costas.

Sentiu-se, de repente, muito cansado, sentando-se no chão sujo. Um frio terrível tomou conta de seu ser, como que atravessando sua alma. Não se lembrava de ter passado um frio daqueles ali e não percebia que aquele clima era uma criação plasmada no astral.

Tinha ainda grandes vergões pelo corpo e a cabeça parecia que ia explodir. Eles se agacharam a seu redor. Não compreendia muito bem o que estava acontecendo e sua dor não deixava que pensasse direito.

"Olhe bem para nós. Não nos conhece Hasan?", continuou o mesmo espírito que o chamara.

"Não. Acho que não", respondeu, apenas para que o deixassem em paz.

"Você evocava nossos mestres e eles nos mandavam até você, assim como todos esses imbecis aí", sorria e apontava para os homens que entoavam seus cantos no ritual que começava. Todos os outros também sorriam, tripudiando e imitando os gestos dos que cantavam.

"Não entendo. Evocávamos as forças da noite. Pensei que fossem forças etéreas ou algo assim", defendeu-se.

Explodiram numa gargalhada.

"Forças etéreas! Que ridículo. Aliás, o que será isso?", retrucou um deles. Novas gargalhadas.

"Você evocava o mal e nós somos os servidores desse mal. Ou será que você pensava em sacrificar criancinhas e encontrar depois os caminhos para os templos sagrados da luminosidade radiante?", estava sério agora aquele que o chamara e que atendia pelo nome de Syonin. E continuou:

"Você agora também é nosso, como todos eles também serão um dia", falou apontando para o grupo que cantava compenetrado. Depois de uma pausa, onde parecia se divertir olhando os homens que cantavam, continuou:

"E deverá pagar sua dívida para com as forças da noite trabalhando para nós. Mesmo porque vamos continuar ajudando você. Quer se vingar desses aproveitadores, não quer?", perguntou com um sorriso irônico.

Ouviu então a proposta sedutora que o enredou ainda mais nas teias daquilo que chamavam de forças negativas das trevas da noite; forças do mal que viveriam em simbiose com ele ainda por muito tempo.

Somente 120 longos séculos depois, seu espírito exausto e sofrido, começaria a se render e a abandonar, definitivamente, as forças do mal.

Seu espírito ficou no mundo astral por muito tempo. Permaneceu na Grande Cidade sem reencarnar até sua quase total submersão, séculos depois, quando parte do povo migrou para as terras altas.

Nessa altura já não era mais um subserviente trabalhador. Já entendia muito das coisas da espiritualidade e, servo fiel que se tornou dos grandes mestres da noite, rejubilou-se com o fim trágico, para o qual trabalhara com afinco, do que restara um dia, da Atlântida, próspera e avançada, em todos os sentidos.

O mal, mais uma vez, havia vencido e Hasan, enlouquecido, sentia-se vingado. Vingara-se sobre todo um povo, do mal que, no fundo, ele mesmo fizera a si próprio.

4
Efér
No Antigo Egito — 2300 a.C.

"Meu nome é Efér. Tenho 31 anos e sou um escriba. Moro numa grande casa e sou um dos amigos do faraó, o filho de Rá, o deus sol. Meu pai também era um escriba, assim como meu avô e me ensinou, desde pequeno. Faço de tudo na cidade, como os outros escribas. Todos os registros, os impostos, as escritas nos templos. A cidade é grande e precisa de vários escribas" denotava evidente orgulho em sua postura. Sua fala era afetada e até certo ponto arrogante; as mãos traduziam gestos delicados e igualmente afetados. Fez uma pequena pausa e continuou:

"Preservamos nossos segredos bem guardados porque graças à nossa cultura, tão evidente no meio desse povo ignorante, nos aproximamos da nobreza e dos privilégios; nem mesmo os faraós sabem traduzir os sinais e por isso sempre tiveram dificuldades em mandar suas mensagens aos deuses. Por isso transmitimos os sinais apenas para nossos filhos. Apenas preservamos essa cultura e ainda ajudamos a todos" explicou, de forma didática, embora sem poder de convencimento.

"E como é sua aparência?" perguntei querendo saber mais sobre ele.

"Sou moreno e não sou forte. Não preciso ser forte. Minha força é minha inteligência e minha cultura. Além do mais já conquistei meu lugar e as boas graças da família real. De nada mais preciso" tornou, justificando-se, sem que nada lhe tivesse sido cobrado. Parecia que Efér justificava algo para si mesmo. Falou também de sua casa, que era quase um palácio. E a seguir emendou outras explicações, espontaneamente. Parecia que Efér era homem dado a longas preleções.

"Moro na capital e trabalho muito, até altas horas, todos os dias. Mas o prazer de desfrutar a recepção no palácio real vale todo e qualquer sacrifício. Para não dizer o respeito do povo nas ruas. Até mesmo os sacerdotes me respeitam. Também precisam de meus serviços e costumam agendar, com muita antecedência, os escritos em seus templos. Geralmente esses escritos são feitos durante as construções e desta forma somos também disputados pelos construtores. Hoje em dia muitos nobres constroem seus túmulos com grandiosidade, a exemplo da família real, o que nos enche de trabalho bem remunerado" parecia tranqüilo e era evidente que gostava muito de sua vida.

Pedi que contasse sobre o lugar, o povo e tudo o mais que chamasse sua atenção por ali. Efér então contou sobre a capital, onde também vivia o faraó e sua família, assim como toda a nobreza. Havia muitos sacerdotes devido aos numerosos templos, dedicados a todo tipo de Deus, nas mais enigmáticas formas, misturando muitas vezes formas humanas com formas de animais. Pelo seu relato, ficava claro que o Egito de sua época ainda não havia sido unificado em torno de um só deus, como conta a história da antigüidade.

Morava com a mãe e com duas irmãs, e mais um punhado de serviçais e ainda um tanto de escravos. A casa era grande e arejada. Usava roupas bonitas, bem trabalhadas, como se fosse uma saia reta até o meio das canelas e sandálias. A mãe, uma senhora de seus 50 anos, usava muitos véus cobrindo a túnica comprida, assim como as irmãs, bem jovens. Dedicava uma parte do dia estudando e reestudando os sinais, assim como os novos projetos para traçar seus planos de trabalho, que eram imediatamente abandonados ante um chamado do faraó ou do sumo sacerdote.

Não gostava de mulheres e irritava-se muito com os pedidos da mãe para procurar uma esposa; ela o alertava com freqüência sobre a necessidade de precisar deixar um herdeiro para todo aquele patrimônio cultural que havia acumulado. Era uma tradição e além do mais era também uma forma de manter a posição social da família. Não gostava de homens tampouco. Parecia tão deliciado com seu status social e com as atenções redobradas do faraó, com o qual vinha conquistando, sucessivamente, a posição de favorito, que parecia bastar-se por si só.

"Vá procurar algo para fazer minha mãe. Deixe-me que preciso trabalhar" recomendava ele à mãe, enjoado de seus reclamos.

"Se você não tiver um filho homem o que vai ser de nós um dia? Lembre-se como seu pai morreu cedo" insistia, preocupada. As irmãs faziam coro, o que muitas vezes o levava a deixar a casa e sair para uma visita às suas obras nos templos e nos túmulos. Muitos operários especializados trabalhavam para ele, recebendo bons salários e, por isso, esmeravam-se. Sabiam que exigia perfeição nos traços e nas figuras, mesmo sem saber o que significavam. Tinham-no por um sábio e o reverenciavam como tal, quando chegava. Fazer essas visitas alimentava sua vaidade, voltando para casa sempre mais tranqüilo.

Ria-se da preocupação da mãe nessas horas e pensava: "Não vou morrer tão cedo minha mãe" parecia achar que seria eterno.

Nessas visitas conversava com os sacerdotes,

que também o tratavam muito bem. Estava inclusive tratando com um deles para que fizesse uma certa pressão sobre um dos construtores, e também um pedido especial ao deus reverenciado no templo em construção, que só o sacerdote poderia fazer, para que uma pequena figura sua fosse colocada no mesmo, o que geralmente só era concedido para gente da nobreza.

Não achava que iria morrer mas preocupava-se com a morte, como todos. Se conseguisse tal honraria estaria garantido como súdito daquele deus, para quando a morte viesse e tivesse que iniciar então uma nova vida. Isso para não falar da admiração que teria do povo, maior ainda daquela que já tinha.

Efér era mesmo muito vaidoso e isso terminaria custando muitas dores, no decorrer dos tempos.

Se não fosse o problema de sua sucessão, digamos assim, ele diria que sua vida era perfeita. Começou a pensar sobre como resolver a questão, já que casamento era algo completamente fora de seus planos. Não queria ter que se ocupar com mulher e filhos. Daria um jeito qualquer de arranjar um filho e o colocaria nas mãos da mãe para que o criasse. Quando tivesse idade para aprender teria um aluno que o obedeceria e não um filho que pudesse aborrecê-lo.

"E o que acontece de fato?" questionei querendo saber o desfecho da situação.

"Eu pensei muito e decidi que o melhor é arranjar um bebê pronto. Nem trabalho de fazê-lo vou ter" riu da própria esperteza. Riu tanto que quase se engasgou. Depois acalmou-se e continuou:

"Talvez possa tomar um bebê de uma das escravas" pensou, lembrando-se de que a mãe contara que duas escravas tinham dado à luz recentemente. Depois refletindo melhor achou que poderia subornar uma delas com algumas coisas, para que ela aceitasse dar o bebê sem fazer um escândalo. Afinal elas todas tinham muitos filhos e um não faria falta. Talvez até quisesse que um deles virasse um escriba. Pensou mais um pouco e percebeu que, se assim o fizesse, teria a vida toda aquela mulher nas suas costas, pronta para denunciar a qualquer momento que a criança não era seu filho legítimo.

Bebericou um pouco do refresco que um serviçal trouxera e resolveu pensar no assunto mais tarde. Recebeu depois a visita do sacerdote seu amigo, com quem estava negociando sua estátua no templo. Este trazia boas notícias. Evocara o deus em questão e este aceitara seu pedido, achando-o merecedor da honraria; diante disso o construtor também concordou. Mandaria então um artesão para providenciar a estátua já no dia seguinte.

Sua felicidade não tinha limites. Abraçou o sacerdote e tratou de chamar a mãe e as irmãs, aos gritos. Os empregados também vieram correndo, assustados. Comunicou a todos e depois, fingindo modéstia, prometeu interceder a todos junto ao deus em suas oferendas. Todos caíram de joelhos e se prostraram ao chão a seus pés, com gritos e louvores de agradecimento. Era uma enorme honra trabalhar para uma pessoa preferida dos deuses. A mãe e as irmãs não cabiam em si de contentamento. Com certeza isso renderia frutos durante e após a vida.

Providenciou uma grande festa, onde comunicou aos amigos a deferência da qual havia sido aquinhoado, sem contar, naturalmente, que havia comprado tanto o sacerdote quanto o construtor. Foi muito cumprimentado por todos, até mesmo com uma ponta de inveja. Até mesmo o faraó ficou sabendo e o recebeu numa pequena audiência. No palácio foi recebido com pompas. Todos agora o tratavam com uma deferência ainda mais especial. Era tal a excitação que o assunto filho ficou esquecido por uns tempos. A vida parecia um sonho.

"E a sua vida vai assim até quando?" perguntei no sentido de dar continuidade à história.

Efér tinha já 34 anos e a mãe voltara a cobrar o herdeiro e sucessor da linhagem de escribas. Arquitetou um plano e mandou chamar à sua presença seu braço direito: o homem que cuidava da casa, dos empregados e dos escravos. Era aquele também que não permitia que qualquer um chegasse até sua pessoa. Era homem forte, frio, seguidor fiel de suas ordens, ainda mais agora que se tornara um preferido dos deuses. Tinha uns 40 anos. Usava uma espécie de saia pelos joelhos; era moreno e de cabelos compridos, presos por uma espécie de tiara rústica. Uma figura que impunha respeito.

"Entre Zanon" ordenou, chamando-o pelo nome. O homem entrou e fez uma pequena reverência.

"Meu senhor mandou me chamar. Aqui estou. Ordene senhor" falou, respeitoso mas firme.

"Sente-se" apontou uma das inúmeras cadeiras do ambiente, que pareciam feitas de junco, com espaldar alto e extremamente leves.

Zanon espantou-se com a gentileza do patrão, mas aceitou sem pestanejar. Efér continuou:

"Quero saber da sua lealdade a mim. Tenho para você a missão mais importante da sua vida e quero saber se posso confiar em você cegamente" falou duro e olhando-o diretamente nos olhos. Este não abaixou o olhar.

"Faça de minha vida o que quiser meu senhor. Minha vida é sua" foi sua resposta altiva.

"Peça a minha vida se desejar meu senhor" finalizou.

"Não lhe peço tanto mas aprecio sua lealdade meu caro Zanon. Não quero sua vida mas quero saber se você mataria por mim?" perguntou, sem alterar o tom de voz.

"Faço qualquer coisa que me for ordenado pelo senhor." Gotas de suor escorriam de sua fronte. Fora evidentemente pego de surpresa, mas orgulhoso, não diria nunca que aquilo o assustava

"Não se preocupe Zanon, reservarei para você a clemência dos deuses e pela sua lealdade, um lugar para você e sua família ao meu lado após sua morte, no grande túmulo que vou construir" foi a promessa que o servo ouviu e que fez seus olhos brilharem, em êxtase.

Jogou-se ao chão na sua frente e agradeceu, comovido.

"Acredito que me protegerá depois da morte para sempre. Só meu senhor tem poder para isso."

"Bem, vamos então ao que interessa" sorria satisfeito com a facilidade com que convencera o crédulo servidor. Ordenou então que escolhesse uma escrava, a mais bonita que encontrasse e a comprasse. Deveria deixá-la sob a guarda de algumas servas em outra cidade. Depois, prometendo que se casaria com ela, a engravidaria, tantas vezes quantas fossem necessárias para nascer um menino. Quando nascesse o menino, a convenceria a vir para a capital e no caminho a mataria, trazendo só a criança. Nesse meio tempo, ele, Efér, diria a todos que havia se casado em outra cidade e que estava esperando o filho nascer para trazê-lo com a esposa, de saúde frágil, para sua casa. E a mulher, infelizmente morreria na viagem.

"Não tenho tempo para me dedicar a uma família meu caro amigo. E preciso de um filho. Assim terei tempo para cuidar dos importantes assuntos que me são devidos, inclusive pelo faraó" arrematou, falando com intimidade do faraó, o rei deus, para impressioná-lo.

Zanon não fez uma só pergunta. Saiu disposto a cumprir integralmente a vontade de seu senhor. "Família era coisa para gente do povo, como ele. Seu senhor tinha coisas mais importantes e divinas para fazer. Não era um homem comum" pensou.

E assim foi feito. Efér arrumou uma longa viagem a trabalho para visitar algumas construções distantes e na volta informara a mãe que se apaixonara por linda jovem do povo e se casara com ela, num impulso. Ela agora estava grávida, mas de saúde frágil, não pudera acompanhá-lo. A senhora ficou tão feliz que nem se lembrou de criticá-lo por casar-se com alguém do povo. Sonhava um casamento com uma moça da nobreza para ele.

Pediu para visitar a nora, mas alegando ser viagem cansativa e lembrando sua saúde também comprometida, ele não a deixou ir, deixando-a comovida com tanta atenção.

De qualquer forma logo Zanon chegaria à capital com o menino, mas trazendo a triste notícia da morte da moça no caminho e seu corpo semi-embalsamado, para que o processo fosse concluído ali. Efér, fingindo profundo desgosto, prometeu construir um túmulo para ela, mandando seus servos tomarem bem conta do corpo da amada esposa. E sob a alegação de que o filho o lembrava demais a esposa morta, entregou-o à mãe, para que cuidasse dele e o criasse, poupando-o de mais esse sofrimento e ao bebê desse então uma nova e maravilhosa mãe. E ela, maravilhada, assim o fez. Tinha nos braços o tão sonhado neto. Um menino forte e lindo.

Ele chamou o empregado fiel a seus aposentos e o gratificou prodigamente; o suficiente para que se tornasse um pequeno agricultor, como sabia ser seu sonho. Novamente foi reconhecido quase como o deus na terra, tendo sua proposta imediatamente aceita. Recomendou que quando sua morte estivesse para chegar, mandasse levar o pequeno pedaço de madeira que lhe entregava todo cheio de sinais, para que um escriba o lesse e providenciasse sua transferência, após a morte, para o grande túmulo de Efér. Agradecido, o servo partiu para sempre.

E assim ele se livrou também da única testemunha de seu crime. "Como a vida é simples" pensou, contente por ter resolvido tão bem a questão do sucessor.

Depois disso, através dos anos que se seguiram, dedicou-se à construção de seu túmulo, de tamanho modesto, para não parecer presunçoso, assim como a passar para o filho todo seu conhecimento de escrita e leitura. Começou a ensiná-lo quando tinha nove anos e ele se tornou um excelente aprendiz. Suas relações eram estritamente de professor e aluno. Mas tratava-o bem e como não conhecera nada diferente, o menino não se queixava. Tornou-se também, nesse meio tempo, o escriba mais importante de toda a capital.

O tempo passou rápido. O filho era agora homem feito e estava pronto para seguir seus passos. Gostava de pensar que ele seria também um escriba e tinha até orgulho disso; o rapaz, por sua vez, orgulhava-se também do pai, tão querido e apreciado por todos, e especialmente pelo faraó. Tinha quase 60 anos.

Tudo corria bem na vida. A mãe tinha morrido já há alguns anos e tinha sido levada para seu túmulo. Gostava de pensar que a morte também estava resolvida. Costumava pensar que era mesmo um sujeito de muita sorte, por conhecer as pessoas certas nas horas certas de sua vida. Era um entardecer de verão e o tempo estava meio abafado. Pensou em chamar serviçais para providenciar refrescos e a abertura total das janelas para que a brisa do grande rio entrasse, mas acabou adormecendo, sentado numa espécie de espreguiçadeira num de seus aposentos. Logo em seguida acordou sobressaltado. Alguém o chamava.

"Não se pode nem dormir um pouco" pensou irritado e sonolento, sem se dar conta do que acontecia.

"Finalmente nos encontramos face a face novamente, não?" quem lhe falava era Zanon, o fiel serviçal. Havia pelo menos duas décadas que não sabia mais dele. Estava com uma aparência horrível, sujo e rasgado. Sua pele parecia meio esverdeada como se estivesse sofrendo de alguma doença grave. Tossia um pouco e estava aflito, com uma das mãos sobre o peito como se sofresse dores. Dele também vinha um cheiro desagradável.

"Zanon! Meu caro! O que lhe aconteceu?" exclamou, acordando de vez. Depois de uns instantes percebeu ainda mais o inusitado da situação e acrescentou, meio assustado:

"Mas, como veio parar aqui depois de tanto tempo?" estava atônito.

O antigo servo continuava ali parado na sua frente, imóvel, olhando-o de uma forma estranha, o que lhe causou uma sensação ruim. Não sabia o que pensar nem o que fazer naquele momento. Então, meio aflito já, tentou:

"Precisa de ajuda meu caro amigo? Eu posso o ajudar com certeza."

"Sim. Você vai me ajudar muito, com certeza. Você nem imagina quanto" o tom enigmático e ameaçador em sua voz fez com que um frio corresse pela sua espinha. Sentiu uma tontura e achou que estava desmaiando. Sua cabeça começou a ficar enevoada e mal conseguia enxergar Zanon.

"O que está acontecendo?" perguntou ansioso e confuso.

Não obteve resposta alguma. Estava agitado.

"Pergunte a seu Inconsciente. Ele sabe o que acontece com você nesse momento" intervim, no sentido de fazer a história prosseguir.

"Deve ser algo muito ruim. Estou desconfiado de que não vou querer saber" era Leo que falava comigo naquele momento.

Protegi-o e acrescentei:

"Deixe que aconteça. Tudo o que você vai saber são coisas que já aconteceram, há muito tempo atrás. Você está aqui agora." Como sempre eu conversava durante a maior parte do tempo com Efér, o personagem do passado, que continuava no Egito, mas não podia me esquecer que Leo também estava ali, e necessitava de ajuda e atenção, de vez em quando. As lembranças de nosso passado são geralmente dolorosas e não é sempre fácil nos confrontarmos com elas. Muitas vezes tentamos fugir da situação, causando um bloqueio desnecessário.

Muitos desses personagens interagem conosco em cada momento do nosso dia, sem que sintamos. Não nos damos conta e dependendo das circunstâncias em que o instante da vida se nos apresente, ora agimos, pensamos ou sentimos como um deles, ora como outro e assim por diante.

Parece que quando nascemos trazemos algumas dessas nossas antigas personalidades arrastadas conosco para uma nova vida, pois somos a continuação delas todas e elas são parte de nós. Não há como fugir dessa situação e somente o entendimento dela pode explicar ao homem e à psicologia seu temperamento, suas idiossincrasias, seus medos inexplicáveis etc.

"E então?" incentivei.

Começou a perceber uma sensação de quem voltava de um desmaio.

"Do que se trata isso tudo?" eu quis saber.

"Como vim parar aqui?" denotava extrema surpresa.

"Aqui onde?" continuei a empurrá-lo para descobrir o que tinha acontecido.

"Estou dentro do meu túmulo. Mas como vim parar aqui?" estava bastante confuso e com muito medo. Nesse instante ouviu novamente a voz de Zanon:

"Eu o trouxe" foi a resposta. Mas não o via. O lugar era muito escuro e apenas algumas réstias de luz pareciam vir de algum lugar. Estava num dos corredores, ao lado da passagem lacrada que guardava a entrada do lugar onde deveria ser colocado seu corpo, após a morte.

"Onde você está?" gritou, já meio exasperado.

Nada obteve como resposta. O silêncio era aterrorizador. Estava ali, sentado no chão, paralisado de medo e sem coragem de mover um músculo. Conhecia muito bem aqueles corredores, pois durante alguns anos acompanhara a construção. Havia objetos escolhidos cuidadosamente por ele mesmo.

Um minuto depois, sem saber como, estava na pequena sala reservada para seu corpo. "Como entrei? Devo estar sonhando" pensou. Ninguém além do construtor do túmulo sabia o segredo para abrir aquela passagem que dava para o interior de sua câmara mortuária.

Correu para a saída mas ela estava trancada. Esmurrou as paredes, em grande desespero. Resolvi ir em auxílio de Leo, pois a ele eu não podia, evidentemente, ajudar. Eu falei com Efér para auxiliar a Leo:

"Você Efér, nesse momento em que está preso dentro do túmulo, sem que ninguém tenha aberto a porta, está vivo ou morto?" Apesar da resposta ser óbvia, um silêncio absoluto e prolongado se fez.

Ele viu finalmente o próprio sarcófago, que não deveria estar ali e dentro dele, sua própria múmia. O sarcófago estava lacrado mas ainda assim ele viu o próprio corpo. Sentia sua cabeça girar, mas foi estimulado a compreender que, de alguma forma, a morte chegara. De que outra forma poderia ter ido parar ali? Não era um sonho.

Chorou, mais de medo que de tristeza de ter morrido. Aquilo não era com toda a certeza a vida de benesses que esperava após a morte. "Onde estava o deus cujas dádivas de viver sob sua guarda havia comprado?" Sua cabeça rodava.

"Também estou procurando por ele, infeliz!" era a voz de Zanon novamente. Aquela voz o atormentou naquele túmulo por séculos. Ficou sabendo que ele se matou, corroído de remorsos, pois chegou à conclusão de que havia errado, poucos anos depois de ter deixado sua casa. Percebeu que foi o espírito dele, aquele andrajoso ser que o procurou em sua casa naquela tarde de verão. Custou a entender que entre o dia de sua morte e o dia que Zanon apareceu para ele, havia passado muito tempo. Não havia percebido a morte chegar. Morreu dormindo.

Ficou ali, preso dentro do próprio túmulo e atormentado com as acusações daquela voz sem corpo, pois Zanon nunca mais apareceu, deixando-o na mais completa solidão, por séculos a fio.

Antes de terminar a sessão, porém, Leo percebeu que havia algo diferente na sala. Sentia um forte aperto no peito e algumas náuseas. Questionado do que se tratava identificou ser uma "presença" que ali estava.

Era Zanon que voltava.

Aproveitando o estado alterado de consciência daquele momento de regressão, que muitas vezes possibilita mesmo que pessoas que nunca tiveram fenômenos de vidência, possam ter acesso a eles, mesmo que momentaneamente, voltava para ainda cobrar o mau feito. Mais de 4.000 anos depois!

Parece que alguns ódios não se arrefecem com o tempo, ou então o tempo é apenas uma invenção humana e simplesmente não conta muito no mundo espiritual.

O espírito aproveitava a situação protegida, para ambos, naquele *set* terapêutico, para continuar a destilar seu desejo insaciável, pelo visto, de vingança. Contou como, após sua morte, vagou por lugares horríveis, sem nada compreender; chegou a ser escravizado por outros espíritos e da mesma forma que Efér, não encontrou nada do que esperava. Havia se envenenado e por isso tinha aquela aparência doentia com a qual aparecera para ele em sua casa, além de muitas dores. Os mesmos sintomas que passava para Leo naqueles breves momentos. Com sua morte sua família terminou na miséria, sendo que a mulher veio a morrer logo depois de uma doença pulmonar, mendigando com os filhos pelas ruas. Nunca foi capaz de achá-la e dos filhos nunca mais teve notícias, sem saber o que foi feito deles após a morte da mãe. Ficou com enorme culpa, que se acrescentou àquela que já sentia por ter matado a moça inocente. Passou a culpá-lo pela infelicidade de toda a família, crescendo nele um sentimento de vingança.

Contou ainda que levou muito tempo, após livrar-se de seus perseguidores, procurando o túmulo prometido, onde encontraria a paz e a vida após a morte. Encontrou o túmulo, já com o sarcófago de Efér nele, mas não achou nem a paz, nem o espírito de seu desafeto. Havia passado mais de um século de sua própria morte, o que me fez compreender que Efér havia ficado todo esse tempo sem perceber que havia morrido também.

O resto Leo e eu já sabíamos. Zanon, que não encontrara paz até aqueles dias, continuava na sua busca desordenada de vingança, sem compreender que esse sentimento impedia que encontrasse a paz tão almejada. Estava, como de resto todas as "presenças" que aparecem no *set* terapêutico, muito cansado e sua súbita aparição parecia ser apenas uma forma de juntar duas coisas essenciais.

A primeira era para que Leo soubesse, definitivamente, que as "presenças" realmente existiam e estavam ali mesmo, interagindo conosco, em função de nosso temperamento, que nos identificava a elas, como uma impressão digital; então era preciso pensar em mudar essa impressão, indelével como o tempo, o que só seria possível abandonando determinadas coisas de que fazíamos tanta questão: nossas intolerâncias e irritações, por exemplo; nossos melindres e exigências descabidas; nossa vaidade e nosso egoísmo, quem sabe.

E muitas outras coisas mais, que cada um, com certeza, sabe exatamente o que é. Isto é, temos que mudar aquelas mesmas coisas que fizemos no passado e que deixaram muitas pessoas muito irritadas conosco, pois na maioria das vezes isso custou suas vidas. Uma irritação muito mais compreensível que estas que, literalmente, nos enlouquecem nos dias de hoje, e que longe de serem oriundas de alguma tragédia, são apenas parceiras de nossa falta de resignação com o mundo, que em geral não é exatamente como sonhávamos, em nossa prepotência de querer tudo de acordo com nossas expectativas e do nosso jeito.

A segunda coisa essencial que trazia aquele espírito ali era, evidentemente, para ajudá-lo, a partir de um princípio de reconciliação entre eles, que começaria com o natural pedido de desculpas de Leo, em nome de Efér, ou seja, em nome de si mesmo. Pode parecer estranho que um simples pedido de desculpas possa providenciar um perdão irrestrito e o esquecimento do passado, o que de fato não deve acontecer. Porém, quando essas "presenças", como Zanon, chegam a esse ponto, estão muito cansadas e seu orgulho já está muito dobrado, e aceitam então, mesmo que parcialmente, as desculpas, nem que seja para se livrar de nosso cliente e de toda a dor sofrida, cujo contato o faz lembrar a cada instante. Foi o que aconteceu.

Tantos e tantos séculos depois de sua vida como Hasan, o atlante, Efér aparentemente havia abandonado o descaso pelas mortes coletivas, se bem que ainda não se importasse em ceifar algumas vidas em proveito próprio. Milênios ainda se passariam antes que começasse a entender melhor o valor da vida humana e a pensar em abrir mão da prepotência e do egoísmo, marcas registradas da humanidade em todos os tempos.

Novamente Leo fez as relações entre os dias atuais e o personagem da vida passada, procurando as coisas que haviam chamado sua atenção.

Lembrou-se de como era um gastador compulsivo; queria tudo o que via e portanto precisava sempre ter muito dinheiro no bolso, não se conformando quando não podia comprar algo, da mesma forma que Efér, que também se preocupava muito com os bens materiais. Concordou em manter a rica posição social de qualquer forma. Gostava muito de sua posição de riqueza e poder, cedendo facilmente aos desejos da mãe. Uma vez mais se lembrava também de como era maldoso e não se importava em fazer pequenas maldades para com os irmãos e colegas e que Efér, por sua vez, não se importou em mandar matar uma moça inocente para concretizar seus planos, numa clara demonstração de crueldade.

Achava que fazia mau uso de sua inteligência, pois apesar de ser considerado desde a infância um gênio, sofria para dar conta dos estudos e Efér, considerado um sábio para a época, usou sua inteligência para planejar o crime perfeito. Também como Efér gostava das coisas mais ou menos do seu jeito; e se Efér fez tudo o que quis em sua prepotência, porque tinha poderes para isso, ele por sua vez entrava em pequenas crises de depressão quando seus desejos não eram atendidos.

Finalmente lembrou-se dos sintomas espirituais causados por "presenças" do passado, como as dores terríveis de estômago que queimavam como fogo e que médico nenhum conseguia resolver, pois além de uma leve gastrite, seus exames nada constatavam e possivelmente também estavam relacionados às mortes que Efér havia causado, como o suicídio de Zanon por envenenamento.

5
Lin Yu
O vale de Changjang — 1200 a.C.
Apenas observando — parte I

“Meu nome é Lin Yu. Tenho 16 anos e moro com minha família aos pés da montanha de Qiangsu, no vale do grande rio. Sou filho de Hua e neto de Mo. Somos artesãos e moramos numa pequena vila de pescadores. Minha família é tradicional nesta região. Somos muito conhecidos pelos pequenos e fortes barcos que fabricamos. Muito versáteis para vencer as dificuldades do grande rio. Vem gente de longe para comprá-los. Eu também já estou aprendendo a fazer os barcos. Tenho irmãos mais velhos e mais novos. Somos nove filhos em casa: três meninas e seis rapazes. Todos meus tios e primos trabalham conosco. Tenho muitos primos e nos divertimos juntos quando não estamos trabalhando” contou animado. Parecia bem feliz com sua grande família.

“Como é o lugar onde você mora?” indaguei, pensando em colocá-lo ainda em maior contato com seu personagem.

“Moro perto de um pequeno desvio, que forma uma espécie de lago. Aqui as canoas ficam protegidas. Transportamos nossos barcos daqui até lá. Ninguém mora às margens imediatas do rio por causa das enchentes que acontecem na primavera, quando a neve cai das montanhas direto para o Changjiang, o grande rio. É muito perigoso.” Seu tom de voz era respeitoso quando falava do rio e fiquei imaginando que deveria ser algo realmente grandioso.

Contou como todos viviam em casas rústicas, grandes e baixas, feitas de madeira e barro. Havia muito desses dois materiais naquelas redondezas. Vestiam roupas simples, que pareciam batas curtas, de tecido grosso, por cima de calças amarradas nas canelas. Calçavam botas de uma espécie de couro mole, amarradas com cordões em volta da perna. Por cima de tudo usavam um casacão que parecia de lã talvez, grosso, pesado, que carregavam amarrado nas costas quando o sol aparecia. Ninguém nunca se separava de seu casaco, mesmo no verão, pois o clima costumava virar de repente, especialmente ao entardecer, esfriando muito.

Mas ali os invernos eram compridos, o que complicava a vida dos pescadores. Complicava também para a família Lin que, apesar de não trabalhar diretamente nas águas geladas do rio, via seus negócios diminuírem muito, pois ninguém ousava grandes viagens naqueles tempos e a época era sempre de vacas magras para todos do lugar. Trabalhavam durante o inverno fabricando as pequenas peças dos barcos, cada parente em sua casa, deixando os cascos para os dias mais quentes. Toda a família participava, até mesmo os filhos pequenos. De tempos em tempos se reuniam para encontros animados, onde as mulheres serviam caldos quentes e competiam silenciosamente entre si, trocando risinhos, para ver qual deles era o mais gostoso.

Nessas ocasiões os tios traziam para o avô uma espécie de lista de gêneros de necessidade e os produtos acumulados durante os meses mais profícuos eram então repartidos. Cada tio guardava em sua casa uma ou duas espécies de produtos, como os grãos, o carvão, os peixes defumados, os fios, as tigelas e tudo o mais. Roupas eram trocadas entre as mães para as crianças de diferentes tamanhos e que estavam crescendo. Havia uma grande harmonia entre as famílias de toda a parentela, assim como com as dos vizinhos e amigos do vale.

Todos se reuniam em volta de grandes pedras redondas dentro das casas, que eram usadas para se colocar o carvão em brasa, que aquecia assim toda a residência e também servia para cozinhar. Apesar do trabalho caseiro, nessas épocas sobrava muito tempo para as brincadeiras, algumas até perigosas, nas montanhas e ao longo do rio.

"Yu! Vamos logo seu preguiçoso! Yu! Yu! Dorminhoco!" Eram os primos e os amigos que o chamavam numa manhã fria, onde uma névoa fina cobria todo o vale e não se enxergava mais os picos das montanhas nevadas. Haviam combinado procurar tocas de animais nas montanhas, mas era apenas um motivo para ficarem longe de casa e se livrarem do trabalho e do olhar dos pais, sempre severos.

Dormia amontoado com os irmãos e logo foi xingado por todos, pois queriam continuar a dormir; estavam zangados pois os gritos dos primos haviam acordado a todos. Ele era o terceiro dos homens e o quinto entre todos. Havia duas irmãs entre ele e os dois irmãos mais velhos. Nesse lugar as moças eram reprimidas, recatadas e quase não saíam de casa nem participavam das brincadeiras. As irmãs eram tímidas e pareciam tristes. Os pais quase não falavam com os filhos sobre esses assuntos, aliás não falavam sobre assunto nenhum, mas era costume na pequena vila os casamentos serem arranjados e as irmãs ainda não tinham conseguido ninguém para serem prometidas. Tinham já 17 e 18 anos e já eram consideradas quase velhas para casar.

Contrastando com a harmonia da grande família, havia um clima tenso na casa, não só por causa disso, pois as mulheres solteiras eram consideradas uma espécie de peso, mas também porque o pai era um homem extremamente agressivo e autoritário. Em sua presença os filhos quase não respiravam se estivesse zangado. Sua palavra era lei, inclusive para a esposa, submissa e distante; a mãe era uma mulher apagada, sem voz ativa para nada e sem vida própria, parecendo mais uma escrava das vontades do marido.

As filhas eram quem mais sofriam em suas mãos, pois descontava nelas qualquer aborrecimento que tinha. Se chegasse irritado, bastava um olhar de qualquer uma das três, mesmo a menor, de 12 anos, para que fossem esbofeteadas com crueldade, arrancando sangue de seus rostos, já marcados pela violência. O irmão mais velho era um tipo igualmente violento e sádico e parecia gostar dessas cenas, ainda mais que tinha permissão do pai para mandar em tudo e fazer o que bem quisesse dentro da casa, em sua ausência. Não perdia então a oportunidade de surrar as irmãs. Às vezes, fazia sobrar uns cascudos para os três irmãozinhos menores também. A mãe olhava tudo mas não dizia uma palavra. Abaixava a cabeça e saía, deixando as filhas e os pequenos entregues à maldade do mais velho.

O segundo irmão ficava indignado e, sendo forte, entrava em luta corporal com o mais velho, Deng, que não tinha solução senão parar a sessão de espancamento. Xi, o segundo irmão, era a única salvação das moças. Yu também era alto e forte, mas aquilo lhe era indiferente e não ligava, o que lhe valeu muita censura de Xi, que não se conformava com sua apatia. Mas não adiantava; continuava sempre a levar a vida sem ligar para nada mesmo.

"Não é da minha conta" sentenciava ao irmão, quando admoestado.

"Como não é da sua conta? São nossas irmãs.

Minhas e suas" dizia-lhe, enfurecido, o jovem e preocupado Xi.

"Já, já, vou-me embora desta casa. Já estou arrumando mulher. Meu pai disse que posso e vou ter até uma casinha. Tenho que cuidar de minha vida e assumir outras responsabilidades. Vou cuidar da minha mulher. Não vou ficar aqui para cuidar delas. E nem você" argumentava, meio aborrecido com a insistência do outro.

"Sua vida e sua responsabilidade estão onde você está. E agora você está aqui, nesta casa e estas são as pessoas para você cuidar" dizia sabiamente o irmão, que embora jovem como ele, parecia um decano a seus olhos.

Dava de ombros, entediado. Como não gostava de confrontos, deixava-o falando sozinho e saía. Da porta para fora respirava profundamente o ar puro que vinha de Qiangsu, a montanha nevada e parecia se esquecer completamente do drama que se passava dentro das paredes da casa. Corria para encontrar-se com os rapazes para conversarem de mulheres, como sempre.

"Quando é que vão achar um marido para as feiosas de suas irmãs?" riam-se os primos. Ria com eles.

"Isso não me interessa. Quero mais é achar uma moça bem bonita para mim e casar com ela. Meu pai disse que posso escolher, porque estão sobrando moças" respondia, causando por sua vez o riso de todos os rapazes. Apesar de muito jovens, casar era a preocupação de todos eles. Queriam sair de casa e essa era a única solução. Também queriam ter sexo e o casamento servia para isso também.

Era tido como boa praça. Não se metia com ninguém, mas também não era o bobo do lugar. Não tomava partido de nada, mas quando os primos conseguiam alguma coisa, também se beneficiava, como um passeio à vila vizinha, por exemplo. Ninguém parecia notar que estava sempre em cima do muro, sem se comprometer com coisa alguma.

O pai, por sua vez, confundia essa sua postura com algo sensato e inteligente, mesmo porque ele não se envolvia em suas decisões dentro da casa e jamais o interpelava, sendo seu favorito; se lamentava por ele não ser o mais velho, para gerir os negócios da família mais tarde. Não sabia o pai que Yu ria-se desse seu desejo, pois achava ótimo não ser o mais velho; só assim não precisaria assumir responsabilidades maiores. Fazia sua parte no trabalho sem preguiça, mas não queria saber de ter que cuidar de uma família daquele tamanho, o que o irmão teria talvez que fazer um dia. Ou quem sabe o segundo, se Deng já tivesse se casado.

"E a sua vida vai assim, vivendo na casa de seus pais, até que acontece o quê?" perguntei, sugerindo que fosse para a frente da história, pois já sabíamos quem ele era e como se comportava ante a vida. Era preciso saber o que iria decorrer daquilo.

Pouco tempo se passou até a morte do pai, no verão seguinte. O pai caiu de um andaime onde penduravam o casco para consertos e, na queda, bateu a cabeça numa espécie de bigorna, onde batiam os ferros quentes, morrendo instantaneamente. Ninguém chorou sua morte e o irmão mais velho assumiu a chefia da família. Xi, por sua vez, estava nessa época viajando com dois tios e alguns primos, cuidando de umas entregas e de compras de provisões rio acima, como faziam todos os anos e não voltaria antes do fim do outono. Nem soube da morte do pai. Estavam todos nas mãos de Deng.

Se a vida na casa já era ruim para as mulheres, Deng tratou de transformá-la num inferno. Não havia dia em que não houvesse uma gritaria, um espancamento, crises de choro e desespero. Os pequenos também viviam aterrorizados com o que se passava. A mãe se recolhia à sua submissão habitual, agora ao filho, o homem da casa; Yu fazia de conta que nada acontecia, providenciando sempre ficar muito tempo fora, trabalhando ou conversando com os amigos.

E as semanas foram correndo com os novos hábitos da casa. Deng sempre era servido em primeiro lugar e reservava sistematicamente parte de seu tempo para queixar-se da falta de pretendentes das irmãs, o que as tornava um peso nas suas costas. Elas se encolhiam e se curvavam mais ainda em suas tarefas. Não ousavam mais levantar os olhos do chão.

Yu pensava apenas na moça que havia escolhido e tratava de criar coragem para falar com o pai dela. Tinha apenas 17 anos, mas a família era bem vista e tida como bem de vida, não devendo o pai da moça causar problemas. Mesmo porque ele também devia estar querendo se livrar da filha, embora ela só tivesse 15 anos. Nem mesmo sabia se ela se interessava por ele ou por outro, mas isso não lhe importava. Faltava-lhe coragem no entanto, o que o fazia ir adiando o sonhado casamento.

Uma noite, no entanto, foi acordado com gritos abafados. Os irmãos menores também acordaram mas ficaram paralisados de medo. Levantou-se, acendeu uma lamparina e saiu. Encontrou a mãe, olhando-o com olhar suplicante e coberto de lágrimas. Os ruídos vinham do quarto das irmãs. Mandou a mãe para a cama e ela obedeceu, chorando baixinho; ele próprio ficou ali, estático, por um longo tempo, sem compreender bem o que estava acontecendo. Ou compreendendo e não querendo acreditar, pois quando acordou Deng não estava no quarto. Entrou finalmente no quarto das moças, até por curiosidade e viu o irmão violentando uma delas, a do meio, abafando seus gritos com os panos de suas roupas. As outras choravam, abraçadas num canto, descabeladas e seminuas.

Deng olhou para ele e mandou simplesmente que saísse, num sussurro meio gutural. Ficou por uns instantes parado vendo aquela cena e depois saiu, sem pensar, voltando para sua cama no chão no meio dos irmãos, que olharam para ele, assustados; antes que perguntassem qualquer coisa foi dizendo que a irmã estava doente, ordenando que dormissem. Não conseguiu dormir porque por longo tempo continuou ouvindo os gemidos dolorosos das irmãs, até que cessaram por completo. Deng estuprou as três naquela noite, inclusive a menor, de apenas 13 anos.

"E o que é feito de sua vida após esses acontecimentos?" perguntei para saber qual seria a atitude de Yu.

"Nos dias que se passaram não vi nem Deng nem as irmãs. Todos na casa estavam mudos. A mãe caminhava rápido para lá e para cá servindo e arrumando tudo. Eu saía para trabalhar e voltava tarde. Não contei aos tios nem aos primos. Quando perguntaram por Deng eu disse que ele tinha ido tratar de seu casamento e todos aprovaram. Não sabia o que pensar nem o que fazer, mas decidi que não me meteria. Elas que se queixassem para o avô, se quisessem." Na verdade ele sabia que, pelos costumes da época, elas jamais fariam isso, assim como sabia que suas vidas estavam acabadas pois não poderiam mais casar-se, estando todas as três condenadas a ficar naquela casa para sempre, sob o jugo de seu enlouquecido irmão.

"Sinto até pena delas, mas tenho muitas outras coisas que pensar e, além do mais, como mulheres, não faz mesmo muita diferença seu destino. Iriam mesmo ser violentadas por algum marido maluco." Riu-se dessa idéia, pensando nos amigos ansiosos por terem uma mulher para poder dar vazão às suas necessidades sexuais, reprimidas até então naquele fim de mundo. Certamente usariam suas jovens esposas até a exaustão, não muito diferente do que as irmãs haviam passado. Passariam o mesmo com qualquer de seus amigos, se se casassem com eles.

"E comigo mesmo será parecido" riu-se novamente, pensando na moça que escolhera para esposa. Também a usaria muito, com certeza.

Yu procurava desculpas para aliviar a própria culpa e o fazia muito bem, afastando de sua mente essas preocupações. Somente quando as via, com os rostos cobertos de hematomas, com os olhares sofridos e magoados, como que cobrando uma atitude sua, é que se lembrava do ocorrido. Quando Deng voltou, estava magro e sujo. Ninguém perguntou onde andara. Deu-lhe contas do serviço com os tios e não lhe cobrou nada.

Perguntei então o que teria sido feito da vida da família depois disso tudo e com a volta de Deng para casa.

Contou então que, tempos depois, uma das moças estava grávida, o que causou grande irritação no irmão mais velho. Ele lhe ordenou, colérico, que jamais alguém viesse a saber daquela gravidez, senão seria posta para fora, sem piedade. Dois meses depois, porém, a mais nova apareceu grávida, mesmo sendo pouco mais que uma criança e logo depois a terceira irmã, ficando claro que as violências sexuais haviam prosseguido, de forma sistemática. Na verdade Yu bem sabia disso, pois muitas outras vezes havia acordado sem o irmão no quarto. Já não se ouviam mais gritos, o que denotava que elas já estavam conformadas e desesperançadas de ajuda.

Nessa época Xi voltou e ficou enraivecido com o que encontrou. Gritou, esmurrou as paredes e quis saber das irmãs quem tinha feito aquilo. Apavoradas, elas nada disseram. No fundo ele sabia quem tinha sido o autor de tanta maldade e logo o estava confrontando, querendo saber o que ele tinha a ver com tudo aquilo.

"E o que acontece então?" quis saber.

"Lutaram e embora fosse mais fraco, Deng terminou matando Xi, pois tinha uma faca, que cravou em seu coração. Deng parecia louco e eu não atendi aos gritos de Xi, enquanto ele lutava e pedia minha ajuda. Quando vi meu segundo irmão no chão, saí correndo para chamar meus tios, que moravam não muito longe dali." Ele me contava esse desfecho nervoso, num fio de voz. Depois de um longo silêncio, continuou:

"Meu primeiro irmão contou aos parentes e vizinhos que matara Xi porque ele violara as irmãs e precisou lavar sua honra com sangue. Todos choraram muito, quase sem acreditar, pois ele era amado por todos, em seu jeito alegre, amigo e companheiro. Minha mãe, como sempre emudecida, só chorava. Nunca mais, em toda sua curta vida após esses acontecimentos, houve um só dia em que seus olhos não estivessem úmidos de dor. Minha mãe desistiu de viver e morreu meses depois, antes mesmo de seu primeiro neto nascer. Deixou-se ficar no leito, olhos presos no teto, sem expressão e sem vida, até a morte" suspirou e continuou.

"Minhas irmãs nunca mais olharam nos olhos de ninguém, envergonhadas e magoadas, pois mesmo sendo tidas como vítimas de um irmão indecente e fingido, que foi a fama que o tempo gerou para Xi, ninguém queria saber delas. Lin Mo, meu avô, determinou que as moças tivessem seus filhos com as tias viúvas e que eles fossem dados a outras primas casadas. Assim foi feito com as duas mais velhas. A mais nova morreu no parto junto com seu bebê." Leo chorava copiosamente enquanto me contava onde a insensibilidade e a indiferença de Yu haviam levado toda a família.

"Quem está chorando?" perguntei. "Leo ou Yu?"

"Eu, Leo. Como pude deixar isso acontecer?" lamentava-se.

"Nem você nem seu personagem estão em julgamento aqui. Não avalie. Isso tudo são coisas que já aconteceram, há muito tempo. O que vem depois disso?" observei, no intuito de separá-los, o que às vezes não é mesmo fácil, pois ambos, cliente e personagem, estão sempre presentes.

E ele me contou o resto da dramática história, passada na China antiga, num tempo em que, apesar da cultura que privilegiava os homens e dos rigores morais da época, já havia espíritos piedosos e preocupados com seus semelhantes, como Xi por exemplo, e nada, portanto, justificava as atitudes de nosso protagonista. Ou melhor dizendo, a falta de atitudes.

A tragédia dos filhos de Lin Hua não terminava ali. Semanas após o parto, a irmã mais velha suicidou-se cortando a própria garganta. A irmã sobrevivente, a doce Mai, após a morte da outra, parecia ter resolvido partir como a mãe. Foi se abandonando, desesperada pelo fato do filho ter-lhe sido tirado, uma vez que ele era tudo o que lhe restava na vida; deixou de se alimentar e com os rigores do inverno que se aproximava novamente, enfraquecida, contraiu uma grave doença dos pulmões e morreu tempos depois.

Deng se casou e viveu por ali mesmo por uns anos, até ser picado por uma cobra e morrer crivado de dores horríveis, sem que ninguém pudesse fazer nada por ele. Os irmãos menores, soube após a morte, foram criados por um tio e cresceram por ali mesmo.

"E o que foi feito da sua vida?" Depois de tantas tragédias, nos competia saber o fim daquele que, de certa forma, havia provocado tudo aquilo. É verdade que todos passaram, provavelmente, aquilo que estavam, de certa forma, preparados para passar; nós é que não precisamos assumir a tarefa de ser os patrocinadores das desgraças alheias. É como se fizéssemos, uns com os outros, antes de nosso nascimento, especialmente com os mais próximos, uma espécie de contrato de risco. Risco de não cumprirmos o que nos propusemos a fazer juntos e cairmos, uma vez mais, em nossos antigos padrões de comportamento, esquecendo simplesmente dos compromissos assumidos com o grupo de espíritos que se propôs a reencarnar conosco.

Não nascemos para matar, torturar ou fazer sofrer, e muito menos para nos omitir, mas acabamos sendo por causa disso tudo, muitas e muitas vezes, os agentes ou no mínimo, ativos participantes nas dores dos outros. O contrato que todas aquelas pessoas haviam feito com ele foi certamente de alto risco e todos perderam o que haviam investido.

E Leo continuou:

"Alegando tristeza com tudo aquilo, depois da morte da última irmã, pedi ao avô que me deixasse partir com a esposa e me desse o suficiente para abrir um pequeno negócio em outro lugar. Eu já tinha vinte anos nessa época" contou com ar solene e pesaroso.

"E depois disso?"

"Nunca mais voltei ao vale do Changjiang, local onde havia nascido. Tornei-me um pequeno ferreiro, fabricando e consertando facas, espadas, tachos, estribos e outros pequenos objetos. Vivi muitos anos e não tive filhos. Minha vida foi calma e simples; me tornei um homem respeitado na pequena comunidade em que vivi até o fim de minha vida. Ensinei os jovens que pediram para aprender o ofício e, em troca, na minha velhice, eles me ampararam e à minha esposa."

Morreu na sua cama, numa noite fria de inverno, sozinho em sua pequena casa. A esposa havia morrido anos antes. Ele tinha contraído uma febre alta e uma tosse que muito o incomodava há dias. Tomou todos os chás que lhe trouxeram sem muita convicção. Sabia que o fim estava próximo. Morreu dormindo. Tinha quase cem anos.

Quando despertou estava de volta à sua casa da infância e juventude. Custou a compreender o que se passava, pois a casa parecia não ter mais portas. Ouvia por toda a parte os gritos das irmãs, que pareciam presas ainda no quartinho onde viveram. Em vão procurava, desesperado, uma porta que lhe permitisse uma entrada, para que pudesse libertá-las. Ficou naquela casa, que nada mais era que o fruto de sua própria culpa, atormentado por aqueles gritos, por um tempo sem fim. Enfraquecido, velho e doente, seu espírito não tinha forças para arrebentar as paredes, como gostaria de fazer, e também não percebia que não precisava ser daquela forma.

Foi atraído após a morte para um lugar no astral criado pelas irmãs mais velhas, que tendo se suicidado, haviam construído para si próprias uma parada particular de tormento. Aquela que se deixou morrer também tinha, de certa forma, se suicidado, pois, em sua depressão, deixou de prover para si mesma a vida, enfraquecendo e morrendo sem alimentação. Nenhuma das duas cogitou em resignar-se com os acontecimentos, mesmo após a morte. Seu ódio as uniu contra ambos, Deng e Yu.

Quanto a Deng, conseguiram atraí-lo para o lugar onde estavam as cobras e muito se alegraram com sua morte. Quanto a Yu, tentaram achá-lo, mas foram como que arrastadas para a casa onde se mataram e nunca mais conseguiram sair dali. Quando ele chegou, muitas e muitas décadas depois, estavam já exaustas e passaram então a implorar a ajuda que ele não podia dar. De fato a ajuda de qualquer um serviria naquela hora. Os pensamentos que lhe revelaram essa parte da história vinham à sua mente através delas, quando dormia, também exausto e perdido, como elas, em seu desespero e em sua culpa.

Ao final, quem resgatou a todos daquele inferno foi o bondoso Xi, que chegou um dia, quando o arrependimento deles já havia esgotado até a última gota de ódio de um lado e de indiferença e insensibilidade do outro.

Depois das vidas na Atlântida e no Egito, onde muitos erros foram cometidos, e provavelmente muitas outras que não soubemos, o espírito de Leo planejou uma vivência onde poderia ter ajudado a muitos, até de forma singela, sem que para isso precisasse ser dotado de poderes ou de riqueza, ou até mesmo de bondade. Apenas um pouco de bom senso poderia ter feito que saísse vitorioso da empreitada, apenas impedindo que o mal se fizesse. Não lhe estava programado sequer fazer o bem; tratava-se apenas de impedir o mal e nem isso ele havia conseguido, adiando um pouco mais seu pequeno primeiro passo para a luz.

São essas vivências onde o personagem não faz nem o mal nem o bem, por si próprio. Ele simplesmente se omite. Vê o que está acontecendo em volta de si mesmo, mas não toma partido. São vidas onde somos os observadores negligentes e omissos; muitas vezes temos condições e forças para interferir, mas preferimos nos poupar de aborrecimentos, deixando os outros entregues à sua própria sorte, como se nada daquilo não nos dissesse respeito.

Ora, se não nos dissesse respeito, como muito bem disse Xi, o sábio segundo irmão, o que estaríamos fazendo lá, naquele exato momento? Embora essa vida tenha se passado há mais de 30 séculos, essa tendência parece estar se transformando, cada vez mais, numa tendência universal, respaldada na dúbia consideração de que não devemos nos intrometer na vida dos outros. Acho que se vemos alguém sofrer, o mínimo que podemos fazer é nos colocar à disposição para ajudar e se a situação for óbvia, como eram as vividas e ignoradas por Lin Yu, temos que nos posicionar e tentar ajudar de alguma maneira. Não podemos viver na base de que, desde que não seja conosco, os outros que se danem. É verdade que esse termo, conosco, hoje em dia costuma abranger o núcleo familiar e mais alguns outros eleitos, mas parece que isso não basta.

Leo percebeu como seu egoísmo de hoje tinha a ver com o personagem, que no fundo, era mesmo muito egoísta, sempre preocupado com seus próprios pequenos problemas, escalando-os como desculpas, entre outras coisas, para não tentar ajudar quem quer que fosse. Ele também não gostava de ajudar ninguém, e creditava isso à sua preguiça, mas acabou entendendo que a indiferença estava também ligada ao egoísmo.

Lembrou-se de como pelo menos duas pessoas na vivência haviam morrido de fome, o que poderia acontecer consigo, se continuasse a vomitar sem parar. Sabia muito bem que a bulimia conduzia muitas pessoas à morte. Considerou também o fato de ser dissimulado, vivendo sem mostrar quem realmente era e o que realmente pensava, da mesma forma que Yu, que saiu de cena sem que ninguém soubesse a verdade dos fatos. Achava que desta vida não havia sobrado "presenças", pois as possíveis foram resgatadas consigo. A outra vítima, Lin Xi, servia como exemplo do que a resignação podia fazer por um espírito, pois tinha sido tão vitimado como a mãe e as irmãs, mas em nenhum momento se revoltou, conseguindo ao final, salvar a todos, tendo aparecido para Yu envolvido numa luz que o cegou.

Talvez outras "presenças" pudessem saber dessa vida e usá-la, passando-lhe também intuições negativas, pois certamente, assim como todos nós, carregava de seu passado, uma legião de desafetos, todos ávidos de retratação. Leo lamentou-se, ao final, o fato de Lin Yu não ter usado um lugar tão bonito e calmo como o vale de Changjiang para crescer espiritualmente. Mas outras oportunidades estavam por vir.

6
Ciro
No Império Romano — século II

"Meu nome é Ciro. Tenho vinte anos e moro em Roma. Sou um escravo. Uso roupas leves e brancas. Como uma túnica curta. Meu trabalho para com meu senhor é limpar suas armas. Espadas, lanças. Ele tem muitas coisas. Limpo com afinco até tudo brilhar porque adoro manuseá-las. Fico sonhando que um dia ainda virei a ser um grande centurião, como meu senhor. Ele é o mais respeitado de todos. Ganhou tantas batalhas que nem se importa mais. Imploro com o olhar que ele me ensine quando lhe entrego as armas, mas ele quase não nota meu interesse.

Já está velho, cansado e seu tempo já passou. Ainda usa o manto de centurião mas já não participa mais de batalhas. Trata-me de filho, com carinho até, mas não lhe passa pela cabeça que eu também quero ser um guerreiro."

"Por que me olha assim, filho?" ouviu um dia Ciro, quase entrando em transe ante o inesperado. Gaguejou, aturdido pela surpresa. Ajoelhou-se humilde, sem ousar levantar os olhos para seu bondoso patrão e falou:

"Meu senhor. Desculpe se o perturbo, mas em meu coração a vontade de ser um bravo guerreiro como o senhor me cega; sei de minha condição de escravo, que não deveria jamais ousar tal coisa. Eu lhe peço perdão."

"Levante-se filho. O que quer? Já estou velho e não entendo mais os sonhos da juventude. Venha, me dê a mão que preciso levantar também e minhas costas ardem como fogo."

Estavam num pequeno pátio onde havia duas belas fontes com figuras mitológicas jorrando filetes de águas cristalinas que alimentavam um pequeno lago, onde peixes ornamentais nadavam entre pedras delicadamente dispostas. Estranho era seu patrão. Um nobre centurião, senhor das guerras e jamais vencido, que no entanto jamais se descuidava da beleza dos jardins, do cuidado da decoração e de tudo o mais. A todos tratava bem, inclusive os escravos da casa. Sempre agradecera aos deuses sua sorte de ter nascido ali, sob a proteção de homem tão extraordinário e bom. Viúvo e sem filhos, a todos tratava como filhos e especialmente a ele.

"Venha Ciro. Vamos ver o trabalho do oleiro. Ele me prometeu novos jarros para aquelas plantas que Temíssia trouxe do mercado. Se não as plantarmos logo, decerto murcharão. Venha, deixe as armas guardadas ali mesmo." Apontou a prateleira de pedra que rodeava as paredes da entrada do pátio. "Não creio que vou precisar mais delas e já não tolero mais carregá-las. Nem mesmo o punhal. Tudo me pesa."

Ciro apanhou as armas e cuidadosamente, como se carregasse um tesouro depositou-as no lugar indicado. Era uma enorme bancada de pedra entalhada cuidadosamente na parede do átrio. Cobriu tudo com um manto, solenemente. Não havia portas e trancas naquela casa. Ao contrário de outras casas, onde havia disputas e maldades, ali tudo era paz e confiança. Não havia coisas preciosas escondidas.

Temíssia era a espécie de faz tudo na casa. Cozinhava e dava ordens para os outros escravos. Rabugenta, mas carinhosa e querida por todos. A qualquer falta a ameaça era sempre a mesma: "Você vai ficar sem comida hoje." Ninguém a levava a sério, mas ninguém a contrariava. Eram quase como uma família.

"E a sua família?" perguntei. Soube então que anos antes havia acontecido uma febre que matara muita gente na cidade; sua mãe e a esposa de seu senhor inclusive. Pelo relato de Ciro, o que havia matado tantos parecia uma simples gripe. Mas de qualquer forma nunca se sentiu só ou desamparado. Seu senhor, o centurião Múcio, não estava em casa na ocasião. Comandava exércitos em terras longínquas, naquela que tinha sido sua última grande viagem. Ciro tinha menos de 10 anos na época. Quando voltou decidiu que não mais se afastaria, para a alegria de todos. Consolou a todos em sua grandeza, sem se queixar uma só vez de sua própria perda.

Leo derramava lágrimas comovidas enquanto falava da generosidade de seu protetor. Descrevia os detalhes da casa, sorrindo ao apontar esta ou aquela peça, que certamente tinham agradado muito seu espírito na época em que lá havia vivido. Algumas pessoas realmente passam pela regressão não apenas se lembrando, mas revivenciando suas alegrias, como era o caso, mas também suas dores, que era o que eu percebia que também aconteceria com Leo, quando a fase boa de sua vida terminasse.

Nenhuma vivência apenas boa e feliz é trazida pelo Inconsciente, a não ser em circunstâncias especiais, e que não era o caso no momento. Isto acontece porque nós já somos o reflexo de nossas vidas boas. Já não matamos ou roubamos, por exemplo. Pelo menos não a maioria de nós. Nossas vidas boas geralmente foram simples e não deixaram traumas, não perdendo então o Inconsciente tempo com elas.

Eu me surpreendia com a bondade de Múcio com seus escravos, aparentemente estranha nas circunstâncias de sua realidade, o que me fazia pensar que por mais que as épocas históricas nos levem a entender e justificar determinadas atitudes de nossos personagens, certamente nada havia nelas que nos faça aceitá-las. Parece mesmo que entre compreender e aceitar vai uma enorme distância. Os espíritos que se encarnam nos homens são realmente, em todos os tempos, diferentes entre si, tomando muitas vezes posições diferenciadas do resto de seus contemporâneos, reforçando a idéia de que a evolução do espírito é algo extremamente individualizado. O que também derruba por terra a hipótese de que tudo o que somos e fazemos é por obra e graça da maneira que fomos criados.

"Ciro. Ande, rapaz" apressou-se a acompanhá-lo. Na verdade era como sua sombra, o que parecia agradá-lo. Seu senhor era falante e Ciro era um bom e atento ouvinte, que se deliciava com as histórias de combate e de lutas, assim como os encontros sociais nos palácios do imperador. Para as terras do norte, para o Egito, por todos os lugares já havia o senhor andado, havia longas histórias a serem contadas, para sua felicidade. Andaram lado a lado. Seu coração batia forte, não só de expectativa, pois sabia que teria que falar de seus desejos e também de vergonha por ter deixado transparecer seus sonhos impossíveis.

"Então você que ser um bravo guerreiro. É isso?" Ciro ficou ruborizado e enfiou os olhos no chão.

"Guerreiros não olham para o chão Ciro. Olham altivos para a frente. Do que se envergonha?" observou o velho centurião.

"De ocupar seu tempo com minhas bobagens, meu senhor. Nada sei de nada. Aqui é o meu lugar. A servi-lo hoje e sempre" olhou-o realmente arrependido. Ciro era um rapaz bonito e forte. Tinha olhos e cabelos escuros, numa pele muito clara. Não tinha preguiça para nada e Múcio, que gostava dele e de seu jeito, pretendia deixá-lo amparado, dissera a Temíssia. Nunca lhe dera a liberdade porque esperava que ele decidisse por um futuro e o preferia ali, escravo, que livre naquela cidade perigosa que era Roma.

Ciro contou, ordenado que foi, seus sonhos mais íntimos, que acalentara toda uma vida no coração. Perdeu a vergonha com o incentivo alegre do patrão, que queria saber todos os detalhes.

"Vou então mandá-lo para Lívio. Ele cuidará de você. Lembra-se dele, não?"

"Como poderia esquecer-se de Lívio?" O coração parecia arrebentar no peito e parecia que ia desmaiar. "Seu senhor ia mandá-lo para ser treinado?" pensou, confuso. Ficou olhando de olhos arregalados e fixos. Não falava, não sorria. Na verdade mal respirava.

"Não quer?" assustou-se Múcio ao notar sua palidez.

Bem, resumindo a história, mudou-se para a cidade próxima onde foi recebido com atenção desmedida, titulado que estava de protegido de Múcio. Não imaginava o quanto seu amo era importante e respeitado e como seus desejos eram ordens entre seus pares.

O tempo passou; tornou-se também, anos depois, um respeitado guerreiro. Subiu de postos rapidamente por seu desempenho. Era dedicado e trabalhador. Corajoso e preocupado com o bem-estar das tropas e do povo. Foi se tornando querido dos soldados. Já comandava grandes exércitos e sua fama também começou a correr o império. Múcio já havia morrido há algum tempo nessa altura de sua vida e não chegou a vê-lo em cargo tão alto. De qualquer forma tudo o que fazia era para honrar o nome de seu protetor, a quem seu nome estava associado para sempre.

Tinha 35 anos e era muito cobiçado pelas moças palacianas. Seu pensamento, no entanto, era totalmente voltado para seu trabalho, sobrando pouco tempo para pensar em família. Sua família era a velha Temíssia e outros antigos trabalhadores da casa, que agora era sua, mas que dividia com todos. Libertara a todos, mas ninguém foi embora e no total eram 13 pessoas a viver sob o amparo de seu teto. "Meu senhor gostaria que assim fosse!" não se cansava de repetir quando interpelado pelos amigos, que não compreendiam tanta generosidade.

"Deixe então o tempo passar... depois que o tempo passou, como você vai estar?" perguntei no sentido de sabermos o que mais havia sido feito de sua vida, até ali tão boa.

"Estou muito bem. Tenho já quarenta e cinco anos. Estou num dos postos mais altos, ao lado dos grandes centuriões. O imperador pensa em nos mandar para o cerco a Jerusalém; muitos já estão a caminho. A idéia não me agrada e eu não sei porque" denota grande desagrado.

"Quem diz isso?" intervim. É comum quando aparecem acontecimentos aparentemente históricos do passado, sermos por eles fisgados no sentido de nos recusarmos a continuar sabendo ou mesmo a negação de termos deles participado. Acontece também muitas vezes a deturpação das lembranças. Uma crucificação pode ser imediatamente associada ao martírio de Jesus, sendo que a história nos ensina que por séculos os romanos assim procederam.

"Eu mesmo."

"Eu quem? Leo ou Ciro?"

"Leo. Sou eu hoje. Não sei do que se trata essa coisa de Jerusalém, mas me faz mal pensar nisso. O nome do dominante é Tito. Nunca ouvi falar dessa história mas não sei se quero saber."

"Pergunte a seu Inconsciente se você precisa saber" obtemperei, observando, como sempre, que as duas personalidades estão sempre interagindo juntas numa regressão. Leo e Ciro eram parceiros nessa viagem.

"Preciso" respondeu com ar de desânimo.

Pesquisando mais tarde tão formidável informação descobri que realmente Tito havia sido aquele que, entre muitos dos que provocaram grandes tragédias, havia mesmo destruído Jerusalém, o que causou o fim da estabilidade dos israelitas, que vieram então a se espalhar pelo mundo. Mas o interessante é que Ciro nunca veio a saber disso enquanto esteve vivo no planeta.

Ciro tinha dentro de si um pouco da proposta inicial do império, de levar cultura e união aos povos conquistados, o que contrariava os pensamentos mais sanguinários de muitos de seus colegas com ímpetos exclusivos de destruição e posse. Isso causava certo mal-estar entre todos, com alguns a favor e muitos contra, nas conversas à "boca pequena", como lhe chegava freqüentemente aos ouvidos, pelos subalternos mais fiéis. Ria-se, jamais cogitando que mal algum pudesse um dia advir dessas fofocas. Mas estava enganado.

Aproximando-se o grande cerco do oriente, soube mais tarde, já na espiritualidade, que alguns temiam que ele viesse a atrapalhar os planos. Outros o invejavam pois estava sempre bem e era forte e bonito, apesar da idade já mediana; era rico e cobiçado e certamente não lhe faltavam afeições sinceras das mulheres, além de ser respeitado pelo palácio. Era tido como uma espécie de homem bom, corajoso, singular e misterioso, de quem muitas vezes não se compreendiam certas atitudes.

Terminou sendo seqüestrado depois de uma

reunião e levado para as montanhas, onde é despejado óleo fervente sobre seu corpo, causando-lhe horríveis queimaduras, especialmente na cabeça, tornando-se uma espécie de monstro, cego e desfigurado. Foi largado inconsciente e sem roupas, ao relento frio da noite de inverno para morrer. Seus algozes provavelmente pretendiam que seu corpo jamais fosse reconhecido e todos dessem apenas por seu desaparecimento, como foi amplamente divulgado por toda Roma.

Ninguém jamais soube o que aconteceu com ele. A casa foi tomada por artimanhas de politicagem e os empregados mandados para a rua. Alguns terminaram na mendicância e outros foram amparados em outras casas. Todos sofreram muito, assim como o próprio Ciro, imaginando o que poderia ter-lhes acontecido.

Mas ele não morreu naquela noite. Foi levado por uma família de pastores, compadecidos de seu estado. Pai, filho e sobrinho trataram dele por uns dias com ervas medicinais que conheciam das montanhas, mas eram extremamente pobres e pouco tinham para lhe oferecer. Tinham também muito medo de envolver-se com o acontecido, pois supunham que os algozes poderiam voltar de alguma forma. Atormentado por dores lancinantes, foi ainda tomado por febres e alucinações, não conseguiu se comunicar. Passava pouco tempo acordado de fato. Como sua febre não cessava, temeram mantê-lo na pequena cabana em que moravam, levando-o então, com grande sacrifício durante uma noite fria, para os arredores da vila, esperando que alguém o cuidasse. Deixaram-no enrolado em panos quentes e se foram.

De alguma forma sobreviveu pela caridade de algumas pessoas do lugar. Levavam água e restos de comida, que sobrava por ali. Ficou numa espécie de beco, encolhido debaixo de uma laje. O tempo passou e lentamente foi recobrando a consciência de quem era e o que tinha realmente lhe acontecido. Tomou-se de terror indescritível, pois em sua cegueira, estava à mercê de seus inimigos e da própria vida, pois não tinha coragem de dizer quem era e não tinha como prover-se.

Debateu-se nesse dilema por semanas, encolhido na segurança de seu esconderijo. Com o tempo, todavia, ante a melhora de suas feridas, as pessoas foram se esquecendo dele e não mais trouxeram o que quer que fosse. Precisou reunir todas suas forças e ir atrás de comida. Seu estado era lamentável: sujo, deformado, repugnante. Quando conseguiu chegar tateando à ruela de onde saía o beco e foi visto de fato pelas pessoas, pois seu benfeitor até então parecia ter sido uma única pessoa, ouviu gritos. Sua aparência parecia impressioná-los. Pedia ajuda com as mãos estendidas ao ar, sem saber o que fazer. Crianças atiraram pedras e mulheres correram assustadas, gritando.

"Por caridade, tenho fome..." implorava num sussurro.

Terminaram com o tempo por se acostumar com sua presença e ele também com sua desventura. A comida nunca era o bastante e não sobrava energia para desdizer a vida. Ninguém falava com ele por causa de sua aparência. Largavam ao alcance de suas mãos algumas migalhas e canecos de água suja, que devorava com avidez. A fome era sua companheira de todos os momentos.

Meses depois, quando o inverno chegou realmente não teve mais forças para andar. Só, em sua escuridão, implorava aos deuses que a vida terminasse logo, o que não tardou a acontecer, durante uma nevasca que encobriu a cidadela. Enregelado no seu canto, não mais se moveu e nem pensou. Entregou-se à morte, fosse ela o que fosse.

"Você vai morrer aí?" perguntei quase que num incentivo para que o espírito percebesse sua nova situação.

"Sim. Acho que já morri. Que alívio. Preciso descansar" encolheu-se.

"Pode ver seu corpo? Como ele está?" era preciso confirmar para o espírito a morte daquele corpo.

"Tudo está coberto pela neve. A laje sob a qual eu me escondia desabou com o peso. Posso ver os pés saindo por debaixo dela. Estou descalço. Meus pés estão pretos e cheios de feridas." ...depois de um silêncio profundo continuou... "Que triste meu fim. Eu era tão bonito e tão cheio de vida. Não sobrou nada. O que faço agora? Para onde vou?" perguntou de repente, aflito.

Pedi a ele que fizesse uma avaliação de sua vida antes que seu espírito fosse para outro lugar. Ele chorava copiosamente.

"Por que me fizeram isso?" queixou-se. "Não fiz mal algum a eles. Não queria nada deles."

"Nesse plano espiritual em que você está agora pode saber melhor os motivos pelos quais fizeram isso a você, se for necessário."

"Acho que me odiavam. Foi Mário quem quis isso assim e convenceu a todos. Dizia que era meu amigo e eu nunca acreditei quando me falavam dele. Dos outros eu até sabia, embora não me importasse. Acho que eu era confiante demais, não é?"

"O que você acha?" respondi, deixando a ele o entendimento de seu comportamento.

"Morri por culpa minha mesmo. Eu ajudava os que permaneceram inferiores e necessitados, mas nunca olhei um palmo na frente de meu nariz para perceber que eu não era tão intocável assim. Pensei que era como ele, meu senhor Múcio, mas sem seu discernimento.

"O que você quer dizer com isso?"

"Ele não se deixaria terminar assim."

"Como assim?" nenhuma colocação podia ficar mal entendida. O terapeuta muitas vezes é o próprio parâmetro do Inconsciente.

"A diferença entre nós era que ele era sábio e eu apenas entusiasmado, querendo ser alguém que eu não era. Ele provavelmente não desprezaria as coisas que diziam contra si. Cresci por meu trabalho, é verdade, mas vejo que muito foi também por ser o protegido dele. Estava tão deslumbrado que não dei crédito aos meus inimigos. Nem acreditava que os tivesse de fato. Eu queria ser ele."

Dava-se conta de sua prepotência. Havia simplesmente desprezado o mundo à sua volta, deslumbrado que estava com sua nova vida, com as cortesias que recebia de todos, com os olhares invejosos que no fundo apreciava e até mesmo com as palavras agradecidas dos amigos de infância que poupou da penúria após a morte de Múcio. Deliciava-se com a própria beleza. Deu-se conta também de sua vaidade.

E mais ainda que, antes de distribuir cultura e esperança por seu trabalho incansável e honesto aos olhos da época, apreciava mesmo é ser notado por onde passava, com sua bonita capa vermelha e seu colete de couro trabalhado, ouvindo os comentários agradáveis e acompanhado por um séquito de bajuladores, que a contragosto dos comandados fiéis, o seguiam por toda parte de Roma. O sucesso e a vaidade o haviam cegado bem antes do óleo fervente ser derramado sobre seus olhos. Voltou a chorar, arrependido.

Seu espírito envergonhado, pois não soubera de fato honrar seu senhor, refugiou-se, sem saber como, nas montanhas de um astral de clima brando, mas habitado por outros espíritos acabrunhados, assustados e perdidos. Ninguém os perseguia. Pareciam todos perseguidos pelos próprios pensamentos e culpas. O remorso lhe corroía cada momento de existência. Ninguém se falava e todos passavam ao largo, cabisbaixos.

"Por que tenho tanta sede e fome neste lugar que nem calor faz?" dizia em voz alta para si mesmo. Sofria ouvindo ou sentindo, não sabia bem, as lamentações dos amigos que, com seu desaparecimento, foram parar nas ruas e sofriam com a miséria. Foi se acabando aos poucos, perdido ainda em sua cegueira e corroído por sua culpa, sem perceber que o espírito poderia dela se libertar. Não sabia onde estava e ninguém atendia a seus chamados desesperados. Pedia que alguém lhe fizesse a caridade de trazer um pouco d'água, mas mesmo pressentindo que havia muita gente por perto, jamais alguém o atendeu.

O espírito de Ciro ficou muito tempo dentro da prisão que construíra para si próprio. Quanto mais sofria, mais dizia que não era digno de nada melhor. Não compreendia o que se passava. Achava que após a morte, pela qual tanto clamara, encontraria finalmente a paz. "O que devo clamar agora?" pensava em sua angústia interminável.

A sede e a fome foram desaparecendo, sem que percebesse e uma vez mais se afundava numa hibernação dolorosa, como já acontecera quando em vida, no corpo físico. Encolhido embaixo do tronco de uma grande árvore, novamente se abandonou.

Muito tempo passou e aos poucos a culpa foi se transformando em raiva e depois em ódio. Ficou muito tempo por ali, sentindo sempre muita pena de si mesmo, por continuar desfigurado. Seu ódio mantinha seu espírito desfigurado e alimentava suas dores em doses homeopáticas. Havia se transformado em seu mais cruel algoz, numa tortura lenta e contínua.

Quando sentia raiva de seus algozes, parecia se esquecer de que havia também matado muita gente, nas inúmeras batalhas em que havia participado, muito antes de conseguir levar cultura para os povos conquistados e convencê-los de que isso seria um benefício. Seus homens também haviam cometido todo tipo de barbaridades com os vencidos, sem que se importasse verdadeiramente. Estava portanto longe de ser uma vítima, embora seu comportamento estivesse mais ou menos condizente com o que se esperaria dele na época em que viveu. Era até muito menos contundente que os colegas, o que inclusive acabou provocando a própria morte, mas estava longe de ser convenientemente ético, no que se referia à vida e à morte das pessoas. Era como se pensasse mais ou menos assim: aos amigos tudo e aos conquistados pela força, se bem que todos no império, inclusive ele, se esquecessem desse detalhe, doses de cultura.

Julgava-se bom até demais. Sua culpa vinha exclusivamente do fato de achar que havia falhado com Múcio, pois em função de sua vaidade, descuidou de sua segurança.

Não conseguia perdoar as maldades que haviam sido cometidas contra ele, mas não percebia, aliás como todos nós, que havia muitas coisas nele, que as pessoas também teriam que fazer muito esforço para conseguir perdoar. Muitas tragédias reais pesavam nas suas costas.

Milênios haviam se passado desde as vidas como Hasan, o atlante e Efér, o egípcio, mas na lentidão absurda da evolução do ser humano, Ciro ainda tropeçava nos próprios passos, deixando marcas pelo caminho, que continuavam a impressionar os atos e sentimentos de seu espírito até os dias de hoje.

E uma vez mais Leo relacionava seu personagem à sua vida atual.

Lembrou-se novamente de sua vaidade, que o fazia vomitar após ter comido demais, pois tinha receio de ficar gordo e feio e de como Ciro era extremamente vaidoso, gostando de exibir suas belas roupas e sua beleza por toda Roma, o que em última análise acabou custando sua vida. Também pensando nisso constatou o oposto do absurdo da situação, pois comia demais, compulsivamente, com a impressão de que no momento seguinte a comida iria faltar e iria portanto passar fome. Ciro morreu literalmente de fome, pois cego como estava, não tinha como prover seu sustento, ficando dependente da caridade alheia, que em determinado momento também veio a faltar. Até mesmo depois da morte seu espírito padeceu de fome e sede, por um longo tempo.

A culpa que Ciro carregou após a morte por não ter atendido às expectativas que seu protetor havia colocado nele, lembrou-o da própria culpa; a que sentia hoje por causar tanto sofrimento e preocupação aos pais. Pensou finalmente nas milhares de mortes que os exércitos de Ciro haviam provocado, sob suas vistas complacentes e sonhadoras e as relacionou com os sintomas de atuação de "presenças" do passado sobre ele mesmo na vida atual, como ouvir vozes ameaçadoras chamando-o pelo nome, a mão em garra no seu ombro, como se alguém andasse abraçado com ele na rua e a impressão perturbadora de que nunca estava sozinho, por exemplo.

7
Leila
A moça da Galícia — século III
Vidas perdidas — parte 1

"Meu nome é Leila e tenho menos de 30 anos. Ai! Estou sufocando. Estou presa num lugar escuro e apertado. Vou sufocar aqui. Grito, grito. Vou sufocar" com as mãos puxava a gola da camisa, como se o ar lhe faltasse mesmo.

Pedi que falasse do lugar onde estava e de si mesma.

"É uma espécie de porão aqui. Mas é muito pequeno e apertado. Quase um buraco. Acho que é um buraco mesmo. Tem uma pequena claridade que vem lá de cima" estava confusa. Perguntei então sobre o que mais chamaria sua atenção nesse lugar.

"As paredes são de pedra eu acho. Deve ser um subterrâneo qualquer. Estou acorrentada pelas mãos e pelos pés."

"E como é sua aparência?"

"Estou meio desgrenhada e suja. Uso saias compridas e uma blusa meio aberta, com mangas fofas. Parece meio rasgada" arfava. "Estou morta de raiva."

Não sabia dizer como tinha ido parar ali e então voltamos no tempo para saber o início da história. Contou que morava na Galícia com o pai, um senhor de barbas brancas, numa grande construção de pedra. Tinha quase a mesma idade. Era um pouco antes. Usava vestido comprido, simples e austero. O pai era pessoa importante; era uma espécie de homem do governo ali, junto com outros. Muitas casas de pedra e muita gente na rua. Parecia um povo alegre.

Havia uma constante troca de governantes. Ora era um rei, ora outro. Algo assim. Invasões eram noticiadas a todo momento nas províncias do norte. Havia sempre um perigo real e iminente no ar, pois se pensava que as tribos do norte, unidas, poderiam chegar até ali.

"Acho que são os hunos essas tribos do norte." A expressão de Leo ao ouvir o relato de Leila era de absoluta incredulidade.

"Não é possível" arrematou sem conseguir se controlar.

"E por que não? Não avalie. Apenas deixe a história correr" intervim.

De qualquer forma era um lugar de gente mexeriqueira onde falar muito podia custar a vida. Tudo se sabia e a todo momento alguém era acusado de alguma coisa. As pessoas tinham uma vida meio promíscua por debaixo da austeridade aparente. Todos falavam mal de todos e se uniam com quem estivesse no poder no momento.

Como o pai era do governo, todas as moças queriam ser suas amigas. Sabia que tudo era hipocrisia e costumava falar tudo o que pensava, espantando as alcoviteiras e chamando a atenção, pois sua conduta não era normal. Era uma época onde mulheres não deviam falar. Nem mesmo se sentavam à mesa dos visitantes, para não saber de assuntos que não lhes dizia respeito. Era uma moça séria e religiosa, mas essa situação de fingimentos a deixava possessa, perdendo com freqüência o controle, deixando-se levar por discussões calorosas e impertinentes, para o desespero do pai.

Não ouvia seus conselhos e zangava-se com sua passividade de político.

"Não é passividade filha, é jogo político. Você

não pode sair por aí contestando todo mundo e dizendo tudo que pensa, senão não sobrevive nestes dias" tentava o velho pai aconselhar.

"Mas pai..." ele não a deixava terminar, sentenciando sua proibição de tornar a imiscuir-se nos assuntos dos outros e nos dele em particular. Nem mesmo com as outras moças deveria ser tão franca, pois elas contariam para os pais e eles se voltariam contra ele. Decerto elas aumentariam tudo que falasse. "E ponto final" ele virava as costas e a deixava falando sozinha, o que a deixava furiosa. Ele saía pelos corredores e ainda ficava ouvindo seus lamentos. Mas não lhe dava ouvidos.

O pai, como todos, achava que ela era um problema e devia ter nascido homem Ela ouvia ele se queixando assim para a mãe, que se benzia ante aquela heresia. E ele continuava:

"Se ela fosse homem já teria sido morto" dizia ele alto, deixando a mãe no quarto à beira de um ataque de nervos.

Mas nada a faz parar de falar o que acha justo e verdadeiro. Chegou a um ponto em que o pai precisava mandá-la para o quarto quando chegavam seus pares do governo, porque simplesmente ela não agüentava ouvir tantas mentiras e falsidades e ficar quieta. Adulavam o pai quando queriam alguma coisa, falavam mal de aliados com os quais haviam almoçado ali mesmo na véspera, mentiam, se diziam cristãos mas tinham pactos secretos com não-cristãos. Cochichavam e eram dissimulados.

"É insuportável! Como ele agüenta tanta hipocrisia?" queixava-se com a empregada de confiança. Nem falava mais para a mãe, pois esta só sabia arrancar os cabelos e benzer-se.

"O melhor que você faz é falar menos e se importar com outras coisas. Coisas de mulher.

Deveria é pensar em se casar e sossegar."

"Quanta besteira!" pensava.

O espírito de Leila não se acostumava naqueles tempos ao papel feminino, depois de algumas vidas como guerreiro. Ainda não havia compreendido, ou não se lembrava, como a maioria de nós, para que aquele seu corpo, aquela sua condição de vida e tudo o mais com o que havia nascido lhe servia. Fazemos interessantes programações de vida mas tão logo reencarnamos parecemos nos esquecer delas. Leo ainda viria a acompanhar a sua atual programação, quando seu Inconsciente o levou para antes de seu nascimento nesta vida atual.

Não que Leila não gostasse de ser mulher; apenas não aceitava ter que ficar calada. Sequer percebia que os homens ali também não podiam ser muito verdadeiros sem terem seus pescoços a prêmio.

Um dia chega-lhe aos ouvidos que o pai tinha sido acusado, por um parceiro, de traição. Há grande confusão com um entra e sai de sua casa. O pai foi ao governo, como sempre, e ela ficou em casa com ordens de não sair para nada. Logo recebeu visitas das moças que achava alcoviteiras, que vieram prontamente lhe informar que a notícia fervilhava por toda a cidade. Não se conteve por nem mais um instante. Precisava defender o nome do pai dessa gente faladeira. Pensou no que fazer e enquanto pensava já saía, sem direção certa. E as moças todas atrás. E atrás delas o empregado da casa, desesperado, sem conseguir segurar nenhuma delas.

Nessa altura Leo ria e eu lhe pedi que não julgasse a personagem, que estava furiosa. A cena parecia mesmo cômica, mas iria terminar numa tragédia.

Foi abordada na primeira esquina por dois rapazes amigos da família, para os quais já tinha dito umas "verdades" anteriormente, quando vieram falar mal de um terceiro; bem eles, que eram uns preguiçosos que nada faziam na vida. Ela era uma espécie de defensora da verdade e da lealdade, do bem e da razão, mas sem muito tato e só fazia meter os pés pelas mãos. Com mais cuidado e paciência poderia ter se tornado uma boa e confiável conselheira do pai e ajudado muita gente, através dele, que não era má pessoa.

"Então, quem é o malfeitor?" riam dela. Fez um discurso e só conseguiu aborrecê-los mais ainda. Deixou-os e terminou indo ao prédio do governo, sendo presa quando tentava entrar de qualquer forma. Havia armado um escândalo. Aos gritos de indignação falou ao comandante da guarda dos supostos amigos do pai e sem pensar que o que dizia poderia comprometer mais ainda o próprio pai, falou das mentiras e das hipocrisias e acabou envolvendo uma porção de gente.

Foi levada para interrogatório. Fez acusações importantes, esbaforida, em meio a uma retórica de moralidade. Esqueceu-se de que eram muito dissimulados e que viravam para o lado que mais lhes conviesse. Pensou que todos viriam de joelhos confessar suas fraquezas e seus crimes, agora que os tornara públicos de fato. Era muito inocente, com certeza, pois além de não vir ninguém ainda a acusaram de calúnia. Havia também se esquecido que não tinha provas de nada. Falava muito e sem medir as conseqüências de suas palavras.

Terminou sendo condenada, mesmo porque o pai já tinha sido afastado também do governo e seus antigos pares já estavam aliados com outros. Havia envolvido tanta gente, inocentes e culpados de fato, que a cidade inteira exigia uma pena exemplar. Alguns de forma hipócrita, mas alguns com razão. Gente havia sido presa, outros perderam seus cargos e empregos, maridos largaram mulheres. Fez um estrago irreparável com seu senso deturpado e exagerado do que era ou não uma verdade absoluta.

Sua pena foi terrível. Teve a língua arrancada e mandada de volta para casa após longo padecimento, com dores horríveis, inflamações e toda sorte de doenças decorrentes. Ficou fraca e sem vida, pois por longo período não pôde se alimentar. Contou das semanas que antecederam seu castigo, quando ficou naquele subterrâneo que parecia um buraco escuro. Quanto mais se desesperava, mais falava, comprometendo mais e mais pessoas a cada dia.

Chegou carregada, como um trapo humano. Seus olhos não tinham brilho e parecia indiferente a tudo. A mãe chorava e o pai, a princípio revoltado com o que ela havia feito, ao vê-la compadeceu-se dela, tomando-a nos braços; levou-a para o quarto e por longo tempo ficou passando a mão em seus cabelos ralos e desgrenhados.

"Por que minha filha? Por quê?" ele não compreendia. Ninguém compreendia.

O tempo passou e Leila era como um vegetal, pois quase não se mexia e não tentava se comunicar. Seria diagnosticada nos dias de hoje como alguém em depressão profunda. Não queria mais viver. O que ninguém sabia é que em seu coração a mágoa era cultivada a cada instante passado naquelas condições.

Como a maioria de nós ela tinha seus sentimentos favoritos. Sentimentos que gostamos de expressar e que aprendemos a cultivar através dos tempos, inconscientemente, até mesmo para tentar manipular a vida e as pessoas. O único problema, no entanto, é que a maioria desses sentimentos não são legítimos, na medida que continuam vivos após muito tempo do acontecimento que os causou. Por exemplo a raiva, que o tempo transforma em ódio ou na mágoa de Leila, e que depois se transformaria em ódio, mas que originalmente sempre foi raiva mesmo; tinha raiva do mundo não atender suas expectativas e não se curvar aos seus desejos. Esse era o sentimento verdadeiro, embora todos pensassem que era tristeza e ela mesmo pensasse que era mágoa.

Parece confuso e é por isso que, muitas vezes, os sentimentos dos outros não nos contagiam, ao contrário. Aquela mulher, por exemplo, cujo marido morreu há mais de dois anos mas ela continua chorando até hoje. Ninguém mais agüenta vê-la chorando e se lastimando. Todos se irritam, pois ela não aceita conselhos, soluções, outros exemplos, nada. É como se sua dor fosse a maior do mundo. Não há solução, pois o que parece é que ela só quer mesmo é se queixar e receber o reconhecimento e toda a cumplicidade possível para seu sofrimento. Essa mulher parece estar muito zangada com a vida, que ousou lhe tirar um bem precioso, não achando que deva então se resignar. Era como se fosse um direito seu ter aquele marido para sempre.

Mas Leila viveu muito no entanto. Sobreviveu às invasões que todos temiam e que finalmente aconteceram; sobreviveu a uma época de turbulências de todos os tipos. Sobreviveu aos pais, sendo mandada mais tarde, por volta de seus 50 anos, para uma casinha onde uma mulher desconhecida tomaria conta dela.

Mas a mulher pouco ligava para ela e para suas necessidades, o que só fez alimentar sua mágoa; em breves meses terminou morrendo. Após a morte o espírito lançou-se para fora do corpo e sua raiva era inimaginável. Queria gritar mas de sua garganta somente saíam sons guturais. Queria bater na mulher que, aliviada, enrolava seu corpo em panos para devolvê-lo ao irmão. Sim, tinha um irmão mais novo. Seu nome era Leonardo!

Leo espantou-se e seus olhos se encheram de lágrimas ao constatar esse antepassado com seu mesmo nome. O Leonardo do passado era uma cópia fiel do pai. Ponderado e prudente, tinha ajudado o pai a salvar um pouco da dignidade da família e nunca se revoltou contra a irmã pela confusão que ela armara em suas vidas. Não se cansava de desculpá-la com os filhos:

"Sua tia era uma heroína; boa mas sem juízo."

Apenas se esquecia de acrescentar que ela era também prepotente, pois achava que mudaria o mundo e as pessoas com as próprias mãos e que todos se comportariam conforme as suas expectativas.

Num instante seu espírito, meio enlouquecido e clamando por vingança saiu atrás daqueles que julgava serem seus algozes. A raiva brotava de seu peito e parecia que ia explodir. No entanto quase trinta anos haviam se passado e a maioria daqueles homens já tinham morrido também. O fato é que não achou ninguém. Exaurida, encostou-se, depois de muito tempo a andar desvairada pela cidade, num muro de pedras e ali ficou. Nada saciaria jamais sua sede de vingança. "Um dia ainda vou achá-los!" pensava. Mas nunca mais os viu.

Pouco mais de 100 anos separavam Leila de Ciro, o centurião romano. Depois de várias vidas dentro de determinados padrões de comportamento, especialmente o da crueldade e da insensibilidade com a dor humana, reflexos diretos de um caráter com características de prepotência e egoísmo, onde também predominou a vaidade, parecia que o espírito de Leo, ao assumir a personalidade de Leila, a moça da Galícia, resolveu vir numa posição de submissão. Veio como mulher, numa época onde os homens mandavam e as mulheres não tinham voz ativa para nada. Além do mais veio dentro de família importante, com acesso à cultura e à política, tornando seu papel ainda mais difícil de ser mantido sem se rebelar.

O espírito, sabiamente, escolheu uma situação que permitisse o necessário aprendizado dos opostos do que vinha fazendo até então, isto é, submissão e resignação. Um papel masculino na Europa de uma época de guerras sangrentas e bárbaros espalhados por toda a parte, certamente não teria contribuído em nada para o aprimoramento de seu caráter, pois fatalmente acabaria por se envolver em disputas de todos os tipos, em mortes e carnificinas.

Um dia, no mundo espiritual, esse espírito, depois de tantas experiências negativas, haveria mesmo de parar e refletir sobre o que havia conseguido até então. E como todos nós, teve a oportunidade de tentar fazer o contrário, pois a força, o poder e tudo o mais que vinha exercitando até ali, vida após vida, nada haviam acrescentado; além do mais esses padrões custaram uma eternidade de sofrimentos, não só enquanto viviam sobre o solo do planeta, como também depois, no astral.

O grande problema, não só de Leila, como também de todas a pessoas que acompanhei nestes anos todos, regressão após regressão, é que, tão logo cada um se vê de novo fortalecido por um novo corpo, esquece quase que por completo o que havia programado para si mesmo, se embrenhando novamente nas lutas para reconquistar o que julga ter perdido, trazendo novamente à tona o jeito que gosta de ser e com o qual acostumou-se a lidar nas vicissitudes da vida. Leila jamais se conformou com seu papel, pondo a perder ainda em vida, parte de sua programação original. Depois da morte, esquecida uma vez mais de que havia vindo para aprender também a resignar-se quando a vida não atendia suas expectativas, completou sua derrocada ao revoltar-se e partir para o revide, que só não aconteceu porque não teve competência para encontrar seus algozes.

O que restou de tudo isso é que todo seu enorme sofrimento acabou por se tornar algo inútil, jogando fora a oportunidade de aprender e resgatar um pouco daquele passado manchado de sangue dos lugares por onde passou em vidas anteriores. Esta se tornou então naquilo que chamamos de uma vida perdida, onde o espírito só se revolta e nada aproveita. Aliás, guardando as devidas proporções, sempre necessárias quando falamos de um passado distante, a grande maioria das pessoas está fazendo isso ainda hoje. Gastamos nosso precioso tempo reclamando de tudo, chorando com nossas dores, melindrados com nossas ofensas, nos sentindo todos injustiçados; injustiçados ante a realidade sempre mais florida dos outros, os felizes.

Da mesma forma as "presenças", que nos perseguem ainda hoje ávidas de vingança e que nada mais são que pessoas temporariamente vivendo no plano espiritual, estão todas fazendo exatamente a mesma coisa, revoltadas que estão com o destino doloroso que tiveram em nossas mãos ou por nossa causa. Não param para entender, não olham seu próprio passado e não observam o que eventualmente já teriam causado a outros e por isso não se lembram das razões de terem escolhido passar por esta ou por aquela situação.

Resumindo, os seres humanos, aqui ou ali, vivos ou mortos, continuam sempre os mesmos; desperdiçam as oportunidades e constroem para si mesmos enormes castelos mal-assombrados onde vão residir vida após vida, sem nunca achar a saída.

Novamente Leo voltaria a pensar em sua vida atual e a relacionar os pontos nos quais deveria trabalhar para poder libertar-se de seu personagem e de suas influências no presente.

Pensou em suas ocasionais crises de depressão, que mesmo leves, não impediam que passasse horas no quarto chorando, sentindo-se uma vítima, na medida que a solução de seus problemas não surgia como que por encanto, embora não pensasse em ter que abrir mão de algo para poder sarar. Continuava irritado, maldoso etc etc. Da mesma forma que Leila, que desistiu da vida, recolhendo-se a seu mundo interior para ruminar sua raiva, que de fato era o sentimento verdadeiro, como aliás em todas as depressões. Não podia falar, mas poderia andar, fazer trabalhos manuais, encontrar outras formas de se comunicar, viver, mas não quis.

Lembrou-se também de sua tendência a ser crítico com as pessoas e a achar que sua opinião estava sempre certa. Ainda por cima procurava defeitos naqueles que não concordavam com ele e no mundo em geral. Leila por sua vez nunca se conformou em não poder expressar sua opinião, que julgava a mais correta de todas, não se conformando em não ser ouvida, o que acabou custando-lhe a vida. Uma vez mais lembrou-se de seus problemas com o comer compulsivamente, como se a comida fosse faltar no próximo minuto e pudesse passar fome. Leila, com a língua arrancada e sem poder alimentar-se adequadamente, terminou morrendo por falta de comida, em extrema fraqueza.

Considerou também como, após a morte, o espírito de Leila correu atrás da vingança na qual havia pensado sistematicamente nos longos anos em que se arrastara pela vida após seu infortúnio. Ele também não pensava duas vezes em providenciar pequenas vinganças contra as pessoas que o aborreciam ou o lesavam, segundo seus critérios.

8
Borg
O habitante do Nada — século VIII

"Meu nome é Borg. Não tenho idade. Sou hoje um guerreiro do Sextante e vago pelo Nada. Sou um guerreiro da noite porque aqui é sempre noite. O sol e a luz quase não penetram neste lugar. Estou aqui há mais tempo que o próprio tempo. Sabemos que o tempo passa mas aqui ele não conta. Não envelhecemos e as coisas estão sempre do mesmo jeito. A noite não é tão escura em todas as partes nem a neblina tão densa; o calor se alterna com o frio de lugar para lugar e o ar é pesado como na caverna mais profunda.

Milhares vagam pelo Nada. Muitos são nossos e muitos somos nós. Muitos são deles e muitos são eles. Eles, aqueles que habitam fora deste reino e jamais ousam entrar. Se ousam nós os esmagamos. Temos armas pesadas e nosso chefe é um poderoso e respeitado guerreiro deste lado do Nada. Todos que o desafiaram foram vencidos e nada deles restou que pudesse um dia ser resgatado. Outros mantêm o subserviente respeito devido e passam ao largo, sorrateiros. Esses nós ignoramos. Inúteis que não servem para nada.

Há ainda aqueles que são também respeitados por nós; altivos guerreiros como nós mesmos, pertencentes a exércitos de forças idênticas. Cuidam de seus negócios e de seus escravos; destilam seu ódio ou seu prazer em suas vítimas sem a interferência de ninguém." Risos estranhos acompanharam essa frase. E a seguir o complemento: — "Aliás, como nós também o fazemos! Não há piedade, pois ela seria uma grande bobagem. Ninguém está aqui se não foi pelas próprias pernas, ou melhor, pelos próprios atos. E todos aqui sabem disso. Não há aqui quem não conheça as próprias culpas. É claro que existem os hipócritas que tentam se passar por vítimas."

Mesmo após milhares de horas de regressão tão impressionante relato foi ouvido com certo espanto e eu fiquei pensando onde estaria o personagem de Leo. De que lugar e de que época estariam vindo tão estranhas lembranças. Na medida que não existem na terra lugares onde o tempo não conta, pelo menos lugares que nós, encarnados, conhecemos ou habitamos, em todos os tempos, me parecia que ele se referia a algum lugar na espiritualidade, como já tinha acontecido outras vezes.

No entanto, lugar nenhum do referido astral havia sido descrito como o Nada. Em lugar nenhum do astral havia tribos gigantescas vagando de forma organizada. Nos relatos anteriores, tínhamos tido relatos de pequenas ou grandes vinganças pessoais, após mortes de personagens tidos como algozes e recebidos após a morte na espiritualidade por aqueles que tinham sido suas vítimas, naquela ou em outras vidas. Eu estava acostumada com isso e costumava deixar alguns clientes passarem por essas experiências do intervidas, onde eram até mesmo torturados por outros espíritos, como o próprio Leo já havia sido.

O objetivo dessas incursões terapêuticas geralmente eram dar insight a clientes resistentes na reforma de um caráter prepotente, egoísta ou maldoso, de que o lado de lá é tão ou mais difícil que o lado de cá, com a desvantagem de estarmos por conta própria e transparentes quanto às nossas culpas e erros. À mercê, portanto, daqueles que prejudicamos e não nos perdoaram. E se aconteceu em outras vidas, por que não nesta? Algo a se pensar.

Tais divagações, de repente, me levaram a pensar que o fantástico relato de Leo, que eu não sabia na época, estava apenas começando, numa fantástica trama nos meandros do Nada, falava exatamente das mesmas coisas, só que em dimensões maiores: bandos atrás de suas vítimas, e não apenas um ou alguns atrás de alguém. As tais vítimas, indefesas, nada podiam contra eles. Ninguém a quem recorrer dentro de uma suspensão de tempo num sofrimento aparentemente eterno. Parecia que ele estava falando daquilo que muitos chamam de limbo ou de purgatório.

Ora, eterno certamente não era pois Leo estava no nosso tempo agora. Seria impossível também pensar que todas as chamadas vítimas tivessem feito mal a todos eles. E se Leo estava aqui, algo ou alguém o havia resgatado do Nada. O Nada... mesmo para o astral era um nome bastante estranho. O que aquilo significava de fato?

Nessa altura eu já havia decidido, que ousadia..., que o relato estava mesmo sendo feito de um tempo passado em alguma região além da zona do umbral, por assim dizer, da espiritualidade. Sabia que aquilo que os kardecistas chamam de umbral, estava longe de ser o pior lugar do mundo espiritual. Tinha tido a oportunidade de saber que para alguns estudiosos do assunto o umbral é apenas uma zona de atração da Terra, fácil de se entrar e não tão difícil de se sair. Em outras vidas veríamos o espírito de Leo não só ir para o chamado umbral, como também cair numa região ainda mais difícil, após outros tantos erros, chamada por ele mesmo, enquanto habitante daquelas profundezas, de Trevas. Mas esta é uma outra história.

Eu havia lido vários relatos de outras religiões espiritualistas, que falavam em lugares parecidos com aquele que ele relatava, mas os nomes eram diferentes e um de que me lembrava, chamava esse tipo de lugar de Meio. Os dois nomes, no entanto, pareciam bem adequados e vim a ter certeza disso mais tarde. O Meio era relatado como um lugar sem lei, ou onde a Lei[1] não existia e cada um está por sua própria conta.

Outro detalhe interessante é que esta era a primeira vez em que eu via um cliente no astral negativo, umbral, Meio, Nada ou outro nome qualquer que se dê a esse tipo de lugar, onde ele não se colocava na posição de vítima sofredora de forma declarada. Era um guerreiro a dominar outros. Na verdade participava de uma espécie de horda ameaçadora e organizada, que convivia com o eterno do lugar, usando a união de forças para sobreviver, se é que se pode dizer isso de espíritos. Eu saberia em breve a razão de tudo isso.

É extremamente difícil pensar que um espírito tenha medo de ser aniquilado, pois costumamos pensar nele como algo impossível de ser ferido. Sabemos que ele pode guardar as impressões ou reminiscências de seus ferimentos ou doenças de quando no corpo físico, plasmadas em seu perispírito pelo seu próprio pensamento. Mas pensar que ele pode adquirir outros ferimentos e até mesmo vir a perder numa luta, por exemplo, um braço ou mesmo a cabeça, e a partir daí estar como que "morto" no plano astral, é extraordinário, para não dizer outra coisa.

Tinha realmente muito por descobrir, ou aceitar, dos mistérios da espiritualidade, ali, na prática, independente dos livros. Mistérios que já foram cantados em prosa e verso pelos próprios espíritos, mas que já foram também desqualificados pelos nossos preconceitos.

Os médicos começam a admitir, quando muito,

a fenomenologia astral relatada na leveza do discurso das religiões ocidentais mais modernas, como o kardecismo, por exemplo. Tudo o mais que se fale costuma ser sumariamente desqualificado por conta de misticismo ou ignorância. Divertia-me a idéia de pensar em outro médico, que não eu, estar ouvindo aquele relato. Com certeza Leo já estaria internado. No mínimo, se assim não fosse, atenção nenhuma lhe seria dada em termos de aprofundamento e elucidação da situação e estaria perdendo o colega uma excelente oportunidade da descoberta de sua própria história enquanto espírito imortal e que certamente já havia passado pelas mesmas coisas, em algum tempo. Ah! Sim. Talvez devêssemos também nos preocupar que isso não venha ainda a acontecer conosco mais adiante.

"E do que se trata esse lugar?" questionei.

"É o lugar onde eu estou!" retrucou zangado, como se fosse alguma coisa óbvia.

"Sim, eu sei que você está aí, mas quero saber se esse lugar pertence ao planeta ou ao mundo astral."

"Pertence ao astral. Somos todos espíritos, se é isso que quer saber."

"Ah! Sim" minha hipótese se confirmava. "E como você foi parar aí nesse lugar e se tornou um guerreiro do Sextante?"

"Eu morri na Terra" denotava aquele ar de quem está achando o outro um idiota completo.

"Imagino que sim. O que é preciso saber é o que você teria feito durante sua vida na Terra para que tenha ido, após a morte, para um lugar como esse e também do que se trata esse lugar que você chama de Nada." Nesta altura a curiosidade científica irresistível me conduzia à exploração daquela situação e eu sabia que a conduta precisava ser cuidadosamente dosada para não se perder de vista o objetivo terapêutico.

Um silêncio profundo tomou conta da sala e eu esperei por alguns instantes.

"E então? O que você precisa saber?" é sempre estranha a sensação de estar falando com dois personagens ao mesmo tempo, no caso, Leo e Borg. Eu perguntava a Leo se ele queria saber a vida de Borg e de alguma maneira, como num código secreto de comunicação cada um deles me compreendia perfeitamente e cada um, por sua vez, sabia a qual deles eu estava me dirigindo naquele momento.

"Eu quero saber" era Leo quem me falava.

"Muito bem. Então vamos voltar para trás nessa sua vida e vamos saber quem você era antes de ter se tornado um guerreiro do Sextante. Vamos ao primeiro momento significativo dessa história, antes de você morrer na Terra" e então ele me contou quem era Borg.

"Eu sou Borg, o viking. Sou um grande chefe guerreiro nas terras geladas onde as noites são compridas e o vento cortante. Somos muitos guerreiros e eu sou o líder de todos. Ninguém gosta de mim porque sou o mais forte e conquistei meu lugar à custa de muito sangue e suor." Procurei esclarecer o mais possível sobre o personagem e sua comunidade e vim então a saber muitos detalhes sobre a vida dos guerreiros do norte.

"Tenho 20 anos apenas, mas sou astuto e inteligente. Sou alto, forte e meus cabelos são claros e meio sujos. Uso um amontoado de roupas, umas por cima das outras. Todas meio sujas também. Sei construir barcos como ninguém. Conheço os ventos e as estrelas. Desafio os mares e eles me respeitam. Com menos de 10 anos eu já estava nas terras longínquas da esquerda com meu pai e seus homens. Já empunhava uma espada e já cortava cabeças se preciso fosse.

Matávamos e escravizávamos. Sempre!

Construímos uma fortaleza que abandonamos anos depois quando a saudade do mar bateu forte e a peste caminhava em nossa direção. O lugar tinha escarpas profundas e o mar batia raivoso lá embaixo. Queríamos é estar lá, a desafiá-lo e não lá em cima olhando apenas para ele. Deixamos tudo e quando voltamos eu já era forte e experiente. Tinha 18 anos e havia passado quase toda a minha vida em lutas e conquistas."

Fiquei imaginando que essas lutas nas terras da esquerda, e portanto a oeste das terras onde os vikings haviam habitado ao longo do Mar do Norte, na hoje Escandinávia, poderiam ser na Irlanda, onde eles espalharam o terror e onde as ruínas de suas fortificações permanecem até hoje, como lembranças daquelas barbáries.

Em suas terras de origem contou que os homens tinham várias mulheres e alguns filhos, pois poucos sobreviviam aos rigores do clima e à precariedade das condições de saúde e higiene. As filhas mulheres não interessavam e o filho mais velho deveria mandar nos demais e ser o sucessor na bravura, na coragem e nas conquistas, liderando o clã familiar. E esse era o caso de Borg. Com 20 anos já tinha mulheres e filhos. Era forte e inconseqüente. Os valores daquela civilização iam muito além da sobrevivência. A luta quase irracional e a vitória a qualquer preço tinha peso significativo.

"E você fica aí vivendo com seu povo dessa forma, se sentindo forte e poderoso, lutando e matando, até que acontece o quê?"

"Tomo gosto pelas mulheres cada vez mais. Parece que os outros também. Não sei bem a razão. Acho que é porque estamos sem lutas e a comida não falta. Começamos a nos matar entre o próprio clã, para ver quem fica com elas."

"Quantos anos você tem nessa altura da vida?"

"Estou bem velho já."

"Mais ou menos qual seria a sua idade aí nesse momento em que você se percebe velho?"

"Ah! Uns 35 mais ou menos. Por aí. Que estranho, não? Me sinto velho com só 35 anos." Leo fazia a mesma coisa que todos os clientes, isto é, julgava os fatos e costumes do passado com os padrões do presente, o que, naturalmente, não fazia nenhum sentido. Também não é simples para o cliente conviver com duas personalidades ao mesmo tempo, embora a mágica continue a se fazer, de pensar ora como um e ora como o outro.

"Não vamos avaliar os sentimentos do seu personagem. Seja ele apenas e me diga como está sua aparência nessa época?" ponderei.

"Meu cabelo já começa a embranquecer e já fui mais forte. O tempo e as batalhas, as bebedeiras, as farras e as muitas noites ao relento sob o frio do Ártico, nos navios e nos acampamentos fora de casa acabaram com minha saúde. Parece que já não posso com todos e já não me respeitam como antes."

O personagem obviamente falava de uma cultura geográfica, que talvez ele não possuísse. Será que todos os vikings sabiam que estavam às portas do Ártico? Parece mesmo é que as culturas do ontem e do hoje se misturam na cabeça do cliente e as expressões que seriam impossíveis de serem ditas pelo personagem, muitas vezes fluem com naturalidade. À parte disso eu continuava a querer saber o resto da vivência.

"E o que acontece com você?"

"Mato uns dois mas terminam me acertando pelas costas. Oh! Que dor terrível!" Ele se contorcia e tentava levar as mãos às costas, na altura do pescoço.

"E o que acerta em você?"

"Uma bola de ferro com pontas eu acho. Destas que nós usamos por aqui. Eu estava meio bêbado numa cabana com umas pessoas, que deviam estar bêbadas também, quando alguns entraram gritando os gritos dos guerreiros. Não reconheci ninguém. Acho que nem os vi direito."

"E daí?"

"Daí que um deles me acerta sem que eu possa fazer nada para me defender. Maldito!"

A partir daí Borg relatou sua angustiosa e lenta morte, descrita em detalhes até o momento em que seu espírito pôde deixar o corpo. Foi tirado da cabana e jogado numa tundra gelada, junto de outros dois cadáveres. Dores fortes que duraram muitas horas, largado sem forças para reagir no meio da vegetação e da neve em sítio distante, para não ser achado mesmo e que somente foram se acalmando na medida em que foi lentamente perdendo a consciência no caminho da morte.

Parecia dormir e acordar. O ódio sufocava seu peito nos raros momentos em que sentia-se voltando à consciência. Fazia juras de vingança e morte e clamava aos deuses pelo retorno das forças que o poriam em condições de ir atrás de seus algozes. Em nenhum momento ponderou sobre o que havia feito de errado também para muitos. Sequer lembrava-se dos males que havia causado para tantos outros. Só pensava em sua dor e no ódio que alimentava seu coração.

Muito tempo se passou nessa espécie de transe, nesse dorme-desperta. Um dia acordou de repente e notou horrorizado que os cadáveres dos companheiros que tinham sido deixados a seu lado, haviam se transformado num monte de ossos, com restos de carnes congeladas penduradas. Mesmo ali naquelas terras frias, mais cedo ou mais tarde, os cadáveres se decompunham. Ouvia risadas furtivas e blasfemava contra os malditos que o viam nessa situação e não o ajudavam.

"Malditos!" gritava a plenos pulmões. "Mil vezes malditos!"

Custou a perceber o absurdo da situação de estar vivo após tanto tempo ter se passado, a ponto dos corpos dos outros homens terem se transformado em esqueletos. Como podia ele ainda estar ali, vivo, raciocinando e ...sem fome? E, ora que interessante, sem sentir dores.

"Bem..." pensou "devo ser mais forte que os outros. Sim, sempre fui forte, sempre venci todos esses fracotes e não vai ser um bastardo qualquer que vai acabar comigo assim." Ouviu uma espécie de gargalhada atrás de si; virou-se num esforço supremo e não viu nada.

"Apareçam seus malditos! Não vou dar esse gosto para vocês! Covardes!" Repetiu à exaustão seus impropérios, mas ninguém aparecia para confrontá-lo. Lembrou-se do filho mais velho: Zörir. Gostava dele. Era a única pessoa do mundo que o fazia sentir qualquer coisa parecida com amor. Onde ele estaria que não vinha procurá-lo? Tinha-lhe ensinado tudo e mesmo tão jovem Zörir teria condições de sair sozinho, desafiar quem quer que fosse e achá-lo. Não estava tão longe pois avistava às vezes, no fim da tundra, a fumaça da vila estagnada na atmosfera.

Não podia movimentar as pernas, que formigavam o tempo todo, causando grande desconforto e mal movimentava os braços. Não entendia pois achava que seus ferimentos eram no alto das costas, nos ombros e na cabeça. Por que nesses lugares não sentia dor alguma? Era como se estivesse anestesiado. Tudo recomeçava. Entrava e saía de um estado de profundo torpor. Desesperava-se, chorava e clamava aos deuses sua melhora. Os mesmos deuses aos quais nunca havia venerado de fato. Toda a vida havia preferido venerar a si mesmo e à sua espada, admitia cansado. Por que haveriam então os deuses de acorrer para salvá-lo?

Tempos depois, meio enlouquecido, cantava antigas odes vikings, mesmo aquelas que deveriam ser cantadas apenas por mulheres e crianças. Via demônios infernais rolando a seu lado, se transformando em outros seres sem forma humana. Gritava com eles desafiando-os para combates impossíveis. Quando saía desse estado de loucura chorava e se revoltava com seu infortúnio. O tempo lentamente ia deixando de existir, entregando-se então, definitivamente, à sua insanidade. Chorava, cantava, vangloriava-se, desafiava, lamentava-se interminavelmente.

Um dia foi despertado inesperadamente de seu pesadelo pelo olhar frio e avermelhado de seis criaturas vestidas de negro, todas com armas enormes, que mais pareciam espadas gigantescas.

"Acorda desgraçado! Precisamos de você."

Surpreso pela súbita aparição, engasgou e gaguejou:

"Quem são vocês? Podem me ajudar?" nem notou que estava lúcido.

"Imbecil. Ninguém pode ajudá-lo aqui" vociferou um deles.

"Preciso voltar para a vila. Tenho que me vingar daqueles que tentaram me matar à traição e vocês são os primeiros que apareceram." Ouviu uma gargalhada em coro e sua raiva começou de novo a arrebentar em seu peito. Como ousavam rir dele?

"Você já está morto imbecil!" falou aquele que parecia ser o chefe do grupo. "Faz mais de 30 anos da Terra que você está aí. A sua vila nem existe mais, o que não muda nada, pois ela ficou lá também."

Suspeitou, num repente, que aquelas criaturas também faziam parte de seus pesadelos, pois o ridículo do que diziam só podia ser fruto dos demônios que habitavam os seus pesadelos. Desejou mudar o teor dos mesmos, pois de loucura já bastava a sua, começando então a cantar. Não notava a alternância absurda de acontecimentos. Ouviu novas gargalhadas e um deles o cutucou com força com a espada, machucando-o e fazendo escorrer sangue de sua perna.

"Não adianta imbecil. A loucura acabou. Isto é a realidade. Você está morto há tanto tempo que nem percebe que não poderia estar vivo entre os mortos."

Tais palavras atingiam Borg como um dardo na cabeça e martelavam fundo. Parecia despertar de um pesadelo e passar para outro, sem escalas. Terminou num esforço supremo por mandá-los embora, recusando-se a admitir a realidade das qual eles falavam. Eles se foram, gargalhando e prometendo voltar. Tornava-se imperativo empurrá-lo para o fim desse tormento.

"E você vai ficar aí, preso nessa tundra, ignorando os apelos à realidade trazidos por essas criaturas, até quando?" Objetei, numa tentativa de encurtar seu sofrimento.

"Prefiro ficar aqui e esperar meu destino a acreditar que estou morto." Cobriu o rosto com as mãos e demonstrou claramente que não queria conversa.

"Vamos ao momento em que seu espírito vai compreender que a vida terminou. Deixe o tempo passar. Minutos, horas, anos, o tempo que for necessário. Vou contar até cinco e você vai estar lá, nesse momento."

"Não vou. Não vou. Não consigo."

"Se você pudesse saber o que aconteceu de fato com o seu corpo, o que você saberia?... Seu

Inconsciente sabe e pode lhe informar." Até então tanto Leo como Borg, numa interessante simbiose, lutava para não ter que se defrontar com a própria morte. Eu havia deixado Leo vivenciar essas lembranças desse tempo no astral para que percebesse o que acontece com espíritos muito prepotentes que pensam que tudo podem e que a impunidade é uma regra para sempre. Espíritos que se colocam acima do bem e do mal, como ele próprio, às vezes, gostava de fazer. Usava pouco os personagens onde havia sido o algoz. Escolhia aqueles onde tinha sido a vítima para reprogramar suas dores, o que, naturalmente, prolongava desnecessariamente sua terapia. Borg, por sua vez, não podia admitir a própria derrota.

Voltou para o lado do que havia restado de seu corpo na Terra, numa velocidade espantosa, como se estivesse sendo puxado por uma força poderosa. Viu o que restou do corpo morto, atirado à vegetação suja e embarreada de um lodo preto de neve derretida. A cabeça havia sido quase que arrancada pela bola de aço. Não havia mais vida alguma naquele corpo. Quando a raiva de novo surgia subindo pelo peito, na indignação do espírito revoltado no qual somente havia ficado gravado da existência a necessidade da vingança, uma dor lancinante sugou-o de volta para seu tormento no Nada.

E lá o esperavam as seis criaturas. Era mesmo preciso que ele voltasse para lá. Sua ida para ver o corpo com certeza não havia acontecido naquela cronologia e era preciso nesse caso restabelecer a ordem das coisas.

Gritava de dor nas costas, na cabeça, por toda parte. Parecia que de repente todo seu corpo havia sido massacrado por um poder misterioso. Eram seus ferimentos, agora trazidos às margens de sua real extensão na sua mente, que haviam sido plasmados, com sua gravidade verdadeira em seu perispírito. E ficaram os seis ali, olhando para ele, sem rir, sem falar, observando e esperando. E foi de novo arrastado para sua loucura por muitas vezes, despertando e mergulhando no mais profundo abismo da mente sofrida, num tempo que pareceu interminável, até que novamente tudo cessou.

Estava exausto. Resolveu se render e parar de lamentar-se. Calou-se e seguiu com eles sem perguntas. Sabia que a libertação teria custos, mas não se importava mais com nada. Pagaria todos os preços para não mais retornar à sua loucura e à insanidade da dor latejante. Nada mais importava. E por tempos incontáveis seguiu com eles. Serviu a eles calado. Por décadas nenhuma palavra saiu de sua boca.

Começou a compreender o Nada, aquele lugar onde a Lei não existia e cada espírito estava por conta própria, devendo servir se fosse o caso, usufruir se possível e mandar se pudesse. Viera do umbral para o Nada. No Nada havia algumas cidadelas, amontoados de gente e de coisas aqui e ali. O tempo era sempre fechado e escuro. Um grande entulho a céu aberto, com seus cheiros e seus perigos. Ninguém podia se arriscar a ficar só. Na verdade cada um estava por conta de seu próprio passado, de sua consciência, de sua capacidade de entender e aceitar os próprios erros. Sair era quase impossível; dependia de decisões internas difíceis de serem tomadas; dependia da possibilidade de um resgate de fora ou ainda de um complicado jogo da alma com outras almas e consigo própria. Compreenderíamos melhor mais tarde ou algum dia.

Depois da tentativa fracassada de abrandamento do caráter de Leila, a moça da Galícia, o espírito viera como Borg e voltou imediatamente a atuar como sempre fizera, despreocupado nessa vivência de agilizar a libertação dos padrões do passado, sentindo todo o peso do comportamento burilado através dos séculos por personagens como Hasan, o atlante e Efér, o escriba egípcio. Parece que quando o espírito escolhe para si um personagem onde facilmente pode recorrer novamente em seus antigos padrões, está mesmo querendo pôr-se à prova. Não é difícil imaginar que para um espírito com histórias de crueldade e prepotência, vir como um viking, não facilita em nada a melhoria do caráter.

Para alguém que já foi um feitor de escravos numa vida, voltar como carcereiro na outra, é extremamente difícil pois o ambiente é propício para que volte a fazer as mesmas coisas. Se viesse como escravo, teria mais dificuldades para exercer sua crueldade, ficando apenas por conta de sua capacidade de perdão e de resignação, o que não aconteceu com o personagem Leila, por exemplo.

E Borg não se fez de rogado, construindo para si mesmo um inferno astral que o arrebatou após a morte por quase dois séculos; um lugar chamado Nada, uma espécie de limbo espiritual, onde teve que aprender a se resignar de qualquer jeito, sem um pensamento sequer de queixa, e não sem antes sofrer por muitos anos enquanto não compreendia nem mesmo que já havia morrido.

Leo achou, embora não se tenha parâmetros claros para esse tipo de julgamento, pois não estamos sabendo de todas as vivências, que o sofrimento do personagem no astral teria sido exagerado, considerando sua precária cultura. Não podemos esquecer que o espírito já tinha tido outras oportunidades e estava apenas temporariamente em um corpo sem cultura. Já fora um homem culto, já tivera refinamento social e já conhecera os meandros da política. Nada de fato poderia justificar tanta violência, permeada de requintes de crueldade. Assim como não era mais para ser tão prepotente e querer mandar até mesmo na vida e no destino das outras pessoas, que não lhe pertenciam.

Ante tudo isso Leo, uma vez mais, relacionou os pontos de ligação que observou entre Borg e a sua existência presente.

Lembrou-se como Borg, um bárbaro que era, resolvia tudo na força bruta, com extrema agressividade quando contrariado ou quando queria algo para si. Percebeu como ele, também, não gostava de ser contrariado e se irritava com bastante facilidade quando isso acontecia. Naturalmente não era agressivo, mas já havia chegado a pensar em bater nos irmãos. Novamente constatava a crueldade de seus personagens do passado, sendo que Borg não era diferente, pois invadia, saqueava, conquistava e matava, sem piedade e nos dias de hoje, ele ainda providenciava pequenas maldades contra os irmãos e colegas, sem que nem mesmo houvesse um motivo claro. Era como se fosse um pequeno prazer mórbido.

E como as coisas não mudam de um dia para o outro Borg também era extremamente prepotente e simplesmente fazia tudo o que queria, sem se importar com o que os outros achavam. Atualmente ele também gostaria muito de poder fazer tudo do jeito que queria, sem ter que se importar com a opinião dos outros. Pensou finalmente no problema de sempre, que eram os desafetos conquistados no passado, com tantas mortes causadas. Centenas de pessoas haviam perdido a vida na ponta da espada de Borg e hoje sofria as conseqüências desses atos, percebendo a atuação de "presenças" sobre si, como não dormir bem, acordar cansado e tonturas, por exemplo, além de dores pelo corpo, que o faziam pensar nos ferimentos causados por aquela espada.

9
Issam
O menino do deserto — século VIII
Vidas perdidas — parte 2

"Sou Issam. Tenho doze anos. Moro com Abud, o mercador. Gosto aqui do mercado, desta agitação, de ficar ao ar livre. Mas não gosto das longas viagens em que vamos comprar mercadorias. Tenho que cuidar dos camelos, carregar as trouxas neles e tudo o mais. Abud diz que cuida de mim e por isso tenho obrigações para com ele. Eu sei que é verdade mas não gosto. Ele é um homem rude e mal-humorado, mas não é mau. Ele me bate, às vezes, quando faço algo errado ou estrago alguma mercadoria. Mas não é sempre. Não faço de propósito. Acho que sou distraído e nas viagens estou sempre muito cansado. Detesto o deserto e a gente do deserto." Calou-se, como que mergulhando em profundas e dolorosas lembranças.

Pedi que me contasse como fora parar nessa situação. E ele contou, com a voz embargada.

"Estou com Abud há muitos anos, desde que meus pais morreram quando a casa em que a gente morava foi destruída. Foi num lugar do outro lado deste deserto. Muito longe daqui. Eu tinha seis anos e não sei por que não me mataram também. Eram homens com turbantes com longas adagas que entraram na vila gritando e procuravam os infiéis. Degolaram os meus pais e muitos outros. Na época não entendi mas depois ele me contou que tinha a ver com religião e que foi uma injustiça porque meu pai não era infiel. Eu gostava muito do meu pai." Os olhos estavam marejados e ele se esforçava para não chorar. Descansou um pouco e continuou:

"Ele morava por perto e conseguiu esconder-se em algum lugar. Eram poucas as casas e depois que eles se foram ele voltou e me encontrou sentado ao lado do corpo de minha mãe, todo ensangüentado e chorando. Mas eu não estava ferido e então ele me pegou, arrumou uns poucos pertences e fugiu me levando. Sou grato a ele. Ele achava que os homens poderiam voltar."

Descreveu a saga dos dois pelo deserto até encontrarem a família de Abud, que eram nômades. Passaram muitos dias andando a pé, enfrentando o sol e a areia até encontrá-los. Quando se cansava e chorava ele o carregava nos ombros e por causa disso teve que ir deixando pelo caminho sua bagagem. Sempre o cobrou por isso. Chegou quase morto ao acampamento e foi cuidado por uma de suas parentas, que salvou sua vida. Tinha feridas pelo corpo e não conseguia manter-se de pé, tão fraco estava.

Custou a recuperar-se. Ficaram alguns anos viajando com a família, mas o espírito de comerciante de Abud o deixava inquieto com a vida do deserto. Queria ir para uma grande cidade, fazer grandes negócios e ficar rico. A família o desaprovava, mas decidiu ir assim mesmo. Quando resolveu partir, no entanto, teve uma grande surpresa.

"Eu! O parente mais velho disse que só poderia partir se me levasse, pois pelas suas leis eu era dele e não podia me deixar para trás. Eu tinha oito anos. Ficou muito zangado, mas como precisava das coisas que os parentes tinham juntado para lhe dar, não teve outro jeito a não ser me levar, resmungando."

"E você?"

"Eu chorei muito. Não tanto por ir com ele, mas por deixar as outras crianças que eram as únicas pessoas que realmente gostavam de mim. Sempre fui tratado como um peso pelos adultos. A comida não era muita e tinham que dividir comigo. Às vezes nem me alimentavam direito e eu ainda tinha muitas tarefas no grupo, todos os dias, ao contrário das outra crianças. Era um vida muito difícil, mas havia as crianças e eu não queria ir embora."

"E o que foi feito de sua vida então?"

Contou da esperteza de Abud nos negócios. Foi negociando com outros viajantes que encontraram pelo caminho e quando chegaram à cidade onde ele pretendia se tornar um mercador, já possuía uma boa quantidade de coisas interessantes para comerciar. Os parentes haviam dado um camelo, roupas e alimentos. Quando chegaram já tinham dois camelos, um tapete, objetos de metal e outras bugigangas. Trabalhava muito e o arrastava para cima e para baixo, de sol a sol. Tinha uma fixação na idéia de que ficaria rico com seu trabalho e de que Issam deveria ajudá-lo.

Até gostava de trabalhar, mas às vezes, muitas vezes, Abud exagerava, chegando então a dormir no meio da rua, de tão cansado, enquanto tomava conta das mercadorias. Aí era roubado e apanhava. Chorava e pedia desculpas. Abud passava meses reclamando, lembrando-o cada dia do que acontecera e era muito doloroso. Sentia-se imensamente culpado e chorava de novo. Seu salvador havia enfiado em sua cabeça que era seu eterno devedor.

Quando tinha doze anos já tinham uma espécie de casa e até mesmo alguns empregados, ajudavam no transporte das mercadorias. Como Abud parecia não ter tempo para pensar em arranjar uma mulher, pois só pensava em ficar rico, todo o serviço sobrava para ele. Tinha que fazer a comida e cuidar das roupas. Usavam uma espécie de túnica amarrada na cintura com calças ajustadas por baixo, com panos por cima, uns sobre os outros e tudo aquilo dava trabalho para lavar. Tinha água na cidade, mas tinha que ser carregada em enormes cuias na cabeça. Era um trabalho duro para um menino da sua idade. Além disso tinha as viagens pelo deserto, que ele odiava.

Bom mesmo é quando era mandado para o mercado, tomar conta de uma das tendas. Gostava das pessoas, do movimento e além do mais ficava sentado o dia todo. O único trabalho era carregar as mercadorias, o que os empregados faziam.

"Como vai, menino Issam?" Era o velho mercador da tenda ao lado, que gostava de contar histórias e de falar mal da vida dos outros. Falava e falava, mas como ele não conhecia as pessoas de quem falava, limitava-se a sorrir, sem entender nada. Talvez por isso o velho gostasse dele. Quase não conhecia ninguém. Era apenas mais um menino no meio da balbúrdia do grande mercado, para onde vinha gente de todas as partes. Impressionava-se com os homens fortes de cor escura, sem camisa com panos amarrados nos braços e também com moças de roupas coloridas que vinham acompanhadas de muitos servos, como num pequeno cortejo.

O tempo passou e um dia pela manhã, enquanto cumpria seus afazeres, estranhou Abud não ter levantado ainda para cuidar dos negócios, bem naquele dia que mercadores do oriente chegariam à cidade. Encontrou-o imóvel no tapete onde dormia. Parecia morto. Assustado correu para o pátio atrás dos empregados da casa. Gritou, gritou, mas não encontrou nenhum. Algumas pessoas pararam na porta em arco que dava para a rua e não entenderam o que estava acontecendo e não pararam. Desesperado voltou para perto de Abud. Foi então que notou que por baixo das mantas escorria um fio de sangue, que ensopava o tapete escuro.

Afastou as cobertas de uma vez e viu então o ferimento no peito e um punhal jogado sobre ele. Tirou o punhal e começou a sacudi-lo e chamar por ele, na esperança de que estivesse vivo. Suas mãos ficaram ensangüentadas. Olhou-as horrorizado e percebeu que Abud havia mesmo sido morto enquanto dormia. Estava neste estado quando dois homens entraram correndo, alertados pelos seus gritos lá fora. Estava ajoelhado ao lado do corpo chorando e todo sujo de sangue, com o punhal a seus pés, onde o tinha jogado.

Um dos homens sacudiu Abud e ao perceber que estava morto agarrou-o pela blusa e gritou:

"Seu maldito bastardo! Cuspir no prato que o alimentou!" A seguir deu-lhe uns safanões e tapas na cabeça. Jogou-o ao chão e chutou-o. Não entendia o que estava acontecendo. Chorou alto e se debateu. Mas foi em vão porque os dois o agarraram e o levaram. Foi colocado num lugar escuro, apertado, onde foi acorrentado junto com outros homens que já estavam lá. O estado de todos era lastimável. Sua cabeça estava um turbilhão e custou a perceber que estavam achando que ele havia matado seu protetor. Tinha apenas quatorze anos.

Foi deixado lá por alguns dias. Quase o mataram de fome. Cada um que entrava o chutava um pouco mais. Parece que Abud era muito conhecido, ao contrário dele que vivia mais recluso em casa. O que todos pareciam saber era que havia sido salvo por ele e agora estavam indignados com o que achavam que tinha feito. Chorava e gritava sua inocência. Ninguém jamais acreditou.

Depois foi levado para um lugar maior, já meio arrastado, pois estava fraco e muito ferido. Tinha muitas dores nos locais do peito e do abdome onde tinha recebido muitos chutes. Devia ter costelas quebradas e ferimentos internos porque as dores eram insuportáveis. Ouviu atônito sua condenação. Iriam cortar-lhe as mãos porque, decerto, havia matado Abud para ficar com as suas coisas e não passava de um ladrãozinho desprezível e ingrato. Não iriam matá-lo apenas porque ainda era muito criança. Antes o tivessem feito.

Mal foi proferida sua sentença por aquele homem gordo, cheio de panos na cabeça, barbudo e fumando algo de um jarro grande, meio indiferente ao que dizia, foi imediatamente levado para outro lugar onde suas mãos foram amarradas num cepo e cortadas com uma grande adaga, sem que tivesse tempo de se dar conta do que estava acontecendo. Ficou meio inconsciente e ouvindo ao longe os homens falando coisas incompreensíveis. Sua cabeça rodava e não sentia nenhuma dor.

Acordou tempos depois deitado num pequeno entulho, atrás dos muros amarelados de uma construção grande, debaixo de uns panos armados como uma pequena e suja tenda. Havia um homem velho que o olhava e dizia:

"Calma Issam. Vai ficar tudo bem. Estou cuidando de você." O homem era barbudo e seu olhar era de profunda pena. Ele continuou: "Sei que você é inocente. Crianças não matam assim, especialmente crianças que têm paciência com homens velhos como eu."

Issam não entendeu imediatamente, pois voltou para sua semi-inconsciência muitas vezes naqueles dias, mas aquele era o velho da tenda ao lado, do mercado; aquele velho falador e contador de histórias, a quem tinha dedicado seu sorriso paciente mesmo sem saber do que ele tanto falava, durante as muitas horas que passou a seu lado.

Um dia despertou definitivamente e sentiu dores terríveis. Procurou as mãos e encontrou apenas os punhos enfaixados com ervas e folhas, tendo por cima uma pano escuro apertado firmemente. Suas lágrimas haviam se secado para sempre, depois de todo o desespero das horas terríveis que havia passado nas mãos de seus justiceiros. Estava apático. Não falava, apenas olhava atordoado para o velho, que o abraçou e trouxe sua cabeça no seu peito, onde ficou recostado, triste e agradecido, com ele passando as mãos em seus cabelos.

Passaram alguns dias ou semanas, não sabia direito. Ficava ali na tendinha suja e pobre do velho, mas seu único abrigo e conforto. Ouviu dele que pouco comerciava naqueles tempos. Estava velho e sem forças para buscar mercadorias. Vendia então sementes e frutas secas, que pegava com um comerciante maior que tinha uma loja. O homem havia sido seu empregado e como tinha prosperado, agora o socorria. E era o que comiam também. Às vezes conseguia preparar uma sopa rala, que dava na sua boca. Estava tão amortecido que não conseguia nem falar; quanto mais agradecer. Estava mudo talvez para não deixar extravasar os gritos de ódio de sua alma.

De alguma forma seus ferimentos foram cicatrizando. O velho recomendava que perdoasse a ignorância dos homens, mas seu coração estava petrificado de rancor. Ao mesmo tempo amava o velho que dividia sua miséria com ele, generosamente. Em seus quinze anos não tinha tido tempo de compreender o mundo e as pessoas. Aprendera a trabalhar com Abud e, devido às circunstâncias, a ser grato também. Agora o velho queria que aprendesse a perdoar e percebia que era muito mais difícil que tudo na vida.

Issam, sem saber, continuava a resgatar o seu

passado, onde havia proporcionado tanta dor a tantas pessoas. Começara a vida presenciando o terrível massacre dos pais e depois experimentara o desprezo na tribo dos nômades. Depois o trabalho árduo e finalmente passava pelo massacre do próprio corpo, da mesma forma que já havia feito para outros em vidas passadas, quando matara e mutilara sem piedade. De uma forma ou de outra era sempre arrancado do que considerava um lar, afastado das pessoas que aprendia a gostar e levado para outra expiação. E sempre sem explicações que pudessem confortar seu coração. Como não compreendia, se revoltava e ia então, aos poucos, transformando sua dor num sofrimento inútil.

O pior no entanto ainda estava por vir. Já andava um pouco e balbuciava algumas palavras. Passava os dias tentando ler as palavras que o velho Morijh, era este seu nome, lhe apontava num grande livro. Ele tentava ensiná-lo para que tivesse com o que se distrair enquanto estava fora. Mas uma tarde Morijh não voltou. E não voltou nunca mais.

Esperou ansioso, dias e dias, até quando foi entendendo lentamente que o velho amigo não voltaria mais. Chorou um choro sem lágrimas. Teve muito medo, porque tudo ia começar de novo. Seu coração sabia disso. Já não havia quem trouxesse comida e nem sabia onde estava direito. Saiu a andar devagar, pensando em ir ao mercado pedir alguma comida. Para sua surpresa, as pessoas quando o viam, em vez de se compadecer, xingavam-no.

"Ei! Ladrão! Ladrão!" Alguns atiravam pedras. Foi entender depois que naquelas terras ter a mão cortada era sinônimo de ser ladrão. Começou a perceber que havia outros como ele.

Soube mais tarde que o velho havia morrido na rua, de repente. Sua vida agora era esmolar como um mendigo. Tendo apenas dois tocos no lugar das mãos não podia trabalhar, nem preparar comida e nem mesmo lavar-se direito. Comia os restos que ganhava e que muitas vezes eram atirados ao chão, tendo que arrastar-se para comer, como um cão faminto. Seu sofrimento foi curto. Sobreviveu pouco tempo daquela forma, execrado da sociedade, perambulando atrás de comida e de pouso. Sim, nem mais a tendinha, para onde voltava todas as noites, tinha mais. Moleques da redondeza puseram fogo nela, deixando-o ao relento. Dormia pelas ruas, encolhido nos beirais.

"Vamos então aos momentos que antecedem sua morte" pedi, para abreviar o relato daquele sofrimento, que se repetia.

"Tenho de quinze para dezeseis anos. Minha aparência está horrível. Estou sujo, nojento e cheiro mal. Ninguém se aproxima de mim. Nem os outros mendigos me suportam, tal o meu estado. Não agüento mais este meu sofrimento sem fim. Não tenho forças nem mais para odiar. Quero morrer... preciso morrer!" A voz é um fio, quase inaudível.

"E daí?"

"Vou me matar. Vou me jogar no poço perto das lojas dos mercadores ricos. É de noite e ninguém vai me ver." Risos irônicos acompanharam esta última frase. Continuou:

"Como se alguém fosse tentar me impedir" completou com amargor.

Aquela vida estava próxima de seu desfecho trágico, o que jogaria fora tanto sofrimento, pois ele anteciparia aquilo que havia programado para si mesmo.

"E o que acontece de fato com você?"

"Me arrasto até o poço e sem pensar duas vezes eu me jogo. Tenho uma vertigem e depois ouço meu corpo batendo no fundo, além da água rasa..."

Um silêncio se faz, evidenciando a morte que se fazia presente. Ela é sempre vivenciada como um silêncio. Depois, solicitado, o espírito de Issam contou como suas desventuras continuaram no plano espiritual.

Depois da vertigem e do primeiro baque no fundo sentiu-se cair mil vezes naquele poço e em todas as quedas batia novamente no fundo, numa espécie de carrossel maluco. Havia batido a cabeça e morrido quase que instantaneamente, mas custou muito a perceber a própria morte. Em cada nova queda o terror da batida no fundo, agora sabida e sentida.

Tentei tirá-lo daquela situação para que se certificasse de sua morte. Não importava de fato quanto tempo o espírito ficaria naquela roda viva, para a terapia era preciso saber o que sentia ante tudo o que havia acontecido. Adiantamos o tempo. Fomos ao momento em que o espírito compreendeu finalmente que havia morrido. Ficou ainda mais enraivecido que antes e apesar de cansado, seu único pensamento era o de vingança; mas nessa altura já estava como que preso, enredado num lugar sem saída no meio do deserto, que tanto detestava. Uma duna terminava em outra e esta voltava para a primeira. Xingou e gritou até deixar-se cair na areia fina, desfalecido. Ergueu-se de novo e prosseguiu. Blasfemou contra tudo e todos. Não sabe quanto tempo passou preso naquela armadilha, que pensava ser uma miragem.

De vez em quando ouvia:

"Issam! Perdoa meu menino." Percebeu que era a voz de Morijh. A voz falava dentro da sua cabeça. Não parava para pensar como aquilo acontecia e apenas fingia não ouvir. Não queria perdoar. "Sofrimento demais para perdoar. Que mal eu fiz?" pensava, olhando para os tocos de seus punhos, onde horríveis cicatrizes eram testemunhas das injustiças que julgava ter passado.

Pobre Issam. Com seu ato impensado fizera o que muitos de nós já fizemos em vidas passadas e o que muitos ainda fazem ou pensam em fazer nos dias de hoje, na falsa ilusão de que o suicídio abreviará nosso padecimento. Matar-se só serviu para que fosse arrastado para dentro de seus próprios temores, criando um inferno particular, onde ficou aprisionado. Seu ódio o impedia de dar ouvidos à voz doce do espírito de Morijh, que tentava chamá-lo à razão e até mesmo que pudesse ser ajudado, como o próprio Leo veria em outras vidas, quando o espírito sofrido após a morte, era amparado e levado para o astral.

10
Usküd
O massacre dos Cruzados — século XI

"Meu nome é Usküd e tenho 52 anos. Sou turco e moro perto do mar. Uso uma roupa larga e um capacete estranho. Tenho uma espécie de lança com um enorme anzol na ponta. Parece um arpão e é muito pesada. Mas sou forte e estou acostumado. Temos bonitas cidades antes das montanhas e gostamos de cantar e dançar. Mas estamos sempre em guerra também e nos arregimentamos em grandes exércitos para lutar, especialmente contra os cristãos, que vêm para lutar pela Palestina. Há dezenas de anos que estamos nestas contendas" explicou numa voz cansada e rouca.

"Eles vêm e vão. Chegam aqui já dizimados por outros combates no caminho. Chegam aos bandos. Mas já chegaram aos milhares. Usam cruzes nos escudos e acham que estão protegidos contra nós por causa delas. São bravos guerreiros, mas tais cruzes são motivo de riso para nós" continuou, de forma quase didática.

"E o que você faz aí?" Pretendia me situar melhor.

"Sou um soldado, mas nem todos de nós lutam sob um só comandante. Defendo as vilas nas montanhas, meu povo, crianças e mulheres. Passei anos lutando em terras longínquas mas voltei e vou ficar por aqui. Moro em acampamentos aqui e ali. Não gostamos mesmo de ficar muito tempo num lugar só. Acostumei com esta vida." Risos. "Nossos olhos vigiam e por isso precisamos nos deslocar. Somos muitos em vários grupos, para vigiar melhor; nos unimos quando preciso. Existem outros que aparecem também, nem sei de onde, talvez gente do norte."

"Como é o lugar onde você está agora?"

"Ando a pé por um campo aberto pelo meio das montanhas, como um pequeno vale. Vou com alguns companheiros. Procuramos caça. O tempo está bom e o calor não é tão forte. Já não sou jovem mas ainda agüento andar e lutar destes lados. Conheço cada palmo destas terras. Vou um dia morrer por aqui mesmo." Risos. Usküd parecia um sujeito bem-humorado, pensei, de forma equivocada. Logo eu saberia do que realmente ele era capaz e, que como todos nós, era extremamente bem-humorado apenas quando tudo estava bem.

"E como são essas terras?"

"Ah! Aqui tudo é bonito." Parecia encantado com a natureza ao seu redor e com aquela que morava em suas lembranças. "Temos muito verde e montanhas de pedra clara. Lá mais para baixo são as praias e mais ao sul temos desertos também. Difíceis desertos. Perdi muitos amigos lá" calou-se. Parecia que nem todas as lembranças eram boas.

Andaram pelo pequeno vale rochoso até que, de repente, do outro lado ouviram gritos e barulho de metais e de animais, cavalos. Empunharam as armas com força e correram todos ao encontro daqueles sons, gritando também seu grito de guerra, furiosos, sem nem ao menos saber o que havia do lado oposto da montanha. Mas não se enganavam e havia mesmo uma luta de um pequeno grupo de turcos contra gente desconhecida. Entram em feroz combate em auxílio dos da terra e rapidamente tudo termina. Comemoram cantando e guardando as armas dos vencidos. Tomam seus pertences e rações. Dividem entre os dois grupos, sem problemas.

Antes de partir matam friamente todos os

feridos, cortando seus pescoços, pois não fazem prisioneiros ali naquele lugar. Teriam que alimentá-los e cuidar deles, além de vigiá-los e não valia a pena. Também não parecia interessar muito quem era aquela gente. Eram estranhos armados e intrusos e isso era mais que suficiente.

Essa era sua vida. Havia perdido a conta da quantidade de pessoas que havia matado. Matar era simples como respirar. Logo após um combate como aquele, já estava pensando em outras coisas, como comer, por exemplo. Usküd e os outros já haviam lutado muito e em muitos lugares do oriente e pequenos combates como aquele eram quase uma distração, já que não faziam outra coisa na vida a não ser guerrear. Eram uma espécie de soldados por conta própria. Escolhiam seus líderes e também não se importavam em se meter em campanhas maiores, juntando-se aos exércitos do governo, onde eram sempre bem-vindos.

Um dia, tempos depois, ao voltar de uma destas pequenas expedições encontrou o acampamento arrasado. As pessoas mortas e as cabanas queimadas. Até os animais estavam mortos. No acampamento viviam também mulheres e crianças, que não foram poupados.

As mulheres foram violentadas e tiveram seus seios cortados a faca. Os meninos foram mutilados e pendurados em paus. Parecia uma espécie de vingança. Ele não tinha uma família, mas ficou tão irado como todos os outros. Jurou sua própria vingança, assim como todos os outros e decidiram, sem saber bem o porquê que os culpados seriam os cristãos. Com o tempo conseguiram novamente unir-se aos exércitos e marcharam em defesa das tropas que lutavam contra os Cruzados, que vinham desta vez liderados pelos germânicos do norte.

Lutou ferozmente em muitas batalhas. Tinha um prazer sádico em torturar seus opositores antes de matá-los, se possível fosse. Começaram, ele e muitos outros de seu grupo a promover, dentro dos massacres que impunham aos cristãos, verdadeiros rituais de extermínio, com requintes de crueldade. Pegavam os feridos e os que caíam prisioneiros em suas mãos e os penduravam em paus, de cabeça para baixo, amordaçados, para que morressem de fome, com dores terríveis e sem qualquer assistência. Tão longe de casa estavam os Cruzados, que a luta lhes era terrivelmente desfavorável e além do mais, os locais lutavam com o ódio dos invadidos, embora isso não representasse toda a verdade.

"E você fica nessas lutas até que acontece o quê?"

"Estou muito cansado e decido voltar. Mas nem tenho para onde voltar. Já não tenho mais o mesmo vigor de antes. Tenho quase 60 anos. Meus cabelos estão grisalhos e minhas costas doem. Meus amigos se espalharam. Muitos morreram. Estou muito cansado."

"E o que você faz de fato?"

Fez longo silêncio, como se acompanhasse o personagem mentalmente em seu trajeto de volta. A expressão era de amargura e de cansaço.

"Divida comigo seus pensamentos" não podia ajudá-lo se não soubesse o que se passava.

"Nem vale a pena. Foi uma longa, longa viagem. Meu cavalo morreu no caminho e agora estou a pé. Todos estamos. Vários vieram comigo. Temos nossas armas mas já não entoamos nossos gritos de vitória, embora tenhamos ganho todas as batalhas. Matamos milhares deles, mas estamos cansados. Caíram como insetos. Foram muitos massacres. Eles são desorganizados e confusos. Acho que o tempo é o único que pode vencer-nos nesta batalha final" não havia o cântico dos vencedores em sua voz. Parecia mesmo que todos perdiam em situações como essas. Suas mãos estavam sujas com o sangue dos perdedores.

"Nunca chegamos de volta à nossa terra. Fomos atacados por um bando numa noite escura, quando exaustos, descuidamos de nossa segurança. Também não achávamos que viessem mais tão longe. Passamos tanto tempo lutando e matando os cruzados, que só pensávamos neles, esquecidos dos outros inimigos que também vinham por vezes pilhar nossas vilas. Cortaram nossas cabeças enquanto dormíamos." Parecia sem disposição para saber o resto.

"Deixe que a morte venha" incentivei.

"Que horrível. Estamos despedaçados. Cortaram as cabeças e os braços. Divertiram-se muito. Não tenho forças nem para sair daqui. A vida é assim mesmo. Desta vez eles venceram" parecia conformado. "Estamos todos nos olhando com cara de bobos. Tem uns que choram e querem juntar os pedaços do corpo. Fico só olhando, impassível. É como se nada fizesse sentido. Quero dormir. Nada mais importa. Não importa o que vai acontecer daqui para frente."

Não pode contar o que foi feito daquilo que restou do corpo. Depois que despertou de um sono profundo estava em outro lugar. Um lugar fétido, com águas barrentas; havia apenas árvores retorcidas e carvão por toda parte. Continuou sentado e cansado. Era como se nem todo o repouso do mundo pudesse retornar-lhe as energias perdidas.

"E o que ficou disso tudo para você?"

"Cansaço."

"O que você acha de tudo que aconteceu com você aí, nessa vida que terminou?"

"Terminou? Não parece. Onde está o fim prometido pelo profeta?" falou, de forma depreciativa.

"Lembre-se de que você viu seu corpo despedaçado." Eu sabia que ele estava falando de forma figurada e provocativa, mas insisti no ***insight*** sobre seu estado espiritual.

"Eu vi" resmungou.

Os companheiros estavam por ali também, tão cansados e surpresos como ele. Seus espíritos levariam muito tempo para se recuperarem dos ferimentos. Todos perdidos naquele lugar de almas perdidas. Seu orgulho tinha sido muito abalado, pois era como se, durante todos os anos que perambulara pelas montanhas, combatendo aqui e ali, tivesse criado uma crença interna de que era invencível. E orgulhos feridos costumam gerar grandes rancores, que foi exatamente o que aconteceu com Usküd. Não sabia no entanto contra quem direcionar sua raiva e ficou ali, desdizendo a vida, os cruzados, os inimigos em geral, o profeta, os companheiros incompetentes que não zelaram pela segurança e tudo o mais, como se fosse uma vítima irada, completamente esquecido de sua participação ativa naqueles embates todos.

E assim como seus antecessores Hasan, o bruxo de Atlântida, Efér, o escriba do Nilo, Ciro, o centurião de Roma e Borg, o bárbaro das terras do norte, Usküd mantinha em sua personalidade a mesma prepotência que o cegava, assim como havia cegado os outros, para as crueldades que praticara durante toda uma vida, as quais certamente todos eles achariam que eram apenas fruto das circunstâncias. Mesmo quando se é nascido num lugar propício para a continuação desses padrões de agressividade, disputas e poder, seja qual for o dimensão que se dê a ele, o indivíduo, em todos os tempos sempre tem uma segunda opção; se não a tivesse não faria qualquer sentido o ser humano possuir essa enorme capacidade de fazer escolhas e de arbitrar os destinos da própria vida.

É relativamente comum os clientes partirem em defesa de seus personagens, quando não de si mesmos no presente, alegando que eles nasceram nesta ou naquela situação e por isso não tiveram escolhas. Para nem citar que a primeira escolha já começa pelas condições em que vai renascer, como a família, o lugar, o sexo, as condições sócio-econômicas etc, o que às vezes é difícil de admitir, poderíamos dar o exemplo do soldado do castelo feudal que mata os aldeões, seus conterrâneos, quando não pagam os impostos.

"Ah!" dizem eles "não tinha outro jeito a não ser obedecer o rei, senão seriam enforcados."

E por que então não foram ser lavradores ou oleiros, em vez de se tornarem soldados? Porque soldado trabalhava menos, o serviço era mais leve, dava mais prestígio, ganhava mais, tinha mais vantagens junto ao senhor feudal etc etc. Isto é, foi uma escolha consciente, visando o próprio bem-estar, em detrimento do dos outros, se necessário fosse. Fazemos isso até hoje, mas seguindo o velho bordão da humanidade, somos todos uns coitados e se erramos foi porque não tinha outro jeito ou porque fomos obrigados pelas circunstâncias. Com Usküd havia se dado o mesmo; poderia ter se tornado um pastor ou um caçador, como muitos de seus parentes e, portanto, não havia desculpas para os atos de selvageria que praticara e muitíssimo menos para seu ressentimento e para sua raiva, pois fora vítima de seus iguais.

Custaria muito ainda para que o espírito entendesse essas coisas e aceitasse outras formas de agir na vida, sem impor determinações e desejos aos outros, custe o que custar. E Leo, pensando nessa vivência, percebeu facilmente como a prepotência velada com a qual gostava de impor suas idéias, não era muito diferente daquilo que Usküd fazia na sua época. Lembrou-se também da irritação que tomava conta dele quando contrariado e que o fazia lembrar da agressividade do personagem, que lutava e matava, certamente com a mesma irritação, num estado de raiva permanente com as contrariedades causadas pelos inimigos.

Não havia também como esquecer que essa mesma situação de batalhas sucessivas, fez com que muitos perdessem a vida em combates pessoais com ele, o que poderia ter resultado numa enorme lista de desafetos ávidos de vingança até os dias de hoje, dependendo de como essas mortes ocorreram e Usküd, como se sabia, estava longe de ser um homem piedoso com os vencidos, como era mesmo hábito naquelas longínquas terras árabes, quase dez séculos atrás.

11
Angelin
O inquisidor — século XIII

"Meu nome é Angelin e tenho 40 anos. Sou alto, gordo e tenho barba ruiva. Sou como um bispo ou um padre de posto elevado. Uso roupas bordadas com fios dourados como ouro. Uso uma espécie de batina preta com um sobre-manto castanho e vinho, com bordados nas mangas e nas barras. Tenho um chapéu esquisito. Tem muita gente aqui usando roupas parecidas. Uns têm também roupas bordadas e outros, a maioria, usam só a batina preta, com uma espécie de capinha branca nas costas. Só tem homens aqui."

E continuou, numa voz mansa e estudada:

"Estamos todos dentro de uma construção enorme, de pedra escura. É muito frio e o ar parece impregnado de um cheiro de fumaça que vem dos enormes braseiros de aquecimento. Aqui é uma espécie de salão de repouso, onde nos reunimos para conversas informais após os serviços do dia. Estamos na Espanha."

Descreveu em detalhes a enorme construção do que parecia um mosteiro ou uma fortaleza; um lugar grande o suficiente para a residência de uma centena de religiosos, mais os jovens estudantes do noviciado e mais os aposentos de bispos e visitantes. Havia ainda uma igreja espaçosa e salas de conferências e serviços. Muitas reuniões aconteciam ali, num vai e vem interminável de pessoas pelos enormes e escuros corredores. Tetos altíssimos, com afrescos em algumas capelas. De uma forma geral, uma construção simples, quase rudimentar, de enormes blocos de pedra, formando dois andares de um prédio retangular com um espaço no meio, como se formasse um U. Tinha uma entrada na frente do U e todo o complexo era cercado por altos muros, com pequenas passagens ovaladas cerradas por pesadas e rústicas portas de madeira ornadas com dobradiças de ferro.

No subterrâneo havia intermináveis galerias iluminadas pelas frestas que vinham da superfície, quase ao rés do chão do andar térreo. Quem passasse não as notaria. Nessas galerias havia algumas celas onde se poderia prender pessoas para castigo, caso fosse necessário.

"Estamos tendo tempos ocupados por aqui. Somos padres e estamos no ano de 1266 da era cristã, graças a Deus. A Igreja se posiciona fortemente contra os hereges e é nossa obrigação de cristãos, defender o nome do cordeiro. O povo ignorante se joga aos nossos pés pedindo proteção contra as mulheres que fazem feitiçarias. Homens também devem ser condenados. Ninguém deve fazer aquilo que o próprio Papa proibiu."

Leo descrevia uma vida passada na Idade Média onde a Igreja promovia a Inquisição, perseguindo sem piedade os rotulados de infiéis. Todo tipo de pessoa que mexesse com ervas, com qualquer tipo de cura, que denotasse qualquer forma de cultura considerada imprópria, que tivesse ataques epilépticos ou ainda que expressasse qualquer pensamento suspeito, era acusado de herege e deveria ser julgado pelos tribunais da Igreja. Até mesmo saber ler ou ter qualquer tipo de manuscrito em casa era considerado algo suspeito e que, portanto, deveria ser averiguado.

Relatou julgamentos nitidamente injustos, onde o réu não tinha qualquer possibilidade de defesa. Julgamentos geralmente sumários, dependendo do nível social do acusado. Dependendo do caso e das implicações políticas, mesmo alguns ricos eram condenados sem apelação.

Parecia bem satisfeito com sua posição. Havia muita fome e miséria do lado de fora dos muros da abadia, que era como todos chamavam o lugar. Do lado de fora o povo sofria com o mau tempo, com as colheitas escassas, com os impostos, com as doenças sem cura e com toda sorte de infortúnios. As crianças pequenas não sobreviviam às febres e muitas mulheres, subnutridas, morriam de parto e de infecções subseqüentes. A cidade era até grande, havia algum comércio, armazéns e estábulos. Descreveu ruelas de periferia geralmente enlameadas, cheias de sujeira e de ratos. Os mais pobres faziam fogueiras nas ruas para cozinhar e levavam as brasas para os braseiros para esquentar as casas. Parecia íntimo daquele ambiente fora da abadia e solicitado contou então sua história.

"Angelin! Venha, meu filho." "Tenho oito anos e é minha mãe que me chama. Moramos numa casa simples. Acho que não chegamos a ser muito pobres. Nunca falta comida pelo menos. Meu pai é bom caçador e temos uma boa roça de batatas. Minha mãe também planta couves e repolhos. Minha mãe faz pão para mim e eu fico feliz com ela na cozinha. Ela é jovem e bonita. Meu pai passa tempos na floresta caçando. Acho que tenho alguns irmãos menores. Não sei bem. Sou feliz aqui."

A vida com a família era simples e boa. Algum tempo depois dessa cena inicial ele me contou que um dia toda a família foi fazer uma pequena viagem para visitar parentes na cidade próxima e no caminho foram assaltados por homens encapuzados.

"Anos mais tarde vim a saber que eram fanáticos de uma seita religiosa. Eles nos amarram todos em árvores na floresta. Gritam, cantam e fazem rituais de magia, com um tipo de areia fina sendo lançada ao fogo e provocando nuvens de fumaça colorida e malcheirosa. Vão nos matar eu acho. Eu não entendo, choro. Meus irmãos também choram. Minha mãe pede clemência para nós, crianças, e os homens ficam confabulando para decidir o que vão fazer conosco. Meu pai implora.

Decidem nos soltar mas meus irmãos mais novos se agarram nas saias de minha mãe. Ela manda que eu os leve dali. Não sei o que fazer. Tenho só oito anos e choro também. Meu pai grita comigo e então eu agarro os pequenos e tento arrastá-los, mas não tenho forças. Só consigo segurar o de colo. Os homens já estão irritados. Agarram-me pelo braço e me atiram longe; eu não largo o bebê. Minha mãe chora. Eles empurram os outros dois menores para longe mas eles voltam para perto de minha mãe. É um desespero só.

'Vamos acabar com todos de uma vez. Vamos colocar fogo e acabar com isso' falou um dos homens já bastante entediado daquela gritaria toda. É a hora então que ouvi o grito de meu pai, que durante anos ressoou na minha cabeça:

'Corra Angelin! Corra filho!'"

E Leo narrou então a fuga desabalada de Angelin pela floresta levando consigo o irmãozinho bebê. Correu e correu até se esconder, quase que desfalecido, sujo e suado atrás do toco de uma árvore gigantesca, carbonizada talvez numa tempestade. Dormiu e acordou com o choro do bebê, muitas vezes. Por dias andou pela floresta levando o irmão já quase desfalecido também, pois ele só mamava e não tinha como alimentá-lo. Choravam juntos. Suas forças se acabaram.

Foi despertado um dia por soldados cristãos que

o levaram para um mosteiro. O bebê havia morrido enquanto dormia. Foi salvo pelos padres e terminou sendo criado por eles.

"Os padres me contaram o que devia ter acontecido com meus pais e incitaram minha raiva contra os não-cristãos, os magos e as bruxas. Alimento meu ódio a cada dia. Cresço ligado à igreja e me torno também um caçador de bruxos. Nessa época havia muitos, espalhados por toda parte. Termino fazendo parte de um tribunal inquisidor e me deleito mandando para a fogueira os hereges. Vejo em cada um deles o rosto dos homens da minha infância. Sou muito determinado e não tenho piedade de ninguém. Velhos, moços, tanto faz. Todos têm parte com o demônio.

Subo rapidamente na hierarquia da Igreja porque meus processos são incontáveis e todos me respeitam e temem. Não faço questão de saber se o acusado é culpado realmente ou não. Não perco tempo com detalhes. Quero ter números em minha estatística para apresentar em Roma. Tem muita gente lá que vive para me adular e eu gosto disso. Já fui muitas vezes recebido pelo Papa em pessoa. Ando pelas ruas e as pessoas me reverenciam. Agradeço com um leve movimento de cabeça e continuo."

"E a sua vida vai assim, reconhecido em Roma, cheio de privilégios, com suas bolsas cheias de moedas de ouro pagas por alguns interessados em colocar no rol dos culpados da Igreja inimigos pessoais deles, até quando?" perguntei, lembrando a forma em que o bispo Angelin vivia já há muitos anos. Sim, o ódio ainda existia, mas também unia o útil ao agradável, não se importando em fazer pequenos favores aos amigos ricos, como mandar alguns inocentes irritantes e questionadores e até mesmo simples credores, para a fogueira.

"Apaixono-me por uma linda moça que, sem

sequer ouvir sua defesa, eu havia condenado à morte, num lote com vários outros, todos acusados nem sei direito de quê. Mexo com papéis e não me digno a levantar os olhos, muitas vezes, para ver as miseráveis criaturas que são trazidas à minha frente. Mas esta me chamou a atenção porque tinha um olhar desafiador. Sorrio da ousadia e decido ficar com ela, como já tinha feito com muitas."

"O que você que dizer com ficar?"

"Usar como mulher. Mas desta vez me dei mal porque ela me seduziu de verdade e eu decidi salvá-la. Foi o meu erro."

Contou como foi apanhado e mandado também para a fogueira. Antes disso alguns amigos próximos tinham tentado dissuadi-lo, mas sem sucesso. Alguém o traiu, sendo preso. Os superiores todos vieram ver do que se tratava. Foi um escândalo, pois nunca antes um bispo havia sido pego dessa forma e acusado de heresia também. Deram-lhe a opção de pedir perdão publicamente ao clero e dizer-se arrependido, que foi no entanto recusada. Seu orgulho jamais permitiria que se rebaixasse. Além disso estava com ódio de todos porque a moça já tinha sido morta. Escolheu a fogueira e sua morte se tornou o acontecimento do ano, tendo sido montado um formidável circo, repleto de figuras importantes da Igreja. Todos incrédulos ante o acontecido. Muitos vieram pedir que reconsiderasse. Queimei na fogueira com grande sofrimento, mas logo morri asfixiado. Já estava inconsciente por causa da dor. Não vi a morte chegar."

"Vamos então ao momento que seu espírito vai poder deixar o corpo e ver o corpo, já de fora dele... Você pode ver o corpo?" Nunca acreditei que deixar o cliente eventualmente sofrendo, fazendo-o reviver cada momento na morte, fosse produtivo de qualquer forma. Embora este não fosse o caso, pois Leo não estava tendo uma vivência cinestésica, tratei de acelerar essa fase. A TVP não está atrás de uma catarse de qualquer tipo e sim de histórias completas que permitam ao indivíduo compreender seu passado e dele se libertar. Levei em conta que talvez a lembrança das memórias do espírito também não estivesse ligada à experimentação de dor física ou emocional maior.

"Não sobrou quase nada. Só vejo uma coisa preta, como um galho retorcido e muita fumaça. As pessoas vão saindo. É um pátio grande. Agora vejo que tinha várias outras fogueiras. Posso ouvir os comentários:" ... esse Angelin foi um idiota completo... "ou" ... com quem será que ficou o dinheiro dele... "ou ainda" ... com tanta mulher esse idiota foi fazer questão daquela heregezinha... que o demônio faça bom uso dele agora ... vai ver ele vai encontrá-la no inferno..."

Algumas frase eram acompanhadas de risos velados de ironia. Estava irado. Tentou dar uns empurrões em um dos fanfarrões mal-agradecidos. Havia de certa forma auxiliado a todos. E não tinha ali nenhum padrezinho de meia tigela. Eram todos importantes e se diziam amigos. Queria matá-los. Deu tapas, chutou, tentou agarrar pelas estolas até que, de repente, se deu conta de seu estado espiritual. Parou imobilizado pela surpresa e pelo medo.

"Meus Deus!... O que é isso? O que aconteceu comigo?"

Contou como seu espírito foi tomado de profundo terror. Pairou como que no espaço e desesperou-se de medo de cair e morrer esborrachado no chão de pedra. Mas como poderia morrer se foi queimado na fogueira? Um turbilhão de pensamentos rodopiava por sua mente ignorante das coisas da espiritualidade. Estaria morto? Isto era a morte? Onde estava o céu prometido aos seguidores de Cristo?

"Meu Deus! Meus anjos!" Gritava esganiçado de uma garganta sem som.

"Olhe novamente para o que sobrou de seu corpo, lá embaixo."

"Não tem nada lá. Está tudo limpo. O que é isto?" Em sua confusão percebi que o tempo já havia passado e o espírito de Angelin não havia percebido, perdido no meio de seu desespero. Talvez dias, talvez mais. Eu não tinha como saber e tratei então de levá-lo ao momento em que seu espírito compreenderia melhor aquilo tudo.

"Vamos para o momento em que seu espírito, você, entende que a morte chegou e que a vida terminou mesmo ali, naquela fogueira. Eu vou contar até cinco e você vai estar lá, naquele momento."

"Desgraçados! Vão me pagar!..." lamentava-se como se fosse uma vítima da situação e não tivesse culpa alguma no desfecho infeliz de sua vida. "... Então isto é a morte? Onde está tudo o que me prometeram? Trabalhei, lutei contra todos os que não acreditavam na Santa Madre Igreja." Revoltava-se, esquecido do ódio que sempre movera verdadeiramente seus passos, para não dizer dos interesses financeiros que também guiaram seus atos por longo período. E se assim não fosse, nenhum argumento seria bom o bastante para justificar tantos crimes.

Muitas vezes, após a morte, o espírito se dá conta imediatamente das coisas erradas que fez e arrepende-se prontamente. No plano privilegiado, em todos os sentidos, que é o espiritual poderemos vir a ter um entendimento ampliado de todas as coisas e rever nossas posições.

Penso que essa mudança é causada pelo próprio impacto da finitude, do fato de morrer; pela sensação de falência inegociável de nossos sentimentos prepotentes de imortalidade enquanto na matéria.

As pessoas parecem achar que a morte é uma coisa que só acontece com os outros. A fragilidade dessa descoberta inevitável parece promover algumas súbitas mudanças éticas no espírito. O repentino medo de represálias pelos próprios atos, talvez já não tão bem escondidos ou impunes, nesse novo mundo desconhecido e sem parâmetros, também costuma promover reflexões interessantes.

Infelizmente esse não era o caso de Angelin. Em nenhum momento sentiu-se culpado de coisa alguma, pelo contrário. Sentia-se uma vítima, traído em seus mais puros sentimentos de entrega e de amor pela Igreja e pelas pessoas. Achava, ou fingia achar que todas as mortes que ordenou foram um favor que tinha feito à humanidade. Tinha sido a própria extensão dos desejos de Deus na Terra. Fingia esquecer-se de seus ódios e da vida boa que gostou de levar, que custou o sacrifício de alguns para encher seus bolsos de dinheiro. O agora espírito Angelin, altivo, embora assustado, continuava no seu padrão de não dar o braço a torcer. Aliás, como o próprio Leo fazia muito bem.

"Vão me pagar!" Repetia a todo instante, o que levou-me a perguntar:

"E você faz alguma coisa de fato para vingar-se?"

"Sim. Eu vou atrás primeiro daqueles que riram de mim. Depois irei atrás do bispo Maricae, que me condenou."

Antes todavia que fizesse qualquer coisa viu-se rodeado de um bando de espíritos esfarrapados, sujos e malcheirosos. Homens e mulheres. Vinha deles um odor nauseante que o fez cobrir o nariz com a mão. Tentou correr mas não sabia como fazer isso. De certa forma flutuava com seus pés fora do solo. Nada sabia desse tipo de vida e o paraíso, que mentirosamente se julgava digno e mendigava um lugar, parecia não existir. “Quem seria essa gente?” Pensou. Aflito, tentou afastá-los, sem nada conseguir. Reivindicou seus direitos de bispo e ouviu sonoras gargalhadas, blasfêmias e ameaças.

“Quem são vocês? O que querem de mim? Deixem-me, sua gente ignorante. Por acaso não percebem que sou um homem de Deus? Um santo bispo que dedicou sua vida a Cristo! Por acaso não notam isso? Olhem minhas roupas. Vejam meu anel. É uma prova do que digo” desesperava-se na tentativa de afastá-los.

“Deus os punirá se me fizerem qualquer mal! Gente do demônio! Afastem-se de mim!” gritava empunhando a cruz que trazia pendurada ao pescoço, cravejada de esmeraldas e rubis.

A cada nova frase proferida ouvia novas gargalhadas.

“Seu Deus dos infernos não pode salvá-lo agora. E você, por acaso não se lembra de nós? Convivemos longo tempo juntos!” “Enlouquecidas criaturas! Como podem achar que partilhamos os mesmos salões? Não se enxergam” pensou, emudecido e cansado. Mais tarde deu-se conta de que aqueles farrapos tinham sido algumas de suas vítimas. Alguns daqueles que havia mandado impiedosamente para a fogueira, sem nem mesmo saber se as acusações que lhes eram imputadas tinham qualquer vestígio de verdade. Não os conhecia mesmo, porque nunca se importou em saber como eram. Para ele eram apenas nomes, a engrossar suas enormes listas.

Foi levado para uma caverna, onde, por um tempo que parecia não ter fim foi colocado a ferros, preso por argolas nas paredes imundas do lugar. Algumas tochas iluminavam as paredes. O surpreendente de tudo aquilo é que havia lindos móveis sem um cisco de poeira sobre eles. Longas mesas, onde se sentavam espíritos esfarrapados e mais outras onde homens vestidos com roupas parecidas com aquelas que havia usado na terra se sentavam, imóveis, a olhá-lo com um olhar endurecido. Algumas mesas individuais pareciam estar num plano mais elevado, saindo de pequenos patamares que se destacavam da rocha ou do que quer que fosse feita aquela construção.

No alto da câmara havia outra mesa onde se sentava um homem de roupa extravagante, roxa e com um chapéu parecido com o seu. Deu-se conta de repente que estava num tribunal e seria julgado. Olhou para si mesmo. Estava velho e tão esfarrapado como muitos deles. Onde teria estado esse tempo todo? Assustou-se e chorou uma vez mais. "Não fiz nada demais" pensou. "Por que Deus me mandou para o inferno?" Lamentou-se, uma centena de vezes.

Foi condenado a todas as penas. Lutou por defender-se. Tentou explicar àqueles demônios as leis de Deus. Parecia não compreender que aquelas pessoas eram suas vítimas em nome de Deus. O de lá de cima falou:

"Muito tempo se passou e você continua se defendendo e ao seu Deus!" Seus olhos pareciam brilhar como bolas de fogo e irado, quase gritava, para se fazer ouvir por todos. Apontou para outras paredes e pela primeira vez percebeu outros homens pendurados nelas, como ele próprio estava. Alguns ainda dava para se perceber que eram padres, mesmo com as batinas imundas e rasgadas. Exauridos, todos pareciam alheios ao que acontecia em volta. Num repente reconheceu um deles. Dom Sebastian era seu nome. Sufocou um grito na garganta. Queria gritar por sua ajuda. Ele tinha sido seu principal instrutor nos tempos do convento. Salvou sua vida. "Como esse homem que me salvou a vida, temente a Deus, pode estar aqui no inferno?" pensava e sentia-se enlouquecer. Não tinha mais forças para argumentar com eles. Dom Sebastian obviamente nada podia fazer nem por si mesmo. Não havia a quem recorrer. Até Deus o abandonara.

Nosso bispo Angelin não conseguia perceber que somente um humilde arrependimento o libertaria dali, para um dia quem sabe começar a resgatar seu pesado carma. Se alguém lhe dissesse naquele momento que precisaria ainda ressarcir-se das tantas mortes causadas, mesmo que desconfiasse ter cometido alguns erros, com certeza perguntaria se não seria ele próprio, por causa do que sofria agora, uma grande vítima, estando, no mínimo, tudo quitado.

Doce ilusão. Nunca vimos os espíritos dos personagens de nossos clientes resgatarem o que quer que seja no astral. Parece que o sofrimento no mundo astral serve apenas para dar ***insight*** ao espírito renitente, isto é, fazê-lo não só compreender como também aceitar que errou. Serve para dobrá-lo, humilhá-lo e fazê-lo sofrer até que se arrependa.

Muitos dos que são aparentemente cegos aos seus próprios atos enquanto na terra, têm um repertório infinito de desculpas, como o próprio Angelin ou então ainda estão perdidos dentro de suas próprias maldades. E quando podem, se unem em bandos e espalham suas mazelas por toda parte. Usam espíritos menos inteligentes ou perdidos como escravos ou são usados por outros mais fortes. Parece que nesses mundos espirituais de sofrimento os espíritos vagam dessa forma, presos às suas próprias criações mentais de terror ou ainda aprisionados por outras criaturas, seus credores ou então espertalhões de todos os tipos que trocam proteção por escravidão e outras coisas do tipo; são lugares onde o que impera mesmo é a força.

Angelin padecerá todas as penas antes de poder,

arrependido, porém não curado de seu caráter, voltar à vida encarnada, uma vez mais. Parece que este é o grande problema: o caráter. Os espíritos quando voltam para uma nova oportunidade de aprendizado, no período que antecede ao seu nascimento, que em TVP chamamos de período perinatal, que é a época em que planejam suas próximas vidas e escolhem, por assim dizer, como e onde querem nascer para melhor cumprir esta ou aquela tarefa, às vezes expiatória, não medem sacrifícios e tentam planejar para si pesos maiores do que poderiam suportar.

O fato de estarem arrependidos e terem seus pensamentos transparentes, muitas vezes a outros espíritos, os torna "excelentes" criaturas. Em livros espíritas costuma-se observar como em muitas cidades espirituais, os espíritos, estranhamente aos olhos de muitos, são todos brandos e fraternos e muitos pedem reencarnações difíceis. Tenho percebido que esse estado de, às vezes, falsa brandura e exagerada coragem, está apenas relacionado ao fato de não haver mesmo saída. Depois de encarnados, nas agruras da vida aqui no planeta, lamentam-se e revoltam-se com suas pequenas dores.

Não lhes é permitido, é claro, como temos visto muitas vezes em regressão, que assumam aqueles pesos exagerados que reivindicavam, mas depois de reencarnados, reclamam ainda dos pequenos pesos que insistiram em carregar.

Leo voltaria mais tarde, em outra regressão a se lembrar dos momentos passados no período perinatal antes de seu nascimento nesta vida e como todos, queria planejar grandes provas. Mas como nosso grande problema é nosso caráter, ele volta conosco e cedo nos lembraremos dele, pondo a perder parte do que planejamos e jogando também fora, isto é, inutilizando uma parte do tempo sofrido que passamos nesses lugares negativos e pesados do astral.

Voltamos a tropeçar novamente. Voltamos para o mundo espiritual. Nos revoltamos. Sofremos, nos arrependemos e voltamos a reencarnar. Revoltamo-nos de novo. Aqui ou lá estamos sempre revoltados. Sempre querendo que todas as coisas sejam do nosso jeito e que tudo e todos atendam nossas expectativas e quando isso não acontece não conseguimos simplesmente nos resignar e aceitar. Não toleramos ser contrariados e esse parece ser o grande mal da humanidade. Nosso caráter e seus reflexos, que são nossos padrões de comportamento, parecem precisar de séculos para dar pequenos passos à frente.

Para aqueles muitos que não aceitam se dizer revoltados, poderíamos dizer que a revolta se mostra de muitas formas; desde a simples depressão, que por sua vez é fruto daquela frustração, quando as coisas não saem do nosso jeito, passando por aquelas pequenas irritações do dia-a-dia, pelas mágoas que achamos ser tão justo guardarmos, pelo melindre e por aí a fora.

Angelin não estava ainda sequer arrependido naquele momento e não viria nunca a se tornar um anjo caído dos céus antes de muitas vivências. A aparente bondade com que planejaria sua próxima vida veio, não só da impossibilidade de esconder seus verdadeiros sentimentos, como também da exaustão, após quase um século sofrendo no astral. Seu verdadeiro caráter, no entanto, apenas começava a ser lapidado.

Depois de Ciro, o centurião, havia voltado para Roma como membro do clero, mas nada conseguira de bom a não ser cair em erros ainda maiores que aqueles cometidos por aquela sua personalidade anterior. Tinha sido mais culto e seus descaminhos nada tiveram de simples vaidade; além disso, todas as mortes acontecidas sob sua tutela, se deram muito longe dos campos de batalha, como havia sido com Ciro.

E observando seus personagens do passado repetirem as mesmas coisas, Leo começou a alinhavar a vida de Angelin com a sua, aprendendo depressa como era lento e penoso o longo trajeto do ser humano até conseguir conquistar a verdadeira paz, pois isso implicava em abrir mão de muitas coisas, até então essenciais.

Novamente lembrou-se de como gostava de ter muito dinheiro e de como pressionava o pai a lhe dar cada vez mais, que era a única forma de poder continuar a comprar tudo o que via, o que não estava muito longe da ganância de seu personagem, que enriqueceu e viveu como um nababo às custas de sangue alheio, de mentiras e de corrupção. Pensou também na prepotência de seu personagem, que passou a vida fazendo tudo como quis, escondido atrás de seu manto eclesiástico e de como também gostava de tudo mais ou menos à sua maneira; gostaria de mandar, caso houvesse quem pudesse obedecê-lo.

E não havia como se esquecer, outra vez, das mortes que pesavam nas costas de Angelin, fossem sob que pretexto fossem. E nos dias atuais, as "presenças" daquele mesmo passado, com certeza não o deixariam esquecer tão cedo, caso não reformulasse sua maneira de ser, cada lágrima rolada.

12
Zorak
O sacerdote asteca — século XV

"Meu nome é Zorak. Tenho a idade da sabedoria. Muito tempo se passou desde que meus olhos viram o sol pela primeira vez. Os livros antigos contam que meu povo veio das terras altas para habitar o vale muito tempo antes de minha chegada para o sol. Sou Zorak, o sacerdote do templo dos deuses da terra e da colheita."

"Quanto é a idade da sabedoria?" Perguntei querendo entender melhor sob nossos parâmetros atuais.

"Tenho 40 anos. Sou Zorak e trabalho cultuando os deuses que protegem as lavouras das ilhas flutuantes. O povo trabalha e nós zelamos por eles e pelo imperador. A cultura é farta e o povo feliz. Até os escravos são felizes aqui, nesta terra sem sofrimento. Atendemos os reclamos dos deuses em nossos sacrifícios e aplacamos sua volúpia de sangue e coragem. Só os mais corajosos podem ser sacrificados."

Assim conheci o sacerdote Zorak. Um religioso Asteca que viveu entre os séculos XIV e XV no México. Homem refinado que veio de uma casta inferior e tinha conseguido galgar postos importantes na hierarquia da vida religiosa. Essa possibilidade era aberta a quase todos, mas poucos de fato conseguiam porque as escolas eram destinadas especialmente aos filhos dos habitantes de castas mais altas, como os nobres. Seu pai trabalhava num dos inúmeros clãs como artesão. Era de fato um grande artista e seus trabalhos se espalharam por todo o império desde logo, assim como sua fama. Trabalhava como escultor, moldando peças de cerâmica e barro: jarros, máscaras, pequenas estátuas. Fazia de tudo um pouco.

O imperador se agradou muitíssimo de sua arte e acolheu-o muitas vezes em sua habitação principal, o que era honraria desmedida na época. O pai o levava junto desde pequeno, pois sabia que era muito inteligente, além de ter visões e predizer com a ingenuidade da pouca idade, os fenômenos metereológicos. Pretendia conseguir os favores do imperador ou de algum nobre a fim de conseguir-lhe uma vaga numa das escolas da cidade principal. O pai sonhava em vê-lo um dia ocupando um alto cargo na vida religiosa, o que melhoraria muito a vida de toda a família, que já nem era de todo má.

A movimentação da habitação principal não o incomodava. Por todos os lugares do império havia muita gente. Era como um grande formigueiro. As passagens por onde as pessoas andavam eram estreitas, porque toda cidade era cortada por inúmeros canais de água, sobrando pouco espaço para as ruas. Os canais eram prioritários por causa das plantações necessárias à subsistência do povo. Então estavam sempre todos muito próximos uns dos outros.

"Tenho dez anos e meu pai diz que vou ser um sacerdote. Ele sorri e me abraça. Diz que sou um menino de muita sorte. Ganho roupas novas. Minha mãe está muito alegre também. Devo mesmo ser um menino de sorte. Tem uma festa em casa. Depois meu pai me leva pela mão para uma grande escola onde vou estudar. Minhas roupas são lindas e coloridas. Estou também muito feliz. Todos os meninos me olham por onde passamos e eu me sinto muito especial. Ninguém estuda por aqui, nestes canais das terras de baixo." Sorria feliz enquanto me contava sua nova vida.

Contou da escola, dos novos amigos. Todos pareciam amistosos e nunca teve problemas de relacionamento. Os meninos da escola se viam como um grupo apartado de tudo e não se separavam por classes de origem; pareciam formar um unido clã entre si, que desdenhava um pouco dos meninos de fora. Era inteligente e se sobressaía naturalmente. Aprendeu que ser inteligente era uma forma simples de ser querido, para a qual não precisava despender nenhum esforço. Em casa era quase que endeusado, inclusive pelos irmãos, todos mais novos e que por isso não se dispunham a competir com ele. Pareciam doutrinados ante a felicidade que seu futuro traria a todos. Todos seus desejos eram satisfeitos e sua vida era ótima de fato.

Aprendeu sobre os astros, sobre agronomia, engenharia e política. Aprendeu como se faziam as construções dos canais que irrigavam os platôs de cultivo, meio flutuantes, construídos nas águas rasas de barro e plantas. Aprendeu a ler e a escrever. Não se interessou por se tornar um arquiteto ou artesão, assim como não se interessou pelas artes militares.

"Tenho já dezesseis anos e estão decidindo o que seria melhor para mim. Estou assustado. Tratam-me com respeito mas não posso opinar muito sobre meu futuro. Meus professores sabem no entanto do que eu gosto."

"E do que você gosta?" perguntei.

"Gosto das festas religiosas, das cerimônias que vejo nos templos, de observar o céu e contar as estrelas. Gosto de imaginar como os deuses do sol acolhem os honrados com o sacrifício. Vejo as pessoas que já morreram e meu pai sempre achou que eu deveria me tornar um sacerdote. Acho que ele deve estar certo. Não penso mais nas colheitas, mas ainda sei quando a chuva será abundante ou quando casas afundarão nos lagos. Só sei e não sei como sei." Esperava ansioso que a reunião acabasse, sentado do lado de fora de uma antecâmara, numa espécie de jardim interno do prédio da escola.

"Não sei o que vai ser de mim. Queria continuar aqui para sempre, mas já cresci e não posso mais ficar" lamentava-se, resignado. Parecia estar enfrentando as primeiras pequenas contrariedades da vida, às quais não estava certamente acostumado.

"E o que acontece de fato com sua vida?"

"Que estranho. Chamam-me por outro nome. Falei que me chamava Zorak, mas agora me chamam por outro nome. Não consigo entender o que dizem, mas sei que é outro nome. Atendo e meu professor me espera no grande portal de pedra. Abraça-me e parece feliz."

"Muito bem meu filho, meu orgulho. Você foi escolhido para ir estudar num dos templos ao redor do vale. Todos sabem de seus dons e eu contei de suas preferências e de sua fé. Será um sacerdote se quiser. Se não quiser deverá voltar para casa de seu pai e se tornar um artesão. Ou ainda poderá também vir a ser um professor menor." O mestre exultava com o sucesso do pupilo e esperava ansioso por uma resposta. Não desejava é claro que ele voltasse para a casa do pai.

Zorak, cujo nome viemos a saber mais tarde de onde tinha vindo, aceitou imediatamente o oferecimento de se tornar um dia um religioso, o que foi motivo de muita festa, não só na escola como também em casa. Os sonhos dos pais pareciam estar finalmente estar próximos de se tornar uma realidade. A maioria dos colegas seguiu para suas casas para se tornarem nobres, mais ou menos inativos ou então se enfronharem mais tarde na política local. Alguns se tornaram construtores, nas mais diversas atividades do ramo. Poucos se tornaram sacerdotes, espalhados pelos templos do vale. Cada um a seu tempo.

O tempo passou depressa, tornando-se ele um religioso culto, respeitado mas também impiedoso, ante os costumes sacrificiais da época. O problema é que tomou certo gosto por aquelas cerimônias, começando a exigir mais e mais sacrifícios em nome dos deuses. O poder, lentamente lapidado por toda uma vida parecia ter-lhe subido à cabeça. Tinha agora poder de vida e de morte e achava-se o interlocutor dos deuses. Conversava com seres que julgava serem enviados da parte dos deuses. Eram na verdade os mesmos espíritos que sempre havia visto a vida inteira, desde a infância, em suas visões. De alguma forma agora, já que nunca tinha sabido exatamente do que aquilo se tratava, os seres das visões, que lhe apareciam ricamente vestidos, o exortavam ao testemunho de fé para com os deuses, especialmente o deus Sol, o que mais exigia sacrifícios, alegando sua grande responsabilidade para com o império.

Pensando à luz de nossa cultura atual, não é difícil perceber que o sacerdote Zorak era vítima de seus desafetos do passado, que pretendiam e conseguiam, sujar ainda mais suas mãos de sangue, intuindo-o negativamente aos sacrifícios. Sangue de pessoas, cuja ignorância os fazia aceitar tal coisa como uma honra, embora muitos fraquejassem na hora fatal, e desesperados implorassem por liberdade, o que era negado. Era como se fosse então um sacrifício menor, que exigia outro de melhor qualidade.

Tornou-se um homem de aparência frágil, baixo e magro. Sua pele escura lhe dava um aspecto doentio. Mas vestia-se com a imponência dos sacerdotes e era quase que temido. Voltamos ao princípio. Tinha já quarenta anos e parecia um pouco perturbado. Tinha uma obsessão pelos rituais, que descreveu em detalhes.

"As pessoas são trazidas em festa, acompanhadas de parentes, amigos e autoridades. As pessoas cantam e dançam. É sempre um grande evento. Existem muitas formas de se consumarem os sacrifícios, mas de uma forma geral todos são levados à pedra central do conjunto cerimonial e lá são mortos com uma espécie de estilete grande, feito de uma pedra brilhante como cristal. O estilete é cravado no peito da pessoa em oferecimento aos deuses como agradecimento pelas colheitas ou para aplacar sua ira, caso estejam nos punindo por alguma coisa que fizemos de errado. A pessoa grita, o sangue escorre pelo chão, todos gritam; há uma espécie de transe coletivo. Eu sinto grande prazer nisso tudo" assim confessava Zorak.

Muitos rituais. Uma vida meio vazia de outras atividades que não fossem as contemplativas, pois foi se isolando, deixando de lado até mesmo os acontecimentos sociais, que tanto apreciava antes. Não se dedicou em nenhum momento à transmissão do conhecimento aos mais jovens que chegavam. Olhava a todos com certo desprezo, julgando-os ignorantes das coisas astrais. Foi com a idade se tornando mais e mais arredio, assim como mais e mais fanático pelos sacrifícios, até chegar a um ponto que, apesar de todo seu prestígio, sua sanidade começou a ser questionada.

Havia já naqueles tempos muitos desentendimentos entre as classes sociais, entre os políticos e já não reinava mais aquela paz e aquela prosperidade de antes. Havia muitos que questionavam a ordem das coisas e sabia-se até mesmo de tribos que questionavam o próprio imperador. Não se importava no entanto com esses acontecimentos extramuros de seu templo. Esqueceu-se porém que já não era mais tão absoluto e que as coisas pareciam estar mudando.

"Grande sacerdote! Com sua permissão precisamos lhe falar." Notou cinco ou seis homens jovens, sacerdotes também, que se postavam à porta de sua câmara favorita, de onde contemplava o céu pela grande abertura. Tinha já 65 anos e andava com dificuldade. Não se dignou a lhes dirigir uma palavra, limitando-se a mostrar com um gesto amplo que deveriam retirar-se.

"Sacerdote Zorac. Trazemos notícia importante." Ouvia aquela voz insistente e não teve como não deixá-los entrar, com ar de aborrecimento. Era Írio, o porta-voz de seu superior religioso que reclamava sua atenção.

"Você só vem aqui com más notícias, Írio. O que será desta vez?" reclamou, meio azedo.

"O superior Ehualpa deseja que se retire para o descanso, grande sacerdote" falou, respeitoso.

"Ele que descanse se quiser. Eu vou continuar meu trabalho" respondeu com a ousadia que somente mesmo sua idade avançada lhe permitia, referindo--se ao grande e generoso Ehualpa daquela forma desrespeitosa. "Retirem-se" limitou-se a resmungar, mal-humorado. "Como ousava Ehualpa mandá-lo embora daquela forma?" Pensou com seus botões. Decidiu ignorá-lo. Suas relações com o superior eram apenas cordiais e há muito não era mais convidado para a Grande Casa Cerimonial no centro da cidade. Não que se importasse, mas ter que sair do templo era demais para ele.

Tempos depois, no entanto, foi delicadamente removido, junto com seus pertences, para um templo menor, onde ficavam os velhos sacerdotes já sem condição para os serviços religiosos. Eram todos tratados com carinho e atenção, mas Zorak revoltou-se. Vociferou contra todos e contra os deuses. O que faria ele agora da vida se não mais cumprisse sua missão? Gritou, brigou e blasfemou. Um dia, muitos meses depois, acordou assustado; tinha tido, como sempre, horríveis pesadelos onde o sacrificado na grande pedra era ele próprio.

Levantou-se com dificuldade. O pequeno templo era também nas montanhas ao redor da cidade e pelo vão da janela podia observar o nascer do sol. De todos os deuses, aquele que mais temia e venerava era o deus Sol. Ficou parado, estático, sem saber o que fazer e o que pensar ante aquela bela paisagem, como se algo estranho ali estivesse a espreitá-lo. Já não coordenava direito seus pensamentos; seu comportamento era já tido como muito estranho, pois além desses lapsos onde se alheava do mundo, falava coisas sem nexo, discutia com as paredes e assustava-se como se algo estivesse às suas costas ameaçando-o. Todos cochichavam que o grande Zorak estava enlouquecendo, mas ninguém, naturalmente, ousava mais que isso.

Estava naturalmente sendo perseguido por suas próprias visões. Eram espíritos que a ele se mostravam para aterrorizá-lo. Chamavam seu nome e riam-se de suas tentativas de estapeá-los. Mesmo tendo passado toda uma vida em contato com esses espíritos, julgava-se acima deles. Naquela altura da vida, já velho e alquebrado parecia não ter mais forças para lutar, se tornando uma presa fácil de seus perseguidores.

No fundo sabíamos que o personagem de Leo não tinha muito do que reclamar. Tinha passado toda uma vida de forma dissimulada, demonstrando uma tolerância e uma bondade que não eram verdadeiras. Apenas não tinha sido jamais confrontado. Foi criado como um pequeno deus pelos pais e professores. Nunca teve que lutar por nada e seus desejos sempre tinham sido atendidos de imediato. Tudo o que pensava e queria se transformava em ordens.

Tinha sido o grande sacerdote, o sábio, o intocável, até mesmo em sua loucura. Só mesmo quando seu fanatismo e sua prepotência de se achar quase que acima dos deuses, reclamando sacrifícios que não haviam sido solicitados e ainda quando começou a gostar realmente de ver correr o sangue das vítimas, obviamente já, mais e mais influenciado por espíritos de gostos parecidos, decidiu o superior Ehualpa por sua retirada.

Em toda trama dessa história não era difícil imaginar que todos aqueles macabros rituais de sacrifício, por si mesmos, eram totalmente intuídos negativamente por "presenças"; espíritos ainda necessitados dos fluidos emanados do sangue humano, num processo terrível de vampirização, que se aproveitavam da vontade dos "deuses". Os sacerdotes, sem perceber, ou alguns até mesmo de forma conivente, nada mais eram que os porta-vozes desses bárbaros espíritos maldosos, egoístas e insensíveis, como eles próprios; como Zorak, cujo nome havia sido dado em homenagem a outro grande e honrado sacerdote morto na época de sua ordenação, por assim dizer.

Espíritos amarrados ainda a condições precárias de evolução, mas certamente muito organizados e com inteligência bastante para influenciar toda uma civilização, aparentemente tão adiantada em sua organização política, social e arquitetônica, encontravam com certeza muita receptividade vibratória naqueles homens, afeitos ao poder de vida e morte, dentro de uma organização social tão altamente hierarquizada, aliás, como na maioria dos povos antigos.

Parecia que o bem e o mal conviviam de certa forma nas mesmas pessoas. Eram diferentes de Angelin, o bispo espanhol, movido unicamente por seus próprios interesses, embora verbalizasse o contrário. Aqui havia sacerdotes que realmente acreditavam no que faziam, como se estivessem hipnotizados pelas forças do mal, que se locupletavam nitidamente da situação de ignorância e insensibilidade com a dor humana de todos.

Pensei como a queda do império Asteca deveria ter se relacionado com esses mesmos aspectos. Como poderia se sustentar uma sociedade desta forma para sempre? Não havia mesmo tecnologia que sustentasse uma derrocada ética coletiva. Matar nunca foi ético, embora pudesse até ser moral na época. Sabemos como, mesmo antes dos exércitos espanhóis chegarem, vindos de Cuba e promoverem a queda do império, ele já estava se esfacelando por si mesmo, como o próprio Leo relatou. Já se conspirava contra o imperador, tribos já se organizavam contra o poder, sendo que essas mesmas tribos rebeldes auxiliaram os invasores, tendo-os como uma espécie de libertadores. Com certeza poderíamos especular que o império desapareceria por si só, sem o auxílio das forças peninsulares, aliás como aconteceu com tantas outras civilizações.

Parece que a história da humanidade está toda recheada de episódios desse tipo. O Império Romano e Atlântida, por exemplo. Refleti como estávamos sempre sendo subjugados, de tempos em tempos, nos mais diferentes lugares do planeta, pelas forças negativas da espiritualidade, parceiros permanentes que éramos delas, com nosso egoísmo e prepotência. E não poderíamos com certeza culpar apenas os governantes, pois o montante vibratório que deve ter envolvido esses lugares nessas ocasiões, poderoso a ponto de permitir tão massificada influência em toda uma civilização, não poderia advir somente de uns poucos. Tínhamos mesmo muito o que aprender.

Voltando ao sacerdote Zorak, seu fim não foi menos trágico. Terminou um dia, após terrível tormento espiritual, por jogar-se de um penhasco, julgando-se perseguido pelos próprios deuses, insatisfeitos com seu desempenho e que agora clamavam pelo seu sangue. Ninguém chorou seu desaparecimento.

Seu espírito no entanto vagou pelas sombras criadas pela sua própria mente durante incontáveis anos. Viu-se após a morte numa espécie de pântano lodoso, o mesmo pântano onde seu corpo havia ficado. Sabia que estava morto, mas isso de nada adiantava pois continuava louco e sentindo-se perseguido pelos deuses, mesmo na espiritualidade. Corria desesperado, escondia-se, clamava por piedade, sem resultado. Quando as forças pareciam capitulár, via-se compelido a reerguer-se, movido por forças alheias à sua vontade, que logo o abandonavam, prostrando-se ao chão novamente. Com o tempo encontrou refúgio numa caverna e lá ficou, cada vez mais no fundo, assustado com outros espíritos que lá também se escondiam.

Foi aos poucos perdendo o medo, perdendo a noção de si próprio, perdendo a noção da própria existência. Anulou-se e passou por um longo período de uma vida, digamos, vegetativa. Quem o visse veria apenas um amontoado de roupas jogadas num buraco fundo e negro, sem vida aparente, sem reação.

E me referindo à mente espiritual daquele espírito, permanentemente íntegra e conhecedora dos fatos independentemente do estado momentâneo do espírito, perguntei:

"Pergunte à sua mente espiritual, como termina

essa passagem para o espírito?"

Leo parecia meio adormecido também, profundamente ligado às desventuras de seu personagem e então insisti:

"Você, Zorak, fica aí, neste estado, dentro dessa caverna, até quando?" Uma voz pesada me respondeu, cansado:

"Um dia, num tempo que não sei lhe dizer, sou resgatado. Fico numa espécie de hibernação por longo tempo."

"E como é o lugar onde você passa por essa hibernação? Mesmo se você estiver adormecido seu Inconsciente sabe o que acontece à sua volta."

"Não sei bem. Parece um enorme salão cheio de gente deitada em esteiras no chão, como eu. Muitos gritam dormindo. É uma loucura. O lugar é mal iluminado, mas tem gente passando para lá e para cá. Uns chegam em macas e outros saem já quase caminhando, amparados. Não entendo nada. Vou ficar muito tempo aqui, mas não faz mal. Parece melhor que lá. Qualquer coisa é melhor que lá."

Não se lembrava ainda, evidentemente, de suas vidas anteriores, de suas passagens pelo astral e dos infernos criados ou conquistados por si mesmo, como o Nada, por exemplo. Do contrário não acharia que aquilo era o pior que poderia acontecer a um espírito.

Mas o espírito parecia já cansado de tanto sofrimento, tanto que, estranhamente para seus padrões, já não clamava por vingança. Passou mais de um século anulado dentro daquela caverna, depois de outro tanto perseguido por forças invisíveis. Talvez já começasse a achar que não valia a pena tanto sofrimento.

Depois de Hasan, o militar atlante, iniciado nos segredos da magia negra e de Angelin, o bispo espanhol, afeito aos tribunais da Inquisição, ambos personagens bem educados e tidos como cultos para sua época, para não falar de Efér, o escriba favorito do faraó, ele havia retornado numa corda bamba, programando-se para ser criado como um pequeno deus, tendo acesso a toda cultura possível no seu tempo e embrenhando-se uma vez mais nos mistérios do ocultismo, das magias e dos rituais religiosos. Assim como outros personagens do passado, que também haviam programado situações de risco, até mesmo movidos pelos fracassos sucessivos, parece que seu espírito pensou em dificultar sua redenção, facilitando a própria queda, o que por um lado pode parecer estranho, por outro também parece bem coerente.

Já se havia dado chances incontáveis e não havia aproveitado nenhuma de fato. Como o aluno que vai repetindo de ano na escola, preguiçoso e desinteressado, insensível com a preocupação de todos com ele. Quando todos se cansarem de tentar ajudá-lo, começará a ser punido e a ter sua vida dificultada, para que comece a dar valor ao que perdeu. Parece que o mesmo se dá conosco em nossa caminhada através dos tempos.

Considerando todas essas coisas, o personagem Zorak parecia ser o começo da viagem de volta daquela alma e com esse entendimento, seu personagem atual, Leo, traçou as óbvias relações entre ele e o sacerdote Asteca.

Assim como Zorak, que era dissimulado e fingia ser o que não era, pois gostava de ser tido como uma pessoa extremamente boa e de fato muito se comprazia com os sacrifícios que patrocinava, Leo admitia que também era dissimulado e corria pelas beiradas da vida, fingindo-se de santo com os pais, por exemplo, quando queria um aumento de mesada ou coisas parecidas. Ao mesmo tempo não podia se esquecer de como Zorak gostava de ser adulado e quanta vaidade tinha de sua própria inteligência, da qual fez muito mau uso. Sua vida tinha sido muito parecida, pois era considerado o gênio da família, o que muito o envaidecia, embora não conseguisse tirar disso nenhum proveito, pois pouco estudava, além de ir sempre deixando tudo para a última hora, passando grandes apertos todo final de ano para recuperar-se na escola.

Quase não era mais preciso que falasse da prepotência do personagem relacionando-a com a sua, pois ambos gostavam que tudo e todos pudessem atender suas expectativas, frustando-se ambos quando isso não acontecia, gerando profunda revolta em um deles e uma, até certo ponto controlada, irritação no outro. Também uma vez mais haviam sido deixados em seu caminho os rastros de crimes cometidos no passado e que agora reclamavam sua atenção, denunciados que eram pelos inúmeros sintomas gerados por aquelas "presenças" na sua vida.

13
Pablo Montoya
A armada real — século XVI
Apenas observando — parte 2

"Meu nome é Pablo. Pablo Hernan Montoya. Tenho dezesete anos e estudo na Baía de Biscaya, em uma das sedes da Escola Real de Navegação de Espanha. É um lugar para rapazes como eu, filhos de famílias importantes, patriotas e obedientes ao culto da Santa Igreja. Minha família é de perto de Gijon, não muito longe daqui e meu pai foi um dos grandes heróis de Espanha, capitão da armada, tendo derrotado todos os inimigos que apareceram em seu caminho, em muitas e muitas batalhas navais, em honra de sua majestade e pela glória de Deus." Esse relato era feito com voz firme e peito estufado, denotando muito orgulho da situação.

"E como você é?" Perguntei, querendo saber mais de nosso jovem e empolgado Pablo.

"Sou loiro e claro, um pouco diferente dos outros moços. Minhas tias dizem que sou bonito e um bom partido." Risos. "Meus cabelos são encaracolados e curtos. Não sou muito forte, mas sou bom nas lutas e também com a esgrima. Meus colegas me respeitam por essas habilidades aqui na escola. Não sou o primeiro nas outras matérias, mas também não sou dos piores. Gosto muito de estar aqui." Finalizou.

"E como você foi parar aí nesse lugar, nessa escola?"

"Ah! Eu pedi a meu pai. Quem devia estar aqui era meu irmão" a voz sumiu de repente.

"Como assim?" Insisti.

Pablo então me contou que a família era nobre e morava há décadas num pequeno castelo, numa elevação perto da costa, de onde se podia avistar o mar. Cresceu, assim como os dois irmãos, aprendendo a amar os barcos e também a armada real, já que o pai, de quem tinham muito orgulho, era alto oficial da mesma. Era o filho do meio. Naqueles tempos, quando tinha ainda seus quinze anos, diziam os costumes que o filho mais velho deveria seguir os passos do pai e os outros deveriam cuidar das propriedades. Desta forma as famílias garantiriam a preservação das terras e dos bens, assim como não se arriscariam a perder mais que um filho em guerras pelo mundo, já que a poderosa Espanha da época participava de muitos conflitos e lutava em todas as frentes em nome da Igreja.

Mas ele tinha outros planos. Achava que o pai não lhe negaria o pedido de também seguir carreira militar, já que o irmão mais novo, Juan Carlos, não tinha pendores militares. Só se interessava por música, literatura e as artes, muito diferente dele e do mais velho, Henrique, e poderia muito bem ficar em casa e cuidar das propriedades. O pai, no entanto, não confiava em Juan Carlos para essa tarefa, pois apesar dele ser seu filho favorito com seus quatorze anos, e reconhecer nele uma pessoa amorosa, achava-o também um pouco inconseqüente, o que não estava muito longe da verdade. Era um sonhador aquele irmão caçula, perdido entre sua música, seus livros e seus quadros.

Tinha ainda duas irmãs, uma mais velha, de dezoito anos e uma mais novinha, de apenas um ano, pois o pai, viúvo, contraíra novas núpcias, com uma de suas primas, para que os filhos não ficassem sozinhos e houvesse uma senhora na casa, para dar ordens aos serviçais.

Dava tratos à cabeça pensando numa forma de convencer o pai a deixá-lo seguir para a escola de navegação, mas não conseguia encontrar argumentos para fazê-lo confiar em Juan Carlos, que, no fundo, era uma excelente pessoa. Era calmo, amigo, estudioso e brincalhão, incapaz de magoar quem quer que fosse, ao contrário dele mesmo, que não se importava muito com a vida familiar, mergulhado permanentemente em seus sonhos de se tornar também um capitão da armada real.

Quando a mãe morreu, três anos antes, de uma doença desconhecida que a deixou extremamente enfraquecida, sem nem mesmo poder andar, estava com doze anos; numa tarde de inverno, estando o pai ausente numa de suas intermináveis viagens, foi incumbido por Ana, a irmã mais velha, de fazer companhia a ela, vigiando para que não se afogasse em seus acessos de tosse, enquanto ela mesma cuidava dos outros dois meninos, adoentados e de cama com resfriados. Muito aborrecido com a tarefa, pediu para levar para os aposentos da mãe seus soldados de chumbo e as inúmeras miniaturas de vasos de guerra que o pai tinha lhe dado. Ana, em seus quinze anos na época e tendo que fazer, as vezes de dona da casa, concordou porque o conhecia muito bem e sabia que faria um escândalo; choraria e com certeza iria dar trabalho e seria mais um para ela cuidar.

Carregou um verdadeiro arsenal para a pequena saleta de onde se avistava, através de um grande arco acortinado com tecidos leves e transparentes, a cama onde a mãe repousava. Armou seus navios, seus soldados e ficou por ali a brincar, esquecido da mãe e do que lhe havia sido pedido.

"Pablo, meu querido." Era a voz doce e enfraquecida da mãe que o chamava, permeada por uma tosse seca e estranha, que a deixava sem ar. Irritou-se e fingiu não ouvir. Estava muito ocupado, no meio de uma batalha imaginária. Mas logo ela tornou a chamá-lo:

"Não me ouve meu filho? Preciso que me traga água" falou num fio de voz, entrecortada pela tosse.

Levantou-se após alguns momentos, a contragosto, e nesse estado de espírito dirigiu-se para o lado da cama e apanhou, sem uma palavra, a água de um grande jarro que estava sobre um aparador, colocando-a num copo que estendeu à doente, que continuava a tossir. Esta sorriu de forma paciente e pediu:

"Preciso que me dê na boca meu filho. As forças de sua mãe há muito a abandonaram. Não posso sentar-me."

Contrariado tratou então de dar-lhe alguns goles, encostando o copo à sua boca. Como derramava em cima dela por conta de sua pressa e de sua má vontade, a mãe logo desistiu e pediu que chamasse a irmã.

"Vai Pablo e chama Ana. Parece que você não tem jeito para isto meu filho e eu já estou sufocando" parecia cansada, triste e desanimada.

Deu de ombros, suspirou e saiu. Passou por seus barquinhos, não sem pensar no próximo passo que seus comandados dariam naquela batalha e saiu para a grande galeria, que o levaria ao andar de baixo. Os irmãos tinham sido acomodados pela atenciosa e preocupada Ana em outra ala do castelo, para que seu resfriado não passasse para a mãe, pois ela decerto não agüentaria.

Desceu e numa das salas notou que seu amigo Henrique, que tinha sua idade e o mesmo nome do irmão, estava por ali, trazendo lenha para as lareiras. Era filho de um dos criados da casa e já fazia pequenos serviços na propriedade, como ajudar a cuidar das charretes e dos cavalos. Alegrou-se quando viu o amigo e logo pensou que poderiam brincar juntos. Emprestaria parte de seus brinquedos e fariam uma grande batalha.

"Venha Henrique, vamos brincar com meus navios!" falou quase gritando, excitado com a idéia. "Vai chamar Miguel para brincar conosco." Referia-se ao irmão mais novo de Henrique.

"Agora não posso. Não vê que tenho que carregar as lareiras de lenha para a noite?" lamentou-se Henrique.

"Pode fazer isso mais tarde" insistiu, afoito.

"Não posso. Sua irmã Ana me deu ordens para fazer agora, porque vai esfriar muito e depois terei que fazer isto debaixo de neve e do vento. Ela não quer que eu fique doente como seus irmãos" ponderou o amigo, acostumado à disciplina de Ana, de quem gostava muito, porque ela se preocupava com todos na casa e além de tudo era gentil e educada.

"Ora. Deixe-se disso. Depois eu lhe ajudo." Tentou, já um pouco frustrado com a insistência de Henrique em cumprir as ordens da irmã.

"Você já disse isso outro dia e depois me deixou fazendo as tarefas sozinho, meu caro Pablo. Por que não me deixa em paz por hoje?" observou Henrique, irritado com o amigo interesseiro. Sem saber o que fazer, pois aquilo era mesmo verdade, tentou comprar o amigo.

"Está bem, está bem. Aquele dia eu esqueci de você. Não precisa chorar como uma velha caduca. Hoje eu ajudo. Prometo. Estava até pensando em lhe emprestar um dos barquinhos por uns dias. Que tal?"

Embora desconfiado, Henrique concordou, pois os barcos eram lindos e ele sabia que jamais poderia ter um igual. Também sonhava em ir para a armada e ser um oficial, embora soubesse que seria muito difícil. Talvez devesse se contentar em ser apenas um marinheiro. Mas como sonhar não custava nada, confidenciava isso ao amigo, que não ligava muito.

"Quem será que ele pensa que é? Pobres não podem ir para a escola de navegação. Apenas eu serei um oficial um dia" pensava Pablo, indiferente ao olhar sonhador do pequeno amigo.

Nem se lembrava mais de que tinha vindo chamar Ana e muito menos ainda que a mãe estava passando mal no andar de cima. Pablo parecia não se importar com o sofrimento da mãe, sendo obviamente insensível aos problemas dos outros, pois também não se importava com as preocupações de Ana, tendo reclamado muito para ajudá-la; também não estava realmente disposto a cooperar com Henrique e apenas visava a seus próprios interesses e pouco estava ligando se o amigo viesse a ficar doente trabalhando no frio mais tarde, desde que brincasse com ele naquela hora. De fato tanto fazia se fosse Henrique ou outro qualquer. Quando os primos visitavam o castelo, esquecia-se por completo do jovem serviçal.

Saíram para buscar a caixa de areia que Henrique havia construído, onde costumavam ancorar os barcos. Era grande e pesada e por isso pensaram em levá-la para o porão. A caixa no entanto estava quebrada e por isso demoraram-se consertando-a, rindo e conversando, esquecidos do mundo.

Duas horas mais tarde vinham arrastando a caixa já dentro do pátio, pela neve, em cima de umas tábuas, quando ouviram gritos que vinham do interior da casa. Havia um corre-corre na casa, ficando os dois estáticos, olhando algumas criadas que passavam gritando e chorando. O chefe da guarda subiu correndo e também entrou, acompanhado de outros dois. Assustados, largaram a caixa e também correram atrás dos homens.

Entraram no grande salão e perceberam que a movimentação era em cima. O irmão Henrique chorava sentado na escada que dava para o andar superior, enrolado em grosso cobertor. Correu até ele e perguntou o que estava acontecendo, mas o irmão não conseguia falar, perdido em suas lágrimas sentidas. Apenas balbuciava:

"Mamãe. Mamãe."

Num repente lembrou-se das ordens de Ana para que não se afastasse dela e também que tinha descido para chamá-la. Seu primeiro medo foi o de ser punido por tê-la deixado só, sem pensar no que poderia, de fato, ter acontecido com ela. Também não estava pensando no que poderia estar causando tanto sofrimento ao irmão, que continuava a chorar sem parar. Ficou paralisado, olhando para os dois Henriques, sem saber o que fazer, pois agora os dois choravam. Minutos depois o irmão caçula aparecia no topo da escada, chorando também. Estava só com um camisolão e tossia muito; logo uma mulher velha e gorda apareceu e o levou nos braços, para algum outro lugar lá em cima.

"Mamãe morreu" falou finalmente o mais velho, também tossindo. Seu pranto convulsivo havia cessado e ele parecia também meio morto, encostado na parede, deixando grossas e silenciosas lágrimas rolarem pelo rosto. Henrique tinha quatorze anos.

Momentos depois era Ana que descia a escada chorando, amparada pelo chefe da guarda, homem de confiança de seu pai. Passou por eles sem nada dizer.

"E o que é feito de sua vida depois da morte de sua mãe?" perguntei, tirando-o daquela situação sem solução. E ele me contou.

Foi um tempo de muita consternação no castelo, pois embora todos esperassem a morte da senhora, era difícil aceitar, pois ela era muito amada e respeitada. Tinha sido uma mulher bondosa e preocupada com o bem-estar de todos, desde os familiares até os serviçais, mesmo os mais humildes. Foi também um tempo de grande confusão, pois o pai levou semanas para chegar e colocar tudo em ordem. Nesse meio tempo os irmãos se recuperaram da saúde e Ana se recusava a falar com ele, evitando-o. Estava evidentemente magoada e devia estar responsabilizando-o pelo acontecido.

A mãe havia morrido engasgada com a própria tosse e, sem forças para se locomover, não teve como sentar-se ou pedir ajuda. Ana a encontrou já morta, caída ao lado do leito, quando subiu para levar o chá da tarde, depois de acudir os irmãos, aplicando cataplasmas nos dois. A mãe devia ter feito um esforço supremo para chamar alguém, mas terminou caindo ali mesmo. Pablo não estava lá como havia sido pedido. Só seus brinquedos estavam espalhados pelo chão ali perto.

Foi enterrada nos jardins do castelo, depois que o padre rezou missa por sua alma. Muitos familiares, amigos e serviçais estavam presentes e ninguém prestou muita atenção nele, que não chorava e não falava, apenas seguia Ana com o olhar atento, querendo saber se ela iria culpá-lo e contar para alguém. O amigo Henrique estava muito atarefado cuidando dos cavalos e das charretes dos convidados e não o viu por muitos dias.

Na segunda semana depois da morte da mãe, depois que os convidados já tinham retornado para suas casas, numa manhã cinzenta após uma nevasca noturna, Ana entrou em seu quarto e sentou-se em sua cama. Fez um pequeno discurso.

"Estou muito decepcionada com você, Pablo. Não vim antes porque estava com muita raiva. Conversei com o padre Angelito e ele me disse que devo perdoar você, pois nossa mãe o perdoaria também, porque você ainda é pequeno. Mas para seu próprio bem, meu irmão, devo alertá-lo que o jeito que você faz as coisas, vai terminar acabando com você. Você só pensa em você mesmo. Observei e notei que você nem chorou a morte de nossa querida mãe. Nem imagino o que se passa pela sua cabeça. Às vezes, você até me assusta. É muito egoísta" olhava-o com os olhos cheios de lágrimas.

Pablo estava de cabeça baixa, sentindo-se muito mal com aquilo tudo, pois não deveria ter saído de seu posto. Pelo menos não estaria sendo acusado de nada. Nem atinava que realmente não chorara pela morte da mãe, tão preocupado que estava em saber o que iria acontecer consigo. E ainda pensando nisso, perguntou:

"Vai contar para nosso pai?" falou ainda de olhos baixos.

"Não. Ele jamais perdoaria você. Sua vida estaria acabada. Ele seria capaz de deserdar você e mandá-lo viver com tio Alberto, em Madri" observou Ana, com a voz carregada de emoção.

Arrepiou-se com a idéia. Tio Alberto era o irmão mais novo de sua avó e não passava de um velho beberrão e falido. Cheirava mal e não tinha onde cair morto, mas ainda gostava de ostentar uma riqueza que não mais possuía. Se fosse mandado para lá ele certamente o faria de escravo, pois na casa não havia mais empregados; só uns velhos que não tinham para onde ir, pois ele não tinha como pagar salários, moravam ainda lá.

E Ana continuou:

"Além do mais, meu caro irmão, ele seria capaz de despedir o pai de Henrique, pois poderia achar que ele o ajudou a se desviar de sua simples tarefa, o que nós dois sabemos que não foi verdade, pois conversei com ele e ele me contou o que aconteceu naquela tarde."

"Traidor" pensou. "Nunca mais empresto meus brinquedos para ele."

Como se lesse seus pensamentos a irmã observou:

"E você queria que ele fizesse o quê? Mentisse para salvar a sua pele e pusesse a dele no fogo, conhecendo como papai é e sabendo como ele gostava de mamãe?"

E Pablo, fingindo-se de indignado, contou então a Ana uma longa história, tentando colocar a culpa no amigo. A mãe havia pedido que descesse atrás de seu bordado e Henrique lhe disse que o bordado deveria estar sendo terminado por sua mãe, convidando-o para irem buscá-lo. Como a mãe dele não estava em sua casa, começaram eles mesmos a procurá-lo, mas não o encontraram. Na volta, apenas resolveram trazer a caixa de areia. A mãe estava disposta quando deixou o quarto e queria até bordar.

Ana continuou a olhá-lo, impassível. Provavelmente não acreditou em uma só palavra. Apenas levantou-se, suspirou sentida, balançou a cabeça desaprovando-o e saiu.

"E o que acontece a seguir, depois que você sabe que sua irmã não vai contar para ninguém, além do padre?" perguntei, querendo saber o resto da história.

O pai voltou e Ana, cumprindo sua promessa, nada contou. Os irmãos, principalmente o mais novo, sofreram muito com a morte da mãe, a quem muito amavam. Juan Carlos chegou a adoecer, trazendo desespero ao pai, que temia perdê-lo também. Ele era doce e meigo e muito amado por todos. O tempo passou, Juan se recuperou lentamente e o pai se casou novamente no ano seguinte; e ele próprio, rapidamente, se esqueceu do acontecido. Ana nunca mais foi a mesma com ele, mas fingia não perceber.

"Afinal, tenho coisas mais importantes no que pensar, do que gastar meu tempo com essa boba da minha irmã. Isso tudo são águas passadas" pensava, enganando a si mesmo.

Nessa altura da vida já tinha quinze anos e foi quando começou a pensar como faria para dissuadir o pai de mandar apenas Henrique para a Armada, o que acabou de fato acontecendo logo a seguir, pois ele era dois anos mais velho. Ficou choroso e enciumado.

Um ano mais tarde o pai resolveu casar a filha mais velha com o filho de um amigo. Eram conhecidos da casa, mas ela o detestava, pois quando ele se aproximava dela, era grosso e malicioso, falando-lhe coisas impensáveis para a época, sobre o que fariam sexualmente após o casamento. Pablo havia, em certa oportunidade, presenciado sem querer uma dessas conversas, sem tomar qualquer providência para defender a honra da irmã.

Ana lhe pediu que intercedesse junto ao pai; que lhe contasse realmente como o pretendente era. O pai, decerto, correria com ele dali. Até então ele apenas achava que ela estava se comportando de forma mimada e infantil, pois qualquer moça adoraria se casar com rapaz tão bonito e de família tão boa.

Mas Pablo decidiu que isso não era problema seu, pois não queria se indispor junto ao pai, a quem pretendia ainda dobrar, na esperança de ser mandado para a escola de navegantes. "Ana que se vire com nosso pai" pensou. "É bem grandinha e esperta." Esquecia-se, todavia, porque não lhe interessava, do que o pai achava sobre a birra da irmã em não querer casar-se com o escolhido. Simplesmente tirou o assunto da cabeça e viajou, a pretexto de visitar o irmão, deixando Ana sozinha para resolver seus problemas. Bem ela, que o havia livrado da ira do pai, anos atrás.

Visitou a escola e encantou-se com tudo o que viu. Enquanto lá estava, o irmão se viu envolvido numa grande confusão. Alguns rapazes roubaram garrafas de vinho da adega do comando e o irmão foi acusado de ter participado daquilo. Era uma acusação grave. Mas ambos estavam juntos, com mais outros amigos naquela noite e seriam o álibi perfeito para Henrique, que de fato estava a léguas de distância da escola quando o roubo aconteceu.

O problema é que estavam numa espécie de prostíbulo, lugar onde nunca tinham ido antes. Os colegas de escola de Henrique tiveram medo de contar a verdade, pois sair para fazer esse tipo de coisa devia ser proibido e temiam ser todos expulsos. Restava Pablo, que poderia salvar o irmão, pois não era aluno e nada poderiam fazer contra ele. O pai, provavelmente, faria um sermão histérico e interminável mas, no fim, tudo ficaria por isso mesmo.

Mas, como sempre, resolveu não se envolver, para o desespero de Henrique, que chorou, implorou e se descabelou, tentando convencê-lo a ajudá-lo. Mas ele temia que isso fizesse o pai ficar muito zangado consigo e nunca vir a permitir que viesse também para a escola. Ficou inflexível, achando que tudo acabaria bem, de qualquer forma.

"Ele se preocupa demais. Não vai acontecer nada. Foram só umas garrafinhas de vinho" pensou, tentando convencer a si mesmo. Não pensou duas vezes, partindo de volta para casa no mesmo dia, largando o irmão, nessa altura, completamente transtornado, à sua própria sorte.

Mas aconteceu que Henrique, que havia

emprestado sua espada a um dos rapazes que entraram na adega e que foi achada lá depois do roubo, foi o único que terminou sendo expulso. No dia seguinte foi achado morto em seu alojamento, pendurado por uma corda na viga principal. Havia se enforcado. Tinha apenas 18 anos. Muito tempo depois, já no mundo espiritual, Pablo viria a saber que Henrique, sem coragem de enfrentar o pai, a quem tanto amava, se enforcara de vergonha.

Pablo achou que o irmão tinha sido uma idiota, um fraco, pois o pai o perdoaria, decerto. Mesmo porque nem culpado era. Esquecia-se novamente, porque lhe era conveniente, que o pai não era uma pessoa fácil de perdoar os erros dos filhos e que na ocasião que sentiu-se ameaçado, quando da morte da mãe, anos antes, não achou que o pai o perdoaria. No fundo estava até aliviado de ter se livrado daquela encrenca.

O sofrimento da família foi enorme. O pai se afundou em seus aposentos e não foi visto por um longo tempo. Ana, inconformada, chorava pelos cantos da casa e o jovem Juan Carlos a amparava, tentando consolá-la de alguma forma, mas o que mais fazia era chorar junto.

Uma nuvem negra se abateu sobre a família Montoya. Os dois amigos de Henrique que tinham estado juntos no prostíbulo se afastaram da escola, desiludidos depois da morte do amigo, ficando então o caminho livre, para que pudesse ir para lá. Não havia mais testemunhas.

Meses depois, o pai já se mostrava mais recuperado, especialmente depois do casamento de Ana, que aceitou o pretendente para não dar mais um desgosto para o querido pai, que apesar de tudo era justo e bom. Ela nunca foi feliz.

O pai nunca mais voltou aos mares ou à capital, apesar dos apelos do rei, abandonando a vida militar e passando a cuidar mais de perto de sua propriedade, até então entregue a um tio de confiança, já muito velho para prosseguir na empreitada. E Pablo era muito jovem para isso. Na verdade eram apenas desculpas para não mais ter que voltar para perto dos lugares que lhe lembrariam a tragédia do filho, que, no fundo, desconfiava ter sido alvo de uma trama qualquer. Conhecia seu filho e nunca se conformou.

Pablo então, com dezesete anos a completar, se ofereceu ao pai para substituir o irmão na carreira; manteria assim vivas as tradições da família. Juan Carlos, por sua vez, pensando em dar um pouco mais de alegria ao pai, se dispôs a assumir os negócios quando a hora chegasse. Tornar-se-ia menos avoado e se interessaria pela propriedade, deixando de lado a música e os livros.

O pai abraçou os filhos e agradeceu a Deus por tanta alegria naquela hora tão difícil de sua vida. E assim se fez.

Tornou-se um grande capitão e navegou pelos mares. Lutou por seu Deus e por seu rei, contra piratas e contra outros povos. E quando estava perto dos 35 anos, no auge de sua carreira, naufragou durante uma terrível tempestade, quando o navio que comandava, junto com dezenas de outros que faziam parte de uma grande esquadra, se viram perdidos no meio de um mar revolto, com ondas enormes, que nunca ninguém tinha visto antes. Estavam a caminho da Inglaterra quando foram apanhados pela tormenta, que colocou quase todas as embarcações a pique. Era uma noite escura e o navio se partiu ao meio, quando foi apanhado por outro, que uma imensa onda, literalmente arrancou do mar e jogou em cima do seu convés.

Foi jogado ao mar, no meio de um monte de madeiras, de entulhos de todos os tipos e dos homens que se debatiam. Morreu afogado mas seu espírito, sem perceber que a morte havia chegado, permaneceu lutando naquelas ondas por muito tempo. Afundava, voltava à tona e tornava a afundar, na sua tormenta particular, na noite escura que criara para si mesmo. Ouvia os gritos angustiados dos companheiros, o rugir poderoso das ondas e o barulho ensurdecedor dos ventos. Lutou por um tempo que parecia que não iria mais acabar.

Um dia, de repente, viu-se arrastado dali, como se os ventos o levassem. Aterrorizado, perdeu a consciência de si mesmo. Quando acordou estava no meio de uma multidão de espíritos esfarrapados que se arrastavam numa fila imensa, em direção a um gigantesco pórtico, que se divisava ao longe, escondido no meio de uma névoa escura.

Muitos se lamentavam em gemidos profundos e outros davam gritos de uma dor que parecia vir de dentro de um coração extremamente sofrido. Era um lugar escuro, onde raios cruzavam o céu, parecendo que uma tempestade ia desabar a qualquer momento. Iam como que se segurando uns nos outros. Algumas pessoas, vestidas com roupas simples e limpas, muito diferentes da turba grotesca que caminhava de cabeça baixa, tentavam arrumar a fila e providenciar amparo aos que não conseguiam mais andar.

Não entendeu nada. Estava ferido e cansado.

"O que era aquilo? Como tinha vindo parar ali? Quem o tirara do mar?" pensava, atônito, parado no meio da fila, recebendo empurrões e ouvindo impropérios dos que queriam passar. Notou, de repente, que estava encharcado até os ossos e tiritando de frio. Encolheu-se e cruzou os braços, tentando se proteger.

Seu queixo batia e suas pernas tremiam.

"Sai da frente idiota!" ouviu. Virou-se e viu que um homem forte, mas esfarrapado como todos e como ele próprio, que abria caminho no meio das pessoas que caminhavam com dificuldade. Chegou mais perto e empurrou-o para fora da fila. Não tinha forças para reclamar. Mal conseguia se manter em pé. Olhava aquilo tudo, sem compreender.

Uma mulher velha e desgrenhada, com a aparência de quem era uma bêbada e cheirando a vinho azedo se aproximou e aparentemente adivinhou o que ele pensava.

"Será possível que você ainda não entendeu que morreu, seu estúpido? Nós todos estamos mortos, idiota. Não vê?" O cheiro que vinha dela era horrível, fazendo com que se afastasse um pouco, instintivamente.

Ela soltou uma gargalhada.

"Quem você pensa que é? O rei da França? Pois aqui não tem rei nenhum e se tivesse ia ter que entrar na fila." E foi embora, mancando e mostrando a boca desdentada, numa risada imunda.

Ficou parado, meio afastado da fila, cambaleante, com a cabeça rodando.

"E você fica parado aí, cambaleante, até que acontece o quê?" Perguntei, tentando saber o desfecho da situação e fazê-lo perceber que, obviamente, tudo se passava no plano espiritual.

"Até que, por acaso, eu me virei para trás e vi surgindo alguém no meio da fila que me chamou a atenção. Arrastando-se no meio dos outros, era meu irmão Henrique" a voz embargou. Silenciou por uns instantes e depois prosseguiu:

"Ele se vestia ainda com seu garboso uniforme da escola, agora sujo e aos pedaços. Tinha a mesma aparência jovem de quando morreu, mas caminhava com a dificuldade de um homem de oitenta anos." Sua voz era um sussurro emocionado. Lágrimas começaram a escorrer pelas faces de Leo. Depois de um momento, continuou.

"Não tenho coragem de ir até ele. Tenho vergonha. Compreendo imediatamente que estou morto também. Estou petrificado naquele lugar, como se meus pés estivessem cravados na mais dura rocha. Sinto culpa e percebo que estou chorando" lamentou-se.

"E depois? O que vem a seguir?"

"De repente ele pára e me vê. Seu olhar é perdido, esgazeado, atrás de enormes olheiras; olha através de mim como se não me visse. Parece esgotado e terrivelmente sofrido. Continua a caminhar e passa por mim. Não sei de onde tiro meu último sopro de energia e de coragem e o chamo:

"Henrique, meu irmão!" Ele parecia tão frágil e atormentado. Continuo a chorar e a implorar com os olhos que me perdoasse. Parou e me olhou longamente. Seu olhar não era de ódio ou de reprovação, mas de desapontamento e tristeza. Percebi que ele me reconhecia, mas não queria falar comigo. Virou-se novamente e, sem uma só palavra, continuou sua lenta caminhada. Eu fiquei ali, parado e chorando.

A fila toda passou. Por dias e dias a mesma fila passou e eu fiquei. Havia outros por ali, sentados, sem vida, apáticos como eu. O frio intenso daquele lugar, permeado de quando em quando por um vento cortante, que levantava uma poeira terrível e impedia a respiração, fazendo com que cobríssemos as cabeças com os trapos de roupas que tínhamos, não era nosso maior tormento. O tormento maior vinha dos corações; da culpa que todos que estavam ali sentiam, cada um do seu jeito e por motivos diferentes. Era como se o pensamento de todos se erguesse no ar e pairasse, se tornando transparente a todos. Quase que se podia pegá-lo com as mãos. Muitos choravam o tempo todo e outros, como eu, passavam as horas e os dias olhando para o chão, sem coragem de erguer a cabeça e encarar quem quer que fosse. Morreria de novo se pudesse.

Ficou por ali, parado naquele lugar de almas culpadas, de onde se avistava o pórtico de entrada daquilo que parecia uma fortaleza, durante muito e muito tempo. Muitas hordas de espíritos passavam sem que se aproximassem. Apenas xingavam, riam e gritavam. Não entendia o motivo de não tentarem maltratá-los. Não entendia também a morte, pois apesar de lutar e falar tanto em Deus, nunca se preocupara de fato com Ele ou a entender o que Ele queria dos homens. E então, apesar de ter muito medo, não conseguia mover-se.

Ficou por ali, tão perto e ao mesmo tempo tão longe da salvação que deveria estar por detrás das muralhas da fortaleza, que se erguia imponente no meio daquele vale sombrio, pois achava que não merecia qualquer ajuda. Muitas e muitas outras filas passaram por ele, até que, exausto, tomasse coragem de entrar numa delas.

Novamente havia aparecido um personagem parecido com Lin Yu, o chinês que morou perto da montanha de Qiangsu; não se comprometeu com a dor alheia, vivendo apartado do sofrimento do mundo, e desde que esse sofrimento não se aproximasse muito dele, não fazia diferença se os outros sofressem. Passou toda uma vida vendo as pessoas sofrendo e nos instantes mais difíceis, terminou sempre se omitindo, negligenciando o amparo ao próximo e até mesmo desqualificando a intensidade da dor alheia, como se isso fosse possível.

Não se importou com o destino triste de Ana, a

doce irmã, que casou-se sem amor com um homem grosseiro, assim como não ligou para o sofrimento pungente da pobre mãe, a quem desqualificou a necessidade de amparo imediato; também não se importaria se o amigo Henrique ficasse doente por trabalhar no frio ou se seu pai fosse despedido, naquela terra de poucas oportunidades. Da mesma maneira não ligou quando Juan Carlos, o meigo e simpático irmão, abandonou a própria felicidade, vitimado por uma artimanha sua. Corria o tempo todo atrás das metas que traçara para si mesmo, passando por cima de tudo que estivesse em seu caminho, de forma sutil, quase sem perceber, como se nada mais existisse a seu redor.

Finalmente, resolveu omitir-se no momento crucial da vida do irmão, que terminou por suicidar-se, sofrendo anos seguidos em lugares terríveis da espiritualidade por ter se matado, até conseguir chegar, arrastando-se, naquela fila de espíritos infelizes, que queriam entrar naquela fortaleza, um oásis no meio daquele umbral pesado e cheio de dores. O sofrimento que o próprio pai teria ao ter um filho expulso daquela escola, também nunca foi cogitado, em seu egoísmo sem fim.

Nunca se comprometeu com nada que pudesse pôr em risco a própria felicidade.

Depois da vida de Zorak, o sacerdote, o espírito de Leo sabia que não podia esperar muito de si próprio e, novamente, assim como para Lin Yu, foi providenciada uma vida calma, onde teria muitas oportunidades, mesmo que de forma discreta, de aprender a auxiliar os outros sem esforço, nas pequenas coisas do dia-a-dia, quase sem perceber. Precisaria de pequenos gestos de resignação e de pequenas atitudes que o ajudariam a comprometer-se com o mundo em volta de si.

E Pablo, assim como muitas vezes nós mesmos, não se comprometeu, da mesma forma que fazemos quando queremos nos poupar de aborrecimentos, usando a velha e boa desculpa de que isto ou aquilo não nos diz respeito.

Nos omitimos e se não fazemos o mal de propósito pelas próprias mãos, uma vez que apenas achamos que uma solução mágica para o problema do outro vai aparecer, sem que precisemos nos envolver, também não fazemos bem algum, deixando então para algum outro dia o aprendizado do amor, que poderia nos indicar o caminho para a felicidade verdadeira. Isso tudo, quando consideramos que o outro nem tem mesmo um problema, pois gostamos também de minimizar nossa negligência.

Leo sinalizou novamente para si mesmo as relações desse personagem com seu próprio egoísmo e percebeu que se os mesmos padrões voltavam ao set terapêutico, era porque não estava conseguindo se separar deles. Era preciso usar mais os personagens, porque aqui, assim como lá, naqueles tempos onde eles viveram suas aventuras e seus dramas, a felicidade também não caía do céu.

14
Pablo Montoya
Caindo novamente – século XVII
Vidas perdidas – parte 3

"Meu nome é Josephine. Tenho apenas cinco anos. Sou loira e estou brincando de bola com meus irmãos aqui no jardim. Moro numa casa muito grande e linda. Todos dizem que eu também sou linda" risos marotos com as mãos na boca.

"E o que mais você sabe sobre a sua casa, Josephine?" perguntei para situar o lugar e a época.

"Minha casa é um castelo. Tem um jardim enorme e todas as manhãs as babás trazem a gente para brincar aqui e tomar sol. Tenho quatro irmãos. Dois meninos e duas meninas. Eu sou a do meio. Meu pai é o dono do castelo e a minha mãe sabe bordar" informou, sem disfarçar o orgulho, sempre com um risinho feliz no rosto.

Nossa Josephine estava na França, e vivia no campo com o pai, dono de terras. Homem bom e justo, não partilhava das idéias de outros senhores de terras que exploravam os camponeses, pagando-lhes sempre o justo e provendo um mínimo de conforto para seus aldeões. Era tido como esquisito, para dizer o mínimo, entre os poderosos da região. Naturalmente nada disso importava à menina, que já aprendia a ler, bordar, pintar, montar e a cultivar flores. Também recebia aulas de música, as quais odiava. Seu maior talento era com os animais e apesar da pouca idade não era nunca batida nas corridas a cavalo pelos irmãos maiores. Tinha dias bem ocupados para sua idade.

Era um lugar relativamente frio e nos dias de sol todos eram, literalmente, colocados para fora, para aproveitar a manhã e brincar, sendo dispensados das atividades. O pai era severo mas também bonachão e carinhoso com os filhos. A jovem mãe supervisionava tudo de perto, e apesar das inúmeras empregadas e babás, vivia para os pequenos. Corria e brincava com eles como uma menina, apesar da desaprovação fingida do marido, que seguidas vezes pedia compostura. No fundo ele parecia adorar tudo aquilo, pois largava reuniões e afazeres para acompanhar da janela aquelas brincadeiras matinais.

Josephine tinha uma grande e feliz família. Havia toda uma parentela falida agregada na vida do castelo; todos acolhidos pelo pai tolerante, viviam às suas custas. O dia-a-dia, apesar dos horários rigorosos e dos professores chatos era animado e divertido. Adorava cada minuto de sua vidinha. Era um pouco birrenta e chorava quando contrariada pelas outras crianças; entre as regras do pai, no entanto, estava aquela que proibia brigas entre as crianças da casa, tratando logo de enxugar as lágrimas, senão seria mandada para o quarto. Mas guardava profundas mágoas e fingia não ver seu desafeto durante dias e dias, quando passava a seu lado. O máximo de atenção que lhe dispensava era mostrar a língua.

Descreveu em detalhes os corredores e salas do castelo, onde corria com as outras crianças e brincava de esconder, atrás dos móveis pesados e escuros. O pai, complacente, tudo deixava nos dias de inverno, quando não se podia nem pensar em pôr o nariz para fora.

Usava vestidinhos rodados e compridos até os pés; cores escuras com punhos e golas claras, de babados. Era mesmo uma linda criança, como todas, aliás.

Pergunto então pela vida, sobre o que vai ser feito dela e fico então sabendo que tudo foi muito bem na vida, com muitas festas, viagens e passeios patrocinados pelo pai bondoso. Teve realmente uma infância e adolescência muito boas. Os irmãos mais velhos, homens, foram mandados à corte para estudar. Um queria seguir carreira militar, para desgosto do pai, que não aprovava essas coisas de guerras e lutas, mas que, resignado, deu todo seu apoio, como sempre.

Josephine era boa filha e apesar de continuar teimosa e birrenta, não dava muito trabalho. Aos vinte anos continuava amando os cavalos, passando boa parte de seus dias correndo pelos campos com eles. Tudo ia muito bem, até que, logo depois, apaixonou-se por um dos novos cavalariços recém-chegados à propriedade. Um rapaz quase dez anos mais velho que ela, sem cultura e sem refinamento. Mas era belo a seus olhos, com longos cabelos negros, camisa de peito aberto e além do mais cavalgava como ninguém, seduzindo rapidamente seu coração.

Naturalmente não houve entre as irmãs e primas, a quem primeiro contou de seu amor, quem a demovesse da idéia de ficar com ele. Ele era um anjo de bondade e beleza caído do céu para ela, argumentava. Achava que o pai não se oporia, idéia à qual as outras moças punham as mãos à cabeça, discordando. O pai era bom, mas nem tanto. Deixá-la casar-se com um pobre e ignorante era demais, até mesmo para ele.

"E o que acontece de fato com você?"

E ela me contou. Um dia, como não podia deixar de ser, alguém deixou escapar algo aos ouvidos de sua mãe, que já cismava com sua ida seguida aos estábulos. Não fazia mais nada. Não bordava, não lia e nem cozinhava mais seus doces, como era tanto de seu agrado. Sabia de seu amor aos cavalos mas estava achando um exagero perder o verão todo com eles. Foi um dia atrás dela na cocheira e encontrou-a nos braços de Lucien, o cavalariço. Assustada, gritou e saiu correndo.

Josephine saiu correndo atrás e foi um escândalo na pequena comunidade. Foi chamada pelo pai e decidiu que iria lutar por seu amor. Em vão o pai tentou dissuadi-la, perguntando o que sabia de fato sobre o moço. Tudo o que sabiam é que fora trazido por outros empregados, que o recomendaram por ser filho de amigos de um deles, das costas do Mediterrâneo e que tinha ganho inúmeras corridas.

"Ótima recomendação para trabalhar com meus cavalos, mas não para casar com minha filha" ponderou o pai, irônico e zangado com aquela teimosia.

Desatou a chorar como sempre fazia desde pequena, quando repreendida pelo pai, com o qual não ousava fazer birras. E como sempre suas lágrimas o perturbavam, terminando por vezes a ceder um pouco. Desta vez, no entanto, percebeu logo que seria muito diferente. Não era uma travessura qualquer e o pai estava irredutível. Num repente, sem saber de onde tirou a idéia, disparou:

"Estou grávida. Sinto muito" o que era uma grande mentira. Não era dada a mentiras, mas parecia fascinada pela idéia de casar-se com Lucien. Surpreendeu-se com o que disse. O pai a olhava com desgosto. Não era dado a escândalos. Estava fazendo-o sofrer e sofria também por isso, mas era a sua felicidade, pensava. Estava cega à realidade e surda aos conselhos.

O pai a mandou para o quarto e dias depois apresentou-lhe seu veredicto. Veio a ele com os olhos inchados de chorar. Não sabia bem se estava arrependida da mentira ou com medo de perder o rapaz, que havia sido confiado ao chefe do estábulo, para que não fugisse.

"Pois muito bem..." começou o pai com voz cansada. "Já que você já arrumou até um filho, nada mais há a se fazer. Vai se casar com ele. Porém não vai poder ficar aqui com ele. Não tenho como explicar às pessoas e não quero ser alvo de chacotas. Tenho um nome a zelar. Todos rirão de mim e de seus irmãos..." O pai falava mas era quase como se não ouvisse as condições que ele expunha. Iria casar-se com Lucien. "O que importava o resto?" pensava, radiante. Sorria e a tudo dizia sim. Pois talvez devesse ter prestado mais atenção.

O pai era bom, mas não era de brincadeiras. Quando decidia, estava dito e era para ser cumprido. Casaria em segredo no castelo e iria morar numa pequena propriedade distante e que pertencia à família. Daria uma quantidade de moedas para que o rapaz tocasse a propriedade e contratasse empregados para o plantio da terra, que já era época. Lá já havia uma espécie de zelador, que o ajudaria. Nesse meio tempo caberia a ela educar o marido e torná-lo socialmente aceitável nos modos, na fala e na cultura. Depois disso poderia voltar se quisesse. Diriam a todos que havia se casado com o filho de um amigo distante.

Era uma tarefa enorme, mas não pareceu notar e também não lhe ocorreu perguntar ao rapaz se ele concordava. Nem ouviu a ameaça do pai aos parentes mudos e boquiabertos que também foram chamados, pois o pai não gostava de ter que dizer duas vezes a mesma coisa. Se alguém de fora daqueles muros soubesse a verdade, todos eles, sem exceção, estariam no olho da rua. Todos se olharam ofendidos, como se fossem santos, mas ninguém abriu a boca. Sabiam que Antoine, esse era seu nome, não era homem de meias palavras.

E assim foi. Naturalmente ela nada sabia de seu amado Lucien, que no fundo queria mesmo é casar-se com uma moça rica. Saberia disto anos mais tarde, depois que seus três filhos nasceram. O marido só lhe dava desgostos, pois não administrara bem o que o sogro lhe dera, vindo a perder quase tudo. Não era homem de pegar firme no trabalho; não entendia de lavoura e se amolava quando o homem de confiança de Antoine tentava ensiná-lo. Estava deslumbrado com as novas roupas, com a casa e com as mordomias e por isso não a tratava mal. No entanto, quando as dificuldades econômicas começaram porque as moedas haviam terminado e as plantações malfeitas pouco renderam, seu humor mudou.

Os empregados foram embora e a propriedade ficou vazia. Ele a acusava de tê-lo colocado naquela situação e Josephine só chorava. Cinco anos haviam se passado e ela já não estava mais tão bonita. Frustrado, ele começou a beber e a bater nela quando alcoolizado. Numa de suas bebedeiras humilhou-a contando de suas amantes na cidade, queixando-se de que ela estava gorda e feia depois que teve os filhos. E nem dinheiro ela tinha mais para lhe dar. Frustrada também com o sonho desmoronado ela se refugiava na cama para chorar e deixava os filhos a cargo da velha ama.

Na realidade ela tinha sido, a seu modo, muito prepotente, pois decidira tudo sozinha, sem dar ouvidos a quem quer que fosse. Tudo aconteceu do jeito que ela quis. Colhia agora os frutos de sua teimosia e não havia mais a quem reclamar. A mãe nada podia fazer e o pai não tinha coragem de enfrentar, pois nesse meio tempo ele já havia até enviado nova quantidade de moedas, que também foram jogadas fora.

"Como a vida fora cruel com ela. Por que não podia ser feliz com o marido como todas suas amigas? Que mal fizera a Deus?" Lamentava-se em seus pensamentos.

Josephine era no fundo igual a todos nós. Além de nos lamentarmos como vítimas desamparadas depois de termos feito uma série de bobagens, de onde resulta geralmente uma outra série de desilusões e frustrações, em função sempre de acharmos que sabemos tudo e de querermos sempre as coisas do nosso jeito, muitas vezes ainda culpamos a vida, o destino cruel, Deus ou até mesmo os outros, geralmente os mais próximos. Os mais próximos ou então aqueles que achamos ser os felizes, de quem invejamos o bem-estar. De fato, nesses casos, a única coisa que a vida está nos fazendo a cada instante, é mostrar nossa incapacidade de prover nossa própria felicidade.

"E qual é o desfecho dessa situação?" Perguntei para abreviar o relato.

"Ele continua a beber. Está desiludido. Passa dias e dias na cidade. Já começam a faltar coisas aqui em casa. A safra foi perdida porque todos os empregados foram embora. Estou sozinha para cuidar de tudo. A ama adoeceu do pulmão e também se foi. Já está muito frio nesta época do ano. Tenho que cortar lenha e não agüento. Estou me arrastando. Tenho uma dor de cabeça terrível, dores no corpo, cansaço. Só temos aveia e batatas em quantidade. O resto está acabando e as crianças não querem mais comer. Não sei tirar leite das vacas, que estão adoecendo. Estou desesperada" chora novamente.

"E tudo vai assim até quando?"

"Decido ir embora. Há mais de um ano que eu penso nisso, mas não tive coragem. Vamos morrer aqui. Não posso deixar meus filhos morrerem. Se fosse só eu..." deixou a frase inacabada.

"O que aconteceria?" insisti.

"Eu deixaria a vida acabar. Morrer deve ser melhor que sofrer assim, nessa vida tão ruim como a minha e tão sem esperanças." E depois de um longo suspiro continuou:

"É uma longa viagem e tenho medo também. Reúno minhas últimas forças e arrumo uma charrete para voltar para a casa de meu pai. Morro de vergonha e de medo, mas tenho que tentar por causa das crianças. Meu pai vai cuidar de tudo para mim. Sei que vai." Explica, entre lágrimas ofegantes, deixando escapar uma ponta de esperança, apesar do discurso depressivo.

"Continue" incentivei.

"Arrumo com dificuldade um pouco do que restou da comida e roupas para os pequenos. Pego cobertores e mantas. Vou cobrir também os cavalos também com as capas que fiz, se esfriar mais. Durante dois dias eu preparei a partida" conta, com um tom já mais corajoso, sem chorar tanto.

Entretanto, no dia da partida, o marido chega, cambaleante, sujo e esfarrapado, mal conseguindo se manter em cima do cavalo. Deixa-se cair ao chão e fica deitado, rindo como um louco do tombo que levara. Depois de um tempo senta-se e olhando em volta percebe a charrete carregada. Num segundo sua lucidez voltou e percebeu de imediato o que estava acontecendo. Levantou-se esbravejando e chamando por ela, que o espiava por uma janela, aterrorizada.

Escondeu-se no sótão com as crianças. Ele tinha dificuldade de subir as escadas. Ouvia-o gritando lá embaixo, exasperado.

"Sua vagabunda! Onde pensa que vai com os meus filhos? Apareça! Vou matá-la!" berrava ameaçando-a.

Tremia desesperada e abraçava as crianças,

tentando proteger-se. Mas todas as três começaram a chorar, assustadas com a confusão e Lucien ouviu. Demorou mas ele chegou e não teve dificuldade em arrombar a velha porta do sótão. Não podia correr com os três filhos no colo e ele a agarrou. Chorou e gritou mas, mesmo bêbado, ele era muito mais forte que ela e a dominou completamente. Enlouquecido, sem uma palavra, ele a esfaqueou na barriga, várias vezes.

Sentiu-se ir escorregando para o chão, quase agarrada a ele e aos filhos. Era como se fosse mergulhando num poço profundo de onde ouvia as crianças gritando de pavor ao longe. Queria acudi-las, mas não as via mais. Suas vozes pareciam ecos numa montanha, cada vez mais distante. Percebia um líquido quente escorrendo por sua boca, mas não tinha idéia do que fosse. Continuou seu mergulho nas profundezas de algo desconhecido. Era como se fosse um buraco fundo, onde apesar da escuridão havia um estranho brilho nas paredes. Os sons ao seu redor cessaram e sentiu finalmente que pairava num nada.

Chamei-a.

"Deixe-me ir" um sussurro cansado foi a resposta que obtive.

"Antes que você se vá, fale comigo."

Seu espírito não parecia compreender muito bem o que tinha acontecido e insistia que queria ir, mas não sabia para onde. Estava confusa. Chorava sem saber o que se passava. Via a casa vazia, cheia de teias de aranha, os móveis cobertos de pó e as janelas todas fechadas. Passava aturdida de um aposento para outro, sem compreender o que estava acontecendo. Chamava pelas crianças, pela ama e até mesmo por Lucien. Mandei então que fosse para o lugar onde seu corpo estava, para conscientizá-la da própria morte.

Viu-se ao lado de um túmulo, já meio desgastado pelo tempo, ao lado de outros, no pequeno cemitério da propriedade. Não compreendia. Pedi que lesse o que estava escrito na lápide. Chorou copiosamente por alguns momentos e depois leu para mim, em voz alta: Josephine Gallouis 1622-1647. Saudades eternas de seu esposo Lucien e de seus filhos Pierre, Adrian e Madeleine. Eram grandes letras talhadas na pedra, que já estava escurecida, com cuidado e capricho.

O espírito de Josephine havia passado muito tempo dentro daquela casa procurando pelas pessoas e não tinha percebido a própria morte. Revoltou-se contra o marido e contra a mentira de seu amor expresso na laje. Revoltou-se contra os pais que deixaram-na casar-se com aquele patife desalmado, esquecida que a culpa fora sua. Depois disso sua revolta traduziu-se num abandono de si mesma naquele lugar. Entregou-se a um desânimo irracional e deixou-se ficar ali, ao pé do túmulo, por outro tempo interminável.

Em sua frustração esquecia-se dos filhos e em nenhum momento interessou-se em saber o que havia sido feito deles, depois de tanto tempo. Escondia-se sob as árvores no sol forte e tiritava de frio nos longos invernos. Não conseguia entender porque não precisava mais sentir tudo aquilo e que estava prisioneira de si mesma.

Acostumou-se a conversar com outros espíritos que perambulavam por ali. Não tinha mais medo e nada lhe importava, como também para a maioria de seus companheiros de sofrimento. Todos tinham sentidas queixas de familiares ou de outras pessoas e eram todos, aos próprios olhos, grandes vítimas da vida. Assim como ela, pareciam todos cegos para a parte de responsabilidade que lhes competia em seus infortúnios. A revolta em seus corações não lhes permitia lembrar dos atos desatinados que haviam gerado tanta infelicidade e faziam coro, uns com os outros, nas queixas.

Às vezes passavam bandos de espíritos ameaçando-os. Alguns batiam e outros riam. Era uma correria para fugirem e se esconderem. Mas logo tudo voltava ao normal. Não se sabe quanto tempo ficou ali, no pequeno cemitério, curtindo sua dor.

Dois séculos depois de Zorak, o sacerdote, que não mais pensou em vingar-se depois da morte e mostrava-se já cansado do sofrimento que aquele tipo de vida sistematicamente vinha trazendo, aparentemente o espírito dera a si mesmo uma melhor oportunidade, bem mais amena e sem tantos riscos, para que pudesse fazer daquela nova passagem pelo planeta um excelente e tranqüilo aprendizado. Josephine, porém, metera os pés pelas mãos novamente e transformou a vida que deveria assinalar de vez sua vitória, marcando seu reencontro com o caminho seguro que a traria cada vez mais perto da felicidade e que havia perdido nas muitas estradas do espírito, numa tragédia sem sentido e inútil.

Mesmo que tivesse sido uma vítima nas mãos de Lucien, o que não foi exatamente o que aconteceu, mas não tivesse após a morte entrado naquela depressão profunda, abandonando-se ao lado do túmulo, revoltada contra tudo e contra Deus, numa interminável lamúria, ainda assim a vida poderia ter sido muito bem aproveitada. E uma vez mais estava nosso Leo se lembrando de uma vida perdida, procurando então verificar o que dela ainda se relacionava com ele.

Novamente o principal aspecto que lhe chamava a atenção era a dificuldade do personagem de lidar com as frustrações que a vida lhe colocou, mesmo quando nitidamente causadas por sua inconseqüência. Ele também agia da mesma forma e entregava-se para uma postura vitimada e depressiva, de quando em quando, naqueles momentos que a vida lhe cobrava resignação e humildade. E outra vez e mais outra, ficava claro que um dos grandes problemas do ser humano é ele não saber lidar com sua frustração, pois a tendência de todos nós é querer mesmo que tudo e todos se comportem à nossa maneira, como sonhamos. Sem tirar nem pôr. E aí vem a vida e nos mostra nossa incompetência para alcançar nossos objetivos de felicidade, pois ela freqüentemente não está estacionada no lugar em que pensamos tê-la deixado.

E então, como numa roda viva, nos frustramos, nos irritamos, choramos e voltamos a nos frustar mais ainda, porque as pessoas não ligam para nossas falsas tristezas, que não contagiam mesmo ninguém e assim por diante, sem solução.

15
Jonas
A fazenda no Brasil — século XVIII

"Sou Jonas. Tenho uns 35 anos e sou o todo-poderoso aqui na fazenda. Construí tudo com as próprias mãos. Herdei as terras de meu pai. Não que ele tenha morrido, não, não. Ele ainda é vivo e forte. Eram terras que ninguém queria. Meus irmãos ficarão com as outras fazendas menores um dia mas que estão prontas. Eu gosto de desafios e peguei esta. Tinha pressa de fazer a própria vida e meu pai aprovou que eu viesse. Tem orgulho de mim porque sou parecido com ele. Aqui só tinha quase que terra virgem e algumas ruínas de senzalas e da antiga sede abandonada que o mato e o tempo tinham arruinado. Mandei derrubar quase tudo e fiz esta maravilha." Gabava-se sorrindo e apontando com as mãos, mostrando aquilo que eu, naturalmente, não podia ver.

"E como é sua aparência?" perguntei, querendo saber a época em que a vivência transcorria.

"Dizem que sou bonito" sorriu novamente sem poder esconder uma ponta de vaidade. "Tenho um bigode bem cuidado e me visto bem. Minha pele é queimada pelo sol da roça. Acompanho tudo de perto. Aqui na fazenda ninguém faz corpo mole porque estou em cima. Mesmo aqui na fazenda só ando de terno. É um terno de paletó comprido tipo jaquetão, leve e claro. Uso botas com as calças para dentro delas."

Contou das pessoas trabalhando nas roças. Eram todas pretas. Perguntado sobre a razão daquilo informou prontamente que eram escravos; a maioria tinha chegado com ele ali, dados pelo pai como presente pela sua coragem de desbravar aquelas terras que o pai tinha recebido como favor de um amigo em dificuldades. Havia lhe emprestado uma soma em troca das terras. O amigo foi embora para Portugal e deixou um documento desistindo delas. Achava o tal homem um tolo e um preguiçoso.

"Fiz fortuna aqui, cravando as próprias mãos na terra e desbravando os sertões" empolgava-se Jonas.

Falava como se isso fosse mesmo verdade. Era realmente empreendedor, mas quem trabalhava de fato eram os escravos... e a que preço. Ele me contaria tudo aos poucos. Confidenciou que as terras tinham sido abandonadas e tinham criado fama de serem mal-assombradas. Espíritos de escravos andavam à noite pelas plantações e apareciam para as crianças. Era um homem esclarecido e não acreditava nas crendices dessa gente ignorante, esses antigos escravos da região que ficavam contando essas histórias.

Diziam até que pessoas da família que habitara originalmente a casa grande haviam morrido de maneira misteriosa. A mulher havia se enforcado e um filho moço apareceu morto na pedreira. Havia despencado lá de cima. Dois feitores foram picados por cobras e morreram também, quase no mesmo dia. Era uma desgraça atrás da outra. Muitas outras histórias chegavam aos seus ouvidos, mas ele só fazia rir do medo que os escravos tinham de morar ali.

"Fantasmas! Ora, por piedade. Isso é graça dessa gente" ria-se. Talvez não devesse rir tanto, pensei, lembrando de outras histórias, de outros clientes, onde crendices acabavam virando realidade.

De qualquer forma construiu sua fazenda em cima das ruínas da anterior e prosperara. Compreendi de imediato porque se dizia tão parecido com o pai e o motivo de ser tão querido por ele, de quem recebia freqüentes visitas.

Tratava seus escravos na base da chibata. Não se importava se morressem no tronco inclusive. Aliás, como o próprio pai havia feito a vida toda, apesar dos protestos da mãe, aquela "manteiga derretida que chorava pelos negros. Uma boba." A mãe viera de Portugal para casar com seu pai e não havia crescido naqueles rincões brasileiros e por isso a desculpava em seus choramingos. Não estava acostumada com a escravidão. Não acreditava que a Santa Igreja não se opunha formalmente àquilo. E também porque mulher não entende mesmo dessas coisas de homem. Aquilo era apenas um negócio.

Se pretos fossem tratados com cortesia decerto não haveria mais um só branco vivo. Acabariam com todos. Tinham que ser mantidos sob o peso do chicote para não tirarem as mangas de fora. Tinham mesmo que ter medo, ter um pouco de fome até, para que não se preocupassem com outras bobagens.

"Jonas! Quando vamos à vila? Preciso comprar fitas e rendas. Também encomendei tecidos para meu vestido novo para o casamento de Florinda. Seu Antônio, o português já deve ter aviado meus pedidos." Olhou distraído para sua mulher. Estava como sempre bem-arrumada e gesticulava da varanda da enorme casa grande da fazenda, que mandara construir, revestida em partes por azulejos portugueses, como a de seu pai. Um pequeno luxo que se permitira. Custaram uma pequena fortuna, mas encantava-se em apreciá-los e também em ouvir os elogios dos compadres e vizinhos.

Florinda era sua irmã mais nova e iria agora casar-se com o filho de um fazendeiro amigo. Florinda era mais feliz que ele, pois amava o futuro marido, ao contrário dele que casou por casar, com a moça bonita e burra, a seu ver, que o pai recomendara. "Por que não?" pensou na época. Não queria ficar sozinho e não havia muitas moças disponíveis por ali. Aquela pelo menos era bonita como ele, magra e satisfazia todas as suas vontades; adulava-o o tempo todo, além de não ter boca para nada. Só sabia pensar em fitas e rendas e não o amolava como a mãe fazia com o pai. Gostava de exibi-la nas missas e na vila, quando possível. Todos tinham inveja dele. A mulher quase perfeita. Ana Maria era o nome dela.

Já tinham três filhos e esperavam o quarto. Dois meninos pequenos e uma menina, a mais velha, de oito anos: Aninha, sua preferida. A mulher engravidava fácil e isso o aborrecia. Não queria um monte de moleques pulando em volta dele.

Começou então a passar o tempo com as escravas. "Se engravidassem era apenas mais mão-de-obra para a fazenda." Ria-se dessa idéia. Não se importava que todos soubessem, inclusive a mulher. Levava as negras para um quarto no porão da própria casa grande. Ali reinava ele e quem não estivesse satisfeito que fosse embora. Ninguém abria a boca. Todos fingiam não saber. Experimentava quase todas as jovens negras da fazenda, sendo que as mais bonitas não escapavam de seus desejos.

Tudo corria calmo, segundo o seu ponto de vista, pois a miséria e o sofrimento eram partes apenas do dia-a-dia de seus escravos. Vendia filhos, separando-os de suas mães, violentava esposas, matava pais e regateava tratamento para as doenças, só cedendo quando via que ia perder seu capital, investido ali naqueles negros. Tratava-os como coisas ou como mercadorias, que eventualmente precisavam de manutenção. Todos o odiavam.

Era interessante como Leo usava muitas vezes o linguajar próprio da época, e não apenas nesta vivência. O tempo passou sem surpresas, usufruindo o sucesso de sua fazenda. Tinha já perto de seus cinqüenta anos quando o pai finalmente morreu, deixando-lhe uma coisa ou outra a mais. Vendeu tudo e comprou mais escravos, além de uns pedaços de terra aqui e ali de vizinhos, e que faziam divisa com suas terras. Ampliou assim sua fazenda, se tornando o mais forte fazendeiro da região. Mal cabia em si de orgulho. Deu uma grande festa na fazenda, convidando todos os amigos, os padres da vila, e até mesmo o alcaide da província.

Até os negros entraram na festa, pois lhes foi permitido matar dois bois para uma comemoração na senzala. Todos aproveitaram muito. Comeram e beberam até de manhã. Pretendia Jonas mantê-los calmos e longe de seus convidados. Queria tudo perfeito naqueles dias de festa.

E assim foi. No entanto, numa das noites, resolveu levar uma das negras para o porão. Havia bebido muito vinho, como todos, e estava quase embriagado, tropeçando nas pernas. Ria-se, agarrando-se na moça para não cair. Não conseguiu tirar as roupas e caiu na cama numa gargalhada. A moça aproveitou para fugir. Sabia que ele não a reconheceria no dia seguinte.

Sentou-se e começou a blasfemar, sem forças para ir atrás dela até que, de repente, sentiu mãos apertando seu pescoço e uma voz arrastada e grossa falando dentro da sua cabeça. Havia um cheiro de roupa suja de suor no ar.

"Morre desgraçado... nós vamos te matar... um pouquinho de cada vez..." gelou e sentiu arrepios que desciam pela sua nuca até os ombros e os braços. Sentia como se alguém respirasse forte próximo do seu rosto. Estava tão aterrorizado que não conseguia mover-se.

“Estou ficando louco” pensou, tentando reanimar-se.

“Ainda não, mas nós vamos te enlouquecer...” foi a resposta imediata da voz que parecia sair de dentro mesmo de sua cabeça. As mãos continuavam a sufocá-lo.

Desesperado tentava arrancar aquelas mãos invisíveis de si. A voz ria um riso sádico e a respiração se tornava ofegante ao seu lado. Pensou em gritar por socorro, mas não o fez, com medo de ser tido como louco. Juntou todas suas forças e levantou-se cambaleante, saindo pela porta a fora, para o ar fresco da noite. Subiu as escadas escorando-se no corrimão e conseguiu chegar ao quarto, onde se deitou, trêmulo, ao lado da mulher. Escondeu-se debaixo das cobertas ainda ofegante e terminou adormecendo, pois havia bebido muito.

Mal sabia ele que seus tormentos estavam apenas começando. Na manhã seguinte foi acordado pelo sol forte em seu rosto. A manhã já ia longe e os convidados já tinham ido embora. Ouviu um vozerio estranho de pessoas no terreiro. Estava de ressaca e sua cabeça parecia que ia arrebentar. Seu estômago embrulhava, correndo para vomitar na bacia d’água que a mulher tinha colocado para que se lavasse. Estava em frangalhos.

Lembrou-se de repente dos estranhos acontecimentos da noite anterior e em voz alta jurou que jamais beberia de novo. Tinha tido pesadelos horríveis durante toda a noite, de que caía da pedreira e morria. Aquela bebedeira tinha feito com que imaginasse coisas, pensou, desconfiado, querendo convencer a si mesmo que tudo não passara de sua imaginação. Suava frio. Levantou-se novamente e foi à janela. Havia uma pequena aglomeração. Gritou, perguntando se não tinham trabalho a fazer.

Um dos feitores se adiantou.

"Patrão. Aconteceu uma desgraça essa noite. O filho do seu compadre, senhor Aureliano, foi achado morto lá na pedreira. Estava lá com uma negrinha e parece que caíram os dois de lá. Parece que estava bêbado. O senhor Aureliano se dava conta que o filho tinha ido para casa na frente e não sabe ainda do que aconteceu." Prestou melhor atenção e viu um corpo coberto no meio do terreiro. Havia sangue nos lençóis que o cobriam.

"Meu Deus! O que vou dizer para meu compadre?" voltou para a cama e sentou-se. Lembrou-se do sonho e também do ocorrido no quarto do porão. Na verdade parecia ainda sentir aquelas mãos na sua garganta e aquele cheiro asqueroso parecia impregnado em suas narinas. Tudo parecia tão interligado, mas resolveu não dar ouvidos àquilo que com certeza era uma intuição correta.

"Coincidências. E muito vinho. O rapaz quis folgar com a negrinha e deu nisso." Riu alto, forçado, como se quisesse espantar o medo de si mesmo.

Não sabia porque os negros pareciam mais assustados do que de costume e também cochichavam quando passava, de olhos baixos. Começou a correr o boato que ele estava enfeitiçado pelos espíritos da fazenda, que tomavam as dores dos que haviam morrido em suas mãos. Os velhos escravos cantavam à noite como um lamento harmonioso e pareciam estar evocando alguma coisa. Nunca havia se importado com essas crendices, mas agora o perturbavam; proibiu então os cantos noturnos.

Não voltou tão cedo a usar o porão. Com o tempo as lembranças ruins foram ficando para trás; agora que os negros não o lembravam mais, noite após noite com seus cantos, a história do feitiço, dormia melhor e começou a pensar nas escravas novamente. Foi um grande erro. Aliás havia errado a vida inteira e parecia atrair para si, por conta de seu caráter egoísta, vaidoso e prepotente as "presenças", os espíritos vingativos de escravos torturados e mortos no tronco. Era um homem impiedoso e não havia razão nas circunstâncias culturais daqueles espíritos, para que fossem piedosos com ele.

E aconteceu de novo.

Levou uma mocinha para o porão aos tapas, muito jovem, que chorava desesperada. Não conhecia homem e estava apavorada. Ameaçou mandar matar a mãe e ela se calou.

"Pois muito melhor assim" tão logo entrou no porão foi logo tirando as roupas. Quando se preparava para tirar as da menina sentiu um aperto no peito, como se uma garra poderosa cravasse suas unhas em seu peito. Caiu ao chão com as mãos no tórax, sem voz e sem ar para respirar. Sacudia os braços pedindo ajuda à garota, que olhava aquilo tudo sem saber o que acontecia, recomeçando a chorar e gritar.

Jonas achava que estava morrendo do coração, que parecia saltar pelo peito, descompassado, num ritmo alucinado.

"Alguém... alguém..." balbuciava. Mas a menina só chorava e gritava. Do lado de fora ninguém jamais se atreveria entrar, pois todos sabiam o que costumava acontecer ali e já tinham ouvido muitos gritos em outras noites ao longo dos anos. Desmaiou.

Despertou gelado no meio da noite fria, estirado no chão, nu e com um ferimento no joelho, onde já se formara uma crosta dura de sangue. Ficou ali deitado, meio abobalhado, sem entender onde estava e o que estava acontecendo. Mas, de repente, novamente aquele cheiro de roupas sujas invadiu o ar, aterrorizando-o e ouviu claramente, como se alguém pensasse em voz alta dentro dele:

"Nós vamos te matar..." era a mesma voz sussurrada e pesada.

"Não! Não!" um grito surdo escapou de sua garganta, tentando levantar-se. Mal tentou fazer isso e a mesma mão começou novamente a apertar seu peito, jogando-o no chão novamente.

"Nós não vamos te deixar seu imundo... vai chorar cada lágrima que causou até o fim de seus tempos. Sua sorte é esse velho aí fora que tem força poderosa impedindo a gente de continuar hoje. Mas ele não vai estar por perto sempre e aí vamos nos reencontrar..."

De repente tudo acabou. Levantou-se aturdido, apavorado, vestindo-se de qualquer jeito. Mal conseguia parar em pé. Suas pernas tremiam e seu queixo batia. Não sabia se de frio ou de medo." Era verdade. Estava enfeitiçado." pensou. "Como podia ser aquilo?" saiu.

Do lado de fora o velho Jonas, que tinha seu nome, o que muito o incomodava, rezava de olhos fechados com seus amuletos nas mãos. Jonas era conhecido como benzedor. Nunca se incomodara porque não queria amolação com os negros. Se trabalhassem bem não se importava com nada do que faziam, como os outros fazendeiros, que proibiam sua religião. Até certo ponto essa foi sua sorte.

Jonas já estava "aposentado", nos seus mais de setenta anos. Só benzia as pessoas, as casas e os animais. Comandava as rezas dos escravos na senzala. Curvado, magrinho, não tinha medo de mais nada na vida e sempre falava demais. Achava graça na arrogância daquele velho e nunca soube porque era tão tolerante com ele.

"Custou a sair sinhô! Estava ficando preocupado" lembrou-se num segundo do que ouvira lá dentro sobre o velho poderoso que o salvara. Seu orgulho no entanto não permitia que se aconselhasse com o velho escravo e tentasse entender o que era tudo aquilo. E agradecer nem lhe passou pela mente.

"Se o sinhô for ficar parado aí vai pegar uma friagem" tornou o velho benzedor com um sorriso maroto. Notou que estava sem camisa e sem sapatos, desgrenhado e sujo. Seu estado era lastimável. Não podia ser visto assim.

"Vem sinhô. Tem água aqui na minha choupana" parecia ler os seus pensamentos. O velho entrou no quarto e apanhou o resto de suas roupas e seguiu para seu quartinho, atrás da casa grande. Seguiu-o em silêncio. Lavou-se e vestiu-se sem dizer uma palavra e sem ousar olhar para o velho que fingia não olhar para ele, mexendo em outras coisas. Ia saindo sem agradecer e sem trocar palavra quando o escravo Jonas falou:

"Estão zangados, sinhô. O sinhô sabe do que este velho está falando. Não vou durar muito e não posso protegê-lo para sempre. Sinhô deve estranhar eu querer ajudar, já que o sinhô deixou meu filho morrer no tronco. É que eu sei porque nós estamos aqui sendo escravos. Mas esses que enfeitiçam o sinhô não sabem e estão revoltados. Tem gente daqui e de lá. Tem muita gente que não gosta de sinhô. Tem que tomar cuidado... mas acho que é tarde" suspirou fundo, meio desanimado.

"Velho maluco" falou baixinho e saiu batendo a portinha do casebre. O velho Jonas não ficava trancado como os outros e por isso andava à noite pela fazenda fazendo rezas e desenhando coisas no chão, deixando amuletos que ninguém ousava tirar ou pisar, nem mesmo os feitores brancos. Pensava nisso tudo achando que estava tão ou mais louco que o velho. A verdade é que volta e meia voltava a ter as dores no peito, a falta de ar e tudo mais. Agora essas coisas davam em qualquer lugar e a qualquer hora.

O médico da capital foi chamado. Não achou nada, mas deixou uns remédios fortificantes e recomendou repouso. Não teve coragem de contar ao médico sobre as vozes que escutava. As ameaças eram sempre as mesmas e agora apareciam desvinculadas das dores também. Só podia estar enlouquecendo mesmo.

Os filhos, tinha seis, já estavam crescidos e sua mais velha casada. Os rapazes tocavam a fazenda. Um deles, o mais novo, Crispim, sonhava ir estudar em Portugal, o que não tardou a acontecer. Conforme seu sofrimento aumentava foi se tornando mais pródigo com os filhos. Pensava que assim Deus o livraria do feitiço. Sim, nessa altura da vida, anos após o começo de sua tortura, já acreditava piamente que estava enfeitiçado. Só que nem por um instante sequer atinou qual era a causa de seu feitiço.

Fiquei pensando em como as "presenças" são realmente capazes de enlouquecer uma pessoa, desde que o mundo é mundo. Nos muitos anos que havia trabalhado em hospital psiquiátrico e lidado com "loucuras" idênticas ao personagem de Leo, percebia que nada havia mudado nesses quase trezentos anos e quem sabe nos últimos quarenta mil anos, desde que aqui aportamos. Nosso temperamento e nossos defeitos atraem para nós inimigos e desafetos de todos os tipos de nosso passado, desta e de outras vidas. Declaram-nos loucos ou desequilibrados por sofrimentos invisíveis aos olhos dos outros, por não compreenderem nossas dores físicas e irracionais.

E como todos trazemos desafetos do passado — sim, porque não era apenas Jonas que tinha os seus, pois essa era apenas uma das vivências que o Leo de hoje havia tido, arregimentando seus inimigos invisíveis atuais — estamos todos sujeitos às mesmas influências; que ninguém se engane. Não podemos ser ingênuos ao ponto de pensar que as vidas passadas até existem mas que nós sempre fomos bons ou então vítimas. Quem teria matado tanta gente na negra história da humanidade? Os outros, é claro.

A medicina que ainda desqualifica a parte espiritual do homem não pode compreender realmente nossas dores emocionais; a irracionalidade de nossos medos sem sentido, nossas tristezas sem causa, nossas "alucinações" e nossos "delírios". O que não dizer das dores físicas, como as que Jonas sentia. Aqui é preciso compreender que neste caso os espíritos manipulavam, de forma brutal, seu ectoplasma, aliás como em todos nossos sintomas físicos sem causas razoáveis ou aparentes. Como para o próprio Leo, por exemplo, com aquele enorme rol de dores e outros tipos de mal-estar.

E Jonas? Bem, o tempo passou, atormentado cada dia de sua vida por seus inimigos do astral. Conforme envelhecia suas forças iam se esvaindo, até não mais conseguir esconder o duelo secreto que travava a cada instante com os espíritos. Gritava pela casa como se falasse com as paredes, trocando ofensas sem sentido. Lutava com mãos invisíveis em seu pescoço, não mais se deixando cair ao chão. Sufocava mas não parava de lutar e esganiçar. Andava pelas roças à noite buscando seus algozes e gritando para que lutassem como homens até que terminou mesmo sendo tido como louco. Terminava as longas noites exausto, sendo que muitas vezes acabava adormecendo no milharal ou nas ruínas da velha senzala, que nunca haviam sido derrubadas por inteiro.

O escravo Jonas havia morrido há muitos anos e não havia mais quem o protegesse dos espíritos que o matavam um pouco a cada dia. Tinha já mais de setenta anos e não mais se importava em parecer louco. Contara a todos sobre o que lhe acontecia e foi coberto de olhares entre assustados, desdenhosos e conformados.

"Não se preocupe meu pai, eles logo o deixarão em paz" apressou-se Aninha, a mais velha, compadecida, que já era até avó e agora viúva, retornara para morar na fazenda. "Vamos trazer padre Luiz para benzer tudo por aqui."

"Ora minha irmã, deixe de bobagens. Padre Luiz vai rir de você. Não vê que papai está caduco? E além do mais os escravos falam dessas maluquices dele desde o tempo que eu era jovem" interveio José Augusto, o do meio entre os filhos homens e quem tocava a fazenda. Os irmãos tinham preferido outros negócios. Crispim então, nunca mais voltara de Portugal. Só mesmo a passeio.

"Sim, eu sei. Só queria acalmá-lo um pouco" olhava-o tristemente; era a única que nutria uma afeição sincera pelo pai, apesar de nunca ter concordado com seus métodos de tratar os empregados.

"Ingrato! Ingrato!" gritava ele para o filho. Andava sujo e descabelado, apesar dos esforços dos dois escravos que a filha havia trazido para a casa grande somente para cuidar dele.

Numa noite enluarada burlou a vigilância dos escravos e saiu novamente em busca de seus inimigos. Havia um pensamento fixo em sua mente de que aquela seria a noite do ajuste de contas. Defrontar-se-iam na pedreira. Insano, sem parar um instante para refletir sobre o que pensava, deixou-se levar pelas intuições negativas que as "presenças" lhe passavam e dirigiu-se, trôpego, para a pedreira, ávido pelo combate. Já andava com dificuldade e também não enxergava direito.

Foi encontrado morto no dia seguinte, no mesmo lugar onde os outros haviam caído anteriormente. O filho do antigo dono daquelas terras, o filho de

Aureliano e um feitor branco, conhecido pelas maldades que impingia aos negros, por conta própria.

Quando a notícia de sua morte se espalhou pela fazenda, ninguém chorou por ele. Ao contrário, nas noites que se seguiram os escravos fizeram cerimônias evocando espíritos de esquerda para que viessem buscá-lo e o tirassem dali. Ficou por uns tempos sendo visto pela fazenda por alguns velhos Pais negros, enlouquecido e rastejando pelo terreiro e pelas roças.

Seu espírito carregava os ferimentos da queda da pedreira e sangrava em abundância. Via os escravos evocando espíritos para levá-lo e se desesperava.

"Malditos negros. O que mais querem de mim? Levar-me para o inferno?" em vão tentava atacá-los, mas não conseguia se aproximar da senzala. Era como se houvesse uma energia poderosa que impedisse sua passagem. Quando entoavam os cantos sua cabeça parecia que girava, sentindo-se tonto até despencar ao chão. "Malditos feiticeiros!" esbravejava dirigindo-se à preta velha que o olhava impassível, tirando baforadas de seu pito de barro; depois calou-se, exausto. Resmungava baixinho, sentado na porta da senzala, toda esfumaçada pelas ervas que estavam sendo queimadas lá dentro, quando sentiu novamente aquele terrível cheiro de sujeira perto de si. Estremeceu. Havia quase que esquecido dele, tão esbaforido estava em sua confusão após a morte, que já compreendia ter acontecido. Sentiu um frio estranho subindo pelas costas. Entrou em pânico. Não ousava mexer-se. Sua valentia desapareceu por completo.

Havia um ser horrendo parado ao seu lado, olhando-o através de olhos amarelados. Parecia um homem deformado, com uma cabeça maior que o normal e com uma pele escamosa. O homem ou seja lá o que fosse deu uma risada estridente e falou naquela voz que ele conhecia tão bem, de forma sussurrada:

"Satisfeito? Você conseguiu... de novo..."

Antes que se desse conta foi como que sugado no ar. Tudo desapareceu a sua volta: a fazenda, os escravos, a senzala, tudo. Perdeu a respiração, perdeu os sentidos. Quando acordou estava jogado num fosso profundo com todo tipo de vermes, répteis, sujeira, animais em decomposição, além de pessoas como ele. Todos andrajosos, feridos, alguns deformados como aquele que o trouxera. Parecia que cada um tinha um estágio diferente de deformação. Alguns emitiam angustiosos lamentos, como uivos que se perdiam no espaço. Olhou para cima e nada havia além de um borrão negro naquele céu dos infernos. Havia pessoas estáticas, indiferentes aos bichos que passeavam por sobre seu corpo. Outros horrorizavam-se como ele e pareciam também recém-chegados. O cheiro que havia naquele lugar era nauseante.

Talvez fosse melhor não continuar a relatar o que o espírito de Jonas passou. Depois da sessão Leo estava boquiaberto com seu próprio relato. Contei-lhe sobre lugares na espiritualidade, descritos não só na literatura como também observados ali mesmo no ***set*** terapêutico com outros clientes, muito parecidos com aqueles que tinham sido vivenciados por ele.

Parecia que espíritos como o de Jonas, que tinham já tido outras oportunidades de entender o mal que faziam e se mostravam renitentes, continuando a matar sem escrúpulos, muitas vezes eram sugados para lugares como esses, onde seu perispírito ia perdendo, com o tempo, muitas vezes, a forma humana. Muitos espíritos, depois de indescritíveis sofrimentos, quando conseguiam ser resgatados desses lugares, passavam por uma lenta recuperação, tanto no mundo espiritual como depois, aqui no planeta, em novas e dolorosas reencarnações.. Muitas pessoas creditam a lugares como esse o nome de trevas.

Leo recordou-se imediatamente dos outros lugares no astral por onde seu espírito já havia estagiado; melhores até, se comparados com o lugar onde Jonas ficou. Lembrou-se de Borg, o nórdico e sua estranha experiência no Nada e também do pântano onde Zorak, o sacerdote se arrastou enlouquecido, por décadas; pensou no lúgubre tribunal por onde havia passado Angelin, o inquisidor, assim como não poderia se esquecer do túmulo onde Efér, o escriba, havia se aprisionado por séculos.

Haveria ainda uma recuperação desse espírito num tempo futuro, não só quanto às formas mas também quanto às habilidades inerentes ao ser humano. Isso para não se falar na necessária recuperação de seu coração, de seus valores éticos mais profundos e de sua compaixão. Dura jornada de todos nós, que já passamos e já aprendemos ou ainda teimamos e ainda iremos passar por isso. Após a vida de Josephine, a moça da Normandia, depois de mais um fracasso numa situação mais fácil, o espírito voltava a se submeter a riscos extremos, como um fazendeiro rico numa época de escravidão, onde teria todas as possibilidades de voltar a dar largas a seu caráter prepotente, o que de fato aconteceu, retornando a seus antigos padrões de crueldade, ganância, vaidade e poder.

E uma vez mais Leo se reconheceu em cada uma dessas instâncias, percebendo o que de cada uma delas ainda restava em si. Os mesmos velhos padrões de sempre que ainda se faziam sentir nos dias atuais, representados hoje pelas pequenas maldades, pelo gosto exagerado pelo dinheiro e pelo desejo de ter tudo; representados também pelos vômitos absurdos para não ficar gordo e feio, pela irritação e tudo o mais. Isso tudo para não falar das conseqüências dessas coisas sob o ponto de vista das "presenças", que certamente se faziam presentes a reclamar suas próprias vinganças.

Mas por não agüentar mais sofrer, a hora da mudança estava começando a chegar.

16
Mary Jo
A fgrande decisão — século XIX

"Sou Mary Jo. Tenho 60 anos. Estou tão só e magoada. Estou gorda e feia. Hoje cuido de tudo. Das moças, do bar e de tudo por aqui. Pela janela posso ver o mar e os navios ancorados na baía. Antigamente eu costumava passear pelo cais. Punha meu vestido mais bonito e adorava ver o movimento das ruas e também dos rapazes." Deixou escapar um risinho, como se a lembrança dos bons dias do passado voltassem à sua mente trazendo um pouco de felicidade.

"Eu era muito conhecida e tinha muitos amigos. Ainda sou conhecida, mas o amigos se foram. Estão velhos, alguns já morreram. Às vezes um aparece para um trago ou dois, mas é raro. Estão todos doentes, acabados e já não agüentam estas caminhadas. Hoje eu cuido da casa e das meninas. Está tudo meio decadente. Já não me interesso como antes por manter a beleza do lugar. Não tinha um móvel estragado, um jarro sem flores, uma cortina rasgada ou um chão sujo. Vinham de longe para nos visitar."

"De que se trata esse lugar em que você está e que todos vinham visitar?" perguntei, tentando entender melhor a situação.

"É a minha casa. Trabalhamos aqui. Eu e minhas meninas."

Embora já desconfiasse de que tipo de trabalho ela estava se referindo, preferi ouvir sua confirmação.

"E que tipo de trabalho é esse que vocês fazem?"

"Minhas meninas atendem aos homens. Eu já estou velha para isso. Acho que nada adiantou.

Como a vida passou depressa...” lamentou-se, deixando a frase inacabada por um longo suspiro. Ficava por ali bebericando, debruçada no enorme balcão de madeira envelhecida do bar, conversando com um e com outro, sem se interessar realmente pela conversa de quem quer que fosse e sem que ninguém se importasse igualmente com ela. Alguém falava do tempo, da bebida, de alguma moça. Ia longe o tempo em que seus amigos falavam de mulheres mas falavam também dos seus negócios do porto e sobre as dificuldades dos rancheiros; discutiam o disse que disse sobre a política lá do outro lado do país e tudo parecia mais interessante.

Perguntei a Mary Jo então como era esse lugar onde morava e descreveu então com detalhes a costa oeste dos Estados Unidos. Mais tarde veio inclusive a falar o nome do presidente que governava na época. Contou de uma espécie de barcaça a vapor que atravessava a baía de São Francisco chamada Berkeley e que eu havia conhecido ancorada no pier de San Diego, ao sul da Califórnia, anos antes. Sorri.

Parecia que o tempo havia parado e por mais interesse que eu tivesse no aspecto terapêutico da sessão, não pude deixar de sorrir com minhas próprias lembranças; lembranças não só do barco, que agora não mais navegava e estava exposto para visitação, mas do tempo em que eu havia morado no mesmo lugar, nesta vida. Fiquei imaginando o porto lá embaixo, ao lado do Pier 39, ao fim da ladeira, onde ainda hoje existem alguns navios históricos ancorados e pensei na movimentação que deveria acontecer naquela época.

Sorri também por esta maravilhosa terapia de vida passada que traz à luz da ciência fenômenos como este que estava acontecendo ali na minha frente. Leo jamais estivera nos Estados Unidos e por mais que pudesse eventualmente ter cultura histórica dessas coisas, não havia como saber detalhes prosaicos como os relatados naquele momento. Aquela barcaça nem mais estava em São Francisco para ser colocada em algum *folder* de turismo.

De onde estaria então tirando essas memórias que não fosse de seu próprio espírito, aquele que realmente havia visto o barco e tudo o mais. Se alguém alegasse aqui memória genética, por exemplo, teríamos então que levantar toda uma complicada árvore genealógica para provar que algum parente seu havia estado lá, o que seria bem difícil, pois suas origens estavam todas na longínqua Itália.

O inconsciente coletivo, que poderia também ser alegado como causa dessas memórias, é, como tudo o mais em psicologia, apenas uma teoria. E nós estávamos aqui vislumbrando fatos; fatos mais facilmente compreendidos através da hipótese da reencarnação, pura e simples.

Voltamos então ao início da história, para saber como fora parar ali, aos sessenta anos, como dona de um prostíbulo e ela então me contou que aos dezoito anos fugiu de casa, pois o padrasto, veladamente, não a aceitava como filha. Moravam numa casinha de madeira num pequeno rancho onde o padrasto domesticava cavalos para vender. Os negócios nunca eram bons, e embora vivessem com simplicidade, não passavam fome. Era filha de um casamento anterior da mãe, que ficara viúva muito jovem. Todos a tratavam muito bem, até mesmo o padrasto, mas seu espírito era aventureiro e rebelde.

"Não tolero esta vidinha aqui. Minha mãe trabalha de sol a sol e não sei se é feliz. Tenho seis irmãos menores e ela tem que cuidar de todos. Lavar, cozinhar e tudo o mais. Aqui tem pouca água e temos sempre que ficar cavando poços. Minhas mãos estão calejadas e as dos meus irmãos também. Aqui ninguém brinca muito. Há sempre uma poeira no ar, pois o lugar é muito árido e o tempo é seco. A roça quase não dá nada. Só mesmo batatas doces e milho. Não agüento mais esta vida dura. Não gosto de trabalhar" lamentou-se.

O caráter preguiçoso de Leo parecia que vinha mesmo de longe. Na vida atual só conseguia se sair bem nas coisas porque era inteligente, mas jamais havia pegado um livro para estudar com vontade. Não arrumava o quarto, e tão bagunçado era que, às vezes, não achava suas roupas e livros. Não gostava de ajudar o pai na fazenda; detestava ter que acordar cedo e nem cogitava vir a se tornar um fazendeiro que levantava ao raiar do sol, como o pai.

Contou a seguir como o rancho ficava ao sul, num lugar qualquer perto do México, num semideserto cheio de lobos e cobras. Ficou por ali até que um dia apareceu um rapaz pedindo pousada por uns dias, pois estava viajando para procurar trabalho numa cidade maior. Ele também não gostava daquele tipo de vida sofrida dos rancheiros e largara o pai e os irmãos, que lidavam com vacas e bois. Queria viajar para outros lugares, para o Oriente, conhecer pessoas e viver muitas aventuras. Mary Jo deslumbrou-se.

"Pedi a ele para me levar junto e ele concordou."

"Não gosta desta vida, garota?" ele falou, com olhar de cumplicidade. — "Pois faz muito bem. Na cidade grande vai encontrar gente que vai fazer você muito feliz. Quem sabe se tornar uma bailarina ou até artista. Ouvi dizer que tem grandes companhias de teatro que viajam por todo país e estão sempre atrás de moças bonitas para trabalhar. E olhe que você é muito bonita. Neste fim de mundo ninguém nunca vai achar você." Seduziu-a num piscar de olhos e logo estava dormindo com ele e fazendo planos para a fuga.

"E o que é feito da sua vida depois que você foge?"

"Vou com ele, e somos muito felizes nos primeiros tempos, apesar de não termos um tostão furado. Tudo é festa. Ele faz uns bicos aqui e ali em ranchos. Nas cidadezinhas eu às vezes ajudo a lavar pratos nos *saloons*. Dormimos em celeiros e achamos tudo engraçado. Um dia eu acordo e ele não estava mais lá e nunca mais apareceu. Fico desesperada e a graça toda desapareceu como que por encanto."

"E o que é feito então da sua vida após o momento em que você fica sozinha e por conta própria?" perguntei, querendo então saber o caminho que a havia levado à vida de prostituição.

"Decido que vou dar conta da vida e que não vou voltar com o rabo no meio das pernas de jeito nenhum. Aquele filho da mãe que se dane. Vou ser artista mesmo sem ele para me ajudar."

"E o que acontece de fato com você?"

Ouvi então a história toda. Conseguiu chegar na cidade grande e arrumou trabalho num bar, servindo as mesas.

"Não sei o que acontece tempos depois que os fregueses somem e a cidade fica quase abandonada. Havia alguma riqueza qualquer que atraía as pessoas para este lugar e agora parece que acabou. Não sei bem. Sei que meu patrão me manda embora, mas não tenho para onde ir nestes tempos difíceis."

"E então?"

"Então que eu me ofereço para dormir com ele para poder ficar e ter o que comer. Eu aceito mas ele é um homem muito violento, bruto. Parece que nunca viu uma mulher e me machuca todas as vezes. Ele passa a querer sexo toda hora. Fica me ameaçando mandar embora. Bebo para esquecer. Ele não pára de me aborrecer. Então eu vou lá numa noite, já meio bêbada e mato ele enfiando uma garrafa quebrada no pescoço e no peito dele. Não agüento mais. Mas tem umas pessoas que desconfiam. Acho que ouviram os gritos dele. Ele custou a morrer e eu tive que sufocá-lo."

Teve que fugir para outro lugar. Chegou finalmente na cidade grande e arrumou emprego em outro bar. Na verdade era um bordel. Fica com o dono da casa para conseguir privilégios. Torna-se a preferida e passa a tomar conta de algumas coisas no negócio, mas nada mais que isso. Servia aos homens, como todas. Queria se casar com o homem, mas ele nunca pensou nisso. A vida vai passando, faz amigos e clientes entre os homens importantes da cidade, pois era inteligente e sabia conversar. Queixa-se para eles de sua vida. Passeia, se diverte, namora os rapazes do cais, dá muitas risadas e participa de muitas bebedeiras. Adorava pensar que não estava lá no rancho cavando poços em baixo do sol estonteante.

Vai ficando mais velha e o patrão vai preferindo outras mais novas. Fica com medo de perder seus privilégios e orientada pelos amigos importantes, que prometem protegê-la da lei caso seja descoberta, vai envenenando-o e ele termina morto dentro de pouco tempo. Seus amigos letrados forjaram um documento que lhe deu a posse do lugar, tornando-a a dona de tudo. Ficou radiante. Trocou muitos favores sexuais com seus amigos, mas era tudo muito bom porque gostava deles. Riam-se muito do pobre coitado do patrão que não soubera valorizar seus encantos. Distribuía beijos e carinhos a seus protetores.

"Aí o resto você já sabe. Envelheci, os amigos

morreram. Eram todos muito mais velhos que eu. Vou bebendo cada vez mais para passar o tempo e esquecer a solidão." Fez um breve silêncio, como se ganhasse coragem para terminar.

"A verdade é que conforme fui ficando mais velha fui começando a sentir culpa pelo que fiz, pois a vida está terminando do mesmo jeito e nada do que aconteceu me trouxe felicidade verdadeira. Não encontrei nem amor, nem aventura, nem nada que de fato pudesse ser meu. Vivi pendurada na felicidade dos outros, desfrutando breves momentos da companhia de um ou de outro, nas migalhas que sobravam de suas vidas para mim... morro ali mesmo, debruçada no balcão" lamenta-se, chorosa.

"Deu uma dor forte no peito e eu morro ali mesmo. Não caio no chão e as pessoas nem percebem. Devem achar que estou bêbada, como sempre. Vivo dormindo pelos cantos. Riem, conversam. Não notam" se dá conta de repente do corpo gordo e velho. Nada restou daquela moça bonita que queria ser artista. Lembrou-se da mãe que nunca mais viu. Pensava nela enquanto olhava seu corpo, quase conformada e especulando se a mãe já havia morrido também. Neste caso quem sabe ela não poderia ajudá-la? Não sabia o que fazer e seu peito doía muito.

Continuava a pensar na mãe, quase pairando sobre o corpo, meio confusa, quando alguém a agarrou violentamente pelo braço direito, cravando as unhas em sua carne. Deu um grito de dor e de medo. Tentou livrar-se, sem conseguir.

"Quem agarra você?" perguntei para esclarecer agora que adentrava o plano espiritual numa situação difícil.

"O homem que eu matei" a voz é aflita.

"Qual deles?" parecia ter se esquecido que havia matado dois homens.

"Nossa! É o primeiro. Ele me agarra e diz que agora vai se vingar. Parece bêbado, com os olhos inchados e babando. Agarra-me e vai me arrastando para fora da sala. Eu esperneio. Eu grito mas ninguém me ouve. Ele me leva. Não sei pra onde. Sinto pavor por não ter me livrado dele como pensei. Estou apavorada por ninguém me ajudar. Diga a ele para me soltar" pediu, afobada.

Eu, naturalmente, não podia intervir numa situação já acontecida no passado com outro espírito. Ela continuou:

"Está uma confusão. Acho que..." pára de repente de falar e leva as mãos ao pescoço. A voz é abafada.

"O outro está aqui também."

"Aqui onde?"

"Aqui nesta sua sala. Ai! Tenho medo dele. Parece mais bêbado que o primeiro. O pescoço dele sangra e quer me destruir."

Novamente uma "presença", um desafeto do passado de Leo surgia no *set* terapêutico, depois de Zanon, o perseguidor de Efér, o egípcio, que partilhara com ele o túmulo, por séculos. E a história se repetiu.

"O que ele precisa ouvir de você?" falei calmamente, tentando passar proteção ao cliente, para que pudesse prosseguir.

"Não sou mais a mesma pessoa!" falou alto desta vez, quase gritando, como se quisesse que isso ficasse bem claro.

"É sim. Seu espírito é o mesmo" respondi calmamente.

Leo começou então a fazer um longo discurso evangélico para que a "presença" do antigo marido se afastasse. No entanto Jack, o marido, continuava com as mãos em seu pescoço, salivando de raiva e olhando-o de forma maldosa.

"Você acha mesmo que ele está interessado nessa sua conversa?" Ele tinha que perceber por si mesmo, uma vez mais, qual era o melhor caminho que poderia começar a libertá-lo desse passado.

"Diga a ele que não sou mais aquela mulher e que hoje sou uma boa pessoa" suplicou em tom choroso.

Eu nada respondi e meu silêncio o fez repensar a bobagem que havia dito. O espírito não estava nem longinquamente interessado em saber quem ele era hoje. Sabia apenas quem ele tinha sido ontem, quando o matara de forma violenta e por um motivo fútil.

"Ainda tenho mágoa dele pelo que ele me fez" reclamou, como que defendendo-se, querendo lembrá-lo das violências às quais ele submetia Mary Jo.

"Pois imagine o que ele sente em relação a você, que o matou." Leo silenciou ante a situação óbvia. "É! Eu não precisava ter matado ele. Fui ganancioso e quis ficar com tudo" concluiu, depois de pensar um pouco.

"E como fica então? O que você precisaria dizer a ele?"

"Me desculpar? É isso?"

"O que você acha?" Falei, deixando a decisão a seu cargo.

"É isso. Me perdoe então. Eu era muito ignorante e não pensava em Deus."

Contou a seguir o choro sentido do espírito, que foi perdendo as forças e parecia muito cansado, exatamente como Zanon, o servo fiel. Parecia estar apenas esperando aquele pedido de desculpas. Logo três outros espíritos apareceram e ampararam aquele homem sofrido e cansado. Eram duas senhoras e outro homem. Vestiam roupas claras e simples; depois de uns instantes conversando com o espírito o levaram, delicada mas firmemente. Ele olhava para trás e parecia indeciso. Havia ainda o conflito da mágoa que continuava nutrindo um desejo de vingança e o cansaço, que o afastava daquilo tudo. Terminou indo, como de resto todas as "presenças" que aparecem nessas circunstâncias.

Mary Jo havia sido um algoz de segunda categoria, digamos. Inocente, boba, sem grandes maldades no coração, como Zorak, o asteca ou Angelin, o bispo inquisidor. Fez uma porção de bobagens movida pelas dificuldades do momento e mais ou menos influenciada pelas pessoas. Havia, sem dúvida, atuando nos bastidores de sua personalidade restos de ganância, de vaidade e de preguiça, uma vez que não queria nada com a dureza da vida que os pais lhe ofereciam, alimentando a forja de suas atitudes. Para não falar na habitual prepotência, ao fazer as coisas de forma teimosa, atabalhoadamente, tropeçando pela vida em cima dos próprios erros, cometendo outros para consertar os primeiros. Muito parecida com todos nós.

O grande desastre dessa vivência foram os exageros cometidos, que acabaram por causar a morte de duas pessoas. Tinha tido a seu favor, no entanto, a culpa. Uma culpa genuína, diferente da de Ciro, o romano, que mesmo depois da morte continuou cego para os verdadeiros males que havia deixado acontecer a seu redor. Sua culpa tinha mais a ver com frustração por não ter sido o que Múcio esperava dele, do que com qualquer outra coisa. Isto é, não abrangia ninguém mais a não ser ele mesmo.

Depois de passar uns tempos nas mãos do outro marido, aquele que havia arrebatado seu espírito na hora da morte, ele a largou, pois não se revoltou, passando os dias a implorar seu perdão; ele, por sua vez, terminou enjoando de sua passividade e desaparecendo. Com o tempo acabou sendo resgatada e encaminhada para uma espécie de cidade no mundo espiritual, num lugar diferente daquele para onde havia sido levado Zorak, quando conseguiu ser tirado da caverna; um lugar que mais parecia um enorme sanatório, cheio de espíritos enlouquecidos e gementes.

Mary Jo foi para uma espécie de centro de treinamento, onde, tempos depois, suas vidas anteriores foram levantadas e mostradas a ela, numa espécie de máquina de regressão, comandada por outras pessoas, para o espanto de Leo. Se já sentia culpa, quando recobrou as outras lembranças trágicas de seu passado, seu remorso aumentou muito, tendo sido amparada e devidamente orientada. Decidiu, desta vez com a necessária convicção, que nunca mais seria egoísta e prepotente a ponto de matar alguém ou se matar. O espírito se conhecia muito bem e sabia que seria difícil, pois há milênios fazia as mesmas coisas. Nas vezes anteriores que havia tentado, falhara clamorosamente; desta vez, no entanto, a decisão vinha do coração e com ela vinha a fé de que iria conseguir. Tinha pressa mas aceitou o longo preparo que vinha antes da volta.

A partir daí viriam as duas vivências derradeiras antes da encarnação atual, como Leo. Vidas onde seu espírito veio para retomar, definitivamente, o caminho árduo da brandura e da resignação, perdido em meio à poeira dos muitos milênios de sofrimento. Leo não precisou mais sequer verbalizar as suas relações com a personagem, pois todos eles já faziam parte de si.

17
John John
O caminho da Luz – século XX
Parte 1

"Londres, tenho dez anos. Todos me chamam de John John. Está muito frio aqui." Leo se encolhia na cadeira de regressão como se realmente passasse frio.

Pedi a John John que me contasse sobre ele.

"Moro numa ruela aqui no centro. Tem muita lama nas ruas e por aqui tem muitos ratos também. Moro de favor com a costureira Sophie. Ela me odeia, mas me deixa ficar porque faço muitos serviços para ela. Consigo carvão para o fogão e óleo para as lamparinas. Varro o chão, lavo a louça, tiro a neve da calçada, limpo a chaminé do fogão e queimo o lixo. Ainda peço esmolas quando as coisas ficam difíceis, como agora. No inverno é sempre mais difícil. Ninguém tem dinheiro sobrando nessa época para costuras, porque tudo vai para o carvão e para a comida."

"Ela fica mais nervosa ainda e me põe na rua para esmolar, senão não comemos" lamentava-se o pequeno John John.

"E como é a sua casa?" perguntei para tentar entender melhor a época em que a vivência se passava.

"É uma casinha velha, escura e estreita, de dois andares, que Sophie herdou do marido. Tem muitas casinhas iguais grudadas umas nas outras. Tem dois quartinhos em cima. Num ela dorme e no outro é o atelier de costura. Eu fico embaixo, num cantinho no vão da escada. Tem uma caminha e uma prateleira em cima, onde ponho minhas coisas. Minha cama também é uma espécie de prateleira larga e então embaixo dorme o meu cachorro. Divido tudo com ele; minhas cobertas e minha parte na comida. Às vezes não temos nada e me encolho com ele embaixo da cama e choro. Parece que ele chora comigo." Pesadas e sentidas lágrimas escorriam dos olhos de Leo.

"Gostaria de poder trabalhar. Nas docas eles empregam meninos do meu tamanho, espertos o suficiente para limpar os peixes e carregar as caixas. Pagam pouquinho, mas já daria para o pão e talvez para um par de botas quentes. As minhas estão furadas e já nem me servem direito." Aquele discurso era intrigante, pois John John parecia bastante esperto. Por que não conseguiria emprego também? Perguntei e soube então de seu drama.

"Sou aleijado. Manco de uma perna. Minha perna é fininha e uso uma muleta para ajudar. Tive uma doença. Mas posso fazer muita coisa, se deixassem. É que tenho também a cabeça um pouco grande e as pessoas pensam que sou retardado. Meus olhos são um pouco saltados e minhas orelhas são grandes. Não sou um menino bonito. Não sou normal como os outros. Não posso correr. Ninguém brinca comigo. Dizem que sou feio como o filho do capeta." Mais lágrimas escorriam pelas suas faces.

"Os meninos da vizinhança caçoam, me atiram pedras ou me derrubam, quando não têm o que fazer. Quando peço esmolas as pessoas jogam as moedas no chão, como se eu fosse passar uma doença ruim para elas. Todos me humilham. Tenho raiva e tristeza. Nem sei mais. Se eu tivesse uma mãe isso não aconteceria. Ela me amaria e me protegeria" continuava a chorar baixinho, de forma comovente.

"E sua mãe? O que você sabe sobre ela?"

"Quase nada. Só sei que ela morreu logo depois que eu nasci e meu pai me deu para a irmã de

Sophie, que me criou, nesta casa mesmo. Ela era boazinha e eu ainda me lembro dela. Costurava também, mas morreu de febre quando eu ainda era pequeno, faz uns anos. De lá para cá minha vida foi piorando porque tenho que ajudar no sustento e Sophie não gosta de mim. Então não gosto nem de ficar na rua e nem de ficar aqui em casa. Só quem gosta de mim é meu cachorro."

"E seu pai?"

"Nunca mais ninguém viu ele por aqui. Ele trabalhava em navio e acho que foi embora. Não deve nem se lembrar de que eu existo. Acho que ninguém se importa se eu existo ou não. Por que isso só acontece para mim?" me acostumei com suas lágrimas sentidas. Contou também das dores terríveis que tinha nas costas por andar arcado, tendo quase que arrastar o peso do corpo em uma só perna.

John John começava a resgatar o passado de Jonas, que separara filhos de seus pais, condenando crianças ao mais absoluto desespero e solidão sem suas mães e sem saber o que lhes estava acontecendo; deixara pessoas vivendo toda uma vida na mais absoluta miséria, num estado permanente de quase fome, para não terem forças para se rebelarem contra nada; jamais se importara com a dor de ninguém, não se importando em deixar pais morrerem no tronco na frente de seus filhos. Tinha tido o mais absoluto desprezo pelos escravos, dos quais usava e humilhava. Tinha sido a expressão pura da vaidade e do orgulho.

Sentia a mesma solidão, a mesma falta de uma mãe que nem conhecera, a saudade da mulher que o criara e que o abandonara nas mãos de uma megera, a mesma incompreensão ante o destino que a vida havia lhe reservado, a mesma humilhação ante as pessoas da rua, que o maltratavam. Exatamente as mesmas coisas que havia feito seus escravos passarem.

E para completar trazia o corpo defeituoso para lembrar-lhe, não só de onde vinha no astral, como também as dores que havia impingido a tantos em seu passado; lembrar-lhe também de sua vaidade, que o levara a desgraçar as vidas de tantas mocinhas e dos filhos que gerou sem se importar, abandonando a todos na senzala.

"E o que é feito de sua vida John John?"

"Tem muitas doenças por aqui nestes tempos. As pessoas todas sofrem do pulmão. Eu também tenho muita tosse. Estou fraco e peço a Sophie que me leve ao hospital. Ela diz que não quer pegar minha tosse e também que não tem como pagar o coche. Proíbe-me de entrar na cozinha e então eu fico restrito ao meu cantinho, que é fechado por uma cortina velha. Tenho fome e de noite roubo alguma coisa da cozinha. Ela sempre percebe e grita comigo."

"Seu imprestável aleijado. Maldita hora que minha irmã pegou você." Parecia que ela tinha medo de passar fome, pois a comida era muito pouca mesmo, pois ele não mais podia ajudar a ganhar uns trocados esmolando pelas ruas. Aliás tinha sido assim que adoecera, andando pelas ruas até tarde, até quando a noite de inverno já chegava, com um vento gelado que penetrava até os ossos, abordando as pessoas que passavam apressadas sem pararem. Quase nada conseguia e preocupava-se com o que ela iria fazer, quando chegasse de mãos praticamente vazias.

Em acessos de raiva nesses dias ela o espancava, largando-o a chorar caído no chão, sem se importar com seu sofrimento e com sua fome. Negava-lhe até mesmo a sopa rala que sempre havia no fogão. Chorava até perder as forças e depois arrastava-se para a cama, onde dormia, exausto. Para completar sua dor, um dia quando chegou seu cão não estava mais lá. Sophie o havia vendido para um homem que precisava de um cão para tomar conta de sua loja à noite, que vinha sendo pilhada.

Seu coração se partiu em tantos pedaços que jamais voltou a sorrir ou mesmo a chorar. A sua vida, que já se apagava pela fraqueza extrema, se tornou ainda mais tênue pela perda irreparável de seu único amigo. Tinha muita fome mas era como se não fizesse mais tanta diferença se ela lhe dava ou não comida, se lhe batia ou não; estava tão fraco que não tinha mais forças para lutar pela vida. Terminou adoecendo de vez com uma terrível inflamação nos pulmões. O resto das forças que lhe restavam eram perdidas em intermináveis crises de tosse e de falta de ar. Em um último alento pediu para ser levado para o hospital, o que também lhe foi negado. Mas era como se já não importasse. Sabia que estava morrendo.

"E quantos anos você tem nessa altura da vida?"

"Acho que doze. Quase não cresci" respondeu numa voz sumida.

"E você fica aí, no seu cantinho, doente, até quando?" tentando apressar o evidente desfecho daquela história.

"Até morrer..." foi a resposta. "Não vai demorar muito. Já estou inconsciente."

Morreu como que dormindo. Pedi que olhasse seu corpo, que ficara naquele cantinho sujo e frio. Assustou-se.

"Nossa! O corpo está cadavérico. Devo ter morrido também de fome. Se tivesse um pouco de comida talvez não tivesse morrido." Sentia uma enorme pena do corpo e de si mesmo. Sentia uma tristeza profunda e saudades do seu cachorro. Mas sentia também uma profunda mágoa daquela mulher que, se não causara sua morte, também não o ajudara em nada. Chorou ao lado do corpo. Continuava cansado.

Adormeceu. Acordou de novo e o corpo não estava mais ali. Assustou-se. Não sabia o que fazer.

Continuava aleijado mas já não sentia fome. Andou pela casa e encontrou Sophie chorando. No fogão as panelas estavam vazias e ela parecia envelhecida. Ela não o via. Não havia comida alguma na casa; nem mesmo um pedaço de pão. Notou que ela também tossia. Estava doente. Parecia que ela estava começando a passar pela mesma coisa que ele passara. Num repente percebeu que haviam se passado alguns anos. Apesar de se sentir confuso sentiu pena dela. Como era triste estar doente e sem ninguém por si. Chorou novamente por ela e por si mesmo.

Ficou por ali um tempo sem saber o que fazer. Ainda tossia um pouco. Sophie morreu e não a viu mais. "O que teria acontecido com ela?" — pensou. Ficou triste por estar completamente só. A casa foi trancada e ninguém mais entrou nela e ele também não saiu. Tinha medo. Não sentia o tempo passar. Dormia e acordava, como que se sonhasse.

Um dia, pela primeira vez, viu uma mulher na salinha do hall da escada. Assustou-se e correu para seu cantinho. Ficou lá por um tempo mas a curiosidade o fez espiar na salinha novamente. A mulher era muito jovem e sorria.

"Não tenha medo. Vim ajuda-lo. Sou Becky."

Foi se aproximando, já sem tanto medo, pois a moça parecia tão boazinha e também sorria. Nunca ninguém, além de Anne, a irmã de Sophie, havia sorrido para ele.

"Quem é você? Por que quer me ajudar? Você é um anjo do céu? Você conhece minha mãe? Ela deve estar no céu? Você não pode chamar ela para mim?" disparou uma porção de perguntas para Becky, o seu anjo.

Ela sorriu mais ainda e falou:

"Calma John John. Sou apenas uma amiga e

gosto de todas as crianças. Fiquei sabendo que você estava aqui e vim ajudar. Quer vir comigo?"

"Prá onde? Quem falou para você que eu estava aqui?" ia começar outra série de perguntas quando um homem entrou, sorrindo também.

"Muito bem. E então? Tem mais dois meninos no hospital" perguntou se referindo à moça, que percebeu a falta de tato do outro espírito, apesar da boa vontade, pois o menino se encostara nela, temeroso.

"Não tenha medo pois ele está comigo. Foi ele quem avisou que você estava sozinho aqui."

"É?" balbuciou.

"É sim. Vamos levá-lo para um lugar onde você vai ser cuidado, como um hospital. Só para crianças" tentou animá-lo.

"Vão rir de mim lá, com certeza" reclamou.

"Não porque os médicos vão curar suas pernas também e tudo o mais."

"É mesmo? Como você pode saber disso?" perguntou desconfiado. Afinal, estava seguro ali na sua casinha, e por que iria acreditar numa desconhecida. Ninguém gostava dele.

"Também tive um aleijão quando estava viva e os médicos me curaram." Ela era terna e parecia não ter a pressa do homem.

Aquela conversa o estava deixando confuso, mas estava tão cansado... resolveu ir com ela. Nós não o seguimos porque, com certeza, estaria em boas mãos. Havia passado muito bem pelas suas provas neste retorno à luz da vida. Em nenhum momento havia se revoltado, apesar de sofrer cada dia de sua curta vida, chegando mesmo a ter pena de Sophie, quando a morte dela se aproximava também.

Após a vida como Mary Jo, a dona do prostíbulo, quando o espírito começou a enxergar, através da culpa, que havia outras formas de resolver os problemas sem que para isso precisasse recorrer a atos impensados que terminavam sempre prejudicando os outros e a si próprio, planejou para si vidas apropriadas para iniciar sua caminhada em direção à felicidade verdadeira, praticamente sem riscos de vir a cair nos mesmos erros cometidos dessa forma no passado. Não poderia fazer o mal mas corria o risco de vir a revoltar-se, como havia acontecido com Issam, o menino do deserto. O espírito de Leo levou doze séculos para criar coragem de tentar novamente. E desta vez, melhor preparado e mais sofrido, depois de tantas e tantas outras atribulações nesse meio tempo, a revolta não aconteceu.

O aprendizado da resignação, do perdão e da brandura se fazia de forma vitoriosa para o espírito, apesar do altíssimo preço que estava se obrigando a pagar por ele. Havia passado uma vivência de solidão, de desamor e abandono; de deformidade física, onde o desprezo e a rejeição foram companheiros inseparáveis, além da fome cotidiana e quase total desamparo na vida de uma criança sem ninguém por ela, além de uma mulher egoísta e igualmente desamparada.

A primeira batalha estava vencida.

18
Frida
O caminho da Luz — século XX
Parte 2

"Sou Frida. Tenho dezeseis anos. Sou loira e tenho olhos azuis. Sou alta para minha idade e todos me acham bonita." A voz sumiu de repente. "Estou triste agora. Estamos escondidos nesta vila faz tempo. Temos parentes aqui e meu pai acha que não chegarão até aqui."

"Do que você está falando?" tentei esclarecer.

"Dos soldados. Somos judeus e eles agora deram para perseguir os judeus. Correm histórias terríveis sobre a prisão de nossa gente, como meu pai diz. Minha mãe está morta de medo. Deixei minhas amigas e a escola de dança; estou tão triste. Não sei o que vou fazer. Aqui não tenho nada para fazer. Ajudo minha mãe e minha tia na cozinha. Só isso. Meu pai é relojoeiro e também está nervoso aqui, sem fazer nada."

"Que soldados são esses?" perguntei querendo dar completo ***insight*** a Leo sobre o que estava acontecendo. Como sempre é preciso pensar que duas personalidades distintas e temporariamente separadas acompanham a mesma vivência. A do cliente, que escuta a conversa e a de seu personagem, que fala conosco. Mesmo o personagem precisa, muitas vezes, de esclarecimento sobre a situação.

"São nazistas" falou baixinho, como se alguém pudesse ouvir.

Viviam numa grande cidade da Alemanha quando o movimento nazista começou. Tinha mais três irmãos, todos homens. Era a mais velha. A família vivia bem, numa bonita casa num subúrbio. O pai tinha uma loja, um carro e os negócios iam bem. Viajavam para as praias da Iugoslávia todos os anos no verão. A mãe dava aulas de culinária em algum lugar.

Corria de mão em mão entre a comunidade judia um folhetim alertando que em outras cidades os alemães estavam indo de casa em casa tentando identificar os judeus. Faziam uma espécie de cadastro e iam embora. Dizia-se no entanto que alguns estavam sendo presos para interrogatório. Alguns não voltavam. No caso de seu pai, ativo membro da sinagoga e influente nos serviços do bairro, conhecido por todos, jamais poderia fingir não ser o que era.

Não deu muita atenção para aqueles comentários, como a maioria dos jovens. Divertia-se com os colegas na escola e nos esportes. Era excelente atleta e participava de corridas. Dançava também. Seu tempo era todo ocupado e era muito feliz.

Um dia quando chegou em casa havia um ar pesado e vários homens sentados na sala com o pai. Conversavam em voz baixa e a mãe, aflita, andava para cima e para baixo, tentando fazer as crianças ficarem quietas. Ficou sabendo então que alguns judeus começavam a ser levados de suas casas em famílias inteiras e não se tinha mais notícias deles. "O que está acontecendo afinal?" — pensou.

O pai não era homem de muitas delongas e decidiu fugir com a família naquela mesma noite. Não ia esperar por mais nada. Não avisou ninguém; nem mesmo os amigos mais íntimos. Recebeu dele a ordem para arrumar uma pequena sacola de roupas e só. Tentou reagir, sem compreender a gravidade da situação, sendo-lhe então perguntado se preferia ficar e morrer. Estava atônita, cumprindo as ordens do pai de forma automática, e tudo no maior silêncio. O pai era bom, mas direto e sério e todos estavam acostumados a cumprir cegamente suas ordens, e não foi diferente naquela noite, embora tudo parecesse uma loucura para ela.

Saíram da cidade na calada da noite, deixando tudo para trás. O pai guiava e todos iam mudos, assustados e sem compreender o que se passava. A mãe procurara trazer bolos e doces para acalmar as crianças, mas já era tão tarde que elas dormiram. O pai, Wilfred, tinha medo de encontrar um bloqueio na estrada ou algo parecido, mas nada aconteceu. Foram para a casa de tios, nas montanhas, onde costumavam passear no inverno. A vila ficava algumas horas de casa e foi uma longa viagem. Chegaram no meio da manhã, exaustos, mais pela tensão que por outra coisa. Foram recebidos com carinho mas sem se disfarçar a apreensão que tomava conta de todos. Foi dormir com os irmãos no quarto das crianças e não foi mal pois gostava de todos. Foi até divertido pois parecia que estavam de férias.

"E vocês ficam aí até que acontece o quê?" perguntei.

"Nada acontece por um bom tempo. Estamos aqui há meses. Mas as notícias não são boas e meu pai e meu tio estão cada dia mais nervosos."

"E quais são as notícias que os deixam nervosos?"

"Gente do nosso bairro também chegou por aqui, fugidos como nós. Não tinham onde ficar e minha tia resolveu acomodar todo mundo em casa. Uma confusão. Já somos cinco famílias aqui e a comida começa a faltar. Tem poucas casas na vila e metade são judeus. Os outros são boas pessoas e também não entendem direito o que está acontecendo. Meus tios são pessoas boas e queridas e todos gostam deles. Começam a nos ajudar. Mandam coisas, mas a situação está difícil para todos."

"E que notícias o pessoal do seu bairro trouxe?" insisti.

"Eles chegaram em nossa cidade depois do inverno mas talvez não venham nunca para as montanhas, apesar de não ser assim tão longe. Mas eu tenho medo."

"Qual é então a razão de seu medo, se eles não virão para as montanhas?" era preciso que se soubesse a realidade dos fatos.

"Eu não sei." Iniciou a chorar um choro silencioso, derramando copiosas lágrimas sobre a face.

"Tenha coragem. Tudo isso já se passou, há muito tempo" protegi, tentando incentivá-la a continuar a saber o resto da história.

"Estão sumindo com as pessoas lá embaixo, em nossa cidade. Mulheres e crianças também. Ouvíamos falar de outras cidades onde apenas os homens eram levados para interrogatório. Mas se levam até crianças, só pode ser para matá-las. Mas por quê? Não compreendendo." Seu pequeno e feliz mundo começava a desabar. Chorava sem parar. Incentivada a saber o desfecho da situação da família, contou antes da vida nas montanhas.

Era um lugar bonito, muito verde e apesar de ser fim de primavera, se avistavam os picos ainda nevados em volta e ao longe. Havia muitas flores e o vento era sempre frio, apesar do sol. Não tinha permissão para ir muito longe, mas sempre acabava escapando para brincar nos riachos que desciam pelas encostas, onde os moradores locais preparavam armadilhas para peixes e pequenos animais. Tinha pena dos bichos, mas já não havia muito jeito.

Tudo escasseava e os homens fizeram hortas e também plantaram batatas e outros legumes. Lia bastante, como todos, pois as noites apesar de curtas, eram monótonas. Todos se reuniam em volta do rádio, mas não tinha mais paciência para ficar no meio daquela pequena multidão, preferindo ler num canto isolado qualquer da casa. Era sempre a mesma coisa. Semana após semana, mês após mês. Freqüentava uma pequena escola na vila, mas como era de um grau mais adiantado, não havia a sua sala e então ajudava a professora a tomar conta dos menores.

Lia para eles e também ensinava atletismo. Ensinava-os a correr e saltar. Para as meninas ensinava os passos básicos de dança. Era excelente bailarina. Tornou-se popular entre as crianças. E ainda achava que não havia nada para fazer!

Outro inverno chegou. Pelo rádio as notícias não podiam ser piores. Todo tipo de gente estava sumindo. Havia uma espécie de ufanismo nacional que era vendido pelo rádio. Ouviam sobre as legiões de jovens que se alistavam no exército para lutar contra os aliados. Na vila, por alguma razão, essa moda não pegou e os rapazes locais não se importavam com guerras, nazistas, nazismo, judeus, ou o que quer que fosse. Só pensavam mesmo em namorar as meninas e ajudar os pais nas serrarias. Só havia amigos por ali, embora o pai sempre falasse que queria ver até onde iria essa amizade toda se os nazistas chegassem, recebendo sempre o olhar desaprovador da esposa, nessas ocasiões.

Um dia a paz terminou de repente, quando no meio da noite a cidadezinha foi bombardeada. Ouvia as bombas caindo e explodindo, aterrorizada, como todas as crianças no quarto, sem saber bem o que era aquilo. Nunca haviam passado por isso antes. As crianças choravam e se amontoavam, tentando proteger-se do que não conheciam. Não durou quase nada e quando passou estavam todos paralisados de pavor.

Pais e mães entraram correndo para ver se estavam bem. Saiu para a rua enrolada num cobertor e viu o estrago que havia acontecido. Duas casas pegavam fogo e os homens lutavam para apagar as chamas. Gritavam desesperados pelos amigos dentro das casas. Foram horas de desespero e pela manhã o saldo era de sete pessoas de uma mesma família mortas. Na outra casa incendiada ninguém se feriu gravemente. O salãozinho da igreja onde o pastor há muito não vinha para o culto estava também destruído, assim como a serraria do tio. Outras foram danificadas. Eram todas ao lado uma da outra, perto da pequena represa.

Foi um longo dia. As pessoas foram enterradas no pequeno cemitério sob um choro coletivo. Era no fundo como se todos os habitantes da pequena vila fossem uma só família e não tivessem raças atrás de si. O medo no entanto de novos ataques desesperou o povo, que decidiu construir abrigos contra os ataques, cavando buracos ao lado das casas. Logo perceberam que eram inúteis, pois desmoronavam. Precisavam de materiais que não existiam mais, como cimento por exemplo. Tentaram escorar com toras, mas também não deu certo. Não eram bons construtores.

Era outono e o frio já começava de novo. Ninguém mais ia à escola, dançava ou corria. Brincavam apenas de bola nas ruas perto das casas, porque as mães queriam todos sob suas vistas. Não souberam o que teria acontecido, mas um dia os primeiros caminhões de soldados foram avistados subindo a montanha. Não havia para onde correr. Entraram na vila e foram cordiais. Lamentaram a destruição e se confraternizaram com as crianças, que inocentemente gostaram. Distribuíram bolachas e doces para os pequenos.

Seu pai e os amigos observavam tudo atemorizados. Não conseguiam disfarçar o constrangimento, que foi notado sem que soubessem, por um dos jovens e fanáticos oficiais. Naquela mesma noite seu pai desapareceu no caminho da plantação de batatas para casa. Dias depois a casa foi invadida, assim como outras, e todos foram presos.

"O que acontece com você?"

"Levam-me junto com as mulheres e as crianças. Separam os homens" começa a chorar. "Nunca mais vi meu pai..." sua voz denota desgosto e um grande desânimo. Frida e os outros foram levados de caminhão montanha abaixo até uma estação de trens, onde foram colocados num barracão de armazenagem de grãos. Ninguém mais tinha forças para chorar. Já era noite novamente e se limitavam a ficar encolhidos nos cantos, amontoados. Num sopro de coragem ainda disse à mãe, tentando confortá-la:

"Não se preocupe mamãe, vão nos levar só para sermos interrogados. Não fizemos nada e eles não têm como provar o contrário. Logo voltaremos para as montanhas e veremos papai."

A mãe a olhou com olhar de piedade. Passou a mão em seus cabelos e apenas recomendou que dormisse. Dias depois foram levados para uma espécie de acampamento. Havia muita gente lá. Alguns oficiais passaram olhando as pessoas e apontando para uma ou outra. Atrás vinham soldados e retiravam aquelas pessoas. Ninguém gritava. Ninguém falava nada. Pareciam todos conformados. Algumas mulheres choravam quando os filhos rapazinhos eram levados. As crianças eram deixadas.

Quando eles chegaram perto de seu grupo ela estremeceu. Tinha quase dezoito anos e o irmão quase dezesseis. Eram bonitos e fortes. Por alguma razão foi escolhida com ele e retirados do galpão. Foi a última vez que viu a mãe e os demais irmãos. Mesmo Zac, o irmão que foi levado com ela, foi separado na saída e também não soube mais dele. Ficou completamente só.

Confusa e apavorada foi arrastada para vários lugares no acampamento até ser embarcada em outro trem, com outros jovens. "Onde estaria Zac?" pensou. O trem rodou por dias. Às vezes, a porta se abria e ganhavam chouriço, pão e água. O cheiro dentro do vagão era insuportável. Chorava baixinho um choro surdo e sem lágrimas, como todos. Um menino de uns quatorze anos, que até então estava mudo, teve uma crise histérica numa das paradas, atirando-se contra o soldado quando a porta abriu. Foi fuzilado ali mesmo. Todos gritaram e esconderam as cabeças nos casacos, mas os gritos do soldado para que calassem a boca foi eficiente e todos ficaram quietos, em estado de choque. O menino foi jogado para fora do trem, que seguiu viagem.

Uma vez mais o passado era devidamente resgatado e novamente aquele espírito, encarnado naquele momento como Frida, sofria a separação da família e a dor da solidão; as mesmas coisas que havia feito tantos passarem. E da mesma forma nada lhe restava fazer a não ser se resignar e se humilhar. Perdeu a família, a beleza, a segurança, a boa alimentação e ainda perderia outras coisas.

"E qual o desfecho dessa situação?" perguntei tentando abreviar o desenlace da história.

"Fomos desembarcados em outro acampamento e mandados para serviços de limpeza geral. Varria, limpava as latrinas, lavava panelas, lavava as roupas dos soldados. Recebíamos uma pequena ração de comida e também raspávamos as panelas antes de lavá-las. Semanas se passaram e apesar de minha aparência estar horrível, alguns soldados se engraçaram comigo" se agitou.

Contou como foi levada para um alojamento de guardas e violentada por vários deles, todos bêbados. No primeiro grito levou um soco que a fez desmaiar. Acordou e desfaleceu várias vezes, pois apanhava em sua agitação. Depois não teve mais forças para lutar com eles. Desistiu. Usaram-na como uma boneca de pano, sem vida. E foi como foi deixada, horas depois, sem vida, largada no meio do barro sujo que se misturava com os restos de comida que eram destinados aos porcos.

O espírito olhou o corpo. Estava apática. Pensou na mãe, no pai e nos irmãos. "Deveriam estar mortos também..." pensou. Chovia muito e o corpo foi se misturando cada vez mais naquela lama preta que escorria como uma enxurrada, até ser completamente coberto por ela. Ficou olhando e olhando. Quando se deu conta não estava mais lá. Viu-se no meio de uma multidão de pessoas, que mais tarde veio a saber serem espíritos como ela, todos mortos em campos de concentração. Olhou para tudo, sem entender e sem vontade de entender também. Estava morta por dentro. Apesar de ter visto o corpo não parecia compreender que estava morta por fora também.

"Venha minha filha. Agora já está tudo bem" era uma senhora de voz carinhosa que se ajoelhara a seu lado e lhe estendia a mão. Sorria. Nem havia percebido que estava ainda sentada no chão, como estivera ao lado do corpo. Estendeu a mão automaticamente e foi ajudada a se levantar. Olhou em volta pela primeira vez e também para si mesma. Espantou-se porque não estava mais ferida, nem enlameada e nem esfarrapada. Usava uma espécie de macacão azul claro. Mas não ousava pensar mais nada ou perguntar coisa alguma.

"Do que se trata esse lugar?" incentivei para

que voltasse a entender.

"Não sei. Tem gente andando apressada para todos os lados. Levam coisas, fazem curativos, lavam. Tem muita gente deitada, parecem cadáveres, de tão magros. São levados em maca. É gozado, parecem que vão, vão e de repente somem no ar" assombrava-se.

"Tem filas intermináveis de pessoas vestidas como eu. Vão todos andando, os que podem. Vão andando devagar, cabisbaixos. Parecem todos muito cansados. Tem muita gente ajudando. Ninguém quase fala, ou eu é que não ouço porque é um lugar muito grande. Como um salão sem paredes. Não dá para explicar."

"E o que acontece com você?"

"Ah! Eu vou também. Todos caminham como zumbis. Colocam-me na fila perto de umas pessoas de aparência cansada e sofrida. Uma mulher segura os dois filhos pequenos apertados no colo e sorri timidamente para mim."

"E você, o que faz?"

"Sorrio também para ela, meio sem jeito e estendo os braços, num oferecimento sem palavras para carregar um deles. Ela me entrega a criança maior e ficamos juntas a partir daí."

Apesar de ter morrido num campo de concentração, nunca vira os prisioneiros pois seu trabalho e sua vida ali eram exclusivamente do lado das construções dos soldados. Havia várias cercas de arame separando o outro lado e depois ainda existiam construções com os fundos voltados para o seu lado. Não via ninguém. Não sabia que aquelas pessoas de aspecto cadavérico eram judeus mortos por ali. Não sabia exatamente o que faziam com as pessoas. Só ouvira as histórias dos amigos de seu pai.

De qualquer forma todos pareciam exaustos e

conformados, como ela própria. Viria muito depois a compreender que todos aqueles espíritos haviam pedido para passar por aquilo e a maioria ainda se lembrava, mesmo que vagamente, e portanto não se queixavam. A morte era quase que um alívio. Percebeu de repente que era o que sentia também. Não tinha pena de si mesma, como John John, quando muito pequeno e tampouco raiva de seus algozes, como em tantas outras vidas.

Havia uma profunda tristeza em seu espírito, mais pelo quadro que presenciara ao ver aquelas pessoas cadavéricas do que por si mesma e o que ficara daquilo tudo, num primeiro momento, pois obviamente ainda não se lembrava do passado mais distante, era que o mundo era um lugar cruel de se viver e que as pessoas precisavam aprender a se amar mais. Pensamentos e sentimentos muito diversos dos expressos em outras oportunidades, perdidas no tempo.

Havia também um enorme cansaço, acompanhado da sensação de que viver parecia não valer muito a pena. Mas, de maneira interessante, essas colocações não eram feitas de forma vitimada. Eram apenas considerações do espírito, talvez recordando de forma inconsciente que também tinha feito coisas assim em outras vidas. Veio a saber mais tarde que toda a família sobrevivera, inclusive o pai; só mesmo ela e Zac haviam morrido nas mãos dos nazistas. Depois da guerra a família deixou a Alemanha e veio para o Brasil.

Poucos anos haviam se passado desde sua vida como John John, o menino de Londres. O espírito parecia ter desejado retornar logo e aproveitar o momento dramático que a humanidade estaria por atravessar, o que possibilitaria um sem número de oportunidades para que seu aprendizado continuasse, uma vez mais sem qualquer chance de fazer o mal. E uma vez mais saía vencedor, pois em nenhum momento Frida havia fraquejado e se revoltado. Tinha tido medo e tristeza, mas se resignara facilmente, sofrendo no final mais pelos outros que por si mesma, ao contrário de muitos outros que planejaram e passaram pelas mesmas coisas e agora, encarnados em outros clientes, mostram o quanto se revoltaram na época com os mesmos acontecimentos.

Continuava a aprender a ter compaixão, a perdoar, e principalmente a se resignar, aceitando as vicissitudes sem se rebelar fugindo do padrão universal de que o mundo foi feito para atender todos nossos sonhos e expectativas, como se estivéssemos todos aqui de férias.

A segunda batalha também havia sido vencida e Leo compreendia isso muito bem.

19
Tempo de amar

Esta é ainda a história de Leo, mas que poderia muito bem ser a de qualquer um de nós, seres imortais que cruzamos os tempos, destinados que estamos à eternidade, numa jornada sem fim.

Lentamente, através dos séculos, nossos espíritos vêm aprendendo a andar pelos difíceis caminhos da vida; ora nos arrastamos nos movediços pântanos do mundo espiritual, prisioneiros de nossos impensados atos e compartilhamos os infernos astrais criados por uma legião de seres infelizes e cruéis; ora nos esgueiramos aqui e ali pelos sórdidos becos destinados aos infelizes da Terra ou ainda partilhamos a mesa dos poderosos ajuizadores dos destinos alheios, perdendo-nos, sucessivamente, nas levas de maldade e egoísmo que povoaram o planeta nas diversas épocas, desde sempre.

Caminhamos também pelas estradas acidentadas e intransponíveis de nossas muitas vidas perdidas, transformando personagens corajosos, nascidos para vencer as barreiras do perdão, em vítimas desamparadas, mergulhadas na desesperança ou em carcereiras de si próprias nos calabouços da vingança.

Tivemos que mergulhar na mais profunda dor para começar o árduo caminho da volta, que poderá conduzir-nos um dia para a luz. Não, ainda não chegamos lá, mas começamos a perceber ao longe os raios luminosos que já aquecem nossos corações com o cântico da esperança de uma felicidade perene, que tão duramente procuramos desde o princípio.

E quando terá sido este princípio? Nos dez milênios da história de Leo, pudemos vislumbrar que o tempo parece realmente não existir, pois muito antes da época da sobrevivente Poseidon, em Atlântida, da qual ele participou apenas nos momentos derradeiros, aqueles espíritos todos, já deveriam ter trilhado anteriormente muitos outros caminhos. Se assim não fosse, de onde teriam trazido toda aquela maravilhosa cultura que floresceu naquelas praias?

Acredito, até mesmo pelos fantásticos relatos de alguns clientes, incluindo Leo, relatos que infelizmente não parece estar ainda na hora de serem contados, que a origem do homem sobre o planeta está em outros mundos, outras moradas, muito distantes daqui, para onde viemos na expectativa de retomar o caminho perdido. Este mesmo caminho que agora estamos reencontrando, depois de todo um mar de lágrimas derramadas no solo árido de nossa jornada.

Quantas etapas teremos ainda que vencer e quantos mundos teremos que habitar, aqui no plano material e também na espiritualidade, para que possamos finalmente compreender que o caminho correto sempre esteve à nossa porta? Sim, porque parece que nunca nos enganamos na escolha de nossos personagens, dos lugares onde nasceríamos e de quem nos ampararia em nossos primeiros passos. Cada vida foi cuidadosamente planejada para que não nos afastássemos demais de nosso objetivo final. Nós mesmos, no entanto, na medida em que nos rebelávamos e nos esquecíamos, fomos providenciando os atalhos que, sistematicamente, nos empurraram para dentro de um labirinto de difícil saída, que a cada volta na roda das existências, nos afastava um pouco mais da meta traçada.

Terminamos sempre, mais cedo ou mais tarde,

é claro, resgatados das armadilhas perigosas desse labirinto, senão, nem estaríamos aqui. O problema é que a cada vez, uma vida alternativa tinha que ser planejada para que pudéssemos recuperar o tempo perdido, como vimos nas vivências de Leo. Vidas onde pudemos vir em situações com menos riscos de queda e outras, onde nos colocávamos à prova, em circunstâncias mais difíceis e que tinham tudo para que viéssemos a tropeçar novamente.

Nessa caminhada do homem sobre a Terra não é difícil notar que cada um foi escolhendo seu caminho. Fomos nos acostumando e nos especializando em agir desta ou daquela maneira para sobreviver e resolver as coisas, o que muito nos prejudicou, pois nas horas de dor ou de contrariedade nos refugiávamos, quase sem pensar, nesses nossos padrões de comportamento, o que só fez que repetíssemos os mesmos erros, outra e outra vez. E tudo isso foi moldando nosso temperamento, nosso caráter, até os dias de hoje, obrigando-nos, de tempos em tempos, a providenciar vidas que nos permitissem fazer grandes mudanças. E nessas vidas, como até hoje, as mudanças, às vezes, são mais fáceis através daquilo que se convencionou chamar de carma.

Nossa maior dificuldade, no entanto, sempre foi a tendência de nos sentirmos vitimados quando esse carma nos pareceu pesado demais. E então, irritados e frustrados, não conseguimos transformar as pedras de nosso caminho em oportunidades de aprendizado. Se tivéssemos compreendido essas coisas antes, não teríamos nos entregado tantas vezes para intermináveis lamentações, durante nossas vidas ou após nossas mortes; e além disso, estaríamos sempre felizes pelas novas oportunidades.

Também não é dificil notar que tem muita gente fazendo ainda hoje, o que nós fizemos ontem.

Cada espírito tem sua história e eu gosto muito de pensar que se parássemos um pouco que fosse, de nos queixar, perceberíamos que as pessoas podem até ser solidárias com nossa dor e até mesmo segurar as nossas mãos, mas ninguém jamais vai poder passar por ela em nosso lugar. Sabiamente, a instituição dor é pessoal e intransferível. E então, não adianta nada ficarmos nos queixando.

No final das contas, o que procuramos mesmo é a felicidade e como ela não é nada mais do que uma palavra, precisamos saber do que ela se trata e como identificá-la. Descobri que seu parâmetro mais compreensível é a alegria; aquela alegria serena que indica que em nossos corações já habita o perdão, a resignação, a brandura e a fé.

O perdão, é mais facilmente conquistado quando olhamos para trás, para nossas vidas passadas ou, às vezes, até mesmo quando olhamos para os lados e conseguimos ver as coisas que nós mesmos já fizemos para os outros e as dores que já patrocinamos. Nesta altura, ante os males que já causamos, estes dos quais tanto nos queixamos, via de regra, parecem de menor importância.

A conquista da capacidade de perdoar ajuda muito para que se consiga dar o passo seguinte, que é a resignação, que nada mais é que a capacidade de entender que nem tudo pode ser do jeito que sonhamos ou queremos. À falta de resignação damos o nome de prepotência; aquela mesma que vimos tantas vezes ser a causa do fracasso absoluto dos personagens de Leo. Parece que a prepotência é mesmo o grande mal da humanidade. A resignação nos faz compreender que nem tudo pode e deve ser mudado, o que nos leva para um estado de tranqüilidade, pois deixamos de gastar nossas preciosas energias batendo a cabeça na parede querendo coisas impossíveis, sobrando mais tempo para sermos mais felizes. Essa tranqüilidade se traduz por um comportamento brando e compreensivo, ou ao menos, não beligerante. Irritamo-nos, discutimos e brigamos demais, inutilmente.

E finalmente a fé, que nada mais é que uma somatória disso tudo, pois muito além de ser uma dádiva dos deuses, como pensam alguns ou ainda uma coisa meramente religiosa, ela é um exercício de inteligência, na medida que aprendemos a considerar todos esses fatores. Traduz-se naquela capacidade de compreendermos que tudo aquilo que nos acontece em determinado momento é, provavelmente, o melhor para nós naquele momento. Estranhas palavras na boca de uma pessoa de ciência. É possível que alguém diga que essas palavras ficassem melhor em textos religiosos. Penso hoje em dia que as ciências que estudam a mente humana, assim como as religiões, convergem para as mesmas coisas, como, por exemplo, a busca da paz interior.

Passei quase uma década de minha vida num sério e esforçado trabalho profissional sem, todavia, nunca ter curado ninguém.

Esse foi o tempo que levei para me curvar às evidências de que precisava colocar na minha medicina as convicções que o aprendizado de toda uma vida tinha trazido ao meu coração. Evidências de um tempo perdido atrás de pomposas mesas, enormes compêndios de psicofarmacologia e debates inócuos em muitos e muitos congressos, onde, muitas vezes, o direcionamento objetivo pela cura do cliente passava ao largo e o que predominava era quase uma disputa, movida pelo desejo dos facultativos de impor seus pontos de vista, algumas vezes, carregados de preconceitos. Como cientistas, antes de negar uma verdade apenas porque ela não condiz com nosso sistema de crenças, temos que nos colocar à disposição da observação atenta e comprometida unicamente com o objetivo de curar. Já se foi o tempo que a palavra cura em psiquiatria era proibida.

Que nenhum psiquiatra ou psicólogo pense que poderá cuidar de seus pacientes se não entender primeiro o seu próprio coração, pois se não puder fazer uso dele em sua terapêutica, estará, com sua frieza diplomática e indiferente, transformando meias verdades, que muitas vezes são boas apenas para si próprio ou para alguns, em verdades absolutas, fazendo então muito menos daquilo que veio para fazer. Decerto não estamos aqui ou ali por acaso.

Aquele aprendizado de vida dizia respeito, especialmente, à hipótese da reencarnação, que sempre me veio à mente como uma explicação razoável para as mazelas e dores do ser humano; seres iguais a mim, que certamente não foram amaldiçoados pelos céus ou por seus pais, estas pobres criaturas que a psicologia costuma culpar por tudo que nos acontece de ruim, para terem então que passar por situações tão dolorosas e sofrerem de forma tão pungente suas fobias, suas tristezas, suas angústias e tudo o mais de que se compõem esse enorme repertório que é a dor.

É mais que tempo das pessoas se libertarem de seus preconceitos e pensarem na vida como algo grandioso demais para durar uns poucos anos; vida para onde todos retornamos com oportunidades semelhantes, apenas vestidos com fantasias diferentes, de tempos em tempos. Vida de onde saímos para alçar vôos mais altos após a morte e conhecer suas outras dimensões, o que nos possibilita então, desprovidos de nossos disfarces, a grandiosidade de conhecer a verdadeira face de nós mesmos, pois iremos habitar com nossos assemelhados, que nos servirão de espelho.

É mais que tempo também de pararmos de jogar nas mãos do destino a conquista da felicidade. Como se viu neste relato, a conquista da tal felicidade não é tarefa para algumas dezenas de anos, mas para algumas milhares de dezenas de anos, onde cada um de nós vem tendo centenas de chances de chegar lá, não tendo ninguém, portanto, nada a reclamar.

Muito mais que pensar em lógica quando falo de reencarnação como um preceito também científico, penso no maravilhoso entendimento que esse preceito traz à psiquiatria e à psicologia, ciências paradas no tempo no que se refere à etiologia da dor emocional do espírito humano. Esse mesmo espírito que vem através de tempos imemoriais tentando chegar à luz; esse plano de luz, que talvez se forme a partir da vibração amorosa de cada coração cansado e sedento de esperança, onde certamente estão os lugares onde outras almas, que já descobriram a capacidade de amar sem egoísmo, já chegaram há muito tempo.

E é nesse lugar, onde Hasan, Efér, Lin Yu, Ciro, Leila, Borg, Issam, Usküd, Angelin, Zorak, Pablo, Josephine, Jonas, Mary Jo, John John, Frida, e provavelmente muitos outros que não chegamos a conhecer, chegarão um dia, agora que Leo, sua personalidade atual, descobriu o amor como solução para a dor.

Esta história foi a trajetória de uma alma, que bem poderia ter sido a minha, a sua, a nossa alma; uma alma que foi dos céus aos infernos até compreender, finalmente, que hoje é chegado o tempo de amar.

Trilogia: Os Filhos das Estrelas

Livro 3

Os Filhos das Estrelas

Memórias de um capelino

Ao meu querido afilhado Flávio Braun Fiorda, também ele médico psiquiatra e terapeuta de vida passada e, espero, futuro Bandeirante da Luz, na certeza de que agarrará firme este leme quando a hora chegar e levará adiante o sonho da desmistificação da doença mental através do entendimento da reencarnação, cujo conceito precisa ser passado à ciência dos homens.

Às minhas amigas queridas, de ontem, de hoje e de sempre, Márcia Aparecida de Oliveira e Maria da Penha de Arruda Gabrielli, cuja amizade e companheirismo, confiança e dedicação, ajudam minha alma a não perder jamais o Norte da vida espiritual.

E na celebração da continuidade da vida, que nos permite perceber a chegada de antigos membros de nossa família espiritual, lembro de minha cunhada-irmã Rita de Cássia Falsetti Guimarães, Ritinha, que trouxe tanto amor aos nossos corações.

Como viajantes do tempo, nesta nossa marcha incessante pela eternidade, vamos nos reencontrando a cada parada do caminho, a cada nova vida, qual estalagem para o repouso de nossas almas cansadas, com novos e velhos amigos. Vamos revendo antigos planos e relembrando antigos ideais. Reencontrei há algum tempo, para felicidade de meu espírito, companheiros universalistas que trabalham de forma incansável como "Bandeirantes da Luz". Almas "chegantes" ao entendimento maior do amor universal e que cedo voltarão à pátria estelar de onde viemos e para onde todos retornaremos um dia.

* * *

..."a história conta que os capelinos desceram à Terra, em levas, incrementadas aos poucos, desde os tempos do ancestral continente da Lemúria, que terminou por afundar nas águas do que hoje é o Oceano Índico, há mais de 700.000 anos, até a Atlântida.

O chamado continente perdido de Atlântida, ou a Grande Atlântida, foi berço e lar para uma civilização que durou mais de 70.000 anos e, assim como a Lemúria, afundou nas costas do continente africano, no oceano conhecido hoje como Atlântico, há mais de 15.000 anos.

A última grande ilha da Atlântida, conhecida como Poseidon, afundou mais ou menos 5.000 anos depois e foi o local da primeira vida no planeta Terra, da qual Leo se lembrou, após sua personalidade zangadahriana de Levin, o astrônomo perdido..."

Sumário

Introdução

Este livro relata as experiências em regressão de memória de um jovem cliente durante seu processo terapêutico em terapia de vida passada, em nossa clínica.

Meu jovem amigo já havia sido o protagonista de outra obra anterior, ***Tempo de Amar — A Trajetória de uma Alma***, quando seu Inconsciente nos brindou com mais de uma dezena de vivências, onde, de forma extraordinária, nomes, lugares, épocas históricas e costumes foram relatados em detalhes comoventes, além dos dramas pelos quais passou cada personagem, num relato que englobou mais de cem de nossos séculos.

Para minha surpresa, tempos depois, seu espírito lançou-o numa viagem vertiginosa através de outros muitos milênios para trás, para os princípios da humanidade em nosso planeta, cuja história começava em outros orbes, há mais de 700.000 anos, numa estranha relação tempo-espaço daqueles mundos com a nossa Terra.

Foi para um tempo passado que mais parecia nosso futuro, da forma que o imaginamos atualmente, com naves estelares cruzando os espaços siderais.

De uma forma clara, seu relato coincidia com muitos outros, não apenas com os diversos clientes que acompanhei nestes quase 25 anos trabalhando com terapia de vida passada, mas também com os de outros pesquisadores e estudiosos da história da humanidade, religiosos e cientistas.

Relaciono algumas obras no decurso deste livro que, se consultadas pelo leitor, podem esclarecê-lo sobre alguns dos assuntos citados em diferentes momentos, as quais recomendo como complementação desta leitura.

Livros interessantes, que mesmo sem contar, a maioria, com o recurso da regressão de memória, falam dos mesmos fenômenos discorridos na história de Leo, e que comprovam, cada um à sua maneira, aquilo que gostamos de chamar de veracidade dos fatos trazidos à consciência pela terapia de vida passada.

Acredito que esta terapia se transformará, neste novo milênio que se inicia, numa arma extraordinária para a resolução das dores do homem; este homem já cansado de procurar aqui e ali, sem solução, as respostas definitivas para seu sofrimento. Cansado de mascarar suas tristezas com remédios e suas raivas com escapismos.

Um sofrimento que ele pressente só será atenuado quando puder entender quem seu espírito realmente é nesta história sofrida da humanidade e o que está fazendo aqui de fato.

O que faz aqui e por qual razão muitas vezes está vivendo em situações aparentemente injustas e dolorosamente inaceitáveis para ele no momento; por qual razão está convivendo obrigatóriamente com gente que não tolera ou tendo doenças que os médicos não curam, por exemplo.

Interpretações e sugestões já não preenchem o homem atual, que começa a voltar seus olhos para o mais além, sequioso por respostas que façam mais sentido, não só para seu intelecto, mas também para os anseios de sua alma, que procuram um sentido para a sua vida hoje e, principalmente, para o amanhã, após a mesma, pois não mais acredita que nasceu para morrer.

Uma alma que não consegue mais aceitar a finitude de seu eu sob a simples promessa da continuidade da vida em algum paraíso celeste irracional ou desconhecido.

Longe de querer levantar polêmicas religiosas ou filosóficas, a terapia de vida passada vem apenas trazer para o homem comum este novo conceito, agora introduzido à luz da ciência médica, que é a hipótese da reencarnação, na esperança de auxiliar o espírito sofrido deste homem contemporâneo, também ele um viajante das estrelas, a se descobrir para a verdadeira felicidade.

Campinas, inverno de 2002
Maria Teodora R. Guimarães

I
Prefácio

Este livro é único.

Um marco dentro da literatura espiritualista.

Pela primeira vez na história conhecida dessa literatura — oriental e ocidental — se dispõe de uma narrativa que é o depoimento real, pessoal, de um exilado de Capela — uma descrição daqueles mundos de elevada civilização, e da trajetória de uma alma banida dali para o exílio e o recomeço na Terra.

Portanto, além da saga pessoal do personagem, representa uma parte única, inédita, da história oculta do planeta Terra.

O registro do exílio dos capelinos e sua encarnação nos primórdios da civilização terrestre vem desde as obras ***A Caminho da Luz***,[1] de Emmanuel, e o clássico ***Os Exilados de Capela***,[2] de Edgar Armond, que datam de meados do século vinte. São referências fundamentais, noticiando o exílio coletivo dessa multidão de espíritos provinda dos mundos orbitais de Capela, um dos sóis da constelação do Cocheiro (estes são os nomes que lhes damos).

Desde então ficou desvendada para a consciência dos terráqueos essa página antiquíssima e real — a chegada dos capelinos — que subjaz nos alicerces das civilizações lemuriana e atlante, e através delas, alimentou com um poderoso impulso evolutivo as mais adiantadas culturas do planeta. Foi a origem de extraordinária mutação física e consciencial que catalisou a incipiente humanidade terrena e traçou os rumos de sua evolução, até os dias atuais.

---

1 Xavier, Francisco Cândico / Emmanuel (psicografia), ***A Caminho da Luz***, Federação Espírita Brasileira — FEB.

2 Armond, Edgard, ***Exilados de Capela***, São Paulo, SP, Editora Aliança, 1999.

Mas nesta obra única, temos, finalmente, algo mais tangível para preencher os contornos desse monumental painel cósmico esboçado anteriormente. Temos a descrição vívida, a experiência direta de um capelino, trazendo em pormenores, como o olho da câmera passeando ora em largos planos, ora em close, sobre a realidade de uma civilização que só se podia supor — ou recordar? —, de forma vaga, como "altamente evoluída". Temos o "como" e o "porquê" da trajetória que os levou cegamente, daqueles mundos felizes, para a inevitável descida vibratória ao submundo astral deles, e depois à amargura do degredo. Com todas as cores e formas.

O ineditismo deste relato, a sua riqueza de informações, o tornam uma peça rara, cujo valor documental dificilmente seria enfatizado demais.

Estamos obviamente falando a um universo de pessoas para as quais reencarnação, transmigração de almas, recordação de vidas passadas, constituem matéria pacífica, ou seja, sintonizadas com o nível da nova consciência planetária emergente. Que concordam ser a terapia de vidas passadas um instrumento sério e eficiente, e que seus depoimentos, quando criteriosamente obtidos por um terapeuta qualificado e idôneo, como aqui, são expressões confiáveis de realidades do passado.

Por que nunca antes se havia possibilitado a recepção de uma história semelhante? Você sabe?

Durante milênios, o raio de visão da humanidade deste planetinha azul não se estendeu muito além do próprio umbigo e de seu próprio quintal — uma coisa decorrente da outra. Presa nos limites de uma personalidade mortal, vítima de uma finitude que as religiões mal — geralmente MUITO mal — conseguiam contestar, conformada com as escassas cinco janelas da percepção física, é claro que os limites espaço-temporais do seu cosmo deveriam acompanhar os de sua consciência (Só a saudade, a funda saudade sideral dos exilados, imantava seus olhos nas estrelas e fê-los recriar a astronomia e a astrologia — as ciências do Espaço, perdido para suas almas).

Se lembrarmos que há apenas 200 voltas da Terra em torno de seu sol, ainda estávamos brincando a sério de reis e rainhas, com saias-balão e cabeleiras empoadas — enquanto os que não tinham sido convidados olhavam pela vidraça, acreditando que Deus, afinal, é quem tinha feito o mundo com vagões de 1ª e 2ª classe...

A essa miopia consciencial tinha que corresponder uma limitada esfera de referência no tempo e no espaço. Um homem atrelado mental e emocionalmente aos limites do planeta (e ocupado sistematicamente em torná-lo o pior possível) o que poderia conhecer de sua própria história sideral? Retalhos mal contados, lampejos de verdade filtrados aqui e ali pelas frestas do esquecimento. Melancólicos relances de um paraíso perdido, com maçãs e serpentes de vilãs de uma história mais que suspeita. E como explicar tanto sofrimento neste mundo extra-éden?

A nostalgia desse paraíso que um dia fora seu persegue o homem da Terra desde sempre. Lendas, mitos, alegorias — Adão e Eva sendo os arquétipos de tudo — e uma renitente e imprecisa saudade que já foi explicada e simbolizada de todas as formas. O paraíso perdido foi o estágio da inconsciência animal; é a fusão no oceano primevo do útero, que se perde com a tesoura do obstetra — a espada de Miguel Arcanjo; é a Ítaca de Ulisses; é Shangrilá; é — literalmente — o ***Paraíso Perdido*** de Milton. E é a raiz de todas as utopias — a de Thomas Morus, e a dos sonhadores de todos os sonhos do planeta: o sonho de voar, o sonho da eterna juventude, o sonho da imortalidade, o sonho de uma "terra de leite e mel", e o sonho, o mais belo de todos, de um mundo justo e fraterno, sem escravos nem senhores, onde tudo seria de todos e nada faltaria para ninguém, sobretudo solidariedade e amor.[3]

Os atlantes conheciam o laser, a energia nuclear, a eletricidade, o radar, aeronaves — e o egoísmo, o orgulho e a ambição funesta.[4] Herdados de quem? De onde trouxeram a inspiração para as magníficas cidades planificadas, com saneamento, iluminação elétrica, água encanada, e a astronomia, a matemática, a arquitetura monumental, a engenharia e a medicina mais avançadas? (vide seus herdeiros diretos: egípcios, gregos, maias etc.) Tentativas de recriar um mundo perdido, com suas facilidades (Sócrates sabia das coisas: "aprender é recordar"). O que não conseguiram recriar — porque não a tinham no coração — foi a fraternidade, único ingrediente essencial do paraíso.

Hoje, incontáveis milênios e oceanos de lágrimas após, talvez uma massa crítica do grande contingente de exilados esteja atingindo o limiar da reciclagem consciencial. Talvez, como Leo, o personagem desta história, depois de incontáveis desacertos e sofrimentos — como se vê em sua história terrestre, contada de forma fascinante em *Tempo de Amar*[5] tenham despertado para poder se afinar à Grande Lei que rege o metabolismo cósmico — e finalmente esteja chegando perto o momento do regresso. Por que não?

3 E, claro, também os mais divertidos/emocionantes, como viagens pelo Cosmo, coisas movidas a energia solar, comida definitivamente em pílulas (com exceção do sorvete), o telefone para o Além, e doses quase ilimitadas de conhecimento do Universo.

4 Ver por exemplo, entre outras, as obras de Edgar Cayce.

5 *Tempo de Amar — A Trajetória de uma Alma*, livro 2 desta trilogia.

O amoroso Dirigente do planeta, quando recebeu aqui essas almas rebeldes que chegavam, vencidas e desesperançadas, anunciou — conta-nos Emmanuel (op.cit.) — que Sua vinda em matéria, um dia, sinalizaria que se encontrava próximo o final de seu longo exílio — se conseguissem reaprender. E Ele veio — e desde sua vinda, acelerou-se infinitamente o processo de expansão de consciência dessas velhas almas. Que hoje estão aí, em boa parte, obstinadas em deixar este mundo um pouco melhor, não apenas mais confortável, porém mais sábio, justo e amoroso. Portanto, talvez não esteja tão longe o dia do regresso — e assim se explicaria, talvez, que esteja sendo resgatada do olvido essa tremenda saga que se oculta na ancestralidade, ainda ignorada pela maioria, do Planeta Terra.

E como fazer isso, senão através do mais prodigioso arquivo de registro, o incorruptível, permanente banco de dados que reside na memória extracerebral do ser humano? Ali, nessa memória central, onde todas as experiências da alma em quaisquer mundos se registram, indeléveis, a TVP, maravilhoso instrumento de cura e conscientização, pôde buscar esta fascinante revelação.

Quando começou a ouvir e registrar a história antiquíssima de Leo — e depois guiá-lo, com amor e sabedoria, pelos delicados caminhos da reconstrução de seu psiquismo — a doutora Maria Teodora talvez não pensasse em todas as dimensões desse relato. Ele é uma página reveladora, emocionante, de nosso passado como raça humana. Abre nossa ancestralidade espiritual para a dimensão cósmica, as raízes estelares. Será algo mais?

Será um sinalizador subliminar, um indicador para a consciência profunda dos exilados dispersos por aí? Finalmente dois capelinos extraordinários — o antigo astrônomo Levin, e a hoje médica-com-

-ar-de-ET e notável competência — recebem permissão do Cosmo (sem ela, queiramos ou não admitir, nada se faz) para contar a história de seu povo, dos caminhos do seu exílio. Quer isso dizer algo mais? Gostaríamos que assim fosse.

O sério trabalho clínico da doutora Maria Teodora Guimarães, e a divulgação da TVP, por meio de suas obras, agora se tornaram credores da gratidão de todo esse velho povo das estrelas, cuja pátria estelar adquiriu rosto e voz, e cujos descaminhos tomaram forma e encontraram um espelho na história de Leo.

Pois não é esta a própria história de inumeráveis almas que habitam a Terra hoje — os náufragos das estrelas, banidos de seu lar sideral, com nada mais que as lembranças — e a incurável saudade de seu paraíso perdido?

Mariléa de Castro

1
Zibstiz — A grande fortaleza

... a terra dos condenados...

"... Carma é uma palavra sânscrita que significa ação. Designa uma força ativa, significando que o resultado dos acontecimentos futuros pode ser influenciado por nossas ações. Supor que carma é uma espécie de energia independente que predestina o curso de toda a nossa vida é incorreto. Quem cria o carma? Nós mesmos.
O que pensamos, dizemos, fazemos, desejamos e omitimos cria o carma. Não podemos, portanto, sacudir os ombros sempre que nos defrontamos com o sofrimento inevitável. Dizer que todo o infortúnio é mero resultado do carma equivale a dizer que somos totalmente impotentes diante da vida. Se isso fosse verdade, não haveria motivo para se ter qualquer esperança."

Dalai — Lama

Era uma vez, na história dos tempos, uma terra onde havia um povo justo e solidário, harmonizado com a natureza e brando de coração, que a duras penas havia conquistado a paz e a fraternidade entre os homens.

Guerras sangrentas se perdiam na escuridão dos tempos. O sangue havia lavado cada centímetro daquele solo sagrado, sob o jugo do ferro e do fogo, como juízes e executores das leis e também dos desmandos, geração após geração.

A prepotência e a maldade lavraram sulcos profundos nos corações daqueles homens perdidos, que se arrastaram pela lama de seus erros por milênios a fio. O poder e a vaidade, a posse e o egoísmo, o rancor e a vingança carregaram cada indivíduo, vida após vida, para sofrimentos incomensuráveis, tanto no

Astral como na Terra.

Hordas de homens miseráveis e famintos vagaram pelo planeta após cada grande cataclismo, antes de iniciarem, em novos ciclos de existência, a reconstrução das coisas materiais perdidas e também de seus espíritos esfacelados.

A cada nova vida, com as esperanças renascidas, perdiam-se nos mesmos erros. Mas o tempo, no aconchego de sua eternidade generosa, oferecia sempre novas oportunidades e assim, passo a passo, dor após dor, os habitantes dessa terra foram crescendo e se aprimorando, um nada por vez. E de muitos pequeninos nadas construíram o paraíso.

Esse aprimoramento se deu primeiro na evolução das artes e da filosofia, das ciências e da tecnologia, quando a magnífica centelha criativa do homem se espraiou por todos os continentes como um rastro de pólvora, espalhando fagulhas e queimando as mãos de tantos quantos se colocavam no seu caminho.

No entanto, as comodidades da vida, o lazer e as facilidades não tardaram a turvar a memória de muitos desses homens, que cedo se esqueceram dos penosos caminhos percorridos por cada um para chegar ali.

Esqueceram-se das lágrimas derramadas e, arrependidos, das promessas feitas aos céus, repetidas vezes, em troca apenas de novas oportunidades de reparação dos muitos enganos e de crescimento de suas almas perdidas.

Esqueceram-se também que já haviam realmente tido todas as oportunidades imploradas, no suceder das reencarnações. Por último também se esqueceram que as oportunidades concedidas tinham sido condicionadas ao fato de que o deveria ser direcionado para a Luz.

Luz do amor e da fraternidade; da brandura e da resignação; Luz que poderia levar cada uma daquelas almas ao encontro da verdadeira felicidade.

Muito haviam sofrido em reencarnações dolorosas, em batalhas sangrentas pelas posses provisórias dos bens materiais, em mortes terríveis e nos longos períodos passados perdidos nos lamaçais fétidos no Astral, perseguidos por todos os demônios que a imaginação de cada um pudesse dar vida.

Aquele lodo reparador que, minimamente absorvia as impurezas adquiridas nos desmandos das encarnações, funcionando como uma espécie de adstringente curativo, que permitia uma próxima reencarnação no corpo físico sem tantas marcas do passado; marcas que poderiam tornar a vida inviável.

Leo, meu jovem cliente, falava como um especialista durante suas sessões de regressão e eu pensava na fantástica recuperação de informações à disposição do ser humano por meio da terapia de vida passada.

Continuávamos nossa incrível jornada no tempo, voltando agora, depois de termos conhecido algumas de suas vivências aqui no planeta,[1] a tempos imemoriais no passado do homem na Terra, numa época em que nossos espíritos ainda vagavam pelas estrelas.

Mas naquele povo, o orgulho, meio primeiro de cultura para todos os defeitos e toda sorte de sentimentos menos nobres, falou mais alto e milhares de seres não conseguiram compartilhar as bonanças dos novos tempos.

Delas desdenhavam, prisioneiros de um sistema

1 Em *Tempo de Amar — A Trajetória e uma Alma*, são contadas as 16 vidas de Leo no planeta Terra, que vieram antes de sua aventura pelas estrelas, onde, após cada uma delas, o espírito sofre na espiritualidade.

de crenças ultrapassado onde cada indivíduo deveria ser o centro de suas próprias atenções, distraídos do bem comum e de eventuais mazelas ao seu redor.

Nessa época, há milênios do nosso tempo, há milhares de anos-luz de distância, numa constelação distante, em outro sistema solar, no grande planeta das estrelas gêmeas, vivia o personagem de Leo, que entre tantas outras coisas contou de sua vida quando estava encarnado.

"Sou Levin. Tinha 50 anos e era astrônomo. Trabalhava num grande observatório na província de Mahji. Gostava de observar as estrelas e também acompanhar a construção das grandes naves nas docas espaciais", estranhamente falava em um tempo de verbo no passado, como se contasse sua própria história e por mais que eu insistisse, seu tipo de discurso não mudava.

Curiosamente referia-se a si mesmo, à sua própria identidade — Levin, no presente. Pedi que me explicasse a razão para tal posição e a resposta veio direta e seca:

"Estou morto! Não vê?", perguntou irritado.

Bem, eu não via, mas tinha condições de entender o que estava acontecendo. O personagem de Leo me contava sua vivência do Astral, após aquela vida no planeta distante.

Era surpreendente o relato e embora tivesse meios de simplesmente fazê-lo fixar-se naquela vida e voltar do Astral para antes de sua morte, resolvi deixá-lo lá ante sua insistência e observar o que aconteceria.

Como psiquiatra e terapeuta de vida passada estava acostumada a ter clientes passando de alguma forma pelo astral ou pela espiritualidade, como se queira chamar o lugar para onde vão os espíritos ou almas após o desencarne da matéria, uma vez que todas as regressões passam pelo momento da morte.

Algumas vezes relatos significativos dessas passagens por essas paragens se dão depois de vidas onde o personagem foi um algoz sem arrependimento e participou, por exemplo, de mortes coletivas e de situações de muita crueldade.

Outras vezes é o próprio Inconsciente do cliente, isto é, o espírito, que bem poderia ser considerado como a memória extracerebral do indivíduo, que o leva para o astral após uma vivência porque sabe que ele não está utilizando o personagem como poderia, isto é, não está reprogramando.

E o espírito sabe o que cada ser humano precisa saber e mudar para poder evoluir.

Entenda-se aqui como Inconsciente a alma da individualidade em sua concepção superior, nossa mente espiritual, digamos assim, essa essência que nos move através das vidas e funciona como uma espécie de repositório de informações, como um banco de dados, onde são armazenados todos os acontecimentos das diversas vivências, independente de nossa personalidade atual.

Não estar reprogramando significa não estar se beneficiando das informações que recebe do passado porque simplesmente não as usa no dia-a-dia.

E não as usa porque, no fundo, não quer abrir mão de determinados aspectos de sua personalidade atual. Aspectos tão comuns como impaciência, rancor, mágoa, raiva, falsas tristezas, por exemplo.

Mas tudo isso nada mais representa que a tendência de todos nós de querer que tudo seja do nosso jeito, sentindo-nos no direito então de ficarmos irritados, magoados, deprimidos quando a vida traz as contrariedades costumeiras, pois ela, obviamente, não está aí para atender aos nossos caprichos.

E muito menos as pessoas não estão aí para

atender nossas expectativas. Cada espírito por trás de cada pessoa tem sua própria história e seu próprio aprendizado para fazer e tem pouco tempo para perder com as idiossincrasias dos outros.

Mas como ninguém quer abrir mão de nada, continuamos sofrendo já que, felicidade e irritação, por exemplo, não compartilham o mesmo espaço.

No caso do espírito ser lançado para o astral depois de determinadas vivências, parece algumas vezes ser sábia medida do Inconsciente para que ele perceba o que pode lhe acontecer após a morte se continuar sem promover mudanças verdadeiras no seu Eu; mudanças especialmente no seu temperamento, que como para todos nós, precisa ser abrandado, como bem mostram os relatos dessa vivência distante de Leo.

Geralmente o indivíduo cai em situações difíceis, nas mãos de suas vítimas ávidas de vingança ou então nos infernos astrais criados pelas vibrações de milhões de almas na mesma sintonia negativa.

Voltando a Levin, ele se mostrava rancoroso com aqueles que o haviam traído, inconformado com sua situação e ao mesmo tempo temeroso quanto a seu futuro. Num primeiro instante parecia ter sido vítima de cruel emboscada do destino.

Habitava um lugar estranho, sem céu e sem terra, sem luz e sem escuridão; uma espécie de salão gigantesco sustentado por formidáveis colunas negras, de muitos metros de diâmetro e de altura, cheias de um visgo esverdeado e nojento, que se erguiam da névoa onde colocava seus pés até o alto, onde seus olhos não conseguiam mais divisar.

Para onde quer que se olhasse não era possível ver as fronteiras do lugar. O que se via eram seres rastejantes e assustados se esgueirando por entre as colunas e que, rapidamente, desapareciam pelos milhares de becos criados pela estranha arquitetura do local.

Alguns pareciam poder subir, literalmente, por aquilo que pareciam blocos de pedra que formavam as colunas, como insetos. Outros apenas se deixavam ficar nos buracos criados por toda parte pela decadência da estrutura, que parecia ter sido atingida por um terremoto.

Uma estranha poeira amarelada cobria o local, dificultando a respiração e impedindo uma idéia mais clara do que se passava por ali de fato.

Havia sido arrancado do corpo físico após a morte e lançado naquele lugar antes que pudesse pensar no que poderia estar acontecendo.

Durante muito tempo, se é que podia falar dessa forma, havia ficado ali caído, sem ajuda e sem poder se mover, com os olhos pregados no alto, inalando aquela poeira incompreensível e tendo, de tempos em tempos, que tolerar a aproximação de seres aparentemente curiosos, que quase encostavam suas cabeças na sua, malcheirosos e cobertos alguns de chagas abertas e purulentas, que o apavoravam.

"Estou perdido!", pensou após um tempo, quando começou a desconfiar que estava num momento após a morte.

Paralisado e ofegante lembrou-se das aulas na Escola de Grann, onde estudara na juventude. Muitos mestres haviam contado a história da Grande Fortaleza de Zibstiz, para onde eram levados, ou melhor, caíam, os espíritos empedernidos no mal; os teimosos que fingiam não se lembrar do passado e loucamente julgavam poder enganar o futuro.

Parecia que naquelas bandas da galáxia existiam planetas onde os habitantes já tinham claros lampejos espontâneos de suas vidas passadas e, portanto, sabiam dos sofrimentos antigos, dos planos do presente e das recompensas pacíficas do futuro, que, no entanto, não seduziam uma parcela daquela gente.

A paz e o amor ainda não haviam encontrado eco no coração de milhares daquelas criaturas, que desdenhavam com escárnio da boa vontade do povo, de seus pequenos sacrifícios, da solidariedade para o bem comum e dos demais valores já introjetados no seio da sociedade.

Como todos em Zangadahr, seu planeta natal, Levin também acreditava na sucessão de vidas. Havia tanto tempo que todos acreditavam, que aquilo já era como que atávico naquele povo.

E se acreditavam pensei, que razão poderia levar aquelas pessoas a imaginar que fabricariam o futuro de acordo com suas próprias vontades, independente do que haviam feito no presente.

Seres inteligentes e evoluídos, que de forma alguma poderiam reivindicar a ignorância de seus atos, e que, todavia, não temiam o resgate dos desatinos cometidos, talvez pela própria prepotência de seus espíritos.

Certamente, como muitos de nós, se colocavam acima do bem e do mal e alimentavam o pensamento ingênuo de que "comigo isso jamais vai acontecer".

Senti um certo pesar ao imaginar que, se estávamos mesmo cogitando naquela vivência de Leo de vidas em outros planetas, era, no mínimo, constrangedor saber que em toda parte muitos seres humanos, independentes de sua evolução tecnológica, exercitavam os mesmos defeitos tão conhecidos por nós, habitantes atuais do planeta Terra.

O único consolo era notar que a maioria das pessoas, como se podia observar pelo próprio relato, já pensava de forma diferente daqueles que terminavam por cair na grande Fortaleza Astral de Zibstiz, uma espécie de prisão temporária para os espíritos que não acompanhavam a boa vontade de seu tempo.

Milhões habitavam a fortaleza. Homens transformados em seres de todos os tipos que se possa imaginar, tendo a maioria perdido, há muito, as belas formas perispirituais dos habitantes de Zangadahr, o grande e importante planeta do sistema solar das estrelas gêmeas, situado no fim da trilha de estrelas que o ligam, de alguma forma, à nossa Terra.[2]

Voltamos ao início da narrativa e Levin nos contou sua história.

A história que terminou por condená-lo a Zibstiz.

2 Em ***Exilados de Capela*** Edgard Armond conta detalhado relato sobre a saga dos capelinos e das suas intensas pesquisas históricas para comprovação dessa teoria.

2
Zangadahr — A terra da Luz
... o princípio da eternidade...

"... Nos mapas zodiacais, que os astrônomos terrestres compulsam em seus estudos, observa-se, desenhada, uma grande estrela na Constelação do Cocheiro que recebeu, na Terra, o nome de Cabra ou Capela. Magnífico sol entre os astros que nos são mais vizinhos, ela, na sua trajetória pelo Infinito faz-se acompanhar, igualmente, da sua família de mundos, cantando as glórias divinas do Ilimitado.

... Quase todos os mundos que lhe são dependentes já se purificaram física e moralmente, examinadas as condições de atraso moral da Terra, onde o homem se reconforta com as vísceras dos seus irmãos inferiores, como nas eras pré-históricas de sua existência, marcham uns contra os outros ao som de hinos guerreiros, desconhecendo os mais comezinhos princípios de fraternidade e pouco realizando em favor da extinção do egoísmo, da vaidade e do seu infeliz orgulho."

Emmanuel

Tinha 50 anos e a astronomia era só um pano de fundo para suas reais atividades. Antes dessa época, enquanto caçava estrelas pelos céus, como gostava dizer que fazia, sem grande sucesso, aliás, passou anos de sua vida metido em negociatas e contravenções, digamos assim, absolutamente descuidado dos acontecimentos em torno de si.

Mais ou menos alienado dos eventos de sua província e de seu planeta, seu único interesse real parecia ser as estrelas. Tinha uma vocação verdadeira, mas muito menos talento do que gostaria, o que o direcionava a ter que trabalhar e se esforçar mais do que gostaria também.

Era orgulhoso e havia, com o tempo, se tornado preguiçoso. A preguiça fazia com que largasse o trabalho cedo e ficasse longo período do dia assistindo um sem número de programas científicos, até certo ponto inúteis para um homem de sua posição, numa espécie de aparelho portátil que carregava para toda parte.

O orgulho o colocava contra a parede, pois ao mesmo tempo em que não podia admitir que seus colegas tinham mais sucesso e reconhecimento, não ousava se expor e conquistar mais espaço, pois temia dar um vexame.

Não era a sumidade que precisaria ser para satisfazer seu próprio ego. Menos créditos eram também depositados em seu nome, o que muito o aborrecia.

Em Zangadahr, embora nada faltasse a ninguém e todos tivessem conforto e os bens necessários, os cargos eram distribuídos de acordo exclusivamente com o mérito de cada um.

Levin não havia construído uma família, pois achava, na juventude, que isso seria muito trabalhoso e além do mais tiraria espaço de seu precioso tempo no laboratório.

Era sem dúvida egoísta e individualista e isso o afastou da comunidade em que vivia; pessoas diferentes dele, que estimavam a vida gregária, cujos condomínios patrocinavam agradáveis encontros onde se reuniam todos os vizinhos e parentes.

Pessoas que não só gostavam, como se esforçavam por estar com seus afetos, desfrutando de sua companhia todo cair de tarde na volta do trabalho. Pessoas que faziam de suas pequenas famílias e dos muitos amigos uma fonte de alegria e prazer.

Achava tudo isso uma grande bobagem e não

tardou a encontrar seus pares. Pessoas como ele, solitárias e que desdenhavam do estilo de vida da comunidade em que viviam.

Achavam tudo uma grande idiotice e julgavam os homens, especialmente, ridículos em suas preocupações pequenas, aos seus olhos, como família, trabalho e o bem-estar de todo o planeta, onde todos pensavam em todos.

"Que tolice", costumava resmungar para si próprio cada vez que se detinha a observar as alegres festividades que aconteciam com freqüência na quadra onde morava.

Não havia criminosos nas ruas nem tampouco preocupações com dinheiro ou com formas de subsistência; também não existiam leis que privilegiassem este ou aquele. A relação patrão e empregado há muito havia desaparecido e as pessoas tinham trabalhos e não empregos.

Desempenhavam suas funções profissionais em atividades de sua preferência e talento individual. Seus proventos, acumulados na forma de créditos, ficavam armazenados nos computadores centrais dos ministérios de proventos e deles se valiam livremente através de senhas implantadas em pequeninos cartões eletrônicos.

Cada qual estabelecia o tempo que deveria se dedicar ao trabalho, não havendo normas que regulassem tais coisas, pois cada indivíduo era plenamente consciente de suas obrigações, não necessitando de papéis ou chefes autoritários que lhe dissessem o que fazer.

De qualquer forma o trabalho já era naqueles tempos, para aquele povo, um prazer e motivo de orgulho.

Levin e seus afins riam-se disso tudo e pareciam não perceber como a vida era boa naquele lugar privilegiado e nada faltava a ninguém de fato, inclusive a eles próprios. Havia muito tempo para o lazer e talvez esse fator contribuísse para o seu desequilíbrio.

Sem afetos verdadeiros para dividir o tempo, deixavam-se ficar em grupos mais ou menos desajustados, magoados no fundo com a própria solidão e envenenados pela inveja das vidas daqueles que criticavam.

Espíritos ainda afinados com coisas como a preguiça, alguns, com a inveja, outros, com o hábito de emitir críticas e julgamentos ao comportamento alheio, com a má querença e principalmente com o egoísmo e a insensibilidade ante o sofrimento alheio, se uniam em grupos mais ou menos rancorosos contra o bem-estar geral, cheios de vícios e de atividades menos nobres, fabricando um submundo que já não mais encontrava espaço naqueles tempos.

Parecia a estes homens e mulheres, que formavam por toda parte pequenos bandos ou quadrilhas, a maioria escondida sob a aparência de bons cidadãos, que o futuro não existia, embora todos soubessem do contrário, exercitando um confuso sistema de crenças onde cada qual só corria atrás de satisfazer as próprias vontades; viviam como se nunca fosse haver uma punição pelos desatinos cometidos.

Aos 35 anos, mais ou menos, morava numa bonita casa numa quadra arborizada, cujo quintal se comunicava com os quintais das outras também belas casas da mesma quadra; o que se para uns era motivo de alegria, pois podiam se visitar sem o estorvo de muros e cercas, a ele muito aborrecia, sentindo-se invadido em sua privacidade pelos vizinhos chatos que à época ainda se esforçavam por serem simpáticos com ele, além de tratar de trazer um pouco de companhia à sua óbvia solidão.

"Levin! Levin!... Está em casa?", chamou certa tarde Izar, seu alegre vizinho do lado.

Izar tinha mais ou menos sua idade e trabalhava como professor na Escola de Projetos Arquitetônicos Residenciais.

As casas eram construídas visando a maior integração possível com a natureza, tirando o maior proveito possível do ameno sol de Zangadahr, que brilhava o tempo todo, apenas com diminuições de intensidade naquilo que poderia se chamar de noite.

Discretos comandos computadorizados controlavam todas as facilidades tecnológicas das casas, promovendo maior conforto aos moradores.

Avançada forma de limpeza através de ondas magnéticas limpava a casa das impurezas da atmosfera e dos resíduos, tornando as pequenas tarefas domésticas quase que insignificantes.

Levin estava assistindo pelo monitor cósmico notícias das explorações avançadas que estavam sendo realizadas por colegas seus em planetas distantes da classe 3, sob a possibilidade de se montar novos observatórios astronômicos em zonas de intensa interferência de radiação nos delicados aparelhos usados para tais fins.

O chamado de Izar o aborreceu, mas não conseguiu ignorá-lo fingindo que não estava em casa, pois ele insistia, embora com suavidade, a chamá-lo.

Caminhou de má vontade até a entrada da frente e a porta deslizou automaticamente. Não havia ninguém. Ele o chamava pelos fundos, o que fez sua irritação crescer ainda mais, pois aquilo o lembrava dos quintais abertos.

"Vou me mudar para a lua de Quion", pensou lembrando-se da atmosfera pesada daquele lugar, o que impedia as pessoas de andarem livremente pelas ruas, como ali.

"Talvez cada um ficasse na sua casa e me deixassem sossegado", ía caminhando e remoendo seus pensamentos inúteis.

Nada de fato justificaria seu mau humor, pois até mesmo o programa que estava assistindo, e que lhe parecia tão importante naquele momento, não passava de uma reprise, a qual já havia acompanhado inclusive pela manhã, no trabalho.

A segunda porta deslizou suavemente e um sorridente Izar estendeu-lhe os braços oferecendo um bonito pacote. Izar era alto, claro e bonito, como quase todos por ali. Tinha uma beleza delicada que parecia refletir o brilho interior de sua alma.

Ele próprio também tinha um porte físico diferenciado diante dos tipos mais comuns aqui da Terra, mas parecia apagado perto dos demais. Era pálido, tinha olheiras e os cabelos começavam a cair, o que era extremamente raro naquela gente.

Olhou para o vizinho entre desconfiado e entediado. Fazendo um esforço supremo para não chutá-lo porta a fora falou simplesmente:

"Sim?".

Parecendo não notar a frieza da recepção Izar foi logo contando:

"Ivy e eu estamos recordando formas artesanais de fazer doces e como algumas receitas ficaram deliciosas pensamos que talvez nossos amigos gostassem de prová-las também. Você sabe como essas coisas são difíceis de serem encontradas hoje em dia". Fez uma pequena pausa enquanto arrumava o pacote em suas mãos e continuou:

"Íamos levá-las na festa de boas vindas para Liny e Zonar, que estão voltando ao planeta, mas terminamos achando que não teríamos bolos para tantas pessoas e, afinal, não somos tão bons assim, não é? E olhe que apesar de termos queimado uma meia dúzia antes destes darem certo, já estamos pensando em nos inscrever no concurso de receitas antigas do senhor Owe. O que você acha?", perguntou, rindo-se da própria piada, pois o tal senhor Owe era apenas uma lenda nos livros de histórias infantis.

Levin simplesmente olhava para ele, mudo e querendo saber quando iria parar de tagarelar e simplesmente dar o fora dali.

"Será que este idiota não vê que não estou interessado nessas bobagens? Bolos, festas de boas vindas... tenho mais o que fazer", pensava consigo mesmo.

"Se você gostar temos mais em casa, está bem?", tornava Izar, sem se incomodar com o silêncio de Levin, que o olhava meio alienado.

Um pensamento rápido passou pela sua mente, ante à insistência do vizinho:

"O que será que ele quer de verdade?".

Preocupava-se se Izar estaria ali por outras razões, como a de bisbilhotar se haveria alguém na casa consigo. Temia que soubesse talvez das reuniões que às vezes faziam, ele e os comparsas, digamos assim, na casa. Arriscou:

"É muito o que você trouxe. Nunca tem ninguém aqui além de mim, como você bem sabe", olhou-o fixamente como que procurando descobrir alguma coisa em seu semblante.

Não era capaz de perceber que as intenções de boa vizinhança de Izar eram genuínas, assim como nunca havia percebido que todos seus vizinhos se preocupavam com sua solidão e seu distanciamento da vida da comunidade.

Não havia absolutamente ninguém suspeitando de coisa alguma a seu respeito. Aliás, esse tipo de pensamento era raro, na medida que a maioria das pessoas já nem acreditavam mais que coisas como essas pudessem acontecer.

O amor ao próximo, a consideração, a amizade e o respeito fraterno eram quase que atávicos àquele povo naquela altura dos acontecimentos.

Levin, no entanto era diferente. Não conversava, não sorria, não freqüentava a casa de ninguém, não tinha amigos. Do alto de sua prepotência não notava o quanto seu jeito de viver chamava a atenção das pessoas que não estavam, no entanto, querendo investigar sua vida.

Não era mais do feitio da maioria dos moradores daquele mundo este tipo de ilação. Talvez devessem. Ninguém desconfiava de nada sobre qualquer ação ilegal, embora esse conceito, naquele lugar, já diferisse muito do que pensamos hoje em dia.

Eventuais criminosos ou contraventores eram encaminhados a centros de recuperação psicológica, onde recebiam toda assistência, inclusive espiritual. Espiritual no sentido de se detectar qualquer influência de entidades do astral, que pudessem estar interferindo no pensamento daquelas pessoas, enlouquecendo-as.

Eram considerados como doentes da alma, pois qualquer atitude que viesse a lesar quem quer que fosse, era inconcebível em suas mentes e quem as praticava só poderia ser uma pessoa necessitada de ajuda.

É relativamente comum se notar, em terapia, como muitas pessoas realmente alternam esse interessante comportamento.

Há certo tipo de indivíduo que numa hora se preocupa muitíssimo com o que os outros vão pensar de si, com o que faz, com sua aparência e principalmente com o que fala. Noutra hora parece simplesmente não notar as próprias esquisitices.

"Vai que vem alguém visitá-lo", brincou Izar.

"Aí você já tem o lanche e não precisa se preocupar".

A brincadeira foi o bastante para Levin se irritar de vez. Resolveu acabar com a visita de uma vez.

"Era só isso? Estou muito ocupado".

"Ah! Claro! Não quero incomodá-lo. Mas não deixe de provar, está bem?", tornou Izar, com sinceridade, sem parecer ofendido.

"Está bem então", retrucou apressado. Recebeu ainda um sorriso e um tapinha amistoso no ombro e a missão de dar sua opinião sobre os doces posteriormente, o que o fez pensar maldosamente:

"Por que você não morre?".

Izar se foi, assobiando feliz, não sem antes apanhar dos degraus alguns outros belos pacotes que, com certeza, iria levar para os outros vizinhos.

Levin participava à época de um pequeno grupo que fazia uma espécie de contrabando das minas de Canenm, planeta gêmeo com Sonah; ambos pequenos astros habitados por indivíduos ainda rústicos no sentido de uma moral duvidosa.

Segundo Leo era impossível descrever o material saído dessas minas e mesmo sua importância. Havia muitas coisas no relato que não tinham comparação com objetos ou materiais aqui da Terra, tornando às vezes difícil o entendimento da situação.

Leo relatava, saindo um pouco do personagem, surpreso ele mesmo com o suceder dos estranhos e inusitados acontecimentos:

"Parece que as tais minas fornecem matéria prima para a construção de algum tipo de motor, essencial na construção de algum tipo de máquina. Muitos planetas ainda não têm livre acesso ao mercado, na medida que seus valores morais, suas crenças e principalmente suas intenções sobre o que fazer com o que pode ser comprado não corresponde ao senso comum. Os planetas gêmeos de Canenm e Sonah pareciam estar nesse grupo", parava um pouco como que para tomar fôlego e depois continuava:

"As transações comerciais não envolvem mais o uso de valores ou dinheiro, como conhecemos hoje. Transferem-se créditos de alguma forma, na quantidade apenas das necessidades de cada povo, terra, província ou até mesmo planeta".

Não existiam paradigmas como "meu produto vale mais que o seu" ou coisas do gênero. Assim como os homens, os lugares seguiam suas vocações comerciais, produtivas, tecnológicas, por exemplo, pensando no bem comum, mesmo que esse comum fosse povos de terras distantes na galáxia.

Uma matéria prima para a confecção de roupas podia valer tantos créditos e sementes para produção de alimentos, outros tantos. Os créditos eram trocados entre os produtores em grandes câmaras de comércio interligadas por transmissores cósmicos que cobriam muitos planetas e os produtos enviados.

Os mesmos créditos podiam servir para se obter outros produtos em lugares diferentes, em quantidades diversas. A quantidade de créditos que cada coisa valia estava mais ligada à sinceridade de objetivos, tempo despendido por cada grupo para se conseguir isto ou aquilo e não o valor material implícito do objeto.

Ouvindo o que Leo falava dava para concluir que, hoje na Terra, obviamente não se dá a um computador o mesmo valor de uma saca de farinha, mas talvez nas terras do planeta de Zangadahr e de muitos outros, isso fosse possível.

Isto é, se um povo só sabia e conseguia produzir isto ou aquilo, muito bem, ele recebia tudo o que necessitava na medida da necessidade real de sua população, mediante créditos eletrônicos comercializados com os que produziam outras coisas.

Sorri comigo mesma e pensei que gostaria muito de viver num lugar assim e tentando imaginar o porquê de sentir um certo aperto de saudade no coração.

Provavelmente também já tive vidas em outros planetas, como a maioria das pessoas que gostam de coisas como astronomia ou ficção científica, por exemplo, embora acredite que a maioria de nós já esteve por lá, em algum tempo.

Voltando a Levin o objetivo de seu grupo era vender o que conseguiam nas minas em lugares onde os créditos ainda não eram usados largamente ou então, simplesmente, não existia esse tipo de negociação.

Queriam coisas que haviam sido banidas há séculos e que fugiam à compreensão da maioria, como o poder, mesmo que passageiro, na exploração de mais fracos, além de alguns vícios.

De sua parte Levin tinha tentado justificar para si mesmo tais ações usando como bandeira o falso ideal de financiar pesquisas proibidas em planetas classes 3 e 4, que apesar de proibidas seriam essenciais à ciência.

O problema é que para se obter tais coisas, mesmo tendo em mãos a mercadoria da troca, tinham que se bater contra outros grupos com interesses semelhantes.

Levin achava isso interessante. Gostava do desafio, intelectual no seu caso, pois não arredava pé de seu laboratório, de vencer tais opositores com artimanhas e estratégias inteligentes.

Quase não participava das "missões", que era como chamavam as pequenas incursões de seu grupo aos territórios onde estavam os compradores.

Essas vendas se davam quase sempre pessoalmente, pois o sofisticado sistema de rastreamento de comunicações existente não permitia que se realizassem tais tipos de negociatas partindo de um ponto fixo nos planetas federados.

Eu imaginava cenas que havia visto em filmes de ficção científica onde estranhos seres faziam negócios irregulares em lugares que mais pareciam cabarés de terceira qualidade em nosso jovem planeta. Porões esfumaçados onde estranhos seres femininos dançavam. Mas não era exatamente assim que as coisas aconteciam.

Encontrava-se geralmente em lugares que se poderiam chamar de escritórios e os negócios eram resolvidos de forma simples. Não tão simples eram as compras e mesmo as entregas das mercadorias, assim como o recebimento do pagamento.

Havia também disputas ferrenhas, muitas vezes, pela posse daquilo que talvez não devesse pertencer a ninguém. Se a tecnologia permitia até viagens espaciais, não é difícil imaginar o quão fácil era matarem-se uns aos outros. E é exatamente o que acontecia. Pessoas simplesmente sumiam e certos lugares eram famosos naquele meio por isso.

O povo de Zangadahr, de quando em quando, recebia notícias desses massacres. Lamentava os acontecimentos, mas nada podia fazer. Não estavam exatamente preparados e muito menos interessados para intervir nesses tipos de disputa. Especialmente quando as disputas eram do tipo bandidos contra bandidos.

O livre-arbítrio de cada povo, naquela multidão de planetas espalhados pelas galáxias conhecidas, era simplesmente respeitado.

Havia uma espécie de Federação de Planetas, que ditava as regras de convivência entre os povos, e uma delas era a da não interferência no desenvolvimento dos povos. Não de uma forma egoísta, mas com o objetivo de permitir que as almas ali encarnadas pudessem evoluir no seu próprio ritmo.

O problema é que algumas vezes os respingos desses massacres sobravam para cidadãos comuns, que inadvertidamente se colocavam no caminho dos bandidos. Muitos eram mortos sem piedade se estivessem, de alguma forma, atrapalhando os negócios, onde quer que fosse.

Quando esses criminosos eram apanhados nos setores federados das galáxias, eram então encaminhados aos centros de recuperação espiritual.

Levin não se importava muito com as estatísticas de desaparecimentos e assassinatos. Que diferença podia fazer se um ou dois trouxas morressem de vez em quando.

"Não vão reencarnar mesmo?", pensava, justificando para si mesmo as crueldades cometidas, usando o argumento da vida para justificar a morte.

Em última análise, mesmo que disfarçado sob a pele de inocente cientista, Levin não passava de um bandido como os outros; desanimado e meio deprimido, mas ainda assim um bandido, embora a visão daquele piedoso povo fosse diferente da nossa sociedade em relação a essa definição.

Muitos eram sistematicamente encaminhados aos centros de recuperação, mas muitos também, egressos deles, voltavam com o tempo ao crime, para o pesar de todos. As notícias chegavam de tempos em tempos veiculadas pelos sistemas de informações dos monitores cósmicos domésticos.

As pessoas tinham compaixão, irmanados num senso comum de humanidade, que aproximava até mesmo os infratores dos cidadãos comuns, da mesma forma que hoje nos lamentamos ao ver cenas de crianças roubando para não passar fome ou criaturas animalizadas matando-se umas às outras em rituais primitivos em certos lugares de nosso planeta. Nós os consideramos inocentes ou loucos, que não sabem o que fazem.

Pois da mesma forma eram aqueles homens e mulheres vistos naquele lugar. Espíritos infelizes com muito a aprender e que necessitavam de ajuda, pois o que ainda faziam era fruto apenas de sua ignorância.

Vemos até hoje que quando o espírito de um indivíduo está preso, há milênios, a um tipo de caráter onde a prepotência e o egoísmo falam muito alto, sua recuperação só costuma acontecer com a roda dolorosa das existências, pois o exemplo, o conselho, a ajuda e até mesmo eventuais punições são consideradas com escárnio.

Sua posição existencial quando desmascarado é a de ser uma vítima que ninguém pode ajudar, falsa é claro, ou então de não poder jamais permitir que alguém mande nele, como se enquadrar-se na ordem estabelecida significasse se submeter a um jugo qualquer.

Ou se torna um deprimido mal-humorado quando contrariado e, às vezes, até mesmo vingativo ou então se torna uma espécie de rebelde sem causa. Ou as duas coisas.

Esses traços de caráter são mais bem compreendidos hoje quando falamos, por exemplo, em depressivos e psicopatas.

Os quadros depressivos, em todas suas variações de intensidade, vão desde aqueles em que as pessoas ficam sentidas ou melindradas quando alguém faz uma pequena desfeita ou uma pequena injustiça é cometida, até o suicida em potencial.

São típicos de pessoas que não toleram ser contrariadas, e que têm a doce ilusão que tudo sempre acontecerá do jeito e na hora que determinarem, embora tenham dificuldade para admitir isso. Falaremos disso muitas vezes neste relato, pois este também era um dos problemas de nosso Leo.

É interessante como as pessoas costumam ver os suicidas. Geralmente são vistos como se fossem uns coitados; se observassem bem, no entanto, notariam que nas entrelinhas está escrito algo mais ou menos assim:

"Parem o mundo que eu vou descer. Não aceito as coisas do jeito que são". E esta é uma atitude extremamente prepotente, do tipo:

"Não brinco mais". Não se importando se alguém vai ou não, está ou não, sofrendo por sua causa. E por suas atitudes.

Psicopatas são aqueles que não se importam com os sentimentos e principalmente com as dores alheias, não medindo obstáculos para conseguirem o que querem, mesmo que muitos sofram por sua causa.

Têm explicações para tudo, isto é, racionalizam seu comportamento e sua autocrítica costuma ser precária. São os usuários de drogas, alcoólatras, ladrões ou assassinos, por exemplo.

Levin tinha um pouco de cada coisa. Tinha pleno entendimento da situação, mas preferia se sentir vitimado pelo destino que não o havia aquinhoado com uma inteligência superior, esquecido de sua preguiça e também, por outro lado, não se importava em nada com ninguém, nem mesmo se alguém morresse por sua causa, desde que conseguisse um pouco de aventura e notoriedade entre os seus.

Gostava imensamente de se vangloriar de seus planos infalíveis junto aos companheiros.

A verdade é que roubavam, contrabandeavam e matavam por nada. Não havia sequer problemas sociais que pudessem colocar, mesmo que longinquamente para a maioria deles, em debate tais atos.

Para os espíritos atrasados dos planetas classe 3 ou 4 tudo poderia até ser mais bem compreendido, pois eram ainda lugares onde os homens ainda viviam sob a égide das paixões, apesar do desenvolvimento tecnológico relativo. Muito diferente de lugares como Zangadahr.

O tempo passou rápido e Levin trocou várias vezes de comparsas. Uns morriam, outros desistiam daquele tipo de "missão", outros eram recolhidos em centros de recuperação, outros ainda fugiam para lugares distantes. Por alguma razão nunca ninguém descobriu nada sobre ele.

A vida era um completo tédio. Havia se afastado de vez do convívio das pessoas de sua comunidade e era tido como uma pessoa infeliz. Uma ilha no meio de tanta felicidade. Ninguém conseguia entender seu isolamento, mas terminaram por desistir de ajudá-lo, até mesmo em respeito à sua vontade.

Perto dos 50 anos solicitou transferência para trabalhar apenas em casa e seus superiores, compadecidos de sua situação de isolamento, concederam.

As minas de Canenm haviam fechado e havia pouca atividade de tráfico ao alcance do conhecimento de Levin. As autoridades da federação dos planetas fechavam sistematicamente o cerco a esse tipo de crime em suas zonas de atuação, assim como a muitos outros, pois ainda havia muitos desajustados à solta por toda parte.

Havia ainda planetas miseráveis, em todos os sentidos, que serviam de refúgio para essa gente e onde a federação não podia intervir. Poucos lugares poderiam receber o rótulo de paz absoluta como Zangadahr.

Existiam outros tipos de materiais, no entanto que podiam ser comercializados fora das fronteiras das grandes bolsas.

Levin e seus amigos voltaram suas atenções para determinado tipo de cristais produzidos num planetóide da segunda lua de Sinauri, num quadrante distante na galáxia, muito úteis na fabricação de componentes dos reatores de naves espaciais.

Em vão tentaram se organizar para entrar nos negócios, mas as enormes distâncias, a federação, o desânimo ante as enormes dificuldades fizeram com que se afastassem, cansados e apáticos.

Antigamente Levin podia sentar e planejar com liberdade, dando largas à imaginação. Era quase um passatempo. Simples como ir às compras. Agora as coisas estavam mudando para pior e ele não sabia mais o que fazer, o que punha em cheque sua competência de estrategista.

Em sua loucura sentia-se desafiado pela situação e passou a querer o impossível. Simplesmente não existiam naves de carreira que pudessem chegar a Sinauri. Somente os grandes cargueiros passavam por aqueles lados.

"Quem se interessaria em conhecer aquelas luazinhas sem importância, a não ser as grandes companhias de mineração espacial?", pensava nosso desanimado Levin.

Nessa altura da vida seus comparsas já eram pessoas de fora do ambiente científico, que não se preocupavam em viver sob uma falsa identidade e que se compraziam em desafiar as autoridades estabelecidas; debochavam das famosas prisões da federação, muito diferentes dos centros de recuperação do planeta e de onde era praticamente impossível fugir e para onde eram enviados aqueles renitentes e com os quais já se havia tentado de tudo, em matéria de compreensão e ajuda emocional e espiritual.

Zombavam mesmo sabendo que muitos de seus

conhecidos lá estavam a mofar, há tempos. Era como se fossem cegos e acreditassem, como a maioria das pessoas de nossos tempos, que aquilo jamais lhes aconteceria.

Guardadas as devidas proporções muitos de nós carregamos as mesmas crenças. Falamos em perdão, paciência, resignação, por exemplo, em longos e comovidos discursos, para os outros.

Quando chega a nossa vez, no entanto, nos indignamos, choramos e esperneamos, porque, no fundo, nunca achamos que merecemos sofrer isto ou aquilo e alimentamos o sonho fantasioso de que a adversidade da vida jamais nos alcançará.

A dor é algo muito normal sim, mas apenas na vida dos outros.

Caminhava um dia, aborrecido, pelo bonito calçamento que rodeava as casas da quadra onde morava, sem se aperceber da beleza que o rodeava. Pássaros de cores maravilhosas pousavam nas muitas árvores dos jardins das casas e das pequenas alamedas que as separavam, cantando sem parar.

As crianças brincavam pelo parque observadas pelos olhares atentos dos adultos, que se refrescavam em pequenas tendas armadas no meio da vegetação, em animadas conversas de fim de tarde.

Alguns jovens improvisavam jogos com pequenas bolas coloridas que atiravam alegres uns nos outros e finalmente numa espécie de alvo imantado.

Outros ensaiavam passos de dança, aos pares e aos trios, animados pelo som que saía de alto-falantes embutidos nas árvores e controlados por pequenos dispositivos que carregavam nos bolsos, de onde selecionavam os canais desejados.

Erravam, se empurravam, dançavam também em rodas e riam muito dos próprios desacertos na coreografia.

Havia ainda quem lesse, deitados em espécie de espreguiçadeiras espalhadas entre as árvores, curtindo a leve brisa vespertina, através de pequenos aparelhos portáteis, de tamanho menor que a palma de uma mão, que projetavam no ar uma tela virtual com o texto escolhido.

Leo contava os detalhes tecnológicos, fazendo ele mesmo expressões e gestos de espanto.

Levin sentia-se velho e cansado. Uma das bolas terminou por acertá-lo, como que o despertando para a vida que corria ao seu redor. Olhou para as pessoas e sentiu, de repente, o peso de toda uma vida jogada fora.

Uma ponta de inveja rancorosa percorreu todo seu ser. As pessoas pareciam felizes e despreocupadas.

Um rapazinho vestindo uma espécie de bata colorida se aproximou sem medo e pediu-lhe desculpas pela bolada. Sorriu para ele e ficou esperando uma resposta, enquanto se abaixava e apanhava a bolinha.

As pessoas em Zangadahr não conheciam mais o medo da forma que nós o conhecemos. Não havia violência ou mau humor, nem mesmo no seio das famílias. O entendimento e o amor norteavam o relacionamento das pessoas e a educação dos filhos.

Olhou um instante para o garoto e finalmente respondeu entre dentes:

"Cai fora!".

O menino ficou olhando, estranhando sua reação e sem entender direito o que estava acontecendo, pois não o conhecia e nem a sua fama, uma vez que as pessoas não eram dadas a comentários. Sorriu de novo, desta vez timidamente e perguntou, preocupado:

"O senhor se machucou? Quer que chame meu pai para ajudá-lo", parecia aflito para ajudar.

Nunca ninguém havia falado com ele naquele tom. Simplesmente não sabia o que estava acontecendo.

Não se deu ao trabalho de responder. Apenas virou-lhe as costas e continuou seu caminho em direção à sua casa.

Outros jovens já haviam também se aproximado e o observavam, como que paralisados.

Parou de repente e olhou para o grupinho silencioso que havia se formado; todos com expressões de curiosidade e espanto estampados nos rostos juvenis, contrastando com a alegria tranqüila ao redor das outras crianças, que passavam correndo. Continuou a andar, pensativo.

"Estou cansado...", pensou. "Muito cansado...", e continuou:

"De que adiantou tudo isso? Ninguém mais me procura para fazer planos. Ninguém mais parece precisar de mim. Mas também, de que adiantaria? Viro noites pensando e não encontro mais soluções. Acho que estas coisas estão acabando".

De certa forma seu pensamento final era mais ou menos sábio, pois aquelas coisas estavam mesmo acabando; aqueles tempos de desmandos estavam acabando para os nativos do grande planeta das estrelas gêmeas.

Como veríamos mais à frente, os tempos estavam mesmo chegando para os homens renitentes no erro e na maldade.

Os tempos chegavam para todos aqueles espíritos que, através dos milênios da história de Zangadahr, não haviam conseguido aprender nada das muitas oportunidades obtidas pelas sucessivas encarnações na face do planeta, e ainda teimavam em passar por cima dos direitos dos outros, alheios à dor e ao sofrimento que espalhavam, esquecidos de valores morais e espirituais superiores e verdadeiros.

Pobres criaturas. Não sabiam o que o futuro lhes reservava.

Milhares dentre os habitantes do planeta possuíam aos olhos de nosso Leo, estranhas capacidades psíquicas extrasensoriais. Tinham habilidades paranormais ou mediúnicas semelhantes àquelas que encontramos hoje.

Viam espíritos e com eles se comunicavam, além de altíssimo grau de outras sensibilidades, se diferenciando dos homens dos nossos tempos por serem, não só a maioria absoluta, como contarem com a aceitação e reconhecimento dessas capacidades como algo absolutamente normal.

Nada a ser criticado, mas nada tampouco para o envaidecimento de quem quer que fosse. Simplesmente como enxergar bem ou ser míope nos dias de hoje.

Com Levin não era diferente. Vivia rodeado de sombras escuras que, de tempos em tempos, tomavam formas humanas ou semi-humanas. Apareciam às vezes seres deformados ou animalizados.

Alguns exibindo enormes feridas abertas de onde saíam vermes ou escorria um sangue escuro e esverdeado. Outros rastejavam e exalavam um odor fétido. Grunhiam palavras sem sentido e faziam gestos ameaçadores.

Muitos pareciam cansados e se arrastavam pelo ambiente até simplesmente se deixarem ficar pelos cantos, amontoados, parecendo esperar que algo acontecesse, profundamente sofridos e desesperançados.

"Que se danem!", pensava, na medida que as tais criaturas não iam mesmo embora. No decorrer da vida já havia gritado, xingado e esperneado com elas ou por causa delas. Já havia tentado de tudo para que o deixassem em paz.

Terminou por se acostumar. Trocava com elas

olhares rancorosos. Inimigos de longo tempo alguns; outros apenas transeuntes atraídos pelas baixas vibrações de sua casa, coisa também rara naquele lugar.

Sabemos que o ser humano vibra, ou em ondas curtas ou em ondas médias, como ondas de rádio, e que dependendo de seu estado de espírito, atrai para si "presenças" da mesma faixa vibratória. Isto é, quando estamos bem, vibramos em ondas curtas e quando estamos nervosos ou irritados, vibramos em ondas médias, mesma freqüência onde se encontram nossos inimigos espirituais.

Outros hóspedes de Levin, ao contrário, se mostravam bem vestidos, com modos finos e olhar sarcástico. Pareciam seus próprios companheiros das "missões" e tentavam estabelecer um diálogo inteligente; suas atitudes eram ora ameaçadoras ora provocadoras e outras vezes ainda de cumplicidade, com sugestões e críticas aos planos elaborados. Vez por outra trocavam insultos com ele.

Já não tinha mais medo, embora muitas vezes se assustasse quando era acordado no meio da noite por empurrões nas costas, risadas e barulhos. Ouvia também, de quando em quando, gemidos, palavrões e gritos desesperados.

Desde a infância era atormentado por esse tipo de espíritos. Tinha sido uma criança difícil, retraída, invejosa e rancorosa. Parecia pertencer a outro lugar. Nada ali era de conformidade com seus desejos e suas idéias.

Ao contrário das demais crianças de sua quadra odiava a escola, os professores e os colegas, aos quais ridicularizava entre dentes em suas brincadeiras e jogos inocentes. Achava tudo uma grande besteira.

Olhava e balançava a cabeça negativamente, de forma a deixar perceber seu desagrado. Mas não passava muito disso, pois não era dado a grandes arroubos de atitude, até mesmo por falta de coragem.

Como muitos de nós Levin parecia debochar daquilo que não tinha coragem para fazer ou curtir. Fingia-se de forte e desdenhava das uvas verdes que não conseguia alcançar. Tinha no fundo inveja da felicidade das demais crianças; felicidade que seu espírito, infelizmente, não conseguia compreender.

Era também vaidoso e essas qualidades negativas formavam em volta de si uma aura vibracional que permitia que seus desafetos do passado cedo o encontrassem e o afastassem cada vez mais dos amigos, da família, da alegria de viver.

Achava-se esperto e embora soubesse não ser o mais inteligente, com certeza não precisava de professores para ensiná-lo. Pensava que poderia obter todo o conhecimento que desejava de astronomia, matéria pela qual se apaixonara à primeira vista, pelo monitor cósmico.

Sofria de um desconforto inexplicável, por assim dizer, que não chegava a ser uma dor, no peito, na garganta e na cabeça e que muito havia preocupado seus pais, desacostumados, naquele mundo sem doenças, a essa situação.[1]

Depois de um tempo parou de se queixar, até mesmo para não ser considerado diferente. Acostumou-se com o tal desconforto, que o acompanharia a vida toda.

Ignorava a doce irmã, Nídia, que muito se esforçava por ser gentil e conquistar sua amizade. Nídia era um pouco mais velha e não conseguia compreender o porquê daquele comportamento de Levin, tão diferente de todas as outras crianças que ela conhe-

---

1 Uma descrição dos efeitos do ectoplama em nosso organismo foi feito pelo professor da Universidade Estadual de Campinas, Matthieu Tubino, na obra ***Um Fluido Vital Chamado Ectoplasma***.[1] O livro é resultado de duas décadas de pesquisas sobre as relações da ciência com o espírito.

cia, excluindo os gêmeos Klini e Kaao, cujo caso já havia sido objeto de largos debates na comunidade.

Eram indisciplinados, potencialmente agressivos e preguiçosos. Promoviam pequenas arruaças na escola interrompendo as aulas, escondendo o material dos colegas, zombando dos pequenos que ficavam confusos e sem entender o que acontecia.

Causavam admiração e espanto nos professores recusando-se sistematicamente a cumprir suas tarefas, absolutamente desinteressados de qualquer tipo de aprendizado, em qualquer área, mesmo esportiva ou de artes e recreação.

O espanto era causado, principalmente, porque todas as atividades para crianças e jovens nos grandes centros educacionais das províncias eram conduzidas por mestres que adoravam o que faziam, pautando toda sua conduta pelo amor e carinho.

Os programas tinham sido cuidadosamente preparados durante décadas objetivando dar a cada estudante não só o mínimo necessário para ser um cidadão atualizado e integrado nas facilidades do planeta, mas também atender seus talentos e tendências. Em suma, ir à escola havia, há muito, se tornado um prazer do qual ninguém abria mão.

Espíritos naturalmente evoluídos, se comparados aos habitantes atuais da Terra, a maioria dos estudantes trazia já em si um desejo nato e instintivo de aprender, refletir e desenvolver-se mental e espiritualmente.

As escolas ficavam em enormes construções de um só andar em meio a bosques e jardins floridos, sem muros ou impedimentos de ir e vir. As crianças e os adolescentes tinham escolas separadas de acordo com suas faixas etárias e com orientadores individuais.

Os pais e os orientadores assessoravam os

jovens estudantes na formação de suas grades escolares, de acordo com as necessidades básicas da vida, mas também de acordo com os talentos e desejos de cada um.

A maioria das aulas era dada em pequenos grupos, quase como uma supervisão, sendo a ênfase maior dada à vida prática, aos experimentos, às artes e à vida ao ar livre.

Todas as salas de aulas tinham tetos retráteis, por onde entravam o sol e a brisa suave do planeta.

Klini e Kaao por sua vez não gostavam de nada que não fosse azucrinar a vida dos outros. Armavam até mesmo pequenos roubos, jogando tudo fora depois, pois não era a posse das coisas que lhes interessava, mesmo porque tinham tudo o que necessitavam, como todas as crianças, aliás.

Seu interesse era o desafio e o confronto. Destoavam tanto da maioria que professores da escola, especialmente designados para acompanhá--los passaram a se reunir com os representantes do Conselho Provincial para a Alegria da Infância, do qual seu bondoso pai fazia parte.

A mãe de Levin, também chamada Nídia, de quem a pequena Nídia muito se orgulhava, até mesmo de ter o mesmo nome, pessoa boníssima, calma e dedicada, era a monitora voluntária chefe de recreação infantil da quadra e como os gêmeos eram dali, também se envolveu no comitê de assistência que se formou em torno deles.

Mães e pais se revezavam nessas monitorias, mas Nídia tinha um cargo quase que vitalício, sendo seguidamente reeleita por aclamação, nas alegres festividades periódicas para comemorar as trocas das turmas de voluntários.

Trabalhava no setor de recuperação permanente da atmosfera, prioridade número um em

Zangadahr, mesmo que há séculos a poluição houvesse desaparecido, as autoridades preocupavam-se em manter a qualidade ambiental cem por cento livre de microorganismos nocivos, de qualquer forma, à saúde de animais, pessoas e vegetação, assim como de qualquer tipo de substância tóxica liberada por eventuais centros industriais ou mesmo docas espaciais.

Tudo era rigorosamente acompanhado. Adorava o que fazia, mas como quase todos não dispensava as atividades para o bem comum. Seu interesse natural eram as crianças e, dessa forma, foi natural envolver-se também no caso dos gêmeos, quando eles se mudaram para sua quadra.

As cidades eram organizadas em grandes quadras rodeando grandes jardins cheios de árvores frondosas, onde se encontravam facilidades esportivas, artísticas e sociais, às quais todos podiam dispor. As casas eram em sua maioria térreas e os pátios davam para dentro da quadra, o que facilitava o trânsito das pessoas e, especialmente, das crianças.

Nesta altura do relato Leo mostrava-se um pouco entediado e aborrecido.

"Você não acha essa gente meio tonta demais?", perguntava, referindo-se ao estilo de vida dos habitantes do planeta distante por onde seu personagem havia passado. E continuava, sem esperar pela resposta:

"São bonzinhos demais, tolerantezinhos demais, amam demais, não acha?", argumentava, usando o diminutivo e criando neologismos com uma ponta de sarcasmo, como se bondade, tolerância e amor fossem qualidades quantitativas.

Ri comigo mesma pensando em alguém dizendo ao outro:

"Só vou amar você um pouquinho", e nas entrelinhas: "O resto vou dar para outra pessoa", como se o amor fosse um produto finito e estivesse preste a acabar. Ou então:

"Vou ser tolerante só hoje!..." "... amanhã você vai ver como eu sou impaciente", como se tolerância fosse uma qualidade que num dia você tem e no outro não, conforme seu humor ou as situações apresentadas, assim como a bondade, por exemplo.

"Não vou ajudar você a consertar seu telhado..." "...porque tenho que ficar aqui sentado sem fazer nada".

Mas Leo não era muito diferente da maioria das pessoas do nosso tempo. Costumamos achar que pessoas com essas qualidades, de forma muito explícita, são bobas ou piegas.

Gostamos de ver segundas intenções em tudo. Achamos que tais pessoas são fingidas. Costumamos de fato pensar muito mais em nós que em nossos semelhantes.

Nos lamentamos até quando vemos um noticiário com fatos tristes e chegamos mesmo a chorar certas vezes. Mas nada que a entrada dos comerciais na programação não nos faça esquecer de pronto.

É verdade que muitas pessoas não se omitem diante da dor geral e participam de entidades assistenciais ou filantrópicas.

Mas é verdade também que muitas vezes o filantropo, não apenas se envaidece de suas atividades, como necessita do miserável gravitando em torno de si para se sentir "bonzinho". Aqui na Terra costumamos ver isso com facilidade em entidades assistenciais e mesmo em grupos que dizem lidar com a espiritualidade, por exemplo.

Nos sentimos ótimos quando atiramos uma moeda pela janela ao pedinte, mesmo quando nos lamentamos de sua pobre sorte, do descaso das autoridades etc etc, mas o discurso da bondade verdadeira costuma nos irritar.

Talvez porque fisgue em nossos espíritos as lembranças do paraíso perdido e as razões que nos fizeram perdê-lo, além do difícil caminho da volta, como veríamos em breve pelo relato de nosso Leo.

E por falar nele, que ouvia o tal discurso, ironicamente dito por ele mesmo, estava apenas esperneando, talvez zangado consigo mesmo, imaginei.

Era de certa forma divertido ouvir certas reclamações, pois as pessoas não tinham muito do que se queixar, pois as informações vinham de seus próprios personagens do passado.

Outra reclamação de Leo, nos intervalos de suas sessões de regressão, e que soava mais como uma curiosidade, era de que quando se falava de passado não haveria o pressuposto de se encontrar civilizações mais avançadas tecnologicamente lá atrás e sim o contrário, como as outras que havia conhecido.[2]

Além do mais, se a proposta do personagem era falar de uma civilização mais avançada, onde estariam os homenzinhos verdes, ou os seres com grandes olhos arredondados, braços compridos e esguios com três grandes dedos em cada mão, além de uma forma desengonçada no andar?

De onde estariam saindo aqueles homens e mulheres altos, bonitos, com peles alvas e feições delicadas?

Como se vê, a terapia de vida passada muitas e muitas vezes põe por terra nossos mais profundos arquétipos, o que não deixa de ser muito interessante para o pensamento científico, que deveria ser desprovido de preconceitos ao analisar a possibilidade das vivências pretéritas.

A tumultuada trajetória de Levin, estranhamente, foi contada em capítulos, que permitimos não só pelo inusitado da situação, mas também para checar com outros relatos semelhantes do passado longínquo de nossa humanidade, feito por outros clientes.

Voltando à sua infância soubemos que havia ficado muito interessado no assunto dos gêmeos, nas vezes que seus pais, bastante envolvidos com a situação, tristemente comentavam o problema em casa e pediam aos filhos que tivessem bons pensamentos em relação a eles.

Os habitantes de Zangadahr acreditavam que o pensamento era poderoso condutor de vibrações amorosas curativas, de todas as formas, e as pessoas costumavam se reunir para esse tipo de atividade.

Essas emanações de amor eram geralmente encaminhadas para os centros de recuperação onde os internos recebiam assistência continuada ou então para os rincões distantes da galáxia, onde sabidamente havia planetas cujos habitantes ainda passavam por todo tipo de sofrimento.

Levin passou a seguir os gêmeos e observar suas atividades, mesmo que eles estivessem sempre discretamente acompanhados por um monitor do CPAI.

Muitos jovens de apenas 15 ou 16 anos também participavam das atividades de monitoria da quadra, especialmente nos jogos e brincadeiras mais agitadas e também colaboravam com esse atendimento especial, penalizados com a situação daqueles meninos.

Era como se Kaao e Klini exercessem uma espécie de magia sobre Levin. Não conseguia pensar outra coisa. Passava horas fantasiando que era grande amigo deles e que juntos participavam de grandes aventuras pelos quatro cantos da galáxia.

No fundo invejava sua coragem de falar e fazer abertamente tudo o que queriam, mesmo que aquele comportamento fosse absolutamente ultrapassado, negativo e causasse estranheza em todos, até nele mesmo, apesar de seus poucos 10 anos de vida.

"Levin! Levin!", chamava, excitada, Nídia, tentando tirá-lo daquela espécie de torpor ao qual costumava se entregar quando não estava grudado no monitor cósmico.

"Vai começar a transmissão das entrevistas dos astrônomos que visitaram a escola. Você não queria ver de novo comigo?"

Nídia tentava auxiliá-lo em vão, pois ele não se dignava sequer a responder. Mas também não desistia fácil.

"Levin! Venha! Quero que explique umas coisas!", pedia, tentando chamá-lo para seu quarto. Nídia tinha apenas 12 anos, mas já era responsável e muito estudiosa. Amava o irmão, que infelizmente não se apercebia disso.

Sua tendência era pelas artes e, de fato, pintava e dançava muito bem. Gostaria muito que Levin a ajudasse com as ciências exatas, matérias nas quais ele tinha uma facilidade nata, mas ele simplesmente a ignorava.

Ouvindo os apelos da menina seu pai foi até a varanda onde ele se encontrava deitado numa espécie de divã. Esse móvel emitia uma espécie de radiação colorida que envolvia seu usuário numa espécie de luz colorida, que se podia ajustar de um pequeno controle no assento e que propiciava agradável sensação de bem-estar.

Edis falou mansamente:

"Não ouve sua irmã, meu filho?".

Olhou para o pai e meneou afirmativamente a cabeça.

"Não gostaria então de ajudá-la com sua astronomia?"

Sentou-se com má vontade. Seus sentimentos eram divididos. Gostava sinceramente do pai, mas não gostava de ser obrigado a fazer o que não queria.

Tudo o que lhe era pedido soava aos seus ouvidos, comprometidos com as intuições negativas dos espíritos, como uma ordem desagradável a ser cumprida penosamente. Aliás, como muitos de nós, que também não toleramos ter que fazer coisas que não sejam do nosso jeito.

"Já vi esta entrevista com ela em outra oportunidade", tentou para esquivar-se.

"Sim, eu sei", tornou o pai paciencioso."Poderia, no entanto, fazer isso uma vez mais? Parece que ela gosta de suas explicações".

Os pais haviam decidido ajudá-lo a se socializar, não só pelos conselhos e palestras domésticas diuturnas, mas principalmente pelo exemplo.

Leo, no entanto achava que não eram bem sucedidos, pois um pensamento rápido, vindo de Levin e não verbalizado para o pai veio à tona:

"Mas que menina burra!", levantou-se afinal e foi acudir a irmã. O pai bem sabia que Nídia se sacrificava fazendo o papel de ignorante diante do irmão apenas para atraí-lo para fora de seus próprios pensamentos.

Lançou à filha um pensamento de agradecimento e foi procurar a esposa para contar o pequeno episódio.

Edis e Nídia já haviam perdido a conta de quantas e quantas vezes a menina colaborava, espontânea e sinceramente na recuperação amorosa de Levin, sem nunca se queixar.

Quando ela parecia cansada e desesperançada Edis lhe falava que o tempo, apesar de ser bem precioso quando bem usado, também o era quando não usado, pois ficava à nossa disposição para, em vidas futuras, quantas fossem necessárias, recuperarmos os ensinamentos deixados à beira do caminho.

Edis falava, no fundo, da brandura e da resignação que um dia deveria nortear as ações de nossos espíritos; ações que o espírito de Levin estava longe de entender. Para ele, naqueles tempos, e incrivelmente ainda hoje, para muitos indivíduos, brandura é uma coisa que tem cheiro de fraqueza e resignação, de fracasso.

Leo testemunharia a verdade absoluta dessas palavras no suceder de suas outras vidas, onde teve todo o tempo do mundo para sofrer e aprender as mesmas coisas que Edis e as duas Nídias tentavam lhe ensinar de forma tão suave e amorosa naqueles tempos distantes.

Assim como em nossas escolas tradicionais, para onde podemos voltar muitas vezes nas mesmas séries, até que tenhamos aprendido nossas lições, parece que o mesmo se dá com nossas almas, às quais são oferecidas oportunidades sem conta de entender o significado maior da vida.

"Às vezes parece que ele fala diretamente para mim, hoje!", surpreendia-se nosso jovem Leo.

E falava mesmo. Levin, Leo e todos os outros eram apenas partes da mesma individualidade, da mesma pessoa, da mesma alma eterna em busca de sua evolução maior.

De qualquer forma, com o tempo Levin terminou por se envolver com os gêmeos e se tornou uma espécie de escravo deles. Fingiam que o respeitavam como companheiro para usá-lo como uma espécie de infantaria nas encrencas que arrumavam.

Levin era sempre aquele boboca que ia à frente, levava os recados, fazia as reclamações, praticava os pequenos roubos. Era, enfim, aquele que se expunha e por conta disso era sempre também aquele que se encrencava.

Durante muito tempo as pessoas tentaram demovê-lo de tais bobagens sem grande sucesso. Seu caso nunca foi parar nos programas do CPAI, até porque era muito bom aluno e também porque era considerado mesmo uma espécie de espírito conduzido, sem vontade própria e que dificilmente causaria, em longo prazo, danos maiores para si mesmo ou para outros.

Havia também a atenuante de seus pais estarem engajados nos centros de proteção à infância, o que propiciou que todos achassem que nenhuma medida mais contundente, como acompanhamento pessoal monitorizado, fosse necessária.

Os próprios pais de Levin concordavam com isso e piedosamente achavam que tudo passaria. O tempo, aliado imprescindível na solução de todos os males e os exemplos de amor que se espargiam por todos os lugares, se encarregariam de conduzi-lo ao caminho da socialização e da alegria.

Bem, estavam todos, de alguma forma, enganados. Parece que, além do amor e da boa vontade das pessoas conosco, é preciso que o impulso do bem já esteja impregnando nosso espírito para que mudanças verdadeiras possam ocorrer em nosso modo de ser. Impulso que seja capaz de transformar nosso sistema de crenças.

O esforço de Edis, das duas Nídias, dos professores e de muitos outros, que simplesmente desfilaram em sua vida no anonimato, naquela multidão de seres bondosos que o rodeavam por todos os lados, nunca o comoveram demasiadamente.

O tempo passou rápido. Klini e Kaao se mudaram na adolescência para um planeta da classe 3, não muito distante de Zangadahr, acompanhando a família. Os pais eram espíritos missionários que se propuseram a dar aulas num centro de estudos avançados para a juventude, o que corresponderia, mais ou menos, às nossas universidades.

Planetas da classe 3 ainda necessitavam importar, por assim dizer, professores para matérias de tecnologia avançada e os mesmos eram gentilmente cedidos pelos planetas de classe 1.

A generosidade das pessoas as faziam candidatar-se, em grande escala para essas empreitadas, além de muitas outras, de outros tipos não acadêmicos, mesmo que a vida nesses planetas não oferecesse as mesmas comodidades de Zangadahr e seus habitantes ainda não conhecessem todas as benesses da solidariedade sem limites.

Nunca mais Levin, ouviu deles, embora os tivesse procurado por algum tempo nos registros dos monitores cósmicos. Talvez até os tivesse encontrado caso fosse mais persistente.

Mas o deslumbramento já havia passado há muito tempo e com mais ou menos 16 anos já tinha outros interesses. Os gêmeos nada representavam em termos de amizade verdadeira.

O ser humano não lhe importava muito, fosse ele qual fosse, de uma forma geral. Além do mais, se os meninos o haviam usado para ser linha de frente nas bobagens que arquitetavam, Levin havia feito o mesmo com eles, pois durante anos eles serviram para ocupar seu tempo com fantasias, que não só preencheram seu tempo livre, como também o livraram da solidão à qual se condenara inconscientemente.

A companhia dos gêmeos também impediu que desse muita atenção aos espíritos que habitavam sua vida. Incomodava-se a princípio com o fato dos "seus" espíritos serem feios e deformados e a associação com os pequenos malfeitores também serviu para a chegada dos espíritos elegantes e bem falantes, com muitas idéias a dividir.

Saiu, de alguma forma, da vibração daqueles outros, achando simplesmente que os recém-chegados os haviam espantado. Riu-se disso durante muito tempo. Doce ilusão.

As muitas reuniões de aconselhamento, as atividades socializantes às quais foi sistematicamente submetido eram vistas com descaso ou como apenas mais um desafio a ser vencido com desdém e superioridade.

Não enfrentava nada realmente. Esgueirava-se apenas, dissimulado, no contato com as pessoas.

Nos muitos retornos dessas situações, o contar aos companheiros as formas inteligentes com as quais enganara, ou pensara ter enganado a monitores, professores, pais e conselheiros, era de fato o único momento em que era olhado com admiração verdadeira, o que o encantava.

Havia uma certa disputa nas narrativas, pois os outros dois eram sempre identificados também, mais cedo ou mais tarde, como co-autores das bobagens realizadas.

Além disso, o comportamento de Klini e Kaao era mais escrachado e não resistiam a uma pequena maldade no meio do caminho, o que terminava por expô-los ainda mais, embora achassem que estavam fazendo apenas Levin de bode expiatório.

Os dois eram o exemplo típico do aprendiz de bandido desajeitado e prepotente que se acha mais esperto que todo mundo e termina sempre se dando mal.

Muitos de nós, hoje em dia, guardando as devidas proporções entre o mal proposital e o simples exercício do caráter, reflexo de um comportamento turrão de nossos espíritos, fazemos exatamente as mesmas coisas e nos achamos mais espertos que os demais, o que geralmente nos coloca em situações ridículas e de sofrimento.

Achamos que somos mais inteligentes ou mais sabidos e que isso nos credencia a fazer coisas que absolutamente não dominamos de verdade, além de nos pavonear a respeito de nossos falsos conhecimentos, como se os outros fossem todos uns ignorantes que não se apercebessem de nossas falhas e de nossa arrogância.

Seus pais certamente não se enquadravam em certa categoria de pais que existem hoje em dia e que preferem ser enganados para não encarar a realidade dos fatos, como de resto a maioria dos pais daquele lugar.

Sentiam tristeza a cada novo episódio protagonizado pelo filho, mas confiavam que a roda das existências colocaria as coisas nos devidos lugares e que, infelizmente, Levin era uma daquelas raras pessoas, naqueles tempos, se comparados proporcionalmente à maioria, que ainda necessitavam aprender através do sofrimento. Sofrimento que o tempo, inexorável, proporcionava.

As repetidas oportunidades de renascimento, tão claras na mente daquele povo reencarnacionista por princípio, poderiam até ser desperdiçadas aqui ou ali, até que um dia a dor doesse tanto, que o espírito se voltasse para uma reflexão mais demorada sobre as vantagens de uma mudança mais radical.

Sim, porque as pequenas mudanças eram obtidas quase que por osmose, isto é, por inércia, através das repetições dos códigos de ética, do certo e do errado, outra e outra vez mais, estampados que estavam a cada minuto, na manifestação humana da maioria da época.

Pensando sobre isso dá até para concluir que as mesmas premissas éticas permanecem até hoje, na medida que são atávicas ao espírito e diretamente proporcionais à nossa inteligência. Parece que o que muda mesmo são os preceitos morais de povo para povo, de época para época.

Todos sabemos, por exemplo, que matar não é correto, mas em determinadas sociedades, até mesmo as aparentemente avançadas, em determinadas circunstâncias isso passa a ser moral e penas de morte são aplicadas.

É muito engraçado, pois seria como dizer que as mulheres pudessem estar mais ou menos grávidas. A verdade depende apenas de para quem ela interessa no momento.

A impressão que se dá é que andamos devagar através dos milênios e que nossa moral muda radicalmente de acordo com as necessidades de cada povo em cada época desta longa história da humanidade, da qual Leo nos contava um pedacinho.

Voltando a Levin, sem as muletas que sustentavam sua frágil coragem, passou a viver de forma mais introspectiva e alienada. Os antigos espíritos deformados e rastejantes também não tardaram a retornar, para seu desagrado.

O pai, que também os via, já havia isolado-os do restante da casa, muito tempo atrás. De tempos em tempos mandava-os embora simplesmente, com toda autoridade moral que possuía sobre aqueles seres menos felizes. Nada podia fazer por eles, pois nada lhe haviam pedido e também nada aceitariam.

Poderia simplesmente solicitar aos conselhos superiores que intercedessem e que todos fossem levados, mas bem sabia que retirar as pedras do caminho do filho, por ele, de nada adiantaria e que aqueles espíritos eram as poucas pedras que Levin realmente admitia e qualificava, mesmo que veladamente, como sendo um problema a ser resolvido.

Mas Levin, por sua vez, não pedia auxílio ao pai. Seu orgulho não permitia. Às vezes, por demais incomodado com o cheiro que emanava deles e que o atingia em cheio, se exasperava:

"Vou acabar com vocês todos, seus malditos!", falava com eles pelo pensamento, como se gritasse. Sabia usar muito bem suas faculdades paranormais, mas só não sabia como se livrar delas e muito menos de seus acompanhantes.

Alguns olhavam indiferentes, acostumados àqueles pequenos e tolos escândalos e simplesmente se deixavam ficar pelos cantos; outros pareciam nem mesmo ouvi-lo, anestesiados de forma autista em seus mundos e outros pareciam ainda mais amorfos, pois suas estruturas auditivas perispirituais já não mais existiam, destruídas pela ignorância dos muitos defeitos daquelas almas distraídas e perdidas nos astrais inferiores.

Conseguiam furar as ondas vibratórias de amor que envolvia o planeta e se achegarem a algumas das casas de Zangadahr quando havia uma espécie de permissão dos conselhos maiores, que faziam vistas grossas à sua presença, até porque havia algum habitante teimoso, como nosso jovem astrônomo, necessitando de sua companhia para aprender alguma coisa.

Não existiam mais doenças em Zangadahr, assim como num expressivo número de planetas e uma das poucas formas de propiciar sofrimento reparador era dessa forma, isto é, permitindo a convivência de afins.

Mas havia também quem ouvisse muito bem e aparecesse hora ou outra para uma boa discussão. Eram os tais esguios e bonitos, de olhares malévolos e postura altiva. Com estes até que Levin se afinava de fato, apesar dos momentos de discussão.

3
Randahn Shefann — O campus

... os estudos avançados...

> "O homem de hoje tendo alcançado o intelecto pelo desenvolvimento de seu raciocínio, está em busca de novos campos perceptivos na ânsia de absorver novas qualidades para o seu próprio espírito. Com seu limitado intelecto o homem está buscando, sem cessar, até mesmo pelo impulso da zona inconsciente, novas asas para um vôo mais expressivo.
> A razão intelectual, como atributo de nosso atual psiquismo, vem demonstrando certa fragilidade diante do impulso evolutivo para a mecânica da vida; o espírito está a exigir novos sedimentos e novas conquistas; é de sua natureza caminhar sempre. O homem sente em sua alma uma necessidade de expansão. As imposições da matéria, excluindo suas necessidades básicas, são o evento da vida. A nova era é a do Espírito".
>
> Dr. Jorge Andréa dos Santos

Entregou-se de vez aos estudos da astronomia e das ciências que gravitavam em torno dela. Decidiu então freqüentar um dos muitos Centros de Estudos Avançados para Jovens. Escolheu uma escola de prestígio, pois seus créditos escolares o habilitavam para isso.

De certa forma sua escolha criou novas esperanças no coração de seus pais e orientadores, preocupados nesta altura de sua vida com seu recolhimento, pois não participava de qualquer atividade de lazer concernente à sua idade.

Aliás, não participava de atividade alguma que não fosse relacionada a seus interesses científicos. Nem mesmo aquelas no seio da família.

Passava os dias numa rota monótona entre os institutos de ciências e pesquisas espaciais e seu quarto, onde permanecia grudado em seu monitor cósmico ou então deitado em seu sofá de radiação colorida, pensando sabe-se lá em quê.

Sem a presença de Klini e Kaao não se envolvia mais nas pequenas encrencas habituais e, portanto passou a ser visto apenas como um jovem inteligente, mas anti-social.

A escola escolhida era em outra localidade, distante daquela onde morava, o que não representava qualquer obstáculo, uma vez que o transporte era extremamente simples, rápido e seguro.

Grandes transportes assemelhados a vagões gigantescos de forma ovalada e com paredes laterais feitas de um material de transparência translúcida, como se fossem vidros. O veículo transportava-se no ar como um helicóptero sem hélices, silenciosamente, movido por uma tecnologia ignorada por nosso jovem Leo.

"Isso parece um filme de ficção científica", brincava, encantado com o próprio relato.

Realmente é muito interessante pensar no passado da humanidade, ou parte dela, constatando ser ela oriunda de um lugar tão desenvolvido, em todos os sentidos.

Na maioria das vezes o que vemos nas regressões são as vivências que tivemos aqui mesmo em nosso planeta, o que, a princípio, nos parece mais lógico, pois a maioria de nossos personagens era formada de indivíduos bastante primitivos, se comparados ao nosso tempo.

Habitações, transportes, meios de comunicações, hábitos, tipos de relacionamento e tudo mais não nos são tão estranhos, pois deles temos notícias desde sempre, seja através de nossas lições acadêmicas, seja através das artes cênicas ou literárias e até mesmo dos achados históricos que a mídia nos apresenta de tempos em tempos.

Tudo o que vemos em regressão nos parece plausível até o momento que as informações chegam de um tempo tão remoto e de lugares tão longínquos, que fogem daquilo que interiorizamos como nosso sistema de crença universal.

Tecnologia avançada só pode fazer parte de nossos sonhos de futuro. Amor e compreensão fraternal disseminados entre todas as criaturas são coisas que devem fazer parte de nossos céus espirituais dogmáticos. Como tudo isso pode fazer parte de nosso passado?

Se pudermos pensar de forma mais criteriosa e menos preconceituosa, o que é bastante difícil, na medida que ainda tem gente hoje em dia que acha que a chegada do homem ao espaço "foi truque", poderemos comparar relatos deste tipo obtidos em regressões a vidas passadas com outros relatos.

Um sem número de livros psicografados, por exemplo, falam das origens do homem como um ser vindo de "outras moradas na casa do Pai"[1] que podemos muito bem entender como outros planetas. E assim sendo, por que não poderiam ser planetas mais adiantados?

Por outro lado, cientistas em todos os tempos têm se maravilhado com o estudo das fantásticas construções do mundo antigo que jamais poderiam

---

1 Encontramos em *O Evangelho Segundo o Espiritismo*, Allan Kardec, **EDITORA DO CONHECIMENTO** obra da Codificação Espírita onde se discorre sobre a parte moral da doutrina e onde são citados os mundos de reencarnação do espírito humano.

ter sido construídas apenas com o conhecimento tecnológico de suas respectivas épocas.

Não somente na elaboração arquitetônica, matemática, astronômica dos projetos, como também em suas magníficas execuções físicas.

Construções como as pirâmides do Egito, algumas das cidades e templos andinos ou ainda os Moais da ilha de Páscoa, que coabitam com muros incas supostamente erigidos a milhares de quilômetros do outro lado do oceano Pacífico.

Lendas de todos os tipos, alicerçadas por descobertas de objetos, desenhos e marcas arqueológicas nos mais diversos lugares do planeta que mostram deuses representados, por exemplo, como homens vindos dos céus.

Obras extraordinárias como: *A Caminho da Luz*,[2] Os *Exilados de Capela*[3] e *Baratzil — A terra das estrelas*,[4]falam desse assunto, mostrando as possibilidades da civilização em nosso planeta ter sido incrementada por homens vindos dos céus.[5]

De qualquer forma o relato de Leo coincidia com o de muitos outros clientes que não se conheciam absolutamente, não eram peritos de forma alguma em ficção científica nem tampouco partidários ou estudiosos de doutrinas que cultuam tais premissas.

---

2 *A Caminho da Luz*, Francisco Cândido Xavier/Emmanuel (psicografia), Federação Espírita Brasileira.

3 *Exilados de Capela*, Edgared Armond, Editora Aliança.

4 *Baratzil — A Terra das Estrelas*, Roger Feraudy, **EDITORA DO CONHECIMENTO.**

5 Em *A Caminho da Luz*, temos uma fantástica noção da história do espírito humano sobre o planeta Terra, sob o ponto de vista de Cristo.

Em *Exilados de Capela* temos o relato da saga dos capelinos e das intensas pesquisas históricas do autor para comprovação dessa teoria.

No *Baratzil — A Terra das Estrelas*, o autor conta a chegada de seres de outros planetas que edificaram fantástica civilização nos Andes e na Amazônia.

Os grandes transportes moviam-se silenciosamente e mal se ouvia a vibração de sua chegada. Pousavam suavemente, como que carregados por uma brisa e da mesma forma alçavam vôo. Dependendo de sua destinação moviam-se em maior ou menor velocidade.

Os habitantes de Zangadahr apreciavam observar suas cidades, a beleza dos campos e das águas e por causa dessa característica, havia linhas de transportes, que voavam a baixa altitude e em velocidade reduzida.

Linhas rápidas transportavam os passageiros em minutos entre duas cidades, o que deveria acontecer com Levin. Poderia vir para casa sempre que quisesse, mesmo que fosse apenas num fim de tarde para uma refeição com a família.

Mas Levin, naturalmente, nunca fez uso dessa comodidade. Não se importava em desfrutar a companhia de seus pais e de sua adorável irmã.

Estava muito satisfeito de estar se mudando para a habitação coletiva dos estudantes de Randahr Shefann. Esse era o nome de sua nova escola, na localidade de Zinahr, a sudoeste de sua cidade natal.

O nome da escola era uma homenagem da comunidade científica ao maior astrônomo que Zangadahr já tivera. O enorme campus, por onde transitavam jovens estudantes de várias partes da galáxia, era totalmente voltado ao estudo e pesquisa das ciências ligadas ao espaço e ao cosmo e Levin já se deliciava com as maravilhosas oportunidades que teria de ampliar seus conhecimentos.

Aliás, este parecia ser seu único sentimento verdadeiro próximo da alegria.

Cada estudante elaborava sua própria grade escolar, escolhendo as matérias de acordo com sua predileção, dentro de uma gama gigantesca de oportunidades oferecidas pelo CEAJ e dependendo da atividade profissional que pretendesse exercer no futuro.

Havia sido exaustivamente orientado e preparado por seus professores anteriores a fazer as escolhas corretas conforme suas aptidões, de forma que todos ficavam felizes e os estudos avançados estavam longe de serem cansativos. Ao contrário, a excitação e a alegria transbordavam por todo o campus.

As habilitações não eram estanques e restritas como as que conhecemos hoje, como, por exemplo, engenharia elétrica.

Os diplomas estavam mais próximos do que existe hoje, por exemplo, com a mecatrônica, onde cada indivíduo pode se especializar num campo mais vasto do conhecimento, embora esta ainda seja uma pálida imagem do que acontecia por lá.

Havia um alegre corre-corre naquela manhã ensolarada na casa de Levin. Edis e Nídia haviam preparado guloseimas e convidado os amigos queridos e parentes para comemorar a ida do filho para a nova escola, a contragosto da estrela da festa.

Aborrecido ele se deixava ficar no quarto, largado em seu sofá, olhando o parque através da enorme janela de seu quarto, cuja iluminação havia modulado para a penumbra.

O transmissor cósmico transmitia notícias dos planetóides do planeta Avon, que haviam sido atingidos por uma espécie de explosão de meteoritos de segunda grandeza.

Ele ouvia o ruído ao longe da reportagem sem se interessar por ela de fato, pensando com seus botões sobre a idéia boba da mãe em chamar aquela gente toda para se despedir e comemorar.

"Como se todos não fossem um dia para os

CEAJ", desdenhava, tentando achar um jeito de não ter que ir confraternizar-se com aquele povo todo. Os poucos primos estavam todos nas escolas avançadas e ninguém tinha feito tanta arruaça por causa disso.

Reclamava e reclamava para si mesmo, pois sabia que não adiantaria reclamar para o pai; ele apenas sorriria e diria qualquer tolice do tipo:

"Você merece mais que isso meu filho!", tinha vontade de vomitar, esquecido dos problemas e preocupações que já havia causado. Esta sua pequena vitória, que embora fosse corriqueira para os habitantes do lugar, ele tinha bem razão, era vista com simpatia, amor e esperança por todos e por esta razão era tão comemorada.

Seu primo Kaao, que tinha, coincidentemente, o mesmo nome do antigo companheiro, não tardou a sinalizar em sua porta, que deslizou suavemente.

"Como é? A festa não é sua?", brincou, tentando animá-lo, ao vê-lo largado ali no sofá.

"Pois não se preocupe. Eu dou a festa para você", respondeu, azedo.

Kaao era um jovem e talentoso músico de 17 anos. Desde pequenino havia se interessado por instrumentos musicais e hoje já tocava muito bem vários deles e compunha músicas regionais. Estudava em outro planeta classe 1 num centro de estudos avançados especializado em artes de todos os tipos.

Fingiu não notar a malcriação do primo e tornou:

"Vamos lá preguiçoso que seu transporte não tarda e você nem vai ter tempo de provar os doces".

Edis entrou sorridente e apanhou Levin pelo braço.

"Pegue pelo outro braço Kaao. A emoção deve ter enfraquecido seu priminho. Ele não tem forças nem para sair do quarto", apontou para a porta e piscou para Kaao, que não tardou a entrar na brincadeira, levantando os dois Levin no ar, uma vez que ambos eram mais fortes e altos.

"Está bem!", bradou Levin tentando esconder sua irritação. "Eu me rendo".

Sob risadas foi deixado cair abruptamente sobre o sofá. Resmungou mais um pouco ajeitando as roupas e se levantou afinal. Tendas armadas no jardim davam um ar ainda mais festivo ao acontecimento.

Um discreto alarido de vozes que conversavam animadamente era ouvido por toda parte por onde passava, sendo festejado com beijos e abraços. A mãe o olhava comovida e orgulhosa.

Esforçava-se por manter um sorriso amarelo, mas quase mudo. Agradecia entre dentes as pequenas lembranças que lhe eram ofertadas, passando-as rapidamente para as mãos de Nídia, a irmã que o seguia como fiel escudeira, sorrindo encantadora para todos.

"Veja que lindo Levin!", disse graciosa a jovem Nídia, uma linda moça nos seus 18 anos, ao examinar uma pequena réplica de antigo telescópio que o avô, que tinha sido capitão de cargueiros da frota estelar, guardara para o neto durante muitos anos, aguardando por aquele dia.

Havia conseguido o raro objeto do outro lado da galáxia em suas andanças pelo espaço.

Nídia era alta, tinha pele e olhos claros, o que contrastava com seus cabelos castanhos de forma harmoniosa.

Queria ser historiadora e no momento estudava no mesmo CEAJ que Kaao, pois se dedicava a história da música e das artes. Eram muito amigos e não se desgrudavam. Já se ressentiam, pois na próxima temporada ela iria para outro campus completar os estudos e ele permaneceria lá, ainda na sua terceira temporada.

Cada jovem podia estudar quantos anos quisesse, pois seu conhecimento não era mensurado por exames e sim por ele mesmo, num exercício de honestidade e responsabilidade.

Não havia provas finais ou coisas parecidas. O jovem simplesmente encerrava o estudo de cada matéria quando achava que já a havia esgotado, podendo tornar ou não a ela em outros estágios a qualquer momento, dependendo de suas necessidades acadêmicas e de seus interesses.

"Eu adoraria estudar num lugar assim", comentou Leo, suspirando e certamente pensando nos pesados estudos que ainda tinha pela frente na universidade que cursava.

– "Eu também", respondi com um sorriso que brotou espontâneo ao me lembrar de um de meus professores de cirurgia ortopédica, cujo passatempo predileto era aterrorizar os jovens acadêmicos de medicina que caíam em suas mãos, a maioria absolutamente desinteressados de sua cadeira.

Olhávamos abobados para o enorme compêndio que ele nos fez comprar pensando que talvez servisse como peso para papéis um dia.

Na época era tudo muito engraçado e a turma se dividia para estudar a matéria e depois trocar as informações durante as provas. Quase uma aventura por um mundo desconhecido e desinteressante.

Estudei psiquiatria largamente durante meu curso de graduação em medicina pelas mãos carinhosas e dedicadas do catedrático da cadeira, que viu num pequeno grupo de estudantes interessados na matéria, um meio ideal de formar seu círculo de pupilos queridos, a quem dedicou muito de seu tempo.

Fomos, de certa forma, privilegiados com a boa vontade de nosso mestre, que nos colocou em estudos, experiências e debates muitíssimo mais avançados que os curriculares, assim como nos recebia quando dispúnhamos de tempo sobrando na grade curricular, para longas conversas sobre a vida e o espírito humano, da mesma forma como aconteceria em Randahr Shefann em larga escala.

Nosso interesse nos gerou dividendos inimagináveis, mas precisamos contar com a colaboração amorosa de nosso querido e inesquecível mestre, o que ainda não parece ser um procedimento regular nos meios acadêmicos de graduação hoje.

Divaguei por uns instantes divertidos pensando no que um psiquiatra como eu faria com um bisturi nas mãos. Na época aprendemos o que determinadas cadeiras, para nós inúteis, determinavam que aprendêssemos, para tratarmos de esquecer a seguir.

Como todos os jovens internos estudamos coisas que jamais usamos em nossas vidas profissionais, cada um por seu turno e de acordo com suas aptidões. Não tínhamos muitas escolhas. Parece que em Zangadahr não era bem assim.

No campus, onde a estrutura física e organizacional era muito semelhante àquela da escola de Grann e de todas as outras, muitos cursavam paralelamente matérias distantes de seus estudos profissionalizantes apenas por gosto, como idiomas, filosofia, religiões, artes ou esportes, entre muitas outras oferecidas de forma padronizada em todos os campi, uma vez que os jovens sempre tinham interesses variados além dos de suas futuras profissões.

Era possível intercambiar entre os campi dependendo das matérias escolhidas, de temporada para temporada. Iam para outro centro e geralmente voltavam para o de origem. Ninguém tinha pressa em terminar rapidamente os estudos.

Podiam também estudar sem sair de casa, através de programas interativos especializados vindos pelos monitores cósmicos. Mas a maioria apreciava a vida em comunidade, a confraternização com os companheiros e com os professores e, portanto não dispensavam a mudança para os CEAJ.

É bem verdade que Levin ficou tentado em estudar dessa forma, mas desistiu; primeiro porque os pais não permitiriam, ávidos por socializá-lo e segundo porque queria ficar sozinho e longe de casa.

E Levin se foi para Randahr Shefann.

Os alojamentos eram grandes quartos individuais, com toda comodidade que cada estudante precisava para desenvolver seus estudos. Como quase todas as instalações que se relacionavam com educação, eram construções térreas.

No caso de Randahr Shefann os prédios dos alojamentos eram circulares, com grandes áreas verdes ao centro, onde também se achavam os refeitórios, geralmente abertos para o ar livre, onde todos podiam se socializar com mais facilidade.

Naturalmente nada mudou com sua saída de casa e sua vida simplesmente continuou de casa para os estudos e deles para casa, apartado da vida agitada e alegre do campus, o que não tardou a chamar a atenção dos colegas, que bondosamente tentaram integrá-lo.

Havia uma dupla inseparável nos alojamentos ao lado do seu. Dois jovens nativos do planeta Zondihr, de classe 1 como Zangadahr e bem próximo na cadeia de planetas da constelação. Eram bonitos e educados. Como ele, também se dedicavam ao estudo da astronomia de forma apaixonada, freqüentando as mesmas classes.

O rapaz chamava-se Askar e a moça Aine.

Tinham a mesma idade de Levin e logo fizeram muitos amigos no campus. Risonhos, inteligentes e populares, não tardaram a provocar nele uma fisgada de inveja.

Ao contrário do que se poderia supor eles não eram afetados ou esnobes e tentaram, de todas as formas, se aproximar de Levin, assim como outros jovens. Quando as atividades em grupo começaram, tempos depois do período de adaptação, os colegas que cursavam as mesmas matérias trataram logo de formar uma animada turma.

Aos poucos foram solicitando transferências de suas habitações e cedo moravam todos bastante próximos. Formavam um grupo de 12 jovens novatos e faziam quase tudo juntos.

Levin era sistematicamente convidado para todas as atividades e somente aceitava uma ou outra coisa por receio de parecer alienado e criar um estigma como o que tinha na sua escola anterior, o que ele julgava que o prejudicaria futuramente.

Passou a participar de alguns grupos de reflexão com Askar, Aine e outros mais, em algumas poucas matérias e todos ficaram imediatamente impressionados com partes de seu conhecimento, tecendo elogios sinceros, aos quais respondia com um bocejo velado.

Na verdade tudo aquilo o cansava e não via a hora de trancar-se em seu alojamento e mergulhar no monitor cósmico, esquecido do mundo e dos chatos que queriam modificá-lo.

"Que idiotas", pensava, rindo-se deles, cada vez que o comunicador tocava e um rosto alegre e sorridente aparecia com um convite qualquer.

"Não tenho tempo para essas bobagens", resmungava.

Esquivava-se da maioria das atividades paralelas alegando falta de tempo e outros interesses, o que não deixava de ser verdade.

Criou em torno de si uma atmosfera de estudioso com um toque de estranheza, embora fosse nítido que não era uma pessoa feliz, o que entristecia os colegas, que gastavam horas imaginando o que poderiam fazer para ajudá-lo.

Mas Levin era impenetrável e com o tempo todos foram se acostumando e desistindo, por assim dizer, com exceção dos amigos de Zondihr.

"Vai haver uma grande festa em nossa cidade Levin. Queremos que vá conosco para conhecer nossos pais e nossos amigos. Além do mais a cidade toda estará em festa e não faltará o que conhecer e fazer. É muito divertido. Vamos todos e não vamos deixar você para trás de forma alguma", era Askar no comunicador, sorrindo excitado e falando sem parar.

Levin o ouvia, entediado com aquela insistência, descabida a seu modo de ver.

Estavam já terminando sua segunda temporada em Randahr Shefann e todos já se preparavam para cursos em outros campi, com promessas de um reencontro na quarta temporada.

Os garotos de Zondihr seguiriam alegremente para um campus em sua cidade natal, atraídos por um convite irresistível de cursar algumas matérias de sua predileção em casa, saudosos que estavam de suas famílias.

Os demais amigos seguiriam para outros campi, a maioria menores, em outros lugares de Zangadahr ou em planetas próximos, para estudos específicos.

Alguns preferiram inclusive atividades paralelas, para uma temporada de reflexão, autoconhecimento e cultura geral. Um dos amigos optou pela carreira na frota e por isso se transferiria para a academia, na capital de Zangadahr, justamente de onde viera Levin.

Todos estavam muito felizes. Todos iriam trocar de ares por uns tempos, o que era sempre altamente recomendável pelos honoráveis instrutores pessoais. Voltariam revigorados para os estudos aprofundados da quarta temporada.

Tinha quase 18 anos nessa altura e não pretendia perder a oportunidade de livrar-se de todos eles de forma alguma. Iria ficar e desfrutar de sua liberdade. Havia inúmeras teorias que pretendia explorar e detalhes que pensava em compreender melhor em seus estudos e agora finalmente poderia fazer tudo isso em paz.

Deliciava-se com a perspectiva, tentando enganar a si mesmo.

Na verdade, conhecera em suas viagens ao observatório de Linie, situado na segunda estação orbital da frota estelar, com o mesmo nome, algumas coisas que o haviam fascinado.

Tinha estado várias vezes na estação de Linie convidado inicialmente por um professor e depois, quando conseguiu integrar o observatório em sua grade de estudos, com segundas intenções. Tentaria passar a terceira temporada toda na estação.

4
Linie — A estação orbital
... o encontro com o mestre Toldan...

"Nossa responsabilidade uns para com os outros é que nos leva para tão longe de nossos lares; a solidariedade que mora em nossos corações nos traz a este mundo que precisa de amparo e apoio para libertar-se do ciclo evolutivo que vai se encerrando e galgar seu novo posicionamento sidéreo, mais espiritualizado e, portanto, em melhores condições gerais para a convivência de seus tutelados.

Participamos de um grande esforço empreendido por inumeráveis companheiros oriundos dos mais distantes quadrantes do Universo, que levados pelo sentimento de dever inerente aos degraus conquistados no decorrer das eras, vêm trazer a sua colaboração, neste instante de definições por que passa este globo.

Chegamos com nossas naves e formamos um cinturão protetor em torno do planeta Terra, como denominais esta esfera de Deus que vos abriga e, com aparelhamentos inacessíveis à vossa compreensão atual, empreendemos ao balanceamento energético planetário, dando nossa colaboração no sentido de atenuar os efeitos da vivência equivocada da maioria dos seres humanos de vosso mundo.

Nosso papel principal tem sido aliviar o campo energético do planeta das energias primárias e perniciosas que poderiam afetar enormemente o equilíbrio ecológico, desencadeando catástrofes como ocorreu outrora na Atlântida, caso não recebesse o orbe a ação minimizadora dos efeitos de tais energias".

Ashtar Sheran

A grande estação era foco de admiração de todos, por sua imponência e também pelas dimensões extraordinárias. Mais de 20.000 pessoas podiam se alojar ao mesmo tempo em suas instalações.

Funcionava também como um entreposto para naves cargueiras de diferentes planetas da federação, assim como base para algumas das grandes naves da frota, que não podiam simplesmente aterrissar devido à força de gravidade dos planetas. Naves menores levavam os passageiros dessas grandes naves a outros destinos.

Era uma verdadeira cidade no espaço e Levin simplesmente adorava essas estadias no grande complexo, que flutuava silencioso numa das extremidades do quadrante onde estava a constelação da qual Zangadahr fazia parte.

Milhares de luzes amareladas vindas da estação iluminavam a noite eterna no espaço. Dezenas de docas, onde uma centena de naves estava estacionada, jogavam fachos de luzes coloridas em todas as direções, numa dança organizada e que servia como sinalização para procedimentos de atracação, deliciavam os olhos do mais experiente navegador.

De dentro da nave científica que o conduzia, Levin a tudo admirava, hipnotizado com tanta beleza. Uma beleza que ao mesmo tempo assustava, com suas formas propositadamente arrojadas e agressivas, que impunham respeito a quem quer que se aproximasse.

A estação era circular, com muitos andares em cada volta que se sobrepunha. Pontas onde se situavam as docas saíam para os lados, como a formar uma coroa simétrica.

A pequena nave bateu com certo estrondo na área de acoplamento e um completo silêncio se fez a seguir.

Jovens estudantes de vários CEAJ por todo o quadrante se entreolharam, silenciando as conversas excitadas pela emoção da chegada a Linie, aguardando uma ordem para o desembarque. Tinham interesses acadêmicos diferentes, mas a maioria faria também cursos no observatório.

Reuniram-se todos no convés principal e esperaram que o comandante desembarcasse primeiro para as formalidades diplomáticas de praxe.

Por uma tela instalada no alto de uma das paredes observavam a descida do comandante e a recepção, que era feita por uma comitiva de quatro oficiais e dois civis.

Os civis eram cientistas que aguardavam a chegada dos colegas para troca de turno, após os quase cinqüenta dias de plantão na estação e os oficiais eram da frota, uma vez que Linie, assim como a maioria das estações orbitais, era dirigida pela própria frota estelar, pois serviam também como um posto avançado de defesa e observação.

Embora as guerras estelares tivessem terminado há muito tempo, havia ainda planetas não alinhados de rincões distantes da galáxia que tinham desenvolvido tecnologia suficiente para as viagens estelares e ainda se compraziam em construir grandes naves de guerra, com a desculpa de que eram apenas naves exploradoras.

Tais atitudes obrigavam a federação dos planetas a enviar naves e oficiais para as estações que margeavam todos os quadrantes, formando formidável e impenetrável rede de defesa, ou de limite, como gostavam de chamar seu rosário de postos avançados.

Ninguém ousava, naturalmente, atacar uma estação ou uma nave da frota, mesmo porque o acesso à maioria dos quadrantes era restrito às naves da federação, havendo um rígido esquema de patrulhamento através de sofisticados sistemas de varredura instalados nas estações orbitais, nos planetas e mesmo nas naves.

Assim todos podiam viajar tranqüilos entre os planetas e estações, porque essa movimentação ocorria em um dos lados da galáxia, sendo seu limite setentrional coberto de planetas e planetóides desabitados por nativos, existindo somente bases de pesquisas e observação, além de mineração e outras extrações instalados aqui e ali, sendo grande o tráfego de cargueiros naquelas bandas.

Nos pequenos planetas mineradores, especialmente, trabalhadores vindos de todos os quadrantes viviam numa espécie de torre de Babel, onde apesar das regras de coabitação pacífica, das normas de convivência e leis civis, além das boas condições de vida, esses lugares acabavam, às vezes, servindo de porto para bandidos, que longe dos grandes centros, tentavam ali impetrar seus crimes. Crimes como contrabando, falsificações, queima de arquivo.

“Queima de arquivo...?”, perguntei, questionando a expressão, comumente usada nos dias de hoje.

“É o que me vem à cabeça”, respondeu Leo, também surpreso.

Na verdade, na medida em que não estamos hipnotizados de uma forma que nos torne inconscientes durante a regressão, continuamos a ser nós mesmos, com todo nosso sistema de crenças e com toda a bagagem de informações que acumulamos nesta vida.

As informações vindas do passado apenas se superpõem àquelas, causando, às vezes, um conflito difícil de ser superado.

Quantas vezes nossos clientes estão em épocas antigas, como a Roma dos imperadores, mas imaginam seus personagens usando, por exemplo, tênis de marcas famosas ou ainda roupas que não combinam com a época.

Uma moça que nos procurou tempos atrás insistia que sua personagem, ambientada na época da colonização americana, usava jeans colantes e camiseta de malha tipo anos 60.

Não faz diferença de fato para o sucesso da regressão e de todo o processo terapêutico esse tipo de detalhe.

O terapeuta apenas questiona e tenta levar o personagem a se vestir e falar da forma habitual correspondente à época em que se passa a vivência, numa tentativa de facilitar o processo para o cliente, criando uma atmosfera mais intimista e também de curiosidade pelos fatos que se sucederão, fazendo-o vivenciar, mais do que contar a história simplesmente.

E é obvio que um viking dançando rock numa festa tribal não é muito convincente. Mas as pessoas usam esses dispositivos para ficarem, de alguma forma, presas à vida presente, como um mecanismo de defesa.

Usar tênis, ouvir músicas modernas, usar roupas inapropriadas para a época do personagem ou mesmo usar termos de gíria e expressões populares dos dias de hoje, fazem com que o indivíduo sinta que está aqui, preso ao presente, e que nada vai roubá-lo daqui e fazer com que fique preso ao passado e não retorne da regressão, por exemplo, o que muitas vezes é um medo inconsciente.

"Isso não parece um absurdo? Bandidos espaciais!", tornou Leo, com certo sarcasmo sobre o que ele mesmo dissera.

"Não avalie, apenas descreva o que você percebe", pedi, tentando levá-lo de volta ao personagem. Como veríamos mais tarde, bandidos espaciais não só existiam naquele lugar, como também nosso personagem se tornaria um deles, o que, aliás, estava prestes a acontecer.

Levin já havia estado ali várias vezes, mas a emoção da chegada era sempre a mesma. Entre os jovens aquilo tudo tinha gosto de aventura, embora todos fizessem viagens mais ou menos constantes.

Ainda mais porque não era todo dia que se ia a uma estação orbital. Era preciso uma série de autorizações e motivos convincentes.

As estações não eram, definitivamente, lugares destinados a turismo. Eram lugares de trabalho e pouso breve para viajantes credenciados, que aproveitavam para se confraternizar com pessoas de outras raças.

Sim, havia uma certa quantidade de tipos diferentes de pessoas, tanto quanto à sua anatomia, quanto aos costumes e credos. Todos eram humanóides e diferenciavam-se apenas em detalhes de cor e espessura de pele, em características de expressão facial e também em tamanho, sendo mais ou menos rústicos ou graciosos.

A maioria era formada de pessoas altas e esguias, com pele, cabelos e olhos claros, lembrando um pouco os anglo— saxões do nosso tempo.

O povo originário de Zangadahr e de Zondihr, por exemplo, eram pessoas desta raça. Mas raças não se misturavam apenas nas estações espaciais.

Embora as pessoas preferissem viver nos seus planetas de origem por alguma razão desconhecida até o momento por nós, muitos residiam, até mesmo por força de trabalho ou estudos, em outros planetas da federação.

Esta, por sua vez, vinha tentando, desde sempre, promover uma maior miscigenação dos povos, com algum sucesso.

A maioria absoluta dos povos mantinha relações estreitas de cordialidade, não havendo qualquer tipo de preconceito. De qualquer forma, aconteciam uniões entre raças diferentes, uma vez que eram todos humanóides.

No grande convés de atracação em Linie o movimento era intenso. Grupos passavam conversando animadamente saídos de suas naves; trabalhadores movimentavam estruturas robotizadas que exerciam os mais diversos serviços.

Mecânicos se amontoavam em volta de alguns transportes menores estacionados dentro do convés, fazendo uma espécie de manutenção.

Mercadorias de todos os tipos eram transportadas em pequenas esteiras flutuantes comandadas por um controle remoto manual. A esteira flutuava na frente de seu condutor carregando pesados volumes e se movia silenciosamente com um toque de botões, como se fosse um carrinho de supermercado mecanizado.

Tais esteiras pareciam ser muito populares por ali, pois existiam de todos os tipos e tamanhos, fazendo com que o esforço físico das pessoas fosse mínimo.

Um jovial oficial da frota se aproximou do grupo de jovens convidando-os a um pouco de silêncio.

Os professores e cientistas já haviam sido conduzidos para alguma parte da estação, tendo ficado apenas os estudantes e suas bagagens coloridas empilhadas num canto ao lado de uma das colunas de sustentação do convés, que devia ter uns 30 metros de altura.

"Sejam benvindos", falou em tom alto para ser ouvido no meio do discreto alarido que o grupo fazia.

Eram cerca de 50 jovens, rapazes e moças prestes a iniciar sua terceira temporada de estudos avançados. Todos cuidadosamente escolhidos pelos professores nas áreas de interesse de cada um.

Também estagiava em Linie um grupo de alunos da academia da frota, que passou pelo convés ao se dirigir a um transporte que o esperava para uma excursão ao lado de fora do complexo, onde iria examinar as estruturas do casco.

Os jovens passaram exibindo seus vistosos uniformes de trabalho e abanando as mãos para o grupo dos CEAJ. Alguns se conheciam e pararam por uns instantes para se confraternizarem, entre abraços e sorrisos.

Os cadetes se sentiam donos das instalações comandadas pela frota e não tardaram a se oferecer como guias para os recém-chegados.

Vários encontros foram marcados, assistidos de forma pacienciosa pelo oficial que deveria escoltar os estudantes da nave científica, ele também um jovem de uns 22 anos em seu primeiro posto avançado. Bateu palmas chamando atenção de todos. Seu nome era Laars.

"Muito bem. Trabalho primeiro e diversão depois minha gente!", falou, bem-humorado, de forma a provocar risos generalizados. E continuou:

"Vamos nos reunir no salão de recepção onde passaremos imagens de todo o complexo para vocês se localizarem. Todos receberão cartões com todas as informações necessárias para sobreviverem aqui, porque se se perderem nunca mais os encontraremos". Novos risos. Estavam todos felizes.

E com os grupos de jovens seguindo direções opostas, todos se despediram. O grupo de Levin tratou de apanhar as bagagens e seguir o instrutor. Ninguém recebeu esteiras flutuantes, mas também ninguém pareceu se aperceber disso.

"Vou dar um posto militar a ele", avisou Leo. "Só para facilitar, no meio dessa gente toda. Tem muita gente de uniforme e uns parecem mais graduados que outros, está bem?".

"A vida é sua. Faça como quiser. Eu não estava lá", brinquei, apenas para incentivá-lo a se aproximar cada vez mais de seu personagem.

"Mas pode ser que lá os postos tivessem outros nomes, você sabe", retrucou precavido.

"Sim, eu sei. Não se preocupe", tentei acalmá-lo, mesmo porque nomenclaturas não fariam qualquer diferença na trama que se desenrolava. E ademais, era natural a relação de patentes com a dos militares de nosso tempo, se bem que não estava claro que se o termo "militar" tinha o mesmo sentido daquele que usamos aqui.

"O que vem a seguir de importante e que você precisa saber agora?", falei levando-o para frente naquela aventura.

Todos, sem exceção, carregavam à cintura um pequeno dispositivo parecido com um pequeno rádio transmissor.

Nesse aparelho, chamado simplesmente de processador, os minúsculos cartões mencionados pelo oficial podiam ser inseridos, assim como qualquer outro e as informações podiam ser passadas, por uma maneira desconhecida por nós, sem o uso de conectores, para telas e para os monitores cósmicos.

Também se podia ter acesso aos bancos de dados dos cartões com uma espécie de viva voz ou ainda de forma privada, encostando-o ao ouvido simplesmente.

Dependendo do cartão também se criavam imagens dentro de uma espécie de funil virtual que se levantava sobre o processador, onde as imagens apareciam semelhantes a um sistema de 3D.

O mesmo aparelho também funcionava como uma espécie de comunicador e monitorizador de funções vitais, que podiam ser enviadas a distância em caso de emergências, ou ainda um localizador, pois enviava sinais permanentes para uma central da posição do usuário dentro do enorme complexo.

Não funcionava porém para grandes distâncias, como, por exemplo, aquelas que existiam entre os planetas e a estação. Quem quisesse falar com a família ou a escola teria que fazer uso dos monitores cósmicos localizados nos alojamentos e nas áreas de lazer.

O salão era em forma de um anfiteatro circular, com uma espécie de palco redondo no centro, onde ficava uma poltrona e um painel de controle. Largas e confortáveis poltronas acomodaram todo o grupo, que logo silenciou.

Levin tratou de sentar-se na parte de cima, ao fundo, de onde podia ter uma visão global de tudo. Detestava gente sentada às suas costas.

Laars fez descer no meio do anfiteatro uma tela virtual circular com visão para todos os lados, muito comuns nas escolas. Uma música suave precedeu e serviu como pano de fundo para as imagens da grande estação que não tardaram a aparecer na tela.

Cada deck foi mostrado, suas funções explicadas e a forma de se comportar em cada um deles, tendo em vista que muitas vezes alguns acessos seriam negados pela complexidade da atividade desenvolvida naquele determinado lugar, que poderia ser vital para a manutenção da estação ou ainda que oferecesse qualquer risco ao visitante.

Convidou então que cada jovem fizesse sua própria exploração através dos comandos localizados nos braços e ao lado de suas poltronas, tratando de usar sua própria máscara direcional, também localizada ao lado da poltrona.

Havia enormes áreas de lazer, com jogos, lugares com música e comida e até mesmo pequenas lojas para eventuais compras de última hora.

Em outros decks estavam a ponte de comando, os alojamentos e os salões de convenções interplanetárias, onde embaixadores freqüentemente se encontravam em solo neutro; a engenharia com toda a parte operacional da estação e outros anfiteatros, de diversos tamanhos, que serviam como salas de aulas; também as estações de estudo, com toda sua parafernália de equipamentos para o uso dos estudantes, desde simples monitores cósmicos até pequenos laboratórios individuais para experiências de todos os tipos de estudos desenvolvidos ali, pelos inúmeros cientistas residentes.

No deck superior estava o observatório e os grandes laboratórios de pesquisas espaciais, de genética, microbiologia cósmica e transporte de átomos, que eram os pontos fortes daquele centro de estudos.

Outros laboratórios menores também se espalhavam pelo deck, desenvolvendo outras pesquisas, muitas financiadas por planetas interessados em assuntos específicos de sua área no quadrante, como artigos diversos de indústria ou mineração, por exemplo.

Levin não se interessou por nada disso, mesmo porque já conhecia muito bem a estação; tratou de localizar o professor Toldan, o mestre que o havia convidado anteriormente.

Passou o registro do mestre ao computador que não tardou a encontrar suas coordenadas. Ele estava no observatório, naturalmente. Levin o admirava profundamente e, como todo mundo, o considerava o maior astrônomo em atividade na federação.

Toldan era um tipo estranho, tido como um excêntrico talvez e esse detalhe imediatamente criou entre eles uma empatia imediata, desde a primeira vez que haviam se encontrado, ainda na primeira temporada de Levin em Randahr Shefann, quando da visita do grande mestre ao campus.

Na época ele tinha pouco mais de 16 anos e já havia ficado muito impressionado com a forma que Toldan o olhava.

A princípio achou que não era para ele aquele olhar que parecia perscrutar sua alma. Toldan era de poucas palavras e, na verdade, soube mais tarde, havia percebido nele, através de sua paranormalidade, as tendências que procurava para formar um jovem pupilo.

Um pupilo que não fosse dado a cumprir ordens sociais rígidas, que não tivesse que perder tempo com bobagens como a família ou com encontros sociais, pois não se importava com essas coisas e cujos valores éticos fossem diferentes da maioria. Havia que se fazer sacrifícios éticos em nome da ciência, diria Toldan mais tarde a Levin.

Nem mesmo Levin havia se apercebido disso tudo na época de uma forma clara. Tudo o que sabia de si é que adorava ficar sozinho, de preferência longe do olhar preocupado e melosamente reprovador do pai; odiava confraternizações e tapinhas nas costas, conversinhas tolas sem objetivos definidos e passar o tempo inutilmente como faziam seus colegas, entretidos em jogos, festas, visitas e tudo o mais que todos os jovens partilhavam.

Freqüentou avidamente as aulas do mestre e não tardou a ser convidado para sua primeira excursão a Linie. Exultou de felicidade.

Foi muito felicitado pelos colegas, que também não tardaram a perceber as semelhanças entre eles.

Ambos eram decididamente diferentes da maioria, mas seu modo de ser não chegava a ser criticado; apenas não era muito bem compreendido.

Com a chegada de Toldan os jovens amigos viram que Levin não era o único e que talvez aquele jeito exageradamente introspectivo não lhe trouxesse afinal tanta infelicidade. Toldan não parecia infeliz. Eram jovens e essas compreensões eram difíceis.

Sonhava em conhecer o grande observatório quando foi convidado a visitar os aposentos do professor num jantar, em Randahr Shefann, com outros professores e possíveis pupilos.

Ele nunca havia lhe dirigido a palavra, mas sua simples presença o inebriava e certamente deitaria sobre a lama para que ele passasse sobre si. Freqüentar uma reunião tão privada o deixava em estado de êxtase absoluto.

Embora Toldan continuasse, aparentemente, a ignorá-lo, foi convidado nessa ocasião, através de um de seus assistentes, a fazer visitas regulares à estação, passando a trabalhar diretamente sob a orientação do mestre; desenvolveria pesquisas nos laboratórios do campus, complementando outras que eram realizadas em Linie.

Sua vida se transformou num mar de inebriada felicidade. Não tinha olhos para mais nada, além de cumprir as ordens do amado professor. Esforçou-se ao máximo. Passou três curtos períodos em Linie, mas à seus olhos, estava definitivamente alçado às esferas dos grandes cientistas da época.

Terminou por conseguir créditos suficientes para passar a terceira temporada inteira de seus estudos na estação e chegar, desta vez para ficar, era emocionante. Sentia-se adulto e dono de seu nariz.

As perspectivas com as quais Toldan lhe acenara de fazer viagens a outros quadrantes em "missões" científicas eram, no mínimo, extraordinárias. Fazer parte daquele grupo seleto de "missionários" era fantástico.

E foi assim que Levin iniciou, na prática, sua trajetória no mal, já ensaiada anteriormente pelas mãos de Kaao e Klini, nas aventuras despretensiosas da adolescência.

Os alojamentos eram minúsculos, mas confortáveis. Levin tinha esperanças de estarem sobrando vagas e não ter, portanto, de dividir seu espaço com ninguém.

Mas o problema é que os instrutores já o conheciam de longa data e fosse ele favorito ou não de Toldan, era tido como problemático e anti-social e os conselheiros superiores, informados disto, trataram de providenciar um colega de quarto para ele.

Em todos os lugares onde atividades estudantis se realizavam havia sempre equipes cuidando do bem-estar dos alunos, de seu desenvolvimento pessoal e afetivo, além da formação acadêmica.

Por todos os lugares onde passava Levin destoava do grupo, por mais que se esforçasse em disfarçar seu desconforto em atividades sociais.

Os conselheiros de Randahr Shefann já haviam mandado relatórios aos colegas da estação orbital, preocupados com Levin e recomendando atenção e cuidados especiais com ele.

De tempos em tempos ele acabava sempre tendo as atenções voltadas para si e sendo mais ou menos obrigado a participar de discretos encontros com instrutores e conselheiros, o que muito o aborrecia.

Edis e Nídia eram informados desses encontros, mas eram convidados a se manter fora deles, numa tentativa de criar responsabilidades em Levin ante a vida e suas necessidades afetivas para poder sobreviver numa sociedade tão gregária como aquela.

Por sua vez ele jamais havia voltado a visitar a casa dos pais de boa vontade. Só ia às comemorações familiares das quais não podia fugir e, assim mesmo, resmungando.

Um rapaz oriundo de Zangadahr e estudante também de Randahr Shefann foi escolhido para dividir o alojamento com ele. Seu nome era Illyan e, coincidentemente, era muito parecido com Levin. Ambos tinham a pele clara, eram altos e magros e tinham os cabelos e olhos igualmente claros.

Além disso, suas expressões eram semelhantes, meio infantis, com as bochechas rosadas e o cabelo curtinho e espetado, diferente da maioria dos rapazes, que usavam geralmente cabelos mais compridos, na altura do pescoço.

Illyan havia inclusive procurado o instrutor Laars e se oferecido para ajudar Levin quando soube que ele seria seu companheiro de quarto. Ele já o conhecia desde os tempos de adolescência, na escola de Grann e sentia um legítimo sentimento de amor fraternal por ele. Sabia de suas dificuldades e de seu relacionamento com os gêmeos.

Illyan havia escolhido a carreira de instrutor de relações humanas movido muito por um coração bondoso onde havia lugar para todos aqueles que necessitavam de sua atenção. Sua carreira era muito parecida com a psicologia nos dias de hoje.

Tinha solicitado uma temporada na estação para estudar o comportamento das pessoas longe de seu habitat natural, obrigados a conviver em espaços mais ou menos reduzidos, o que diminuía a privacidade de cada um visando o bem comum.

Queria pesquisar também, a partir daí, maneiras de aprimorar esses espaços para tornar a vida mais agradável para todos dentro desse tipo de complexo espacial. Para tanto estudava também cadeiras nos cursos de arquitetura aeroespacial e se esforçava bastante, embora não fosse muito chegado a ciências exatas.

Sabia que estava se "condenando", por assim dizer, a passar longos períodos longe da família e dos amigos que tanto amava, mas havia uma grandeza ímpar em sua alma e os pequenos sacrifícios eram levados com alegria e bom humor.

Ele sim era o verdadeiro missionário, que viajaria pelos quatro cantos da galáxia tentando melhorar a vida daqueles que precisavam se ausentar de casa por longos períodos, doando seu tempo e seus esforços para o bem comum.

Quando falo em alegria hoje em dia para nossos clientes, costumo ser mal interpretada, pois as pessoas, de forma geral têm dificuldade em aceitar que as dificuldades da vida devem ser levadas dessa forma.

"Como estar alegre diante de uma vicissitude?", certamente perguntaria a maioria.

Sei que é difícil esse entendimento, mas para que possa ser compreendido é preciso que tenhamos uma visão mais clara do que a alegria significa. A meu ver a alegria é uma combinação de fé e resignação, como já falei em outras oportunidades.

A resignação é o ato de se compreender que nem tudo pode ser do jeito que gostaríamos que fosse, isto é, as pessoas não têm que pensar pela nossa cabeça; não têm que usar o mesmo sistema de crenças que usamos e a vida geralmente não está aí para atender as nossas expectativas.

E a fé, que absolutamente não é um conceito apenas religioso, é o ato de se compreender que aquilo que nos acontece é, provavelmente, o melhor para nós naquele momento.

"Como assim?", perguntariam, um tanto indignados, na medida que todos nós adoramos nos queixar e reclamar da vida.

"Como não conseguir aquele cargo de chefe pode ser melhor, por exemplo?", continuariam.

Bem, o fato é que o ser humano precisa aprender a pensar grande, isto é, precisa aprender a considerar a vida atual como uma continuação de outras vidas. A hipótese da reencarnação liberta o homem de muitas de suas dores ou daquilo que ele acha serem as suas dores.

Se somos seres eternos estamos, naturalmente, nessa sucessão de vidas, buscando um aprimoramento que nos leve a sermos cada vez mais felizes. E se estamos então aprendendo, é óbvio que não aprendemos ainda tudo aquilo que tínhamos para aprender.

Diante das dificuldades da vida neste nosso planeta, no estágio de transição em que ele se encontra, costumo brincar com as pessoas e dizer que se já tivéssemos aprendido tudo, provavelmente não precisaríamos mais estar aqui e talvez estivéssemos no céu tocando uma harpinha dourada, vestindo um camisolão e deitados numa nuvem, olhando os outros aqui embaixo sofrerem.

Mas como ainda estamos aqui, tenho observado no decorrer dos anos, que cada indivíduo veio para aprender uma coisa específica.

Uns vieram para serem menos egoístas, outros para serem mais generosos, outros menos vaidosos, outros ainda menos preguiçosos, por exemplo. Mas a maioria de nós veio com certeza para aprender a ser menos prepotente, pois todos queremos que tudo seja do nosso jeito, ou não?

Duvido que exista alguém que possa dizer em sã consciência que não se importa em abrir mão do seu jeito de pensar ou agir sem sofrer de alguma forma, mesmo que não demonstre. E o sofrimento habitual nesses casos geralmente é a irritação, com suas diversas facetas.

Ah! Sim, porque muitos dizem que não se irritam e que são muito calmos. Quando confrontados percebem que são muito calmos quando tudo está saindo do jeito que esperavam, isto é, o verdadeiro temperamento só aparece no momento em que o indivíduo é contrariado.

Dizer que fulano é calmo quando tudo está bem não tem qualquer significado. Quero ver o tal fulano continuar calminho e feliz quando suas expectativas não forem consumadas; quando a esposa bater o carro, quando o filho tirar nota baixa na escola ou quando for preterido num cargo na empresa.

É preciso também compreender que a irritação pode se apresentar disfarçada, digamos assim, de tristeza ou então da hoje, tão popular, depressão. As pessoas que têm tendência à depressão são pessoas que, no fundo, querem mesmo que tudo seja do seu jeito e que não toleram ser contrariadas.

Todas, sem exceção, relatam o início de suas tristezas ou de sua depressão após alguma pequena ou grande contrariedade na vida. Algumas foram abandonadas pelo ser amado, perderam um ente querido ou passaram por dificuldades econômicas, por exemplo.

Outras simplesmente não tiveram seus desejos realizados, foram preteridas ou passadas para trás. Ou acham que estas coisas aconteceram.

Num primeiro momento diante dessas vicissitudes, o sentimento é sempre a irritação, a mágoa, o ressentimento ou a raiva, como se dissessem:

"Como a vida fez isso comigo?".

Até compreenderíamos a tristeza que se seguiria a esse tipo de impacto emocional, pois não importa muito se uma coisa importante aconteceu de fato, mas se a pessoa acha que a tal coisa aconteceu, ou a versão pessoal que ela dá a um acontecimento.

O problema é que o tal sentimento de tristeza, que deveria ser rápido, como todo sentimento verdadeiro, acaba se tornando uma espécie de sentimento favorito, cuja causa vai se perdendo no tempo.

Num segundo momento, na medida que a vida não se importa absolutamente com seu sofrimento e continua simplesmente seguindo em frente, vem o abatimento e começa a depressão.

Nesse estágio a pessoa pode então expressar o sentimento favorito, que é a tristeza, ou a falsa tristeza, como ficaria melhor dizer, e pode também desenvolver mecanismos para chamar a atenção das pessoas com suas queixas de como a vida é ruim e de como ninguém faz nada para ajudá-las, além de não serem amadas.

As pessoas já não compreendem mais essa tristeza e com o tempo passam a não dar mais as respostas esperadas pelo depressivo ou atenção àquele queixume sem fim.

Na verdade, aquelas queixas crônicas que são geralmente seguidas de movimentos histéricos, isto é, não dirigidos à solução do problema, terminam por causar irritação e constrangimento nas pessoas que circulam à volta dela, que então se fecha e passa a pensar até mesmo em morrer. É como se dissessem:

"Parem o mundo que eu quero descer". E muitas vezes conseguem mesmo, exagerando a dose do remédio ou perdendo o equilíbrio na janela, no seu teatro inconsciente para ter a atenção das pessoas.

Se tivessem, desde o princípio, parado para pensar o que aquelas perdas, por exemplo, queriam dizer em relação àquilo que ainda tinham que aprender compreenderiam melhor os acontecimentos da vida.

Muitas vezes precisamos aprender a nos resignar com as perdas, ou aprender a viver com menos, ou sermos menos implicantes ou possessivos com as pessoas, por exemplo.

Outras vezes, ante nossos problemas de nascimento, como um defeito físico ou a cor ou o sexo que não queríamos ter, ou até mesmo a família que desprezamos, sempre poderíamos parar e pensar:

"O que eu tenho para aprender tendo nascido nesta ou naquela circunstância?".

Muitas vezes precisamos aprender a ser menos orgulhosos, mais solidários, menos despóticos e daí para frente.

É só cada um olhar para os lados e para sua própria vida, lembrando o lugar e a família na qual nasceu, a condição social em que vive e tudo o mais, para ter uma clara noção das lições que ainda faltam aprender para que possa ser mais feliz.

E, naturalmente, só conseguirá fazer isso no momento em que parar de se queixar.

Nesse momento então poderá transformar a dor, o sofrimento e aquilo que chama de problema, numa oportunidade de aprendizado. Estará, por conseqüência, deixando de ter um problema para ter novas oportunidades. A isso damos o nome de fé.

Juntando essa fé, que só mesmo a vida pode ensinar, na medida que ainda não conseguimos nascer com ela pronta e operante na maioria das vezes, à resignação de que tudo não pode mesmo ser do nosso jeito, teremos então a alegria em nossas mãos.

Aquela alegria serena que dá tranqüilidade ao espírito e afasta dele os momentos de desesperança e dor prolongada.

Como nenhum de nós faz muito nada disso,

sofremos. Assim como Leo e assim como Levin. Assim também como os muitos outros personagens nesta longa trajetória de nosso jovem cliente pela história da humanidade, neste ou em outros planetas.

Levin teve a oportunidade de encerrar esse ciclo de sofrimento muito cedo, o que talvez tivesse poupado Leo de um sem número de reencarnações dolorosas.

Teve a oportunidade, pois viveu, como a maioria de nós, num lugar onde a média das pessoas já tinha aprendido a ser feliz. Viveu na doce Zangadahr, o belo planeta das estrelas gêmeas, onde as pessoas eram brandas e amorosas. Nada aprendeu.

Não aproveitou e condenou a si próprio a uma longa e dolorosa jornada de recuperação por outros mundos, numa decadência impiedosa, até chegar aos dias de hoje, quando ainda não tinha aprendido totalmente suas lições, mas já se esforçava por ser um bom aluno.

Voltando a Illyan, ele armou seu coração de toda a bondade e sua mente de toda a paciência possível para ajudar o companheiro, cumprimentando-o efusivamente quando o instrutor separou os aposentos entre a turma.

Abraçou-o e falou, sinceramente comovido:

"Veja só Levin. Estamos a milhares de quilômetros de casa e vamos ficar juntos de novo. Como a vida é boa, não?", e continuou: "Minha mãe nem vai acreditar quando eu contar a ela que encontrei você aqui e que dividiremos o mesmo espaço".

"Nem eu", pensou Levin, aborrecido com a situação inusitada. Preferiria, sem dúvida, ter conseguido um alojamento só para si.

"Estive na estação da lua de Quion e lá fiquei com um rapaz de Sentuir; mas seus hábitos eram tão diferentes que tivemos que trocar de quarto. Você conhece aquele povo. Ele dormia de dia e trabalhava à noite. Além disso comia coisas estranhas. Não conhecia a nossa música nem nossos costumes".

Levin o olhava em silêncio, evidentemente constrangido com aquele abraço, mas Illyan parecia não se importar e continuava:

"Até que nós gostávamos, mas estávamos atrapalhando um ao outro e aí decidimos ficar com alguém de uma raça mais parecida com a nossa. No fim deu tudo certo e até ficamos amigos. Aprendi uma porção de coisas sobre os planetas de classe 2 daquele quadrante com ele. Ainda nos falamos pelo monitor cósmico de vez em quando".

Levin o afastou com a delicadeza que pôde encontrar.

"Que interessante", falou, na tentativa desajeitada de ser simpático. Até tentou sorrir.

Virou-se, apanhou suas coisas e saiu à procura do alojamento. O jovem Illyan sorriu pensando como aquilo seria difícil. Decidiu que faria tudo o que pudesse. Pegou suas coisas e o seguiu. Não tinha nem idéia do que viria pela frente.

Tiveram alguma dificuldade de achar o deck dos novos alojamentos porque, na confusão, se esqueceram de ligar o processador e usar o cartão que Laars lhes tinha dado.

Illyan carregava uma porção de maletas, ao contrário de Levin, que levava apenas uma mala de tamanho médio. Levin terminou por ajudá-lo, já que não lhes foi emprestada nenhuma das esteiras deslizantes.

"Por que você carrega tanta coisa?", perguntou irritado com a atrapalhação do amigo.

"Ah! Tantas coisas. Tem até um pacote de doces que minha mãe mandou. Ela comprou numa feira de culinária antiga, em Zangadahr. Daqui vou fazer umas excursões a alguns planetas de classe 3, onde a atmosfera é pesada e o frio intenso. Então vim preparado para isso também. Botas e roupas climatizadas, essas coisas. Faz parte da minha pesquisa o estudo mais aprofundado sobre esses povos para tentar acolhê-los mais apropriadamente nas grandes estações. Justamente para não acontecer o que aconteceu com meu amigo na estação da lua de Quion. Ele estava mal adaptado com os costumes. Você sabe como é."

"Eu sei como é", respondeu, desinteressado daquele assunto e arrependido de ter perguntado. Pelo visto Illyan era um tagarela.

"Era só o que me faltava", pensou. Nem mesmo se lembrava dele dos tempos de Grann. Naqueles tempos só tinha olhos para Klini e Kaao.

Passaram por incontáveis corredores. Subiram e desceram de rapidíssimos elevadores que funcionavam acionados pela voz de seu ocupante.

Illyan estava achando tudo muito divertido; aquele se arrastar para lá e para cá da estação carregando uma porção de malas. Ia cumprimentando as pessoas e distribuindo sorrisos. As pessoas sorriam muitas vezes de volta, divertidas com a situação dos dois rapazes, evidentemente perdidos.

Finalmente conseguiram chegar aos alojamentos do pessoal permanente, que ficava numa ala desconhecida da estação para Levin, pois nunca se interessara em explorá-la, ao contrário dos outros estudantes, e que não passava de um quartinho apertado com grandes camas tipo prateleira.

Sob cada cama havia uma estação completa de trabalho e estudo, com monitor cósmico individual e tudo o mais que fosse necessário, dando bastante conforto nesse sentido aos estudantes.

De sua estação particular cada um desfrutava

de ampla janela que dava para o lado de fora da estação, aberta para o espaço e de onde se podia observar as estrelas e o movimento das naves em seu ir e vir.

Illyan exultou.

"Olhe Levin", chamou, sentando-se na confortável poltrona sob sua estação de trabalho.

"Que sorte que nós demos. Nossos aposentos têm janelas externas. E olhe que instalações para estudo. Temos tudo o que precisamos. Até parece que estamos em casa", falava enquanto examinava aquele sem número de dispositivos e comandos à sua frente e nos braços de sua poltrona.

"Temos até um pequeno processador de alimentos. Veja só! Podemos tomar uma bebida quente sem sair daqui. Venha, vamos experimentar", estava encantado com o pequeno aposento que lhe serviria de morada naquela temporada.

Levin, por sua vez, simplesmente desempacotava suas coisas quase sem sequer ouvir o alegre companheiro. Não se deu ao trabalho de olhar pela janela e não se deixou contaminar pelo entusiasmo dele.

"Que bobagem. Que infantilidade", resmungava para si mesmo, pensando nas coisas "importantes" que viera fazer.

"Será que ele não pára nunca de falar?", pensou.

Jogou tudo dentro do armário de qualquer jeito e acionou a porta, que se fechou silenciosamente. Subiu para sua cama e acionou o outro monitor individual que havia na parede aos pés de cada uma delas.

Colocou no ouvido um pequenino fone portátil, do tamanho de uma moeda, que possibilitava ouvir o monitor com exclusividade. Isso encerrava a conversa.

Illyan o olhou com um suspiro, quando se apercebeu da atitude de distanciamento.

"Isto não vai mesmo ser fácil", pensou, enquanto arrumava suas coisas com capricho e verdadeiramente feliz por estar ali. Falou com os pais em Zangadahr e pediu que eles dessem também notícias aos pais de Levin.

Decidiu esquecer Levin, que dormia, por uns momentos e se deliciar com a bebida quente que havia conseguido no processador. Conseguiu também uma espécie de bolo duro de frutas secas, muito popular naquela época entre os jovens.

"Vamos ter uma longa temporada por aqui", concluiu, enquanto mastigava o bolo, pensativo.

Toldan era um homem de estatura média, moreno claro e já passado nos anos. Usava botas e roupas cinzas de mangas compridas, que brilhavam na luz artificial da estação e que pareciam apertá-lo, como um uniforme de tecido acolchoado. Por cima se via um colete pesado, aberto e comprido, até a altura de seus joelhos.

O cabelo cuidadosamente penteado para trás e grudado na cabeça, como se tivesse sido passado algum gel, mais a pele pálida e um começo de olheiras conferia-lhe um ar sinistro, se comparado à jovialidade e ao aspecto saudável da maioria das pessoas.

Era homem de poucas palavras e parecia não dormir nunca. Era oriundo de um planeta de classe 1, da mesma constelação de Zangadahr chamado Trorium, tido também como um dos mais importantes da federação.

Trorium era um lindo e pequeno planeta, onde predominavam as partes molhadas, como a Terra, habitadas por pessoas da mesma raça de Zangadahr e também de costumes muito semelhantes.

Apesar de pequeno, ele era responsável por grande parte do desenvolvimento de um tipo de liofilização de alimentos através de sofisticadíssimas máquinas, que propiciavam embalagens minúsculas, tipo comprimidos ou pequeninos sachês para refeições completas.

Além disso, também fornecia tecnologia de última geração para os grandes telescópios espaciais; de lá haviam surgido várias gerações de grandes astrônomos, desenvolvedores por assim dizer, desses complexos instrumentos.

Toldan fazia parte dessa história e, com o tempo, havia se tornado o melhor, fixando sua base de trabalho em Linie, embora viajasse por toda a galáxia com seu séqüito de assistentes, aprendizes e admiradores, aos quais dedicava uma migalha de seu tempo.

Levin ficou dias esperando ser chamado ao observatório. Enquanto isso se debruçava nos estudos com o intuito de não fazer feio na presença do grande mestre, se este o inquirisse de alguma coisa.

Comia uma coisa ou outra ali mesmo no alojamento para não perder tempo e permanecia com as luzes do quarto acesas o tempo todo, mesmo enquanto dormia, para o desgosto de Illyan, que preferia dormir no escuro.

Não que Levin fosse do tipo dado a medos ridículos. Apenas achava que detalhes, como apagar as luzes, eram uma besteira, assim como tirar o lixo para os vaporizadores espaciais ou ainda inutilizar os objetos descartáveis, como canecas e pratos, por exemplo. Ficava tudo amontoado pelo chão e por cima de sua estação de trabalho.

Nos primeiros dias o companheiro, pacientemente, fazia a limpeza, mas depois foi orientado pelos instrutores a exigir que Levin fizesse sua parte.

Criaram os instrutores, especialmente Laars, pequenas inspeções no alojamento com o intuito de fazê-lo viver de uma forma mais normal, limpa e organizada.

Levin nem se apercebia que era apenas o seu alojamento que era inspecionado e reclamava bastante ter que perder preciosos minutos de seu tempo com aquelas bobagens.

"Tudo pela ciência!", pensava resignado.

Os estudantes haviam chegado algumas semanas antes da temporada começar para um período de adaptação e, com o tempo livre, todos percorriam a grande estação para conhecer as instalações e as pessoas, assim como para verificar novas possibilidades de estudo que ainda não tivessem sido cadastradas.

Também usavam o tempo para se confraternizarem e fazer novos amigos, organizando pequenas festas e encontros esportivos, nas grandes facilidades do complexo orbital.

Por todos os lados da estação a vida fervilhava com o ir e vir de centenas de pessoas que a usavam apenas como pouso seguro entre suas viagens espaciais.

5
Linie — A estação orbital

... o encontro com o mestre Toldan...

"Ora, a existência do mal tem constituído realmente difícil problema filosófico e teológico. Grandes pensadores eclesiásticos e leigos têm esgrimido com ele ao longo dos séculos. O questionamento é compreensível, se nos plantarmos dentro de um território de idéias que admitem dogmaticamente uma única existência para o ser humano.
... Deus não seria bom ao criar seres destinados ao inferno e nem justo, ao criar privilegiados, já com o céu garantido. Ou, então, ele não seria onisciente, por não saber como as criaturas iriam resolver seus conflitos para merecer uma ou outra destinação.
... O problema do mal precisa, portanto, ser colocado em outro contexto filosófico-religioso que a doutrina das vidas sucessivas (reencarnação) veio finalmente oferecer. De acordo com essa antiga crença — hoje amplamente demonstrada — o ser humano conta com a oportunidade de numerosas passagens pela matéria densa. Em ciclos alternados na dimensão espiritual ou acoplados a um corpo físico, vai realizando seu aprendizado, corrigindo desvios de comportamento e desenvolvendo seu projeto evolutivo através dos milênios, até os mais elevados patamares da perfeição".

Hermínio C. Miranda

Toldan estava de pé, em frente a um grande painel que mostrava, naquele momento, aquela parte da galáxia, com sua imensa quantidade de astros e estrelas. Tinha um controle nas mãos de onde mudava as telas ou as aproximava para visualizar melhor algum detalhe, nos intrincados gráficos que se alternavam em velocidade.

O laboratório era de uma luz azulada e escura, provavelmente para facilitar a visão dos pesquisadores e funcionários, no meio de uma proliferação fantástica de vídeos e painéis por todos os lados. Havia uma silenciosa agitação, com as pessoas se movimentando para lá e para cá.

A maioria usava roupas também escuras; uma espécie de uniforme, com botas curtas, acolchoadas e calças justas por dentro delas.

Parecia uma roupa de uma peça só, dividida por um cinto onde havia botões digitais de controle para algum tipo de aparelho. Outros controles apareciam no lado esquerdo da blusa de mangas compridas, na altura do peito.

Como em toda a estação ali era bastante frio e as roupas eram adequadamente preparadas para a temperatura, parecendo ser confeccionadas de um tecido grosso, porém leve e flexível. Tinham bolsos nas laterais das mangas e das pernas, fechados por algum sistema imperceptível.

Levin olhou para tudo maravilhado. Estava no salão central do grande observatório. Adorava aquele lugar, mas nunca tivera acesso para trabalhar diretamente ali. Sempre havia ficado em laboratórios adjacentes, quando de suas vindas anteriores à estação.

Mal tinha podido entrar ali anteriormente e sempre havia se contentado com olhadelas de passagem ou observações de estudo quando sua senha era liberada.

Achava aqueles uniformes fantásticos e quase não acreditou quando uma mulher veio discretamente em sua direção e o convidou a trocar de roupa num vestiário próximo.

"Finalmente faço parte da equipe de Toldan" — pensou orgulhoso ao se admirar numa espécie de espelho dentro do vestiário. Passou a mão pelo peito para sentir o tecido macio do uniforme, extasiado.

Alguns técnicos, dois homens e uma mulher, que também se trocavam, olharam bondosamente para ele, compreendendo a emoção daquele momento. Sorriram e um dos homens se aproximou colocando a mão fraternalmente em suas costas.

"Bem-vindo meu jovem", falou alegre. "Espero que goste daqui".

Era Dal'shir, um tipo de engenheiro do planeta Zondihr, o mesmo de seus colegas Askar e Aine. Um sujeito simpático que com o tempo também tentaria ser uma espécie de anjo da guarda de Levin, aliando-se a Laars e Illyan na tentativa de salvá-lo.

Levin estava tão eufórico que nem notou a intimidade de Dal'shir. Simplesmente sorriu de volta. Sorriu para todos, num raro momento de felicidade genuína.

Os outros se aproximaram e se apresentaram. Zunira e Edon eram astrônomos de Zangadahr mesmo e também haviam estudado na escola de Grann. Fizeram comentários amistosos que Levin não ouviu.

Apenas meneava a cabeça como se estivesse entendendo, mas simplesmente se olhava no espelho, como que hipnotizado. Tinha a impressão que esperara por aquele momento a vida toda.

Todos riram da situação, pois parecia abobado de felicidade, achando-o um rapaz simpático, pois sorria sem parar. Mal sabiam que ele sorria era para si mesmo. Terminaram puxando-o para fora e conduzindo-o de volta para o grande salão.

Pelo caminho iam apresentando-o aos demais técnicos, que sorriam e abanavam as mãos.

Edon e Zunira ficaram em seus postos pelo caminho e Dal'shir perguntou:

"Quem é seu instrutor? Precisa falar com ele para saber o que você vai fazer".

"Toldan", respondeu simplesmente.

Dal'shir riu e falou calmamente:

"Toldan é o superior, meu caro amiguinho. Poucos se dirigem a ele pessoalmente e certamente um recém-chegado não irá ser orientado diretamente por ele. É muito ocupado".

Levin olhou para ele em silêncio e repetiu:

"Toldan. Foi ele que me deu os créditos para vir para cá. Não foi designado nenhum outro instrutor nesta área para mim", insistiu.

Dal'shir percebeu que ele parecia falar sério e embora achasse estranho, apontou para Toldan, do outro lado do salão. Dava para ver que ele continuava de pé, atarefado atrás das grandes máquinas que pendiam do teto no meio do salão.

"Bem, neste caso você deve ser um predestinado, pois nunca vi isto acontecer. O melhor então é você falar com Lohar, que é o primeiro assistente dele. Boa sorte". Mostrou a ele quem era o assistente e foi cuidar de seus afazeres, sorridente.

Virou-se e avistou Lohar, que era um homem forte e atarracado. Levin reconheceu imediatamente que ele era do planeta Sinerium, de classe 3, do outro lado da galáxia.

Os habitantes de Sinerium eram conhecidos pelo mau humor, no sentido de não se interessarem por piadas, festas ou brincadeiras. Como todas as diferenças na federação eram respeitadas, eram aceitos de forma normal.

Aqueles que se qualificavam para o trabalho nas instalações orbitais ou outras instalações da federação, haviam com certeza se destacado em suas áreas de atuação, especialmente nas ciências e, com o sinerianos, isso não era diferente.

Os povos dos planetas de classes 3 e 4 não haviam ainda desenvolvido a mesma maturidade espiritual dos de classe 1 e 2 e, nesses lugares, o crime e a desordem ainda eram relativamente comuns, não podendo ainda os cidadãos de bem viverem em completa paz.

"Parece a Terra", comentou Leo com um suspiro.

Nem me dei ao trabalho de responder. Apenas suspirei também.

Levin olhou atentamente para Lohar. Conversava com dois outros homens em tom confidencial, numa rodinha. Ambos igualmente sinerianos, assim como vários outros técnicos ao redor do salão e também por toda a estação.

"Acho que vou me dar bem com ele. Sei que eles também não ligam para futilidades e não ficam de risadinhas", pensou, identificando-se, enquanto caminhava em sua direção, sinceramente satisfeito.

Levin sabia de algumas de suas vidas passadas em planetas de classe 3 e 4 e nutria certo prazer com as lembranças espontâneas que tinha.

Como quase todos os habitantes de Zangadahr, tinha flashs de vivências passadas, mas ao contrário da maioria, não as usava para seu aprimoramento.

Pareciam nada mais que aventuras interessantes onde seus personagens, geralmente não muito bonzinhos, cometiam todo tipo de crime, sem ter que se submeter a regras severas de boa convivência, como hoje na sua vida atual.

Esquecia-se que na maioria das vezes o final das vidas não havia sido tão interessante, com mortes trágicas e muitas vezes com muito sofrimento. Divertia-se pensando nas alternativas que daria aos problemas que os personagens tiveram, para que eles não caíssem nas mesmas desgraças no fim daquelas vidas.

Em uma delas, por exemplo, havia sido morto numa espécie de bar, no meio de uma briga entre duas quadrilhas de exploradores de escravos. Vivia num planetinha classe 4 e roubava pessoas de seu próprio planeta para vendê-las a mineradores em planetóides ainda não federados.

Em outra lembrava-se de ter sido uma mulher gananciosa que assassinara o próprio marido para tomar conta sozinha do pequeno negócio de exportação, numa doca espacial de quinta categoria; terminou sendo presa e mofou numa das prisões da federação até a morte, pois era extremamente rebelde e não se regenerava.

"Aproxime-se", era Lohar, em tom grave.

Nem havia percebido que já estava próximo e que ele o observava, assim como os outros dois. Os três o olhavam de forma séria e impessoal, mas não agressiva; bem da forma de ser dos sinerianos. Pareciam indiferentes nas relações humanas, robotizados.

Aproximou-se em silêncio e esperou.

"Você é Levin, não?", perguntou o assistente, examinando-o de cima até embaixo.

"Sim", respondeu calmamente, sem se importar e sem se mostrar nervoso. Quase nada o deixava nervoso além de gente tagarela e das obrigações sociais e familiares.

Achava normal ser examinado desta forma. Afinal, sentia-se quase uma celebridade, depois do que ouvira de Dal'shir. Não supunha que sua posição não fosse normal. Não achava que Toldan fosse homem dado a abrir exceções.

"Venha. Vamos conversar", apontou-lhe o caminho indicando que podia ir à frente e com um gesto dispensou os outros dois, que se foram sem uma palavra.

Havia muitas salas cobertas por uma bolha de um material transparente, como vidro, onde os principais técnicos trabalhavam e promoviam suas pequenas reuniões, como aquela.

Lohar confirmou as palavras de Dal'shir sobre o interesse de Toldan sobre ele. Achava-o, até prova em contrário, bastante adequado para ser treinado dentro da equipe, que deveria em pouco tempo começar uma renovação.

Por alguma razão desconhecida por Levin na época, muitos assistentes diretos de Toldan haviam morrido ou desaparecido em circunstâncias estranhas ou trágicas.

É verdade que quando se falava de viagens espaciais para pesquisa em lugares distantes, sempre havia um risco maior a se correr, como de resto toda atividade militar da frota estelar.

O grupo de Toldan era tido dentro da frota e da federação como heróico, pois persistia, apesar das inúmeras "desgraças" que se abatiam sobre ele.

Um observador atento talvez verificasse que a verdade não era exatamente aquela. Apesar da maioria dos habitantes dos planetas de classe 1 terem dons paranormais e poderem sentir as verdades e as mentiras que emanavam das pessoas, ninguém era dado a ficar se preocupando com coisas desse tipo.

O grupo todo era tido como um pouco excêntrico, não só em função da personalidade de seu chefe, conhecida por todos, mas também do número significativo de sinerianos que dele faziam parte, pessoas um pouco indecifráveis para a maioria.

O que ninguém questionava, todavia, era sua competência e seriedade, mesmo porque nada havia que pudesse desabonar a conduta de quem quer que fosse.

Lohar gostou dele, de seu jeito parecido com o da gente de sua terra. Estivera um pouco apreensivo sobre o rapaz que Toldan dissera ter escolhido como talhado para fazer parte da equipe.

Sabia que o chefe não era dado a escolhas erradas; admirava-o, mas não queria saber de meninos festivos e intrusos por ali.

Levin era do tipo calado e pouco dado a manifestações de afeto. Não sorriu e somente fez perguntas práticas, o que agradou a Lohar.

"Você fica sob a minha guarda por enquanto. Recebi seus programas de estudo e sei exatamente do que você é capaz. Não estamos aqui atrás de gênios e sim de gente que se encaixe na equipe mais próxima de Toldan. Você é jovem e tem muito a aprender, mas parece que veio ao lugar certo". Ele falava e depois fazia grandes silêncios, ignorando a presença de Levin, pois ao mesmo tempo monitorava um painel em sua mesa de trabalho, preocupado com alguma coisa.

Levin também gostara dele. Sua atitude, em vez de aborrecê-lo só fez por deixá-lo ainda mais entusiasmado.

"Um verdadeiro cientista", pensou, enquanto o observava, imaginando quando estaria sentando numa poltrona como aquela.

Lohar o olhou como se lesse seus pensamentos, embora os sinerianos geralmente não tivessem essas faculdades psíquicas muito desenvolvidas.

"Não tenha pressa", falou de um jeito abafado, inclinando-se na sua direção e criando uma atmosfera de cumplicidade.

Levin sentiu-se extremamente confortável naquela presença, talvez estranha aos nossos olhos.

Leo não tardou a comentar, usando uma gíria dos nossos tempos:

"Que sujeitinho esquisito esse Lohar, não? Sinistro".

"Não avalie, apenas me descreva o que acontece", intervi, embora achasse a mesmíssima coisa.

Quando fazemos uma regressão o ideal é que o cliente não expresse seus comentários durante o processo, para que sua personalidade atual interfira o mínimo possível no personagem do passado, mas como se vê, isso é absolutamente impossível em determinados momentos, especialmente ante relatos tão inusitados.

Os sinerianos não tinham dons extra-sensoriais tão desenvolvidos como os dos zangadahrianos e de outros povos, mas uma forte empatia havia se formado entre os dois. Talvez Lohar adivinhasse seus pensamentos apenas porque pensavam de forma parecida e ele, na sua juventude tivesse pensado da mesma forma.

"O que devo fazer?", perguntou Levin, prestativo e ávido para começar a circular por ali.

O assistente se recostou na poltrona e continuou a olhá-lo friamente.

"Muito bem. Se você quer trabalho vou deixá-lo a cargo de Zidahn".

"Zidahn? Quem será essa pessoa?", pensou, imaginando que ele iria levá-lo à presença de Toldan. Ficou meio decepcionado, mas não deixou transparecer.

Lohar não pareceu ter notado, aliás, não demonstraria mesmo que o tivesse feito e simplesmente ordenou que procurasse pelo assistente. Dito isso, simplesmente se levantou e saiu, deixando-o sozinho.

Levin ficou por ali, examinando os painéis da sala, sentindo-se muito importante por ser tido como pessoa de confiança.

Não só era admitido no grupo como também era deixado só e à vontade num lugar cercado de segurança por sua função estratégica e onde poucos podiam entrar.

Jamais trairia a confiança de Lohar, com certeza, pensou enquanto se levantava e saía em busca do assistente do assistente.

Não foi difícil achá-lo. Imaginou que ele certamente também seria um sineriano, no que acertou em cheio.

Ele trabalhava inspecionando algumas estruturas no alto de uma das grandes máquinas que se situavam no meio do salão, suspenso no ar por um mecanismo atado às suas costas, que o fazia levitar, como as esteiras de transporte.

Zidahn era realmente de Sinerium e Levin já estava se acostumando com a idéia dessa convivência. Aliás, estava achando uma maravilha trabalhar com pessoas que não iam ficar dando tapinhas nas suas costas e perguntando se tinha dormido bem.

Enfim, pessoas que não iriam se intrometer na sua vida e para os quais seus hábitos não iriam interessar nunca.

Ele era o mais jovem da equipe e parecia ter uns 25 anos. Levin notou pela primeira vez que usavam insígnias de posto ou patentes, como militares.

Pequenas peças arredondadas de um metal prateado, imantadas nos punhos do uniforme, como pequeninas moedas, onde havia alguns sinais gravados. Cada pessoa usava um determinado número de peças e cada qual com sinais diferentes.

Percebeu que seria bobagem perguntar o que seriam aqueles sinais e também aquelas insígnias já que não eram militares, resolvendo investigar depois por conta própria.

Aprendia rápido o que era e o que não era importante ali. E detalhes positivamente não eram importantes para aquela gente.

Cada vez gostava mais e sentiu-se até envergonhado de sua curiosidade, que, imediatamente, classificou de infantil. Buscaria informações, mas apenas para se integrar melhor e compreender as propostas do grupo, pensou, mentindo para si mesmo.

Zidahn desceu e o cumprimentou:

"Venha Levin, eu já esperava por você", falou simplesmente enquanto se desvencilhava do aparelho de levitação e outros instrumentos de mão, que entregou a outro rapaz.

Pelo visto sua presença e seus passos ali eram inteiramente previsíveis. Percebeu satisfeito que estava num lugar onde não havia muitas surpresas. Também não gostava de surpresas.

Passou a trabalhar em companhia de Zidahn, tornando-se amigos, na medida do possível, já que ambos eram frios e distantes.

Saíam às vezes juntos do observatório para uma caneca ou duas de uma bebida quente chamada Cindiu, originária de Dagoniahn, um planeta de classe 2 na constelação de Zangadahr, que havia se tornado muito popular entre crianças e jovens e também para comer alguma coisa diferente, quando ambos estavam enjoados dos processadores de alimentos de seus alojamentos.

Levin era a pessoa mais jovem que Zidahn havia encontrado na estação e que não se comportava de forma ridícula; a seus olhos os jovens dos planetas de classe 1 e 2 eram muito estranhos e eles formavam a maioria por ali.

Não compreendia muito bem aqueles arroubos de afetividade, assim como o desperdício de tempo que eles cultivavam.

Levin pensava exatamente a mesma coisa sobre ele e não imaginava as outras atividades do amigo na estação, assim como também não imaginava as outras atividades de Toldan e seus auxiliares mais próximos.

Nenhum dos dois patrulhava a intimidade do outro; não se visitavam e nunca perguntavam onde o outro estivera ou aonde iria, caso não combinassem sair juntos, mesmo porque isso realmente não interessava.

O amigo passava dias desaparecido às vezes, e Levin tratava de cuidar de sua vida, assim como fazer a parte do trabalho que precisaria ser feito por Zidahn, quando isso interferia no seu trabalho e nos seus estudos.

Não recebia nenhum tipo de agradecimento, naturalmente, o que não o incomodava. Não conseguia, no entanto, deixar de imaginar as razões que o levavam a sumir com tanta freqüência.

O tempo passou depressa sem que Levin tivesse tido a oportunidade de falar com Toldan, que continuava inatingível. Já participava de reuniões de trabalho onde ficava de boca fechada, para não falar besteiras.

Era inevitável sentir-se emocionado a cada vez que o mestre entrava e se sentava, quase à sua frente, na grande mesa ovalada onde toda a equipe se reunia.

Nem todos no observatório faziam parte da equipe pessoal de Toldan e o simples fato de estar lá, determinado por ele, já era uma glória ímpar. As pessoas pareciam não se importar em fazer ou não parte daquele grupo e continuavam a trabalhar alegremente, o que ele não compreendia.

Havia aprendido bastante naquele tempo todo e ganhado também a confiança de Lohar. Não era brilhante certamente, mas era absolutamente enquadrado no sistema.

Um dia, quase ao final de sua temporada, foi

chamado por Toldan. Com o coração aos pulos correu a atender o chamado. Positivamente não era um sineriano como gostaria de ser.

Via-o quase todos os dias, mas ser chamado pessoalmente era uma novidade e quase uma honra, pois ele quase nunca lhe dirigia a palavra de forma significativa. No começo havia compreendido que estava sendo testado, mas agora, ao final de sua estadia já estava meio desanimado.

Por um lado esperava ser dispensado anonimamente, como todos, mas por outro sonhava que algo mágico acontecesse e que seria chamado a estar entre os pares de Toldan. De qualquer forma foi a seu encontro esperando um veredicto.

Toldan, como sempre, o olhava de forma grave, introspectiva e enigmática. Era um grande paranormal e não adiantaria esconder dele seus sentimentos, mesmo porque ele era de Trorium, planeta da classe 1.

"Não fique impressionado", falou-lhe Toldan quando lhe dirigiu a palavra pela primeira vez, convidando-o a se sentar na grande poltrona à sua frente.

Estavam em sua sala ovalada, muito parecida com a sala de Lohar. Ficava num plano um pouco elevado e dela se avistava todo o salão principal do observatório.

E continuou:

"Estou satisfeito com você. Tem as qualidades de um bom pesquisador e o espírito necessário de não se deixar envolver em coisas menores do dia-a-dia", falava pausadamente e Levin quase não acreditava no que ouvia.

Aquilo que a vida toda tinha sido um problema aos olhos da maioria das pessoas que haviam convivido com ele era uma qualidade aos olhos de seu mestre.

Sorriu sem querer, pensando naqueles idiotas que não paravam de atormentá-lo para que fizesse isto ou aquilo, porque era saudável ou interessante ou ainda que lhe traria alegria ou felicidade. Felicidade era aquele momento ao lado de Toldan.

"Eu compreendo você. Passei pelas mesmas coisas", tornou o professor, tirando-o num repente de seus pensamentos.

"As pessoas pensam que gente como você e eu, oriundos de um planeta classe 1, têm que entender a vida de uma forma preconcebida, cheia de sorrisos idiotas e confraternizações", Toldan continuava a falar, como se falasse para si mesmo e desse uma satisfação para suas próprias mágoas.

Olhava para fora, observando o vai-e-vem das pessoas, com um olhar turvo, sem de fato as ver. Olhava talvez para seu próprio passado.

"Nascemos no planeta errado meu caro Levin", riu com um certo sarcasmo e continuou:

"O que não deixa de ser interessante, porque assim a vida tem mais sentido e fica mais... emocionante, digamos", riu novamente. Levin nunca o havia visto sorrir sequer.

Estava mudo, olhando para o mestre com os olhos esgazeados. Nunca havia imaginado que fossem tão parecidos em sua forma de ver o mundo. Era inacreditável. Infelizmente ele não sabia a extensão exata do que Toldan estava falando.

"Vou partir para mais uma viagem e quero que venha também. Creio que está na hora de encerrar seus estudos ligados a Randahr Shefann. Posso recomendar isso a seu instrutor no CEAJ", falava com naturalidade aquilo que parecia um sonho para Levin, pois não tinha tido coragem, por si só de determinar o fim dos estudos nesse nível.

Não suportaria mais voltar para Randahr

Shefann ou para qualquer outro centro de estudos avançados.

Tinha apenas 19 anos e os pais certamente colocariam muitos empecilhos. Sabia que não tinha forças nem disposição para lutar contra Edis e Nídia, embora fosse natural cada um determinar, baseado na própria consciência o encerramento dos níveis de estudo, após o ingresso nos CEAJ.

Os pais certamente não achavam sua consciência um parâmetro muito recomendável.

"Está dizendo que quer que eu trabalhe na sua equipe?", arriscou.

"Isso mesmo", respondeu distraído, pensando decerto em outras coisas. E continuou:

"Se você tem interesse devemos agilizar imediatamente sua situação, pois parto em poucos dias. Suponho que você não seja do tipo de mudanças complicadas. Gosto de gente com flexibilidade para estar em qualquer lugar a qualquer tempo".

Esquecendo-se que falava com o grande Toldan, deixou escapar, lembrando-se das poucas roupas "civis" nunca mais usadas que trouxera de Zangadahr e nos poucos objetos amontoados inutilmente no armário de seu alojamento, ao contrário de Illyan, que gostava de arranjar coisas e lembranças para mandar para a família e para os amigos e que tinha roupas diferentes para isso e para aquilo.

"Pois está falando exatamente com uma pessoa desse tipo", seu tom de voz era orgulhoso e decidido, o que pareceu agradar Toldan, que voltou a sorrir levemente, de forma aprovadora.

"Vou mandar providenciar seu cartão de créditos. De agora em diante você não depende mais de seus pais. Passa a ser um funcionário do observatório de Linie. Procure Zidahn que ele lhe dará as coordenadas de que necessita", fez um sinal para que ele se retirasse, pois Lohar chegava, com outros, para alguma reunião. Tudo era simples e objetivo para Toldan aos olhos de Levin.

"A vida certamente devia mesmo ser assim", pensou, concordando, enquanto se levantava e procurava não tropeçar para sair, tanta era a felicidade que sentia. Continuava a sorrir sem querer, sentindo-se abobalhado.

E Zidahn lhe contou, com a frieza e a ética, muitas vezes duvidosa dos sinerianos, do que se tratavam essas viagens.

Desde tempo imemoriais cientistas de várias partes da galáxia, se uniam em grupos como o de Toldan, do qual estava prestes a fazer parte, com o objetivo de questionar entre eles os valores da época, aborrecidos com a subserviência de todos ante os padrões de conduta aceitos pela federação dos planetas. Não aceitavam aquele estado de coisas.

A ciência não podia depender de créditos federativos para sobreviver. Além disso, existiam também intrincadas burocracias a serem vencidas cada vez que algum projeto inovador tinha que ser colocado em curso, o que muito aborrecia a todos.

Isso para não falar nas difíceis relações entre alguns cientistas proeminentes e a própria federação quanto aos conceitos do que devia ou não ser pesquisado, produzido ou ainda mesmo vendido.

Alguns cientistas não se importavam em produzir e vender produtos de segunda linha, por assim dizer, para povos menos esclarecidos de planetas classe 4 ou 5, que, de qualquer forma, não poderiam mesmo se utilizar de uma tecnologia muito avançada por causa das leis de não interferência planetária; o objetivo era, naturalmente o de desenvolver projetos proibidos na maioria dos planetas federados, mas de grande utilidade no desenvolvimento da ciência.

Tais projetos eram proibidos geralmente por sua periculosidade à saúde das pessoas, por sua agressão ao meio ambiente ou ainda por fugir às rigorosas regras ligadas às indústrias espaciais e bélicas.

Havia ainda projetos que não honravam os grandes acordos que decidiam quais planetas teriam prioridade sobre quais produtos, nas grandes Câmaras de Comércio e assim por diante.

Mas todo sacrifício devia ser feito pela ciência e tais cientistas, aliados a empresários dos mais diversos setores, não se importavam em ser, eventualmente, condenados pelos seus atos.

Levin ouvia a tudo de olhos esbugalhados, altamente impressionado com o relato. Jamais havia lhe passado pela cabeça que coisas daquele tipo podiam se fazer necessárias.

Acreditou em cada palavra e, como um cientista que se julgava ser, encheu-se da mais legítima indignação.

"Como podem ser tão rigorosos? Esses povos não podem mesmo entender a diferença entre certas coisas e não estão sendo prejudicados, já que não conhecem nada muito diferente", falou de forma empolgada.

Parece mesmo que cada indivíduo acredita naquilo que lhe convém. E com Levin não era diferente.

Zidahn olhava com a ponta dos olhos, de forma meio cínica, a reação de Levin. É claro que por trás daquele discurso pungente havia segundas e terceiras intenções. Tais cientistas e empresários não eram certamente os heróis com as cores que Zidahn os pintava.

Mas Levin não precisava saber disso agora. Toda aquela gente se escondia por detrás do manto crítico da ciência, aborrecidos não com a federação, mas com o vazio e o tédio que haviam criado para suas vidas.

Eram em sua maioria pessoas parecidas com Levin. Frias, insensíveis, sem amigos verdadeiros, egoístas e desequilibrados das mais diversas formas; todos incompetentes para desfrutar as benesses bondosas que a sociedade da época proporcionava.

Pessoas fora de seu tempo, com seus espíritos perdidos ainda num passado distante, querendo reviver emoções disparatadas, paixões ridículas pelo poder e pela ganância sem sentido naquele lugar onde todos tinham tudo de que precisavam.

Invejosos da felicidade alheia e impotentes para promover a sua própria, que foram se encontrando no decorrer dos tempos e criando verdadeiras quadrilhas, que roubavam, comerciavam e matavam se preciso fosse, pelo simples prazer do risco e do não enquadramento nas normas vigentes.

Muitos terminavam por acreditar na grande mentira inventada através dos tempos; acreditavam no heroísmo e no sacrifício necessário, seus e de suas eventuais vítimas.

Outros eram apenas indivíduos fracos, inocentes úteis abobalhados, ou ainda eram simples bajuladores sem ética e com pouco talento, que se deixavam levar por um punhado de tapinhas nas costas, se contentando em viver nas beiras das vestes dos grandes homens.

"Tudo pela ciência!", era Zidahn ao final, terminando de forma pomposa as explicações.

"Tudo pela ciência!", repetia Levin, obediente.

"Por que será que mestre Toldan escolheu este sujeito?", perguntava Zidahn para Ezine, sua companheira do planeta Fardass, de classe 2, em voz baixa e com uma ponta de inveja.

Com ele tinha sido um pouco mais difícil.

Chegou ao grupo pelas mãos de Lohar, até porque eram do mesmo planeta e ele havia sido seu professor.

Aquele pirralho chegava pelas mãos de Toldan, o que lhe conferia algum status, e embora não tivesse privilégios visíveis, certamente alguns planos especiais estavam reservados para ele.

Quebrava a cabeça pensando que Levin nem era o gênio que se pudesse destacar, ao contrário. Era o mais comum dos mortais quanto à inteligência.

Ezine era o gênio em questão e ninguém questionava sua presença no grupo. Era calada e distante.

Absolutamente insensível ao que quer que fosse, era sempre enviada para "missões" onde decisões rápidas precisariam ser tomadas, como executar testemunhas ou possíveis adversários.

Ela olhou para o amigo e simplesmente meneou a cabeça concordando. Desprezava seres medíocres e Levin com certeza era um deles, apesar de se julgar muito superior.

"Esse não vai dar em nada", sentenciou, sem se importar se Levin ouviria; enquanto isso, a poucos metros ele assistia entre, espantado e respeitoso, pelo monitor cósmico, alguns projetos do grupo, vinculado num minúsculo cartão que lhe fora entregue por Zidahn, a contragosto, mas por ordem de Lohar.

Tendo ouvido o que a moça havia dito e tentando não parecer estúpido ante aquela provocação, ele levantou a cabeça, e olhou sério para a dupla, que o observava com um olhar até certo ponto de deboche; queria entender do que se tratava aquilo tudo.

"Por que eu?", perguntou em voz firme, tentando controlar os próprios nervos.

"Porque Toldan quer e quando ele quer alguma coisa isso vira uma lei que não deve ser questionada". Apesar de terem sido companheiros, Zidahn não nutria qualquer sentimento por ele, como de resto por ninguém; aliás, o mesmo acontecia com Levin e certamente encararia os fatos com a mesma frieza, caso a situação fosse ao contrário.

Leo parecia não agüentar tanta indiferença e não agüentou:

"Mas que gentinha ruim. Com certeza se merecem", acompanhava a história com interesse e até uma certa torcida, como se não estivessem sendo vivenciados e relatados por ele mesmo, o que é comum acontecer no processo de terapia de vida passada.

Muitas vezes o cliente sai da regressão, nos olha com os olhos marejados e questiona, mais com ele mesmo do que conosco:

"Como isso foi me acontecer?", ou: "Como pude fazer tal coisa?", ou ainda: "Como puderam pensar daquela forma?", tecendo comentários sinceros, como se aquilo tudo não fosse com ele.

Levin, por sua vez não sabia o que pensar. Parecia óbvio que não obteria resposta alguma ali. Sabia que aqueles dois tinham inveja da preferência pessoal de Toldan por ele e de fato isso não o incomodava. Preocupava-se apenas com o passo que iria dar em sua vida.

Sentia-se à beira de um penhasco onde do outro lado havia um paraíso, mas se caísse no pulo, tudo terminaria, além de não ter volta.

Por mais insensível que fosse quanto à raça humana, não podia se esquecer do estilo amoroso de vida dos pais e da irmã, que embora muito o aborrecesse, estava profundamente gravado no seu inconsciente. O que estava prestes a fazer seria absolutamente inaceitável para eles.

Pela primeira vez na vida vivia um conflito. Teria que abandonar tudo o que sempre desprezаra e de forma estranha, uma parte de si sentia-se incomodada. Mas, em compensação, a outra parte falava alto.

Se tivesse se interessado em explorar um pouco mais as opções dentro do conflito, talvez não tivesse caído no penhasco.

Mas Levin caiu e foi arrastado, galáxia afora, para um sem número de aventuras, que não tardaram, dentro de sua vida monótona, a conquistar sua mais fiel adesão, mas, por conseqüência, a enredá-lo num emaranhado de pequenos e grandes crimes, abafados sob a mentira que os movia.

Seu espírito se afundava mais e mais a cada dia que passava num lamaçal sem volta e o precioso tempo de sua vida foi sendo perdido nas teias de um desamor que o arrastaria, séculos a fio, por sofrimentos indescritíveis.

6
Badahn — As minas açorianas de Sinauri

... a terra dos condenados...

"É preciso que o ser humano comece a adotar uma visão holística da realidade planetária e entenda de vez por todas que sua felicidade depende do equilíbrio e da harmonia do conjunto, pelos quais lhe compete trabalhar, em benefício próprio e de todos os que ama.
Como espécime dominante, deve o ser humano, neste momento importante de sua evolução, refletir sobre essa doença planetária chamada egoísmo, que acaba influindo decisivamente para o desajuste de todos os reinos da natureza e adotar atitudes altruístas, não apenas em relação à sua espécie, mas sim, em relação a tudo e a todos que compõem esta morada planetária.
Somente superando o egoísmo, esse sentimento paralisante que tanto mal traz a elas próprias é que as criaturas humanas poderão alegrar-se, começando a sanear todo o organismo, ajustando o intercâmbio de amor entre todos os componentes da "Mãe Terra", que lhe retribuirá com uma condição bem mais amena de vida, pois então devolverá como benesses e harmonia o amor ofertado pelo ser humano por toda a criação divina que viaja em seu bojo universo afora, cumprindo os desígnios do Pai".

Bezerra de Menezes

Em sua primeira temporada completa na estação orbital Laars, Dal'shir, Illyan e mesmo Edon e Zunira tentaram, sem sucesso, trazer Levin de volta para a vida, da forma como ela deveria ser vivida.

Tentaram afastá-lo um pouco dos sinerianos, achando que ele não tinha estrutura para conviver com pessoas dessa raça, absolutamente inofensiva para a maioria, mas complicada para ele.

Convidaram-no para todo tipo de atividade saudável das quais participavam. Desde grupos de estudos, até jogos e pequenas festas. Mas Levin jamais aceitou qualquer convite, esgueirando-se com habilidade daquele convívio desagradável e tolo, a seus olhos.

Laars, instrutor do grupo de Levin, jamais se furtou a continuar tentando de tudo, mas ao fim da temporada já estava desanimado e se limitava a reportar ao conselho da CEAJ a situação.

O conselho enviou um professor especializado a Linie, especialmente para acompanhá-lo por um tempo, o que muito o aborreceu.

O professor, por sua vez um tipo de psicólogo, explanou completamente a preocupação de todos para com ele.

Fez recomendações de todos os tipos e também tentou de tudo, mas Levin estava muito acostumado a esse tipo de interferência profissional em sua vida, desde os tempos da escola de Grann e era mais ou menos impermeável a essas abordagens. Seu espírito era ainda demasiadamente egoísta para assimilar determinadas coisas.

"Não vou nunca viver como todo mundo", resmungava para si mesmo, sem imaginar quão verdadeira seria essa afirmativa.

O tempo passou depressa. Morou em muitos lugares até voltar para a província de Mahji, sua terra natal, perto dos 35 anos.

Muito antes disso havia conquistado a conivência pessoal do grande Toldan, passando, literalmente, a viver à sua sombra. Para Zidahn nada mais restara a não ser aceitar sua presença. Ezine havia sido morta numa missão por uma patrulha especializada da federação e ninguém lamentou a sua morte.

Aliás, muitos morreram ou desapareceram ou ainda foram enviados às grandes prisões, sem que ninguém do grupo parecesse se importar, como no caso de Lohar.

Anos depois do ingresso de Levin no grupo, Lohar foi preso e enviado a uma das famosas prisões, de onde nunca ninguém mais teve notícias dele, até mesmo porque não houve qualquer interesse.

"Eles funcionam na base do rei morto rei posto", comentou Leo com um sorriso irônico, evidentemente torcendo contra o sucesso do grupo.

E continuou:

"Vão todos se danar, mais cedo ou mais tarde, com certeza, inclusive Levin. Ou devo dizer eu? Que estranho", suspirou.

Leo, assim como a maioria das pessoas, tinha grande dificuldade de assumir os personagens que foram algozes e sua tendência natural era relatar a história na terceira pessoa.

A princípio Levin chegou a estranhar a forma como as pessoas se relacionavam. Nunca até então fizera parte de fato de nada; nunca havia decidido que partilharia o que quer que fosse com ninguém e havia nutrido secretas e fantasiosas expectativas de que seus pares seriam mais interessados uns nos outros de alguma forma.

Não que ele se interessasse especialmente por alguém, mas decerto não acharia ruim se, quem sabe, encontrasse cúmplices com os quais pudesse sentar e rir das bobagens dos outros, os normais. Mas isso não aconteceu jamais naquele grupo.

Com o tempo percebeu que ele era exatamente igual a todos, ou que todos eram iguais a si talvez, o que não o desagradava inteiramente. Gostava muito de si mesmo.

Isto é, eram todos frios e insensíveis, mas não tardou a arranjar uma interpretação pessoal para a situação, determinando que a obra do grupo era por demasiado grande para que se perdesse tempo com conversinhas fúteis, mesmo que interessantes. Tudo pela ciência.

Foi só uma questão de adaptação, mas logo se acostumou. Acostumou-se a estar mais próximo de um projeto de grupo e não exatamente das pessoas, o que também não deixava de ser confortável.

Pouca gente por ali apreciava esse tipo de conversa mais íntima, tipo maledicência mesmo ou talvez nem mesmo ali ele tivesse sido capaz de conquistar um amigo verdadeiro, mesmo que de qualidade duvidosa.

Até então sempre havia trabalhado e vivido sozinho, eventualmente se reportando a este ou aquele, mas sem qualquer envolvimento mais motivador e muitíssimo menos pessoal, mesmo com Toldan. No fundo o que Levin sentia falta era do reconhecimento de Toldan, a quem elegera como o ser supremo do universo.

Apesar de sempre ter tido facilidade para as ciências, seu comportamento estranho nunca o colocara no rol das pessoas que eram de qualquer forma elogiadas e seu orgulho reclamava. E, de qualquer forma, estava mesmo longe de ser considerado um gênio.

O único com o qual continuava a se relacionar era Zidahn, mas com o passar do tempo foram ficando enjoados, terminando por afastar-se completamente um do outro. Zidahn terminou partindo para Sinerium por algum motivo ignorado por ele e também nunca mais o viu.

Soube mais tarde que havia sido assassinado

num entrevero com os mineiros de Asparluz, um pequeno planetóide permanentemente explorado por tipos como os homens e mulheres de Toldan.

Escândalos desse tipo não eram absolutamente abafados; mesmo sendo Zidahn um homem de ciências, o que era considerado era mesmo seu espírito. Amplos debates surgiam de quando em quando sobre esse assunto.

Embora as autoridades tivessem competência para apanhar e punir a maioria desses infratores, a grande preocupação, na verdade, era mais como salvá-los; como salvá-los, em vida, para poupá-los das terríveis punições que viriam certamente depois da morte.

Em muitos planetas a certeza da continuação da vida após a morte já era fato corriqueiro e a maioria dos habitantes desses lugares era paranormal, como em Zangadahr.

Era absolutamente inadmissível que pessoas sabedoras desse tipo de informação pudessem cometer tantos desmandos.

Havia enorme condescendência amorosa para com os seres cujas culturas ainda não haviam chegado a esse nível de entendimento, sendo suas crenças igualmente respeitadas e seus cidadãos igualmente punidos, mas com os demais, o sentimento geral era de desilusão.

Nessa altura Leo interrompeu o próprio relato para esclarecer:

"Imagine nosso mundo de hoje, até certo ponto civilizado, onde não é comum as pessoas normais saírem se matando por aí pelo simples prazer de matar. Imagine nosso mundo ser, de quando em quando, invadido por notícias de que boas pessoas, nossos bons vizinhos, estão envolvidos em crimes hediondos, mortes e falcatruas de todos os tipos.

Bem aquele nosso vizinho que absolutamente não passa nenhuma necessidade e é um cidadão acima de qualquer suspeita."

Desta vez deixei-o desabafar, tanta era sua indignação, embora o assunto fosse o mesmo o tempo todo e ele não devesse avaliar o que acontecia durante a regressão.

Os Conselhos e outros departamentos de auxílio, assim como os cidadãos comuns compreendiam a evolução espiritual defeituosa desses indivíduos e embora soubessem que cada um devia decidir e responder por si, não poupavam esforços no sentido de tentar modificá-los.

O crime, de qualquer forma, era uma aberração sem sentido para aquela gente.

Voltando a Levin, ele quase nunca ia a campo. Sua função era quase sempre o planejamento. Era considerado incapaz de decisões rápidas, o que quase sempre era necessário no curso de uma missão.

Mesmo os considerados como muito competentes, como Ezine, freqüentemente se davam mal nas tais missões, devido não só ao risco de serem capturados, mas devido principalmente às lutas entre grupos rivais, que geralmente terminavam em tragédias.

Parece que havia muitos Toldans à solta pela galáxia, "trabalhando" pela ciência, além de outros, mais descarados, que simplesmente admitiam o gosto pelo poder, pela desordem e pelo simples confronto à ordem estabelecida, oriundos geralmente de planetas classes 3 e 4.

Levin deixou de ser um jovenzinho a quem todos deviam tentar proteger e ajudar para se tornar simplesmente um homem esquisito e solitário, que era apenas respeitado em sua individualidade, mesmo porque ninguém sabia de suas atividades extras científicas.

Era tido apenas como mais um trabalhador do observatório e embora se estranhasse suas atitudes, as pessoas sentiam mais pena que qualquer outra coisa em relação a ele, mesmo porque, em função da alta rotatividade dos técnicos da estação, poucos ficavam o tempo suficiente para tentarem de alguma forma se aproximar dele.

Os oficiais da frota e os dos cargueiros, assim como os estudantes, sequer chegavam a conhecê-lo, a não ser aqueles primeiros cadetes, da turma de chegada de Levin à estação, dos quais prontamente se afastou.

Illyan terminou com louvor sua temporada em Linie e recebeu inúmeros convites para as temporadas seguintes em vários CEAJ. Acabou escolhendo por voltar para seu campus de origem, até mesmo para ficar mais perto de seus amados pais e amigos.

Tornou-se um grande pesquisador das relações humanas e seu trabalho terminou por ser amplamente reconhecido e aceito, sendo implantado em inúmeras estações orbitais e postos de pesquisas avançadas localizados em planetóides isolados pelos quatro cantos da galáxia.

Laars ficou pouco na estação, pois seu trabalho o levou para outras tarefas em vários planetas, seguindo sua carreira acadêmica como instrutor e professor.

Quanto a Dal'shir e seus amigos, apesar de continuarem na estação, terminaram por desistir dele, mais ou menos na mesma época de Illyan, pois começaram a achar que despendiam tanto de seu tempo, sem nenhum proveito para Levin.

Levin, por sua vez, quando ficou sabendo da desistência geral, através de Illyan, que ao fim da temporada veio se despedir e de certa forma lamentar seu insucesso, ao comentar que não tinha conseguido conquistar sua amizade, assim como nenhum dos companheiros, se rejubilou internamente.

"Nunca lhe pedi nada e de fato acho que vocês são intrometidos", reclamou entre dentes pela primeira vez a Illyan, que simplesmente se comoveu com a insensibilidade do colega.

Sorriu de leve e tentou, pela última vez, sabendo no fundo que jamais o veria de novo e que quando dele tivesse notícias, não seriam boas:

"Desculpe se o aborreci Levin, mas de qualquer forma quero que saiba que se precisar de mim, a qualquer tempo estarei sempre pronto. E também sentirei saudades", encerrou, com sua sinceridade peculiar.

"Que bom que você está indo embora. Pena que não vão todos", pensou Levin, olhando para ele sem uma palavra e sem expressão no olhar.

Pobre Levin, que deixava, uma a uma, as oportunidades de salvação lhe escaparem das mãos. A cada bondosa pessoa que o destino colocava no seu caminho, dava um jeito de se esquivar dela.

Assim tinha sido com seus pais, com Nídia, a dedicada irmã, com os conselheiros da escola de Grann, com os companheiros de Randahr Shefann, Askar e Aine e agora com os bondosos técnicos de Linie; isto para não falar em Laars e em Illyan, este último um anjo que havia sido colocado em sua vida e sumariamente descartado.

A afinidade de seu espírito por tipos como Klini e Kaao, Zidahn, Lohar e Toldan, denunciavam a precariedade de seus sentimentos e do muito que ainda teria que caminhar pela estrada da vida para conquistar um pouco de felicidade verdadeira.

Aquilo que chamava de felicidade nada mais eram que as migalhas de aventura e desamor que seu espírito confundia com a própria razão de ser da vida. Talvez no fundo nem cogitasse o que fosse realmente ser feliz.

Viajou por toda a galáxia e trabalhou em vários lugares seguindo Toldan e sua troupe.

Chegou a participar ele próprio de algumas missões, mas era extremamente desajeitado e corria não só o risco de ser morto, o que de fato não preocupava muito a ninguém, pois não morriam de amores uns pelos outros, mas punha em risco a continuidade da organização.

Muito tempo depois de sua chegada ao grupo aconteceu, a seus olhos, a grande tragédia de sua vida. Toldan suicidou-se após ser denunciado, detido e enviado para uma das grandes prisões da federação.

O fato chocou a maioria dos cientistas da área, que embora o achassem estranho, admiravam sua enorme competência e não o relacionavam, de forma alguma com esse tipo de acontecimento.

O chão parecia ter sumido de seus pés. Trabalhava nessa época num posto avançado da federação onde sua equipe supervisionava a instalação final de um grande observatório. Tinha já passado dos trinta anos.

Todos os funcionários foram relacionados e investigados, inclusive ele próprio. Por alguma razão desconhecida por ele, uma vez que vários outros companheiros foram também presos e condenados a longos períodos de recuperação ou detenção no mesmo episódio, seu nome nunca chegou a ser mencionado por nenhum dos comparsas e nem mesmo pelo próprio Toldan durante os interrogatórios.

Talvez Levin fosse tão insignificante que ninguém tivesse sequer se lembrado dele. Pela primeira vez na vida sentiu medo e pensou no que seria passar o resto da vida trancafiado numa daquelas prisões.

Decidiu num repente voltar para Mahji. Solicitou sua transferência sendo imediatamente atendido. Voltou para casa em Zangadahr e se recolheu, assustado, no seu canto por um tempo.

O que restou do grupo rapidamente se dispersou, querendo todos, certamente, se desvencilharem uns dos outros, após o término do processo.

O tempo passou e Levin mostrava-se entediado, vivendo em meio à alegria serena dos habitantes de sua quadra e de seu trabalho em Zangadahr.

Havia sido convidado a dar aulas, a passar sua experiência de tantos anos passados em observatórios espaciais para os mais jovens, mas recusou-se.

Todos achavam que ficara traumatizado com os eventos que haviam envolvido o grande Toldan, tido àquela altura dos acontecimentos como um desequilibrado digno da piedade geral e compreendiam sua recusa.

Havia mesmo ficado traumatizado, mas ninguém podia imaginar o porquê.

Vivia recluso, sem participar das alegres festividades e dos pequenos eventos cotidianos de sua comunidade.

Quando morava nas estações espaciais, seu estilo de vida, embora não passasse despercebido, não vinha a conhecimento público dessa forma, pois o ir e vir das pessoas nas grandes estações, não permitia que um número muito grande de pessoas o conhecesse, sendo apenas mais um transeunte para a maioria.

Já em Zangadahr, junto a sua tão atenta e amorosa população, seu jeito de viver chamava por demais a atenção das pessoas, que, aflitas, estavam sempre pensando em ajudá-lo, especialmente nos primeiros tempos, quando o caso Toldan ainda era muito presente na mente de todos.

Não se interessou pela família, que havia crescido com os dois filhinhos de Nídia, tratando de escolher uma quadra afastada para morar.

O companheiro de Nídia, o jovem e destemido Henin, pertencia à frota e era subcomandante de uma das muitas naves exploradoras que viajavam a planetas distantes, fora da área de controle da própria Federação, com o intuito de pesquisar civilizações e auxiliar planetas primitivos a se desenvolverem.

Tirando vantagem da relação tempo espaço ser diferente entre as diferentes galáxias, os cientistas ou programadores de auxílio, como eram chamados os integrantes das equipes que trabalhavam a bordo dessas naves, podiam acompanhar dezenas de anos no desenvolvimento de um povo, em poucos dias de seu tempo.

Henin, assim como os demais oficiais da frota, cuidava apenas do transporte seguro do grupo de programadores, mas seu trabalho era de vital importância para a segurança de todos.

Passava, na maioria das vezes, muitos e muitos dias longe de casa, pois as longas viagens de ida e volta para fora dos sistemas estelares da galáxia, também consumiam algum tempo extra.

Apesar de sua ausência ser muito sentida, pois era alegre e atencioso, todos na família se sentiam recompensados ante aquele trabalho desbravador, irmanados num sentimento de piedade e esperança por aqueles espíritos, ainda na infância de suas vidas e com tanto ainda para aprender.

Nessa altura da vida de Levin, que perdia a oportunidade de conviver com pessoas tão gentis e amorosas, seus pais haviam decidido respeitar inteiramente seu desejo de isolamento, lamentando não ter podido fazer mais por ele.

Não deixavam de convidá-lo para os encontros familiares, mas também não invadiam sua privacidade com visitas não agendadas.

Ambos continuavam suas atividades profissionais e viviam felizes, assim como Nidia, sem poder dividir com o filho a tristeza com a qual ele optara por viver. Tudo o que podiam era respeitar seu modo de ser e pedir por ele.

Com o passar do tempo Levin foi se esquecendo do risco que havia corrido de ser preso. Realmente não entendia como nunca ninguém havia ligado as pessoas do grupo à sua pessoa. Achava as autoridades de segurança um monte de ignorantes.

"Se estivesse lá com certeza faria melhor", ria-se sozinho. Era o velho Levin de volta.

Não tardou depois disso a ser procurado por um elemento de um outro grupo rival, daqueles que considerava simples bandidos, embora ele mesmo já tivesse compreendido que os ideais do seu grupo também não eram assim tão nobres.

Jënkin era seu nome. Um tipo meio estranho oriundo de Zangadahr mesmo. Olhava pelo canto dos olhos e não encarava as pessoas, numa atitude mais ou menos dissimulada. Sua aparência era meio descuidada, o que não era comum por ali.

Tinha mais ou menos a sua idade e foi procurá-lo no trabalho, apresentando-se como um amigo de juventude.

Não estava totalmente mentindo, pois seus grupos haviam se digladiado por inúmeras vezes; de fato aqueles foram os primeiros confrontos que presenciara nos seus primeiros tempos em Linie, na época em que ainda ia nas "missões".

Não o reconheceu de pronto, mas não deixou de observar seus acompanhantes espirituais. Seres tão estranhos como o próprio Jënkin. Eram três. Todos igualmente dissimulados e com uma ponta de sarcasmo no sorriso de canto de boca, olhavam de forma sorrateira para Levin, que não se incomodou com eles, acostumado que era com a companhia desse tipo de "presenças".

"Bem, pelo menos não sou só eu por aqui a ter esses aí ao lado", pensou, lembrando-se dos seus próprios acompanhantes, que iam e vinham, mas que nunca o deixavam em paz.

Durante o longo período que vivera fora de seu planeta natal convivera com todo tipo de gente, vindos dos quatro cantos da galáxia, sendo que muitos eram pessoas não tão evoluídas como as de Zangadahr e alguns também carregavam acompanhantes espirituais para todos os lados.

Não gostou da visita e se inquietou, imaginando o que aquele sujeito poderia estar querendo dele.

"Lembra-se de mim?", perguntou o visitante sentando-se na poltrona em frente o console de Levin, sem ser convidado.

"O que você quer?", foi a resposta de um desconfiado Levin, sentando-se também, procurando se recompor para não deixar transparecer sua ansiedade e se esforçando por se lembrar de onde o conhecia.

"Nos conhecemos há muito tempo meu caro amigo. As luas de Quion. Lembra-se?", falou denunciando sua paranormalidade ao responder ao que Levin apenas pensara. Pelo visto estavam em pé de igualdade; pelo menos nesse quesito.

Sim, agora ele se lembrava. Quem não se lembraria daquele lugar. Havia acontecido uma pequena batalha entre os grupos rivais.

O grupo de Toldan, liderado na época por Ezine, havia aprisionado algumas pessoas do grupo de Jënkin, incluindo o próprio. Após uma curta negociação foram liberados depois de abrir mão da mercadoria em contenda.

Foram liberados, mas não antes de serem humilhados fazendo o carregamento de todo o material para a nave que servia de transporte a seu grupo. Eram seis ou sete e Levin se lembrava agora claramente de Jënkin, pois era também pouco mais que um menino, como ele próprio.

Levin se lembrava de seu olhar raivoso ao carregar o pesado material num dos hangares de Quion. Lembrava como havia se sentido esperto perto dele, que não passava de um bandidinho à toa.

"Estivemos mais ou menos do mesmo lado e mais ou menos de lados opostos", complementou, abrindo um leve sorriso. Um sorriso de quem também se lembrava do que havia acontecido.

O que dissera não deixava de ser verdade, ponderou Levin para si mesmo.

"O que você quer?", tornou a perguntar.

"Pelo visto você é um homem de poucas palavras meu caro amigo; e desconfiado também, mas eu aprecio esse seu temperamento. De qualquer forma quero que saiba que sei o que aconteceu com seu chefe".

"Ora, que bobagem. Todos sabem", pensou. "E daí?", perguntou simplesmente.

"Soube através de alguns sinerianos que você está fora do negócio já tem tempo. Mas se não estiver se achando muito moço para se aposentar tenho algumas ofertas para lhe fazer", despejou, para o desespero de Levin, que se ao mesmo tempo não desejava voltar, pois tinha medos não revelados, sentia-se absolutamente entediado com a vida e com tudo o mais ao seu redor.

A vida simplesmente não tinha sentido. A astronomia sem Toldan não tinha qualquer significado agora. Sabia exatamente o que Jënkin queria: um planejador de missões.

A maioria gostava da ação, ao contrário dele, que preferia os bastidores. Havia poucos planejadores livres.

Mesmo correndo o risco de estar estabelecendo relações com os "simplesmente bandidos", como seu grupo costumava dizer quando se referiam a tipos como Jënkin, declarou, entre temeroso e excitado com a possibilidade de voltar à ação, num impulso:

"Está bem, eu aceito".

O outro sorriu mais ainda, olhando-o de forma até mesmo respeitosa. Recostou-se na poltrona por uns momentos antes de levantar e dizer, antes de sair:

"É. Você não é mesmo de falar muito. Eu entro em contato então. Acho que vamos nos entender muito bem".

Levin ficou sentado, olhando para o homem que deixava sua sala, de forma tão discreta como havia entrado.

Quem tivesse ouvido aquele diálogo e não conhecesse o caráter das pessoas envolvidas naqueles crimes, acharia que ambos eram loucos. Falaram e nada disseram.

De fato não havia mesmo muito que ser conversado. Valores, outros sócios, motivação e outras coisas que talvez fossem importantes em outros tipos de negócios, ali simplesmente não significavam nada, pois cada um estava apenas consigo próprio, correndo atrás de sua própria aventura, independente de qualquer outra coisa.

E foi assim que ele voltou ao pântano lamacento que não tardaria a enredá-lo de forma definitiva e mortal, arrastando-o para o fundo sem volta das trevas espirituais. Pobre Levin.

Teve a chance de escapar de muitos outros degraus escada abaixo, mas como sempre em sua vida, desprezou as oportunidades do caminho.

Muito tempo e muitas missões depois Levin chegava aos cinqüenta anos. Sua família continuava a residir no mesmo lugar, assim como ele próprio.

Não era hábito em Zangadahr as pessoas ficarem se mudando para cá e para lá em busca de uma melhor condição de vida ou, ao contrário, porque a vida estava piorando de alguma forma.

A vida era boa e confortável para todos, mesmo porque ninguém almejava colecionar bens materiais. Cada um tinha apenas o necessário para viver com simplicidade e conforto. Levin inclusive.

Sua participação nas missões vinha da mistura de tédio e desprezo pela estrutura moral do mundo que o cercava, assim como pelas pessoas que dele desfrutavam.

"Esse cara é revoltado com o quê, não?", desabafou Leo, muitíssimo entediado, ele próprio, com Levin e suas idas e vindas pelo crime, sem sentido.

"Como se algum crime tivesse sentido", pensei, por minha parte.

A federação dos planetas fechava o cerco em volta desses grupos e cada vez era mais difícil realizar qualquer coisa. Levin e Jënkin estavam muito aborrecidos e procuravam algo para fazer, pois há tempos estavam absolutamente inativos.

Nesta altura da vida já se toleravam mutuamente e seguiam juntos, mesmo que morando em planetas diferentes, trocando seguidamente os demais parceiros, porque sempre terminavam por desconfiar deles.

Levin também já não era aquele planejador que havia sido, ou achava-se que tinha sido e as pessoas não se importavam em ser chutadas para fora do grupo de quando em quando, pois tinham sempre a impressão que poderiam arranjar algo melhor, o que não deixava de ser correto.

As missões eram esporádicas e muitas fracassavam. Muitos acabavam presos ou mortos. É claro que esse ítem não entrava em suas considerações.

Jënkin escolhera morar num planeta de classe 4, muito afeito ao estilo de vida daquele povo que, embora parecesse inapropriado para as pessoas oriundas de planetas classe 1 ou 2, que em sua maioria não suportariam aquele estado atrasado de coisas, valores e estilos de vida, lhe eram absolutamente normais.

Apreciava alguns vícios, inadmissíveis aos olhos do povo de Zangadahr, e então simplesmente se deixava ficar.

Não trabalhava, mas também ninguém lhe perguntava coisa alguma no planetinha empoeirado de Nasdar. Grandes desertos cobriam quase toda a face do planeta e os pequenos agrupamentos populacionais eram abarrotados de gente.

Os nasdarianos eram pessoas de pele escura e áspera. Andavam com um gingar de corpo característico e suas cabeças pareciam um pouco desproporcionais ao tamanho do corpo. Eram tipos decididamente diferentes da maioria nos planetas conhecidos.

Era Jënkin quem acertava a parte dos acertos com as pessoas que participavam das missões, os contratos de material e tudo o mais da parte prática do "negócio".

Sua mão-de-obra vinha freqüentemente de Nasdar e de outros planetas no mesmo sistema solar, a maioria de classe 3 e 4.

Falavam-se de tempos em tempos e trocavam idéias sobre o que fazer. Naturalmente a amizade entre eles não era do tipo que suscitava saudades ou outras coisas do gênero.

Jënkin avisou Levin sobre as minas das quais havia ouvido falar em Sinauri, um planeta perdido nas beiras de um dos quadrantes mais longínquos da galáxia.

Embora o companheiro nunca tivesse ouvido falar desse lugar, Levin, como astrônomo, tudo sabia sobre ele e sobre suas minas de cristais usados como componentes para reatores de determinados tipos de naves.

Durante muito tempo havia se debruçado com um olhar guloso para Sinauri, mas as enormes dificuldades de acesso o haviam feito deixá-las fora de seus planos, nos tempo das vacas gordas com Toldan.

Leo, como quase sempre, usava um vocabulário muito próprio aos dias atuais, como é comum durante os processos de regressão. Existem pessoas que chegam mesmo a falar em outros idiomas, como chegou a acontecer com ele, numa vida menos remota e chegam a rir ou a se espantar com isso.

Alguns compreendem o que estão dizendo e traduzem automaticamente, outros simplesmente precisam que a ordem para a mudança do padrão de linguagem venha do terapeuta.

Já tivemos clientes, por exemplo, que falavam num inglês arcaico, diagnosticado posteriormente, por lingüistas de uma famosa universidade, como tal. Por sinal a mesma universidade onde nosso jovem Leo estudava.

Voltando novamente a Levin, ele se deparou com a realidade de seu tempo, que não mais o permitiria se dar a esses luxos de ficar escolhendo o mais prático e fácil. Tratou de pensar em Sinauri.

As minas ficavam na segunda e maior das quatro luas do planeta, que não tinha população autóctone. E ainda assim somente as luas eram habitadas. O planeta era coberto por um gás venenoso que impedia a vida humana.

Seus poucos habitantes eram todos trabalhadores originários de outros planetas, especialmente de

Açor, um simpático planeta de classe 3, em vias de se tornar classe 2.

Açor ficava no mesmo quadrante e era um pólo exportador de cristais já manufaturados, oriundos de Sinauri, para toda a federação, sendo seu produto bastante valorizado nas grandes câmaras de comércio da federação.

Por essa razão as minas eram conhecidas como açorianas.

Levin sabia que apenas os grandes cargueiros se dirigiam àquele quadrante e que não seria fácil conseguir transporte para aqueles lados. Também não sabia se haveria lá pessoas interessadas em negociar com eles.

Como não haveria qualquer razão plausível para que Jënkin obtivesse uma licença de trabalho, até mesmo porque ele não trabalhava, em Sinauri, para poder investigar, resolveu fazê-lo por conta própria.

Os cargueiros só podiam transportar pessoal autorizado e Levin tinha o perfil adequado para se candidatar a uma carona devido a seu posto acadêmico, pois havia um laboratório de observação mantido pela federação naquele lugar de fronteira, digamos assim.

Não era nada parecido com Linie; apenas uma discreta estrutura com um pequeno número de técnicos e cientistas cuidando dos instrumentos sem qualquer proteção militar.

Era mesmo tentador e Levin tratou de arranjar um motivo científico para visitar o pequeno posto de observação em Sinauri, situado em sua terceira lua.

Não foi difícil, mesmo porque ele não fazia coisas de grande utilidade no observatório da província de Mahji e nessas alturas já trabalhava em casa, por sua solicitação.

Seus superiores devem ter achado que a viagem

lhe faria bem, pois era raro vê-lo se interessando pelo que quer que fosse e acabaram lhe concedendo uma licença por tempo indeterminado.

Na verdade, em Zangadahr, ante a responsabilidade quase que atávica das pessoas, cada trabalhador decidia o que, quando, quanto e onde deveria trabalhar e pesquisar em cada momento de sua existência, desde que fosse lógico, assim como folgar e assim por diante.

Não haveria nada que um astrônomo devesse fazer numa mina de cristais, por exemplo, mas num posto de observação estava tudo certo. Levin se aproveitou dessa premissa e partiu no primeiro cargueiro que encontrou.

Era um enorme cargueiro açoriano com uma pequena e simpática tripulação. Levin se encantou com a sorte que dera, pois poderia começar suas investigações na própria viagem. Parecia um menino indo para uma colônia de férias sem os pais, planejando mil e uma travessuras.

O cargueiro era uma grande nave espacial, escura e cheia de corredores circulares apertados, a seu modo de entender, que giravam em volta do complexo principal, onde estavam os reatores e a ponte de comando, que se sobressaía para fora, por cima da estrutura da nave.

Foi recebido calorosamente. Não eram comuns caronistas nessas viagens e as pessoas a bordo adoravam visitantes para quebrar a monotonia da longa travessia espacial. Organizavam refeições especiais, jogos e atividades extras para entretê-lo e a eles mesmos.

Levin tratou de fazer um esforço supremo para se tornar simpático e acessível, o que muito o cansava, pois parecia despender enorme energia nessa tarefa. Um jovem oficial era o capitão da nave e fez questão de lhe mostrar seu aposento pessoalmente.

Havia outros quartos destinados a passageiros, mas estavam todos vazios. Pelo visto ninguém ia muito para Sinauri, pensou satisfeito. Ninguém para lhe aborrecer ou desviar sua atenção. Decidiu começar a "trabalhar" imediatamente.

Aproximou-se muito do primeiro oficial, deixando o capitão de lado, temendo ser tido como inconveniente se viesse a atrapalhá-lo em seu trabalho.

Era um homem sério e mais ou menos de sua idade; era açoriano como a maioria das pessoas a bordo e usava, como todos, uma roupa simples e prática de trabalho feita de uma só peça de cor bege escura, cheia de pequenos compartimentos que talvez servissem como bolsos para instrumentos.

Não eram militares, mas também ostentavam insígnias de seus postos, como os antigos membros do grupo de Toldan, discretamente sobrepostas nas mangas colantes.

Tratou de puxar o assunto para as minas da segunda lua, mas de forma a não chamar a atenção. Conseguiu informações valiosas, inclusive sobre um grupo que havia sido preso, muito tempo atrás, numa tentativa de fazer exatamente o que ele pretendia.

"Quer dizer que alguém já havia pensado nisso", pensou satisfeito, pois se alguém já tinha sido preso, talvez outros pudessem ter tido sucesso e ninguém soubesse.

Soube que além dos açorianos havia algumas minorias que também partilhavam a exploração das minas.

Pessoas de todos os tipos e que muitos não mantinham exatamente boas relações de convivência com os açorianos, povo que já havia, há muito, começado a se desinteressar das disputas materiais e, portanto, de suas conseqüências. Essa gente era apenas tolerada com paciência por eles.

"Mas que ótimo", Levin dava tratos à mente já imaginando que iria direto procurar no meio deles o parceiro necessário à "missão", que era como continuava a chamar suas operações de campo.

Aliás, voltava a campo depois de décadas e começava a se lamentar, ante a excitação que a situação lhe causava, ter deixado de lado tal atividade por tanto tempo.

Leo não tardou a esclarecer que quando o personagem citava parâmetros de tempo, como anos ou décadas, não parecia corresponder ao nosso tempo da Terra. Ele sentia, de alguma forma, que lá o tempo era como se passasse de forma muitíssimo mais lenta que aqui. Era como se dias correspondessem a anos do nosso planeta.

Quando contara das viagens de Henin, o marido de Nídia, já havia se referido à mesma e intrigante questão. Vários autores já teceram interessantes considerações a esse respeito e era notável que Leo falasse do mesmo assunto.[1]

A doca espacial de Sinauri era um lugar sossegado, pois embora não houvesse outra rota de saída do planeta, não havia também muito tráfego por ali. Talvez apenas uma centena de pessoas circulasse por ali, ao contrário da maioria de outros portos, geralmente muito movimentados.

Alguns funcionários deram as boas vindas e examinaram, numa espécie de computador, a documentação do cargueiro, mas sem grande interesse em achar qualquer coisa errada. Pareciam todos velhos amigos.

Levin, postado com sua maleta ao lado do primeiro oficial observava o que podia, percebendo que talvez a burocracia não fosse mesmo muito difícil.

1 Na obra, ***Os Exilados de Capela***, temos o relato da saga dos capelinos e das intensas pesquisas históricas do autor para comprovação dessa teoria.

O complicado seria arrumar alguém que quisesse transportar o cristal para fora de Sinauri. Na verdade existiam ainda inúmeros outros problemas a serem contornados.

Foi encaminhado para uma ponte de saída menor, de onde partiria imediatamente um transporte que o aguardava para levá-lo ao posto de observação. As docas se situavam na órbita da terceira lua. Os trabalhadores do transporte ainda tinham muito trabalho a fazer antes de descer.

No pequeno complexo científico havia facilidades para os eventuais visitantes e foi logo levado aos alojamentos que ocuparia enquanto de sua estadia no posto, assim como lhe foi apresentada a recepcionista, que lhe serviria de guia nos primeiros dias, se quisesse.

Embora seu primeiro impulso fosse o de dispensar a moça, conteve-se para não parecer diferente, pois se ela ali estava é porque devia ser um hábito acompanhar os visitantes.

Para não variar muito seu quarto era minúsculo, como de resto em todos os observatórios nos quais já havia estado. Pelo menos não teria que dividi-lo com ninguém, o que já era muito bom. Detestaria ter alguém observando seus passos por ali.

Nos dias subseqüentes andou por todos os lugares, fingindo-se muito interessado no trabalho dos colegas de profissão; expôs a eles os falsos motivos de sua visita, que passavam por um estudo de um tipo de radiação que parecia promover a explosão de estrelas mais facilmente observável naquela parte do quadrante.

Como não precisaria do auxílio direto de ninguém e também como não houve de parte deles um grande interesse, muito ocupados com seus próprios trabalhos, sentiu-se aliviado, pois poderia dispor de seu tempo como quisesse.

Logo arrumou um jeito gentil de se livrar da acompanhante e partiu à procura de mais informações sobre as minas.

Acabou conhecendo algumas pessoas ligadas às minas sem, contudo, conseguir descobrir ou intuir qual deles poderia ser abordado para uma investigação mais aprofundada.

Um dos espíritos que nunca o largava, sugeriu um deles. A contragosto verificou que era um açoriano mal encarado e também mal acompanhado.

Havia alguns espíritos andrajosos e sarcásticos perto dele e Levin teve que admitir, novamente a contragosto, que esse era um sinal que não poderia ser desconsiderado.

A contragosto porque parecia que ele e os outros faziam parte de um mesmo time. Afinal, os bonzinhos de Zangadahr nunca tinham esses seres por perto; ao contrário, pois quando conseguia perceber alguma coisa, eram espíritos luminosos, que quase o cegavam.

"Que se danem os sujos e os limpos", resmungou entre dentes, pensando que não viera ali para se preocupar com essas coisas. Há muito tempo deixara de se entregar a discussões ou brigas com os espíritos, como fizera até sua mocidade.

Era bem verdade que ainda o faziam sofrer, assustando-o com feias aparições repentinas nos lugares mais inusitados ou com os longos gemidos no meio da noite, além dos objetos que trocavam de lugar e dos dados importantes armazenados nos cartões que simplesmente desapareciam, enlouquecendo-o.

O que mais o aborrecia eram as visitas de espíritos de pessoas que havia conhecido e que morreram nas "missões", os amigos; ou dos desconhecidos que haviam sido mortos pelo seu grupo, muitos deles se achando vitimados, pois nada tinham a ver com os "negócios".

Gostava de pensar que estes tinham apenas estado no local errado e na hora errada, tendo sido mortos para confundir as pistas ou simplesmente porque estavam atrapalhando de alguma forma.

Havia ainda aqueles espíritos que tinham pertencido a grupos rivais e agora queriam uma desforra, feridos em seu orgulho. Era uma verdadeira multidão. Levin tinha conseguido, numa só vida, ter as mãos manchadas de sangue para toda uma eternidade.

O fato agora é que todos pareciam querer algum tipo de vingança. Havia aqueles que não pareciam ter forças para querer nada e simplesmente se deixavam ficar por ali, jogados pelos cantos ou até mesmo agarrados às suas vestes.

Muitos ainda sangravam e alguns cheiravam mal. Outros, que não se sabia de onde tinham saído, pareciam estar perdendo sua forma humana e não passavam de um amontoado de alguma coisa de onde saíam sons guturais, como que o chamando.

Levin havia imaginado que seriam inimigos de outras vidas, pois entendia muito bem de reencarnação, infelizmente, o que o impedia de se queixar sem se sentir um idiota perfeito.

Apesar de tudo o que já havia passado e ainda passava, Levin ainda doava créditos, de forma anônima, para outro grupo pretensamente científico que se iniciava nas mesmas atividades, fazendo a mais absoluta questão de continuar a enganar a si mesmo e de justificar a continuidade de suas ações.

Agora que voltava pessoalmente ao campo, mais que nunca, já contabilizava a contribuição que daria. Tudo pela ciência...

A verdade é que através do homem indicado pelo espírito, veio a saber detalhes sobre uma mina que estava com a produção suspensa na segunda lua após a contaminação por um gás tóxico.

Era a mina de Badahn, atualmente isolada e cuidada por seguranças para evitar novos acidentes, enquanto uma equipe de descontaminação trabalhava no local.

Badahn era famosa pelos inúmeros, e até certo ponto estranhos, acidentes ocorridos em sua história. Não foi difícil conseguir uma autorização para acompanhar a equipe de técnicos que trabalhava na limpeza da mina. Eram todos açorianos sérios e de poucas palavras.

"Adoro essa gente. Todos de boca fechada", pensou enquanto entrava no pequeno transporte que os levaria para a mina, que rapidamente se elevou no ar e, sem um ruído, partiu a uma pequena distância do solo.

A atmosfera na lua de Sinauri era rarefeita e seu organismo não havia ainda se acostumado totalmente, o que o fazia respirar com alguma dificuldade. Havia recusado os estabilizadores que lhe haviam sido oferecidos pela equipe médica, pois não gostava de ser medicado. Parecia sempre cansado.

Em Badahn se admirou com as proporções gigantescas da estrutura, que descia a centenas de metros da superfície através de enormes tubos, numa velocidade vertiginosa. Em segundos estavam na plataforma 112, onde todos desceram.

Parecia um enorme hangar de naves estelares, tal sua magnitude. Da plataforma partiam inúmeros corredores em diversos níveis.

Recebeu instruções sobre os corredores a serem evitados e sobre outras medidas de proteção. Verificou junto com os demais todos os equipamentos de segurança, comunicadores, luzes e tudo o mais que carregavam numa espécie de mochila presa na cintura e voltada para trás.

Não tardou a perceber a presença de um sem número de espíritos. Carregavam um tipo de arma estranha e se vestiam de forma extravagante, com os cabelos puxados para trás e coletes compridos até os joelhos de onde pendiam objetos prateados desconhecidos.

Havia outros, assustados, se esgueirando pelas muitas sombras do lugar. Alguns carregavam pesados fardos e se deixavam ficar, inertes e submissos ao lado daqueles armados e com olhares altivos.

Levin conhecia muito bem aquele tipo de situação. Alguns eram os senhores e outros eram os escravos. Outros pareciam simplesmente perdidos.

Deixou-se ficar olhando para eles por um momento, meio hipnotizado. Recuperou-se quando aquele que parecia uma espécie de líder se adiantou e sorriu de forma desafiadora.

"O que você veio fazer aqui, estranho?", enquanto falava examinava os acompanhantes de Levin, que se mantinham a uma certa distância respeitosos.

O primeiro impulso de Levin foi dizer que não era da conta dele, mas percebeu que ali havia um dono, aliás, como em todos os lugares e o dono, obviamente, era aquele sujeito, ou talvez o chefe dele. Resolveu negociar.

Suspirou resignado porque não havia outra saída. Sentiu-se um burro, pois deveria ter contado com aquilo. Aquele lugar era um excelente lugar para determinadas tribos de espíritos se estabelecerem. Seu trabalho era justamente antecipar os problemas e havia falhado.

Se não negociasse com aquela gente certamente eles o atormentariam até que fosse embora pensou, de forma prepotente, achando que isso era o máximo que um espírito poderia lhe fazer, isto é, atormentá-lo. Mal sabia o que lhe aguardava.

"Você é o chefe?", perguntou mentalmente meio desanimado, dirigindo-se ao indivíduo que o havia abordado, ao mesmo tempo em que estranhava ninguém mais tê-los visto. Esquecia que os açorianos ainda não tinham desenvolvido a paranormalidade de forma corriqueira como os zangadahrianos.

Era um homem velho e de ar astuto. Tinha alguns ferimentos nos braços que pareciam infeccionados. Levin considerou serem ainda espíritos atrasados, pois não sabiam como refazer completamente seus perispíritos após a morte. Ou os ferimentos teriam vindo depois?

"Perispírito? Essa é demais, não acha?", reclamou Leo de seu próprio relato.

"Não avalie. Depois conversaremos", sugeri, lembrando novamente que ele simplesmente adaptava os termos para o nosso próprio tempo. De qualquer forma, não fazia qualquer diferença.

Levin conjeturava sobre os ferimentos quando foi interrompido pelo homem à sua frente:

"Eu faço as perguntas aqui. Este é o meu território. Já expulsamos muitos e não será difícil fazer o mesmo com você. Vou repetir minha pergunta só mais uma vez, estranho: o que você quer aqui?", falou marcando bem cada palavra.

"Faço parte do grupo de limpeza", arriscou.

O homem e mais uma meia dúzia que estava próxima e que deveriam ser auxiliares explodiram numa gargalhada, que cessou de repente quando ele se aproximou mais de Levin de forma ameaçadora.

"Não pense que você é mais esperto que os outros só porque pode nos ver e aos nossos ferimentos, estranho", e continuou:

"Temos observado você desde o instante que pôs os pés no planeta. Examinamos todos que chegam e você é muito diferente de todos. Quase não vem gente como você aqui e quando vêm não trazem os acompanhantes que você tem".

Referia-se com certeza aos indivíduos de planetas classe 1, que realmente se dedicavam, em sua maioria, a outros tipos de atividade. Alguns pesquisadores que eventualmente passaram por ali deveriam ser mais bem acompanhados, sendo inofensivos ou desinteressantes para o grupo.

Resolveu consertar sem se colocar por baixo:

"O que eu quis dizer é que estou com o grupo de limpeza. Sou astrônomo do planeta Zangadahr".

O homem o olhou de forma zombeteira, fingindo-se de impressionado e depois de dar uma olhadela acumpliciada para seus auxiliares, falou pausadamente, fazendo uma reverência:

"Oh! Quanta honra ter um indivíduo de Zangadahr entre nós".

Foi o bastante para o grupo todo cair na risada novamente.

Levin começava a se impacientar com aquela conversa que tomava seu precioso tempo. Tinha hora marcada para estar no transporte de volta e desse jeito não descobriria nada por ali.

Resolveu abrir o jogo, pois obviamente aquele sujeito não tinha nada de bonzinho e talvez gostasse de participar da trama de alguma forma. Até mesmo desconfiava que ele estava metido nos acidentes da mina e tudo o mais.

Egohr era o nome do homem que, naturalmente, leu seus pensamentos.

"Ah! Sim. Então você tem algumas idéias interessantes na cabeça, não é? Parece que tem gente que nasce em planeta errado, não acha? Você, seus pensamentos e seus acompanhantes ficariam muito bem na lua de Quion, não acha? O que você quer aqui? Roubar a mina? Ou será que tem idéias piores?", fazia uma pergunta atrás da outra.

Levin a estas alturas estava já bastante irritado, não só pela perda de tempo, mas pela transparência de suas intenções e de sua personalidade àquele espírito de terceira categoria.

Pensou e olhou um pouco assustado para Egohr, esquecido de que ele lia seus pensamentos.

Ele apenas sorria, muito seguro de sua posição de superioridade, esperando uma resposta e parecendo ignorar a ofensa.

"Participo de missões para levantar créditos para pesquisas desautorizadas pela federação. Você sabe como é", falou desejando abrir o jogo e acabar logo com aquilo.

"Mas claro! Por que não disse antes?", Egohr continuava a sorrir com desdém. E continuou:

"Muitos de vocês já estiveram aqui. Muitos de nós já fizemos parte de grupos como o seu", aproximou-se mais e ficou a centímetros de seu rosto; olhava-o fixamente e repentinamente sério, como a dar a entender que sabia de toda a trama desses grupos, falou:

"Eu sei exatamente do que você está falando".

Ele cheirava mal e seu porte era assustador. Apesar de Levin ser alto, como todos de Zangadahr, Egohr era muito mais alto e encorpado que ele, assim como todos os de cabelos puxados para trás ali presentes. Não se lembrava de nenhum planeta onde as pessoas tivessem essa aparência.

"Já que você sabe, o que posso fazer?", perguntou querendo descobrir as intenções do outro.

"Não gostamos de intrusos por aqui e às vezes tipos como você nos ajudam a nos livrar deles. Você sabe como é", respondeu Egohr parodiando o que ele dissera anteriormente.

"Os acidentes de Badahn não foram por acaso, não é mesmo?", tentou.

"Vamos ao que interessa. E o que interessa é que você jamais tirará alguma coisa daqui sem a nossa ajuda. Você sabe como é. O que tem para me oferecer?".

Já havia negociado com espíritos antes, para que o deixassem sossegado, mas somente com aqueles que eram diretamente ligados às suas vidas passadas e agora não sabia o que fazer.

"Tem muita gente pronta para voltar para cá. Esses açorianos nunca desistem, de forma que queremos tirá-los de vez do caminho".

Levin ficou olhando, esperando o que viria dali, embora não fosse difícil adivinhar.

"Você é mesmo esperto. Isso mesmo. Queremos causar alguma coisa grande por aqui, de forma que desistam de vez de reabrir Badahn. Muitas coisas acontecem por aqui, do lado de cá e eles atrapalham. Queremos o território livre só para nós".

Era fácil imaginar o que acontecia no lado astral de Badahn. Um mundo paralelo onde inúmeras atividades espirituais negativas eram realizadas. Torturas, reuniões, planejamentos quem sabe.

Também foi fácil para Levin descobrir que essa coisa grande eles não poderiam fazer sozinhos, pois nenhuma interação daquele mundo astral poderia ser feita com um mundo da terceira dimensão sem a interação de alguém ainda encarnado. Pelo visto queriam provocar algo que matasse muita gente e causasse um constrangimento tal que a mina fosse fechada para sempre.

Pensei na possibilidade de nosso personagem estar se referindo ao processo de manipulação do ectoplasma,[2] fazendo apenas uma analogia com essa substância de interação entre os dois mundos, da forma como a conhecemos hoje em dia.

Mesmo para um espírito inteligente e que saiba manipular energias negativas da natureza para atingir fisicamente quem quer que seja, essa interferência no plano material só pode ser feita através de uma substância chamada ectoplasma.

De uma forma simples ectoplasma seria um fluido semimaterial, a única substância conhecida, capaz de permear os dois mundos, isto é, o nosso mundo material tridimensional e o mundo espiritual.

Sabe-se que para que uma "presença" possa promover algum fenômeno de efeito físico em nosso mundo, é preciso que ela "vista", por assim dizer, uma luva dessa substância, que se encontra espalhada por toda a natureza.

Dessa forma pode impressionar nosso mundo e produzir barulhos em madeiras, abrir portas, acender luzes etc.

Da mesma maneira um espírito pode provocar dores e outros sintomas nos seres humanos ainda encarnados.

Pode porque o ectoplasma se encontra, em grande quantidade, também nos alimentos, o que faz

---

2 Ectoplasma — Palavra derivada do grego ***ektos*** e ***plasma***, é um material quase físico; uma substância sutil transformada em uma substância física quando emanada de médiuns. A materialização do ectoplasma pode ser procedida de um vapor que sai dos poros do médium; sua coloração é branca e o odor é próximo do ozônio. Em ambientes escuros, o ectoplasma pode envolver o corpo do médium e, exposto à luz, chega a estalar violentamente em volta do corpo, evaporando-se. Poderoso instrumento de cura, o ectoplasma é utilizado pela espiritualidade como prótese ecoplásmica, moldando a formação celular no Plano Físico. Maiores aprofundamentos poderão ser encontrados nas obras: *Ectoplasma*, Luciano Munari, **EDITORA DO CONHECIMENTO** e *Chama Crística*, Norberto Peixoto, **EDITORA DO CONHECIMENTO**

com que todas as pessoas, terminem por acumulá-lo na região abdominal.

Essa concentração causa inúmeros sintomas locais, como plenitude gástrica, prisão de ventre ou diarréias, gases, gastrites, cólicas e outros mais.

Ora, da mesma forma que o espírito pode "vestir" uma luva desse fluido e bater em madeiras ou ligar interruptores, por exemplo, naquilo que se convencionou chamar de fenômenos de ***polstergeist***, pode muito bem empurrar o ectoplasma acumulado na região abdominal para cima ou para outros lugares, e provocar outros sintomas.

Apertos no peito conhecidos como angústia, batedeiras no coração, dificuldades de respiração, apertos ou bolas na garganta, calores, rinites, sinusites, artrites, bursites e outras inflamações, além de dores de cabeça, súbitas elevações de pressão, febres sem motivo, inchaços e tonturas, apenas para citar alguns dos mais de cinqüenta sintomas já relacionados com ele.

Todos sintomas de plenitude, onde a pessoa se sente cheia por alguma coisa.

A maioria das pessoas devolve o ectoplasma para a natureza pela respiração, pelo aparelho digestivo, pelos ouvidos e pela pele.

Mas há quem não consiga fazê-lo, em função de sua paranormalidade, chamada de efeitos físicos ou de cura; se começa a acumulá-lo, torna-se uma presa fácil das "presenças", que sabem muito bem como manipulá-lo.

Como é também eliminado pelos poros, fica fácil compreender os inúmeros problemas de pele de difícil solução que são causados por ele, como alergias, psoríases, vergões, feridas, descamações, suores excessivos e tudo o mais.

O ectoplasma também explicava os sintomas

de Leo, como sentir uma mão no ombro, dores de cabeça, dores nas articulações, pesos no pescoço, asma, rinite e tonturas.

Aqueles espíritos nas minas de Badahn podiam até manipular uma pequena quantidade de gases tóxicos, como faziam de quando em quando, mas não podiam causar explosões ou coisas parecidas.

Pelo visto queriam que muita gente morresse e para isso precisavam da ajuda de Levin. Uma troca justa, digamos.

Pensou por uns instantes e tomou uma decisão:

"Está certo. Posso fazer isso para vocês; dou um jeito de provocar um grande acidente desde que vocês tirem da frente os que poderiam atrapalhar a mim", passou-lhe rapidamente pela mente outras decisões parecidas que havia visto Toldan tomar. Sentia-se até, de certa forma, orgulhoso de estar seguindo os passos do mestre.

Um ou outro que morresse não faria qualquer diferença. Mesmo porque, como Toldan gostava muito de dizer, a reencarnação estava aí para isso mesmo. Voltariam e prosseguiriam tendo entendido que auxiliaram a ciência. Doce ilusão.

Parece que em todos os tempos os homens gostaram sempre de se enganar como forma de aliviar a própria consciência.

Por mais absurdo que seja o pensamento que norteie nossos atos ou até mesmo nossos sentimentos, por mais que tenhamos conhecimento cultural sobre as conseqüências éticas do que fazemos, de repente, de acordo com nossas conveniências, ficamos simplesmente cegos, surdos e mudos.

E assim se deu com Levin, que simplesmente se vendeu àqueles espíritos, ou melhor, deu como moeda de troca a vida de muitas pessoas.

Não que essas pessoas não tivessem um processo

cármico carregando-as para esse desenlace; o problema é que muitos de nós gostamos de brincar de deuses, tomando rédeas sobre o destino dos outros, nas mais diversas proporções.

"É um prazer negociar com você, estranho. Volte a me procurar quando souber como fazer isso", e sem mais palavra fez um gesto que provocou uma debandada geral e ruidosa do recinto.

Sozinho e muito abalado pelo encontro tratou de recompor-se para poder andar pelo local e prosseguir em sua investigação. Parecia que seria mais fácil do que imaginava. O que não imaginava é o custo que isso teria para si. Era muita inocência pensar que sairia ileso daquilo tudo.

Parece mesmo que todos os prepotentes aspiram que tudo no mundo aconteça do jeito que eles querem. E quando não dá certo simplesmente esperneiam, gritam, choram, se lamentam ou ainda se matam, como Toldan havia feito na prisão.

Que bom seria se o mundo fosse todo do nosso jeito. Ou quem sabe isso fosse um tédio que nos levaria a não ter desafios a serem vencidos e tampouco oportunidades para aprender as lições que viemos para aprender.

Mas Levin, por sua vez, planejou tudo direitinho. Descobriu, com a ajuda dos espíritos designados a auxiliá-lo, onde ficava a sala de controle de todo o complexo e também como fazer para modificar a atmosfera ambiental de forma a torná-la, de forma imperceptível, imprópria para a vida.

Antes disso, depois de algumas idas e vindas a Zangadahr e contatos com Jënkin, conseguiram, com muita dificuldade para não levantar suspeitas, vistos e pessoal para a operação.

Mesmo porque poucas pessoas bastavam para carregar uma pequena quantidade dos valiosos cristais para fora de Sinauri, escondidos na carga de um cargueiro de carreira.

"Como essa gente de Zangadahr pode ser tão inocente?", resmungava Leo, incrédulo com a facilidade com que aqueles bandidos faziam as coisas em meio a pessoas paranormais, que facilmente podiam detectar a falcatrua toda.

Talvez o mal fosse algo tão distante das pessoas comuns, que trabalhavam despreocupados em suas funções corriqueiras no planeta natal de Levin, que simplesmente não percebiam coisas desse tipo.

Com tudo acertado a data foi marcada para a operação. Jënkin foi um dos que conseguiram a vaga de trabalhador no cargueiro escolhido e o visto de entrada, que foram concedidos por um funcionário administrativo, intuído pesadamente pelo grupo que acompanhava Levin.

Pelo visto todos queriam participar da festa.

Jënkin e seus comparsas retiraram os cristais sem grandes dificuldades após os espíritos terem causado uma pequena confusão nos aparelhos da segurança da mina.

Aquilo tudo era tão audacioso e tão improvável, que ninguém se deu por conta que poderia ser uma armação de qualquer tipo ou que algo tivesse sido roubado no lugar. Os funcionários simplesmente trataram de arrumar tudo e ficou por isso mesmo.

Era preciso que agora Levin pagasse o preço combinado.

A grande operação de limpeza de Badahn chegara ao fim e uma pequena cerimônia de reabertura foi organizada pelo governo local para comemorar o fato, o que deixou a plataforma 112, a principal, cheia de gente, especialmente os mineiros que retornavam a seu trabalho habitual.

Levin conseguiu se infiltrar na festa e deu um

jeito de se recolher numa das tubulações de trabalho e manutenção, previamente escolhida, de onde podia operar o pequeno aparelho portátil que modificava, à distância, a mistura de gases apropriada à respiração das pessoas, além de outros controles.

Os açorianos que operavam o complexo eram muito descuidados e distraídos e, nesse dia, estavam mais preocupados com a festa do que com a segurança. Nem perceberam que a mistura de gases estava sendo lentamente modificada.

Quando deram por si de que algo estava errado, pois as pessoas começaram a passar mal, havendo um tumulto em câmara lenta, pois as pessoas foram perdendo as forças e se tornando inconscientes rapidamente, já era tarde. Quase todos morreram. Quase uma centena de pessoas perdeu a vida ali.

Levin, por sua vez, deveria deixar a mina por um intrincado, mas bem mapeado labirinto de tubulações de forma que, quando a notícia chegasse aos escritórios centrais, já estaria de volta.

Mas os companheiros de Egohr, usando o ectoplasma que abundava no local devido à presença de tanta gente, fecharam a última saída, de forma que ele ficou preso.

Pensando estar apenas perdido, tratou de voltar algumas bifurcações atrás para se orientar melhor. Afinal era um astrônomo e não tinha qualquer dificuldade de ler mapas. Como podia ter se enganado assim?

"Nem mapas esses açorianos sabem fazer", resmungou enquanto tratava de esgueirar-se de volta pelos tubos, que não permitiam que andasse totalmente em pé, por causa de sua altura, o que lhe causava certo incômodo.

Afinal, a mina havia sido construída para ser operada por todo tipo de gente, menos a gente de Zangadahr, é claro. Não se supunha que cientistas fossem circular por aqueles corredores.

Voltou algumas curvas atrás e percebeu que seguira corretamente as indicações. Começava a se desesperar quando surgiu o bom e velho Egohr, devidamente acompanhado de seus auxiliares.

"O que foi estranho? Perdeu seu mapa?", ele ria, acompanhado de seus asseclas e Levin entendeu imediatamente que caíra numa armadilha. Ora, por qual razão ele o deixaria sair vivo dali? Era tão óbvio que teve raiva da própria estupidez. Egohr continuava:

"Comemore estranho. Em breve você não terá mais nada para se preocupar, pois será apenas mais um de nós", o pequeno grupo de espíritos ria e fazia barulhos horríveis, caçoando de sua situação.

Gritou, xingou, esmurrou as paredes até se deixar cair exausto ao chão. A mistura venenosa que criara estava começando a entrar pelas tubulações. Quando se virou notou que os espíritos do grupo de Egohr tinham desaparecido e só restavam seus velhos conhecidos, que pareciam se amontoar uns por cima dos outros.

Lá estavam os de olhar astuto e de fala refinada, assim como aqueles quase sem forma humana, com seus sons guturais que nada significavam e seu cheiro pestilento característico. Todos aqueles que o acompanhavam desde a adolescência. Um deles chegou mais perto e lhe dirigiu a palavra:

"Muito bem Levin. Você conseguiu desta vez. Finalmente... seu idiota!".

Foi perdendo a consciência enquanto um ódio imenso ia tomando conta de todo seu ser, ao mesmo tempo em que também se sentia mesmo um perfeito idiota.

Queria continuar gritando, desesperado com a morte que sabia estar chegando, mas não conseguia mais emitir qualquer som.

Ficou ali caído e de olhos arregalados, lutando contra o inevitável, ouvindo risadas cruéis e histéricas que vinham de todos os lados. Ouvia insultos e impropérios.

De repente, o nada. Foi como que arrancado de seu corpo para o meio de um turbilhão escuro e gelado, onde pairou por um tempo que pareceu uma eternidade, cego e aterrorizado.

7
Zibstiz – O inferno anunciado
... a hora da verdade...

"Assim é o ser humano: com conhecimento (evolução), chega à sabedoria (ascensão), mas com a ignorância (estagnação), busca o castigo (quedas). No meio de tudo isso, temos um princípio divino chamado "lei", que é uma das sete vias evolutivas, ou a quinta linha de evolução e ascensão do espírito humano, conforme assumimos.
... Todos os que têm escrito sobre a lei, aproximam-na do carma, e até a confundem com ele. Mas o carma, como via regeneradora, é apenas mais uma das muitas formas de ação da lei, ou uma de suas muitas qualidades derivadas. A lei atua no direcionamento da evolução do espírito humano, assim como na evolução planetária, terrena, aérea, etc.
... A lei atua mais no sentido de conter os excessos ou purgá-los tanto na carne como no espírito. Cuida também do avanço da humanidade como todo equilibrado".

Rubens Saraceni

A princípio a sensação foi de incredulidade e da mais absoluta impotência. Aquela poeira amarelada que pairava no ambiente entrava em seus olhos fazendo-os queimar como fogo, além de fazê-lo tossir a cada vez que tentava puxar o ar com mais energia.

Estava deitado de costas, olhando para cima, com braços e pernas abertos, impossibilitado de mover um músculo que fosse.

O cheiro pestilento que havia no ar lhe causava náuseas e logo começou a vomitar em cima do próprio peito, afogando-se nas golfadas sucessivas. Estava horrorizado.

Seu cérebro parecia funcionar em câmara lenta. Muito lentamente foi tomando consciência do lugar onde estava, dos seres ao seu redor e finalmente de sua própria morte.

Da posição em que se encontrava podia divisar para o alto enormes colunas que pareciam estar de ponta-cabeça, como um enorme paliteiro do qual não se podia observar nem o fim e nem o começo.

Monumentais colunas negras, cada uma do diâmetro de um ônibus, cobertas de um visgo esverdeado, onde milhares de vermes pareciam estar grudados e de onde escorria um líquido gosmento, dando uma aparência nojenta ao lugar.

O inacreditável acontecia por todos os lados que seus olhos conseguiam se virar. Pelas colunas milhares de seres de aparência semi-humana, que talvez tivessem sido homens um dia, iam e vinham, como insetos rastejantes, procurando talvez esconderijo nos buracos que havia por toda a estrutura; a maioria se locomovia numa incrível agilidade, passando uns por cima dos outros.

Alguns despencavam de enormes alturas, soltando horríveis gritos agoniados, caindo no meio da névoa que cobria o lugar, na qual estava mergulhado.

Até onde sua vista alcançava, no meio daquela névoa, era como se fosse um enorme salão, de proporções inimagináveis; um lugar sem limites, sem divisas, sem paredes, sem chão e sem teto. Por toda parte o que se via eram as formidáveis colunas semidestruídas, como se tudo por ali estivesse decadente.

Pelos lados o que se notava com dificuldade era um amontoado de pedras gigantescas, obviamente caídas das colunas e que formavam um verdadeiro labirinto, cheio de becos escuros, esconderijos e buracos onde outros milhares de seres pareciam se afundar e desaparecer.

Quando começou lentamente a se mexer notou com as mãos que o chão abaixo de si parecia ser feito de uma pedra gelada e, repentinamente, sentiu um frio que lhe atravessou até os ossos. Tentou erguer os braços para se levantar e não conseguiu. Seu corpo parecia pesar uma tonelada.

Não conseguia pensar direito. Só mesmo sua visão parecia funcionar direito, infelizmente. Infelizmente porque inúmeros daqueles seres se aproximavam de onde estava caído, alguns parecendo curiosos, outros interessados em remexer na sua roupa e nos seus bolsos.

Muitos tinham uma aparência repugnante, com olhos esbugalhados e a pele coberta de pústulas. Outros pareciam estar perdendo a forma humana, parecendo corcundas disformes de todos os tipos que chegavam mesmo a não ter pernas ou braços. Eram criaturas horríveis.

Alguns se achegavam rastejando como vermes e subiam por cima de seu corpo, como que para observá-lo mais de perto, encostando o rosto medonho no seu, o que o apavorava.

Chegou a pensar que iriam mordê-lo ou coisa parecida. Um pouco da gosma que escorria de suas feridas caía por cima de seu rosto e de seu peito, horrorizando-o. Aparentemente não enxergavam direito também.

Ficou nessa situação um tempo que pareceu uma eternidade. Aparentemente deixou de ser a novidade das imediações e foram todos, lentamente se afastando, parecendo interessados em outras coisas.

Não sentia nem fome e nem sono, mas sentia-se completamente exausto, com suas energias exauridas ao máximo. Não percebia de fato que dormia e acordava sucessivamente, minuto a minuto. O tempo parecia não existir mais. Tudo era confuso e não havia como pensar.

Ouvia os sons do lugar, que parecia um burburinho abafado e permeado por gemidos dolorosos que vinham de todas as partes. De quando em quando se ouviam gritos lancinantes, que doíam no fundo de sua alma, mas que pareciam ser ignorados por todos.

Com o tempo também passou a ignorá-los, como se estivessem, simplesmente, incorporados à sonoplastia do lugar e não mais contassem.

Sentia uma dor horrível nas costas, causada provavelmente pela posição imutável na qual se encontrava. Seus pulmões também sofriam, inalando aquela poeira indecifrável. Seu corpo todo parecia coberto por ela, a ponto de não mais conseguir perceber suas roupas.

Por falar em roupas, certa ocasião duas daquelas criaturas que circulavam por ali, ainda com braços e pernas como as suas, apesar das cabeças um pouco disformes, simplesmente se acercaram e levaram suas roupas embora, deixando-o quase nu, a tiritar de frio.

Aquilo foi a gota d'água para seu orgulho, já bastante ferido. Tirou forças de algum lugar e, num esforço supremo, gritou. Gritou durante muito tempo, como um uivo esganiçado e incompreensível. Gritou com todas as forças que lhe restavam, soltando toda sua raiva numa explosão que pareceu acordá-lo de vez daquele pesadelo.

Foi parando de gritar lentamente, sem perceber, até cair num sono profundo.

Acordou com suas dores aguçadas ao máximo, a ponto de enlouquecê-lo. Abriu os olhos num repente, assustado e se deu conta novamente de onde estava. Levou alguns instantes para lembrar-se de onde estava.

Desta vez começou a chorar copiosamente. Estava no limite da exaustão psicológica, completamente aniquilado. Desejou morrer, sem perceber que já estava morto.

Esse pensamento, contudo, pareceu trazer, subitamente, as lembranças do que tinha lhe acontecido em Badahn. Até então não tinha nem sequer muita consciência de quem era exatamente e, muitíssimo menos, do que fazia naquele lugar.

Só se apercebia do horror à sua volta, da raiva e do medo apavorante que tomava conta de todo seu ser, além do cansaço extremo e da dor, que ocupavam toda sua atividade mental.

Aos poucos foi restaurando sua própria história em seus arquivos mentais, de trás para frente. Vinham as imagens dos últimos momentos na mina ao lado daqueles espíritos sarcásticos, sem que soubesse o que fazia lá e quem era afinal.

Foi lentamente recuperando cada imagem, cada fragmento perdido em sua memória sobre sua vida, até descobrir sua identidade, seus valores e seu caráter. Redescobriu-se como Levin.

Havia entrado, nessa empreitada inconsciente, num estado letárgico, onde o mundo exterior parecia não contar muito. Ao final percebeu que a morte havia chegado, aquela que em seus arroubos de loucura prepotente, delirava que jamais o apanharia.

"Hei! Você aí", era uma voz forte e firme. Levou uns segundos para perceber que alguém se dirigia a ele. Era a primeira vez que ouvia um som inteligível. Parecia completamente abobalhado. Não sabia, mas décadas haviam se passado, o que lhe seria contado por aqueles homens mais tarde.

Olhou e viu, ajoelhados a seu lado, três homens com as aparências normais, apesar de sujos e malcuidados.

"Você pode falar se quiser. É só tentar", ouviu novamente e teve a certeza que era com ele.

Olhou desesperado para aquele que era seu interlocutor, querendo saber como faria isso. Havia súplica em seu olhar. Bem ele, que jamais havia pedido nada a quem quer que fosse.

Leo, nessa altura dos acontecimentos não resistiu e emendou, entre crítico e satisfeito com o destino do personagem, como Levin não fizesse parte dele mesmo:

"E ainda aparece alguém para ajudar. Era só o que faltava".

"Pois é...", concordei, deixando de lado o pedido para que ele não avaliasse a evolução dos fatos enquanto iam se desenrolando. O comentário era realmente irresistível.

Levin continuava a olhar desesperado para os homens sem nada poder fazer, a não ser cravar as unhas no chão. Percebeu que começavam a se impacientar e temeu que fossem embora.

De repente aqueles desconhecidos representavam a sua própria salvação, de alguma maneira.

Percebeu que o esforço estava sendo feito na direção errada. Estava se esforçando fisicamente e na verdade deveria fazê-lo mentalmente. Funcionou. Começou imediatamente a balbuciar sons, que embora sem nexo, encheram seu coração de esperança.

"Vamos, vamos!", ouviu e lhe pareceu um incentivo.

Logo estava falando algumas palavras e num tempo indeterminado já conseguia se expressar normalmente. Sorria como nunca havia feito na vida.

Queria abraçar e beijar aquelas pessoas.

Os desconhecidos também riram:

"É bom falar, não? Sabemos porque já passamos por isso", confidenciaram.

"É mesmo", parecia surpreso. Será que todos os que morrem ficam mudos por um tempo? Seus pensamentos estavam num turbilhão e despejou uma porção de perguntas.

"Calma!", ordenou aquele que parecia mais paciencioso.

"Precisa voltar a se mexer e andar primeiro. Precisa sair daqui. Este lugar não é nada seguro se você começa a falar", sentenciou.

Meneou a cabeça afirmativamente de forma obediente.

Passaram-lhe instruções simples e lentamente foi recuperando os movimentos. Suas costas pareciam que iam explodir e seus pulmões queimavam como fogo.

Com a ajuda dos novos companheiros conseguiu sentar-se. Pensou que fosse desmaiar de dor, mas logo veio a ordem:

"Se quiser sair daqui tem que agüentar firme".

Ampararam-no e o levantaram de uma só vez. Sua cabeça girou e achou que iria morrer, sem se lembrar, novamente, que já estava morto. Travou os dentes, curvou-se e fechou os punhos enquanto deixava escapar um doloroso gemido contido.

"Vamos sair daqui. Rápido", ouviu de novo aquilo que parecia ser uma voz de comando sensata e desejou poder colaborar, pois sentia que não teria outra chance de salvar-se, embora não soubesse bem de quê.

Desejava com todas as suas forças ser levado dali, para longe do perigo iminente e desconhecido que apressava aqueles homens.

Deu passos trôpegos, sentindo cada centímetro de seu corpo se contorcer em dor. Os três homens foram mais ou menos o carregando, enquanto suas pernas iam se esforçando para colaborar.

Por onde passavam, criaturas observavam. Algumas curiosas, de olhos esbugalhados, outras desinteressadas, mas a maioria inerte. Andaram, naquele ambiente amarelado pela poeira, por ruelas estreitas formadas provavelmente pelas estruturas caídas das colunas.

Muitos daqueles destroços eram amontoados por aqueles seres à guisa de pequenas construções. Por todos os lados becos escuros escondiam um sem número de pessoas amontoadas.

Havia muita movimentação e aquele burburinho que ele tinha ouvido durante tanto tempo agora parecia ser um zumbido alto e desagradável. Levin não compreendia absolutamente nada do que acontecia por ali. De qualquer forma parecia que em alguns lugares havia uma espécie de vida semi-organizada.

Depois de muito andar chegaram num lugar que parecia uma pequena fortificação. Havia um muro alto e uma pequena brecha que servia de entrada, muito bem guardada por uma meia dúzia de homens "normais", como ele, armados com grandes lascas de pedra afiada, como enormes lanças, além de algo que pareciam espadas, na cintura.

"Então acharam mais um", foi o único comentário que ouviu antes de ser levado para dentro.

Era uma construção precária, mas pelo menos tinha uma espécie de teto. Foi levado para um canto onde pôde se deitar numa espécie de cama precária, mas muito melhor que o chão duro onde estava antes. Arranjaram alguns panos esburacados com os quais pôde se cobrir e amenizar o frio, que era intenso ali.

Podia parecer absurdo para alguém como Levin, mas sentia-se profundamente grato para com aquela gente que o acolhia. Deram-lhe qualquer coisa para beber. Um líquido escuro, sem gosto e sem aroma, mas que o aqueceu e pareceu a melhor coisa que já havia provado na vida.

Dormiu profundamente, sem se importar com as dores e com a confusão que sua vida se tornara. Dormiu por um tempo que jamais poderia precisar e quando acordou sentia-se um pouco melhor.

Passou um tempo sendo cuidado da forma que era possível naquele lugar. Quando se sentia melhor podia andar um pouco pelas imediações de sua cama. Perto do que passara, aquele lugar estranho, sujo e precário parecia um paraíso.

Com o tempo foi conversando com outras pessoas. Estranhamente só havia homens por ali, mas não ousava perguntar a razão. Compreendeu então que estava realmente na Grande Fortaleza de Zibstiz. Tinha ouvido falar daquele lugar uma centena de vezes, desde a adolescência.

Em Zangadahr as crianças e os jovens tinham aulas regulares sobre as coisas da espiritualidade normalmente nas grades curriculares e ninguém jamais poderia alegar ignorância sobre a continuidade da vida e sobre o destino dos que persistiam no mal, fosse sob a bandeira que fosse.

Levin estava atônito com os acontecimentos e, além disso, padecia terrivelmente com suas dores, que diminuíam, mas não desapareciam.

"O que vai acontecer agora?", pensava, preocupado com o futuro, justamente aquele sobre o qual, quando encarnado, jamais havia cogitado gastar um minuto de seu tempo em conjecturas.

A vida tinha sido um suceder de acontecimentos desconectados da razão de ser da própria vida e agora não sabia como proceder.

Zibstiz era o lugar no astral onde caíam as pessoas realmente más após a morte do corpo físico. Era como se fosse uma enorme prisão no astral, de onde não se saía jamais por conta própria.

Corria a lenda que de lá também não se voltava jamais para o planeta de origem. De fato não se lembrava se aquilo era uma lenda ou tinha mesmo sido um ensinamento no qual não havia prestado atenção.

Lembrou-se particularmente de um decano professor quando cursava suas últimas temporadas na Escola de Grann, que lecionava sobre a realidade espiritual.

Num dos grandes anfiteatros da escola, perfeitamente climatizado, duas ou três centenas de poltronas confortáveis e reclináveis acolhiam os alunos. Controles digitais forneciam a temperatura e posição adequada que cada um desejasse.

Cada aluno dispunha ainda de pequena tela à sua frente de onde podia assistir à palestra como se fosse um vídeo; podia ainda usar controles extras para anotar na grande tela atrás do professor, que ficava numa posição mais elevada para poder ser confortavelmente visto por todos, inscrevendo-se para dar apartes ou fazer perguntas nas horas aprazadas.

Pequenos microfones imantados nas roupas permitiam que o som de suas vozes ecoasse por todo auditório, assim como a do professor, quando acionados.

Suspirava ao lembrar-se do conforto perdido, ao qual jamais dera qualquer valor. Achava que todas as coisas estavam ali mesmo para simplesmente serem usadas e pronto.

Nunca havia pensado no esforço das pessoas que planejavam cada detalhe, para que a comunidade como um todo pudesse usufruir o melhor que o planeta podia oferecer a seus habitantes.

O velho professor Arimor, este era seu nome, falou muitas vezes de Zibstiz. Já tinha estado várias vezes em visita didática à Fortaleza através de viagens astrais cuidadosamente planejadas.

Havia uma imensa organização de trabalhadores espirituais que cuidavam de toda prisão e que recebiam carinhosamente os bondosos estudiosos que ali iam a fim de recolher dados e informações.

Informações estas que pudessem ser continuadamente passadas a seus jovens alunos, no intuito que eles não tivessem, um dia, o mesmo destino daquelas milhões de almas infelizes que a habitavam.

Levin lembrava-se dessas memórias perdidas no tempo, sem imaginar que já estava na Fortaleza há muito mais tempo daquele que o separava de sua infância.

Tinha passado sob a névoa empoeirada mais que o dobro do tempo de sua última vivência, mas ainda não tinha se dado conta disso.

As pessoas dentro daquela pequena fortificação não eram exatamente amistosas; pareciam mais querer manter um grupo do tipo "nós contra os outros", o que não lhe parecia uma má idéia. O futuro deixara de existir, passando a ser apenas o momento seguinte.

Levin imaginava que "os outros" eram aqueles repulsivos seres rastejantes que mofaram a seu lado durante o tempo que não pôde se mover e que vez ou outra se aproximavam e babavam em cima de seu corpo ou ainda aqueles que subiam pelas colunas feito bichos disformes.

Não queria nem imaginar como seriam aqueles que emitiam aqueles gritos estridentes como guinchos dolorosos.

De qualquer forma estava muito enganado.

Essas pobres criaturas que habitavam as proximidades da construção em que se via abrigado eram, até certo ponto, inofensivas e tinham muito medo daqueles homens normais.

Parecia que, de alguma forma, a união entre eles, o contato pautado ainda pela inteligência propiciava que conseguissem manter suas formas perispirituais, ao contrário dos demais, cuja confusão e enlouquecimento, deteriorava rapidamente as belas formas humanas que traziam dos planetas classe 1 e 2, de onde todos por ali pareciam ser originários.

Portanto, não havia solução; ou ficavam juntos, se ajudavam e obrigatóriamente se relacionavam como aliados, ou se veriam reduzidos àqueles restos humanos.

E por causa disso também é que organizavam aquelas pequenas expedições à busca dos que ainda mantinham suas formas humanas íntegras, como aquela que salvou Levin.

Aquele agrupamento não era, absolutamente, composto de gente boazinha e solidária, ao contrário; eram frios e calculistas; eles simplesmente precisavam uns dos outros para aquilo que chamavam de sobreviver.

Por causa da névoa espessa e da densa e irritante poeira amarelada, a maioria absoluta dos recém-chegados não era encontrada. E também chamar Levin de recém-chegado era, no mínimo, estranho, pois havia permanecido por décadas caído no mesmo lugar sem ser visto pelas equipes de salvamento.

Começou a perceber que a relação tempo-espaço era confusa naquele lugar.

Na verdade, pouquíssimos eram achados. E como muitos terminavam desaparecendo no meio daqueles labirintos ou em combates com os zondarianos, o grupo mal conseguia se manter estável.

Levin ouvia aqui e ali aquelas informações, atônito. E pensava, num turbilhão de idéias e de sentimentos jamais experimentado anteriormente:

"Como fui cair aqui? Como foi me acontecer uma coisa destas? Como aqueles professores de Zangadahr podiam vir aqui e voltar?".

Essa idéia de que deveria haver uma maneira de sair dali o animou um pouco. E, prepotente, decidiu que se eles sabiam sair, ele também descobriria um modo de fazer a mesma coisa.

Sabia que os professores vinham apenas com seus perispíritos, embora ainda ligados a seus corpos físicos e daí deduziu que, como também estava apenas com seu perispírito, poderia sair também.

Aqueles estúpidos que o haviam salvado deviam estar errados quando diziam que ali era um lugar sem volta.

Certamente tinham desistido de procurar uma saída e somente se preocupavam em sobreviver ali, o que lhe parecia uma bobagem.

Não deviam gastar todas suas energias com aquela rede de defesa, pois, obviamente aqueles seres em volta não eram páreo para eles ali. Nem armas tinham, para não falar de agilidade física, naqueles corpos se decompondo.

Cedo descobriu que não era dessas criaturas que os "normais" tinham medo. Tinham medo daqueles que chamavam de "outros", os zondarianos. Tinha ouvido falar deles, mas não havia se interessado.

Como sempre havia feito na vida, se interessava apenas pelos seus próprios pensamentos, o que tinha lhe custado a própria vida.

O tempo passou e Levin conseguiu restaurar completamente sua atividade motora e mental.

Nestas alturas andava para cima e para baixo com dois indivíduos também cientistas metidos em "missões" como ele e igualmente oriundos de Zangadahr. Ambos tinham, no entanto, chegado à Fortaleza séculos antes dele.

Tinham também passado um tempo interminável jogados por ali até terem sido encontrados ao acaso, como ele próprio. Levin se espantava como nada havia mudado e um deles deu o veredicto:

"Aqui nada muda nunca", e continuou, de forma definitiva:

"Quando uma coluna cai, parece que surgem outras, do nada. Não dá para saber o que acontece. Todos os lugares são parecidos e é só se dar meia piscada e você estará perdido para sempre. Soubemos de gente que se perdeu e enlouqueceu tentando voltar. E se você enlouquece, você termina, acaba, se deteriora até ficar reduzido a um nada, como esses aí", apontou para cinco ou seis pequeninos amontoados de algo que parecia um barro endurecido despontando no meio da névoa, grudados ao pé de uma coluna.

Levin olhou e o ar pareceu lhe faltar. Sentiu náuseas e automaticamente retesou o corpo na direção contrária, para trás.

"Quer dizer que essas coisinhas são gente?", balbuciou, muito impressionado.

Os dois riram de leve de sua ignorância.

"É o que dizem. Sempre estiveram aí. E é por isso que andamos sempre juntos; para não nos perdermos, entendeu?", o tom agora era grave e verdadeiro.

Sim, havia entendido perfeitamente. Nunca havia pensado que o perispírito de uma pessoa pudesse simplesmente desaparecer daquela forma.

Até mesmo ficarem deformados como os da

maioria fora da fortificação, era compreensível, pois não tinham mais uma mente completamente coesa que pudesse plasmar as formas originais de seu corpo físico.

O sofrimento e o desespero deterioravam seus sentimentos de tal forma, que o pensamento se desorganizava, ficando incapaz de manter o próprio perispírito, que ia, através do tempo inexorável, simplesmente se moldando nas formas do que havia em volta, por inércia.

Mas jamais imaginara que alguém pudesse chegar a esse ponto, da ausência completa da vida. Eram apenas pedras, ou algo assim. Era a morte em vida.

"Mas espíritos não morriam jamais. Teria algum pensamento emanando daquelas coisas? Teriam sentimentos?", esses pensamentos o horrorizaram. Olhou para os companheiros aguardando uma resposta. Mas eles apenas olhavam sem entender.

Esquecia que ali todos haviam perdido suas faculdades paranormais, o que no fundo parecia estranho. Estava numa outra dimensão onde os espíritos não mais atravessavam paredes e também não mais se comunicavam pelo pensamento.

De certa forma tinham sido seres culturalmente avançados em Zangadahr, mas ali, devido a seu atraso moral, eram apenas seres sem qualquer dom especial.

Voltou-se para os dois outros homens e fez sua pergunta:

"Vocês sabem se essas coisas pensam ou sentem alguma coisa?".

"Acho pessoalmente que sim. Até evito ficar olhando muito para elas. Me incomodam tanto como a primeira vez que eu soube do que se tratava. Talvez não pensem como nós, mas devem ter uma noção qualquer da identidade perdida. Eu teria. Com certeza devem sofrer muito".

"Será que tem volta deste estado? Espíritos não morrem", tentou.

"Se tem nunca vi acontecer. Existem milhares delas por toda a Fortaleza. Dizem que às vezes elas somem. Acho uma bobagem essa especulação, porque decerto aqueles seres de fora as levam para usar como qualquer coisa, pois não pensam direito. Além do mais existem pedras por todos os lados neste lugar. Como saber se esta ou aquela é mesmo o que restou de um espírito? Todo mundo aqui usa pedras para fazer abrigos".

Enquanto o outro falava Levin olhava com perplexidade para aquelas coisinhas petrificadas e sentia um frio percorrer sua espinha. Estremeceu de leve e percebeu que estava com medo.

Tratou de levantar-se e sair dali, sendo seguido pelos amigos. Ia tomando ciência, um pouco mais a cada dia, da triste realidade do mundo que ora habitava.

Andavam apenas pela zona que chamavam de demarcada. Ruelas cheias de gente estranha; a maioria naquelas imediações estava apenas levemente deformada e muitos suplicavam para serem levados para a fortificação, sendo ignorados. Apenas eram levados para dentro alguns que estavam em melhor estado, para serem escravizados.

E mesmo estes, aceitavam com alegria as pesadas tarefas, achando que se recuperariam, o que terminava mesmo acontecendo com alguns. Quando isso acontecia deixavam seu status de escravos para se integrarem na comunidade. Afinal, seria mais um grato guerreiro.

Alguns choravam, gritavam e se desesperavam, sem, no entanto despertar qualquer sentimento em ninguém. Cada qual estava interessado apenas em resolver seu próprio problema.

Ao se aproximarem demais levavam chutes ou socos. Não costumavam insistir, pois os "normais" andavam em grupos bem armados, além de colocar guardas em lugares mais altos, vigiando todo o território.

De certa forma essa superioridade era a única coisa boa do lugar. Tinha um certo prazer em passar no meio daquela gente miserável. Sofria terrivelmente por estar ali, mas não perdia a pose e a arrogância quando a situação aparecia, aliás, como todos os da fortificação.

Levin já havia aprendido a plasmar roupas semelhantes às dos outros. Vestiam-se todos de forma parecida, com rústicas e feias roupas escuras, cobertos sempre por um pesado e descômodo casaco comprido quase até os pés, que os protegia um pouco do frio.

Em determinada ocasião ouve um alvoroço fora do comum nas imediações da fortificação, quando muitos guardas, ao mesmo tempo, deram os toques de recolher.

As pessoas de fora corriam para todos os lados, se atropelando e se pisoteando. Os normais abriam caminho com suas lanças no meio da pequena multidão para entrar na fortificação.

Havia uma espécie de cordão de isolamento bem ensaiado, que permitia sua entrada. Os demais eram enxotados a golpes de espada.

Dentro da fortificação todos corriam atrás de suas armas e Levin fez o mesmo, sem saber o que estava acontecendo. Reuniu-se rapidamente com os dois amigos e ficou então sabendo que os outros, os zondarianos, estavam por perto.

Até então não tinha se dado ao trabalho de investigar quem seriam esses zondarianos dos quais ouvia falar de quando em quando. Descobriu que eles eram um grupo pertencente a uma outra fortificação e que, provavelmente, havia centenas delas dentro de Zibstiz.

O problema era que o tamanho da Fortaleza era incomensurável e dali eles não aventuravam para longe de seu território, justamente para não se perderem, naquele mundo onde todas os lugares eram parecidos.

Desta forma eles apenas tinham conhecimento da existência de mais duas fortificações nas proximidades, embora adivinhassem ser muitas, pois nunca se podia prever por onde os espíritos sugados das crostas dos planetas iriam entrar, ou melhor, cair.

Os tais zondarianos se chamavam assim por causa de seu forte líder, de nome Zondar. Eles ali eram conhecidos apenas como integrantes dos Normais. A terceira fortificação era chamada apenas de a Grande Terceira e seus membros raramente saíam de seu território, defendendo-o com unhas e dentes de qualquer ataque.

A Grande Terceira tinha essa denominação por ser a maior das três; mas Levin, por sua vez, não conhecia nenhuma além da sua. Nunca havia se aventurado para fora do território, pois com freqüência ouvia muitas histórias de homens que saíam e não mais voltavam.

Os normais também tinham um líder; um homem já muito velho, mas astuto e muitíssimo respeitado de nome Lein. Nunca havia falado com ele, mesmo porque o acesso era muito restrito.

Só os subcomandantes, digamos assim, podiam falar com ele. Via-o, às vezes, nas grandes reuniões, onde as ordens e regulamentos eram passados, mas era só.

Não existiam muitas regras a serem seguidas, mas as poucas que havia deviam ser obedecidas à risca, sob pena de expulsão da fortificação. Desta forma ninguém cogitava, nem mesmo de longe, transgredir qualquer norma.

Não havia, portanto guardas para os lugares proibidos ali dentro; ninguém simplesmente entrava onde não devia e pronto; ninguém se revoltava com nada, assim como ninguém reclamava de nada.

Todos faziam guarda do lado de fora, em turnos. Todos que já fossem considerados aptos, o que ainda não era o caso de Levin, que ainda estava sendo treinado nas armas, como muitos outros. Na verdade não tinha qualquer jeito com aquelas coisas pesadas e demorava aprender.

Na hora do alvoroço correu a pegar sua espada e, desajeitado, postou-se ao lado dos companheiros, sem saber o que esperar. Havia os mais antigos e corajosos que eram os guardas especiais, que nessas ocasiões não voltavam correndo para a fortificação, como os demais.

Escalavam lugares altos nas colunas, escondidos nos buracos de onde expulsavam seus moradores habituais, se tornando praticamente invisíveis pela névoa que tomava conta do lugar.

De lá tinham uma visão um pouco mais ampliada da situação e enviavam os sinais sonoros, como gritos ritmados ou batidas em tipos de tambores, que iam sendo passadas de um para outro e que pareciam ressoar por toda a Fortaleza, num estranho sistema de ecos.

Cada seqüência de sons significava uma coisa diferente e todos entendiam os seus significados e se moviam de acordo com essas instruções.

"Não entendo por que nos atacam. Não chegamos nem perto do território deles", reclamou com um dos amigos, entrincheirados os três num buraco alto dentro da fortificação, de onde também tinham uma pequena vista para o lado de fora.

A fortificação era um amontoado de construções precárias, que se sobrepunham umas às outras, formando um grande complexo que mais parecia uma porção de caixas sobrepostas de forma relaxada, entremeadas por ruelas escuras.

Havia uma construção maior ao centro, que era o lugar do líder e de seus comandantes e onde se realizavam as grandes reuniões; em volta ficava esse emaranhado de pequenas construções sobrepostas, que mais pareciam grutas.

Rodeando toda a fortificação havia o arremedo de uma muralha que protegia o lugar, de cima de onde dezenas de guardas vigiavam o tempo todo.

"Não estão nos atacando. Estão apenas exibindo sua força. Sempre fazem isso. Aproveitam para escolher alguns escravos entre os de fora", respondeu um deles, fazendo um sinal com a cabeça chamando a atenção para os gritos aterrorizados que ecoavam ao longe.

"Os de fora não sabem se serem escravos dos zondarianos é de fato uma esperança, como aqui, e por isso se apavoravam quando eles chegam, pois supõem que poderão depois, simplesmente, ser destruídos".

"Então por qual razão estamos aqui preparados para um confronto, se já sabemos que não virão até aqui? E por que vêm buscar escravos tão longe?", insistia nosso apavorado Levin.

"Você faz perguntas demais", decretou o outro homem, encerrando o assunto.

Levin se calou, mas depois de um tempo o outro resolveu explicar:

"Não sabemos se nas bandas de lá os de fora têm tão boas condições de trabalho como estes daqui. Quanto a nós, os que são capturados por aí jamais voltaram para contar a história. Então estamos apenas assegurando que ninguém aqui seja capturado", fez uma pausa e completou:

"Lein não se dá ao trabalho de ir lá pegar ninguém deles, mas se alguém é achado por aqui tem que sumir também, só para manter o respeito entre as partes. Entendeu?".

"Parece um jogo inútil", comentou, sob o olhar de aprovação dos dois. E pensava nisso quando um dos outros emendou, como que falando para si mesmo:

"Inútil, mas se o pegarem você é destruído meu caro. E esse jogo existe muito antes de nós. Não ditamos as regras; apenas jogamos. Temos forças iguais e por isso nos respeitamos. Por isso recolhemos os que chegam da morte. Para manter o grupo grande e forte. Se reduzirmos nosso número não seremos respeitados".

Levin pensou nas "missões" e percebeu que era tudo a mesma coisa. Mediam forças com grupos rivais e muitas vezes alguns morriam. Era um jogo também, com vencedores e perdedores individuais e não dos grupos em si.

Também não havia prêmios para as equipes ganhadoras, porque ninguém ganhava nada de fato. Tudo exatamente como ali. E na Fortaleza, por não poder morrer novamente, as pessoas simplesmente desapareciam quando seus perispíritos eram destruídos.

Mas de qualquer forma, tanto lá como ali, tudo tinha agora na sua mente um quê de perda de tempo, embora não pudesse imaginar nada melhor para fazer, nem antes e nem agora. Percebeu de repente que a situação o excitava da mesma forma como acontecia antigamente.

Riu sozinho e comentou:

"É. Tudo é exatamente igual porque somos as mesmas pessoas", falou quase que para si mesmo e os outros não entenderam nada.

"Devíamos mostrar nossas forças lá também. Só para ver o que acontece. Se formos em muitos também vão ficar entrincheirados, só espiando, como nós agora. Até que seria divertido", disparou sem pensar, sendo olhado com um misto de espanto e admiração.

Os outros usavam roupas parecidas com as deles. Pesadas, feias e cheias de pontos brilhantes que pareciam pedaços de metal. Traziam muitas armas, também muito parecidas com as que usavam. Espadas e lanças de vários tipos.

Às vezes se viam outras coisas mais pesadas, que eram arrastadas em pequenas carroças. Pareciam ser lançadores de algum tipo de projétil.

Por onde passavam era uma enorme correria, com um barulho ensurdecedor. Criaturas corriam como podiam para todos os lados, tentando fugir pelo mar de labirintos que era aquele lugar infernal.

Os seres que habitavam as colunas disparavam para o alto, deixando no ambiente, através dos ecos, guinchos estridentes que doíam na cabeça de quem ouvia. A poeira movimentada dificultava ainda mais a visão, tornando todo o ambiente uma enorme confusão.

Postaram-se a uma distância respeitosa da fortificação, enquanto os gritos ritmados e os tambores dos guardas das alturas não cessavam, mostrando que todos estavam em alerta e preparados. Ficaram uns tempos por ali, numa postura ameaçadora, sem nada fazer, no entanto.

Da mesma forma que vieram, se foram, mas não sem antes deixar para trás um rastro de destruição maior ainda do que aquilo já era normalmente.

Naquele lugar onde não havia nem dia e nem noite e onde aquela semipenumbra amarelada fazia com que o tempo parecesse não passar nunca, era como se nunca houvesse um descanso; por isso todos estavam sempre mais ou menos cansados.

Apesar do cansaço, havia alguma coisa naquele lugar que fazia com que as pessoas não conseguissem dormir direito, como quando estavam vivos. Depois desses entreveros então é como se o mundo desabasse sobre as costas de todos.

Muitos caíam desmaiados pelos cantos. Outros ficavam como em estado de choque, inertes e vulneráveis. Como se toda sua energia tivesse sido sugada.

Um silêncio aterrador pairava no ar; os que estavam conscientes mal conseguiam respirar, desesperados com a própria impotência e com a falta absoluta de defesa que a situação causava. Não tinham forças nem para gritar; quanto mais para mover um dedo que fosse. Entravam num estado de delírio absoluto.

Os que estavam desmaiados se contorciam em pesadelos terríveis; se debatiam e empapavam as roupas de um suor estranho, naquele clima gélido.

Um tempo incontável se passava até que todos fossem, lentamente, saindo daquele estado de torpor. Nem mesmo as criaturas mais desprezíveis escapavam deste estado após as grandes convulsões decorrentes dos ataques dos outros.

Levin passou por sua primeira experiência desse tipo e foi um dos que ficou em estado de choque, semiconsciente, mas impossibilitado de mover-se.

Sofreu horrivelmente, supondo que jamais sairia daquela situação e achando que no instante seguinte alguém viria para destruí-lo. Um zondariano qualquer voltaria e acabaria com todos a golpes de espada. Delirava como os outros.

Quando começou a mover-se, o que acontecia para cada um em tempos diferentes, sentiu-se completamente aniquilado; suas forças haviam se exaurido até quase a última faísca de energia possível. Desta vez não havia quem o ajudasse, pois estavam exatamente na mesma situação.

Olhou para os lados com os olhos esgazeados e o que viu foi gente se contorcendo, além de outros sentados abobalhados, como ele mesmo estava. Os que despertavam dos pesadelos gemiam ou gritavam esganiçados, desesperados.

Algumas criaturas dos de fora que haviam semidespertado antes deles, vagavam por dentro da fortificação, sem rumo; quando se davam conta de onde estavam, tentavam correr para fugir, mas, sem forças, terminavam tropeçando e caindo por cima dos que estavam ainda caídos.

Um caos total. Lentamente, muito lentamente as pessoas de fora iam voltando para o território, ressabiadas, parecendo não entender o que havia acontecido. Muitos não voltavam e talvez tivessem se perdido nos labirintos ou sido simplesmente destruídos ou ainda, quem sabe, levados como escravos.

Havia uma movimentação em câmara lenta por toda a parte. Os de fora e as criaturas das alturas procuravam achar novos refúgios e recolher coisas abandonadas na correria pela turba enlouquecida. Pareciam todos meio atordoados, como um bando de retardados sem rumo.

Os da fortificação se olhavam como que pela primeira vez. Tratavam de procurar os seus cantos, mudos, arrastando suas armas e as pernas cansadas, esquecidos da segurança, dos de fora que ainda sobravam por ali e, principalmente, dos zondarianos.

Levin ficou ali sentado por um longo tempo. Seus pensamentos eram confusos, e tentava, num esforço supremo compreender o que tinha acontecido a todos. Entender as razões de nunca ninguém lhe ter falado sobre aquilo antes.

Mas o fato é que o episódio foi pouco comentado, mesmo nos momentos que se seguiram. Cada um foi para um lado e quase não falaram uns com os outros. Havia como uma nuvem perene nas mentes de todos, que empobrecia as lembranças mais profundas.

Com o tempo, o que ficava sempre claro era a ameaça permanente que os outros representavam e nada mais. As convulsões, os delírios e os pesadelos iam se apagando.

Alguma coisa acontecia, que somente a mente espiritual de Levin conseguia relatar, pois fugia à sua própria consciência, que empurrava para o fundo de suas mentes parte do acontecido. Não notavam nem mesmo que muitos haviam simplesmente desaparecido.

Levin, ele mesmo, notou, meio por cima, que os dois companheiros haviam sumido também, mas não procurou por eles e para falar a verdade logo se esqueceu deles. Era como se jamais os tivesse conhecido.

O tempo passou naquele mundo onde todos os dias eram parecidos e sua importância foi desaparecendo para Levin.

Não importava mais quem estava a seu lado, se conseguia algum conforto ou não naquele clima invernal permanente, se sofria com a fome que de tempos em tempos assolava o lugar, se torturava uma criatura qualquer para passar o tempo, se companheiros desapareciam misteriosamente.

Vivia-se o momento e pronto. O medo de ser destruído para sempre era a única coisa que movia os normais e mantinha um sentido gregário na fortificação. Vivia-se para se armarem e para treinarem para a guerra improvável. Vivia-se também para o salvamento interessado de outros normais que caíssem por ali, para engrossar as suas fileiras.

Não havia mais o ontem e não havia o amanhã. Só o medo existia.

Esses sentimentos confusos que nutriam e mantinham as vidas daqueles homens abandonados, aparentemente, à própria sorte causavam espanto em nosso Leo.

"Esse lugar parece uma fábrica de loucura. Que tormento. O inferno deve ser assim", comentava espantado.

Eu pensava com meus botões que esse devia mesmo ser o inferno particular criado, plasmado por eles mesmos, infelizes criaturas que teimaram no mal séculos a fio, esquecidos do amanhã; esquecidos que para tudo na vida tem um limite, esteja o espírito encarnado onde estiver.

Limite inclusive para a maldade anônima e renitente, praticada quase como um passatempo sem sentido, como no caso de muitos deles.

Nem conseguia imaginar o que teriam feito aqueles que eram os de fora, que iam perdendo suas belas formas perispirituais com o passar do tempo, chegando às vezes à forma de monstros rastejantes, como aqueles que passavam e babavam sobre o corpo de Levin, quando ficou perdido na névoa.

Muitíssimo menos concebia o que e em que tempo na história dos mundos, poderia ter acontecido pelas mãos do chamado povo das alturas, reduzido a bichos pestilentos que se moviam como insetos, para cima e para baixo, pelas colunas cobertas daquela gosma preta, numa movimentação insana.

As lembranças da vida encarnada, ao contrário dos ataques dos zondarianos eram, por alguma razão, vívidas nas mentes de todos. Havia até quem se lamentasse dos próprios atos, mas a maioria era orgulhosa demais para dar o braço a torcer.

Parecia que a simples visão daquele mundo

aterrador à sua volta, com seus infelizes moradores, não era o suficiente para acordar a maioria deles, como Levin, por exemplo.

Talvez precisassem viver uns tempos na pele dos de fora, perdendo partes do próprio corpo, se tornando lentamente monstros irreconhecíveis e perdendo, às vezes, até a própria identidade, para se curvarem à razão.

Até quando ficariam ali? Ora, o para sempre não existe para o espírito, nem mesmo a destruição do perispírito poderia ser para sempre. A roda das existências precisava continuar de alguma forma. Talvez não da forma e no tempo que nós conhecemos, mas como? Como sairiam dali um dia?

Essas indagações percorriam as nossas mentes diante de tão inusitado relato.

Bem, de qualquer forma, mais cedo ou mais tarde, isso um dia aconteceria para todos, mas de uma maneira totalmente diversa do que imaginávamos Leo e eu.

Esses episódios, isto é, os ataques dos outros, se repetiram muitas vezes. A cada nova vez que acontecia, muitos continuavam a desaparecer, misteriosamente, durante aquele estado de torpor que tomava conta de todos no território, sem exceção.

Esse desaparecimento era a chave para o entendimento da continuação da ciranda das reencarnações; do entendimento sobre a contínua chegada das novas oportunidades e da incrível relação tempo-espaço entre os diversos mundos. Saberíamos disso, e muito mais, logo a seguir.

8
Bahnboldor — A colônia dos degredados

... a terra dos condenados...

"Em verdade, desde as mais remotas eras acompanhamos vosso caminhar pelas estradas deste planeta escola Terra. Desde a antiga Lemúria, anteriormente à chegada dos imigrantes capelinos, o amor nos trazia para muito perto da humanidade que habitava o orbe, o que em breve será comprovado por vossos cientistas com a descoberta de artefatos "alienígenas" como denominareis nossos aparelhamentos, com idade superior a 50.000 anos de vosso calendário como será comprovado pela análise de tais objetos.

Estivemos também atuantes na chegada dos irmãos oriundos do sistema de Capela, sempre sinalizando a todos sobre a grande oportunidade de retificarem seus destinos cármicos na nova pátria que os acolhia. Visitamos muitos iniciados e fomos percebidos por seres com a visão psíquica desenvolvida durante a antiguidade o que levou à crença em deuses alados, com carros de fogo, constante de todas as mitologias antigas, na ânsia dos humanos em representar aquilo que ainda não compreendiam.

Acompanhamos todos os grandes surtos de civilização como, por exemplo, na Atlântida, no Egito, na Babilônia, na Índia, na Pérsia, na Judéia, não só com o cristianismo, mas muito fortemente junto aos essênios e, ainda, deixamos nossa presença indelevelmente marcada nas páginas dos contos da idade média e da era pré-moderna, sem contar os avistamentos e os contatos ocorridos no século vinte, que provocaram muitos estudos por parte da comunidade científica daquele tempo".

Tuniú — 6ª Frota

Um dia, o nada.

Após um dos ataques dos zondarianos Levin pairou num nada. Flutuou durante um tempo incontável num vácuo, semiconsciente, querendo acordar e ao mesmo tempo querendo dormir. Nunca soube quanto tempo havia ficado nesse interstício de consciência.

Nos raros lapsos em que era dada a oportunidade de ter noção de si imaginava, em sua confusão, que havia sido destruído. Desesperava-se para logo a seguir cair no mesmo estado anterior.

Um tempo sem fim depois daquilo ter começado acordou de repente num enorme pavilhão. Ocupava um discreto colchão no chão, ladeado por milhares de outros. Eram todos homens. Usavam um camisão folgado de um tecido cru, sem cor e sem botões, que descia até os joelhos.

Ficou olhando por um tempo interminável, abobalhado, sem entender absolutamente nada. Outros olhavam para si com a mesma expressão de espanto estampadas em suas faces e completamente mudos. Nada se ouvia naquele lugar.

Seu primeiro pensamento foi achá-los horríveis. Todos estropiados, magros e com chagas pelo corpo. O segundo pensamento, que veio de repente e o fez abrir um cândido sorriso, como há muito tempo não fazia, foi:

"Então, não fui destruído?", perguntou para si mesmo. Sorriu novamente, mas seu sorriso foi interrompido bruscamente quando olhou para si mesmo.

Estava esquálido e com o corpo todo coberto de profundas feridas, de onde, todavia, não purgava nada. No momento em que viu as feridas sentiu dores intensas nos locais onde elas se localizavam. As mãos e os pés estavam inchados e ao passar a mão pelo rosto notou que estava coberto de pequenas crostas. Seu estado era deplorável.

Assustado, notou que muitos outros também mudavam suas expressões, na medida que iam tomando consciência de como estavam. De apalermados se tornavam tensos e com expressões de dor e medo.

O que teria lhe acontecido? Como foi parar naquele lugar? Quem era aquela gente toda? Onde havia contraído aquela doença terrível? Sua cabeça doía com tantas indagações sem resposta.

"Não fui destruído, mas estou à morte", pensou desalentado. Suas forças foram se acabando e terminou dormindo.

Ele ainda não sabia, mas havia sido levado para uma grande colônia de recuperação espiritual, de onde seria preparado para uma reencarnação. Não só não sabia do que se tratava aquele lugar, como também não fazia a menor idéia por onde tinha passado antes de se encontrar ali.

Aquelas enormes feridas que cobriam seu corpo e que na sua memória não existiam, eram frutos não de lesões pelas quais seu corpo físico tivesse passado quando de sua última encarnação em Zangadahr e tampouco de eventuais lesões no seu perispírito quando de sua estadia na Grande Fortaleza de Zibstiz.

Quando vivo, digamos assim, nada sofreu que pudesse ter deixado tais cicatrizes em seu perispírito e depois de morto nunca chegou a ser um dos de fora da fortificação, aqueles que, de alguma forma, começavam a decompor o próprio perispírito; aqueles que iam perdendo a noção de suas próprias formas humanas e não mais conseguiam plasmar o antigo corpo como de fato ele era.

Não haveria qualquer explicação lógica se não pudéssemos entender algumas coisas, que nos foram mais tarde confirmadas pela mente espiritual de Leo, numa outra encarnação, num tempo posterior, já aqui na Terra, quando nem mesmo a personalidade em questão era mais Levin, como nós o conhecemos, em toda sua desventura.

Quando foi salvo na Fortaleza pelos normais, décadas haviam se passado; havia perdido a noção do tempo. Seu perispírito já sofria intensamente a ação de sua personalidade sobre ele, embora os sinais não estivessem evidentes devido a sua semiconsciência.

Ao contrário do que se pode pensar, o que causava nas pessoas a impossibilidade de plasmar a integridade do perispírito, isto é, de se lembrar, das formas humanas e até mesmo de mantê-lo íntegro e livre de doenças ou pústulas, não era apenas o ambiente aterrador, com sua energia negativa entremeada naquela poeira amarelada ou tampouco o desespero generalizado da maioria daquela gente.

O que estava sendo passado para o perispírito era muito mais a decomposição da alma; aquelas almas iam se deteriorando através de suas imperfeições, das emanações venenosas da maldade e do egoísmo que impregnava cada centelha viva de seu ser.

Essa deterioração era mais rápida em alguns, como os de fora ou os seres das alturas, por exemplo.

Levin tinha tido a sorte de ter sido encontrado e levado para a fortificação dos normais. Apesar de toda sua insensibilidade ao sofrimento alheio, se enquadrou, de alguma forma, na categoria daqueles aos quais uma oportunidade mais fácil seria dada.

Fácil apenas no sentido de que conservaria sua mente mais apta para pensar, refletir, entender e se arrepender do que havia feito.

Teriam sido estas outras criaturas piores do que ele durante o privilégio desperdiçado da reencarnação anterior?

É provável que sim. Vindos de muitos planetas

diferentes, mas naquele nível de tecnologia, todos, no entanto, tinham tido a oportunidade de conhecer os princípios da federação e nenhum bom uso haviam feito disso.

A questão era: por que as feridas não apareceram durante sua estadia na Fortaleza e agora apareciam e todas de uma só vez?

O nível vibratório em que Levin e seus companheiros se encontravam não permitia que eles vissem ou sentissem as chagas que já começavam a se abrir.

Era como se, em sua superioridade emburrecida, não conseguissem ou não quisessem perceber a realidade do que lhes acontecia de fato, em sua expressão maior, sentindo-se privilegiados, em vez de agradecidos.

Estavam todos cegos em função da simples continuidade do exercício do próprio caráter. Era como se, hoje em dia, alguns criminosos se sentissem sortudos por irem cair num complexo penal de onde podem continuar a exercitar seus crimes ou comandar suas quadrilhas, em vez de terem ido parar em outro, de regime mais austero.

Mesmo estando vivendo em condições também miseráveis, estas não são suficientes para que parem, um só instante que seja, e decidam que o crime não compensa.

Na persistência no crime então, em nossas falíveis sociedades, ao contrário do rigoroso sistema de penalização astral, são enviados para solitárias ou corredores da morte de onde nunca mais poderão sair.

E mesmo ali, custam uma eternidade a compreender que erraram muito e que a culpa é exclusivamente deles mesmos.

A maioria, no entanto, quando finalmente acuada, gasta um tempo enorme apenas se lamentando e procurando um culpado com quem dividir as responsabilidades, como a família, a sociedade ou a condição social, por exemplo.

Levin também faria a mesma coisa na roda das existências no porvir, e mesmo antes disso.

De tempos em tempos muitos eram sugados da Fortaleza durante aqueles pseudoconfrontos com os outros.

Só conheciam três fortificações porque não ousavam ir muito mais além de seu próprio território, mas milhares de outras estavam espalhadas por toda a fortificação. E todas se comportavam mais ou menos do mesmo jeito, dependendo de seus líderes.

Lein, o chefe, por exemplo, já estava enjoado daqueles confrontos e preferia apenas se defender e manter o seu espaço, ao contrário de Zondar, o líder belicoso dos zondarianos. E assim por diante.

Durante esses encontros, usando-se a estratégia da surpresa e até para não haver resistências, pois estavam preocupados com outras coisas que não fosse a solução do fato de estarem ali, milhares eram sugados para diferentes lugares.

Havia, naturalmente, os arrependidos, embora nada dissessem com medo de represálias, como veio a acontecer com o próprio Lein, como soubemos mais tarde. Cada qual, no momento exato, era sugado para fora daquele lugar terrível.

Ou porque em seus espíritos começava a brilhar uma tênue fagulha de arrependimento verdadeiro ou justamente pelo contrário, o novo passo teria que ser dado no sentido da recuperação daquele infrator, exatamente como aqui na nossa Terra.

Ao contrário também do que se pode pensar, se aqueles espíritos todos, sem exceção, tão carregados com sua potencial carga vibratória negativa, capaz de desestabilizar seus próprios envoltórios espirituais, fossem encaminhados, imediatamente após a morte naquela sucessão de vidas inúteis, para uma nova reencarnação, os corpos físicos resultantes dessa massa energética não suportariam e não seriam capazes de se formar com a condição mínima necessária para abrigar a vida.

Dessa forma, a passagem pela Fortaleza, com sua atmosfera pesada e sua névoa pestilenta e malcheirosa, onde todos haviam ficado mais ou menos enterrados, como num charco pantanoso por décadas antes de se levantarem, de uma forma ou de outra, além da continuidade do convívio direto com as mesmas condições, iniciava como que uma depuração dessa alma.

Era como se essa alma estivesse sendo lavada, com o material possível, para conseguir drenar para fora toda ou parte de sua sujeira interna, muito mais densa e imunda que a do ambiente.

Mesmo que as feridas e as deformações não devessem ser visualizadas pelo indivíduo naquela passagem, elas lá estavam, funcionando como um dreno necessário às graves infecções do espírito.

Mas tudo era apenas o começo de uma nova e longa jornada de tratamento. Aquelas almas estavam muito doentes e precisariam de um longo isolamento para se recuperar. E foi exatamente o que aconteceu. E ao que parece, com a maioria de nós.[1]

Da Fortaleza Levin foi levado, sem perceber, para a colônia de tratamento e ali, livre de um referencial de comparação entre ele mesmo e aqueles outros que julgava inferiores, sob sua ótica defeituosa, conseguia então enxergar como estava de fato.

Ele e todos os demais pareciam acordar de uma ilusão dolorosa.

---

1 Em *Mediunidade de Cura*, Ramatís/Hercílio Maes, **EDITORA DO CONHECIMENTO**, Ramatís discorre, entre muitos outros assuntos, a necessidade da recuperação do perispírito antes da reencarnação.

Apesar de não entender o que estava acontecendo e apesar das dores, percebia que o local era limpo e que sua atmosfera era menos rarefeita e menos impregnada de cheiros apodrecidos.

Aos poucos foi se sentindo um pouco confortado naquele ambiente da mais absoluta simplicidade, apesar do medo e da insegurança que a situação desconhecida lhe causava.

"Será que estou num tipo de hospital?", pensou muito mais tarde, na medida que seus medos iam diminuindo e sua clareza mental ia retornando.

De quando em quando passavam pessoas andando com desenvoltura entre as camas no chão, aparentemente surgidas do nada.

Homens que se vestiam de roupas mais finas, mas igualmente discretas. Usavam apenas uma calça e uma espécie de bata curta e solta por cima, sem nenhum adereço. Sapatos acolchoados, como botas invisíveis, tornavam aquela movimentação inaudível.

Estavam todos aparentemente grudados nas camas por uma força estranha, pois não tinham desejo de saírem dali. Estavam prostrados, exaustos, como se chegassem de uma longa caminhada.

Um ou outro se sentava, como Levin, olhava em volta, para aquele mar de camas baixas que ia até onde sua visão alcançava e depois se deitava novamente.

Em determinado momento Levin foi abordado por um daqueles homens de bata, cuja aparência jovial e límpida contrastava com as deles nas camas. Ele se abaixou a seu lado, como já havia notado que eles faziam ao lado dos leitos e perguntou como se sentia.

Levin estava meio sedado e confuso com tantos acontecimentos, mas percebeu que aquele homem era o único que poderia trazer alguma informação sobre o que se passava consigo.

Era interessante notar que esses homens iam às camas próximas, mas ninguém das imediações os abordava para esclarecer coisa alguma. Cada qual parecia esperar, pacientemente, a sua vez. Era tudo muito estranho.

"Não sei dizer como estou", respondeu com alguma dificuldade.

O estranho sorriu e colocou a mão no seu peito. Aquilo funcionou quase como uma transfusão de vitalidade. Sentiu-se imediatamente melhor. Mais lúcido e mais disposto para conversar com ele.

Agradeceu timidamente e espantou-se com a própria atitude. O homem o olhou de forma compreensiva, adivinhando seus pensamentos. Compreendeu que estava de volta ao mundo onde as pessoas eram capazes de fazer essas coisas.

"Pode me dizer como vim parar aqui? E o que é este lugar?", perguntou baixinho, como se não quisesse ser ouvido pelos outros; como se o estranho fosse contar algum segredo.

"Estamos na colônia espiritual de Bahnboldor", respondeu calmamente, sem tirar a mão de seu peito.

"Bahnboldor? Nunca ouvi falar", pensou, recordando-se das lições aprendidas na Escola de Grann. Pensava saber tudo sobre essas tais colônias, pois essas aulas haviam sido repassadas cuidadosamente em todos os anos da Escola.

Sabia dos diversos níveis de colônias e já tinha até ouvido falar dessas colônias tipo enfermaria. Surpreendeu-se com o próprio pensamento.

"É claro! Estou numa colônia espiritual. Como não pensei nisso?", pensou em voz alta.

"Você nunca ouviu falar em Bahnboldor porque não há permissão para que ela seja divulgada para todos, nos planetas", falou o homem que o ajudava, respondendo à indagação que havia feito para si mesmo.

Ele o olhava de forma mansa, mas penetrante, deixando claro que sabia tudo sobre sua pessoa.

Levin não pôde deixar de abaixar os olhos. Pela primeira vez desde que se conhecia como gente sentia-se envergonhado. Sua vida e seus valores passaram todos pela sua mente na velocidade de um raio. Era também a primeira vez que se sentia completamente nu perto de uma pessoa e tudo estava confuso na sua mente.

O estranho não o poupou de sua vergonha, continuando a olhá-lo com bondade, mas fixamente. Sim, ele sabia tudo a respeito de Levin. E deveria cumprir a penosa missão, em breve, de informá-lo quanto a seu futuro. Não havia mais volta.

"Todos aqui são oriundos de Zangadahr, como você, e esta colônia fica na região inferior do astral, sobre o planeta. Não há permissão para se falar sobre ela, a não ser para alguns instrutores encarnados muito avançados de seu planeta, porque é uma colônia reservada e muito especial. Logo eu lhe contarei mais sobre nossa função aqui", parou um pouco e continuou:

"Por enquanto o que você pode saber é que seu perispírito está sendo tratado para se preparar para uma nova reencarnação. Isso que você vê como chagas no seu corpo espiritual, na verdade é uma espécie de tratamento para purificar um pouco a sua alma", parava de falar e olhava compadecido para suas feridas, para onde projetava suaves raios de cor verde-claro que saíam de suas mãos.

"Sempre estiveram com você nos tempos da Fortaleza. Você simplesmente não as via. Eram muito maiores", fez uma nova pausa, sabendo que Levin entendia perfeitamente do que estava falando.

"Se você não passasse por Zibstiz para purgar um pouco as energias negativas de sua alma, não teria forças para uma nova vida, pois as marcas dos erros do passado passariam direto para seu corpo físico e o matariam antes mesmo de você nascer".

Levin o ouvia de olhos arregalados, mas voltados para baixo; lábios crispados, testa franzida e mãos úmidas, que esfregava uma na outra. Estava arrasado.

E ele continuou:

"Em breve nós lhe mostraremos e você vai se lembrar dos outros lugares pelos quais passou antes de chegar aqui".

Observando o olhar espantado de Levin ante essa afirmativa, esclareceu:

"Sim. Você passou por dois outros lugares num astral mais inferior ainda que aqui antes de poder ser trazido para cá. Seu corpo todo era uma ferida só e não havia ainda condições de ser preparado para voltar", completou, recomendando que descansasse e deixando-o a seguir.

Levin estava atônito. Chegou a ficar esperançoso, achando que o sofrimento estava terminando e que voltaria a reencarnar em Zangadahr.

Não se lembrava absolutamente de nada, mas tinha a sensação de que não gostaria de nada do que viria a saber. E não gostou mesmo, quando posteriormente, L'iantsui, esse era o nome do homem que falava consigo, lhe mostrou.

Foi, em outra ocasião, levado a uma enorme dependência onde havia macas altas, nas quais centenas de pessoas estavam deitadas, com tubos coloridos acoplados em suas cabeças, através de algum mecanismo invisível.

Dormiam, mas pareciam todas presas de horríveis pesadelos, pois choravam, gritavam e se contorciam, num sofrimento pungente.

Muitos trabalhadores vestidos de forma parecida

com L'iantsui atendiam a várias macas, dando assistência a seus ocupantes, como que para garantir que tudo sairia a contento.

Falavam baixinho entre si através de algum dispositivo que Levin não conseguia distinguir e controlavam, cada um, um pequeno painel que ficava no centro da meia dúzia de macas dispostas em círculos, das quais cuidava.

Dezenas de pequenos círculos formados por macas estavam dispostos no salão, de forma harmoniosa.

O instrutor o conduziu mansamente até um dos círculos e cumprimentou calorosamente o trabalhador de plantão. Havia duas macas vazias e foi convidado a se deitar em uma delas.

Sabia que iria regredir ao passado para saber os lugares por onde havia estado antes de chegar à colônia. Não tinha escolha.

Estava ansioso, num misto de temor ao notar a reação das pessoas que passavam pelo processo, mas também por notar em si certa incredulidade com seu próprio comportamento. Estava incrivelmente cordato. Parecia um autômato.

L'iantsui se aproximou depois que havia se deitado e lhe falou:

"Eles estão apenas sonhando. São apenas lembranças. Nada é real agora", garantiu, omitindo com delicadeza os ferimentos morais que essas lembranças deixariam em sua alma.

Os tubos foram instalados e num segundo Levin viu um lugar que parecia um pequeno charco pantanoso. Muitas pessoas se espalhavam por ali. Todos maltrapilhos e afundados naquela água lodosa, cheia de plantas viscosas, que se emaranhavam pelos braços e pernas.

O céu, ou fosse lá o que fosse aquela coisa que

dava limite no alto para sua visão, tinha um feio aspecto avermelhado, entremeado de manchas escuras acinzentadas, que conferiam ao lugar um aspecto sinistro. Todas as sombras eram avermelhadas, num ambiente de penumbra, quase noite.

Havia margens secas à vista, a curta distância, formadas por crostas cheias de um musgo escorregadio, que impedia que aqueles que conseguiam se soltar do fundo, onde os pés se prendiam na lama mais espessa, conseguissem se agarrar para subir. Todos que tentavam caíam dentro da água novamente.

Os sons eram confusos naquele lugar. Ao longe se ouviam piados esganiçados e estridentes que pareciam estar sendo emitidos por algum pássaro gigantesco. Era assustador. Aliás, tudo ali era extremamente assustador.

Muitos gemiam ou choravam baixinho e alguns, provavelmente os recém-chegados, gritavam em desespero absoluto, a maioria sem compreender aquilo tudo. O frio intenso naquela água gelada, não dava um minuto de paz a quem quer que fosse.

A primeira impressão de que o charco era pequeno logo se desfez, quando, numa visão ampliada, percebia-se que a formação toda era incomensurável; um sem número de pequenos charcos entremeados por faixas estreitas de solo seco, formando o aspecto de uma enorme peneira.

Milhares de pessoas, homens e mulheres, jovens e velhos, se debatiam naquele lugar. Muitas simplesmente se deixavam ficar, apáticas e sem forças para continuar aquela luta impossível, desesperançadas. Alguns chegavam a trocar algumas palavras.

Subitamente se viu naquele primeiro charco lamacento, sentindo um frio subir por todo seu corpo. Era uma sensação estranha, pois ao mesmo tempo em que via e sentia aquelas coisas do passado, sabia que estava apenas se lembrando daquilo tudo, ali deitado na colônia de Bahnboldor, sob a supervisão de L'iantsui.

Isso me lembrava o espanto de alguns clientes ao vivenciar a mesma sensação de estar em dois lugares ao mesmo tempo quando passam pelo processo de regressão.

Ao mesmo tempo em que sentem, profundamente, ser aquele personagem que estão vivenciando, sentindo suas emoções, suas dores, sentindo os cheiros e ouvindo os sons do lugar onde ele se encontra, continuam a perceber que estão numa poltrona confortável, na segurança da minha clínica.

Levin fazia, sem dúvida, uma regressão ao passado no astral. Isso me fez lembrar viagens astrais que fiz e nas quais me vi, com alguns companheiros, fazendo regressões em espíritos. Pensei, de forma até divertida, que talvez eu fizesse umas horas extras em algum lugar parecido com Bahnboldor. Mas esta é uma outra história.

Mas não deixava de ser terrível. Foi se sentindo cada vez mais dentro daquele corpo que se debatia naquela lama e um desespero foi tomando conta de si. Tinha acabado, provavelmente, de chegar, pois seu desespero era total.

A última coisa da qual se lembrava era um confronto com os zondarianos e a letargia que sentira após o mesmo. Havia ido para seu canto, onde havia se deixado cair e ficar, em total prostração. E quando acordou estava afundado num pântano sujo e malcheiroso, congelando até os ossos e rodeado por aquela gente toda em igual situação.

No princípio pensou que estava sonhando e por mais que tentasse acordar não conseguia. Deu gritos fortes e altos na esperança que isso acontecesse. Mas tudo foi em vão.

Um tempo enorme se passou até começar a despertar para sua nova realidade. Não era um sonho. Estava mesmo ali.

Tinha sido arrancado da fortificação por alguma força enorme e jogado naquele lugar, exatamente como havia acontecido na sua morte, quando se sentiu arrancado do corpo e despejado na névoa empoeirada de Zibstiz.

Num segundo lhe passou pela mente que não iria agüentar começar tudo de novo. Julgou que estivesse em outra parte de Fortaleza e, instintivamente começou a gritar chamando por um normal que pudesse vir resgatá-lo.

Chamou e chamou, esbravejou e chorou, implorou pelos companheiros até se deixar ficar ali largado, exausto.

E uma vez mais pensou:

"Estou perdido", exatamente as mesmas palavras que havia pronunciado quando chegou na Grande Fortaleza.

Pronunciaria as mesmas palavras por um número incontável de vezes em sua futura trajetória. Havia escolhido para si mesmo um difícil caminho, sem dúvida.

Levin não sabia naquela época que se encontrava preso naquele lugar, mas aquele ambiente era especialmente preparado e plasmado daquela forma, para acelerar a depuração de seu perispírito, através da água e do barro.

De alguma maneira aqueles elementos combinados iam cicatrizando e purgando as enormes chagas purulentas que se espalhavam por todo seu corpo.

Num repente deu-se conta das feridas e gritou, em pânico. Sentiu as dores lancinantes que aquilo causava e debateu-se alucinado, sem conseguir alívio.

O trabalhador que controlava as macas, de quando em quando, passava para ele, palavras de estímulo e conforto, para que prosseguisse e não desistisse de saber até o fim o que tinha lhe acontecido.

Falava de uma forma hipnótica, através de algum dispositivo, onde as palavras ficavam claras na sua cabeça e não se confundiam com o que experenciava na regressão. Era como se vivesse duas realidades ao mesmo tempo.

Tudo o que passava pela sua mente, tanto pensamentos como imagens, era registrado numa tela, acessível aos que estivessem no controle do painel no centro das macas e, o que dizia, podia ser ouvido por todos.

Percebeu que havia passado um longo tempo naquele lugar. Aos poucos foi percebendo que não havia saída e que só lhe restava esperar que algo ou alguém o tirasse de lá, como havia acontecido em Zibstiz. Preocupava-se com o que viria a seguir

Com o passar do tempo as dores foram diminuindo de intensidade, deixando pelo menos de serem insuportáveis, mas sem nunca terem cessado por completo. Percebeu que quanto mais lutava para sair dali, quanto mais tentava alcançar a margem, tão perto e ao mesmo tempo tão longe, mais suas feridas doíam.

Foi aprendendo a ficar quietinho, apesar das dores e do frio, para que as coisas não piorassem ainda mais. Quase não falava mais, se deixando dormitar e sonhar como seria a vida fora dali.

Lembrava-se de Zangadahr e pela primeira vez desde sua morte pensava em sua família. E também pela primeira vez em toda sua vida pensava neles com um sentimento, inusitado para ele, de doçura e saudade. Onde estariam?

Sabia que já haviam desencarnado, pois lhe

parecia que entre Zibstiz e aquele pântano, estava naquele tormento há séculos, possivelmente. Ia, lentamente, recuperando a noção de tempo. Sua cabeça girava ante tão contundentes constatações.

Quando conseguia pensava em sua vida e começava a achar que tudo aquilo era uma punição, uma expiação pelo que fizera ou deixara de fazer. Estranhamente, quanto mais seu corpo sofria, mais sua mente clareava para a dura realidade de suas atitudes do passado quando encarnado.

Havia cometido muitos erros, mas concluiu que os piores foram ter participado da morte de muita gente e jamais ter aprendido a amar sua família.

Levin, da maca onde estava confortavelmente instalado, ouvia, espantado, seu próprio pensamento.

Mesmo ali naquela colônia onde se encontrava no momento, ainda não havia cogitado pensar profundamente em seus enganos ou em seus defeitos, embora já se sentisse constrangido quando L'iantsui tocava no assunto, pois sentia, no fundo, serem mais que plausíveis aquelas confrontações.

Viu pessoas se afundarem no pântano e não mais virem à tona; viu gente tentar erguer nas margens e ser arremessada de volta às águas inúmeras vezes; viu e sentiu todo tipo de sofrimento e desespero possíveis no ser humano.

E ali, como na fortificação, percebia que pessoas desapareciam para não mais voltar e agora entendia o que havia acontecido com elas. Haviam sido resgatadas, como ele.

Todavia ainda não se conscientizava que o motivo de seu resgate pessoal, após tempos infindáveis naquele lugar de trevas eternas, tinha sido seus primeiros pensamentos sinceros de arrependimento e de revisão da própria conduta. Tão simples e ao mesmo tempo tão difícil.

Todos temos um pouco de Levin em nós. De uma forma geral todos somos um pouco prepotentes porque gostamos demais das coisas do nosso jeito. Apreciamos dar a última palavra nas coisas e certamente não nos incomodamos que o outro seja o detentor da verdade, desde que ela combine com a nossa.

Somos extremamente democráticos quando as coisas vão acontecendo do jeito que nós planejamos.

É muito interessante ouvir o cliente, quando perguntado, se avaliar como muito calmo e tolerante e no momento seguinte, quando confrontado, perceber que só é assim quando tudo está bem. É extremamente fácil ser condescendente, compreensivo e bonzinho quando tudo está bem.

E também somos um pouco egoístas, na medida que muitas vezes não nos importamos, ou fazemos vistas grossas àquela nossa atitude que eventualmente vai fazer alguém sofrer.

É comum, por exemplo, chegarem sérios cidadãos ou doces senhoras à clínica com queixas inúmeras, como dores de cabeça ou tristeza profunda ou ainda um medo qualquer inexplicável. Sofrem muito, mas dentro de seu sofrimento se permitem inúmeras coisas como, por exemplo, ter amantes, embora "nada sério".

Ora, como alguém pode ser feliz se não percebe dentro de sua personalidade o egoísmo de não se importar que inúmeras pessoas poderão vir a sofrer se o fato vier a público. Filhos, esposas, maridos.

Não dão valor ao sentimento do outro e na verdade se espantam muito quando convidados a pensar a respeito. Nunca havia lhes ocorrido que isso fosse uma atitude egoísta.

Quando surpreendidos pelos próprios questionamentos, saem atrás de desculpas esfarrapadas. Ouvi uma das mais interessantes há pouco tempo de uma pessoa que argumentava ser difícil a vida familiar porque não escolhemos os parentes que vão nascer conosco.

Doce ilusão. A terapia de vida passada prova o contrário a cada dia.[2]

Fazem o que querem, quando querem e da forma que querem; levam tudo na brincadeira ou na irresponsabilidade e pronto. Desde que estejam satisfeitos, não lhes passa pela cabeça pensar nos outros. Exatamente como Levin.

Então, guardadas as devidas proporções, mesmo porque não estamos mais pensando em matar ou roubar, todos fazemos mais ou menos as mesmas coisas e temos os mesmos sentimentos, mesmo que não sejam exteriorizados; e temos uma dificuldade enorme em nos perceber.

E para que possamos ser mais felizes, volto a afirmar, antes de sabermos o que fomos ontem, precisamos ter uma idéia mais clara de quem nós somos hoje, verdadeiramente.

Outra coisa interessante é ver como a maioria das pessoas acredita que os sentimentos negativos, como raiva, rancor ou mesmo as pequenas mágoas, desde que não sejam exteriorizadas, são emoções lícitas.

A irritação é com certeza a campeã dos enganos. As pessoas acham que desde que sua irritação seja pequena e por um motivo justo, está tudo bem.

Como já discutimos anteriormente, nosso desequilíbrio emocional e espiritual não se dá de forma quantitativa e sim qualitativa. Atraímos nossos desafetos do passado para nosso campo áurico com muita

---

2 Outros esclarecimentos podem ser encontrados no livro um desta trilogia, *Viajantes — Histórias que o Tempo Conta*, onde se iniciam as explicações básicas sobre a terapia de vida passada, falando entre outros assuntos, do carma e das dores que acometem o homem e suas causas pretéritas, no relato das vivências de diversos pacientes.

ou com pouca irritação. Não faz diferença, embora gostemos de nos enganar do contrário.

Quais são nossos defeitos? Como é nosso temperamento e nosso caráter? Como é o jeito que nosso espírito vem acostumado a lidar com as situações difíceis e com as pessoas de vida para vida?

Porque se não sabemos, ou não queremos saber, não teremos nunca o insight do que precisamos mudar em nós.

E assim como Levin e outros milhões de espíritos, alguns retratados naquela Fortaleza, somos pessoas que mesmo sofrendo muito, levamos um tempo interminável para começar a desconfiar que o problema é nosso; da nossa individualidade; do nosso espírito, em sua teimosia irreparável.

Quanto a Levin, lembrou-se também de uma praia estranha onde havia estado depois de ter sido sugado para fora daquele pântano.

Era um lugar horrível, com nuvens enegrecidas num estranho céu cor de abóbora escuro, cortado de raios, onde uma tempestade parecia estar sempre prestes a desabar.

O barulho que vinha da tormenta que se formava eternamente sem nunca cair, juntamente com o barulho das fortes ondas que batiam nas pedras ao longe, onde a praia fazia uma curva, era ensurdecedor.

A areia da praia era escura e cheia de pequenas pedras que dificultavam o andar de seus pés descalços. Surpreendeu-se, pois nunca havia andado sem sapatos.

Por toda a extensão existia grande quantidade de plantas aquáticas gosmentas jogadas pela areia e boiando a curta distância de onde as ondas terminavam de correr.

Além da arrebentação o que se via era uma espécie de um tênue luar prateado e sem graça.

Algumas aves noturnas cortavam o horizonte com seus pios entrecortados e agudos, que doíam no ouvido.

Centenas de pessoas se agrupavam aqui e ali, sentadas à beira do mar, na parte molhada da praia. A parte seca era uma espécie de compacto e alto espinheiro por onde não se divisava nenhuma saída. Estavam todos maltrapilhos, molhados e parecendo extremamente cansados.

Sua roupa estava em farrapos. Olhou para si mesmo, incrédulo. Uma vez mais não se lembrava do que havia acontecido depois da Fortaleza.

Algumas pessoas com roupas simples, mas intactas, se movimentavam por todos os lados, como um bando de insetos trabalhadores, acudindo um grupo aqui e outro acolá. Carregavam grandes cestos que pareciam flutuar no ar, sem peso. Traziam água, roupas e cobertas para todos.

Dois homens e duas mulheres se aproximaram de onde estava sentado. Nem havia notado que havia umas vinte pessoas a seu lado. Algumas se deixavam ficar estiradas na areia úmida, indiferentes com as marolas que molhavam seus pés e suas pernas.

O grupo de trabalhadores se aproximou e explicou que estavam ali em missão de socorro e que os ajudariam a cuidar de suas feridas.

"Feridas?", pensou, espantado e sem forças para raciocinar o que estaria acontecendo.

"Onde estão todos?", perguntava para si mesmo, desesperado.

Olhou para seu corpo e, numa nova surpresa, percebeu que sua pele tinha manchas e chagas em todo estágio de cicatrização. De algumas mais profundas ainda purgava um líquido esverdeado e fétido. Outras já exibiam uma crosta dura que as cobriam por inteiro.

Embora não se lembrasse do charco lamacento, sua última morada antes desta, uma vez mais sentiu dor. Encolheu-se gemendo, abraçado nas pernas, como que procurando uma defesa, mais para a própria mente que para o corpo.

Largou-se ali, deitado de lado, sem querer pensar em mais nada. Não conseguia mais ouvir nada em volta de si mesmo.

Não ouvia mais o mar nem o barulho estrondoso da tempestade. Muito menos notava os gemidos das pessoas e tampouco as vozes alentadoras dos trabalhadores, que gentilmente tentavam tirá-lo daquele estado de letargia.

Recolheu-se como uma concha e assim ficou por longo e perdido tempo, gemendo e parecendo ter sido tomado por um pesadelo crônico e tormentoso.

Quando despertou desse estado, deu um grito agoniado ao sentir a água gelada do mar tomar conta de todo seu corpo. E tão logo acordou, ouviu uma voz acolhedora recomendando calma e garantindo que tudo estava bem.

Dali de Bahnboldor, de onde estava vendo aquelas cenas do passado, verificou que durante todo o tempo que havia durado aquele seu estado crepuscular, os trabalhadores o trataram com banhos de mar, carregando-o cuidadosamente para dentro da água, onde piedosamente esfregavam suas feridas com uma espécie de bucha invisível e depois o recolocavam na areia, cobrindo-o com cobertores.

Notou que muitos outros estavam na mesma situação e recebiam o mesmo tipo de atenção. Aqueles que estavam mais lúcidos eram levados amparados por dois ou três trabalhadores para dentro da água e também eram tratados da mesma forma.

Deduziu que aquele mar era preparado, com

suas plantas gosmentas, para servir como um pote gigantesco de ungüento cicatrizante. Milhares podiam se servir dele ao mesmo tempo.

Logo depois dos primeiros banhos, aqueles que conseguiam caminhar eram conduzidos por uma abertura que não havia notado existir no grande espinheiro. Seus semblantes denotavam cansaço, mas também reconforto e gratidão a seus pseudo--enfermeiros.

Demorou muito tempo para notar que não estava mais na Fortaleza.

"O que teria acontecido?". Olhava para aquelas pessoas em volta sem entender absolutamente nada.

Apesar da confusão na qual se encontrava, foi melhorando aos poucos, até que suas feridas cicatrizaram por completo.

Já andava pela praia observando os recém-chegados e outros caramujos, como eram chamados aqueles que, como ele, se recusavam a enfrentar a situação e se recolhiam a seus mundos interiores, numa tentativa vã de fugir à realidade.

Aos poucos lhe foi explicado aquilo tudo que já havia tomado conhecimento durante o processo de regressão em Bahnboldor. Passou outro longo tempo mudo e introspectivo, sem nada questionar e sem querer saber de detalhes.

Em seu peito voltava, lentamente, a arder a chama de um princípio de arrependimento, que mesmo de forma confusa, alimentava seu espírito, desta vez de forma ainda mais efetiva, como se uma sonda purificadora tivesse sido colocada para dentro de sua alma.

Sua alma em frangalhos começava a refletir sobre a vida de uma forma mais profunda ainda do que havia começado a fazer no pântano, que também havia ficado para trás e do qual também já tinha tomado conhecimento.

Estava muito cansado; realmente muito cansado de sofrer e seu espírito começava a questionar se tudo aquilo tinha valido a pena.

Séculos haviam se passado desde que deixara seu corpo na mina açoriana de Sinauri. Era inacreditável.

Não tardou a ser conduzido pela passagem do espinheiro para um grande pátio, onde muitas construções baixas abrigavam um número incalculável de trabalhadores.

Homens e mulheres vigorosos que trabalhavam com alegria e bondade quase que sem descanso, ante a quantidade enorme de necessitados que chegavam ao acampamento todo o tempo.

Descobriu mais tarde que aquele lugar era conhecido como o Acampamento de Passagem.

Levin pensou que se àquilo chamavam de passagem, nem imaginava qual o tempo que estaria associado a algo mais definitivo.

Para ele havia sido uma longa passagem, mas o tempo parecia ser, de fato, algo muito relativo no astral, especialmente para os trabalhadores, que não se importavam em esperar décadas ou séculos para que alguém despertasse ou melhorasse o suficiente para ser retirado e levado de um lugar para outro.

Havia um pequeno alarido que vinha do ir e vir dos mesmos em suas animadas conversações rumo a seus locais de trabalho, num ambiente de onde se denotava organização e jovialidade, apesar de muito atarefado.

No centro do pátio inúmeros veículos astrais estavam estacionados a alguns palmos do chão, pairando suavemente à espera de seus passageiros.

Estes vinham diretamente dos espinheiros, que circundavam o acampamento e eram levados diretamente para dentro dos tais veículos, que logo à primeira vista o fizeram lembrar das enormes conduções que silenciosamente sobrevoavam Zangadahr, flutuando levemente no ar.

Dentro dele foi acomodado numa poltrona reclinável, assim como todos os demais. Dezenas ou centenas, não saberia precisar naquele momento, eram conduzidos de uma só vez. Tão logo o estranho veículo alçou vôo, uma leve fragrância foi solta no ar e todos adormeceram imediatamente.

Neste ponto os tubos que o ligavam às suas recentes memórias foram desligados e Levin ficava só com as sensações atuais da colônia. Havia, obviamente, sido trazido de lá diretamente para Bahnboldor, onde despertou no grande pavilhão das camas baixas com suas chagas quase que totalmente cicatrizadas.

Abriu os olhos e encontrou o jovem trabalhador que cuidava do painel. Ele sorria e, com presteza o ajudou a se sentar na maca; sentia-se tonto e sem forças. O rapaz lhe falou baixinho, talvez para não atrapalhar os outros:

"Descanse. L'iantsui logo estará aqui para levá-lo de volta".

De fato, num instante ou dois lá estava ele, amparando-o para que se levantasse. Deu-se conta de repente nos milhares e milhares, milhões de espíritos perdidos por todo o astral, como ele mesmo e na quantidade incrível de trabalhadores desinteressados, ajudando a cada um particularmente.

Olhou para a dupla que conversava tranqüila à sua frente e sentiu enorme agradecimento por eles e por todos os outros que, certamente, haviam despendido seus esforços para auxiliá-lo, sem sequer conhecê-lo. Jamais em toda a sua vida tinha pensado dessa forma ou percebido essas coisas.

Estava tão pasmo e sua admiração transbordou

de tal forma que se viu dando um passo à frente e abraçando L'iantsui, agradecido e chorando.

Ele apenas o abraçou fortemente, sorriu de leve para o outro e o conduziu de volta ao seu leito.

Pelo visto estava muito acostumado ao despertar daquelas almas, não apenas para suas verdades interiores, como também para o choque que isso lhes causava, naquele processo de regressão às andanças no astral.

Levin foi, com o tempo, recuperando todas suas lembranças, em detalhes, do tempo passado nos campos de recuperação, como aqueles lugares todos eram chamados, desde Zibstiz até Bahnboldor.

Descobriu que centenas daqueles lugares se espalhavam pelo astral de toda a galáxia, recolhendo aqueles miseráveis espíritos empedernidos no mal, como ele.

Soube também de algumas outras vivências passadas e admirou-se de não ter tido que passar por tudo o que tinha passado nesta oportunidade naquelas épocas.

Seu espírito vinha errando e persistindo no erro há muitíssimo tempo, sem aproveitar as muitas oportunidades de revisão e crescimento que havia desfrutado, vida após vida.

Só tinha acompanhado o crescimento científico e tecnológico daquela civilização, resistindo bravamente às necessárias mudanças morais que devem acompanhar o desenvolvimento dos povos.

"Quanto tempo perdido", lamentava-se durante as palestras que assistia, entediado, uma após a outra.

Preocupava-se agora quanto ao futuro; sabia que deveria reencarnar e em sua memória estavam agora vívidas as lembranças das aulas em Grann, quando alguns mestres versaram suas aulas sobre a necessidade de escolas mais severas para alunos mais preguiçosos.

Toda sua vida em Zangadahr passava pela sua mente. Cada detalhe, cada pensamento perdido foi recuperado e analisado com seu instrutor.

Ao final daquilo tudo já estava cansado e estressado, desejando que tudo terminasse de uma vez e seu futuro fosse revelado de uma vez. Estava quase que irritado com a demora em sair seu veredicto, como dizia L'iantsui e também não se conformava em não poder participar da escolha desta vez.

Sabia como acontecia a maioria dos processos de reencarnação. Havia aprendido, embora nunca tivesse se importado verdadeiramente com o futuro. Tinha visto outras preparações suas nas regressões e sempre havia opinado.

Só se esquecia de que nunca havia dado certo. Tão logo renascia, de pronto se esquecia tudo o que havia planejado e voltava a recorrer nos mesmos enganos.

Nestas alturas Leo dava sua opinião.

"Pelo visto o lobo perde o pêlo, mas não perde o vício, não é? É este o ditado?", suspirava, aborrecido com as últimas inquietações de Levin e continuava:

"Ele parece arrependido, mas quando decide que tem que reencarnar já está irritado de novo, querendo as coisas na hora e do jeito dele".

O que Leo se dava conta era do simples fato que nenhum progresso se faz de forma mágica ou apenas alimentado por uma tênue decisão, amparada simplesmente em uma tomada de consciência dos fatos incontestáveis.

Qualquer aprendizado precisa ser feito pondo-se a mão na massa e expondo o espírito às mesmas provas que acarretaram sua derrota nas vidas anteriores.

Não fosse assim, nosso mundo e pelo visto todos os mundos, toda a humanidade, seriam compostos por anjos, e a maldade e a discórdia seriam não mais que remotas recordações de um passado distante.

Como provavelmente já foi dito, cada um de nós veio para aprender alguma coisa. Então não adianta colocar o avarento de hoje numa posição de absoluta miserabilidade numa próxima vivência, pois o pobre tem poucas oportunidades de colocar à prova sua generosidade, ao contrário do rico.

Assim como não adiantaria colocar a mulher bonita e prostituída que se deu bem na vida ontem, no corpo da mulher feia e desinteressante hoje, que nenhum interesse desperta em ninguém, pois quase não terá oportunidade de se colocar à prova da luxúria e da vida fácil, por exemplo.

Talvez a inversão de papéis se faça necessária de tempos em tempos, quando o espírito teima em manter seu mesmo padrão de comportamento, vida após vida, oportunidade após oportunidade jogada fora.

Seriam aquelas vidas que chamamos de contrapadrão, onde o espírito escolhe heroicamente, vivenciar o oposto com a prova de não se rebelar com a situação, o que também é muito difícil.

Um exemplo seria o comandante poderoso e sanguinário, que em outras vidas já tinha reencarnado em todas as situações possíveis de poder, para ver se ia se tornando um líder bondoso, compreensivo e justo, apesar de forte e decidido.

Aquele que deveria auxiliar no crescimento espiritual daqueles que dependiam de suas palavras e de seus gestos e que em todas as vivências só soube promover as mesmas desgraças e matanças ou, simplesmente, tripudiou sobre tudo e todos e passou por cima das pessoas como um trator desgovernado.

Decide então, num gesto de determinação e reconhecimento dos erros cometidos, vir como uma pobre camponesa desamparada, com muitos filhos, abandonada pelo marido à miséria e a fome; quando termina morta na sarjeta mendigando, velha e sozinha, depois que uma invasão de saqueadores devastou toda a região, matando inclusive todos os seus filhos, se revolta.

Em vez do espírito se lembrar de quantos terminaram pelas suas mãos nas mesmas condições, faz questão de esquecer tudo o que já fez um dia no passado, tratando de se lembrar apenas das desgraças que passou; jamais as que causou, tornando todo aquele sofrimento num episódio de absoluta inutilidade.

Desta forma, o simples reconhecimento por parte do espírito, como Levin, por exemplo, dos erros cometidos, não adianta muito, como mostram muito bem suas primeiras reações no momento que começa a recuperar toda a sua capacidade de raciocínio.

Assim como dizemos que a humanidade não dá saltos, também não os dá o espírito humano. Não saímos do mal para o bem do dia para a noite. O reconhecimento dos erros é apenas o primeiro passo numa longa caminhada ao caminho do bem.

Teria que voltar muitas e muitas vezes; se submeter às mesmas tentações e provocações; superar uma a uma todas elas, assim como aos seus defeitos; passar pelas mesmíssimas dores que fez outros passarem sem se revoltar com elas; subir um a um os degraus do aprendizado, atrasado que estava em seus anos escolares na grande escola da vida, que pelo visto vai muito mais longe do que possamos imaginar em nossa pequenez.

E exatamente como Levin, não é difícil imaginar que todos nós estamos passando pelos mesmos bancos escolares, sem exceção, neste universo imenso, com tantas escolas à nossa disposição.

E o dia finalmente chegou. Levin foi chamado à sala de programação para falar com L'iantsui. Lá estariam outros trabalhadores conhecidos, que integravam a mesma equipe e que há tempos tratavam do seu caso.

Sentou-se respeitoso e ansioso no grande hall de espera, onde centenas de outros também pareciam aguardar. Estranhou a enorme quantidade de pessoas que ali estavam.

"Será que vão todos falar com L'iantsui?", pensou surpreso.

Maior ainda foi sua surpresa quando L'iantsui e os outros saíram todos para o grande hall. No meio do salão, saindo do chão se ergueu um pequeno palco, como que movido por algum mecanismo hidráulico imperceptível e silencioso.

Os instrutores subiram até ele e se postaram de pé, uns ao lado dos outros, com um venerando instrutor no centro deles. Cabelos e barbas brancas, bem cortados e cuidados, usando a tradicional e simples bata que todos usavam, de forma carinhosa, mas penetrante, olhava para a pequena multidão que se juntara em volta. Andora era seu nome.

Parecia olhar cada um bem dentro dos olhos, como se isso fosse possível. Eram talvez milhares. O grande salão parecia ter se expandido de forma mágica e Levin já não mais podia enxergar as suas paredes.

"Meus amigos". "Ouçam-me", falou com sua voz firme, branda e grave, interrompendo o burburinho que aqueles fenômenos causaram nas pessoas ali reunidas. Todos se calaram imediatamente e um grande silêncio dominou o ambiente.

Tornou a olhar demoradamente para a platéia ansiosa e atenta ao redor do palco. Suspirou de forma consternada, como se a missão a seguir fosse dolorosa, mas tivesse que ser cumprida. Parecia procurar palavras.

"Meus amigos. É chegada a hora de dizermos adeus a vocês que partem", falou com a inflexão do inquestionável.

As pessoas se olhavam perplexas. Uma ponta de temor aparecia em todos os olhares. Sabiam estar prestes a ouvir aquilo que, com certeza, seus corações já pressentiam há muito.

E ele falou. Durante um tempo sem fim ele falou àqueles homens, em cujas almas perdidas tudo ainda estava por fazer. Falou do amor e falou da dor. Falou das virtudes e falou dos defeitos.

Falou das lições aprendidas e daquelas muitas ainda a serem estudadas. Falou das oportunidades perdidas e das que ainda teriam pela frente. Falou a cada um e para todos eles.

Ele falava sereno, sem crítica na voz, sem constrangimento, com amor fraternal expresso em cada frase; e suas palavras, carregadas da verdade que invadia cada coração, a todos fazia chorar. Nos caminhos do astral todos já haviam aprendido a chorar, de uma forma ou de outra.

Das faces de Levin grossas lágrimas silenciosas caíam numa torrente de energia que alvejava seu espírito, com o elixir poderoso do arrependimento sincero. Lembrava-se de cada instante de sua vida, antes e depois de sua morte.

Não conseguia vislumbrar uma só atitude sua que tivesse valido a pena, no sentido do crescimento moral de seu espírito. Não se recordava de um só gesto de bondade, ou amizade verdadeira ou amor que tivesse sido capaz de expressar.

Não tinha nada de bom dentro de si. Mesmo ali naquela hora, reconhecendo seus erros e percebendo quanto tempo havia desperdiçado ainda não era capaz de qualquer outro sentimento que não fosse o arrependimento.

Da família sentia uma estranha saudade dos momentos que deixara de usufruir com ela, mas não sabia ainda o que era o amor.

Apenas reconhecia, numa frase atrás de outra que ouvia do velho instrutor, o muito que havia errado e o muito que nada sabia. Era como se ele falasse com exclusividade para ele, Levin. E só para ele. Nem percebia aquele amontoado de gente que chorava copiosamente a seu lado.

"É chegada a hora meus amigos, de vocês partirem para uma longa jornada de aprendizado em um planeta desconhecido. Um planeta especialmente preparado para receber espíritos que ainda não conseguiram viver de forma harmoniosa nos mundos também harmoniosos que a federação construiu para todos nós, a duras penas através dos tempos, como todos bem sabem, nesta galáxia", e continuou:

"Quantas guerras, quantas vidas ceifadas, quanta desgraça e quanto sangue derramado dos milhões de corações que tiveram suas trajetórias despedaçadas pelo orgulho e pela prepotência daqueles que, durante milênios, se recusaram a se curvar aos novos tempos.

Daqueles que fizeram da luta pelo poder e pela posse da matéria inútil, uma profissão de vida. Estamos nos tempos de mais esperança, de mais fé, de mais amor e bondade, virtudes que a maioria dos homens já compreendeu e decidiu serem suas parceiras para todo o sempre.

Virtudes que quando compreendidas, mas ainda não exercidas, fazem com que milhares de outras pessoas se tornem figuras não mais toleráveis nestes nossos mundos tão adiantados", fazia pequenas pausas, sinceramente penalizado dos olhares suplicantes daqueles homens, que a cada momento se assustavam, mais e mais, adivinhando o que lhes aguardava.

L'iantsui, bastante comovido, permanecia com os olhos baixos e os braços abraçando o pequeno painel portátil que carregava. Levin ainda não sabia, mas não era a primeira vez que essas cenas aconteciam ali na colônia.

Bahnboldor era um porto de saída para aqueles que seriam degredados, sem retorno marcado ou presumido. Dependeria de cada um conseguir voltar ou cair mais ainda. Milhares antes dele já haviam passado pelas mesmas coisas.

Pode parecer difícil de entender, mas na medida que o tempo no astral não existe, espíritos de todas as épocas tinham tido chances sem conta de se ressarcir de seus erros, cada um a seu tempo.

Na medida que iam simplesmente jogando fora as oportunidades, uma a uma, foi se tornando impossível seu convívio com aquelas sociedades de maioria boa e amorosa. Qualidades estas conquistadas a duras penas através dos tempos imemoriais de sua evolução.

Também de mais nada lhes serviriam voltar ao seio daquela gente, pois nada aprendiam, nem mesmo depois dos longos períodos passados em contundentes sofrimentos no astral, exatamente como Levin e todos os demais ali agrupados.

E Andora continuava, firme e compadecido:

"Vocês serão encaminhados para reencarnações em um planeta de faixa vibratória mais baixa, para onde milhares já foram encaminhados. Um planeta em construção onde tudo está por se fazer. Uma terra distante onde grandes convulsões geológicas ainda assolam o planeta, provocando grandes mudanças no comportamento dos povos que lá começam a se desenvolver.

Grandes migrações terrestres se fazem necessárias para a sobrevivência das tribos. Grandes tragédias coletivas já aconteceram e ainda vão acontecer. Um mundo cujos habitantes autóctones são seres extremamente primitivos e não conseguirão sobreviver sozinhos, sem a nossa ajuda.

Precisam de tudo. Nada sabem sobre as mais elementares ciências, desde o simples cultivo da terra até a construção de habitações seguras e o abastecimento de água, por exemplo".

Ele falava calmo, de forma cuidadosa, tentando contrastar seu discurso com o desespero das mentes que fervilhavam a seu redor.

Muitos, nestas alturas de seu pronunciamento, choravam copiosamente de forma pungente, vislumbrando antes dos outros, um futuro de extrema dificuldade e dor para espíritos acostumados a obter alimento ao simples apertar de um botão de um processador e a viajar pela galáxia em grandes naves espaciais, com o mesmo conforto e rapidez com que visitavam amigos numa cidade vizinha.

De fato, não estavam enganados. Esse era o futuro que lhes estava reservado.

Em vez de ficarem simplesmente mofando nas grandes fortalezas de expiação astral, como Zibstiz, em vez de retornarem a seus mundos de origem somente para errar novamente, em vez de nada mais fazerem quando encarnados do que perturbar a vida das pessoas de bem, em vez de desperdiçarem suas qualidades paranormais, em vez de perderem seu bem mais precioso que era o próprio tempo, iriam para um lugar onde usariam todo o seu potencial para ajudar as pessoas a construir um mundo novo.

Pelo avanço intelectual e moral dos mundos onde haviam vivido, de onde toda uma incrível cultura tecnológica e social estava armazenada, já de forma atávica, em suas mentes, muito poderiam ajudar.

Seriam líderes e mestres. Conduziriam aquela gente primitiva nos seus primeiros tempos. E também depois. Defenderiam seu povo com as próprias vidas como aos filhos que nunca amaram. Levariam os conceitos da espiritualidade, que tão bem conheciam, apesar de nunca terem se curvado às suas verdades. Verdades que agora experimentariam de fato.

Não lhes faltaria ajuda e proteção. Gente das estrelas como eles próprios, gente como os instrutores de Bahnboldor, por exemplo, estariam sempre presentes nos momentos de dificuldades, mesmo que não fossem vistos ou reconhecidos, pois a maioria deles não teria as lembranças espontâneas que muitos gozavam quando encarnados, com seus flashs de vidas passadas.

Nenhum, absolutamente nenhum espírito seria esquecido à sua própria sorte, apesar de milênios parecer um tempo grande demais. Era preciso que todos soubessem que o tempo naquele mundo passaria muito mais rápido que ali. Um dia do tempo que conheciam agora corresponderia a quase uma década no planeta escolhido. Um ano corresponderia a milênios.

Muitos teriam as intuições de suas vidas nas estrelas, impossibilitados que todos estariam, por milênios, de tirar os pés do chão, e delas teriam saudades que rasgariam seus peitos da mais pungente dor. Dor do paraíso perdido em algum lugar desconhecido.

Alguns se lembrariam com mais clareza, os mais corajosos talvez, e tratariam de passar as antigas verdades para os outros, que não as aceitariam de pronto. Séculos e séculos se passariam antes que essas verdades começassem a florescer.

Um novo mundo, que não só lhes serviria de abrigo pelos milênios necessários para a reconstrução de seus espíritos perdidos no mal, como também, apesar de suas tendências negativas que não desapareceriam só porque estariam mudando de casa, não lhes daria tempo, por causa das áridas condições de sobrevivência e da escassez material e logística para suas ações, de desperdiçar tempo com a maldade habitual de suas vidas.

Durante a longa preleção o choro e a lamentação foram dando lugar a uma prostração absoluta. As pessoas se olhavam sem acreditar; muitos se sentiam vitimados, mesmo sabendo quem eram de fato e do que tinham sido capazes de fazer, por milênios também.

Não haveria argumentação nem possibilidade de mudança na decisão tomada. De fato, quando todos foram trazidos para Bahnboldor, seu destino já estava traçado.

Estavam apenas recuperando seus perispíritos para a longa travessia, assim como suas mentes espirituais estavam igualmente sendo preparadas para receber e aceitar a notícia, da forma mais resignada e corajosa possível.

Não havia mesmo quem não pressentisse o terrível destino. Um silêncio assustador tomou conta do lugar quando Andora terminou sua exposição.

"Não há pressa. Cada coisa a seu tempo. Vocês serão transferidos em grupos para outra colônia, no astral do planeta que vão residir. Não se preocupem com nada, pois tudo já está devidamente arranjado.

Nesta colônia serão preparados para o reencarne na atmosfera pesada do planeta. Com o tempo seus corpos serão mais densos, para melhorar as condições de sobrevivência. Tudo lhes será explicado quando lá chegarem.

Tenham coragem e trabalhem duro, pois a volta, um dia, dependerá exclusivamente de cada um. Grandes grupos retornarão antes de outros e os que sobrarem enfrentarão dificuldades extras, por isso não se esqueçam de olhar para as estrelas a cada dia.

No lindo céu do planeta de uma só lua que habitarão, poderão distinguir vários dos planetas que já lhes serviram de lar amoroso nos lados de cá um dia. Terão o desejo sincero e legítimo de retornar à pátria perdida e seus espíritos se esforçarão para compreender melhor os caminhos que os conduzirão de volta".

Fez uma longa e penosa pausa. Seu coração sofria por cada uma daquelas almas sofridas. E logo concluiu:

"Deverão apenas conseguir lembrar que o caminho de volta, necessariamente passa pela espiritualização, no sentido mais amplo, de suas almas. A espiritualização que significa o reencontro do amor fraternal perdido e deixado para trás na estrada da vida, essa mesma estrada, que o mesmo amor vai pavimentar para trazê-los de volta à sua pátria estelar", fez um amplo gesto como que abraçando a todos de encontro a seu coração, se retirando a seguir.

O longo caminho da volta começava com a partida. E assim se fez.

9
Planeta Terra - O planeta de uma só lua
... a quedas...

"Alguns homens gostam de brincar de Deus, incorrendo no erro histórico da prepotência humana.
... A ascensão e queda dos sistemas religiosos, filosóficos, impérios monárquicos, matriarcais ou patriarcais, fez parte dos sucessivos ciclos de escuridão e luz que ocorreram na história do homem. Cada era traz dádivas ou misérias, desenvolvimento ou estagnação, paz ou violência. As culturas que dominaram o orbe terrícola são provenientes das dinastias atlântidas, egípcias e gregas.
... Nessas ligações das diversas eras e das influências da descendência genética, foi o homem perdendo a sua procedência cósmica, qual estrela que se apaga abruptamente diante de um painel incandescente de outros bilhões e trilhões de estrelas no céu da evolução inexorável.
... A ascensão é e sempre foi a meta e o resultado final da existência tridimensional. O que está acontecendo agora neste mundo não é novo no contexto da evolução universal — aconteceu em muitos mundos e ocorrerá novamente em planetas de evolução recente ao longo da criação".

Ramatís

Levin foi transferido para um lugar chamado de Casa de Preparação, no astral do planeta longínquo no qual reiniciaria sua longa trajetória a caminho da luz. Era um lugar muito parecido com Bahnboldor, cheio de grandes pavilhões de alojamento e muitos trabalhadores, vestidos de forma semelhante aos outros que havia conhecido, como L'iantsui.

"L'iantsui", pegou-se repentinamente pensando e sentindo saudade do instrutor e conselheiro que o havia tratado com tanta paciência e resignação, mesmo sabendo dos tantos erros de seu passado.

"Que pena que ele não está aqui", lamentava-se, sentado numa das inúmeras praças arborizadas em torno das quais os pavilhões se postavam. Admirava-se, pela primeira vez, com a quantidade enorme de pessoas na mesma situação que a sua.

Lembrava-se de Andora que, em seu pronunciamento final, afirmara que milhares já haviam partido antes deles. Ali mesmo já eram milhares, provavelmente, o que tornava tudo mais significativo.

Não tinha idéia de quanto tempo ficaria ali na Casa, que era como todos chamavam aquela colônia. Participava de palestras, assistia vídeos do planeta onde iria residir e se horrorizava. Ele e todos os demais.

O estado de ânimo dos degredados era muito ruim. Sentiam-se todos como condenados à beira de uma execução.

Muitos choravam, se desesperavam ou tinham crises nervosas onde pareciam enlouquecer; agitavam-se e precisavam ser sedados com um tipo indolor de raio luminoso que saía de pequenos aparelhos que alguns trabalhadores do Grupo de Amparo Imediato carregavam consigo.

Depois eram carinhosamente recolhidos aos centros de repouso para se recuperarem do stress e também para, dali, serem indicados para os diversos tratamentos intensivos que a Casa dispunha.

Havia no coração daqueles homens e mulheres, que agora se reuniam de novo, uma mistura de revolta e de culpa, de indignação e de entendimento. Sentimentos confusos e conflituosos.

Não era positivamente um lugar muito sossegado. A perspectiva do sofrimento iminente que rondava a vida de todos, trazia uma atmosfera pesada ao lugar. As pessoas quase não riam e pouco se conversavam.

Os instrutores se esforçavam ao máximo para trazer esperança àqueles corações exaustos, exortando à luta e acenando com a recompensa prometida do retorno ao lar. Transmitiam toda sua confiança no sucesso de cada um e derramavam seu amor piedoso àqueles companheiros que tantas desventuras tinham pela frente.

Cada instrutor cuidava de um pequeno grupo de cinqüenta ou cem pessoas e podiam então, dedicar de seu precioso tempo porções de atenção individual a cada uma delas, o que era extremamente reconfortante.

Os mais inconformados recebiam atenção especial de trabalhadores mais graduados e muitas vezes passavam tempos internados numa espécie de pavilhão de recolhimento, onde, através de um tratamento feito com águas e luzes, se recompunham lentamente.

Saíam mais reconfortados, menos abatidos e mais dispostos a continuar sua preparação para a reencarnação necessária, que era afinal o que todos estavam fazendo ali.

Todos continuavam passando por macas semelhantes às de Bahnboldor, onde, através daqueles tubos coloridos se recordavam do passado.

O diferencial ali na Casa era que, além de recordar o passado, aquele tratamento possibilitava que se vislumbrassem as propostas individuais que os instrutores faziam sobre as condições da futura reencarnação de cada um.

Levin e os outros aprenderam nas grandes palestras que eram proferidas regularmente pelos instrutores superiores da Casa que, naquela altura do desenvolvimento do planeta, não havia de fato muitas opções sobre onde reencarnar.

Os povos que o habitavam eram extremamente ignorantes e muitos dos que os haviam precedido com o intuito de ajudar o desenvolvimento daqueles seres e do planeta e, ao mesmo tempo, expiar as suas faltas, haviam realizado grandes obras, mas também cometido enormes enganos.

Realmente tinham levado ao planeta ignorante, durante os séculos que ali já se encontravam, uma quantidade enorme de informações em todas as áreas do conhecimento possível à época.

Alavancaram muitíssimo o desenvolvimento social dos povos e interferiram com toda força no pensamento rudimentar dos homens e na insipiente cultura local, melhorando as condições de vida em todas as partes por onde passaram.

Porém, ao mesmo tempo em que ajudaram tanto, trouxeram também, no bojo de seus espíritos ainda deformados, o inevitável, que era exatamente suas tendências negativas; isto permitiu que o planeta fosse contaminado, de forma irremediável, pela maldade, pelas disputas de poder e por todos os tipos de defeitos humanos, desconhecidos pelos então primitivos espíritos oriundos daquelas terras.

Grandes cataclismos tinham acontecido com o intuito de expurgar milhões de espíritos de seus corpos, para que outras tentativas de se criar civilizações melhores fossem realizadas, num ciclo previsto de desenvolvimento humano e moral do planeta em questão.

Grandes porções de terra haviam submergido, levando consigo milhões de espíritos que nada mais tinham a fazer ali.

Novos povos estavam sendo formados, não só

com os sobreviventes das primeiras horas, que habitavam as terras altas, mas também com a descida de grandes grupos dos que agora passavam pela Casa de Preparação, oriundos, como os primeiros, de planetas mais desenvolvidos e também com o reencarne de muitos dos expurgados.

Devido à diferença de orientação temporal entre os planetas da federação e aquele para onde iriam, os fatos na crosta se passavam com uma velocidade vertiginosa, quando comparados sob o ponto de vista deles ali na Casa.

Levin observou que no seu tempo, a descida dos degredados tinha começado há poucas décadas, quando estava nos seus primeiros tempos de Bahnboldor, embora milênios tivessem passado para os que já haviam partido.

De qualquer forma, soube que todos precisavam também partir, reiniciar sua evolução e ajudar os demais que se encontravam nas lutas do planeta e na lutas consigo próprios, o que também aconteceria com eles, com certeza.

Levin ouvia emudecido aqueles relatos, feitos de forma emocionada por aqueles instrutores da mais alta estirpe. Simples e sábios, hipnotizavam sua pobre e infeliz platéia com seu pensamento forte e sua forma branda, mas decidida de colocar os fatos.

Quem não se conformava de ali estar, se envergonhava do passado, mais que temer o futuro, como ele mesmo, ao tomar conhecimento tão de perto da história daquela nova humanidade.

Recordava-se das histórias ancestrais de Zangadahr, não muito diferentes daquela que agora ajudaria a construir. Analisava, estupefato, os caminhos já percorridos pelo seu espírito.

Era como um ciclo, onde voltava ao ponto de partida, com a impressão de já ter vivido aquilo tudo um dia; voltava cheio de conhecimentos, é verdade, mas com um mundo de reformas a fazer e com a diferença terrível de não ser mais o espírito ignorante de outrora.

Não fez amigos ali na colônia. Aliás, ninguém parecia andar muito junto de ninguém. Formavamse pequenos grupos de conversa aqui e ali. Ninguém parecia ter disposição para iniciar novos relacionamentos ou para qualquer outra coisa que não fosse cismar com o próprio futuro.

As pessoas pareciam esquivas, como se, de repente, o peso de todo seu passado tivesse se tornado uma coisa pública. Subitamente todos tinham suas culpas expostas e não havia mais como esconder o que quer que fosse. Não havia mais mentiras ou desculpas possíveis.

A condenação irremediável estava prestes a ser executada. De tempos em tempos pavilhões inteiros eram esvaziados e corria a notícia de mais uma descida. Alguns milhares de espíritos começavam suas jornadas no novo planeta. As pessoas evitavam dar opiniões e logo o assunto desaparecia, como se quisessem enganar a si mesmos.

Quanto mais se aproximava a hora da partida dos habitantes de cada um daqueles gigantescos pavilhões, se iniciavam procedimentos que visavam abaixar a freqüência vibratória de seus espíritos; essa medida era para que pudessem ir, aos poucos, se preparando para o reencarne em corpos de massa corpórea mais densa daquelas que conheciam nos planetas por onde haviam passado nos últimos milênios.

Cada um havia sido atendido individualmente para saber, exatamente, em que condição iria reencarnar, o que não ajudava grande coisa.

Nestas alturas Leo nos deu a definição exata da

angústia que cada um daqueles indivíduos deveria estar sentindo:

"Parece que é como pegar um de nós hoje em dia, qualquer um, tão acostumados que estamos às facilidades da vida moderna, como telefone, geladeira, por exemplo, para não falar em computadores, aviões e outras coisas mais sofisticadas, e nos mandar morar, em definitivo, no meio de uma selva habitada por selvagens que não conhecem nem o fogo", suspirava, comovido com o destino implacável daquela gente. Depois riu sem graça e completou:

"Acho que vou tratar de ser mais bonzinho".

Sábias palavras pensei comigo mesmo. A insistência no mal levava mesmo os indivíduos ladeira abaixo.

A imagem da selva que Leo havia criado era extremamente pertinente e eu fiquei a imaginar como seria para nós, habitantes do século XXI, vivermos numa selva, rodeados de gente ignorante, sem qualquer possibilidade de se achar a estação para pegar o metrô das dez horas e voltar para casa.

Estaríamos condenados a viver com selvagens e como selvagens, mas com toda uma parafernália de conhecimentos modernos instalados em nossas mentes. Teríamos fome sem ter a geladeira ao alcance da mão. Teríamos medo da escuridão e não encontraríamos os interruptores para acender a luz.

Nos encontraríamos sujos e não acharíamos um só chuveiro quentinho onde nos banhar. Ficaríamos doentes e não teríamos nenhum hospital à nossa disposição e nem mesmo uma farmácia na esquina.

Enfim, não teríamos nada; nada além de nossas lembranças. As desesperadas lembranças de um tempo que tínhamos de tudo e achávamos, equivocadamente, que não tínhamos nada.

Usufruímos hoje em dia de tantas facilidades tecnológicas, que nem mais nos apercebemos das maravilhosas comodidades do mundo moderno, esquecidos de pensar de como seria viver sem essas coisas.

Não pensamos nas mágicas com as quais convivemos e usufruímos, e não valorizamos, tão acostumados estamos com elas, que não imaginamos como é viver sem elas. Coisas como a simples eletricidade, por exemplo, ou a televisão.

Ligamos nossa TV e não paramos mesmo um segundo para pensar na fantástica magia de termos em nossa telinha, que apreciamos despreocupados, imagens de acontecimentos que estão se passando naquele exato momento do outro lado do planeta.

Isso para não falar em coisas como a internet, com a qual falamos, on line, simultaneamente, com muitas pessoas espalhadas pelos quatro cantos do mundo.

E naquela selva, quando conseguíssemos finalmente achar algo para comer, como uma caça, por exemplo, não seríamos capazes de agarrá-la facilmente. E se agarrássemos, não teríamos coragem de comê-la crua. Teríamos que nos lembrar como se cozinhavam as coisas aqui e então trataríamos de conseguir um fogo.

Na próxima caçada trataríamos de nos lembrar como seria mais fácil atingir nossa caça usando algum tipo de arma que pudesse ser lançada à distância.

E mais adiante, enjoados de ir buscar água no rio, pensaríamos em usar bambus à guisa de canos, para fazer uma tubulação que aproximasse a água de nós, poupando nossas longas caminhadas. E assim por diante.

Os nativos nos olhariam maravilhados e pensariam que éramos seres super poderosos. Logo nos tornaríamos lideres ou chefes, trazendo para nós a responsabilidade de passar aquelas facilidades para toda a tribo.

E passo a passo, de acordo com as possibilidades do local, iríamos tentando reconstruir o nosso paraíso perdido.

Pedra em cima de pedra calejaria nossas mãos e aprenderíamos a valorizar o trabalho e a união das pessoas, pois precisaríamos de muitos para derrubar uma árvore e carregar seu tronco até o lugar onde decidimos construir uma ponte sobre o rio para encurtar o caminho.

E assim iríamos reconquistando, lentamente, não só a tecnologia, mas os valores perdidos, em um tempo quando não mais dávamos valor aos amigos ou às nossas famílias, por exemplo, tão independentes que éramos quando cercados do nosso mundo moderno.

Meditaríamos que o tempo que nos sobrava por causa dessas comodidades, ora perdidas, talvez pudesse ter sido usado melhor.

Poderíamos ter amado mais, ajudado mais aos nossos semelhantes, pensado nas maravilhas da natureza e em tudo mais que, desinteressados, achávamos que não nos diziam respeito ou, ao contrário, achávamos que era nosso por direito e não preocupávamos em cultivar ou preservar para nós ou em nós.

E assim foi para os degredados da grande Casa de Preparação.

E para Levin, o dia finalmente chegou. Seu destino se fez. Aquele destino conquistado através dos milênios, num tempo passado de forma distraída pelas vivências, esquecido da razão maior da própria existência de seu espírito.

Assim como os milhares de seu pavilhão, Levin foi levado à reencarnação forçada no belo, mas atrasado planeta da lua única. Reencarnou na mítica Atlântida.

Nesta altura dos acontecimentos, nosso também distraído Leo deu um pulo na cadeira e exclamou, espantado com seu próprio relato:

"Meu Deus! Ele... eu... estou vindo para a Terra!", estava pasmo, mas sua história já havia, há muito, me feito pensar que este seria mesmo seu destino.

Sua história me fazia lembrar a saga dos capelinos,[1] espíritos oriundos de um planeta muitíssimo mais adiantado que o nosso, em todos os sentidos, que em determinado estágio de sua evolução, sentenciou ao exílio aqui na nossa Terra, milhões de espíritos empedernidos no mal, que não mais tinham condições de lá permanecer.

Sua permanência não mais traria benefícios a eles, pois não tinham se beneficiado da evolução daquele povo através dos tempos, e tampouco aos demais habitantes daquele sistema solar e aos demais que os circundavam.

Os remanescentes não mais precisavam de criminosos e rebeldes de todos os tipos ao redor, pois não tinham mais que suportar estes sofrimentos no seio de sua tranqüila e espiritualizada sociedade.

A escolha de nosso planeta também objetivava, no magnífico sistema da ordem universal das coisas, auxiliar os rudes seres humanos oriundos aqui do planeta a evoluírem, fechando-se dessa forma um ciclo de ajuda mútua.

A história conta que os capelinos desceram à Terra, em levas, incrementadas aos poucos, desde os tempos do ancestral continente da Lemúria, que terminou por afundar nas águas do que hoje

1 Na obra ***Exilados de Capela***, Edgard Armond, Editora Aliança, temos o relato da saga dos capelinos e das intensas pesquisas históricas do autor para comprovação dessa teoria.

é o Oceano Ìndico, há mais de 700.000 anos, até a Atlântida.

O chamado continente perdido de Atlântida, ou a Grande Atlântida foi berço e lar para uma civilização que durou mais de 70.000 anos e assim como a Lemúria, afundou nas costas do continente africano, no oceano conhecido hoje como Atlântico, há mais de 15.000 anos.

A última grande ilha da Atlântida, conhecida como Poseidon, afundou mais ou menos 5.000 anos depois e foi o local da primeira vida no planeta Terra da qual Leo se lembrou, após sua personalidade zangadahriana de Levin, o astrônomo perdido.

A trajetória de Leo no planeta, na verdade, pode ter começado muito antes. Muitos outros povos cujas existências são sabidamente anteriores aos atlantes, que era a raça da qual se lembrou ter pertencido, e de civilização já bastante evoluída, estavam razoavelmente preparados para receber os homens do espaço exterior, como os mongóis, por exemplo, cuja ancestral civilização, era uma das mais avançadas à época do expurgo inicial.

Não há razão para não pensarmos que Levin foi uma dessas almas expurgadas das estrelas, que trouxeram à Terra, segundo as histórias contadas, todo seu conhecimento intelectual, além de notáveis faculdades psíquicas, como era comum nos povos de Capela.

Esses poderes psíquicos e paranormais, todavia, foram levados para o lado negativo, especialmente entre os atlantes, que as desenvolveram, mas as usaram para o mal, para proveito próprio e também para a magia negra, como o próprio Levin também viria a fazer, sem fugir às suas tendências, quando da passagem de seu espírito por aquelas terras.

Também não há razão para não se pensar que Zangadahr era o nome dado à Capela, em outro idioma, ao planeta das estrelas gêmeas.

Em Poseidon, que também foi conhecida como a Pequena Atlântida, há mais de 100 séculos, Leo nos contou sua vida como Hasan, um bruxo que evocava as forças do mal.

10
Atlântida – A terra das trevas

... o recomeço...

"Quanto mais os processos mentais foram se desenvolvendo, tanto mais foi o organismo físico se desenvolvendo e o espírito afundando na matéria, como condição própria do equilíbrio do homem individualizado.
A condição normal para se manter contato com os mundos suprafísicos, de natural que era, passou a ser rara em alguns, por efeito de encarnações sucessivas. Nasceu a primeira magia. Por um lado, os homens cada vez mais materializados e ainda debaixo de suas condições atávicas de poder exercer ação ilimitada sobre as forças da natureza e os mundos suprafísicos, adoraram-se a si próprios, erguendo grandes estátuas.
Usando esses poderes latentes indevidamente, em benefício próprio, caíram irremediavelmente na magia negra que, mais tarde, por efeito do carma, destruiu totalmente a quarta raça. Com o advento do magismo, do qual os atlantes foram mestres incomparáveis, por um poder próprio de equilíbrio apareceram os primeiros magos brancos, que se esforçavam para combater e se opor à degradação da raça".

Roger Feraudy

"Me chamam de Hasan. Moro ao pé das montanhas da grande ilha. Tenho quase 50 anos. Já naveguei pelos mares e participei de grandes conquistas.

Procuro honrar o nome de meu pai, que era um grande líder militar nestas terras. Meu povo mora em grandes cidades, com muitos templos e palácios.

O tempo está quente e sopra uma forte brisa vinda do mar, tornando tudo muito agradável. Pena que eu não tenha muito tempo para viver a beleza de minha terra".

Parecia se deliciar com o próprio relato, como alguém que contempla a natureza com prazer.

Observei que sua atitude denotava até mesmo um certo orgulho e procurei investigar do que se tratava aquilo tudo.

Contou então do tipo de roupas leves que o povo usava, como túnicas curtas e panos jogados por cima. Outros usavam uma espécie de saias mais compridas e sandálias. Muitas crianças e muitas mulheres também andavam pelas ruas. Muitos soldados. De fato era uma verdadeira multidão.

Descreveu também estranhos portos circulares que abrigavam os barcos das tempestades. Povo de caráter belicoso tinham sempre muitos navios preparados para guerrear.

Hasan mesmo já tinha comandado alguns desses navios em expedições ao exterior. O povo vivia com relativo conforto para a época e os reis governavam com mãos de ferro. Havia muitos reis naquelas terras.

O personagem de Leo, no entanto, tinha outras preocupações nesta altura da vida, para perder tempo se importando com poder dos governantes.

Não tinha medo de nada. Não se importava com os reis. Era respeitado até mesmo por eles; construíra uma reputação e, portanto, sentia-se, legitimamente, intocável.

Mas, além do orgulho de sua terra, sentia uma terrível angústia que lhe apertava o peito e lhe tirava o sono.

"E o que causa essa angústia?", perguntei, procurando desvendar a situação.

"Levo uma vida dupla", confessou, em tom sério.

"Como assim?"

"Sou também um tipo de mago. Conheço os segredos das magias e das bruxarias. Descobri que tinha poderes há muitos e muitos anos. Ninguém de minhas relações sociais sabe. Nem mesmo meus familiares sabem", fez uma longa pausa e depois continuou:

"Tenho mulher e filhos já crescidos e eles também não sabem. Ninguém pode saber. O problema é que agora estou cansado e doente. Não quero mais", falava com frases curtas e nervosas, abandonando por completo a atitude altiva do princípio.

Tentei saber que o que ele não queria mais e que poderes eram esses, mas não obtive resposta. Suava e esfregava as mãos. Ele apenas repetia, um tanto irritado:

"Ninguém pode saber".

— "E qual a razão de ninguém poder saber?", resolvi saber do que se tratava de outra forma.

"Minha família sempre foi de militares e não há espaço para estas coisas. Essas coisas são deixadas para o povo. Sou uma pessoa relativamente importante. Não poderia ter me vinculado com essas coisas. Se ainda eu fosse um sacerdote...", deixou a frase no ar, para logo completá-la:

"Se eu fosse um sacerdote não teria família. Mas não foi permitido", corrigiu-se. Explicava de forma truncada.

"De que tipo de coisas você está falando?", insisti então.

"Não tive a competência de meu pai", parecia constrangido. Falava de forma mais ou menos confusa, não parecendo ter coragem de explicitar os assuntos que abordava.

Era preciso saber do que se tratava aquela vida dupla da qual ele falava e que causava tanta angústia e rodeios. Pedi que voltasse ao início da história.

Contou então que a tradição de sua família determinava que teria que ser um militar de sucesso e havia grande expectativa em torno de si, único filho homem. Mas não gostava muito dos rigores da vida de soldado; aliás, não gostava dos rigores de vida nenhuma.

Estava mais que acostumado a não fazer nada. Só havia treinado um pouco com armas, e de má vontade, até então. Havia muitos jovens candidatos vindos de boas famílias como a sua.

"Não serei nunca designado para nada importante", pensava.

Não se destacava em nada na vida militar e seria uma grande decepção, especialmente para o pai, quando as nomeações viessem ao fim do treinamento. Tinha passado a vida freqüentando os banhos públicos e deixado o tempo passar.

Nunca se interessara de fato por nada. Era meio promíscuo e não se importava de participar, clandestinamente, de algumas orgias com os amigos. Tinha já 25 anos.

Resolveu procurar secretamente o sacerdote que já havia consultado outras vezes, quando em grande aflição. Foi recebido no templo com certa frieza. Ele o esperava num aposento mal iluminado.

"Esperava por você meu caro Hasan", disse o sacerdote num tom sarcástico em sua recepção.

Sentiu um mal-estar terrível; sua cabeça girou deixando um zumbido nos ouvidos e teve vontade de sair correndo; precisava, todavia manter as aparências, esquecendo-se de que esconder os verdadeiros pensamentos daquele homem era quase que impossível.

Ele o olhava de forma enigmática. Já o tirara de algumas encrencas, providenciando "boa vontade" das pessoas para consigo. Sempre se sentira bem naquele lugar e sempre tivera acolhidas mais calorosas. O sacerdote continuou:

"Já pensou sobre o que lhe disse?".

Sentiu novamente um gelo subindo pelas costas, arrepios e as mãos tremerem. Desejou nunca ter pisado ali. Ao mesmo tempo o poder daquele homem o fascinava.

E também se lembrava, com um misto de medo e excitação do que ele lhe dissera anos atrás e agora, após esperar pacientemente, lhe cobrava.

Hasan tinha tido, anos antes, estranhas visões que pareciam acontecer dentro da sua cabeça, se é que isso era possível, de coisas horríveis.

Monstros alados que decepavam cabeças; fogueiras imensas onde pessoas eram queimadas vivas e muitos outros tipos de cruéis torturas passavam pela sua mente; pensara estar ficando louco.

Um velho empregado de seu pai percebeu o que se passava e se ofereceu para levá-lo ao sacerdote pela primeira vez. Muita gente tinha algum tipo de paranormalidade por ali, mas os sacerdotes eram os escolhidos para resolver problemas como aquele.

Tais problemas, no entanto, eram considerados ataques das forças negativas da natureza e eram muito pejorativos para quem a eles sucumbia. Desta forma, guardou-se segredo sobre o mal de Hasan.

Depois disso, prepotente, pensou ter feito amizade com o tal sacerdote, começando a procurá-lo para coisas menores. Já naquela época ele o havia alertado para seus poderes, mas tão cedo as visões o abandonaram, esqueceu-se de suas palavras.

De qualquer forma sempre foi atendido e começou a pensar que poderia valer-se disso para sempre.

Tentou pagá-lo de alguma forma, mas não foi permitido. O religioso não aceitava pagamentos. Apenas o alertou, em tom grave, que teria um dia que acertar suas dívidas com as forças que o estavam ajudando e da qual ele, Hasan, também fazia parte.

"Faço parte de que, grande sacerdote?", havia perguntado na época, assustado.

"A seu tempo", foi a resposta lacônica.

Lembrou-se desses encontros anteriores e na impossibilidade de cavar um buraco na terra e sumir, arriscou, tentando safar-se:

"De fato não estou entendendo o que o senhor quer dizer com isso".

"Há muito o esperamos", sentenciou o sacerdote.

"Seu tempo chegou", concluiu, sem cerimônias.

Sentiu suas pernas paralisadas e a voz sumir. Nada perguntou.

"Do que ele está falando?", pensou. Mas o sacerdote continuou, tranqüilo, sem se importar com seu silêncio.

"Você tem poderes e quero lhe fazer uma oferta", falou em seu tom sombrio habitual.

"Poderes?", balbuciou, quase entre lágrimas. Tinha medo dessas coisas. Mesmo porque coragem não era seu forte.

Talvez seu espírito se lembrasse do que fizera em outras vidas com esses poderes ocultos.

Sabia que o grande sacerdote não era dado a brincadeiras e, num segundo, já estava arrependido, até o último fio de cabelo, de ter vindo ali.

"Você faz parte do grupo dos homens encantados pelo poder das trevas da noite, que se oculta nos milênios e faz frente aos homens dos templos da luminosidade radiante. São forças que se igualam e por isso se confrontam", olhou-o por alguns momentos, como se pensasse no que iria dizer a seguir.

"Nossa luta é perpétua e a cada dia avançamos um pouco mais", falou e ficou olhando para ele, observando suas reações.

Hasan não havia entendido nem uma só palavra. Ou não quisera entender. Sentou-se, sem forças. Só o que sabia era que não queria meter-se nessas coisas. Não queria meter-se em coisa alguma onde o grande sacerdote estivesse no meio.

Tinha repentino e inexplicável medo daquele homem parado ali na sua frente. Sua fama corria por todo o povo.

Devia lidar com bruxarias muito perigosas e poderosas. Suas lembranças passavam como um raio pela sua mente. Nunca havia se dado ao trabalho de parar para pensar como ele o livrara de tantas confusões. Era como se ele conseguisse influenciar no pensamento de pessoas que nem conhecia.

Lembrou-se do pó amarelado que ele havia lhe dado e dito que jogasse na frente das casas de seus desafetos, em diferentes ocasiões; e também do amuleto que ordenou fosse colocado em frente ao portal da casa do amigo Disio, atrás das plantas, para que ele adoecesse e se esquecesse de sua dívida, como de fato aconteceu.

Lembrou-se também das coisas que quebravam ao seu lado sem terem sido tocadas; dos pesadelos, das vozes agoniadas que tinha ouvido e dos monstros que tinham atormentado sua vida e de como tudo havia sumido, como por encanto, pelo poder de Ranor; era esse o nome do grande sacerdote. Era de fato muito assustador.

Estava tão absorvido pelos próprios pensamentos que não notou estar sendo cuidadosamente observado pelo sacerdote, que também se sentara.

"Lembra-se de tudo não é Hasan?", observou,

deixando claro que lia seus pensamentos.

Olhou-o espantado. Nunca pensara ou dera qualquer atenção para poderes como esse; apenas usara-os de forma inconseqüente e agora que despertava para a realidade do que significavam, estava estarrecido.

"Não tenha medo. Você está do nosso lado e é protegido pelo grande e poderoso senhor da noite eterna", bateu palmas e um servo entrou, curvando-se respeitoso. Ordenou alguma coisa que Hasan não ouviu e o homem saiu, apressado.

Ranor então lhe contou do senhor da noite eterna e das vantagens de ser seu servidor fiel. Hasan pensou que ele se referia a algum tipo de divindade desconhecida e que os tais servidores seriam apenas os religiosos dos templos.

Custou a compreender que ele falava do bem e do mal; da luz e das trevas; e das escolhas de cada indivíduo de ficar deste ou daquele lado para exercitar seus poderes e dons.

Não era preciso ser religioso para estar deste ou daquele lado. Todos, mais cedo ou mais tarde, faziam suas escolhas.

"Precisamos de você agora. Pode aprender e com o tempo será um bom servidor", observou, solene. O servo voltou com uma caixa grande. Deixou-a no meio do aposento e retirou-se sem uma palavra.

"Venha", era a voz do sacerdote ordenando que o acompanhasse, o que fez sem pestanejar.

Chamou-o para perto da caixa e de lá retirou alguns objetos. Desembrulhou do meio de alguns panos escuros e aveludados uma espécie de medalhão prateado e redondo, do tamanho de um punho fechado.

Depois outro e outro, menores, de tamanhos diferentes. Tirou também um pequeno punhal embainhado numa capa de couro, gravada a fogo com sinais que não compreendia. Havia também um saquinho com o tal pó amarelado, de cheiro ruim.

"Estas coisas são suas agora. Depois eu encarregarei alguém de iniciar você nas artes da magia e muitas coisas boas acontecerão para nós e para você também. Terá todo o prestígio que desejar", continuou falando como se ele não estivesse ali.

Parecia mais falar consigo mesmo, pois nada lhe perguntava. O que achava ou o que não achava daquela loucura toda, parecia simplesmente não importar. Depois de um tempo Ranor notou seu olhar espantado e, nessa altura, até mesmo irritado com aquela situação.

"Como alguém podia querer decidir assim sua vida?", pensava.

Mas, para sua surpresa, logo ouviu a resposta:

"Posso decidir com a minha autoridade e poder, que são maiores que os seus. Além do mais foi você que combinou isso em algum lugar. Sabia que seria cobrado a assumir suas responsabilidades", tornou Ranor com uma voz calculada e paciente.

Estava furioso mesmo. Não achava que tinha qualquer responsabilidade com grupo nenhum de magia e também não iria deixar sacerdotezinho nenhum ditar sua vida. Ao mesmo tempo não lhe saía da cabeça o extraordinário poder de Ranor.

Esquecia-se, talvez, de outras existências, nas estrelas ou aqui no planeta, onde deveria ter feito pactos com aqueles espíritos que ora se reuniam novamente a serviço do mal. Encarnados e desencarnados.

Embora uma parte de seu ser, aparentemente relutasse contra aquele reencontro, temendo pelas conseqüências mais do que por alguma razão ética, outra parte não havia se importado de usufruir os benefícios daquela amizade antiga.

Lembrava-se das mágicas que ele tinha feito, que deveriam ser coisas até pequenas e sem importância para ele, e pensava no quanto sua vida poderia se tornar melhor caso aprendesse a fazer as mesmas coisas. Com certeza tudo seria mais fácil.

Riu, de repente, ao pensar nos colegas de treinamento que poderia passar para trás e também como a vida seria divertida no futuro. Não iria a lutas perigosas e gozaria dos privilégios que os altos cargos militares lhe trariam. Muitas mulheres, uma esposa, filhos, uma boa casa... Vida boa.

Notou que o grande sacerdote sorria. Irritou-o a idéia de não ter mais privacidade em seus pensamentos.

"Não se preocupe meu caro Hasan. Sei como são essas coisas. Também já passei por isso", falou enquanto sorria.

"E por que não desejam que eu me torne então um sacerdote? Não seria mais fácil?", argumentou, já nitidamente interessado naquela história, sem imaginar, nem longinquamente, do que se tratava aquilo tudo de verdade.

"Precisamos de gente nossa no meio do governo e das pessoas importantes da sociedade. Algumas vezes precisamos saber certas coisas", falou, de uma forma que denotava cumplicidade.

Hasan estranhou o argumento.

"Não adivinhavam tudo?", pensou.

"Sim, mas muitos são protegidos pelos homens do templo da luminosidade e não temos acesso a eles. Você tem alguns poderes diferentes que podem ser muito úteis. Com o tempo você vai entender a instância maior destas coisas que estou lhe falando. Não se aprende tudo do dia para a noite", admitiu, respondendo à pergunta apenas mentalizada.

"O que tenho que aprender afinal?", perguntou, já impaciente com aquela conversa cifrada.

E novamente ouviu, como ainda iria ouvir centenas de vezes dali para frente:

"A seu tempo, meu caro Hasan. A seu tempo".

Ranor falava de bruxarias incompreensíveis para Hasan naqueles dias. Falava do eterno duelo das forças do bem ou da luminosidade radiante contra as forças do mal ou das trevas da noite.

Com o tempo aprendeu que enormes agrupamentos espirituais, de um e de outro lado no astral, com a ajuda dos homens da terra, se digladiavam em algum plano etéreo desconhecido por ele.

Não sabia bem do que se tratava aquilo tudo naquele momento, mistério que só viria a decifrar muito mais tarde, mesmo porque não se interessava, mas conheceu de perto os favores recebidos pela ajuda oferecida ao lado do mal.

Subiu rapidamente na carreira militar, deixando para trás os amigos e competidores diretos pelos melhores postos. Tornou-se o orgulho da família, como tanto almejava o pai.

Era um homem bonito e os bonitos trajes militares lhe caíam bem, aguçando sua vaidade. Casou-se com a moça mais cobiçada da cidade, sem abandonar, no entanto, a vida nos banhos e os encontros com as outras mulheres.

Também viajou em expedições navais e conheceu outras terras. Em nenhum momento, todavia, sua vida esteve em risco, pois seus barcos sempre ficavam na retaguarda; em terra sempre esteve em posições seguras nas invasões e nos poucos combates que participou. A vida era uma bela e despreocupada festa.

Fazia parte dos homens encantados e vendidos para as trevas da noite. Aprendeu muitas magias.

Matou inimigos sem sair de casa. Nunca se tornou um bruxo de primeira linha ou respeitado no grupo, mas não comprometia e terminou sendo aceito nessas atividades secretas.

A antiga tendência de seu espírito para o mal sem compromisso continuava a agir em suas entranhas como um vírus maligno e resistente aos tratamentos oferecidos.

Aparentemente de nada havia adiantado, além de alguns ridículos minutos de resistência, todo o sofrimento que havia experimentado anteriormente em suas longas permanências nos infernos astrais pelos quais já havia transitado.

O espírito de Hasan, como o da maioria ainda de nós, tão logo voltava para uma reencarnação, esquecia de pronto tudo o que havia feito os outros sofrerem e todo o mal que havia causado.

Esquecia-se das propostas de serviço e de revisão dos seus padrões éticos; assim como não mais se lembrava da determinação de mudar a forma como gostava de levar a vida.

Despertar numa nova vivência fazia apagar em sua mente, dependendo das conveniências, as decisões anteriores tomadas antes do nascimento.

O pior é que, estranhamente, também se esquecia do que ele próprio já havia passado tormentos sem fim, milênios a fio, nos astrais negativos da região de Zangadahr e nas vidas expiatórias que, certamente, aconteceram na infância rudimentar de nosso planeta, para onde viera para aprender e também para ensinar.

Como ele, nós também cedo nos esquecemos do que viemos fazer aqui.[1]

Participou de centenas de rituais de magia

---

1 *Viajantes — Histórias que o tempo conta*, Maria Teodora Ribeiro Guimarães, **EDITORA DO CONHECIMENTO**.

macabra, onde crianças, especialmente, eram sacrificadas.

Os rituais eram realizados numa caverna iluminada por dezenas de pequenas tochas, cujo tremular das luzes criava um ambiente estranho, pesado e sufocante, onde ele e os outros iniciados se mantinham sentados no chão entoando estranhos cantos de louvor.

Contou quando um bebê recém-nascido foi introduzido no ambiente, seguro pelos pés, de ponta-cabeça. O bebê não chorava e estava como que largado nas mãos do homem que o segurava. Talvez estivesse desmaiado.

Outro homem se aproximou e, num gesto rápido, cortou sua cabeça, decepando-a completamente. O sangue jorrou, espirrando nos mais próximos da mesa, onde foi colocado. Um pouco do sangue foi recolhido e passado para que todos o tomassem.

No princípio ele vomitava nessas cerimônias, mas com o passar dos anos foi se acostumando e não se importava mais. Tornou-se completamente insensível a tudo aquilo.

Os iniciados gritavam alto e se atiravam ao chão, como que possuídos por forças demoníacas, inclusive ele.

O chefe do grupo, geralmente um sacerdote, mais tarde falaria a todos numa linguagem que ele não compreendia quando estava fora desse tipo de transe, trazendo as ordens superiores das forças das trevas da noite.

Os encantados saíam, um a um, do estado alterado de consciência em que se encontravam e tentavam então se lembrar e decifrar o que tinham ouvido.

No meio do relato, teve um acesso de tosse e depois disse num sussurro:

"Meu Deus! Hasan é um bruxo de Atlântida. Isto foi há uns 12.000 anos", era Leo, com a voz entrecortada de emoção, que se assustava com sua óbvia descoberta.

"Sim, é o que parece", respondi com calma.

Leo não era o primeiro que informava sua vivência em Atlântida, e a coincidência de informações era realmente fantástica, não só entre os relatos de pessoas que absolutamente não se conheciam, como também a comparação desses relatos com estudos científicos escritos sobre a época.

Sabemos que as três ilhas remanescentes do continente Atlântico submergiram, em épocas diferentes. A última, que era onde parecia ser o lar de Hasan, há mais de cem séculos atrás.

Era Poseidon, numa época que os atlantes participavam de grandes escaladas militares de conquistas e se viam, novamente, caídos nos mesmos erros, envolvidos em grandes desmandos morais e espirituais, o que teria, em última análise, provocado o desequilíbrio da natureza e a destruição dessa terceira raça, como foi chamada.

Alguns autores afirmam que parte dela emigrou, cerca de 30.000 anos antes da última catástrofe para terras americanas. Mais explicitamente para o litoral do Espírito Santo. Relatos fascinantes sobre essas histórias podem ser lidos em obras extraordinárias, que já citamos anteriormente.[2]

Mas Hasan, desavisadamente, encantava-se com seus poderes e, embora fosse um bruxo de segunda categoria, ante os homens normais era muito poderoso.

Havia passado a vida conseguindo tudo o que queria e se não tinha o reconhecimento de seus pares

---

2 *A Terra das Araras Vermelhas — Uma história na Atlântida*, Roger Feraudy, **EDITORA DO CONHECIMENTO**.

ali nas cavernas, bruxos e magos melhores que ele, era muito admirado junto ao povo, à família e aos militares.

Um dia, porém, por perto de seus 50 anos, foi acometido de estranha doença. Tinha terríveis dores de cabeça, inchaços nas pernas e vergões avermelhados por todo o corpo, que queimavam como fogo.

Os sintomas duravam algumas semanas e depois desapareciam sem deixar vestígios. Mas depois de outras tantas semanas voltavam com força redobrada.

Procurou ajuda dos sacerdotes e não a recebeu. Diziam-lhe nada poder fazer, pois sua doença também era obra das forças da noite. E era mesmo.

Não era difícil imaginar que as tais forças da noite, formadas obviamente por "presenças" negativas do astral inferior, apenas manipulavam o ectoplasma de Hasan, causando tão terríveis sintomas. Pela sua freqüência vibratória ruim, era fácil tais espíritos se aproximarem e fazer dele o que bem entendiam.

Ficou indignado com a impossibilidade de ser ajudado, pois sempre cumprira à risca as ordens superiores. Imagino que os tais superiores deveriam saber que sua doença era causada por espíritos.

De qualquer forma, na hora que mais precisou, foi abandonado. Gritava de ódio e esmurrava as paredes. Blasfemava contra as forças da noite, às quais tanto servira durante toda uma vida e que agora, na hora de sua maior dor, o ignoravam.

Esquecia-se, decerto, de todo o conforto e facilidades que lhe haviam sido proporcionados pelas mesmas forças, durante toda uma vida.

"Como já não sirvo para mais nada estou sendo abandonado", pensava, revoltado.

Não estava de todo errado. Ao mesmo tempo,

sua raiva parecia ridícula, pois quando alguém se alia ao mal, não pode esperar que esse mesmo mal venha lhe fazer o bem, ou tenha compaixão de si em qualquer tempo.

Um dia, transtornado, voltou ao templo atrás de Ranor e soube que ele havia morrido há pouco tempo.

Tentou em vão falar com outros grandes sacerdotes. Foi aconselhado a afastar-se; sabia demais e não deveria se expor tanto, pois poderia cair sobre si a ira de alguém que se sentisse ameaçado.

Não deu ouvidos, continuando a percorrer os templos e as cavernas da grande cidade atrás de uma solução para seu caso. Tempos depois seu corpo foi encontrado boiando num dos canais do porto.

O espírito, após a morte, encontrou-se imediatamente atraído para uma das cavernas cerimoniais secretas, sem saber como havia ido parar lá. Sabia que seu corpo havia morrido e, com raiva, pensava em vingança.

Estranhou o enorme número de outros espíritos que estavam por ali; a maioria parecia ser de servidores das forças da noite também. Havia uma multidão de espíritos naquele lugar.

Sabia da continuação da vida em espírito, mas não imaginava a existência de uma quantidade tão grande de espíritos dessa forma e concentrados todos num mesmo lugar. Nunca tinha sido um grande iniciado e pelo visto havia muitos segredos que não lhe foram passados.

Imaginava que após a morte seria levado para a grande cerimônia de continuidade da vida num dos templos sagrados para iniciados do etéreo, onde inclusive permaneceria pelo tempo que quisesse, usufruindo os privilégios dos servidores fiéis.

"O que estou fazendo aqui, numa das cavernas

secretas?", pensou. Havia aprendido que para ali eram atraídos, eventualmente, espíritos de encantados, como ele, a serviço das forças etéreas das trevas.

"Será que já estou a serviço?", tentava pensar, mas sua cabeça doía.

Espantou-se com a atmosfera divertida do lugar, promovida pelos espíritos, nada usual entre os encarnados que freqüentavam aquele lugar, apesar de seu aspecto sinistro.

Também estranhou a acolhida que recebeu, onde olhares de zombaria de outros, que lhe pareciam também servidores encantados das trevas da noite, o atravessaram de todos os lados.

"Ei! Você aí!", alguém chamou.

Estava confuso e custou a entender que era com ele.

Notava, nesta altura, que alguns companheiros de culto, seus conhecidos e ainda encarnados, pareciam, estranhamente, velhos e cansados.

Levou um susto, pois não havia notado a presença dos vivos até então. Havia muitos iniciados e sacerdotes por ali. Tudo parecia girar ao seu redor.

Na realidade tinha passado anos e anos vagando por outras cavernas, perdido, sem entender o que estava acontecendo, sentindo-se perseguido pelos antigos monstros de sua juventude, até se dar conta da própria morte e chegar àquela caverna.

Pensou, em sua confusão, que tivesse morrido no momento anterior, pois não percebera o tempo passar.

"Eu?", perguntou, enquanto se aproximava, temeroso.

"Então tem medo agora, seu tolo encantado", sentiu o sarcasmo na voz do outro. Foi cercado por outros espíritos que lhe davam tapas nas costas.

Sentiu-se, de repente, muito cansado, sentando-se no chão sujo. Um frio terrível tomou conta de seu ser, como que atravessando sua alma. Não se lembrava de ter passado um frio daqueles ali e não percebia que aquele clima era uma criação plasmada no astral.

Tinha ainda grandes vergões pelo corpo e a cabeça parecia que ia explodir. Eles se agacharam a seu redor. Não compreendia muito bem o que estava acontecendo e sua dor não deixava que pensasse direito.

"Olhe bem para nós. Não nos conhece Hasan?", continuou o mesmo espírito que o chamara.

"Não. Acho que não", respondeu, apenas para que o deixassem em paz.

"Você evocava nossos mestres e eles nos mandavam até você, assim como todos esses imbecis aí", sorria e apontava para os homens que entoavam seus cantos no ritual que começava. Todos os outros também sorriam, tripudiando e imitando os gestos dos que cantavam.

"Não entendo. Evocávamos as forças da noite. Pensei que fossem forças etéreas ou algo assim", defendeu-se.

Explodiram numa gargalhada.

"Forças etéreas! Que ridículo. Aliás, o que será isso?", retrucou um deles. Novas gargalhadas.

"Você evocava o mal e nós somos os servidores desse mal. Ou será que você pensava em sacrificar criancinhas e encontrar depois os caminhos para os templos sagrados da luminosidade radiante?", estava sério agora aquele que o chamara e que atendia pelo nome de Syonin. E continuou:

"Você agora também é nosso, como todos eles também serão um dia", falou apontando para o grupo que cantava compenetrado. Depois de uma pausa, onde parecia se divertir olhando os homens que cantavam, continuou:

"E deverá pagar sua dívida para com as forças da noite trabalhando para nós. Mesmo porque vamos continuar ajudando você. Quer se vingar desses aproveitadores, não quer?", perguntou com um sorriso irônico.

Ouviu então a proposta sedutora que o enredou ainda mais nas teias daquilo que chamavam de forças negativas das trevas da noite; forças do mal que viveriam em simbiose com ele ainda por muito tempo.

Somente 120 longos séculos depois, seu espírito exausto e sofrido, começaria a se render e a abandonar, definitivamente, as forças do mal.

Seu espírito ficou no mundo astral por muito tempo. Permaneceu na Grande Cidade sem reencarnar até sua quase total submersão, séculos depois, quando parte do povo migrou para as terras altas.

Nessa altura já não era mais um subserviente trabalhador. Já entendia muito das coisas da espiritualidade e, servo fiel que se tornou dos grandes mestres da noite, rejubilou-se com o fim trágico, para o qual trabalhara com afinco, do que restara um dia, da Atlântida, próspera e avançada, em todos os sentidos.

O mal, mais uma vez, havia vencido e Hasan, enlouquecido, sentia-se vingado. Vingara-se sobre todo um povo, do mal que, no fundo, ele mesmo fizera a si próprio.

11 A descoberta do amor

... a longa jornada continua...

"Somente assim, mediante o esforço concentrado de todos os homens de boa vontade, "Bandeirantes da Luz" que entendem a necessidade da unificação no amor, poderá em breve, estar instalada na Terra a verdadeira fraternidade, amenizando a carga cármica dos terráqueos e proporcionando um clima mais ameno à nova humanidade que habitará esta morada planetária na Era de Aquário, livre das moléstias que ainda os acicatam.

A carga cármica negativa será amenizada, tendo em vista que os seres humanos, vivenciando o amor e se libertando, pelo menos em parte, de seus vícios materiais e de caráter, passarão a vibrar boas energias que além de não mais acumularem resíduos tóxicos em seu perispírito, ainda operarão uma verdadeira limpeza de seu veículo astral, libertando as criaturas das doenças oriundas das energias deletérias que acumulam nos momentos de "pecados", ou seja, de atitudes contrárias à lei maior que rege o cosmo: o amor!

Por isso, não devemos poupar esforços em buscar a nossa reforma interior, nossa transformação moral. Somente melhorando nossa "casa mental" e concomitantemente direcionando de forma positiva e amorosa nossos pensamentos, sentimentos e ações estaremos nos resguardando de novos sofrimentos retificadores e, ainda, poderemos colaborar com nossos irmãos de estrada cósmica dentro do dever que nos cabe de amparar os que conosco seguem na busca da felicidade.

Comecemos desde já a entender essa grande verdade, ou seja, de que está apenas em nós a cura de todos os nossos males, destruindo a maior causa de doenças físicas e espirituais que atacam a humanidade: a falta de amor!"

Bezerra de Menezes

Milênios, milhares de milênios depois do início de sua jornada, desde Zangadahr até a Terra, o espírito de Leo reiniciava no planeta sua caminhada em direção à luz; caminhada pacientemente conduzida por forças misteriosas e justas, que o levavam pelas longas noites e pela esperança dos dias luminosos através dos tempos, num inexorável e doloroso aprendizado.

Caiu, levantou e caiu de novo, incontáveis vezes até chegar à sua personalidade atual como Leo, nosso jovem viajante do tempo. Passou, certamente, por centenas de vidas, desde Poseidon até os dias de hoje, além daquelas das quais veio a se lembrar.

Grandes ódios e grandes paixões fizeram parte de seus dias e de seus personagens, sem, contudo entender o grande significado da vida até então. Nos últimos tempos, em suas últimas vivências, apenas começara a vislumbrar a razão de tão penosa jornada.

Tanto sangue derramado. Tantas lágrimas vertidas.

Apenas começava a perceber a razão de tanto sofrimento. Seus olhos, ainda míopes e embaçados, apenas adivinhavam, ao longe, a existência de um porto seguro para ancorar seu espírito, exausto das tormentas daquele mar revolto em que se deixara navegar vida após vida.

Ainda não se apercebia por completo que esse porto seguro que tanto procurava, estava dentro de si mesmo. Dentro de seu próprio coração, onde um dia floresceria o amor, a compaixão, a resignação e a brandura; todos poderosos ingredientes da felicidade que tanto almejamos, e aos quais demoramos a nos render.

Fortes alicerces para construirmos o local de paz onde poderemos ancorar nossa alma durante as próximas etapas de nossa marcha necessária em direção à eternidade.

O problema, geralmente, é que pensamos pequeno e achamos, por detrás de nossa mente turva, que o amanhã é um curto espaço de tempo que se encerra nesta existência.

De uma forma geral desejamos, desesperadamente, sermos mais felizes. Oramos aos céus, choramos e nos desesperamos em busca dessa paz. Fazemos promessas e sacrifícios, mas dificilmente abrimos mão de nossa forma de ser ou de pensar.

Não modificamos nossos sentimentos mais íntimos; guardamos pequenas ou grandes mágoas; realimentamos a cada dia nossos ressentimentos com fofocas ou com as calúnias escondidas nas meias verdades de nossas considerações; queixumes e lamentações de todos os tipos; queremos que as pessoas pensem todas pela nossa cabeça.

Somos sempre vítimas de um destino insano ou de um mundo cheio de pessoas injustas, desequilibradas ou maldosas. Nunca paramos para tentar compreender os motivos ocultos, e às vezes não tão ocultos, das nossas dores.

Quando, vez por outra, somos verdadeiramente atingidos pelas vicissitudes da existência, isto é, quando passamos por grandes provas e pagamos duras penas, que podem chegar até a perda de nossas vidas temporárias, dificilmente perdoamos verdadeiramente.

Ou então perdoamos, mas não esquecemos, como deixam escapar as pessoas; como se isso fosse possível.

Encarnados ou desencarnados, geralmente acabamos carregando em nossos espíritos inconformados o peso de nossa dor, que não tarda em se transformar num fardo impossível de ser transportado e que precisa então ser trocado por outras dores.

E de dor em dor, viemos trazendo nossas almas

sofridas, eternidade afora, até os dias de hoje. Séculos, milênios inteiros perdidos nas trevas da ignorância, da intolerância, da prepotência e da teimosia.

Leo, como todos nós, passaria por vidas de todos os tipos, onde se multiplicariam as oportunidades de aprendizado de seu espírito imortal, mas também de queda, nos momentos em que o espírito se coloca à prova e falha.

É interessante notar como nas lendas juvenis, nos contos e nos sonhos não revelados de cada ser existe o sonho da imortalidade. O medo da morte, em todos os tempos, sempre fez o homem correr atrás de deuses salvadores e de paraísos celestes onde poderia repousar sua alma cansada e ferida, para sempre.

Em sua ignorância, o tolo homem encarnado esquece que sua essência é a própria imortalidade. Seu orgulho e seu apego a sua personalidade atual fazem com que não tenha olhos para ver sua verdadeira identidade espiritual.

Como aluno descuidado na grande escola da vida, o homem se esquece que seu lar não é o educandário onde estuda parte de seu dia.

Viajante do tempo e habitante apátrida do universo, o lar de cada espírito está nos enormes agrupamentos astrais onde se encontram seus afins, que tanto podem ser seus adoráveis amigos, como também podem ser seus odiados inimigos.

O espírito liberto vai habitar o lugar na espiritualidade para onde for atraído por suas próprias freqüências vibratórias.

Compramos, em suaves prestações, com nossas próprias ações, sentimentos ou pensamentos, enquanto estamos vivendo na crosta de um planeta, o lugar onde iremos residir quando tivermos que ir para o mundo astral.

Ou voltamos para casa, onde estão nossos velhos e queridos amigos, aqueles que podem nos proteger e orientar em nossos primeiros tempos de chegada, como se fossem nossos pais amorosos a nos receber para as férias escolares ou então nos perdemos pelos labirintos criados pelos nossos próprios medos e imperfeições e nos juntamos, mais cedo ou mais tarde, em verdadeiras gangues, a outros espíritos perdidos, nossos pares, com os quais construiremos o lar decadente onde ficaremos por um tempo indefinido, imersos na dor e na lama de nossas vibrações negativas, de nosso ódio e de nossos ressentimentos, de nossas mágoas e de nossa indignação, esquecidos que a escolha da residência foi inteiramente nossa.

É fácil perceber como isso acontece, se nos lembrarmos do que aconteceu com Levin, o astrônomo de Zangadahr.

Leo lembrar-se-ia de um total de dezesseis vidas[1] após sua passagem como Hasan, o homem das estrelas que aportara na Terra um dia, nos primórdios da civilização no planeta.

Havia vindo, com milhares de outros, para resgatar seu passado de crimes e maldades impensáveis. Havia chegado para fazer renascer em seu coração endurecido a sutileza da sensibilidade humana, perdida na poeira dos tempos, no conforto de vidas altamente movidas pelo conforto tecnológico.

Havia vindo também para amparar e ajudar os rudes, ignorantes, mas inocentes espíritos oriundos do planeta, que nada sabiam e tudo tinham a aprender com os homens vindos das estrelas e que traziam, na imortalidade abençoada de seus espíritos, as lembranças de como construir um mundo melhor e também a certeza da existência da vida

---

1 *Tempo de Amar — A Trajetória de uma Alma*, Maria Teodora Ribeiro Guimarães, **EDITORA DO CONHECIMENTO**.

após a vida.

Mas, como a maioria dos recém-chegados, como a maioria daqueles espíritos caídos de paraísos planetários, inimagináveis ainda para o homem da Terra, também se lembrou de como gostava que as coisas acontecessem.

Não tardou para que o planeta fosse invadido pela maldade, pela destruição e pelos jogos de poder. Ensinaram como sobreviver mais facilmente o corpo físico daquelas almas, mas também ensinaram a odiar e a matar por motivos pessoais.

Pobres espíritos, que reeditavam seus fracassos e descontavam, uns nos outros, e também nos pobres terráqueos, as frustrações de suas derrotas anteriores, as quais pressentiam, quando perdidos nas intermináveis noites lemurianas e habitando corpos primitivos, olhavam os céus e se lembravam dos paraísos perdidos nas estrelas.

Muitos milênios após sua chegada, o espírito de Leo reencarnou como Hasan, o atlante dos últimos tempos.

Hasan tinha sido o bruxo de segunda categoria que habitou a Grande Cidade, no continente perdido de Atlântida, há mais de 10.000 anos. Jogou fora a vivência ao escolher uma vida fácil, mesmo que essas facilidades custassem a vida de outras pessoas, entre os poderosos sacerdotes da época.

Lembrou-se depois de Efér, o escriba do antigo Egito, favorito do faraó, há 2.300 anos a.C., que comprou seu lugar junto aos deuses, mas não sem antes sacrificar algumas pessoas nessa empreitada.

Posteriormente se complicaria no astral com suas vítimas e disso tudo resultaria num processo de perseguição espiritual que durava até hoje, 25 séculos depois.

Depois veio Lin Yu, o chinês do vale de Changjiang, 1.200 anos a.C. Indiferente ao atroz sofrimento dos parentes, o jovem e egoísta aldeão tratou de cuidar da vida e de se mudar para bem longe de onde as tragédias aconteciam.

Ficou mais tarde retido em suas lembranças no astral, padecendo a tortura de ser prisioneiro dos sons angustiosos de sofrimento daqueles que tinham morrido e que por estarem revoltados, também não haviam ainda sido resgatados.

Já na era cristã, no século II, lembrou-se de Ciro, o escravo, pupilo de Múcio, o bondoso guerreiro e seu senhor, ambos habitantes de Roma, na época do império romano.

Querendo ser como ele, quando também se tornou um grande guerreiro acabou escondendo-se sob um falso manto de bondade que apenas escondia uma vaidade sem limites.

Após sua trágica morte, o espírito se recolhe em sua culpa, num sofrimento infindável, que, com o tempo se transforma em ódio contra seus algozes.

Quase 100 anos depois, na continuação de sua jornada, Leo mudou-se para uma vida ainda na Europa, na Galícia, onde foi Leila, a moça inconformada com as injustiças sociais e que terminou morrendo depois de passar por terríveis torturas nas mãos dos poderosos da época, que não permitiam atitudes de rebeldia.

Seu espírito, sedento de vingança, andou desvairado pelas ruas atrás de seus assassinos, até se deixar ficar, exausto, largado pelas calçadas sujas de sua cidade, sem conseguir sequer se libertar da crosta do planeta.

Desesperado, exaurido, o espírito não se lembrava das injustiças que ele mesmo cometera tantas vezes em outras vidas, quando o poder estava em suas mãos.

Esta foi a primeira vida que Leo chamou de perdida, pois todo o sofrimento fora jogado ao lixo e de nada servira para o aprimoramento de seu espírito.

No século VIII, foi Borg, o jovem chefe viking, que terminou, depois de uma vida de violências e desmandos, tornando-se um dos residentes de um lugar perdido no astral, chamado de Nada, onde se tornou um guerreiro do Sextante. Um inferno que o arrebatou por dois séculos a fio, lembrando um pouco os acontecimentos na Fortaleza de Zibstiz.

Das terras frias do norte da Europa o espírito de Leo veio a ser Issam, o menino do deserto, que morava com Abud, o mercador.

Issam, injustamente acusado da morte de seu protetor, teve as mãos cortadas, tendo sido depois espancado quase até a morte. Viveu como um cão faminto pelas ruas até quando, exausto, desiste de viver e se mata, atirando-se num poço.

De seu suicídio foi arrancado para uma roda viva onde morreu outras mil vezes da mesma forma, pois não perdoava seus algozes. Esquecia-se que apenas passava o que já havia feito outros passarem, muitas vezes. Esta foi a segunda vida perdida.

Três séculos mais tarde, renasceu como Usküd, o soldado turco que travava ferozes combates contra os cruzados cristãos que vinham lutar pela Palestina. Torturava e depois matava, sem piedade, os que restavam feridos após as batalhas.

Depois de uma vida de atrocidades, foi morto numa emboscada e teve o corpo despedaçado. O espírito foi arrancado para um local lamacento onde, sem forças, ficou remoendo e desdizendo seus inimigos, humilhado, mas esquecido das barbaridades cometidas.

Lembrou-se também da vida de Angelin, bispo

inquisidor que morreu no ano de 1266, em Roma. Como todo inquisidor, julgou e condenou centenas de pessoas à fogueira, não só com acusações legítimas de bruxarias, mas também segundo as conveniências da Igreja e suas próprias.

Terminou igualmente sendo queimado, quando, traído por companheiros, foi acusado de envolver-se sexualmente com prisioneiras que aguardavam julgamento. Primeiro as usava e depois as condenava, sem sequer ouvir sua defesa.

Perdeu-se na espiritualidade, sem achar o céu que lhe fora prometido; posteriormente foi encontrado, aprisionado, julgado e condenado a tormentos indescritíveis por algumas de suas vítimas. Em nenhum momento, contudo deixou de sentir-se um coitado enganado e traído, pelos homens e pela Igreja.

No século XV o espírito vem para a América e, no México, reencarna como Zorak, o sacerdote Asteca. Pratica sacrifícios humanos aos deuses e vive coberto de glória.

Quando velho, vai enlouquecendo, perseguido por suas vítimas, que naturalmente não achavam os sacrifícios tão honrosos assim. Como paranormal, via seus espíritos raivosos e, confuso, termina se matando.

No astral continua agitado e enlouquecido, até ir se deixando anular, como um vegetal sem forma, jogado no fundo de uma caverna.

Continuando sua difícil caminhada, quase 100 anos depois, o espírito de Leo retorna à Europa, onde nascido de uma família da nobreza em Gijon, se tornaria Pablo Montoya, oficial da armada real espanhola.

Tão egoísta como Lin Yu, o chinês da antiguidade, Pablo nunca se importou com os problemas dos outros; muitos sofreram sem que interferisse em nenhum momento. Fez muito sucesso na carreira militar e terminou morto num naufrágio.

Na espiritualidade demorou a compreender a morte, vendo-se, depois de debater-se por um longo tempo nos mares revoltos onde seu navio soçobrou, e afogar-se muitas vezes, repentinamente, no meio de espíritos tão culpados como ele, que nada fizeram de mal de fato, mas se omitiram na hora de fazer o bem.

Andrajosos, todos se arrastavam em filas intermináveis em busca de ajuda e repouso para suas almas atormentadas. Nessas filas encontrou o irmão que deixou de ajudar e que se suicidou, e sofreu por ele.

Nessa época o espírito de nosso jovem Leo, depois de tanto se debater nos pântanos da indiferença e do mal absoluto, pela primeira vez, começa a sentir culpa, e chorar pelos seus erros.

Finalmente começava a renascer naquela alma exausta uma centelha de luz; aquela mesma luz que poderia iluminar seu caminho, tornando-o mais rápido e sinalizado ante os obstáculos, em direção à sonhada paz. Uma paz jamais experimentada.

Pablo Montoya e Lin Yu foram considerados por Leo como personagens neutros e apáticos, que apenas observaram as coisas acontecendo.

Nunca se comprometeram com nada e acabaram acumulando débitos, assim como muitos de nós, que julgamos podermos simplesmente nos omitir dos problemas que achamos não nos dizerem respeito diretamente, como se não estivéssemos todos no mesmo barco e com a obrigação de nos ajudarmos.

Auxiliar, se interessar, partilhar, nada mais é, no fundo, minimamente, para aqueles cuja palavra caridade pode parecer piegas, um ato de inteligência.

A seguir Leo se lembraria de sua terceira vida perdida. O personagem desta vez foi Josephine Gallouis, filha do rico dono de um castelo, que morreu na França em 1647.

Nasceu em condições excelentes para selar, definitivamente, sua vitória sobre o passado maléfico, mas, teimosa e inconseqüente, só pensou em suas paixões, terminando a vida morta pelo homem caçador de dotes que desposara, a contragosto do pai sábio e amoroso.

Após a morte entregou-se a uma depressão profunda, deixando-se ficar no pequeno cemitério da propriedade, ao lado de outros espíritos igualmente deprimidos, pelos quais a palavra resignação jamais passou pelas mentes.

Falsas vítimas, como muitos de nós, que esquecemos as bobagens que fazemos e, ou saímos rapidamente atrás de um culpado qualquer para os nossos males, ou nos entregamos à depressão, porque a vida, em sua sabedoria, não se conduziu da forma que havíamos, alegremente, planejado.

Mas o tempo, inexorável e tolerante, daria àquele espírito novas oportunidades. Josephine logo renasceu como Jonas, o fazendeiro, trazendo Leo para sua primeira vivência conhecida no Brasil.

Jonas, porém, se tornou um escravocrata empedernido e cruel. Maltratava, violentava e matava seus escravos, sem piedade. Começou a sofrer a interferência espiritual de suas muitas vítimas inconformadas, e acabou ainda em vida, sendo tido como louco.

Intuído por essas "presenças", termina se matando e ficando um tempo vagando pela fazenda, perseguido pelos espíritos dos escravos e sendo visto, desesperado, nos trabalhos espirituais que os outros escravos, os vivos, faziam de rotina por ali e de onde muitas demandas haviam sido enviadas para ele.

Mas logo terminou sendo carregado para as trevas, onde seu espírito foi perdendo as formas perispirituais no meio de outros seres igualmente desfigurados; todos jogados num lugar fétido e cheio de animais pestilentos, como répteis e ratos.

Parece que o espírito resolvera se pôr à prova, nascendo num ambiente que o tentaria de todas as formas a repetir os antigos erros. E perdeu.

Felizmente o espírito de Leo estava cansado de sofrer e, portanto, a hora da troca definitiva, do mal para o bem, estava se aproximando.

Já no século XIX foi Mary Jo, uma despreocupada dona de bordel na costa oeste americana. Mocinha sonhadora e inconseqüente, logo largou o trabalho duro no rancho pobre do pai para se aventurar no mundo. No meio de grandes confusões terminou matando dois homens para poder sobreviver.

Morre de tanto beber, sendo depois perseguida por um de seus desafetos. Mas no astral seu sentimento preponderante foi culpa, seguido de um arrependimento profundo e genuíno, o que possibilitou que fosse resgatada para um centro de recuperação.

De qualquer forma seu espírito continuava a se aproximar de sua redenção, pois apesar dos muitos erros, suas decisões para novas tentativas no planeta já partiam do coração. Um coração que já sangrava e chorava copiosamente ao se lembrar do próprio passado.

Nas duas últimas encarnações antes de vir como Leo morreu cedo. Primeiro foi o pequenino John John, pequeno órfão que vivia com a tia rabugenta e maldosa, que apenas o tolerava, em algum lugar frio e pobre da Londres do começo do século XX.

Era aleijado de uma perna, e tinha a cabeça deformada. Não podia brincar e nem trabalhar, como os outros meninos. Mas era inteligente e esperto e percebia claramente todo o sofrimento que sua condição lhe trazia.

Discriminado e solitário, morreu com 12 anos,

faminto e enfraquecido por uma doença do pulmão, no meio de um inverno rigoroso, envolvido em profunda tristeza, sem que ninguém se interessasse em cuidá-lo.

Vagou pela casa durante um breve tempo que não viu passar, até ver a tia cruel morrer de fome também. Teve muita pena dela. Logo a seguir foi resgatado e amparado. Em nenhum momento, todavia, revoltou-se com aquele que foi um enorme sofrimento para a sua pouca idade.

John John trazia no corpo, para que não se esquecesse, algumas das marcas das cruéis lesões causadas em outros, no decorrer das vidas passadas. Tais lembretes deveriam fortificar seu espírito, para que não tornasse a escorregar, agora que se aproximava da vitória final.

Aprendia lentamente a se resignar, a perdoar e a ser brando. Estava vencendo.

Finalmente, nos meados do século XX, veio como Frida, a mocinha judia que foi separada da família, abusada, escravizada e morta pelos nazistas, sem piedade, aos 16 anos de idade, durante a segunda grande guerra, na Alemanha.

Mas assim como John John, Frida jamais se revoltou contra seus terríveis algozes. Nunca fraquejou e, uma vez mais, venceu.

Quase que imediatamente após a morte, foi levada para uma estação de auxílio no astral, onde junto com milhares de outros judeus, foi socorrida, sequer percebendo qualquer marca no seu perispírito das lesões que haviam ficado no seu corpo.

O espírito, cansado e triste, só queria repousar e seu sofrimento maior era pelos outros, que estavam acabados e cadavéricos, pois como havia sido apartada de todos, não sabia das condições que os outros judeus viviam.

E assim, da mesma forma que havia sido desde

o princípio da eternidade, o espírito voltava, agora como Leo e com condições mais que satisfatórias para dar o salto definitivo que o libertaria do mal, das trevas, dos pântanos lamacentos, dos perseguidores infelizes, dos companheiros perdidos da espiritualidade inferior.

Leo, cujo nome era Leonard, era um jovem estudante de uma grande e famosa universidade em nossa cidade. Filho de pais ricos, fazendeiros de um estado distante, vivia sustentado pela família e, orgulhoso, havia se tornado um gastador compulsivo, até mesmo para se fazer notar pelos colegas.

Era inteligente e levava a vida na flauta, que seria perfeita, se não tivesse bulemia há alguns anos. Comia exageradamente e de forma descontrolada, para vomitar a seguir, pois vaidoso, tinha medo de engordar e ficar feio.

Tinha medo de morrer de tanta fraqueza que os vômitos lhe causavam, e ficar longe do amparo da mãe nessas horas, o aterrorizava.

Chorava e sentia-se deprimido com a vida, pois apesar de rico e inteligente, ele não era exatamente como gostaria que fosse e também extremamente infeliz, pois, além do mais, se sentia perseguido por uma estranha força interior que não compreendia e que o empurrava para fazer sempre as mesmas besteiras.

Também ouvia vozes; ora sedutoras, ora ameaçadoras, meio confusas, meio aconchegantes. Às vezes acreditava, especialmente quando via vultos, sombras e coisas desse tipo, mas outras vezes achava que estava ficando maluco.

Era como se passasse todo seu tempo lutando contra seus impulsos, sem conseguir se dominar. Toda essa situação causava extrema irritação, tornando-se, por vezes, agressivo com as pessoas, chegando a planejar pequenas vinganças contra aqueles que o aborreciam.

Como se vê, Leo estava ainda longe de ser um santo, como todos nós, e os resquícios de seu passado, apesar de todo tempo percorrido, ainda falavam fortes em sua alma.

Além disso, é claro que não existem forças misteriosas que nos empurram para isto ou aquilo. Essas forças nada mais são que nossos inimigos do passado influindo no nosso pensamento no dia-a-dia, de forma mais ou menos acentuada, dependendo de quem nós somos de verdade.

Mesmo que nos escondamos atrás de nossas vistosas fantasias de bons cidadãos e exemplares pais de família ou boas-praças, além de fervorosos religiosos dados à filantropia ou ao serviço espiritual, somos absolutamente transparentes para nossos antigos parceiros ou inimigos, que nos conhecem muito bem, e não custam a nos reconhecer nos dias de hoje, mesmo quando travestidos em outra personalidade.

A emanação vibratória de nossa alma, homens de bem que nos achamos todos, o que, aliás, não deve estar muito longe da verdade quando lembramos das coisas que já fomos capazes de fazer no passado, nos identifica para o mundo astral através de nossas atitudes ranzinzas, de nossas irritações, de nossos choros cheios de sentidas lágrimas de crocodilo.

Leo tinha a seu favor a consciência clara de que alguma coisa precisava ser mudada e embora escondido atrás de um rosário sem fim de queixumes vitimados, não tardou, durante o decorrer da terapia a assumir a mais honesta das posturas, como de resto acontece com a maioria das pessoas, reconhecendo e admitindo quem ele era hoje, o que lhe possibilitou saber quem havia sido ontem.

Observou circunspeto seus mais tenebrosos

personagens; deu boas gargalhadas com as bobagens e ingenuidades de outros tantos; chorou lágrimas copiosas e verdadeiras no sofrimento atroz daqueles cuja maldade dos espíritos humanos da época massacraram até a última gota de sangue.

Sentiu ódios e paixões; descobriu a desesperança, o desalento e as verdadeiras frustrações; provou o gosto altivo do poder absoluto que tripudia sobre homens e coisas; foi aos céus e desceu aos infernos.

Experimentou cada sentimento e cada sensação, física ou emocional, pelas quais seus personagens passaram, sem ter nunca se curvado às evidências didáticas dos fatos.

Carmas terríveis e mal aproveitados; oportunidades desperdiçadas no exercício dos desmandos do poder e da violência; dons paranormais atirados ao lixo na cumplicidade com as forças do mal; cegueira absoluta ante a necessidade de mudança interior que só o aprendizado do amor fraternal traria.

Uma alma cansada, que vagou pela poeira dos tempos que se perderam nos milênios abençoados da eternidade, até chegar aos dias de hoje, precavida e assustada, é verdade, mas ainda resvalando e tropeçando em seu próprio caráter, naquele jeitinho conhecido de fazer as coisas funcionarem da sua maneira.

Quando nos conhecemos Leo ainda titubeava ante as dificuldades, pequenas, para bem dizer, que cercavam sua vida atual. Seu espírito, sabiamente, havia planejado circunstâncias que facilmente colocariam à prova os restos de seu orgulho e de sua vaidade, assim como sua prepotência, sua dificuldade em perdoar os agressores e seu egoísmo.

Trazia de volta sua paranormalidade, resquícios ainda dos tempos de Levin, de Hasan e de Zorak, a qual deveria desenvolver e usar para o bem nesta vida.

No começo ele olhava para o passado, que se mostrava claro, límpido e o que é pior, inconteste, com um certo peso, ante as tantas coisas que deveriam ser mudadas no presente.

Olhava como aquele aluno relaxado que cabulara muita aula e agora devia correr atrás de apressar-se nos estudos para não ser reprovado novamente.

Mas, estando mais crescido e com mais compreensão da necessidade imperiosa de aplicar-se nas lições, pois já não encontrava mais argumentos para rebelar-se contra elas como fizera anteriormente, na infância, o espírito compreendia finalmente que poderia chamar seus problemas de oportunidades.

Compreendia que deveria decorar certas lições e compreender outras, encerrando sua luta contra si mesmo, contra a vida e contra todos, como fizera até então. Talvez a instituição vida pudesse deixar de ser um fardo pesado e impossível de ser carregado sem tropeços, para ser um lugar de alegre convívio com os companheiros de bancos escolares.

Alegria que só poderia ser sentida e vivenciada quando abrisse mão de ser a estrela da festa e passasse a dividir as honrarias e as benesses do momento com o próximo.

E como isso era difícil, não só para nosso Leo, mas para a maioria das pessoas. Difícil, pois ainda gostamos demais de nós mesmos, o que nos torna extremamente condescendentes com as bobagens que fazemos ou sentimos.

Mas ele não tardou a se tornar um estudante aplicado e muito antes do que imaginara, um tímido sorriso brotava em seus lábios. Um sorriso doce, inusitado e permanente, que vinha da suave luz interior que começava a brilhar em sua alma apaziguada.

E assim como a caminhada de Leo, que apenas

continuava, agora por uma estradinha já sem tantos buracos, e onde já se avistavam bonitos canteiros de flores aqui e ali, derramando no ar um perfume que convidava a seguir mais adiante e ver o que de bom estaria na curva seguinte, o mesmo deve se fazer também para cada um de nós, todos irmanados na mesma jornada.

Como se viu neste breve relato, não espere ninguém que as flores apareçam no caminho sem sacrifícios. Sacrifícios nem tão grandes assim, quando nos permitimos ver que as mudanças que eles implicam em nosso jeito de ser, trazem consigo as primeiras e verdadeiras nuances de felicidade.

Não é difícil compreender que se queremos hoje conquistar algumas coisas, precisamos abrir mão de outras, conquistadas há muito tempo, quando os costumes e os valores eram outros, e que não só não nos servem mais, como não fazem mais qualquer sentido.

Não faz mais sentido sermos altivos ou arrogantes; intolerantes, agressivos ou centralizadores do poder, como se o mundo devesse girar em torno de nós; egoístas esquecidos das necessidades dos outros ou distraídos do sofrimento alheio.

Não faz nenhum sentido querermos que todas as coisas sejam de nosso jeito, como se fôssemos os donos absolutos da verdade; ignorarmos o conhecimento, a cultura e a experiência que os outros têm a nos passar, como se só o que nós sabemos, dentro de nossa vaidade, fosse importante ou significativo.

Ouvi, há pouco tempo, a fantástica frase vinda de um amigo de que a verdade é algo que está sempre em movimento. Gostamos geralmente da idéia que podemos engarrafá-la e colocar um rótulo com o nosso nome.

Não faz igualmente sentido invejarmos as

coisas e a felicidade alheia, pois, acomodados, nos comportamos como se fôssemos incompetentes para conquistar a nossa própria; queremos coisas e pessoas que não nos dizem respeito, cegos àquilo que de fato deve ser nosso e que nos proporcionará prazer e alegria.

Não faz mais, absolutamente, nenhum sentido nos entregarmos, irritados, ao desânimo ou às lágrimas quando a vida não atende às nossas expectativas, como se o mundo ou as pessoas devessem compreender e atender nossas dificuldades e não fosse de nossa responsabilidade aprender a contorná-las, mudá-las ou até mesmo abrir mão delas.

Também não faz sentido acharmos que as pessoas que estão ao nosso redor, especialmente as mais próximas, caíram de pára-quedas nas nossas vidas e que não temos nenhuma relação pretérita com elas e por isso também nenhuma responsabilidade. E desta forma podemos simplesmente descartá-las quando não nos servem mais.

Engana-se o terapeuta que ensina a seus clientes que todos seus desejos devem ser realizados; que grandes catarses devem acontecer; que a tudo interpreta à luz da sexualidade, esta apenas um dos muitos ingredientes, como vimos, que levaram à queda da raça humana, outra e outra vez; e que, principalmente, credita aos pais ou àqueles que nos criaram, a responsabilidade de tudo de ruim ou de doloroso pelo que passa cada indivíduo.

Cada um de nós é responsável pelos seus próprios problemas, aliás, arduamente forjados ao longo das nossas incontáveis existências e dos nossos muitos enganos.

Ao contrário do que se pensa, essa proposta muito nos fortalece, pois se fomos nós que arrumamos nossas encrencas, certamente também seremos capazes de consertá-las, independentemente das pessoas nos pedirem perdão ou qualquer outra coisa. Basta que façamos pequenos consertos em nós mesmos.

Um dia, homens das estrelas que também somos, pois esta também foi a história de quase todos nós, nos surpreenderemos novamente a olhar para elas e a ter, outra vez, saudades do paraíso perdido, quando seu brilho aconchegante se refletir em nossos olhos.

Mas logo chegará o tempo que transformaremos essa saudade, numa simples lembrança de uma época boa e que não tardará a voltar, pois nossos corações estarão tão transbordantes de amor, que não haverá mais como habitarmos mundos onde todos os corações não vibrem em uníssono num caminho de luz e harmonia entre os homens.

A mesma luz que deixamos naquela terra longínqua, perdida no meio de outros mil sóis de igual vibração, de onde fomos expulsos um dia; naquela terra de luz para a qual não tardaremos a voltar, mais cedo ou mais tarde, dependendo do quanto nos dedicarmos a sermos mais brandos e tranqüilos, verdadeiramente.

Quando pudermos ser mais amorosos e interessados no bem-estar das pessoas, sem intenções veladas de nos colocarmos à luz dos refletores.

Quando compreendermos que o destino não existe e que ele é apenas algo que planejamos para nós mesmos, em outros tempos e que pode ser mudado dependendo do quanto melhoramos a cada dia que passa.

Tenha o nome de Zangadahr ou qualquer outro; seja o magnífico planeta das estrelas gêmeas ou não; seja nosso lindo planeta azul num tempo futuro, com certeza haverá um lugar para onde voltaremos um dia, na roda das existências desta eternidade que nos espera.

Esta eternidade tranqüila e acolhedora, carinhosamente atenta aos nossos passos nesta viagem, ainda trôpegos ou quem sabe já confiantes, nos guiará quando, finalmente, nossas almas perceberem com a clareza necessária, que a única solução é o amor e que o tempo, é apenas uma ilusão.

Uma ilusão que, curiosamente, é também nosso maior tesouro, e como tal, não deve ser desperdiçado nos desmandos e nas coisas pequenas da vida.

Sonhamos em voltar para as estrelas, mas talvez elas já estejam vindo até nós. Assim como Henin, o dedicado marido de Nídia, a doce irmã de Levin, viajava a planetas distantes e habitados por seres ainda ignorantes para observá-los, visando auxiliar nos sucessivos planejamentos de auxílio e desenvolvimento desses povos primitivos, surge em nossa mente uma questão:

Continuariam ainda esses homens a nos visitar? Permaneceriam ainda os bondosos homens das estrelas cuidando de nós?

Estariam tais seres velando por nós e por nossos destinos? Estariam cuidando de nosso regresso à pátria perdida quando a hora chegar?

Seríamos também filhos das estrelas?

Tais perguntas me fazem lembrar as palavras do sábio Andora, um dia muito para trás no tempo, quando na Casa de Preparação sobre o plano astral de nosso planeta, milhares de espíritos miseráveis e sofridos se preparavam para a sua descida, após sucessivos erros, onde se precipitariam numa queda tormentosa e regeneradora, que os afastaria dos paraísos celestes.

E Andora falou, referindo-se àquelas almas perdidas:

"Seriam líderes e mestres. Conduziriam aquela gente primitiva nos seus primeiros tempos. E também depois. Defenderiam seu povo com as próprias vidas como aos filhos que nunca amaram. Levariam os conceitos da espiritualidade, que tão bem conheciam, apesar de nunca terem se curvado às suas verdades. Verdades que agora experimentariam de fato.

Não lhes faltaria ajuda e proteção. Gente das estrelas como eles próprios, gente como os instrutores de Bahnboldor, por exemplo, estariam sempre presentes nos momentos de dificuldades, mesmo que não fossem vistos ou reconhecidos, pois a maioria deles não teria as lembranças espontâneas que muitos gozavam quando encarnados, com seus flashs de vidas passadas.

Nenhum, absolutamente nenhum espírito seria esquecido à sua própria sorte, apesar de milênios parecerem um tempo grande demais. Era preciso que todos soubessem que o tempo naquele mundo passaria muito mais rápido que ali. Um dia do tempo que conheciam agora corresponderia a quase uma década no planeta escolhido. Um ano corresponderia a milênios.

Muitos teriam as intuições de suas vidas nas estrelas, impossibilitados que todos estariam, por milênios, de tirar os pés do chão, e delas teriam saudades que rasgariam seus peitos na mais pungente dor. Dor do paraíso perdido em algum lugar desconhecido.

Alguns se lembrariam com mais clareza, os mais corajosos talvez, e tratariam de passar as antigas verdades para os outros, que não as aceitariam de pronto. Séculos e séculos se passariam antes que essas verdades começassem a florescer.

Um novo mundo, que não só lhes serviria de abrigo pelos milênios necessários para a reconstrução de seus espíritos perdidos no mal, como também, apesar de suas tendências negativas que não desapareceriam só porque estariam mudando de casa, não lhes daria tempo, por causa das áridas condições de sobrevivência e da escassez material e logística para suas ações, de desperdiçar tempo com a maldade habitual de suas vidas.

Tenham coragem e trabalhem duro, pois a volta, um dia, dependerá exclusivamente de cada um. Grandes grupos retornarão antes de outros e os que sobrarem enfrentarão dificuldades extras, por isso não se esqueçam de olhar para as estrelas a cada dia.

No lindo céu do planeta de uma só lua que habitarão, poderão distinguir vários dos planetas que já lhes serviram de lar amoroso no lado de cá um dia. Terão o desejo sincero e legítimo de retornar à pátria perdida e seus espíritos se esforçarão para compreender melhor os caminhos que os conduzirão de volta.

Deverão apenas conseguir lembrar que o caminho de volta, necessariamente passa pela espiritualização, no sentido mais amplo, de suas almas. A espiritualização que significa o reencontro do amor fraternal perdido e deixado para trás na estrada da vida; essa mesma estrada, que esse mesmo amor vai pavimentar para trazê-los de volta à sua pátria estelar".

O longo caminho da volta começava com a partida. E assim se fez.

Fim

TRILOGIA: OS FILHOS DAS ESTRELAS
foi confeccionado em impressão digital, em julho de 2023
Conhecimento Editorial Ltda
(19) 3451-5440 — conhecimento@edconhecimento.com.br
Impresso em Book Slim 70g. - Bignardi